GW01606538

YVES TANGUY

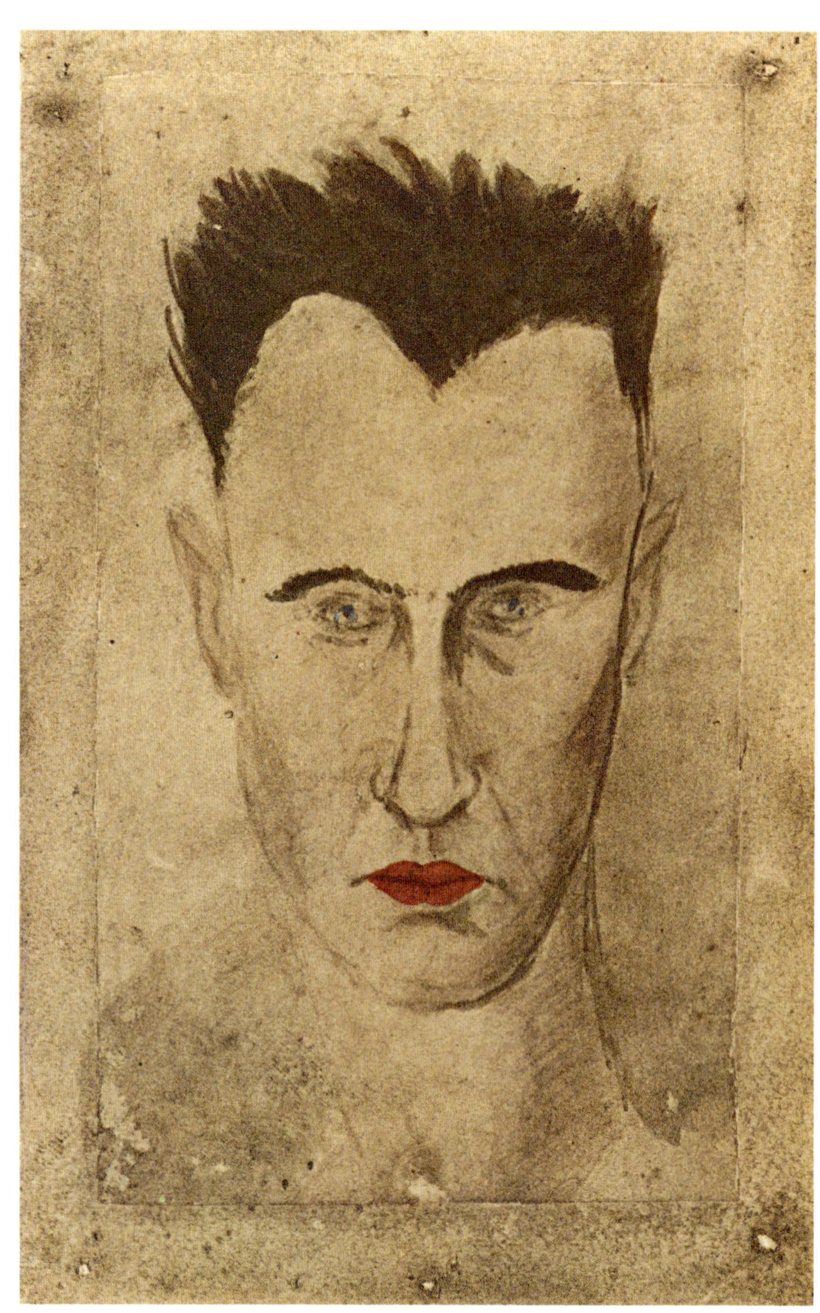

1 Selbstporträt, [1925]
Sammlung Pierre Matisse, New York

Yves Tanguy

Herausgegeben
von
Katharina Schmidt

mit Beiträgen
von
Reinhold Hohl
Marianne Kesting
Robert Lebel
Roland Penrose
José Pierre
Katharina Schmidt

Staatliche Kunsthalle Baden-Baden
Prestel-Verlag München

Yves Tanguy
Retrospektive 1925-1955

Staatliche Kunsthalle Baden-Baden
17. Oktober 1982 – 2. Januar 1983

Die Ausstellung steht unter der Schirmherrschaft des Botschafters der Republik Frankreich in der Bundesrepublik Deutschland S. E. Herrn Henri Froment-Meurice

Übersetzung der Beiträge
Doris und Helga Contzen S. 27 ff., 42 ff., 63, 93 ff., 262 ff.
Manon Maren Grisebach S. 150, 203, 204.
Friedhelm Kemp S. 39, 40, 120, 133, 142, 166, 177, 214.
Brigitte Stranz-Wersche S. 33.

CIP-Kurztitelaufnahme der Deutschen Bibliothek
Yves Tanguy : Ausstellung in d. Staatl. Kunsthalle Baden-Baden:
17. Oktober 1982 – 2. Januar 1983
Staatl. Kunsthalle Baden-Baden. Hrsg. von Katharina Schmidt. – München : Prestel, 1982.
Einheitssacht.: Yves Tanguy ⟨dt.⟩

Satz: Fertigsatz GmbH, München
Reproduktionen: Dörfel, München; Clair Offset, Paris
Druck: Wenschow, München
Bindung: Oldenbourg, München

ISBN 3-7913-0616-2

Inhalt

J'ai vu des archipels sidéraux! et des îles
Dont les cieux délirants sont ouverts au vogueur:
Est-ce en ces nuits sans fond que tu dors et t'exiles,
Million d'oiseaux d'or, ô future Vigueur?

Arthur Rimbaud, Bateau ivre

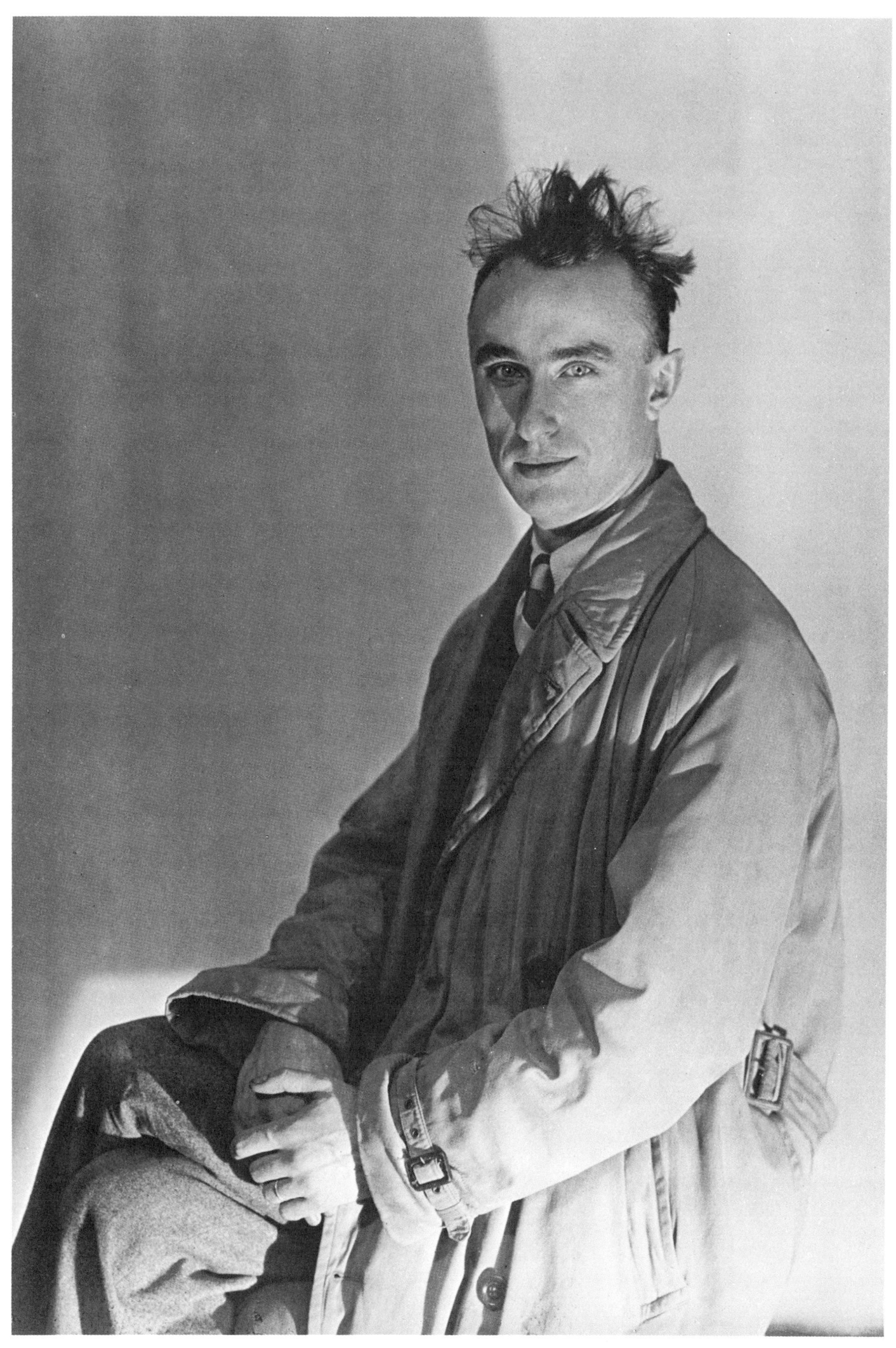

Man Ray Yves Tanguy, 1936

Leihgeber

Unser herzlicher Dank richtet sich an alle nachfolgend genannten öffentlichen und privaten Leihgeber; er schließt jene ein, die es vorziehen, anonym zu bleiben:

Kunstmuseum	*Basel*
Galerie Beyeler	
The Baltimore Museum of Art	*Baltimore*
Musées Royaux des Beaux-Arts de Belgique	*Brüssel*
Mr. und Mrs. Ephraim Ilin	
The Albright-Knox Art Gallery	*Buffalo, N.Y.*
The Detroit Institute of Arts	*Detroit*
Kunstsammlung Nordrhein-Westfalen	*Düsseldorf*
Musée de Peinture et de Sculpture	*Grenoble*
Galerie Jan Krugier	*Genf*
Mr. Giuseppe Nahmad	
Sammlung Mme Suzanne Cordonnier	*Hermes*
Mr. Gordon Onslow-Ford	*Inverness, Calif.*
Staatliche Kunsthalle	*Karlsruhe*
Walther König	*Köln*
Galerie Rudolf Zwirner	
Sammlung Erna und Curt Burgauer	*Küsnacht*
Sammlung Thyssen-Bornemisza	*Lugano*
M. und Mme Jacques Gelman	*Mexiko City*
The Metropolitan Museum of Art	*New York*
The Museum of Modern Art	
Selma und Nesushi Ertegun	
Pierre Matisse Gallery	
Sammlung Pierre Matisse	
Mr. und Mrs. Jerome L. Sterne	
Mr. Richard S. Zeisler	
Smith College Museum of Art	*Northampton, Mass.*
Musée national d'art moderne, Centre Georges Pompidou	*Paris*
Mme Acker	
M. Bernard Gheerbrandt	
Mme Henriette Gomès	
M. Stanley William Hayter	
M. Marcel Jean	
M. Lefebvre-Foinet	
M. Lucien Martin	
Manou Pouderoux	
M. Dominique Rabourdin	
The Fine Arts Museum of San Francisco	*San Francisco*
San Francisco Museum of Modern Art	
John and Mable Ringling Museum of Art	*Sarasota, Fl.*
Staatsgalerie	*Stuttgart*
Sara Hildén Art Museum	*Tampere*
The Tel Aviv Museum of Art	*Tel Aviv*
University of Arizona Museum of Art	*Tucson, Ariz.*
Krannert Art Museum University of Illinois	*Urbana-Champaign, Ill.*
Kunsthaus	*Zürich*

Für Leihgaben, Mitarbeit, Vermittlung, unentbehrliche Hinweise und Unterstützung haben wir zu danken:

Acquavella Galleries Inc., New York; Dr. Felix Baumann, Zürich, Kunsthaus; Jay Belloni, Detroit, The Detroit Institute of Arts; Prof. Dr. Peter Beye, Stuttgart, Staatsgalerie; Jean Sutherland Boggs, Philadelphia, Philadelphia Museum of Art; Alain Bosquet; Erica Brausen, London; Elisa Breton, Paris; Galerie Brockstedt, Hamburg; Richard S. Carroll, Sarasota, Fl., The John and Mable Ringling Museum of Art; Jacques Caumont, Ver-à-Val, Frankreich; François Chapon, Paris, Conservateur en Chef de la Bibliothèque Littéraire Jacques Doucet; Charles Chetham, Northampton, Mass., Smith College Museum of Art; Muriel B. Christison, Urbana-Champaign, Ill., Krannert Art Museum; Frederick J. Cummings, The Detroit Institute of Arts; Dr. Jean Dausset, Paris; Davlyn Gallery, New York; Dr. Karin Frank- von Maur, Stuttgart, Staatsgalerie; Pierre Gaudibert, Grenoble, Musée de Peinture et de Sculpture; Prof. Gayot, Reims; Dr. Christian Geelhaar, Basel, Kunstmuseum; Jacques Hérold, Paris; Henry T. Hopkins, San Francisco, San Francisco Museum of Modern Art; Marie-Louise Jeanneret, Genf; Miriam und Dieter Keller, Baden-Baden; Dr. Christian Klemm, Zürich, Kunsthaus; Walther König, Köln; Marcel Lefranc, Paris, Centre Georges Pompidou; Dr. Charles F. Leuthardt, Riehen; William S. Liebermann, New York, The Metropolitan Museum of Art; Ian McKibbin White, San Francisco, Fine Arts Museum of San Francisco; André Masson, Paris; Jean Matarasso, Nizza; Roberto Matta, Paris; Gilles und Yvonne Mayou, Ussel; Jean-Yves Mock, Paris, Musée national d'art moderne, Centre Georges Pompidou; Jean Nicolas; Gordon Onslow-Ford, Inverness, Calif.; Pierre Prévert, Paris; Simon de Pury, Lugano, Sammlung Thyssen-Bornemisza; Charles Ratton, Paris; Prof. Dr. Philippe Robert-Jones, Brüssel, Musées Royaux des Beaux-Arts de Belgique; Dr. Walter Romstoeck, München, Prestel-Verlag; Cora Rosevear, New York, The Museum of Modern Art, Department of Painting and Sculpture; Marc Scheps, Tel Aviv, The Tel Aviv Museum of Art; Max Clarac-Serou; Alan Sheastack, New Haven, Yale University Art Gallery; Lowery Sims, New York, The Metropolitan Museum of Art; Thomas Solley, Indiana, Pa.; Dorothea Tanning, New York; Jürgen Tesch, München, Prestel-Verlag; Dr. Gunther Thiem, Stuttgart, Staatsgalerie, Graphische Sammlung; André Thirion, Paris; Mario Tazzoli; Prof. Dr. Werner Schmalenbach, Düsseldorf, Kunstsammlung Nordrhein-Westfalen; Prof. Dr. Horst Vey, Karlsruhe, Staatliche Kunsthalle; Tim Vuorikoski, Tampere, Sara Hildén Art Museum; Patrick Waldberg, Paris; Wolfgang Wittrock, Düsseldorf; Rudolf Zwirner, Köln.

Vorwort

Die Kunst des Surrealismus rückte während der vergangenen fünfzehn Jahre durch Übersichtspräsentationen, Themenausstellungen, Retrospektiven und grundlegende Publikationen ins Bewußtsein der breiten Öffentlichkeit, wurde sowohl im Bereich der Literatur als auch der Bildenden Kunst zugleich Gegenstand intensiver wissenschaftlicher Aufarbeitung. Erstaunt konnten Mitglieder der Gruppe, die sich zu Beginn der zwanziger Jahre in Paris um die Schriftsteller André Breton und Benjamin Péret gebildet hatte, 1968 an den Häuserwänden von Paris ihre einstigen Parolen wie »Die Phantasie an die Macht!« wieder lesen. Dalí und Max Ernst, Miró und Magritte erlangten nicht zuletzt durch glänzende Einzelausstellungen auch in Deutschland einen hohen Popularitätsgrad. Seit der Eröffnung des Centre Georges Pompidou in Paris gehörten die Retrospektiven der bedeutendsten Künstler des Surrealismus wie Duchamp, Magritte, Dalí, Man Ray zum Programm. Obwohl Yves Tanguy seit 1926 zum engsten Freundeskreis um Breton und Péret zählte und sein Werk, schon früh von den Mitgliedern der Gruppe hoch geschätzt, ihn gemeinsam mit Dalí zum Hauptvertreter der veristischen Richtung des Surrealismus werden ließ, konnte er bisher in Europa nie in einer Einzelausstellung gezeigt werden. Gründe hierfür sind unter anderem darin zu sehen, daß Tanguy nach dem 2. Weltkrieg nur noch als Besucher nach Europa zurückkehrte. Sein 1955 durch den plötzlichen Tod abgebrochenes Werk war gleichermaßen in Europa wie in den Vereinigten Staaten verstreut.

Persönliche Begegnungen mit Simone Collinet und ihrer wunderbaren Sammlung Anfang der 70er Jahre in Paris und dort auch mit Marcel Jean, die beide eindrücklich über Tanguy zu sprechen wußten, weckten die Neugierde, dieses schwer zugängliche Werk näher kennenzulernen. Gespräche mit Kollegen steigerten mehr das Interesse als die Hoffnung, die empfindlichen Bilder mit vielfach nicht bekanntem Standort in repräsentativer Form zusammenzuführen, wie James Thrall Soby es 1955 im Todesjahr des Künstlers mit dessen und Kay Sages Unterstützung im Museum of Modern Art in New York hatte tun können. 1979 machte mich Alfred Paquement vom Musée national d'art moderne auf die Möglichkeit der Zusammenarbeit an einer Tanguy-Retrospektive aufmerksam. Sie erschien für Baden-Baden nach der vorausgegangenen Dalí-Ausstellung, nach ›Surrealität-Bildrealität‹ im Programm wichtig und kann nun verwirklicht werden.

Für Ausstellungen von diesem Seltenheitsgrad ist eine relativ lange Laufzeit nur sinnvoll. Sie bedingt jedoch, daß nicht alle Leihgaben gleichermaßen in zwei Städten zur Verfügung stehen können. Abgesehen von den Fällen, in denen überzeugende persönliche oder juristische Gründe Werke nicht länger abkömmlich sein ließen, fand unser Wunsch, das hiesige Publikum mit dem Œuvre Yves Tanguys vertraut zu machen, allergrößtes Verständnis und Entgegenkommen bei den privaten Leihgebern und außergewöhnliche Hilfsbereitschaft bei den Museumskollegen. So gelang es, für die Perioden, aus denen Bilder im Anschluß an Paris zu den Besitzern zurückkehren mußten, qualitativ und werkgeschichtlich adäquaten Ausgleich zu erhalten. Überdies ergibt sich in Baden-Baden durch eine zusätzliche Gruppe bedeutender Arbeiten aus der Zeit von 1926 bis 1931 eine klare Akzentsetzung auf das wichtige erste Jahrzehnt. Die Zusammenarbeit mit dem Musée national d'art moderne und dem Prestel-Verlag ermöglichte es, die Ausstellung im begleitenden Katalog ungewöhnlich reich und farbig zu illustrieren. In der deutschen Ausgabe konnten neben den Texten der Freunde und Zeitgenossen in Aufsätzen von Marianne Kesting und Reinhold Hohl bisher nicht wissenschaftlich untersuchte, zum Verständnis von Tanguy wesentlich weiterführende Zusammenhänge dargelegt werden. Wir hoffen, daß die hier in den Beiträgen gegenübergestellten unterschiedlichen Auffassungen erhellend und anregend wirken.

Ausstellungen haben wie die Werke selbst ihre Geschichte. Manchmal genügt nicht ein günstiger Stern, es bedarf einer Konstellation, um sie verwirklichen zu können. Dankbar freuen wir uns, daß die Staatliche Kunsthalle Baden-Baden Yves Tanguys Werk in so hoher Qualität präsentieren kann.

Für liebenswürdige kollegiale Zusammenarbeit bin ich dem Musée national d'art moderne, Centre Georges Pompidou, Paris zu großem Dank verpflichtet, namentlich dem Direktor Dominique Bozo für seine besondere persönliche Unterstützung und den Kommissaren der Ausstellung Agnès de la Beaumelle und Florence Chauveau, assistiert von Nathalie Menasseyre.

Besonderen Dank spreche ich aus dem Botschafter der Republik Frankreich in der Bundesrepublik Deutschland, S.E. Herrn Henri Froment-Meurice, für die Übernahme der Schirmherrschaft.

Ohne die Großzügigkeit der Leihgeber hätte die Ausstellung in diesem Umfang und in dieser Qualität nicht gezeigt werden können. Pierre Matisse, New York, der uns in außergewöhnlicher Weise unterstützte und William S. Rubin, The Museum of Modern Art, New York, Department of Painting and Sculpture, sowie John Elderfield, The Museum of Modern Art, New York, Department of Drawings, fühlen wir uns besonders verpflichtet.

Sehr zu danken habe ich den Autoren des Kataloges, Marianne Kesting und Reinhold Hohl für ihre Aufsätze sowie Robert Lebel, Roland Penrose, José Pierre dafür, daß sie ihre Beiträge auch der deutschen Ausgabe zur Verfügung stellten. Marcel Jean und Madame Duhamel leisteten mit wertvollem Dokumentationsmaterial große Hilfe.

Mein besonderer Dank gilt dem Prestel-Verlag, München, für die Möglichkeit der erweiterten deutschen Katalogausgabe und denen, die sie dort mit Engagement betreuten.

In der Kunsthalle Baden-Baden haben Dr. Dorothée Bauerle (Gesamtorganisation), Jürgen Iwaniuk (Verwaltung), Gerhard Köhler (Drucksachen), Christoph Schreier (Mitarbeit am Katalog) die Vorbereitung der Tanguy-Ausstellung mitgetragen. Ihnen und den übrigen Kollegen der Kunsthalle danke ich für ihren großen persönlichen Einsatz.

Katharina Schmidt

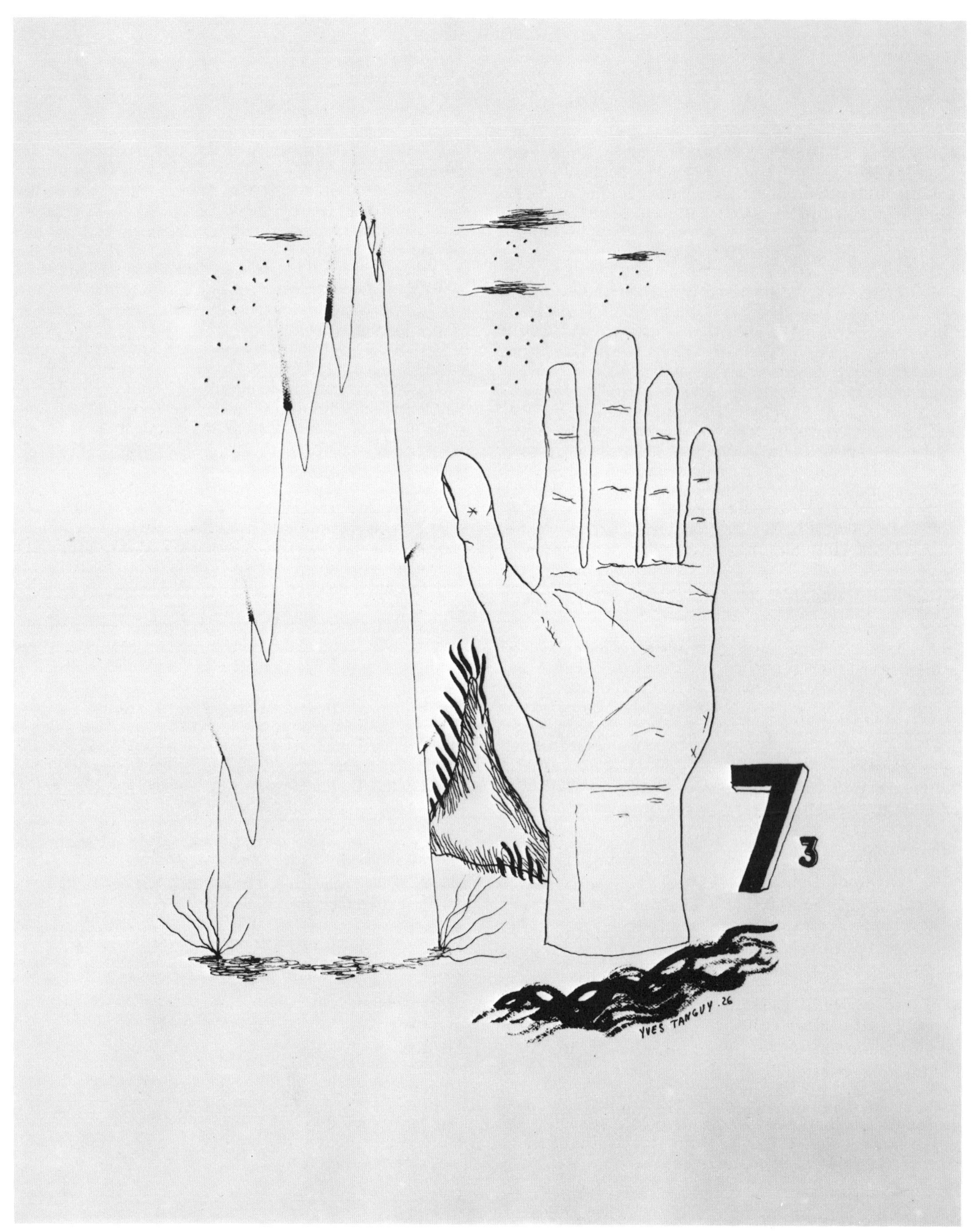

106 Ohne Titel, 1926
The Museum of Modern Art, New York, legs Kay Sage-Tanguy, 1963

Katharina Schmidt

Darstellen, was hinter dem Hügel liegt

Imagination und Malerei des Surrealisten Yves Tanguy

Yves Tanguy war ein schweigsamer Mensch. Die wenigen von ihm erhaltenen Texte bestätigen seine Neigung und Fähigkeit zur knapp formulierten Antwort, aus eigenem Antrieb hätte er sich vermutlich – abgesehen von Korrespondenzen – nicht schriftlich mitgeteilt. Äußerungen aus der Zeit vor seiner Emigration in die USA 1939 stehen fast alle im Zusammenhang mit den ›Recherchen‹ und Frage-Antwort-Spielen der Surrealistengruppe, die sie in ihren Zeitschriften ›La Révolution Surréaliste‹[1], später ›Le Surréalisme au Service de la Révolution‹[2] veröffentlichte und von denen eines, heute als ›Chinesisches Roulette‹ bekannt, Benjamin Péret zu seinem literarischen Porträt anregte: »Wenn Tanguy eine Farbe wäre?« so fragt er in die Kulissen und erhält von unbekannter Stimme die Antwort: »– Dann wäre das ein sehr frisches, strahlendes Gelb, (...) – Wenn es eine Frucht wäre? – Dann wäre es die Schlehe.«[3]

Seine Biographie ließe sich in wenigen Daten umreißen, wäre sie nicht zugleich die diskrete Geschichte eines sich nach disparat autodidaktischen Anfängen außerordentlich homogen entwickelnden Werkes. Von ihm soll hier in erster Linie die Rede sein. Verschwiegen und warmherzig, von hypnotischer Ausstrahlung, Bücher verschlingend und treu den Cocktails ergeben, blieb Tanguy den Zeitgenossen in Erinnerung. Die erfolgreich betriebene Strategie, sich immer wieder zu entziehen, durch Anekdoten von sich abzulenken, scheint dazu beigetragen zu haben, daß die kritische Aufarbeitung des Gesamtwerkes im Grunde bis heute aussteht. Das 1963 von Pierre Matisse herausgegebene, in Zusammenarbeit mit Kay Sage gefertigte Verzeichnis[4] erfaßt insgesamt 463 Ölgemälde, Aquarelle, Gouachen, Objekte, zu denen einige inzwischen bekannt gewordene, gesicherte Arbeiten zu rechnen sind. Hinzu kommen in Tinte, Tusche, Bleistift, Buntstift ausgeführte Zeichnungen, Buch- und Zeitschriftenillustrationen sowie Radierungen[5], die in einem Zeitraum von etwa 31 Jahren von 1924-1925 bis zu seinem Tod am 15. Januar 1955 entstanden.

Ob der von Tanguy selbst erwähnte[6] initiale Schock durch de Chiricos Bilder, den im Surrealistenkreis auf ihre Weise Breton, Ernst, Magritte, Mesens erlebten[7], tatsächlich in der stets zitierten Form ausgelöst wurde, sei dahingestellt,[8] es ist auch nebensächlich, gemessen an der Bedeutung, die Motiven aus de Chiricos Malerei für seine künstlerischen Anfänge zukommt. Der wegen selbst ausgeführten Zerstörungsaktionen vom Umfang her geringe Bestand an Frühwerken Tanguys aus der Zeit von 1924 bis 1926 verweist aber auf ein insgesamt komplexeres Anregungsfeld.

Die ersten Aquarellskizzen und Ölmalereien, die einzelne Figuren der Halbwelt, Straßenszenen und Motive aus der Music Hall festhalten, werden meist im Zusammenhang mit dem Lebensstil der drei Freunde aus der Rue du Château gesehen, mit ihren nächtlichen Ausflügen und ihrer Passion für den deutschen expressionistischen Film. Zu den ersten Beobachtern von Tanguys Begabung zählte der Kritiker Florent Fels, damals verantwortlich für ›L'Art Vivant‹, der angeblich 1923 durch Vlaminck auf ihn aufmerksam wurde. Fels rezensierte 1924 die erste Ausstellung von George Grosz bei Joseph Billiet in den ›Nouvelles littéraires‹ (11. April 1924) unter der Überschrift ›En George Grosz l'Allemagne trouve son Daumier‹[9] und es ist wahrscheinlich, daß Tanguy sie besuchte, die Rezension ebenso wie den einführenden Katalogtext des von ihm sehr geschätzten Pierre Mac Orlan kannte. »... er (Grosz – Anm. d. A.) versetzt«, so schreibt dort Orlan, »die vornehmen Züge der Revolution mit den eigentlichen Gerüchen des volkstümlichen Lebens, wo das Blut die Temperatur der Straße annimmt ... die immer ein wenig nach Blut riecht, nach kleinen Unverschämtheiten auf der Fahrbahn, wenn alles in der Dämmerung des Tages gärt.«[10] Hier ist eine Stimmungslage getroffen, die den Freunden der Rue du Château verwandt vorkommen mußte. Ein George Grosz vergleichbar beißend sozialkritisches, politisches Temperament geht Tanguy zwar ebenso ab wie leidvolle Kriegserfahrung. Die Komposition, die er auf Jacques Préverts Zimmertür in der Rue du Château malte (*Sans titre*, 1925, Abb. S. 121), legt aber nahe, daß trotz lyrisch-poetischerem Gesamttenor das kubo-futuristische Gefüge gleichzeitiger Geschehensmomente, die Wiedergabe einzelner Figuren oder auch nur anatomischer Details durch dessen Aquarelle und Zeichnungen (zu denken ist u.a. an Blätter wie *Niederkunft*, 1917, *Selbstmörder*, 1918, *Detektivgeschichte*, 1918) beeinflußt ist. Eine lediglich bestrumpfte Dame in der linken unteren Bildecke, deren dunkle Pony-Frisur an Jeannette Ducrocq erinnert[11], wirkt durch ihre aufreizende Pose und starre Großäugigkeit direkt mit Halbweltdamen von Grosz verwandt. Für den zentral im Bild sich rekkenden weiblichen Akt gibt es ebenso Parallelen wie für den in Rückenansicht gegebenen, am unteren Bildrand auftauchenden Dienstmann oder den von rechts unten gleichsam ins Bild starrenden Kopf, der hier eine fingierte Todesanzeige von Jacques Prévert halb verdeckt.[12] Stadtansichten wie *Le Pont* (1925, Abb. S. 122) mit im Hintergrund verschachtelten Hochhäuserblocks, aber auch eine Figur wie der breitschultrige Gesichtslose mit Schnurrbart, links auf dem 1925-1926 entstandenen Gemälde *Fantômas* (Abb. S. 126f.) und das Fabrikfenster in *La Fille aux cheveux rouges* (1926, Abb. S. 129) lassen vermuten, daß Tanguy sich mit dem Werk von George Grosz befaßte, vielleicht sogar dessen *›Deutschland, ein Wintermärchen‹* (1917-1919) von Abbildungen kannte. Die zentralperspektivisch in starker Verkürzung gegebene, wie steil von einem Platz im Vordergrund zur am Horizont gelegenen Nervenheilanstalt führende *Rue de la Santé* (1925, Abb. S. 123) suggeriert den direkten Vergleich mit Gemälden de Chiricos, so dessen *Gare Montparnasse (Die Melancholie der Abreise)* von 1914[13] und *Die Kaserne der Matrosen*[14] aus dem gleichen Jahr. Eine nächtliche Autofahrt, nach der Tanguy das Bild malte, hatte ihm die traumhafte Verfremdung der ausgestorbenen Stadt, wie er sie durch die *pittura metafisica* kannte, zum intensiven eigenen Erleben werden lassen. Die trapezförmige schwarze Fläche, die 1927 in *Un Grand tableau qui représente un paysage* (Abb. S. 144) spiegelbildlich wiederkehrt, ist von dem realistischen Motiv noch nicht zu trennen; die drohende Aussichtslosigkeit der düsteren Gefängnisfassade steht rechts als abweisender Block der gegliederten linken Häuserfront entgegen und scheint dem Namen der Rue de la Santé Hohn zu sprechen. Eine hier ablesbare Sozialkritik formuliert Tanguy künftig nicht mehr vergleichbar in seinen Bildern, was vermutlich der sich anbahnenden Begegnung mit dem Surrealistenkreis zuzuschreiben ist, der ihn in eine andere, von der Beobachtung und Darstellung der äußeren Wirklichkeit wegführende Richtung wies.

Paul Klee
Wasserpflanzenschriftbild, 1924/.132,
Aquarell mit Öllasuren,
vormals Sammlung Lyonel Feininger

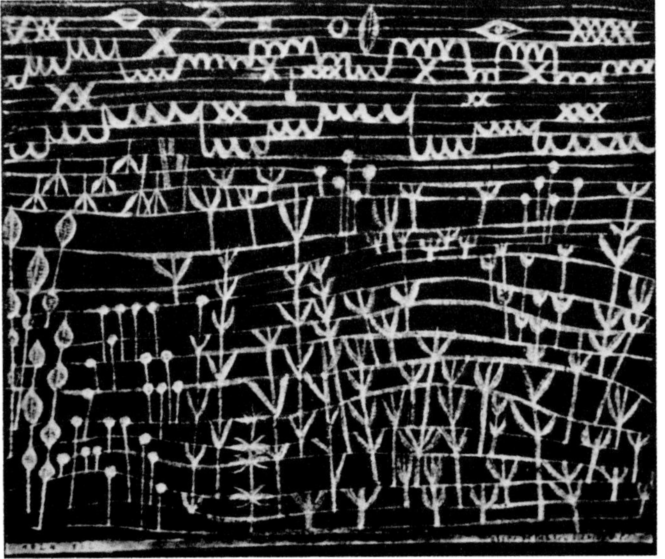

1925-1926 schlägt sich das in der Rue du Château herrschende anarchische Interesse für alle subkulturellen Phänomene – von der Trivialliteratur bis zur Zirkusnummer – und ganz speziell für die zweiunddreißigbändige Kriminalserie ›Fantômas‹ von Pierre Souvestre und Marcel Allain in einem Ölbild gleichen Titels nieder, ein relativ schmales Querformat, wie Tanguy es später vorzugsweise für Gouachen und Miniaturen benutzt. Er hatte inzwischen die ersten Nummern der seit Dezember 1924 erscheinenden ›Révolution Surréaliste‹ kennengelernt und vermutlich nicht nur im November 1925 die Surrealistenausstellung in der Galerie Pierre, sondern auch im Juni die Einzelpräsentation von Miró, alsdann Paul Klees Aquarelle in der Galerie Vavin Raspail[15] eingehend gesehen. Die Darstellung von Figuren, Szenen, Gegenständen aus dem mordreichen Umfeld des Fantômas sind für Tanguys Bild bisher nicht nachgewiesen.[16] Vor einem nächtlich-dunklen Grund, über den sich partienweise farbige Dunstwolken breiten, erscheinen gesichtslose Mannequins, winzige Seiltänzer und Clowns, ein auf weißem Linnen melodramatisch nackt entleibtes Opfer, und der Missetäter, der nochmals seinen Revolver in die Nacht abfeuert. Gras und Buschwerk, angedeutete Architektur, abstrakte geometrische Muster und flächenfüllende Strichmarkierungen, besonders aber sternförmige Blüten, die sich rührend an dem grausigen Totenbett reihen, erinnern an Klees hell auf dunklen Grund gesetzte oder in die Farbschicht geritzte Linearstrukturen. Ein entsprechendes Beispiel war bereits abgebildet in ›La Révolution Surréaliste‹ (Château des croyants, 15. April 1925, S. 5; siehe auch Abb. S. 12). Tanguy verwendet die Kratztechnik von nun an bis etwa 1930, um aus dem Untergrund schemenhafte Figürchen erscheinen zu lassen, kreisende Windrosen, wirbelnde Räder und Kreuze in helle Firmamente zu setzen oder trokkene Gräser, Pflanzen-Stachel wiederzugeben, auch überraschende geometrische Verbindungslinien zu ziehen. In der meist auf feinen Leinwänden sparsam aufgetragenen Farbe, von der er jedes überflüssige Quäntchen am liebsten in die Tube zurückbefördert hätte,[17] erzielte er auf diese Weise mit graphischen Mitteln subtile haptische Effekte. Sie stehen im Gegensatz zu malerischen Modellierungen seiner Gestalten. Davon ist er zur Zeit des *Fantômas* allerdings noch fern, denn seine Gesamtanlage hat etwas Frieshaftes, mit sehr flächig wiedergegebenen Figuren.

In einer aus weißen Kringeln duftig gebildeten weiblichen Gestalt mit langem Haar, die geisterhaft von links zur Bildmitte hastet, vermutet John Ashbery[18] mit allem Vorbehalt Lady Beltham, Fantômas' von ihm selbst vergiftete Geliebte. Hatte bereits ein Krokodil auf der Tür zu Jacques Préverts Zimmer, das über dessen Todesanzeige mit nach oben gekrümmtem Leib kriecht, eine verblüffende Ähnlichkeit mit einem derartigen Reptil auf der Zeichnung *Hexe mit Adler* von August Netter, veröffentlicht 1922 in Prinzhorns ›Bildnerei der Geisteskranken‹[19], diese fahrige Gestalt in *Fantômas* legt nahe, daß sie durch die weiblichen Figuren, besonders die linke, auf der im gleichen Buch abgebildeten Zeichnung *Vendôme-Säule*[20] inspiriert ist. Der kringelige Duktus, der bei den roten Rauchfahnen, an verschiedenen Stellen der zartfarbigen Dunstwolken sowie als Linearstruktur in diese geritzt auffällt, weil er in Tanguys Werk hier neu zu sein scheint – bestätigt den Zusammenhang mit Prinzhorn durch die Ähnlichkeit der Kringelzeichnung *Kopf.*[21] Tanguys Manier, auf diese Weise Wolken, Rauchfahnen, Schnee oder Meerschaum wiederzugeben, erhält sich mindestens bis 1932 in *Roux en hiver* (Abb. S. 179). Auch *L'Anneau d'invisibilité* (1926, Abb. S. 135), das erste in der ›Révolution Surréaliste‹ (Nr. 7, 15. Juni 1926, S. 18) publizierte Bild Tanguys, verstärkt die Annahme, daß er Prinzhorns Buch kannte, besonders die im Kapitel ›Objektfreie, ungeordnete Kritzeleien‹ abgebildeten Zeichnungen, will man nicht so weit gehen, für die kryptische Darstellung *Titre inconnu* (1926, Abb. S. 128) jenseits unterschiedlicher Detailauffassung einen thematischen Zusammenhang mit dem Aquarell *Wagen und Baum*[22] zu konstruieren. André Breton dürfte im Rahmen seiner Beschäftigung mit psychiatrischer Literatur Prinzhorns Werk von 1922 früh besessen haben. Ob Tanguy es durch ihn, Max Ernst oder Arp in die Hand bekam, ist weniger interessant, als daß hier einer der Impulse auf dem Weg zu seiner eigenen Stilfindung liegen mag.

Die Unsicherheit der Anfangsphase belegen zwei sehr naiv doch kraftvoll anmutende Bilder, denen der kombinatorische Charme des *Fantômas* abgeht. Während *Le Bateau* (1925-1926, Abb. S. 124) wie ein schwarz-weiß-roter Spielzeugdampfer auf gleichmäßig ondulierter See zwischen schmalem vorderen Uferstreifen und düsterem Himmel zu stocken scheint, weil ihn die kerzengeraden Rauchbänder, die schwarz aus drei gewaltigen Schornsteinen kommen, in einer weißen Wolke gleichsam verankern,[23] decken die athletischen *Jahrmarktsgaukler* (1926, Abb. S. 125) mit ihren frontalen Leibern und abgehärteten Physiognomien die geheimnisvolle Levitation eines in Trance-Starre waagrecht ausgestreckten weiblichen Mediums wie ernstzunehmende Wächter. Einsames Schiff und parapsychologisches Mirakel sind allerdings beides surrealistische Themen par excellence.[24]

Zwei mittlerweile nicht mehr ganz komplette vierzackige Papier-Sterne, zu einem achteckigen versetzt übereinandergeklebt, hatten in *Fantômas* aus der rechten oberen Ecke den nächtlichen Graus überstrahlt, indes auf der linken Bildhälfte ein Watteschnäuzer das breitschultrige Imponiergehabe der gesichtslosen Mannsperson ridikulisierte[25]. In *La Fille aux cheveux rouges* verwendet Tanguy ebenfalls Collage-Elemente. Im Hintergrund links erhebt sich eine bewachsene Mauer, von einem halbverhangenen Fabrikfenster gekrönt. Vor ihr weht ein kleines, der australischen Flagge ähnliches collagiertes Papierfähnchen. An de Chiricos Spritzgebäck[26] erinnernde, ebenfalls aus einem Druck ausgeschnittene Papierkekse lugen wie süße Versuchungen hinter einem verödeten Schornstein hervor, aus dessen

Prinzhorn, *Fall 194*
Vendôme-Säule, vor 1922
Bleistift, 21 x 33 cm
Sammlung Prinzhorn, Universität Heidelberg

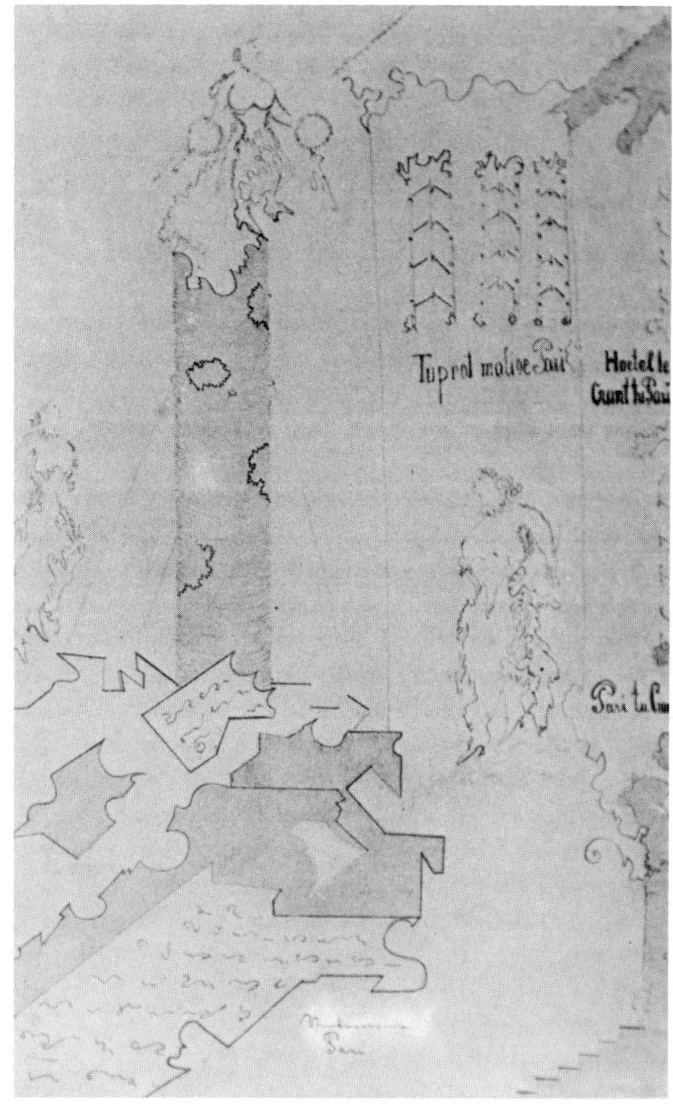

Schlot Pinselhaar-Grasbüschel sprießen und von dessen oberem Rand ein steinerner Sarkophag freitragend in den wolkig-blauen Himmel ragt. Dieser geht über in die sandfarbene, von dunklem Gras schraffierte Erde, auf der die Rothaarige in gelbem Hemdlein tanzt. Ein feuriger Medusenschopf krönt ihr ovales glühendes Gesicht mit grellen Augen, dem schwarzen rechten Handschuh entspricht ein dunkler linker Strumpf. Mondän und wild zugleich, evoziert ihre leuchtende Erscheinung Apollinaires allegorisches Gedicht ›Jolie Rousse‹ und seine programmatischen Verse:

»Seid nachsichtig wenn ihr uns denen vergleicht,
Die die Vollendung der Ordnung waren
Uns, die wir überall das Abenteuer suchen
Wir sind nicht eure Feinde
Wir wollen euch weite seltsame Reiche schaffen
Wo das Geheimnis in Blüte steht und sich dem
Pflückenden schenkt.
Es gibt da neue Feuer, nie zuvor gesehene Farben
Tausend unwägsame Phantasmen
Denen man Wirklichkeit geben muß
Wir wollen die Güte erforschen gewaltiges Land drin alles schweigt
Auch ist da die Zeit, die man verjagen und wieder einsetzen kann
Mitleid für uns die wir immer an den Grenzen
Des Unbegrenzten und der Zukunft kämpfen.«[27]

Marianne Kesting[28] hat auf das aussichtslose Unterfangen hingewiesen, bei Tanguy im einzelnen literarischen Bezügen nachzugehen. Bilder wie *La Fille aux cheveux rouges*, auch *L'Anneau d'invisibilité*, ein Märchenmotiv, das in den ›Chants de Maldoror‹[29] anklingt, sprechen dafür, daß Quellen aus der Bildenden Kunst, der Art brut und der Literatur hier zusammenwirken. In *Le Phare* (1926?, Abb. S. 131) stellt ein braun-schwarzes hölzernes Element den Land und düsteren Himmel verklammernden Leuchtturm dar, zu dem – engste Verwandtschaft mit Picabias *Plumes* (Federn, 1924 bis 1925, Abb. S. 130) eine wackelige Stiege aus Streichhölzern führt. Vor der Küste treibt in Bildmitte ein aufgeklebtes, gefaltetes Papierschiffchen. Bei der ganzfigurigen schlanken männlichen Gestalt vorne rechts ist mit Ausnahme des Kopfes die Anatomie freigelegt, was zu Vergleichen mit de Chirico[30] führte, naheliegend wäre auch die Verbindung zu Max Ernsts *Die Anatomie Selbdritt* (um 1921, Abb. S. 14)[31]. Die weißen Flocken im Himmel und über dem Leuchtturm deuten auf Schnee, der vom hellen, mit dem Pinsel getupften Grund absorbiert wird. Vor ihm bietet der gleichsam gehäutete Mensch in seiner gläsernen Durchsichtigkeit ein Bild komischen Jammers, das die feinen, hier und da sprießenden zartgrünen Gräser mildern. Das lange schmale Gesicht und der dünne, aufgeschossene Wuchs legen ein Selbstbildnis Tanguys nahe, der mit dem kahlen

Max Ernst
Die Anatomie Selbdritt, um 1921
Zeichnung, Frottage, 18 x 36 cm
Sammlung Maurice Lefebvre-Foinet, Paris

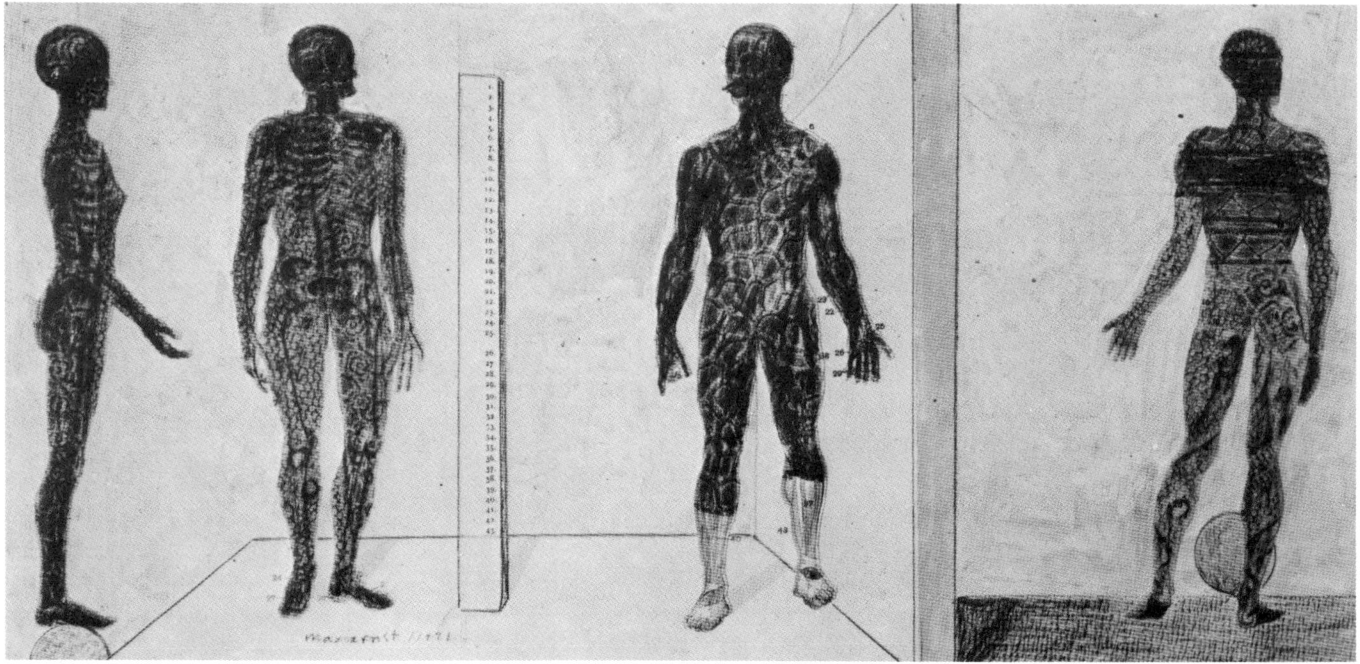

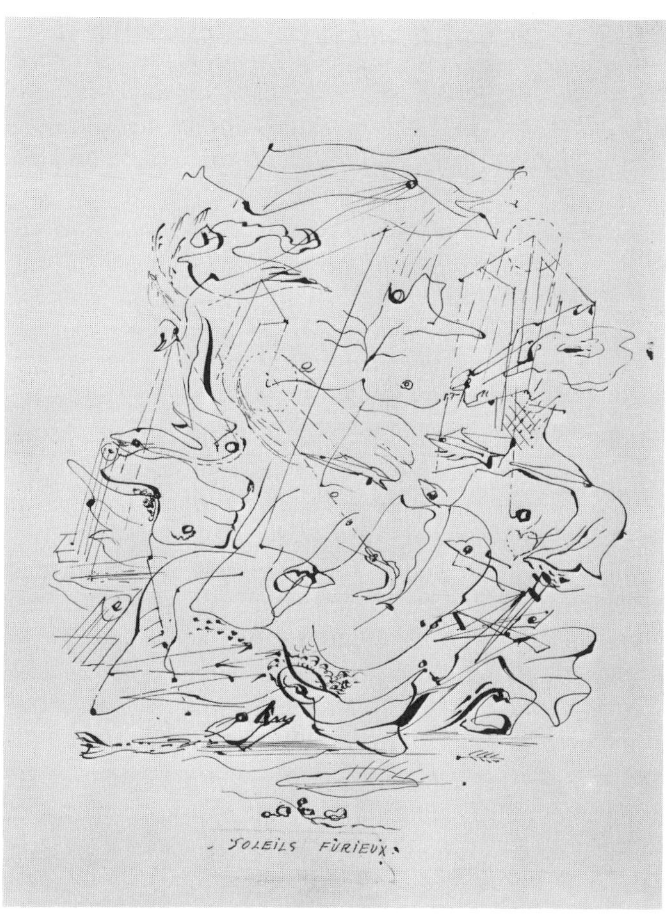

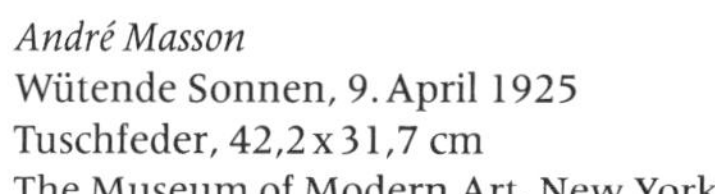
André Masson
Wütende Sonnen, 9. April 1925
Tuschfeder, 42,2 x 31,7 cm
The Museum of Modern Art, New York

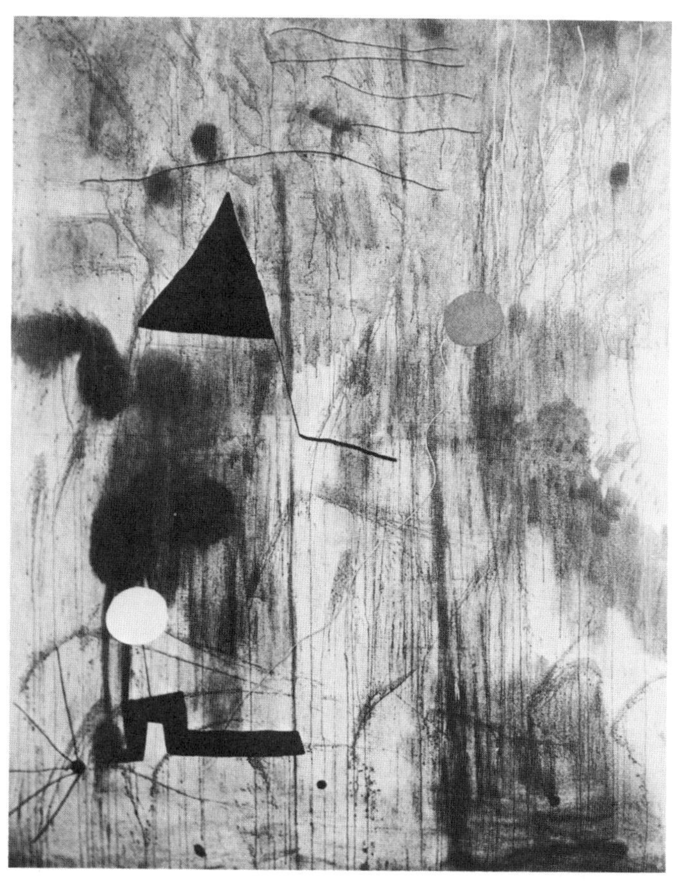

Joan Miró
Die Entstehung der Welt, 1925
Öl auf Leinwand, 245 x 195 cm
The Museum of Modern Art, New York

Schädel die frühe Einbuße seines berühmten abstehenden Haarschopfs – auf dem Aquarell von 1925 (Frontispiz) sträubt er sich noch über einer düsteren Physiognomie – vorweggenommen hat.

Die heterogenen Themen, über die Tanguy sich von 1924-1926 vortastet, dienen dem Autodidakten zugleich zur Vervollkommnung seiner Technik. Die für ihn typische Subtilität kündigt sich spätestens in den letzten Bildern mit Collage von 1926 an. Mit ihnen ist er thematisch gesehen aus der urbanen Umgebung, in die er nie zurückkehren wird, bereits abgewandert. Der entweder durch Andeutungen in einem amorphen, von Miró beeinflußten Bildgrund markierte oder klar in die Elemente geschiedene landschaftliche Raum saugt die sehr vereinzelten Gegenstände und menschlichen Figuren gleichsam an, nimmt ihnen, als herrschten hier leicht veränderte erdmagnetische Bedingungen, etwas von ihrer Last.

Das Jahr 1926 bringt durch die beginnende Freundschaft mit André Breton und die enge Bindung an den Surrealistenkreis starke Veränderungen für Tanguy und sein Werk. Unter dem Eindruck von Massons filigranen automatischen Federzeichnungen sowie Mirós Zeichnungen und Malerei entsteht eine Reihe äußerst sensibler Blätter, auf denen feine Linienbündel, Signalzeichen, landschaftliche Bestandteile und wirbelnde Mollusken, hastende Zahlen und keimende Hände gleichberechtigt eilig ihrem Selbstzweck folgen. Vereinzelt kommt es zu statischeren landschaftlichen Raumorganisationen mit phantastischen Elementen (1926, Abb. S. 10). *L'Anneau d'invisibilité* scheint noch vorher entstanden. Oder hat das dicht über dem niederen, grau-braun gewellten Erdreich schwebende Steingebilde mit den fliegenden Schollen auf manchen Zeichnungen zu tun? Das gelbe Lineal mit eingeritzter Holzmaserung, die von dem Erdkloß aufragende Meßlatte und dessen mit P, b, x, P^1, G^{11}, V durch gestrichelte und gerade Linien angegebene stereometrische Beschreibung, erinnert, trotz inzwischen völlig anderer Komposition und Gesamtstimmung, als Detail an de Chiricos

Prophet von 1915.[32] Die Beine lässig übereinandergeschlagen, diagonal von rechts nach links über die Bildfläche gestreckt, die Rechte an den Oberschenkel gelegt, die Linke erhoben, schwebt im Himmel eine große transparente Figur, aus linearen Ornamentpartikeln zusammengesetzt. Von ihrem Haupt steigt nach allen Seiten flammendes Gekräusel, ihr Gesicht deckt eine helle, ovale Papiercollage,[33] über ihrem linken Mittelfinger tanzt auf der Spitze seines ausgestreckten rechten Fußes ein winziges Männlein in historisierendem Kostüm. Dem mit der Elle angegebenen, irdisch-menschlichen Maß entrückt, sind sie reine Phantasiegebilde, wunderbare Erscheinungen.

Wie bedeutsam nun für Tanguy die seit 1923-1924 von Miró entwickelte Malerei wird, die man in Anlehnung an Texte von André Breton und Philippe Soupault als ›Champs magnétiques‹ (Magnetische Felder) bezeichnet[34,35], läßt sich an Werken wie *Dormeuse (Rêveuse)* (1927, Abb. S. 134) erkennen, wo die Komposition einer vom Wasser aus gesehenen schroffen Felsküste, über der weiße Lichter geistern, mit feinen schwarzen Linien in einen gleichmäßig hellgrünen Fond gezeichnet ist.[36] Während die *Schlafende,* eine brünette Schwester von Max Ernsts *Femme chancelante* von 1923,[37] wie in Trance erstarrt zusammen mit einer haarigen Ziffer Drei im linierten klaren Gewässer treibt, segelt im Himmel eine auf gesichtslosen rosa Kopf und muschelförmig zusammengeführte Hände reduzierte menschliche Büste. Ihr wehendes schwarzes Haarbüschel – auch der einsam schwebende Spitzhut ist entsprechend ausgestattet – läßt wieder an Tanguy selbst denken, der sich vielleicht auf ironische Weise hier eingeschlichen hat. Einzelne Motive, wie der eine Weile in allen Größen steil aufragende oder herumpurzelnde, prächtig ornamentierte[38] oder glatt-schwarze Zauberhut, nach oben sich verjüngende Leitern, dem Einmaleins davongerannte Zahlen, Buchstaben, die die Verlegenheit ihrer Isolation anscheinend farbig kompensieren, sind aus Mirós Fundus herübergekommen, um in rauherer Umgebung ein gewagteres Dasein zu führen. Soby[39] bringt den Kreisel auf *Il faisait ce qu'il voulait* (1927, Abb. S. 139) wegen der kantigen Form und der hart kontrastierenden Farbflächen mit de Chiricos Bildern der Ferrara-Zeit (1915-1918) in Verbindung, wofür auch das plastische Volumen spricht, das Mirós Figuren damals fehlt. Seine mit Lettern bestreute Oberfläche, auf der ein geisterhafter Vierfüßer trabt und die Art, wie er sich in einem Mirós *Entstehung der Welt* (Abb. S. 15) gleichenden, mit dunklen Wolkenformen und Farbrinnsalen strukturierten Leinengrund auf der Spitze dreht – vom Horizont her durch ein weißes Fabeltier belauert –, ist insgesamt dem Katalanen verwandter, doch längst Bestandteil einer eigenen, von ambivalenten Stimmungen beherrschten Bildwelt. Mit *Genesis* (1926, Abb. S. 137) behandelt Tanguy, wie bereits Schmied[40] anführt, das Thema von Mirós Hauptwerk aus dem Jahr 1925.[41] Auf dem Weg zur bald gänzlichen Preisgabe der menschlichen Figur – im Tierreich weichen die selten vorkommenden Vögel, Reptilien, Pferde und die stillen wundersamen Fische den Mollusken – läßt Tanguy hier eine kleine weibliche Gestalt mit Riesenschritten über ein Hochseil rennen, als laufe sie dem Sündenfall davon oder schnurstracks in ihn hinein. Ihr schwarzes Kleid flattert im Wind, und

Giorgio de Chirico
Mysterium und Melancholie einer Straße, 1914, Detail
Öl auf Leinwand, 87 x 71,5 cm
Privatsammlung, USA

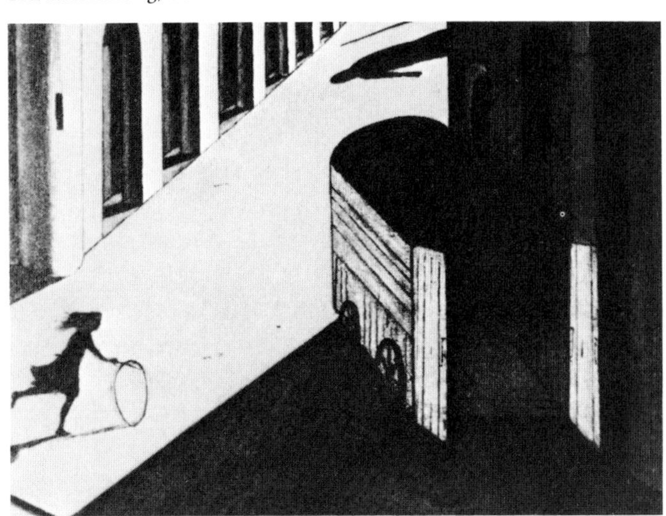

Max Ernst
Zwei Kinder werden von einer Nachtigall bedroht, 1924, Detail
Öl und Holz auf Holzkonstruktion, 46 x 33 cm
The Museum of Modern Art, New York

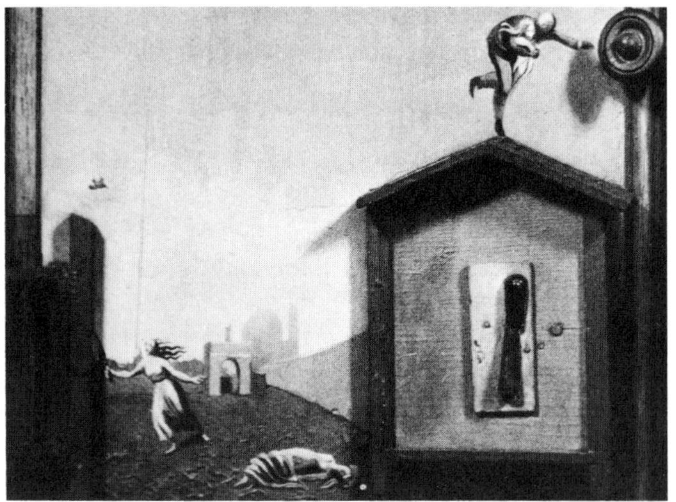

ihr dunkler, wehender Schopf stellt sie in den Reigen der Mädchen und Frauen, die von Schrecken oder bewegtem Spiel gejagt, mit ihren aufgelösten wehenden Haaren den Zustand des Außer-sich-seins – den état évocatoire – vergegenwärtigen (Abb. S. 16f.).

Neben den delikaten, meist in Himmel und Erde geschiedenen Landschaften, entstehen von 1926 bis 1929 einige sehr düstere Bilder mit fast gänzlich schwarzem Grund, in dem die farbigen Partikel, Wolken, Fähnchen, Pflanzen sowie undefinierbare plastische Gebilde in nächtlichen Räumen oder auf dem Meeresgrund treiben, in Wetterleuchten gespenstisch aufscheinend. *L'Orage* (1926, Abb. S. 136) und *Titre inconnu* (1929, Abb. S. 64) müssen hier beispielhaft angeführt werden.[42]

Als Tanguy am 27. Mai 1927 in der Galerie Surréaliste, Rue Jacques Callot 16, seine erste Einzelausstellung zeigte, wies der Katalog dreiundzwanzig Nummern auf, von denen einige wegen ihrer »Anmut und Klarheit«[43] zu den besten Gemälden des Gesamtwerkes zählen. Alle hatten neben dem einen Titel, den Breton gemeinsam mit ihm in psychiatrischer Literatur Patientenäußerungen entnahm, den makabren zweiten ›Quand on me fusillera‹ (Wenn man mich erschießen wird) und wurden damit als Variationen eines Generalthemas ausgegeben.[44] Tanguy hat den Titel im folgenden Jahr nochmals separat für ein Bild (Abb. S. 146) verwendet, die doppelte Benennung geriet nach der Ausstellung ohnehin für die einzelnen Gemälde in Vergessenheit.

Sieht man von einer kleinen Anzahl von Werken ab, bei der er relativ grobe Leinwand benutzte und sehr trocken, vorzugsweise in Grautönen mit weißen und roten Akzenten arbeitete, so hatte er bereits zu der für ihn typischen Malweise gefunden.[45] Auf feiner Leinwand verteilt er sparsam die Farbe, die er nur punktuell oder in Ausnahmefällen pastoser einsetzt. Tanguy soll in dieser Zeit seine Bilder während der Arbeit auch gedreht haben, was für ihre abschließende Organisation allerdings keine große Rolle spielt. In die mit weichem Pinsel, der den Duktus verschwinden ließ, gemalten, auch horizontal streifig gebürsteten oder durch nachträglich aufgegossene Lösungsmittel strukturierten Bildgründe, ritzt er vegetabil anmutende Linienbüschel, senkrechte Geraden, hauchdünne geometrische Zeichnungen, die infolge freigelegter Grundierung hell wirken. Wolkige Formen sind manchmal mit breitem Pinsel in einem Ansatz strähnig ausgemalt (Abb. S. 145) und geraten dadurch in Kontrast zur feinen Modellierung in der Landschaft verteilter, plastischer biomorpher Formen. Sie leuchten rot, grün, blau, wirken aber meist wie durch Mimikry der beige-braunen Umgebung eingepaßt. Gelegentlich lassen sie Samen ab oder verstäuben wie reife Pilze in sensibler Punktierung Sporen. Zusammen mit den dunklen Schlagschatten, die ihre Form variierend, an ihnen haften, wenn sie nicht unter ihnen treiben, ergeben sie bizarre Gebilde, die durch ihr anscheinend lebewesenähnliches Verhalten vertraut, durch ihre Form befremdlich wirken. Die Landschaften, in denen sie vorkommen, können Wüstenstrecken, ausgetrocknete Strände, Küsten sein, in keinem Falle wirken sie sehr einladend. Verschiedene Stadien der Dämmerung rechtfertigen die gebrochenen Valeurs, deren kaum

Yves Tanguy
14 Genesis, 1926, Detail

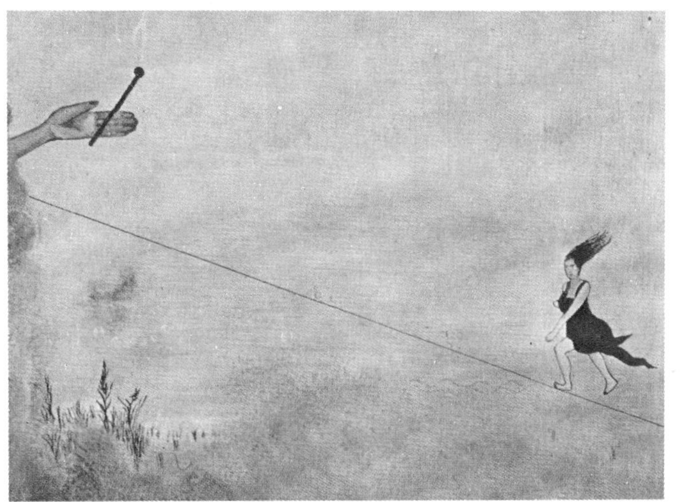

Salvador Dalí
Strandszene mit Figuren, 1937, Detail
Tusche, weiß gehöht, 38 x 50 cm
Sammlung Edward F. W. James

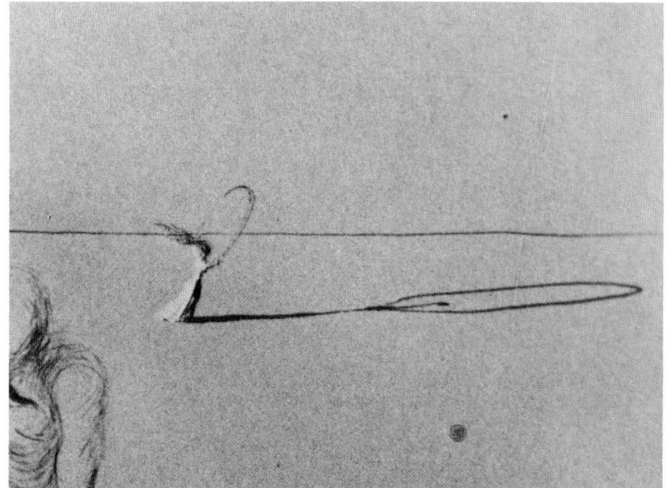

merkliche Übergänge selbst bei schattig-gestreiftem Terrain durch Linear- und Farbperspektive den Eindruck der Weite nach allen Seiten suggerieren. Diagonale Anordnung von Kompositionselementen verstärkt die räumliche Illusion, die Tanguy von 1927-1929 durch feine gemalte oder gekratzte lineare Konstruktionen intensiviert. In den Bildern von 1927, bei denen der Horizont etwa zwischen der oberen und unteren Grenze des mittleren Drittels schwankt, sind die schon in früheren Arbeiten auffallenden Akzente durch Hügel, Türme, Gewächse in der linken Bildhälfte beibehalten. Sie verbinden Erde und Himmel und fangen gleichsam von vorn rechts oder unten kommende diagonale Impulse auf, leiten sie nach oben, nach hinten um. Motivisch kann man sie mit de Chiricos Schornsteinen, Türmen, mehr noch mit den Monolithen der Bretagne in Verbindung bringen, um die sich archaische Phalluskulte, wie beispielsweise im Pardon von Ploneour-Lanvern, erhalten haben. In dem mit einem hellen Turm bestückten Bild *Mort guettant sa famille* (1927, Abb. S. 141) scheint diese Beziehung deutlich gegeben, zumal man in dem Thema eine autobiographische Anspielung auf die nach dem Tod von Tanguys Vater in die Bretagne zurückgekehrte Mutter vermutet. Für einige spätere Bilder (*Luc le bonimenteur/Luc der Marktschreier,* 1936 oder *Le Géomètre/Der Geometer* 1938) lassen sich Zusammenhänge mit megalithischen Steinzeichnungen in der Bretagne aufzeigen.

Ploneour-Lanvern, Bretagne; Tanz um den Menhir am Tag des Pardon

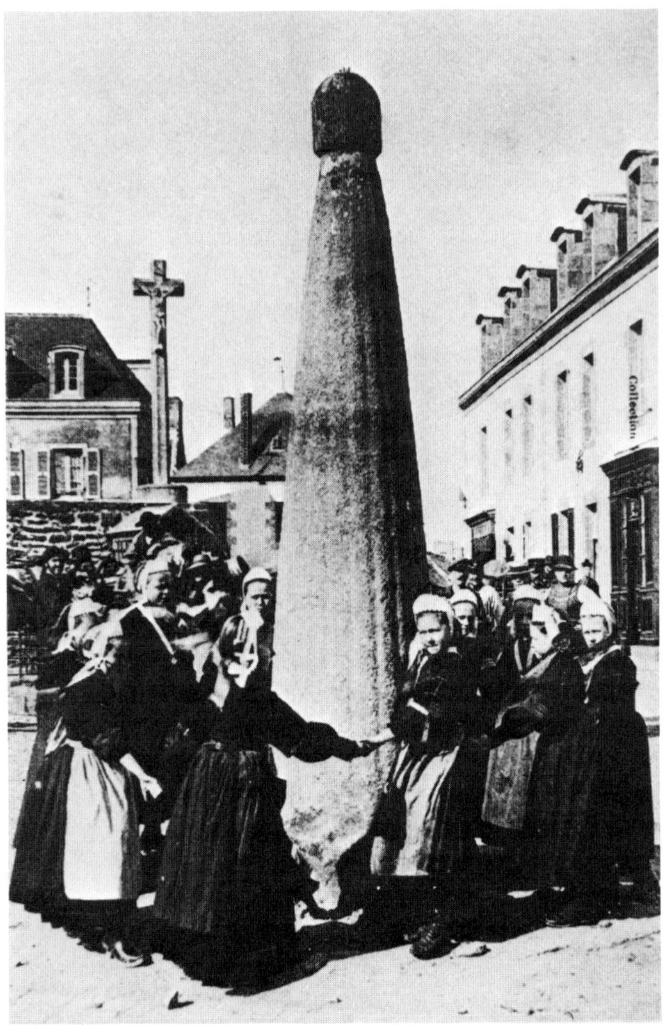

In *Un Grand tableau qui représente un paysage,* einem der schönsten Bilder Tanguys, ragt an der meistens akzentuierten Stelle in der von weichen Schattenbändern gestreiften Ebene eine Art Plateau auf. »... aus dem einen Ende wachsen«, so schreibt Rubin, »der Kopf und Oberkörper eines menschlichen Wesens heraus, dessen Haltung und kompositorische Einordnung an de Chirico erinnert.«[46] Die von Rubin gezogene Parallele zu de Chirico hat eine weitere Entsprechung in der schwarzen trapezförmigen Steilwand, vor der gebannt eine Art Hündlein steht[47]; weiße Büschel, die am Horizont an geraden Stengeln in den Himmel wachsen, flattern wie Fähnchen auf den zahlreichen Türmen der Bilder de Chiricos aus der Zeit von 1911-1914. Immer scheinen über diese Landschaften Tanguys Winde zu gehen, die Gräser, Rispen, Haare, Schwänzchen in eine Richtung kämmen, die in *Schattenland* (1927, Abb. S. 148) und *Wetterlaune* (1928, Abb. S. 149) den Sand hochwirbeln, am Boden und in der Luft die Fortbewegung dirigieren, kurz, in diesen befremdlichen Reichen auf Veränderung deuten. 1928 schabt Tanguy bei einigen Bildern mit dem Spachtel die dunkelbraune Farbe horizontal in Wellenbewegung wieder ab, so daß der Eindruck von gepflügten Äckern entsteht, in denen phallische Gebilde, einäugig-graue Gewächse knospen oder in die sich dunkelbunte Steine nisten. *Titre inconnu* (1929, Abb. S. 157) zeigt den Boden nur schmal; der dunstige blau-graue Himmel verliert – senkrecht gestreift – seine atmosphärische Transparenz und drängt als Vorhang das Geschehen wie auf einer Bühnenrampe nach vorn. Eine andere Werkgruppe von 1929-1930 (Abb. S. 158; Abb. S. 159; Abb. S. 161; Abb. S. 163; Abb. S. 165 u.a.), bei der die leicht gewellte, auch kleine Hügelspitzen beschreibende Horizontlinie etwa in Höhe der Bildmitte liegt, auch ein wenig darunter – wenn sie sich überhaupt abzeichnet – läßt sich als Unterwasserlandschaften ansehen. Auf dem sandfarbenen oder grau-braunen Grund ruhen Seeanemonen, gelbe, grüne, weißliche Mollusken – nicht im einzelnen auszumachendes Meergetier, das auch im durchsichtigen Grün, Grau, Blau, Gelb darüber treibt. Strömungen sind angedeutet, aber das Tempo wirkt unendlich verlangsamt, jegliche Dramatik ist verschwunden. Nichts zieht ins Bild. Wie durch die

Scheibe eines Tiefseeaquariums bietet sich der kühl-melancholische Zauber entrückten Daseins. Die Irritation erfolgt auf den zweiten Blick: Ist das Wasser vielleicht Luft, der Seegrund trockenes Ufer, die gelbe geschwänzte Form ein phantastisches Lebewesen? Ambivalenz der Lesbarkeit wird voll ausgereizt zu einer faszinierenden Verunsicherung. *En le temps menaçant* – In der bedrohlichen Zeit – (1929, Abb. S. 167) lautet der bedeutungsschwere Titel eines Bildes, bei dem die Grenzen zwischen festem Boden, Wasser, Luft nicht mehr auszumachen sind, sondern durch eine Zone ersetzt wirken, in der die Aggregatzustände ineinander übergehen.

1930 reist Yves Tanguy mit seiner Frau Jeannette nach Nordafrika, das er bereits aus der Militärzeit kannte. Über die genauen Motive und Umstände weiß man nichts, zweifellos bringt ihm die Reise zu einem schwierigen Zeitpunkt Veränderung. 1929 war er aus der Rue du Château Nr. 54 ausgezogen; die Existenzsorgen begannen. Mit dem Erscheinen Salvador Dalís in der Surrealistengruppe fühlte er sich zurückgesetzt. Die Kunst der Selbstinszenierung verstand Dalí besser. Während der ersten Pariser Jahre erhielt er aber von Tanguy die entscheidende Anregung zu seinen Kompositionen und Themen, den leeren Stränden, einsam die Ebene markierenden Türmen, den in einer illusionistisch gemalten, imaginären Landschaft fliegenden, schwebenden Figurationen. Daß Tanguy nach der Afrikareise beginnt, Vorzeichnungen auf die Leinwand zu machen, spricht auch für eine künstlerische Krise als Reisemotiv, hinter der das Infragestellen der automatischen Verfahrensweise gestanden haben könnte. *Légendes ni figures* (1930?, Abb. S. 168) *Palais promontoire* (1930, Abb. S. 50), *La Tour de l'ouest* (1931, Abb. S. 170), *L'Armoire de Protée* (1931, Abb. S. 171) gehören zu den Bildern, mit denen er nach seiner Rückkehr neu einsetzt.

Légendes ni figures bietet die Aufsicht auf eine terrassenartig geschichtete geologische Formation, die kühn mit ihren lebhaft gewellten Konturen in einen kräftig blauen Himmel ragt, von dem ein farbiger Schimmer auf ihr steinernes Grau fällt. Die nach oben immer kleiner werdenden Ebenen sind an den Rändern so ausgewaschen, daß sie wie Gewandfalten senkrecht stehen, von parallelen Schatten streifig modelliert. Zwei kerzengerade Türmchen mit ebenfalls stark gewelltem Grundriß überragen das Plateau, umschwebt von den schwarz-weißen Flugobjekten, die fast aus Arps Reliefs gelöst sein könnten. Licht spielt mildernd über die rigiden Felsen. Die weißen Wolkenstreifen täuschen nicht darüber hinweg, daß die schichtweise Versteinerung der Welt hier schon begonnen hat. »Ich möchte«, sagt Tanguy später zu Julien Levy, »so gern darstellen, was hinter dem Hügel liegt.«[48] *Légendes ni figures* schließt jenseits der Felskante den Abgrund nicht aus. *Palais promotoire*, das größte Format dieser Gruppe, ist ein fast ganz im beige-grauen Leinwandton gehaltenes Bild. Hier schichten sich die in *Légendes ni figures* dargestellten Erdformationen wuchtiger auf, von einem Stumpf turmartig überragt. Einen vorbeiführenden, ausgewaschenen Weg, den vereinzelte kleinere Fels- und Erdformen wie eine Skulpturenreihe säumen, belagert ein breites Gebilde. Seine Stirnseite erinnert vorn mit fünf hochstehenden Lappen an die stilisierten Zehen eines linken Fußes, eine Vorstellung, die sich am hinteren Ende – mit der Ordnung – auflöst. Der dunkle Spitz rechts am Horizont, der in einem Strudel kreist, gleicht sehr dem Zauberhut von einst. Wie ausgewellter Teig hängen Lappen über die Terrassenkanten, ergießen sich über den Weg. Nur ein Hauch Rosa, Blau, Braun hat stellenweise in diesem ausgelaugten, verblichenen Erdstrich überdauert, und aus blauem Schaft mit rötlichen Düsen steigt feiner Dunst, über den fernen Turmstumpf strahlt es sternenförmig. In *L'Armoire de Protée* und *La Tour de l'ouest* behält Tanguy den hellbeigen Grundton bei, in den er behutsam Farbakzente setzt, geht aber zu weicheren, fließenderen Formen über. Während die Situation im *Palais promotoire* wie die Starre nach der Verwüstung wirkt, erfaßt *L'Armoire de Protée*[49], mit dem Untertitel ›O saisons, ô châteaux‹ (Oh Jahreszeiten, oh Schlösser) aus ›Une saison en enfers‹ eher einen dramatischen Moment. Mehrere Plateaus unterschiedlicher Höhe stülpen sich dunkel modelliert, durchsetzt mit Aderläufen, aus dem weichen Grund. Rote Lachen und Stümpfe lassen an die von Penrose im Zusammenhang mit Tanguys letztem Werk *Nombres imaginaires* (1954, Abb. S. 32) gemachte Andeutung der Kastrationsangst denken, was bestätigt wird durch die am Horizont aufgerichtete, wie von behaarter Haut abgeschälte Penisform, unter der sich ein Lager bunter Steine duckt. Im Vordergrund reckt sich etwas wie ein knotiges Ungeheuer, vielleicht eine Anspielung auf eines der dem Leib des Proteus entsteigenden Tiere, zumal Farbe und Formen des ganzen Bildes die Assoziation einer menschlichen Anatomie gestatten. Am Rande einer Terrasse vorne links klafft, leicht versteckt, der Boden, öffnet sich in einem tiefschwarzen Spalt und entlarvt das gesamte Terrain als fragwürdig-dünne Schicht.

Lyrischer und in seiner feinen Ausführung auf kleinem Format kommt *La Tour de l'ouest* den Gemälden der von Tanguy sehr geschätzten alten Niederländer am nächsten.[50] Felsformationen werden abermals in Aufsicht dargestellt, von denen eine unten als Vorsprung ins Bild ragt, eine zweite als in sich geschlossene Terrasse mit gehäuftem Aufbau aus dünnen Wänden und kugeligen Steinen[51] diagonal aus der Ebene wächst. Ihre Kontur bricht unregelmäßig in die Horizontlinie, von ihrem rosa getönten, äußersten Punkt geht ein Strahlenbündel aus, ebenso von einer kleinen, am Boden stehenden Form; sie gleichen weniger Leuchtzeichen als von Erdsubstanzen ausgehenden Emanationen. Auch die Art, wie etwas Undefinierbares aus einem gedrechselt-glatten, roten Element vorne links unter Druck entweicht, deutet auf nahe und an der Erdoberfläche stattfindende, aktive geo-physikalische Prozesse, die befremden, weil sie sich uns in der natürlichen Landschaft normalerweise so nicht, oder höchst selten darstellen. Kleine plastische grüne, rote, lila Figürchen stehen, liegen als vereinzelte Farbträger im nur partienweise hauchzart rosa, violett abschattierten, lichten Grund. Aus der Wand des zentralen Felsblocks wächst rechts eine Form, bei der die Erdschicht um neunzig Grad gedreht erscheint, so daß ihre welligen Randfalten parallel zum Boden, perspektivisch verkürzt, die Tiefendimension des Bildraumes steigern. Die Koppelung unterschiedlich gerichteter Teile, die einerseits nach stilisiert-künstlichen Vorgaben gestanzt scheinen, andererseits als selbstverständliche Bestandteile einer natürlichen Landschaft dargeboten sind, wirkt als zusätzliches Irritationsmoment, das die vom kleinen Format begünstigte, intime Annäherung zurückweist.

Yves Tanguy
Leben des Objekts, 1933
Le Surréalisme au Service de la Révolution, 1933, Nr. 6, 15. Mai 1933, S. 42

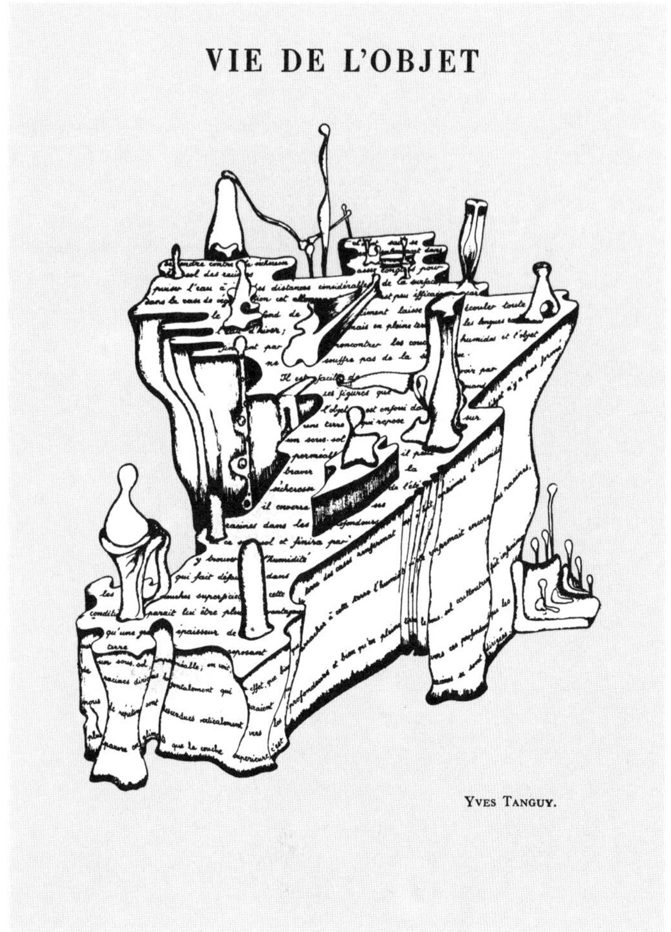

1933 sendet Tanguy an Paul Eluard eine Federzeichnung, in die er einen Brief schreibt, eine wie aus endlosen Stoffbändern gefältelte stilisierte Landschaft mit Hohlformen, Vorsprüngen, Überhängen und Einbrüchen. Richtungen drehen, Blickwinkel verkehren sich, nur mit einigen zentralen Details und dem Text, der sich zeilenweise durch das Gebirge mäandert, werden ungefähre Orientierungshilfen erteilt. Aus dem gleichen Jahr stammt auch Tanguys verwandtes Blatt *Vie de l'objet* (›Le Surréalisme au Service de la Révolution‹, Nr. 6, Mai 1933, S. 42, Abb. S. 20). Hier ist die Erdscholle mit dem Text aus einem Biologiebuch beschriftet, der Keimvorgänge in der Trockenzeit schildert. Die dünn sprießenden Stengel, die Erdeinbrüche erklären das Bild als reine Illustration, erhellen zugleich formale Anregungen für Formen und Figurationen zu Werken der Folgezeit. Auf diesen beiden Zeichnungen ist nicht mehr der Ausschnitt aus einer anscheinend zusammenhängenden Landschaft ins Bild gebracht, sondern eine in sich abgeschlossene, zentral gesetzte Form. *Paysage absolu* (1931, Abb. S. 172), *La Couche sensible* (1933, Abb. S. 178), *Le Fond de la tour (1933, Abb. S. 181)*, L'*Obsession de la prophétie* (1933, Abb. S. 180) zeigen u. a. solche in einer Ebene wie Tafeln, wie Inseln ein- und mehrschichtig lagernden Terrassen, um die und auf denen bizarre Figurationen, hartnäckige Reste nagender Erosion, Überbleibsel anderer Gesteinslagen, fremdartige Keime und Sprößlinge siedeln. Ein kleines Bild von 1932, *Roux en hiver* (Abb. S. 179), schildert, wie eine flache, düstere Landschaft unter einem gewaltigen grauen Flugkörper links übergeht in ein lückenloses Feld aus dunkelfarbigen, gleichmäßig glattgerundeten Steinen. Hier klingt bereits das Thema von Tanguys letzten Bildern an.

Im Anschluß an die 1930-1933 entstandene Werkgruppe gibt er die Vorzeichnung wieder auf, versucht sich nur kurz in der Decalcomanie-Technik (Abb. S. 21) und kehrt zu seinem früheren Prozedere, nach dem er auf die Leinwand malt, zurück. In den 1936 von Luft- und Farbperspektive definierten Räumen vervielfältigen sich die Horizonte, modellieren Dunstschleier, Aufheiterungen, Düsternisse, Eintrübungen die auf einen Grundton abgestimmten Ebenen und Himmel. Neben darin gereihten oder verstreuten abstrakten Formen, die durch ihre An- und Zuordnung auch immer wieder das Verhalten von Lebewesen suggerieren, tauchen gerichtete und ungerichtete Strahlenbündel auf,

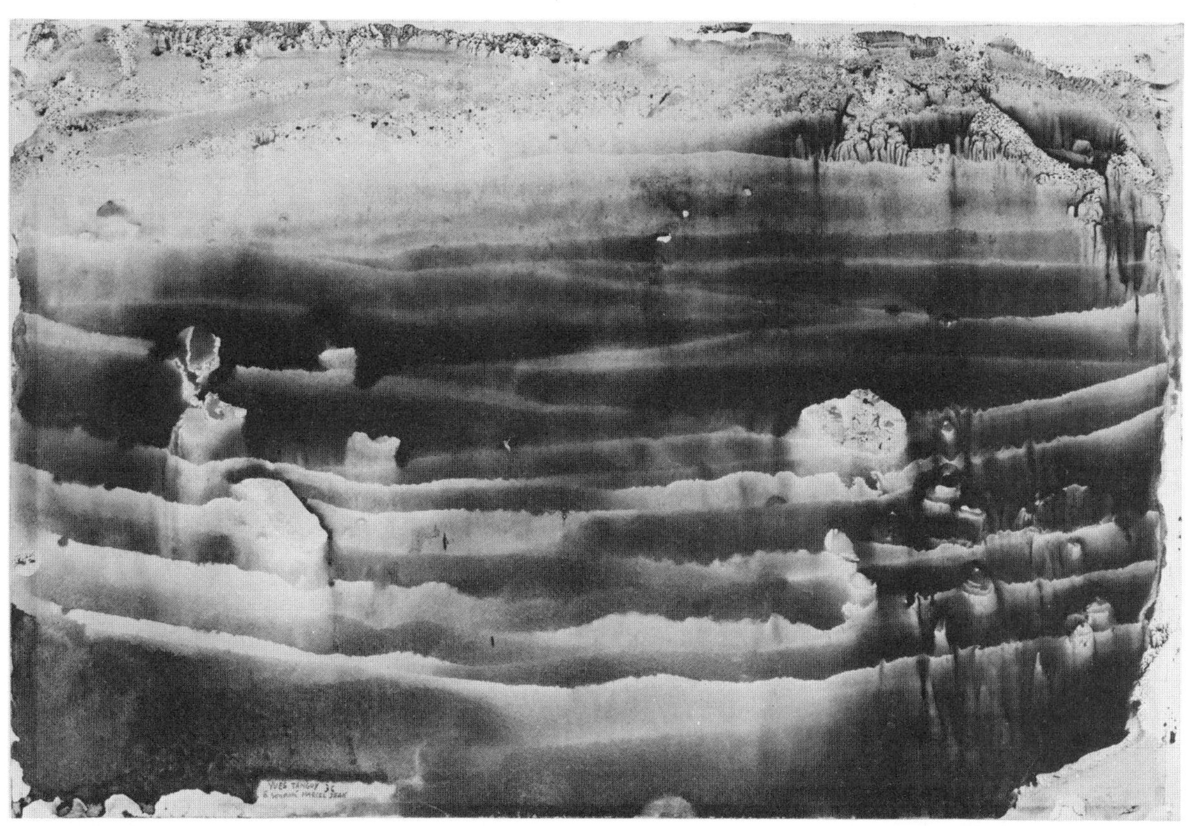

Yves Tanguy
Decalcomanie, 1936
Gouache auf Papier 30,3 x 48 cm
Sammlung Marcel Jean, Paris

Yves Tanguy
Decalcomanie, 1936
Tusche auf Papier 32,3 x 50 cm
The Museum of Modern Art, New York,
Alva Gimbel Fund

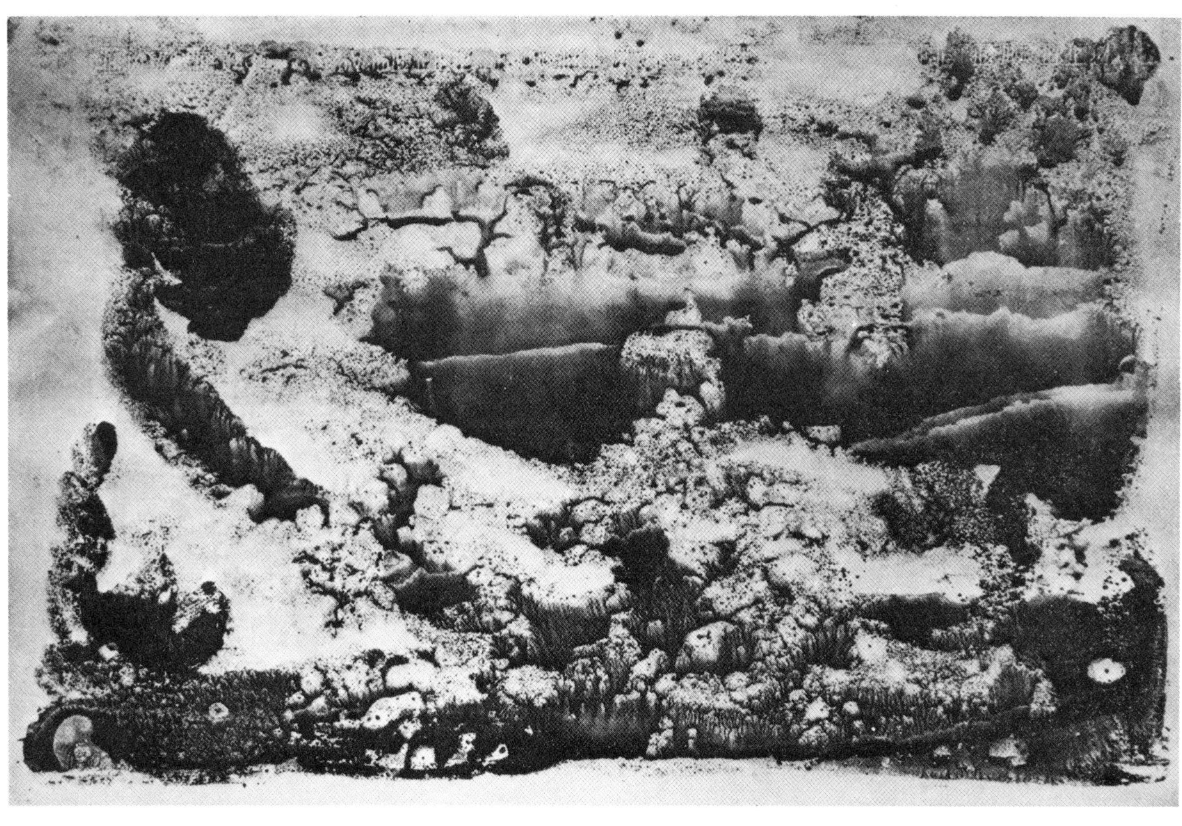

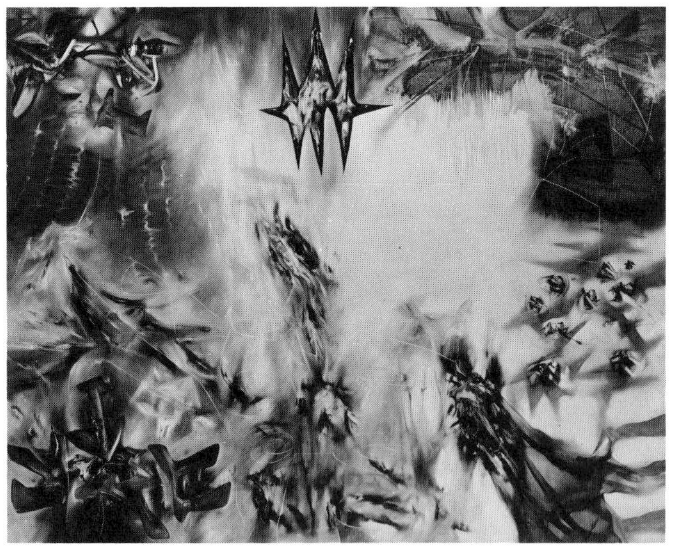

Roberto E. Matta
Der Gefangene des Lichts, 1943
Öl auf Leinwand, 192,5 x 252,5 cm
1974 Harriet Griffin Gallery, New York

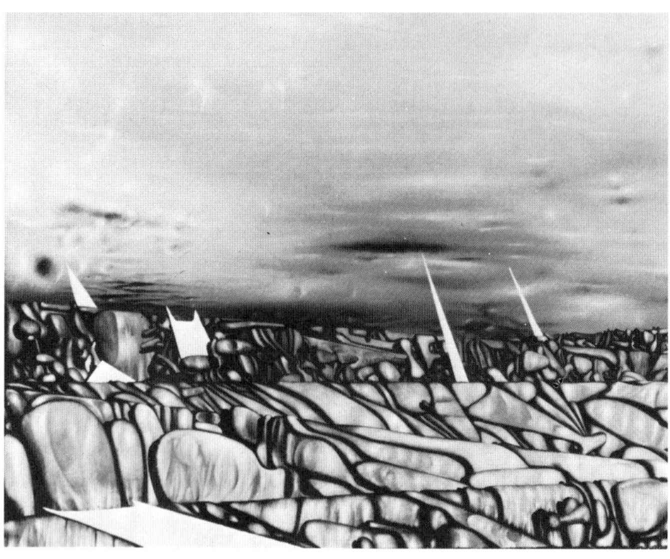

Yves Tanguy
Kat. 98 Gleiche Zeiten, 1951
Detail

emporsteigende Fähnchen aus zartem Rauch, als setzte das Erdreich in seinem Verfall energetische Quellen frei. Kugelige durchsichtige Blasen, geisterhafte Fluggebilde schweben in den lichten Gründen, die ab 1938 entstehen und bei denen die ganze Szenerie in ein Wolkenreich umgezogen zu sein scheint. Diese offenen Räume können am ehesten Matta, der stark von Tanguys Werk fasziniert war, beeinflussen. Er bringt sie jedoch in seinen ›Inscapes‹ um ihre Abgeklärtheit, indem er sie mit ungeheuer dynamischen Bewegungsabläufen und leuchtenderen Farbklängen gleichsam umwälzt. (Abb. S. 22.)

1939 verläßt Yves Tanguy als einer der ersten Künstler aus dem Surrealistenkreis Frankreich, um in den USA die amerikanische Malerin und Literatin Kay Sage zu heiraten, die er zuvor in Europa kennengelernt hatte. Tanguys Bilder aus den anfänglichen Jahren in Amerika, mit ihren größer, dichter, bizarrer werdenden Figurationen, die nun auch aus künstlichen Materialien zu sein scheinen, mit den grelleren, giftigeren Farben, sind häufig beschrieben worden. Den hier verwirklichten Dingbegriff setzten Werner Haftmann[52] und John Ashbery[53] in Beziehung zu Kafkas Odradek. Durch inzwischen veröffentlichte Briefstellen Tanguys ist seine Kafka-Lektüre zumindest belegt[54]. »Kann er denn sterben?« ist in der ›Sorge des Hausvaters‹ die auf Odradek bezogene, entscheidende Schlußfrage:
»Alles was stirbt, hat vorher eine Art Ziel, eine Art Tätigkeit gehabt und daran hat es sich zerrieben; das trifft bei Odradek nicht zu. Sollte er also einstmals etwa vor den Füßen meiner Kinder und Kindeskinder mit nachschleifendem Zwirnsfaden die Treppe hinunterkollern? Er schadet ja offenbar niemandem; aber die Vorstellung, daß er mich auch noch überleben sollte, ist mir eine fast schmerzliche.«[55]

Hier soll noch die letzte Werkgruppe beschäftigen, zu der sich von den Bildern Anfang der dreißiger Jahre eine Brücke schlagen läßt, wie *Temps égaux* (1951, Abb. S. 220), *Mirage le temps* (1954, Abb. S. 222), *Multiplication des arcs* (1954, Abb. S. 224) und *Nombres imaginaires* (1954, Abb. S. 32). Die Formen stehen kaum noch isoliert oder als Gruppe im Raum verteilt, sondern machen fast ausschließlich unter einem illusionistischen Wolkenhimmel im Vordergrund Front. Zu knöcherigen Röhren, kompakten Kugeln oder schieferigen Platten zersetzt, sind sie in phantastischen Spitztürmen, in größeren Rundformen in *Ciel traqué* (1951, Abb. S. 219) sogar zu menschlichen Silhouetten und abermals zu Terrassen neu organisiert. In *Temps égaux* stehen die Spitztürme nicht mehr aufrecht, sondern bilden, anscheinend von rechts und links ineinandergestürzt, die nach hinten gestaffelte Moränenlandschaft, aus der schmale weiße Spitzen ragen (Abb. S. 22). In diesen letzten Bildern verschwinden die dunklen Schatten der Gegenstände fast völlig. Weiße Flächen werden wie gemalte Papiercollagen eingeblendet. Sie stören die Illusion, da sie als anscheinend stellenweise Ausfälle des Malprozesses auf die Künstlichkeit und Fragilität der bildnerischen Imagination verweisen. Enthält der bunte Steingarten in *Les Saltimbanques* (Die Gaukler, 1954, Abb. S. 23), eines der letzten Bilder, die Reminiszenz an die megalithischen Anlagen von Carnac? Kehrt in *Du vert au blanc* (1954, Abb. S. 223) der Obelisk der *Genesis* von 1926 in multiplizierter Form

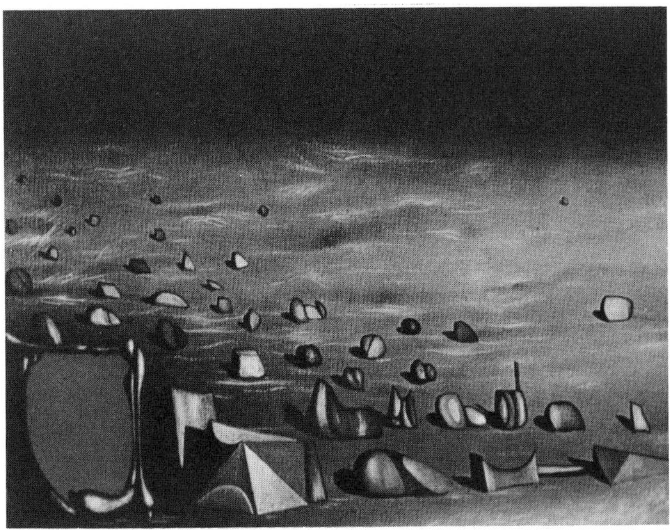

Yves Tanguy
Die Gaukler, 1954, Detail
Öl auf Leinwand, 43 x 33 cm
Mr. und Mrs. Barnet Hodes, Chicago

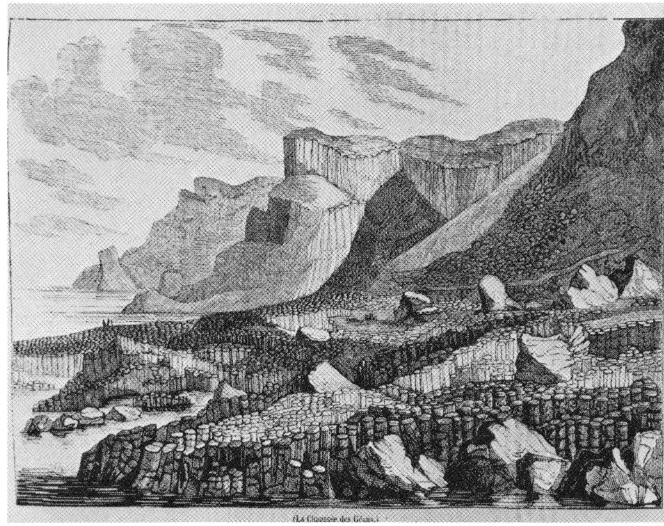

Die Straße der Riesen, Dokumentationsbild Spies 643 zu Max Ernst, La femme sans tête, Paris 1929, Tafel 114, aus ›Le Magasin Pittoresque‹

wieder? Sind die vervielfältigten Türme, zu Stümpfen abgetragen, gemäht, die frühen Schornsteine, Säulen, Zauberhüte? Sind in *Multiplication des arcs* die ausgebleichten Platten, Lagen, Schichtungen der eingeebneten Steinwüste mit ihren weißen Balken der zertrümmerte Hügel, hinter den Tanguy schauen wollte und der sich nun als unübersehbares Geröllfeld breitet? Soby, der das Entstehen der letzten Gemälde in Tanguys immer absolut leer und penibel rein gehaltenem Atelier miterlebt, berichtet darüber: »Zurück in Woodbury begann er zu seiner großen Erleichterung wieder zu arbeiten, er malte das subtile Bild *Mirage le temps* und die zwei kleinen Leinwände *Saltimbanques* und *Où es-tu?* Und während der letzten Monate seines Lebens vollendet er mit einiger Sicherheit das bedeutendste Werk seiner ganzen hingebungsvollen Laufbahn – *Multiplication des arcs*.

Ich sah Tanguy mehrere Male in Woodbury zu der Zeit, als *Multiplication* sich entwickelte. Er arbeitete wie ein Besessener, eilte nach einem kurzen Mittagessen zurück in sein Atelier, während er sonst stundenlang sitzengeblieben wäre (...) Deutlich spürte er, daß *Multiplication* die Zusammenfassung seiner lebenslänglichen Ziele und Zwangsvorstellungen werden sollte; am Ende eines Tages kam er erschöpft von den Stunden unerbittlicher Konzentration ins Haus. Und welch' ein kosmisches Werk vollendete er! Das Bild ist eine Art Friedhof der Welt, dessen unerklärliche Gegenstände sich in phantastischer Wirrnis vor einem sanften, brütenden Himmel sammeln.«[56]

In *Nombres imaginaires* kehrt Tanguy zu der hohen Horizontlinie zurück. Hier herrschen weder Tag noch Dämmerung. Es ist ein Nachtbild, aber die unsichtbare, grell aufgeblendete Lichtquelle läßt eine leblose Welt erscheinen. In einem Netz aus irregulären Becken stauen sich schwarze Wasser. Stümpfe reihen sich zu Stegen, massieren sich zu stoppeligen Feldern, verlieren sich in der Anhäufung mit anderem Geröll. In ihrer beigen Tönung, zwischen der sich dunkle Flächen breiten, gibt es ein kleines Rot, ein winziges Blau. Für die landschaftliche Struktur ist im Werk von Max Ernst (Abb. S. 23) eine verblüffende Parallele zu finden[57]. Mit ihm unterhielt Tanguy bis zuletzt eine enge Freundschaft, die für ihn seit den Anfängen in Paris – das ließe sich noch an unzähligen Beispielen darstellen – stets vielfältig anregend blieb. Er verleiht übernommenen Motiven jedoch eine gänzlich andere Bedeutung. Wirft er, so ist die Frage, in *Nombres imaginaires* einen letzten Blick auf die tote, in Nacht versunkene Welt? Oder ist er mit diesem Bild zum ersten Schöpfungstag, zur Genesis zurückgekehrt?

Die strikte Ablehnung, mit der Tanguy in seinem Text von 1954[58] die Einflüsse natürlicher Landschaften für seine Malerei zurückwies, kann nicht wörtlich genommen werden. Es sei dahingestellt, inwieweit er die von den Surrealisten propagierte Vorstellung vom ›creative process‹ hier quasi zitiert, oder die in aktuelle Bildvorstellungen völlig integrierte visuelle Erfahrung von ihm als etwas wesentlich anderes erlebt wurde. Motivische und kompositorische Einflüsse durch bildnerische Vorlagen werden von ihm sehr bald eingeschmolzen in seinen eigenen Stil, seine eigene Thematik. In dem Maß, in dem die Darstellung imaginärer Landschaften mit illusionistischen Mitteln für ihn zentral wird, beobachtet er die Scheidelinie zwischen den Elementen Wasser, Erde, Luft, deren eine oder andere Kombination ebenso interessiert wie die Verbindung aus den dreien. Mit dem Schwinden der biomorphen Figuration gewinnt allmählich der Wechsel der Aggregatzustände, der fließende Übergang selbst an Bedeutung. Allmähliche Zersetzung, Verfall erscheinen als Umwandlung der Materie und letztlich in einen Kreislauf eingebunden. Seine kosmologische Dimension ist hier fern der Naturbetrachtung in einer ästhetischen Tradition begründet, deren Wurzeln allerdings bis in die Romantik zurückreichen. Die Entdeckung des Wunderbaren, zu der Tanguy unter dem Einfluß der Surrealisten, schließlich als einer von ihnen, aufgebrochen war, und von dem er immer überrascht werden wollte, ließ ihn am Ende Aspekte einer Welt imaginieren, wie sie die technische Fotografie erst in den letzten Jahren zu liefern vermochte (Abb. S. 24). Ist er – bei seinem Wunsch, »darzustellen, was hinter dem Hügel liegt« – jenseits der Erde geraten?

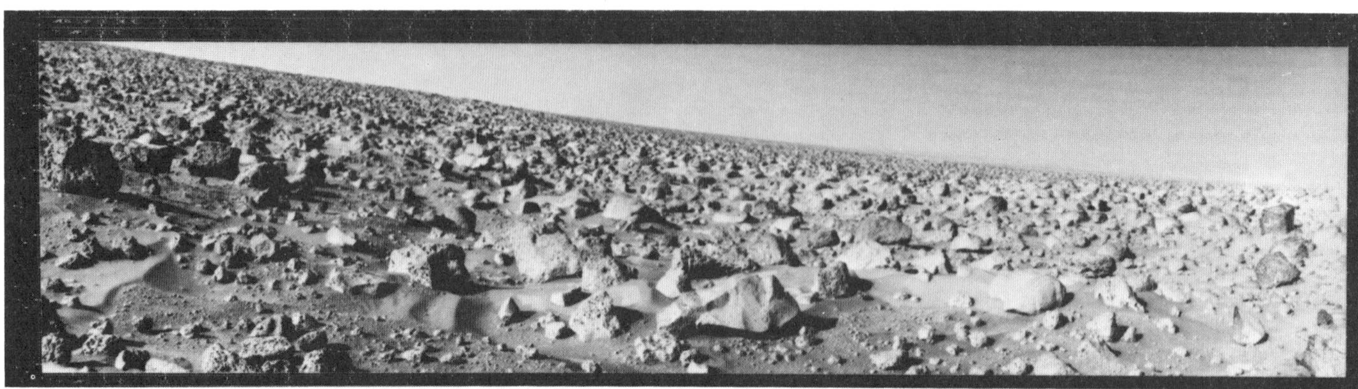

Viking 2-13
Marslandschaft, 6. September 1976
Foto Nr. 76-H-692
NASA

Anmerkungen

1 Hier benutzt: La Révolution Surréaliste, collection complète, Nrn. 1-12, 1. Dezember 1924-15. Dezember 1929, Neudruck, Paris 1975.

2 Hier benutzt: Le Surréalisme au Service de la Révolution, collection complète, Nrn. 1-6, Juli 1930-Mai 1935, Neudruck, Paris 1976.

3 Benjamin Péret, Yves Tanguy ou l'anatif torpille les Jivaros, Cahiers d'Art, Bd. X, Nrn. 5-6, 1935, dt. in diesem Katalog S. 120.

4 Yves Tanguy, hrsg. von Pierre Matisse in Zusammenarbeit mit Kay Sage, New York 1963.

5 Yves Tanguy. Das Druckgraphische Werk, hrsg. von Wolfgang Wittrock, mit Einführungstexten von Wolfgang Wittrock und Stanley William Hayter, Ausstellungskatalog, Düsseldorf, 1976.

6 James J. Sweeney, Interview mit Yves Tanguy in: Eleven Europeans in America, Ausstellungskatalog, The Museum of Modern Art Bulletin, Bd. XIII, Nrn. 4-5, New York, September 1946, S. 22 f., dt. in diesem Katalog S. 111 f.

7 Hierzu: Laura Rosenstock, De Chiricos's Influence on the Surrealists, in: De Chirico, Ausstellungskatalog, hrsg. von William Rubin, The Museum of Modern Art, New York, 1982, S. 127 ff., dt. München 1982.

8 John Ashbery, Tanguy, The Geometer of Dreams, in: Yves Tanguy, Ausstellungskatalog Acquavella Galleries, New York, 1974, S. 7. Ashbery deckt vielleicht die literarische Quelle auf mit seinem Hinweis auf Marcel Prousts Herzogin Guermantes, die den Rat erteilt, die Gemälde von Franz Hals in Haarlem von einem vorbeifahrenden Autobus aus zu betrachten.

9 Paris–Berlin, rapports et contrastes, france-allemagne 1900-1933, Ausstellungskatalog, mnam, cci, bpi, ircam, Paris 1978, S. 35.

10 Ebenda.

11 Vgl. Georges Sadoul, Paris, 15. Januar 1957, in: Yves Tanguy, Rétrospective 1925-1955, Ausstellungskatalog, Paris 1982, S. 64.

12 Mit einiger Phantasie läßt sich in dem Kopf eines Pfeifenrauchers am linken Bildrand das Porträt des Dichters Guillaume Apollinaire entdecken.

13 Öl auf Leinwand, 140 x 184,5 cm, The Museum of Modern Art, Gift of James Thrall Soby, abgebildet in: De Chirico, Ausstellungskatalog, hrsg. von William Rubin, a.a.O., S. 155, Tafel 32.

14 Öl auf Leinwand, 81,2 x 64,8 cm, Norton Gallery and School of Art, West Palm Beach, Florida, abgebildet in: De Chirico, Ausstellungskatalog, hrsg. von William Rubin, a.a.O., S. 164, Tafel 45.

15 Hierzu siehe: Reinhold Hohl, Tanguy und die surrealistische Figuration, in diesem Katalog S. 65 f. und die in seiner Anmerkung 5 zitierte Literatur.

16 Vgl. John Ashbery, a.a.O., S. 7. Während der Ausstellungsvorbereitung in Baden-Baden konnte dies von Christoph Schreier für die ersten 20 Bände der Serie überprüft werden. Denkbar wäre auch eine Anregung Tanguys durch die beiden Filmfassungen von ›Fantômas‹, die hier nicht zugänglich waren.

17 Marcel Jean in einem Video-Interview aus Anlaß der Ausstellung Yves Tanguy, Paris 1982.

18 John Ashbery, a.a.O., S. 7.

19 Hans Prinzhorn, Bildnerei der Geisteskranken. Ein Beitrag zur Psychologie und Psychopathologie der Gestaltung, Berlin 1922. Hier benutzte: Neudruck der zweiten Auflage, Berlin, Heidelberg, New York 1968. Die hier erwähnte Zeichnung von August Netter, Fall 18, Abb. 120, Bleistift, 20 x 25 cm, ist dort auf S. 211 abgebildet.

20 Fall 194, Abb. 32. *Vendôme-Säule,* Bleistift, 21 x 33 cm, Prinzhorn, a.a.O., S. 81.

21 Fall 326, Abb. 25, *Kopf,* Kohle, 16 x 20 cm. Siehe auch vom gleichen Patienten Abb. 26, *Figuren am Tisch,* Bleistift, 20 x 16 cm. Prinzhorn, a.a.O., S. 76.

22 Fall 1, Abb. 43, *Wagen und Baum,* Aquarell, 8 x 40 cm. Prinzhorn, a.a.O. S. 90.

23 Vgl. Man Ray, *Marine,* reproduziert in: La Révolution Surréaliste, Nr. 4, 15. Juli 1925, S. 13.

24 Hierzu siehe: Jean Starobinski, Surrealismus und Parapsychologie, Schweizer Monatshefte, 1965-1966, XLV, S. 1155 ff.

25 Vgl. George Grosz, *Deutschland ein Wintermärchen,* 1917-1919, Verbleib unbekannt, abgebildet in: Uwe M. Schneede, George Grosz, 2. Aufl., Köln, 1977, S. 114 und Max Ernst, *Aquis submersus,* 1919, Öl auf Leinwand, 54 x 43 cm, Städelsches Kunstinstitut, Frankfurt a. M. (ehemals Sammlung Sir Roland Penrose, London), in diesem Katalog S. 66.

26 Aus den zahlreichen Beispielen sei hier angeführt: *Das Bedauern,* 1916, Öl auf Leinwand, 59,3 x 33 cm, Munson-Williams-Proctor Institute, Utica, New York, abgebildet in: De Chirico, Ausstellungskatalog hrsg. von William Rubin, a.a.O., S. 178, Tafel 67.

27 Guillaume Apollinaire, Poetische Werke, Oeuvres poétiques (dt. von Gerd Henniger, Johannes Hübner, Lothar Klünner), Neuwied und Berlin, 1969, S. 315; der Originaltext ebenda, S. 314.

28 Marianne Kesting, Erschaffung, Verwandlung und das Ende der Welt. Literarische Parallelen zum Werk Yves Tanguys, in diesem Katalog S. 79.

29 Lautréamont, Das Gesamtwerk. dt. Ausgabe, Hamburg 1963, S. 25.

30 Vgl. *Eine handbreit schwarzen Netzwerks,* 1914, Öl auf Leinwand, 61 x 49,8 cm, Sammlung Mr. und Mrs. James W. Alsdorf, Chicago, abgebildet in: De Chirico, Ausstellungskatalog, hrsg. von William Rubin, a.a.O., S. 163, Tafel 44.

31 Zeichnung, Frottage, 18 x 36 cm, Sammlung Maurice Lefebvre-Foinet, Paris, abgebildet in: Werner Spies, Max Ernst – Collagen, Inventar und Widerspruch, Köln 1974, Nr. 163.

32 Öl auf Leinwand, 89,6 x 70,1 cm, The Museum of Modern Art, New York, James Thrall Soby Bequest, abgebildet in: De Chirico, Ausstellungskatalog, hrsg. von William Rubin, a.a.O., S. 171, Tafel 55.

33 Die Collage deckt ein Gesicht, dessen Ausdruck an das der *Götzenfigur?,* Fall 10, Abb. 137, erinnert, die Prinzhorn, a.a.O., S. 244, publiziert.

34 Hierzu: Joan Miró. Magnetic Fields, Ausstellungskatalog, The Solomon R. Guggenheim Museum, New York, 1972, besonders die Texte von Rosalind Krauss, Magnetic Fields: The Structure; Margit Rowell, Magnetic Fields: The Poetics.

35 Vgl. Joan Miró, *Gepflügtes Feld,* 1923-1924, Öl auf Leinwand, 66 x 94 cm, Sammlung Harold Diamond, New York, abgebildet in: William S. Rubin, Dada und Surrealismus, Stuttgart 1972 (engl. Originalausgabe Dada and Surrealistic Art, New York 1968), S. 153, Farbtafel XIV.

36 Es gibt insgesamt wenig Gemälde von Tanguy mit dominierendem Grünton. Ein allerdings in dunkleren Tönen als die *Dormeuse* gehaltenes Bild ist *Les Amoureux* (Die Liebenden, 1929), Öl auf Leinwand, 100 x 81 cm, Museum Folkwang, Essen, vormals Sammlung Alfred Barr jr.

37 *Schwankende Frau,* Öl auf Leinwand, 130,5 x 97,5 cm, Kunstsammlung Nordrhein-Westfalen, Düsseldorf.

38 Bei dem spitzen Hut auf *Je suis venu comme j'avais promis. Adieu,* 1926, (Kat. Nr. 12, Abb. S. 138) ist in das Ornament Tanguys Vor- und Nachname einbezogen.

39 James Thrall Soby, Yves Tanguy, in: Ausstellungskatalog, The Museum of Modern Art, New York 1955, S. 13.

40 Wieland Schmied, 200 Jahre phantastische Malerei, Berlin, 1973, S. 270.

41 Öl auf Leinwand, 245 x 195 cm, The Museum of Modern Art, New York.

42 Hierzu ausführlich: Reinhold Hohl, a.a.O., S. 66 f.

43 William S. Rubin, Dada und Surrealismus, a.a.O., S. 196.

44 Statt *Quand on me fusillera* (Wenn man mich erschießen wird) ist der Titel heute mit *Demain on me fusillera* (Morgen wird man mich erschießen) angegeben. Siehe hierzu auch: Marianne Kesting, a.a.O., S. 85 und Reinhold Hohl, a.a.O., S. 66.

45 Tanguy hat von den ersten Anfängen an seine Arbeiten signiert und

datiert, wobei er Versalien verwendet. Die anfängliche Abkürzung des Vornamens Y. gibt er schon bei den Aquarellen auf, bald auch die schräge Anordnung des Namens im rechten unteren Bildviertel, um ab 1926 rechts unten mit ausgeschriebenem Vor- und Nachnamen und nach oder darunter gestellter Jahreszahl (ohne Jahrhundert) zu signieren und datieren. Dabei stimmte er die Farbe mit der des Untergrundes ab. Ende der zwanziger Jahre bevorzugt er eine rote Signatur. Eine Ausnahme bildet *Le Bateau* (1926, Kat.Nr.6 Abb.S.124), wo der Name am rechten Bildrand von oben nach unten verläuft. Bei Bildern der letzten Periode paßt Tanguy die Signatur gelegentlich wieder Motiven der Malerei an.

46 William S. Rubin, Dada und Surrealismus, a.a.O., S.196.

47 Vgl. Giorgio de Chirico, *Die Kaserne der Matrosen*, 1914, Öl auf Leinwand, 81,2x64,8cm, Norton Gallery School of Art, West Palm Beach, Florida.

48 Julien Levy, Tanguy, Connecticut, Sage, in: Art News, Sept. 1954, S. 24-27 (»I want so much to represent those things behind the hill, that I never will see.« / Ich möchte so gern jene Dinge hinter dem Hügel darstellen, die ich niemals sehen werde.)

49 »Nereus – Proteus = ›erster Mensch‹ genannt – war der prophetische ›alte Mann des Meeres‹, der seinen Namen von Nereis erhielt. Er scheint ein orakelsprechender Heiliger König gewesen zu sein, der auf einer Küsteninsel begraben wurde. Auf einer frühen Vasenmalerei ist er mit einem Fischschwanz abgebildet. Aus seinem Körper kommen ein Löwe, ein Hirsch und eine Schlange hervor. In ähnlicher Weise wechselt auch Proteus in der ›Odysee‹ seine Gestalt, um die Jahreszeiten, durch die der Heilige König von Geburt bis zum Tode ging, zu kennzeichnen.« (Robert von Ranke-Graves, Griechische Mythologie. Quellen und Deutung I, Hamburg 1960, S.112). Mit dem Untertitel ›O saisons, ô châteaux‹ scheint eine Anspielung auf die Wandlungsfähigkeit gegeben zu sein.

50 Der jetzige Eigentümer hat diesem Umstand durch eine entsprechende Rahmung Rechnung getragen. Yves Tanguy, der handwerklich sehr begabt war, fertigte selbst für seine Bilder glatte, naturfarbene Holzrahmen an.

51 Sie gleichen verblüffend dem Luftballon-Strauß auf Max Ernsts Collage aus *Une semaine de bonté*, Paris 1934, Tafel 123, abgebildet in: Werner Spies, a.a.O., Nr.428, ähneln aber auch phantastischen blauen Trauben auf Hieronymus Boschs »Das Paradies auf Erden«.

52 Werner Haftmann, Malerei im 20.Jahrhundert, München 1954, S.337.

53 John Ashbery, a.a.O., S.11.

54 Yves Tanguy, Brief an Marcel Jean, Sedona, 23.Februar 1951, in: Yves Tanguy, Rétrospective 1925-1955, Ausstellungskatalog, Paris 1982, S.227.

55 Franz Kafka, Erzählungen und Skizzen, Darmstadt 1959, S.106.

56 James Thrall Soby, a.a.O., S.22.

57 Eine erstaunliche Ähnlichkeit zeigt die Landschaft auf Max Ernsts Collage *La femme sans tête*, Paris 1929, Tafel 114 (»... und sie sammeln aufs geradewohl aus den löchern der riesen-chaussee ein paar trockene küchlein auf. Diese ist eine anhäufung von wiegen.«), abgebildet in: Werner Spies, a.a.O., Nr.277. Werner Spies hat in dem Kapitel ›Dokumentationsbilder‹ die entsprechende Vorlage aus ›Le Magasin Pittoresque‹ mit dem Titel ›La Chaussée des Géants‹ abgebildet, die die Landschaft ohne menschliche Figuren zeigt. Tanguy hat diese sozusagen wieder beseitigt; jedenfalls ist wahrscheinlicher, daß er von der Collage Max Ernsts angeregt wurde, als von dessen Vorlage.

58 Yves Tanguy, The creative process, in: Art Digest, Bd.28, Nr.8, New York, 15.Januar 1954, S.14; dt. in diesem Katalog S.117.

Roland Penrose

Yves Tanguy

Was ist Surrealismus?
– Es ist das Erscheinen Yves Tanguys, gekrönt mit dem großen, smaragdgrünen Paradiesvogel.

André Breton

Dieser Herr weiß nicht, was er tut: er ist ein Engel.

Arthur Rimbaud, ›Eine Zeit in der Hölle‹

Es handelt sich folglich darum, die natürliche Anziehung und Abstoßung der Dinge zu kennen und sie gegeneinander auszuspielen... Könnte man also doch ändern, was uns als unwandelbare Ordnung der Dinge erscheint?

Gustave Flaubert
›Die Versuchung des heiligen Antonius‹

Es gibt ein Porträt, das mir viele Jahre lang Freude bereitet hat. Auf den ersten Blick ist man mit einem Clown konfrontiert, gut aussehend, naiv und frech. Seine Augen funkeln vor teuflischer Schläue, sein geschlossener Mund lächelt wie eine Muschel, ein Ohr steht von der Wange ab wie der Flügel eines kleinen Vogels, und mitten auf dem Kopf steht ein Haarbüschel senkrecht in die Höhe wie ein Rauchsignal. Dieses Porträt von Yves Tanguy ist ein Foto, das Man Ray 1936 aufnahm. Er hatte richtig erkannt, daß sein impulsiver, unberechenbarer Freund, den man auf den ersten Blick allenfalls für einen phantasiebegabten Einfaltspinsel halten konnte, die Fähigkeit besaß, eine Vision der Realität zu erfassen, und sie in seiner Malerei darzustellen.

Wie war dieses Phänomen wohl zustande gekommen, und wie konnte ein solches Talent sich so völlig problemlos entfalten? Gab es da vielleicht eine Parallele zwischen dem geheimnisvollen Prozeß, der bei Tanguy das bewußte Tun so eng mit dem Unbewußten verband, und jenem unglaublichen Apparat, den Raymond Roussel in ›Locus Solus‹ beschrieb? Dieses Gerät, »La Demoiselle, war in der Lage, lediglich durch die kombinierte Wirkung von Sonne und Wind ein Kunstwerk hervorzubringen«. Es befand sich in ›Locus Solus‹, dem Anwesen von Professor Cantarel, seinem Erfinder, und blieb untätig, bis Kräfte, über die es nicht verfügen konnte, die aber in seinen Mechanismus einprogrammiert waren, es wieder aktivierten. Sie befähigten es, sich in die Luft zu erheben und sich der einfallsreichen Aufgabe zu widmen, ein riesiges Mosaik aus menschlichen Zähnen zu erschaffen. Nur ›La Demoiselle‹ hatte die Eingebung, jeweils den einen Zahn zu finden, herauszuziehen und an der richtigen Stelle einzusetzen, der in Form und Farbe genau der richtige war, um die große Komposition zu vollenden. Der Professor war besonders stolz auf seine Erfindung, da sie ausschließlich durch nicht vorhersehbare Impulse gesteuert wurde, die sie von den Elementen empfing, »ohne daß irgendeine künstlerische oder vorausbedachte Absicht« im Spiel war. (Abb. S. 28)

Mir scheint, dieser phantastische Apparat hat eine gewisse Ähnlichkeit mit Tanguy. Noch dazu waren die absurden Geschichten von Roussel, auf die ihn seine surrealistischen Freunde aufmerksam gemacht hatten, neben einer bunten Auswahl anderer Bücher – vom billigen Schmöker bis zu den ›Gesängen des Maldoror‹ seine Lieblingslektüre. Auch Rimbauds ›Alchimie du verbe‹ gewährt eine Vorstellung von dem stürmischen Auf und Ab in Tanguys Psyche. Es besteht eine Wesensverwandtschaft zwischen der Farbe der Vokale und den Zeichen von Tanguys Bildsprache, für die es nie ein Lexikon geben wird – eine Sprache, in der die Silben die Essenz von Form und Farbe bilden und den ewigen Kreislauf der Natur widerspiegeln. Er könnte mit Rimbaud sagen: »Das war zunächst nur eine Übung. Ich schrieb das Schweigen, die Nächte, ich zeichnete das Unaussprechliche auf. Ich hielt den Taumel fest.«

Nach seiner Aufnahme in die unerhörte und geistreiche Gesellschaft seiner surrealistischen Freunde gab Tanguy die lockeren Versuchungen der Straßen von Paris auf, eine Veränderung, die Eluard in seinem Gedicht ›Yves Tanguy‹, (1932, vergleiche S. 177), ankündigte.

Ich will hier nicht versuchen, alle Stationen des Weges nachzuzeichnen, den Tanguy mit großer Sensibilität und mit viel Einfühlungsvermögen zurücklegte, bis er eine eigene Bildsprache entwickelt hatte, die in seinen reifen Werken wie *Maman, Papa est blessé!* (1927, Abb. S. 145) so großartig zum Ausdruck kommt. In beiden Werken öffnet sich dem Betrachter ein unendlicher Raum. Er wird von Dingen erfüllt, die keine natürlichen Objekte sind, aber dennoch völlig unterschiedliche Organismen mit eigener Persönlichkeit und eigenem Daseinsanspruch. Im ersten der beiden Bilder ist eine präzise gezeichnete Geometrie aus Linien sichtbar, so fein wie von einer Spinne – für Tanguy stets ein beunruhigendes Insekt – gewebt, und am Boden zeichnen sich dunkle Schatten ab, als solle bewiesen werden, daß die Objekte fest verankert sind oder hoch über der Erde fliegen wie Reisende im Weltraum, auf die die Schwerkraft nicht zutrifft.

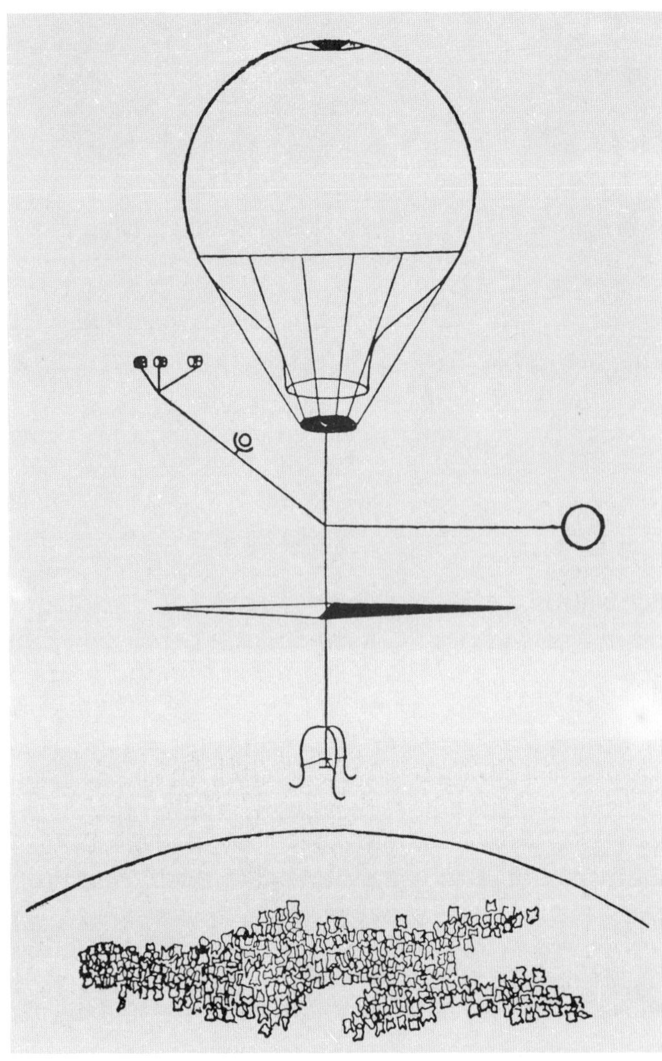

Roger Aujame Schema zu »La Hie ou la demoiselle« in Raymond Roussels »Locus Solus«, 1954

Die Titel der Bilder sind oft verblüffend. Sie wurden, wie bei den Surrealisten üblich, erst erfunden, wenn das Bild fertig war, und man beabsichtigte meist auch nicht, mit dem Titel den Bildinhalt zu erklären. Häufig besteht eine poetische Gedankenbrücke zwischen Titel und Bildinhalt, wie bei *Maman, Papa est blessé!*. Hier handelt es sich um einen Satz, den Breton und Tanguy in einem Psychiatriebuch gefunden hatten.

Tanguy fesselten die trügerische Nähe von Realität und Illusion, er folgte dem poetischen Drang, das Irrationale und das Absurde ins Gespräch zu bringen und fertigte mit feinem, klarem Strich eine Reihe von Zeichnungen an, die in ›Le Surréalisme au Service de la Révolution‹ veröffentlicht wurden: witzige Darstellungen der menschlichen Gestalt oder von Händen mit phallisch geformten Fingern. Ihnen folgten Objekte und Skulpturen aus Holz, Pappe und ausgestopftem Samt oder irgendeinem anderen Material, das ihn zum Gestalten reizte. Das Objekt *De l'autre côté du pont* (1936) entstand, als die Begeisterung der Surrealisten für das ›Leben des Objekts‹ (Abb. S. 20) ihren Höhepunkt erreicht hatte. Mit solchen Objekten wollten sie die enge Verknüpfung von Kunst und Leben, von Gegenständen des täglichen Lebens und Wahnerscheinungen betonen. Den gleichen Sinn hatten surrealistische Spiele wie ›Le Cadavre exquis‹.

Die Präzision, mit der Tanguy dreidimensionale ›trompe l'oeil‹-Effekte malte, war so illusionistisch, daß eine Nachschöpfung der erfundenen Formen als Skulpturen sich eigentlich erübrigt hätte. Aber immerhin können wir uns heute an diesen Objekten und an einer Reihe opaker Bas-Reliefs erfreuen, die er in seinen letzten Lebensjahren schuf. Es handelt sich um biomorphe Formen, bei deren Gestaltung die Struktur des Materials im Mittelpunkt stand.

Mit der ihm angeborenen Sensibilität des Bretonen wählte Tanguy intuitiv eine Palette gedämpfter Farben, vor allem Erdtöne und blasse Blau- und Graunuancen mit deutlich gesetzten Akzenten von Rot und Gelb. Gelegentlich ist ein ganzes Bild in einen aggressiven Rotton getaucht. In allen Arbeiten spielen die Schatten eine wichtige Rolle. Sie nehmen häufig biomorphe Formen an, erinnern an treue Hunde und sind gewöhnlich pechschwarz. Teilweise von den Objekten getrennt, wirken sie fast wie feste Körper; im Gegensatz zu den wesenlosen Schatten der Impressionisten haben Tauguys Schatten ihre eigene Persönlichkeit.

Tanguys Bilder zeichnen sich vor allem durch die unnachahmliche Darstellung des unendlichen Raumes aus, die ihm seine Geltung in der Malerei verschaffte, und die Dali dazu anregte, seine ›trompe l'oeil‹-Landschaften ähnlich zu malen. Bei Tanguy ist jedoch die Tiefe des Raumes variabler, subtiler und stärker fühlbar. Der Horizont erscheint als harte Trennungslinie oder verschmilzt vollkommen mit der Umgebung. In *Vieil horizon* (1928, Abb. S. 151) ist überhaupt keine Horizontlinie vorhanden, und der Betrachter kann sich ungehindert auf dem Meeresgrund bewegen; in *Dehors* (1929, Abb. S. 160) dagegen wird der Blick von der ungeheuren Weite des Himmels gebannt, und rätselhafte Wolkenformationen mischen sich mit Wesen, die die Erde bevölkern. Oder es schweben wie bei *L'Oreiller de satin* (1929, Abb. S. 162) geheimnisvolle Wesen wie Phantome durch den Raum, der in unergründliches Licht getaucht ist.

Nach einer kurzen Tunesienreise 1930 versuchte Tanguy seine Kompositionen vor der Malerei an der Staffelei zu skizzieren, verwarf diese Arbeitsweise aber sehr schnell wieder, weil er sie als Einschränkung seiner freien Phantasie empfand. In der kurzen Zeit, in der er nach dieser Methode vorging, entstanden jedoch einige sehr qualitätvolle Bilder. In *Légendes ni figures* (1930, Abb. S. 168), *L'Armoire de Protée* (1931, Abb.

S. 171), und *La Tour de l'ouest* (1931, Abb. S. 170) sind Nebelschwaden zu einer irdischen Architektur geronnen, die von der Küste aufragt wie eine versunkene, vom Meer freigegebene Stadt.

In einigen von Tanguys ergötzlichen Bildern der dreißiger Jahre, wie *Le Ruban des excès* (1932, Abb. S. 29 l.), versammeln sich die Bewohner seiner unendlichen Räume zu einem Tanz, machen Luftsprünge von dreihundert Metern und mehr, lösen sich aus einer Nebelbank, die wie eine Prozession von dicht gedrängten Gestalten dahinzieht, oder sind über eine endlose Ebene verteilt, wie in *Je vous attends* (1934, Abb. S. 183). Zecher necken sich, rempeln sich gegenseitig an, lassen Feuerwerkskörper knallen, winken mit wehenden Wimpeln, ziehen farbenprächtige Gewänder hinter sich her, tragen festlich angerichtete Platten mit unbekannten Leckerbissen, umarmen sich oder rennen sich gegenseitig um. Sie paradieren mit zeremoniellem Gebaren an unbeweglichen Wachtposten vorbei. Die über alles herrschenden plumpen Würdenträger, die kaum fingernagelgroß sind, werden von Scharen winziger Schmarotzer begleitet – eine Szene, die an die rätselhaften Prozessionen in Hieronymus Boschs Bildern erinnert.

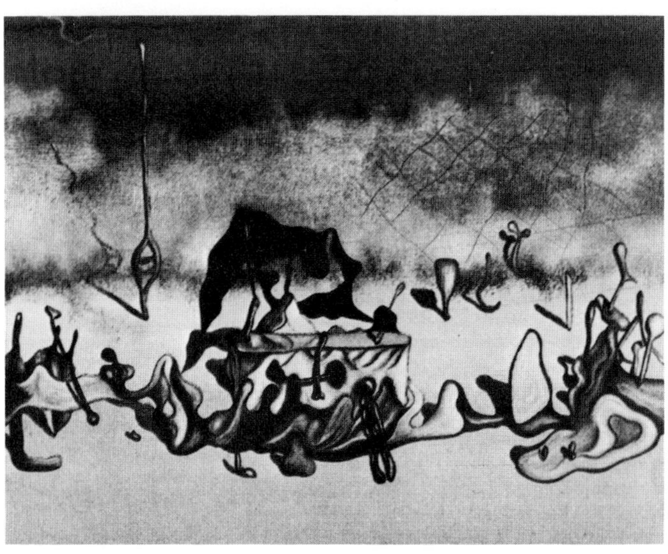

Yves Tanguy
48 Das Band der Ausschweifungen, 1932
Detail

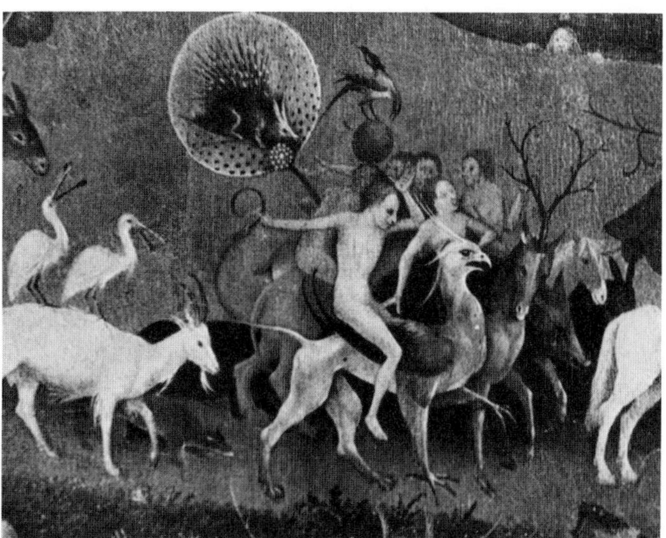

Hieronymus Bosch, Das Tausendjährige Reich
(Der Triumphzug um das Lebenswasser), Spätwerk, Detail,
Öl auf Holz, 220 x 195 cm, Museo del Prado, Madrid

Bosch war einer der Lieblingsmaler von Tanguy. Wie Bosch hatte sich auch Tanguy eine eigene Geheimsprache geschaffen. Boschs Bildwelt geht auf mittelalterliche Symbole zurück, deren Bedeutungsspielraum er erweiterte, ein Rebell, der sich dem Mythos der christlichen Religion widersetzte und einen Mythos schuf, der ihm zeitgemäß schien und der uns heute noch stark beeindruckt. Er ließ sich vom Gedankengut der Rosenkreuzer, einer Sekte mit mystisch-reformatorischem Charakter und eigenen Symbolen inspirieren, ähnlich wie Tanguy sich mit den Ideen der Surrealisten identifizierte. Boschs Malerei ist in eine Symbolsprache gekleidet, die mit Tanguys Visionen eines gemeinsam hat: Die Kombination von Durchschaubarkeit und Rätselhaftigkeit, deren endgültige Bedeutung wir noch nicht entschlüsselt haben, vielleicht auch nie entschlüsseln werden. Das sollte uns aber nicht die Freude an den Bildern dieser beiden Künstler verderben. Die Sprache von Tanguy ist fließender und frei von den Symbolgehalten in Boschs Bildern, die sich auf Szenen des täglichen Lebens beziehen und sie ins Mythologische übersetzen. Die surreale Welt von Tanguy besteht aus elementaren Formen und Sinneswahrnehmungen, die eine urtümliche, aber dennoch sehr zeitnahe Version der Realität wiedergegeben, den Mythos unserer Zeit.

Eine Parallele zwischen Bosch und Tanguy besteht auch in ihrer Vorliebe für Anhäufungen minuziös ausgearbeiteter Details. Tanguy hatte die Fähigkeit, seine Visionen trotz seines Alkoholismus mit überzeugender Präzision darzustellen. Ich erinnere mich an einen Abend mit ihm im ›Bal Tabarin‹. Ich war voll des guten Weines und hatte voller Neid und Entzücken ein ätherisches Ballett halbnackter Mädchen betrachtet, die sich auf geheimnisvolle Weise über die Schwerkraft hinwegsetzten und über unseren Köpfen dahinschwebten. Als ich mich im Morgengrauen von Tanguy verabschiedete, lud er mich für den gleichen Tag zum Mittagessen zu sich und seiner Frau Jeannette ein. Er begrüßte mich am Eingang seines Ateliers am Montparnasse, überreichte mir eine hervorragend gemalte Gouache und sagte: »Ich habe das heute morgen für Dich

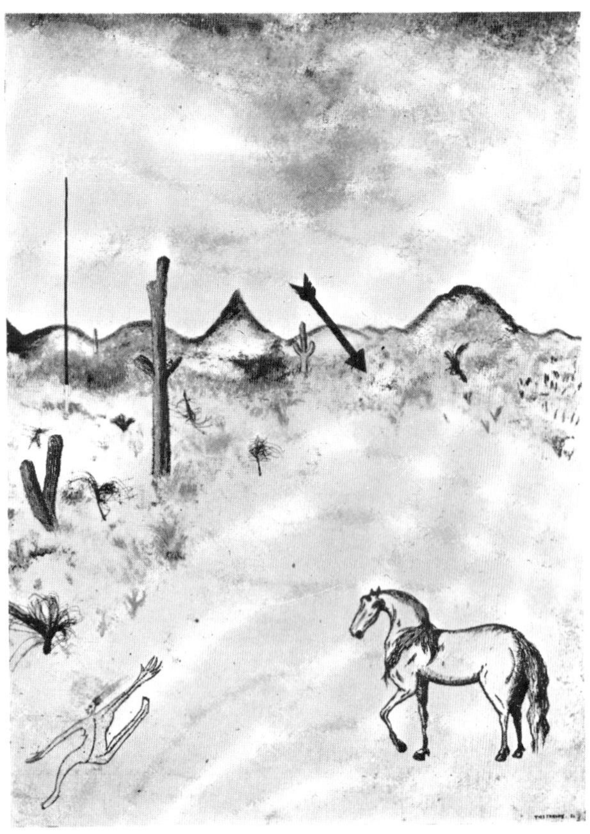

Yves Tanguy Die Angst, 1926
Öl auf Leinwand, Collage,
Privatbesitz, USA

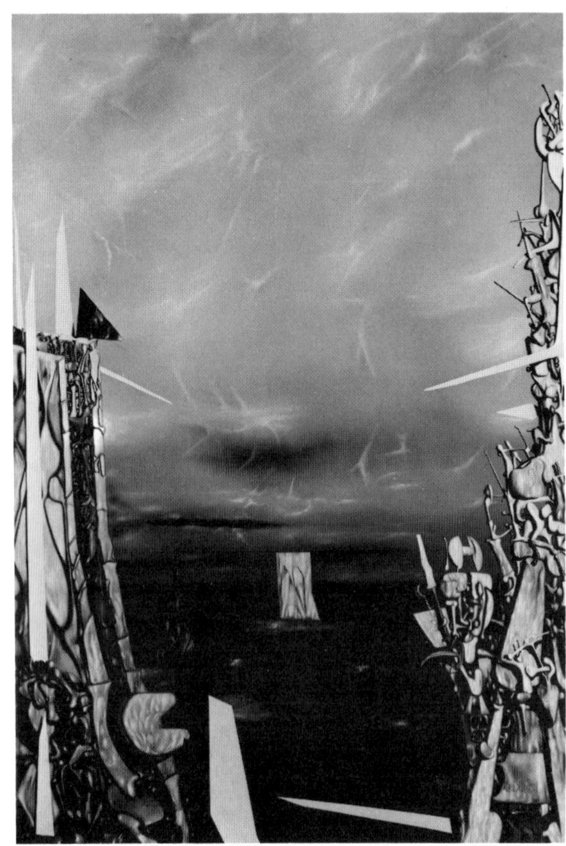

Yves Tanguy Die Angst II, 1949
Whitney Museum of American Art, New York

gemacht, um Dir zu beweisen, daß die Hand niemals zittert.«

Der Ausbruch des Krieges 1939 brachte eine entscheidende Wende in Tanguys Leben, die seine Malerei aber kaum beeinflußte. Durch seine zweite Ehe mit Kay Sage, einer sehr talentierten und charmanten amerikanischen Malerin, die er in Paris kennengelernt hatte, änderte sich sein Leben in materieller Hinsicht grundlegend. Nun war er von amerikanischen Freunden umgeben, die ihn und seine surrealistischen Landsleute, einschließlich Breton, sehr schätzten und konnte sich in Ruhe seiner Malerei widmen, die er mit großer Energie und nun auch ohne finanzielle Sorgen betrieb. Bis zu seinem Tod 1955 führte er mit Kay ein angenehmes Leben in einer relativ ruhigen ländlichen Gegend von Connecticut, aber seiner Malerei widmete er sich mit Hingabe und Leidenschaft wie in Europa.

Auch die Präzision und Klarheit seiner Malweise und seiner Vorstellungskraft behielt er bei. Seine Palette änderte sich geringfügig: die erdigen Farben wurden von aggressiveren Rot- und Blautönen abgelöst, und die Nebelschwaden über dem Meer lösten sich in dem hellen gleißenden Licht von Neu-England auf. Aber auch die Objekte, die seine Bilder bevölkerten, erhielten ein anderes Aussehen, nahmen unverwechselbar amerikanischen Charakter an. Als Tanguy in Paris lebte, gehörten sie alle der gleichen Gattung an, sie waren nackt dem Erdboden, dem Meeresstrand, dem Himmel oder dem Meer entsprungen; jetzt bestanden sie aus Materialien, die der Mensch erfunden hat, ihre biomorphen Formen sind häufig von durchsichtigen Stoffen umhüllt, die in Faltenwurf und Farbe einer modernen Plastikhaut gleichen. Hier zeigt sich ganz deutlich, wie empfänglich Tanguy für neue Materialien war. *Ma vie blanche et noir* (1944, Abb. S. 207) ist ein wunderbares Bild, doch die Objekte scheinen aus der Fabrik zu kommen, sie sehen nicht aus, als hätte das Meer sie an Land gespült. Glichen sie früher urtümlichen Wesen, wirken sie nun wie Alpträume der Zivilisation des 20. Jahrhunderts. Tanguy hatte begonnen, sich zeitkritischen Betrachtungen zu widmen. Aus Locronan wurde Jones' Beach. Die Veränderung wird auch in *La Tour marine* (1947, Abb. S. 210) und mehr noch in späteren Werken wie *Là ne finit pas encore le mouvement* (1945, Abb. S. 206) und *D'une nuit à l'autre* (1947, Abb. S. 212) deutlich, auch wenn diese Bilder wieder von nackten Dingwesen bevölkert sind.

Wie diese Veränderung aussieht, läßt sich am besten durch einen Vergleich von zwei Bildern mit gleichem Titel beschreiben: *La Peur* (1926, Abb. S. 30) und *La Peur II* (1949, Abb. S. 30). Das ältere und ungemein fesselnde Bild entstand in einer Zeit, als Tanguys Stil noch nicht ausgereift und seine Erinnerung an die Reisen mit der Handelsmarine nach Afrika und Südamerika noch lebendig war. Die gnadenlose Wüste und die Unwirklichkeit des Dschungels hatten einen unauslöschlichen Eindruck auf ihn gemacht. Ein einsames, weißes Pferd zieht durch eine unfruchtbare Flußlandschaft, und ein schwarzer Pfeil zielt unheilverkündend auf einen unsichtbar lauernden Feind. In dem Bild von 1949 jedoch wird die Angst von Bedrohungen anderer Art ausgelöst. Eine dunkle Landschaft erstreckt sich bis zu einem blutbefleckten Horizont, sie wird begrenzt von zwei Türmen, die aus einem dichten Gewirr von scharfen Metallspitzen und -haken bestehen; Schleudern, Pfeile und kleinere Geräte sind zu irgendeinem düsteren Zweck ineinanderverkeilt, in der Bildmitte steht, in weiße Tücher gehüllt, ein Monolith, zu dem sich eine dreieckige schwarze Gestalt verstohlen hinschleicht. Es besteht kein Zweifel, der in Tücher gehüllte, aufrecht stehende Stein wird vom Waffenarsenal des überwältigenden Angebots von Kaufhaus-Elektronik bedroht, die den Gedanken an Krieg aufkommen läßt.

In vielen seiner späten Werke stellt Tanguy immer wieder spitze, degenartige Waffen dar, die den Himmel durchbohren; wie in *De Mains pâles aux cieux lassés* (1950, Abb. S.217) und in *Le Ciel traqué* (1951, Abb. S.219), einem zur Monochromie tendierenden Bild, erscheinen Anhäufungen von kleineren Objekten, die zu zwei mächtigen Köpfen anwachsen. Viele seiner Werke aus der amerikanischen Zeit, werden von einer Art Monumentalskulptur beherrscht, von einer überdimensionalen Gestalt, die eine zentrale Position einnimmt. Das war in den frühen Arbeiten von Tanguy nie der Fall. In den letzten Bildern zeigt sich oft das Unbehagen, das die beginnende Krankheit auslöste.

Der Himmel ist immer wieder mit Bedrohlichem angefüllt, wie in *Hekla* (1952, Abb. S. 221), in seinen großen Bildern wie *Mirage le temps* (1954, Abb. S. 222), *Du Vert au blanc* (1954, Abb. S. 223), *Multiplication des arcs* (1954, Abb. S. 224), und schließlich in seinem letzten Bild *Nombres imaginaires* (1954, Abb. S. 32) drückt sich unterschwellige Angst aus. Es kommen auffallend oft Objekte vor, die zu kriecherischen Untertanen reduziert sind, was an die berauschten Zecher in Boschs *Garten der Lüste* erinnert.

Das Symbol der abgebrochenen Säule, gewöhnlich Sinnbild für Kastration und Tod, beherrscht vor allem sein letztes, meisterhaft komponiertes Bild, dessen Inhalt seltsam berührt. Auch hier zeigt sich wieder Tanguys große Kunst, die Identität einer gegebenen Form durch Wiederholung zu verändern und mehr noch durch die raffinierte Gegenüberstellung von Formen, die einander anziehen oder abstoßen.

Durch die Illusion, die Tanguy mit seiner Malerei schafft, spielt er ein Spiel mit der Wirklichkeit, das ihn und uns in eine ähnliche Gefahr bringt, wie sie der heilige Antonius bestehen mußte, dem Bosch und Flaubert in ihren Werken so viel Aufmerksamkeit widmeten. Bei Flaubert führte ihn die Versuchung dazu, grundsätzlich jeglichen als wahr anerkannten Realitätsglauben zu bezweifeln. In einem Klima des ständigen Wandels gewinnt die Illusion vorrangige Bedeutung, sie führt unausweichlich an die Grenzen der Vorstellungskraft und wird uns zum Verhängnis oder führt uns zur Erlösung. Und hier kann ein Seher wie Tanguy uns leiten. Er kann uns den Funken eines überschwenglichen Lebensgefühls entzünden, wie Rimbaud es in Worten ausdrückt:

> »Sie ist wiedergefunden.
> Wer? Die Ewigkeit.
> Es ist das Meer mit der Sonne vereint.«

Oder uns – wie in seinem letzten Bild *Nobres imaginaires*, wo die verführerische Farbe, die in seinen früheren Arbeiten eine so große Rolle spielte, beinahe der Monochromie gewichen ist und ein bedrohlich dunkler Himmel mit der Schwärze der Nacht verschmilzt – die tragische Realität des Todes und der Dinge, die nicht sind, verstehen helfen.

In jungen Jahren war Tanguy genauso begeistert von den ›Chants de Maldoror‹ wie seine surrealistischen Freunde, aber er konnte Lautréamonts vernichtende Malediktionen nicht gutheißen. Seine Sprache ist transzendent, sie erwuchs aus seiner Vertrautheit mit den verführerischen Liebkosungen und den erbarmungslosen Willkürlichkeiten der Natur, denen wir alle in der Zelle, in der wir unser ›Lebenslänglich‹ abbüßen, mehr oder weniger ausgeliefert sind.

Tanguys Sprache ist ein Losungswort, mit dem man zum hellen Licht des Tages gelangt.

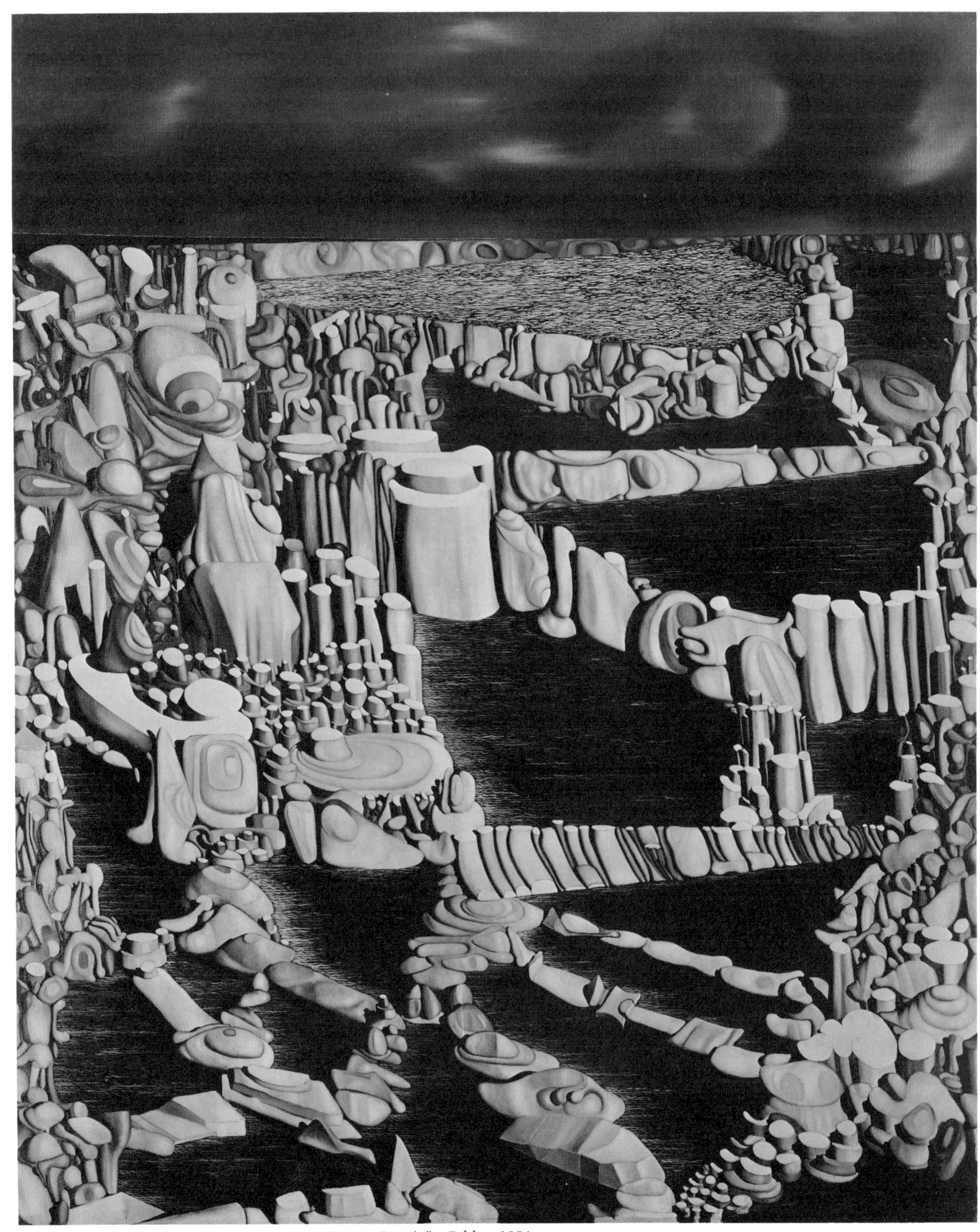

Yves Tanguy Imaginäre Zahlen, 1954
Öl auf Leinwand, 98,5 x 81 cm
Sammlung Thyssen-Bornemisza, Lugano, Schweiz

Robert Lebel

Die beschwörende Formenwelt Yves Tanguys

Mit Yves Tanguy stellen sich, selbst wenn man ihm, wie der Autor, persönlich begegnete, auch heute noch viele Fragen. Erstaunlicherweise scheint seine nächste Umgebung dies nicht so stark empfunden zu haben; man sah in der bretonischen Herkunft eine ausreichende Erklärung für die ungewöhnliche Persönlichkeit und auch für das Rätselhafte seiner Malerei. Tanguy wurde 1900 in Paris geboren, im Marineministerium am Place de la Concorde, wo sein Vater als Beamter tätig war. Schon vor längerer Zeit veranlaßte mich dies zu einer Interpretation, die mir noch aktuell erscheint: »Wahrscheinlich geht bei ihm letzten Endes alles von dieser fundamentalen Wahrnehmung (der Weitläufigkeit eines Platzes) aus, verwandt den Plätzen de Chiricos, aber er bestückte sie mit den Dolmen und Menhiren aus dem bretonischen Locronan, woher seine Familie stammte und wo er seine Ferien verbringen durfte. Die kindliche Überlagerung der Stadtlandschaft mit der ausgedehnten Küste könnte erklären, warum man manchmal bei frühen Bildern wie *Genèse* (1926, Abb. S. 137) schwankt, die im Hintergrund aufragende Form als Obelisk, Menhir oder Leuchtturm zu definieren.«[1]

Die Glaubwürdigkeit dieser Hypothese wird durch neuere biographische Kenntnisse gestützt.

Tatsächlich konnte das Panorama des Place de la Concorde Tanguy als Kleinkind nur wenig prägen, denn die Familie zog kurz nach seiner Geburt in die Rue de Cherche-Midi, wo sie bis zum Tode des Vaters (1907) wohnte. Yves verlebte seine Kindheit demnach hauptsächlich in Paris. Erst in späteren Jahren besuchte er seine Cousine in Pont-Rousseau in der Nähe von Nantes und seinen Cousin in Plestin-les-Grèves an der Nordküste. Das vielbeschriebene Haus in Locronan kam erst 1912 in Familienbesitz und er war dort nur während der Ferien. Als seine Mutter sich 1916 dorthin zurückzog, blieb er noch ziemlich lange in Paris, Rue Coëtlogen, wohnen, zusammen mit seiner um zwölf Jahre älteren Schwester Emilie. Über die zwischen ihnen herrschende Distanz hinterließ sie folgende aufschlußreiche Beobachtung: »In dieser einfachen Familie, der unsrigen, scheint ein Mangel an Kommunikation zu herrschen, die uns erlaubt hätte, einander besser zu verstehen.«[2]

Keine Spur also von jenem angedeuteten stillschweigenden Einverständnis, das beständiger Erdverbundenheit zugrunde liegt.

Charakterlich gesehen, verkörperte Tanguy im Gegenteil geradezu den typischen Rebellen gegen Blutsverwandtschaft, Rasse, Abstammung oder Regionalismus; heute fällt es schwer, sich vorzustellen, was für ein Frevler, Lästerer, Aufsässiger er war. Man erinnere sich überdies daran, daß in Frankreich vom letzten Drittel des 19. Jahrhunderts an bis in den Zweiten Weltkrieg hinein eine provokative und verächtliche Einstellung gegenüber jeder Tradition und Macht herrschte. Wenn sich die ›Kommunarden‹, Anarchisten, die Dadaisten, Surrealisten und später (allerdings unauffälliger) die Nonkonformisten als unbeugsame Feinde der bürgerlichen Gesellschaft gaben, so blieb die Attitüde nicht allein den Künstlern und Intellektuellen vorbehalten. Vielen ›Proletariern‹ war sie Lebenssinn, der sie über ihre Außenseiterposition erhob. Während Tanguy das Montaigne-Gymnasium besuchte – und sich in den Bistros und Bars um Montparnasse, wo er wohnte, schon gut auskannte –, übte bereits die ungekünstelte Sprache der einfachen Leute großen Reiz auf ihn aus. Sie sollte ihn bald in die Arbeiterviertel und die verrufenen Spelunken der ärmlichen Vorstädte treiben; er schien sich weiter von seinem kleinbürgerlichen Milieu und der bretonischen Heimat zu entfernen.

Seine Umgebung hielt ihn trotzdem auch nach der Rückkehr aus der Handelsmarine für den typischen Bretonen, so Jacques Prévert, sein ehemaliger Zimmernachbar in einer Infanterie-Kaserne von Lunéville oder auch Marcel Duhamel – zu der Zeit Hoteldirektor, Mäzen und Dandy. Was gab den Anlaß zu dieser kategorischen Diagnose? Waren es Tanguys blaue Augen, seine hochaufgeschossene, schlanke Gestalt, sein Eigensinn, seine Lachanfälle, sein kühner Humor, der mit tiefer Melancholie wechselte, seine Anfälle von Alkoholvergiftung, die ihn trieben, mit gesenktem Kopf über Briefkästen (laut Prévert) oder Gaslaternen (nach Duhamel)[3] herzufallen. Duhamel zeigte sich stark beeindruckt von den gemeinsamen sommerlichen Ausflügen nach Locronan. Er hielt es fälschlicherweise für den Geburtsort Tanguys, dessen Mutter die Freunde dort in ihrem Haus empfing und wo Tanguy mit den Dorfbewohnern, von denen die meisten vermutlich seine Cousins waren, gern Bretonisch sprach.[4]

Sicher ist, daß zwei seiner 1925 datierten und damit frühesten Bilder *Le Pont* (Abb. S. 122) und *Rue de la Santé* (Abb. S. 123), eher realistische Ansichten von Paris oder der Vorstadt wiedergeben. Duhamel bleibt jedoch bei seiner fixen Idee: Für ihn ist der Himmel bretonisch.[5] Diese Auffassung verhärtet sich, als Tanguy beginnt, seine sogenannten ›Strände‹ zu malen; gegen seinen Willen wird er von der Folklore vereinnahmt.

Ohne ihm die bretonische oder keltische Eigenart absprechen zu wollen – man sollte sie richtig einschätzen, statt den Übertreibungen zu glauben, die von der allgewaltigen Bruderschaft der Regionalisten, von den Geheimbünden der Dörfler, den Professoren und Touristen sorgfältig mit Hilfe der Postkartenmotive jener Zeit gepflegt wurden. Die nebulösen Legenden der Bretagne taten das ihrige, ebenso die vom Maler selbst kräftig unterstützten Irreführungen, über die er sich heimlich amüsierte.[6]

Dem Versuch, die Bedeutung des Atavistischen in Tanguys Malerei auf ein bescheideneres Maß zu reduzieren, geht es hauptsächlich darum, neue Quellen aufzuspüren. Der schnelle Übergang von einem ausgesprochenen Naturalismus der Jahre 1924/25[7] zu den durchscheinenden, geisterhaften Kompositionen ab 1926 wirkt in keiner Weise unerwartet. Doch handelt es sich hier nicht nur um eine Veränderung der Seh- und Malweise, wie man sie von vielen Malern kennt, sondern um einen vollkommenen Wandel, durch den das gesamte vorausgehende Werk hinfällig wird. Zweifellos spielt dabei der Surrealismus eine Rolle. Schon vor seiner Begegnung mit André Breton hatte Tanguy Gelegenheit, im 1. Surrealistischen Manifest von 1924 auf so ungewöhnliche und ihn vielleicht erschütternde Sätze zu stoßen wie: »Bebend durchschreitet man, was die Okkultisten ›gefährliche Landschaft‹ nennen. Auf meinem Pfad erwecke ich Monstren, die mir auflauern; noch wollen sie mir nichts allzu Böses, und ich bin nicht verloren, da ich sie fürchte. Da sind die Elefanten mit dem Frauenkopf und die fliegenden Löwen, . . . da ist der auflösbare Fisch . . . Die surrealistische Fauna und Flora sind unsagbar.«[8] In diesem Sinn kann man in Breton den ›Erfinder‹ vieler surrealistischer Maler sehen; im voraus beschrieb er ihnen ihre noch nicht gemalten Bilder. Für Tanguy war dies der entscheidende Anstoß. Breton ließ es an Enthusiasmus nicht fehlen. Die erste Reproduktion eines in der neuen Art gemalten Tanguy-Bildes *L'Anneau d' invisibilité* (1926, Abb. S. 135) erschien in der Nr. 7 der Zeitschrift ›La Révolution Surréaliste‹ vom 15. 6. 1926 (Abb. S. 35 l.), und seine erste Einzelausstellung wurde am 26. Mai 1927 in der ›Galerie Surréaliste‹ in der Rue Jacques Callot eröffnet. Breton hatte das Katalogvorwort geschrieben. Anfang des gleichen Jahres war von den ›Editions Surréalistes‹ eine Gedichtsammlung Benjamin Pérets ›Dormir, dormir dans les pierres‹ (Abb. S. 41) mit Illustrationen von Tanguy herausgegeben worden. Eine Affinität ist unverkennbar.

Über diese bekannten Fakten hinaus bleibt ein weiterer Aspekt zu erörtern: Es ist zwar unbestritten, daß die Methoden des Surrealismus (absoluter Vorrang der Imagination, aufs äußerste angewandter Automatismus, ständiges Abrufen des Unbewußten) für Tanguy positive Stimulantia waren, doch kann dies allein eine so fundamentale Entwicklung seiner Morphologie nicht ausreichend erklären. Bleibt also die Frage nach der eigentlichen Ursache, denn entgegen allen Behauptungen kennt die Kunst keine generatio spontanea. Das eigentliche Ziel der bildenden Kunst – figurativ oder nicht – ist der kontinuierliche Wandel der Formen, unabhängig von ihrem Inhalt.

Was Tanguys Bildwelt betrifft, so hielt man lange die Bretagne für sein bevorzugtes Motiv, inzwischen hat man auch die fließend-felsigen Bodenformationen Nordafrikas, das er 1930 bereist hatte, einbezogen und später die Weite und das charakteristische Licht der nordamerikanischen Landschaft. Warum nicht auch die südamerikanische und die westafrikanische Küste, die er in seiner Jugend während der langen Monate bei der Handelsmarine gesehen hatte? Warum nicht die tunesische Wüste, die er als 20jähriger Soldat durchstreifte? Und warum nicht die gierig verschlungenen Bücher[9], die unzähligen Filme, die alle von delirierenden Bildern überflossen, und die, wenn man die Psychoanalyse noch heranzieht, zweifellos ebenso zur Erhellung seiner Malerei beitragen könnten? Ich gebe einer weniger anspruchsvollen Betrachtungsweise den Vorzug und verfolge den eher langweiligen Teilaspekt der Molekular-Organisation einzelner Formen.

Es wurde erwähnt, daß proportional zu dem schrittweisen Aufgehen der menschlichen und tierischen Silhouette in dem transparenten Hintergrund oder ihrer Auflösung ›in Rauch‹, um 1926 andere undefinierbare Gebilde auftauchen, von denen man nicht weiß, ob sie beweglich sind oder starr, ob es sich nur um Spuren handelt oder eine gewisse plastische Konsistenz vorliegt. Bei einer Bedeutung könnte man entweder an Steine, Mollusken oder Phiolen denken, je nachdem, ob man sich auf das Tier-, Pflanzen-, Mineralreich oder auf Fertigprodukte beziehen will. Zu elementar für echte Innovation, gehören sie jedoch zu einem Formenvokabular, aus dem eine ganze Richtung des Surrealismus ihren Grundstoff bezieht, das allerdings von Arp initiiert zu sein scheint.

Marcel Jean verdanken wir die ersten Untersuchungen über die von Arp ab 1916 geschaffenen Reliefs. Sie entstanden nach den an Schweizer Seen aufgelesenen »kleinen Hölzern, Steinen und Strandgut, deren verwitterte und abgeschliffene Formen er zeichnete«. »Letzten Endes« fügte Arp hinzu, »vereinfachte ich diese Gegenstände zu unregelmäßigen Ova-

POÈMES 11

Quand je ferme les yeux des floraisons phosphorescentes apparaissent et se fanent et renaissent comme des feux d'artifice charnus.
Des pays inconnus que je parcours en compagnie de créatures.
Il y a toi sans doute, ô belle et discrète espionne.
Et l'âme palpable de l'étendue.
Et les parfums du ciel et des étoiles et le chant du coq d'il y a 2.000 ans et le cri du paon dans des parcs en flamme et des baisers.
Des mains qui se serrent sinistrementdans une lumière blafarde
et des essieux qui grincent sur des routes médusantes.
Il y a toi sans doute que je ne connais pas, que je connais au contraire.
Mais qui présente dans mes rêves s'obstine à s'y laisser deviner sans y paraître
Toi qui restes insaisissable dans la réalité et dans le rêve.
Toi qui m'appartiens de par ma volonté de te posséder en illusion mais qui n'approches ton visage du mien que mes yeux clos aussi bien au rêve qu'à la réalité.
Toi qu'en dépit d'une rhétorique facile ou le flot meurt sur les plages,
où la corneille vole dans des usines en ruines,
où le bois pourrit en craquant sous un soleil de plomb,
Toi qui es la base de mes rêves et qui secoue mon esprit plein de métamorphoses et qui me laisses ton gant quand je baise ta main.
Dans la nuit, il y a les étoiles et le mouvement ténébreux de la mer, des fleuves, des forêts, des villes, des herbes, des poumons de millions et millions d'êtres.
Dans la nuit il y a les merveilles du monde.
Dans la nuit, il n'y a pas d'anges gardiens mais il y a le sommeil.
Dans la nuit il y a toi,
Le jour aussi.

SI TU SAVAIS

Loin de moi et semblable aux étoiles, à la mer et à tous les accessoires de la mythologie poétique,
Loin de moi et cependant présente à ton insu,
Loin de moi et plus silencieuse encore parce que je t'imagine sans cesse,
Loin de moi, mon joli mirage et mon rêve éternel, tu ne peux pas savoir.
Si tu savais.
Loin de moi et peut-être davantage encore de m'ignorer et m'ignorer encore.
Loin de moi parce que tu ne m'aimes pas sans doute ou, ce qui revient au même, que j'en doute.
Loin de moi parce que tu ignores sciemment mes désirs passionnés.
Loin de moi parce que tu es cruelle.
Si tu savais.
Loin de moi ô joyeuse comme la fleur qui danse dans la rivière au bout de sa tige aquatique, ô triste comme sept heures du soir dans les champignonnières.
Loin de moi silencieuse encore ainsi qu'en ma présence et joyeuse encore comme l'heure en forme de cigogne qui tombe de haut.

Yves Tanguy

10 Der Ring, der unsichtbar macht, 1926.
Erste Abbildung in ›La Révolution Surrealiste‹, Nr. 7, 15. Juni 1926, S. 18. Auf der gleichen Seite ein Gedicht von Robert Desnos

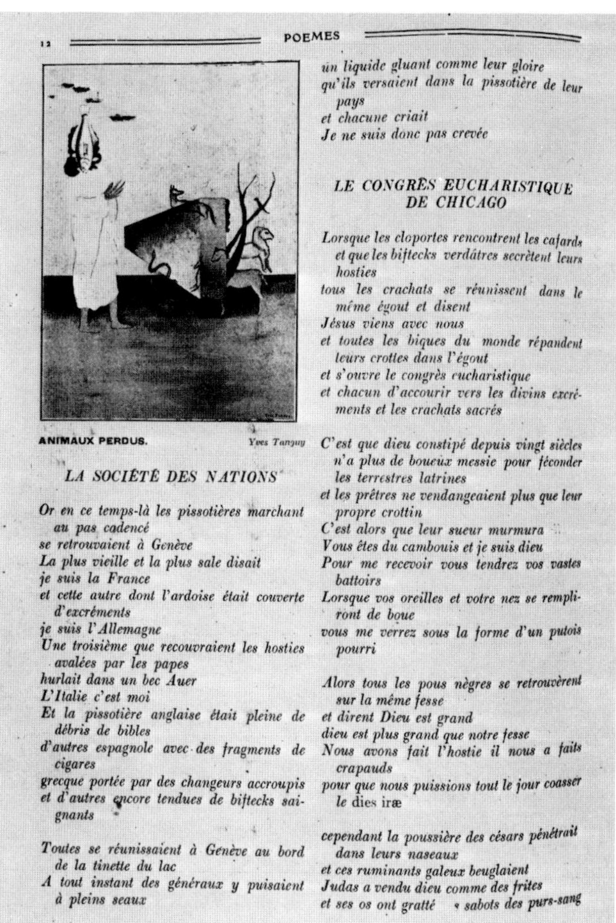

12 POEMES

ANIMAUX PERDUS. Yves Tanguy

LA SOCIÉTÉ DES NATIONS

Or en ce temps-là les pissotières marchant au pas cadencé
se retrouvaient à Genève
La plus vieille et la plus sale disait
je suis la France
et cette autre dont l'ardoise était couverte d'excréments
je suis l'Allemagne
Une troisième que recouvraient les hosties avalées par les papes
hurlait dans un bec Auer
L'Italie c'est moi
Et la pissotière anglaise était pleine de débris de bibles
d'autres espagnole avec des fragments de cigares
grecque portée par des changeurs accroupis
et d'autres encore tendues de biftecks saignants

Toutes se réunissaient à Genève au bord de la tinette du lac
A tout instant des généraux y puisaient à pleins seaux
un liquide gluant comme leur gloire
qu'ils versaient dans la pissotière de leur pays
et chacune criait
Je ne suis donc pas crevée

LE CONGRÈS EUCHARISTIQUE DE CHICAGO

Lorsque les cloportes rencontrent les cafards et que les biftecks verdâtres secrètent leurs hosties
tous les crachats se réunissent dans le même égout et disent
Jésus viens avec nous
et toutes les biques du monde répandent leurs crottes dans l'égout
et s'ouvre le congrès eucharistique
et chacun d'accourir vers les divins excréments et les crachats sacrés

C'est que dieu constipé depuis vingt siècles n'a plus de boueux messie pour féconder les terrestres latrines
et les prêtres ne vendangeaient plus que leur propre crottin
C'est alors que leur sueur murmura
Vous êtes du cambouis et je suis dieu
Pour me recevoir vous tendrez vos vastes battoirs
Lorsque vos oreilles et votre nez se rempliront de boue
vous me verrez sous la forme d'un putois pourri

Alors tous les pous nègres se retrouvèrent sur la même fesse
et dirent Dieu est grand
dieu est plus grand que notre fesse
Nous avons fait l'hostie il nous a faits crapauds
pour que nous puissions tout le jour coasser le dies iræ

cependant la poussière des césars pénétrait dans leurs naseaux
et ces ruminants galeux beuglaient
Judas a vendu dieu comme des frites
et ses os ont gratté [illegible] sabots des purs-sang

Yves Tanguy
Die verlorenen Tiere, 1926 (zerstört). Abbildung in ›La Révolution Surréaliste‹, Nr. 8, 1. Dezember 1926, S. 12. Auf der gleichen Seite ein Gedicht von Michel Leiris

len, Symbole der Metamorphose und Formen des körperhaften Werdens.«[10] (Abb. S. 38)

Diese gekrümmten, schematisierten und gewundenen Gebilde ziehen sich im Zick-Zack über seine Papiercollagen und farbigen Holzreliefs, wo sie eingerahmt sind oder sich frei entfalten, und bald das Gesicht des *Larmes d' Enak* (1917) bald *L'Assiette, les fourchettes et le nombril* (1923) dann *Torse à la tête de fleur* (1924) evozieren. Aus diesem Vokabular schöpften Miró in *Paysage catalan* (1923/24), Tanguy in *Lune obscure* und *L'Orage* (1926, Abb. S. 136) sowie etwas später Dali in *Chair de poule, inaugural* (1928). Gleichwohl kann man diesen Künstlern keine vorrangige Stellung zugestehen. Das Phänomen beruht mehr auf einem Zusammenwirken als auf Anpassung und bestätigt eher den unbewußten, automatischen und kollektiven Charakter der Morphogenese. Ausgehend vom gleichen Formenvokabular, haben sich Arp, Miró, Tanguy und Dali doch bald darauf in unterschiedliche Richtungen entwickelt. Wenn sich einige Reminiszenzen in ihrem Œuvre erhalten haben, besonders bei Dali, so darf dies nicht als persönliche Schwäche ausgelegt werden, sondern erklärt sich aus dem mehr oder weniger starken Widerwillen der Künstler, sich gänzlich von ihren Ursprüngen zu entfernen.

Sollte das einzig Tanguy geglückt sein? Allerdings um den Preis einer harten Probe. Sie schützte ihn vor der Banalisierung, der so viele andere erlagen, und läßt uns sein Werk heute als außergewöhnlich intakt und ursprünglich empfinden, wie die neuesten Forschungen zeigen. André Breton verlangte 1930 in seinem ›Second Manifest‹ »... die tiefe und wahrhaftige Okkultation des Surrealismus«.

War von dem Moment an Tanguy der einzige Maler, der diese gewollte Okkultation ohne Konzessionen praktizierte?

Von Natur aus schweigsam und verschlossen, lag es ihm nicht, sich anderen mitzuteilen, noch weniger, sich in den Vordergrund zu drängen. In der Rue du Château, wo seine Streitlust und seine Alkoholexzesse die

Freunde zu ermüden begannen, brachte er sich allmählich in eine Außenseiterposition. »Offen gesagt, war sich niemand seiner eigentlichen Bedeutung bewußt«, schreibt André Thirion. »Die Tatsache, daß Tanguy sich als schlechter Maler darstellte – er war in erster Linie Surrealist und dann erst Maler – regte die Freunde des Hauses wenig zum Kauf an, obwohl einige unter ihnen schon Sammler waren.«[11]

Seine Introvertiertheit muß sich noch verstärkt haben, als die Wohngemeinschaft sich 1929 auflöste und er mit Jeannette, die er zwei Jahre zuvor geheiratet hatte, eine neue Unterkunft suchen mußte. »Tanguy ist in großer Not und verkauft nichts«, insistierte Thirion, »sein letzter klammheimlicher Umzug fand 1936 oder '37 statt.«[12]

Auch Marcel Duhamel schildert diese Armut in ihrer ganzen Trivialität: »Tanguy, vollkommen abgebrannt, bietet seinem Freund, dem Dichter René Laporte an, ein Bild zu kaufen: ›Von solchen Bildern habe ich schon genügend, aber wenn du meinen Zaun streichen willst, ist das in Ordnung.‹ Yves geht darauf ein, für 25 Francs.«[13] Zwischenzeitlich hat er immerhin eine einigermaßen akzeptable Behausung in der Rue du Moulin-Vert gefunden, wo er sich dank einer monatlichen Unterstützung von 180 Francs, die ihm ein ›Amt für arbeitslose Intellektuelle‹ zahlt, gerade so durchschlägt. Lefebvre-Foinet stellte ihm gegen regelmäßige Bilderabgaben sämtliches Malmaterial zur Verfügung. Man versteht, daß er die erste Gelegenheit wahrnimmt, um nach Amerika zu gehen.

Mit Ausnahme von Breton, der sich in dieser Hinsicht nie irrte, trug das Unvermögen seiner meisten Anhänger, in seiner Formenwelt den explosiven Ausdruck seines Wesens zu erkennen, viel zu seiner Notlage bei. Noch einmal: Zu dieser Zeit ist er der einzige Maler seines Umkreises, der unwiderruflich jede Andeutung an bekannte Zeichen oder herkömmliche Symbole aus seinem Oeuvre eliminiert hat, ohne daß ihm Hörigkeit gegenüber der neuen Abstraktion zu unterstellen war. Er zeigt ein alternatives Universum von zwingender organischer und kombinatorischer Realität, zu dem uns der Zugang dennoch verschlossen scheint. Hieraus erwächst auch das Unbehagen, bei dem Bemühen, sein Werk von außern her zu erfassen.

Die Versuchung wäre groß, den Hermetismus heranzuziehen, was René Alleau mit gutem Erfolg für die Schriften des Philalethes tat: »eine offene Tür zu diesem verschlossenen Königspalast«. Da hier das Werk eines Malers zur Diskussion steht, sehen wir davon ab; denn der alchimistische Ansatz könnte zu Fehlschlüssen führen. Bleibt die Tatsache, daß der Zustand »poetischer Medialität« (mediumnité poétique), wie ihn Eugène Canseliet[14] in seiner Analyse des Sonetts ›Voyelles‹ von Rimbaud definierte, sich auch auf die Auswirkungen des Alkohols zurückführen läßt, zu dem noch die Poesie kommt, denn Tanguy konsumierte beides im Übermaß.

Benjamin Péret berichtet über einen seiner nächtlichen Ausgänge mit Tanguy, den die durchaus explosive Mischung aus deklamierten Gedichten und hastig konsumiertem Alkohol in Trance versetzt hatte: Tanguy begann plötzlich mit einer frenetischen Verbalisierung seiner visuellen Obsessionen, der Péret, der weniger getrunken hatte, oder mehr vertragen konnte, mit fassungsloser Verwunderung lauschte. Die Wichtigkeit dieser sehr engen und gegenseitig bereichernden Freundschaft zwischen Péret und Tanguy muß nicht betont werden. Nach ›Dormir, dormir dans les pierres‹ illustrierte er noch drei weitere Gedichtsammlungen Pérets: ›Trois cerises et une sardine‹ (1936), ›Feu central‹ (1947) und ›Les Couilles enragées‹, eine 1954 und damit ein Jahr vor Tanguys Tod publizierte Broschüre. Die Beziehung oder besser Komplizität zwischen dem Dichter und dem Maler wurde weder durch die Abreise Tanguys nach Amerika noch durch Pérets Rückkehr von Mexiko nach Paris 1948 unterbrochen. Beide hielten zusammen bis an die Grenzen der Gesetzesübertretung.

Doch lassen wir Tanguy selbst zu Wort kommen. Einer seiner sehr wenigen illustrierten Texte: ›Poids et couleurs‹ (Abb. S. 37) erschien in der 3. Nummer der Zeitschrift ›Le Surréalisme au Service de la Révolution‹ im Dezember 1931. Mit unerbittlichem Humor, Poesie und Metaphorik – und darin Pèret ähnlich – liefert er einige mehrdeutige Details zu seinen Objekten. Einmal dem Stadium der Kiesel, Mollusken oder Phiolen entwachsen, werden diese zu »rosa Plüsch«, »transparent-perlmutternem Zelluloid«, zu »violettrot bemaltem Gips«, »blaßgrüner Watte« oder »mit schwarzer Tinte bedecktem Gips«, zu »fleischfarbenem weichem Wachs«, »hartem Material in gebrochenem Weiß« oder zu »hellblauer Kreide«. Im Entwurf seien diese ›objets‹ klein und leicht, da eines von ihnen »unten mit einer Bleikugel belastet« sei. Die fingerartigen Formen »mit rosa Nägeln« werden ergänzt durch behaarte und löchrige Objekte.

Sollte dies ein Hinweis dafür sein, daß Tanguy sich auf seine Bildhauer- und Collagistenzeit besinnend und darauf, daß er weiterhin ›Reliefs‹ schuf, seine ›objets‹ plastisch formte und kolorierte, bevor er sie auf den Zeichnungen, Gemälden oder Gouachen darstellte? Dieses in der Historien- oder Schlachtenmalerei übliche Vorgehen, das man bei Tanguy wegen der zunehmenden Immobilität seiner Kompositionen nicht vermutet, hätte ihn zum Stilleben-Maler gemacht. Bei meinen Besuchen in seinem Atelier, die vielleicht zu kurz und

POIDS ET COULEURS

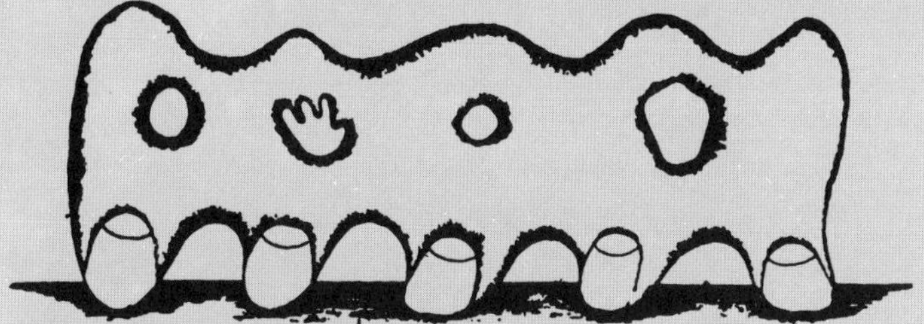

L'objet ci-dessus, de la grandeur de la main et comme s'il était pétri par elle, est en peluche rose. Les cinq terminaisons du bas qui se replient sur l'objet sont en celluloïd transparent et nacré. Les quatre trous dans le corps de l'objet permettent d'y passer les quatre grands doigts de la main.

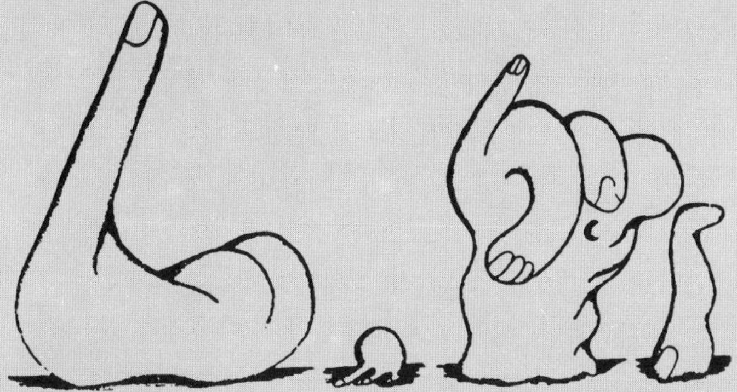

Dans l'ensemble ci-dessus, l'objet de gauche est en plâtre peint de couleur zinzoline et l'ongle rose. Il est lesté dans le bas par une boule de plomb qui, permettant des oscillations, le ramène toujours à la même position.

Le très petit objet du milieu, plein de mercure, est recouvert de paille tressée rouge vif afin de paraître extrêmement léger. Le gros objet de droite est en coton moulé vert pâle, les ongles en celluloïd rose. Le dernier objet de droite est en plâtre couvert d'encre noire, l'ongle est rose.

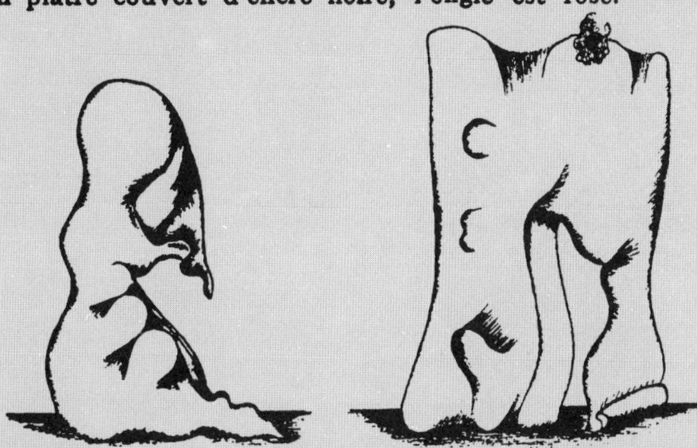

L'objet de gauche est en cire molle imitation chair. L'appendice du haut est flottant et d'une couleur plus brune. Les trois formes arrondies du centre sont en matière dure, d'un blanc mat.

L'objet de droite est en craie bleu ciel. Dans le haut, des poils. Cet objet doit servir à écrire sur un tableau noir. Il sera usé par la base, pour qu'il ne finisse par subsister que la touffe de poils du haut.

Yves TANGUY.

Yves Tanguy
Gewichte und Farben,
›La Révolution Surréaliste‹, Nr. 3,
Dezember 1931, S. 27

Übersetzung auf S. 40

L'AIR EST UNE RACINE

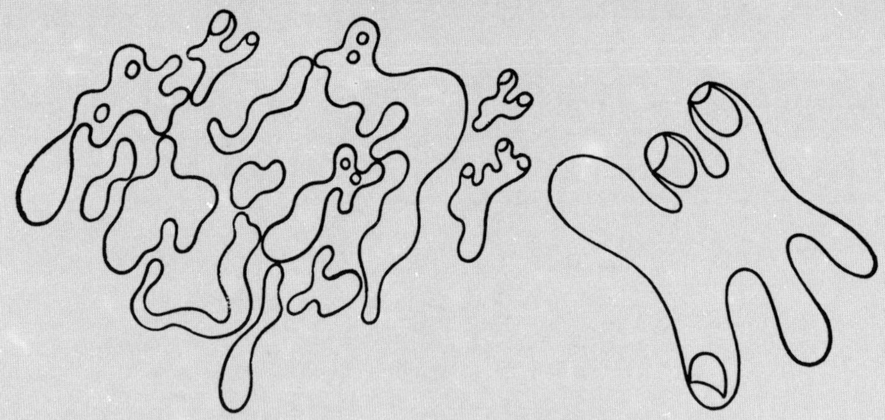

les pierres sont remplies d'entrailles. bravo. bravo. les pierres sont remplies d'air. les pierres sont des branches d'eaux.

sur la pierre qui prend la place de la bouche pousse une feuille-arête. bravo. une voix de pierre est tête à tête et pied à pied avec un regard de pierre.

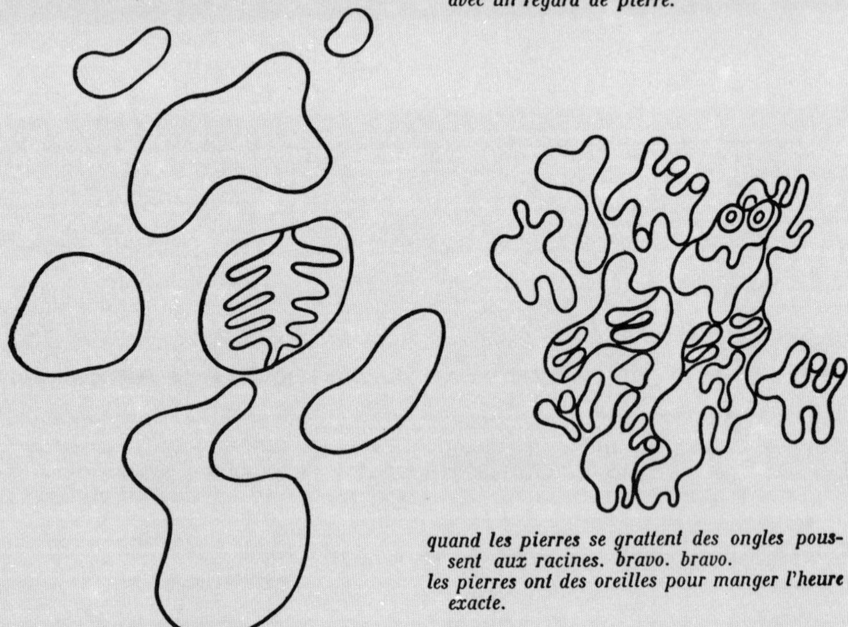

quand les pierres se grattent des ongles poussent aux racines. bravo. bravo. les pierres ont des oreilles pour manger l'heure exacte.

ARP.

les pierres sont tourmentées comme la chair. les pierres sont des nuages car leur deuxième nature leur danse sur leur troisième nez. bravo. bravo.

Hans Arp Die Luft ist eine Wurzel,
›Le Surréalisme au Service de la Révolution‹, Nr. 6, 15. Mai 1933, S. 33

nicht häufig genug waren, konnte ich jedoch auch bei größter Aufmerksamkeit nichts entdecken, das an die beschriebenen Gegenstände erinnerte.

Das stets in mönchischer Schlichtheit gehaltene Atelier vermittelte den Eindruck, als sei kurz vorher auch die allergeringste Kleinigkeit daraus entfernt worden. Aufschlußreicher scheint mir eine überraschende Begegnung 1943 mit Tanguy im Metropolitan Museum in New York, wo ich ihn in die Betrachtung eines holländischen Stillebens versunken fand. Seine intensive Aufmerksamkeit brachte mich auf die Idee, daß er in der minuziösen Ausführung des Bildes seine eigene melancholische Akribie wiedererkannte; und ich erinnere mich noch gut daran, wie er die Fähigkeit der alten Meister bewunderte, »das Leblose zum Vibrieren zu bringen«. Doch die Konstruktionen aus Gegenständen in instabilem Gleichgewicht ängstigten ihn und er vertraute mir an, daß er mit Schaudern fürchte, sie plötzlich einstürzen zu sehen. Er wußte, daß ein ›Erdbeben‹, schon ein ›sanftes‹, wie das von Max Ernst, jederzeit ausreichte, um alles zu verschlingen. Wahrscheinlich war es diese Angst vor dem Abgrund, die ihn zur kontinuierlichen Verfestigung seiner Formen zwang, um sie besser abzustützen über der unterschwellig drohenden Falle oder gegen den in der Ferne aufkommenden Orkan. So entwickelte er aus seiner Morphologie der dreißiger Jahre, in denen er verstreute, winzige und manchmal flüchtige Gebilde zu bizarren und versteinerten horizontalen Reihen formte, allmählich die hohen phallischen Silhouetten, die sich manchmal schneidend-schmal, dann wieder schrundig und prall erhoben. Diese ragten in die aufgewühlten Himmel wie monumentale Ruinen-Architekturen oder anthropomorphe Felsen von Herkules Seghers, aber sie konnten auch wie Maschinen wirken, oft geballt, gekoppelt oder durch Drähte und Röhren miteinander verbunden.

Die verschleierten und gelegentlich bretonischen Strände bei Ebbe sind weit entfernt von dieser Versteinerung oder der leuchtenden, manchmal amerikanischen Mechanisierung. Zweifellos war es Tanguy möglich, in der Poesie, dem Alkohol, eventuell Äther, Kokain oder sogar im Jazz[15] die geistigen Mittel zu finden, um die Grenzen der kreativen Formverzerrung erheblich zu erweitern. Die schwindelerregende und beschwörende Morphologie seiner Kompositionen erreicht ihren Höhepunkt in den Bildern ab 1942, mit *Vers le nord lentement; Palais aux rochers de fenêtres* (Abb. S. 205), und wird besonders deutlich in einer Federzeichnung von 1943, wo eine gegliederte Zwitterstruktur hinter durchlöcherten Schirmen Schutz sucht.

Die Anzeichen der lange vorausgesehenen Katastrophe häufen sich in den letzten Bildern, die in ihrer Disposition gebrochener und parzellierter werden. Erstaunlicherweise bleiben die Vertikalfiguren aufrecht, wie kaum davon betroffen. Tanguy hätte am Ende darin wie ›in den Steinen schlafen können‹, aber damit wäre immer noch nichts erklärt.

Die Luft ist eine Wurzel

die Steine sind voller Eingeweide. bravo.
bravo. die Steine sind voller Luft.
die Steine sind Wasseradern.

die Steine leiden Qualen wie das Fleisch.
die Steine sind Wolken denn ihre zweite
Natur tanzt ihnen auf ihrer dritten Nase.
bravo. bravo.

auf dem Stein der die Stelle des Mundes einnimmt
wächst ein Grätenblatt. bravo.
eine Steinstimme ist Kopf an Kopf und Fuß bei Fuß
mit einem Steinblick.

wenn die Steine sich kratzen wachsen
Nägel auf den Wurzeln. bravo. bravo.
die Steine haben Ohren um die genaue Zeit
zu essen.

ARP

Anmerkungen

1 Robert Lebel, in: L'Arte Moderna, Il Surrealismo, Mailand, 1967, Nr. 61, Bd. VII, S. 241-244; Nr. 62, S. 285-87, Nr. 103, Bd. XII, S. 123–411.
2 Patrick Waldberg, Yves Tanguy, Brüssel 1977, S. 31.
3 Marcel Duhamel, Raconte pas ta vie, Paris 1972, S. 218.
4 Ebenda, S. 150-151.
5 Ebenda, S. 140.
6 Extreme Beispiele hierzu in Patrick Waldberg, a.a.O., S. 14 und S. 16-18. Das Bett, das angeblich Courbet gehörte, und in dem, nach Soby (›Inland in the Subconscious‹, Magazin of Art, Januar 1949), Tanguy geboren sein soll, wurde erst lange nach seiner Geburt angeschafft.
7 Duhamel nennt noch andere, inzwischen zerstörte Bilder, wie *Cour d' Ecole* und einen karikierten ›Christus‹ in pastosen Farben in der Art von Soutine. A.a.O., S. 157-158.
8 André Breton, Manifestes du Surréalisme 1924, Paris 1977, (dt. Hamburg 1968, S. 37. – A.d.R.).
9 Vgl.: Marianne Kesting, Erschaffung, Verwandlung und das Ende der Welt, Literarische Parallelen zum Werk Yves Tanguys, in diesem Katalog S. 79 – A.d.R.
10 Marcel Jean (und Arpad Mezei), Histoire de la peinture surréaliste, Paris 1959, S. 67.
11 André Thirion, Révolutionnaires sans révolution, Paris 1972, S. 97.
12 Ebenda, S. 451.
13 Marcel Duhamel, a.a.O., S. 597.
14 Eugène Canseliet, Alchimie, Paris 1964 u. 78, S. 27-82.
15 Tanguy, seit seiner Jugend starker Alkoholiker, hatte mit Äther begonnen. 1914 entdeckte der Oberstudiendirektor seines Gymnasiums eine solche Flasche, die Tanguy in seinen Strümpfen versteckt hatte. Danach scheint er sich nur ab und zu an Äther oder Kokain berauscht zu haben, die beide die Alkohol-Wirkung verstärkten und die halluzinatorische Sehstörungen hervorgerufen haben können. Was den Jazz betrifft, so berichtet Robert Goffin in ›Aux frontierès du jazz‹, 1932 und in ›Jazz et surréalisme‹, 1947, daß das wiederholte Anhören von Jazzplatten bei Tanguy zu krampfartigen Reaktionen führte.

Gewichte und Farben

Der obige Gegenstand aus rosa Plüsch ist von der Größe einer Menschenhand und wie von einer solchen geknetet. Die vier unteren, hochgebogenen Ausläufer sind aus durchscheinendem, perlmutternem Zelluloid. Die vier Öffnungen in dem Hauptteil des Gegenstandes gestatten, die vier großen Finger der Hand hindurchzustecken.

In dem hier abgebildeten Ensemble ist der Gegenstand links aus violettrot bemaltem Gips, der Nagel ist rosa. In seinem unteren Teil befindet sich innen eine Bleikugel, die, wenn man den Gegenstand in Schwankungen versetzt hat, ihn stets wieder in die gleiche Lage zurückbringt.

Der sehr kleine mittlere Gegenstand ist mit Quecksilber angefüllt; um ihm den Anschein äußerster Leichtigkeit zu verleihen, ist er mit einem leuchtendroten Strohgeflecht überzogen. Der größere Gegenstand rechts ist aus blaßgrüner gepreßter Watte, die Nägel aus rosa Zelluloid. Der letzte Gegenstand rechts ist aus Gips und mit Tinte geschwärzt, der Nagel ist rosa.

Der Gegenstand links ist aus fleischähnlichem weichem Wachs. Der obere Auswuchs ist etwas bräunlicher und ohne festen Halt. Die drei rundlichen Formen in der Mitte sind aus hartem Stoff, von einem matten Weiß.

Der Gegenstand rechts ist aus himmelblauer Kreide. Oben leicht behaart. Dieser Gegenstand dient dazu, mit ihm an eine Wandtafel zu schreiben. Er wird von der Basis her abgenutzt, damit zuletzt nur noch das kleine Haarbüschel oben übrigbleibt.

Yves Tanguy

Übersetzung der Texte von S. 37

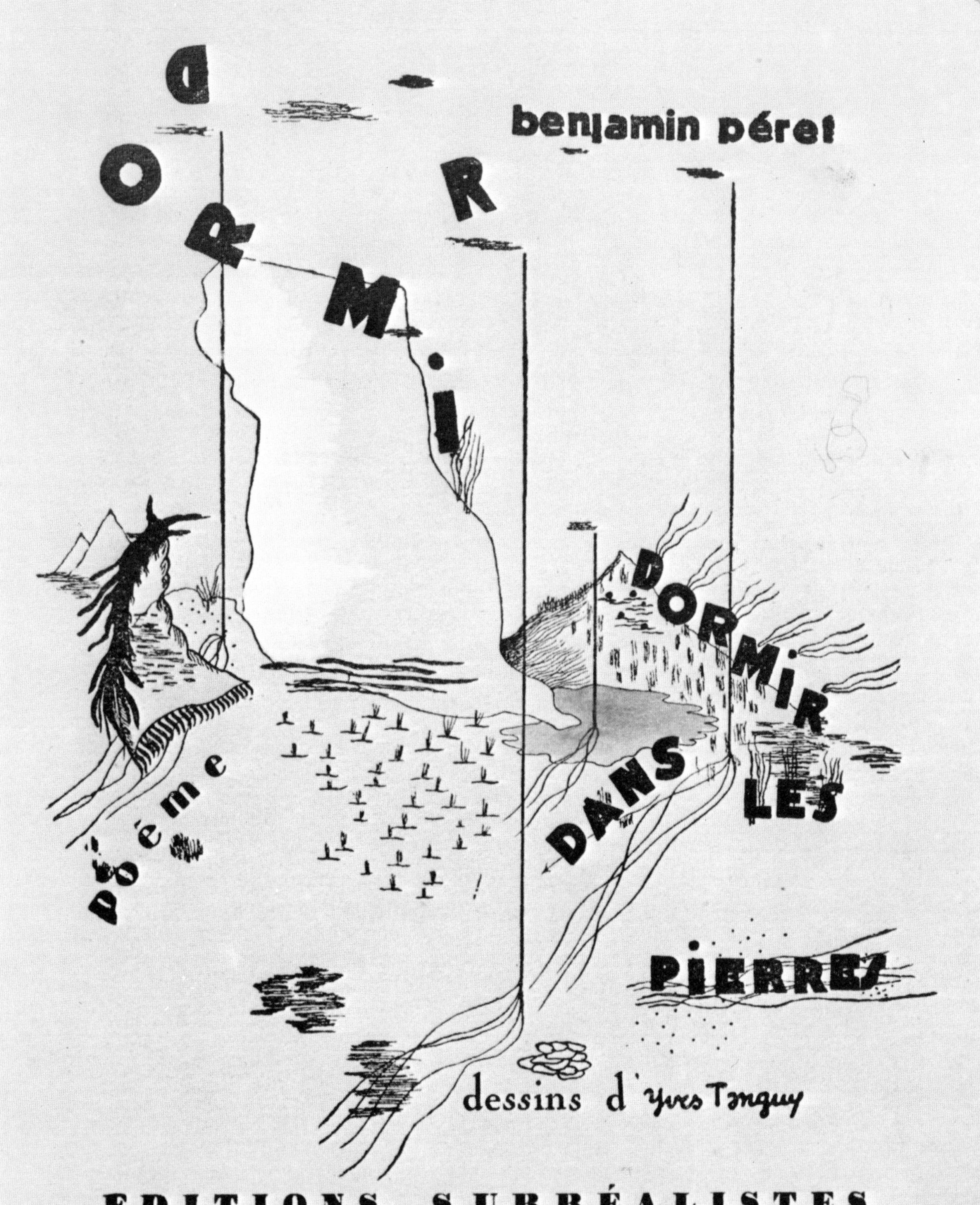
benjamin péret
DORMIR
DORMIR DANS LES PIERRES
poème
dessins d'Yves Tanguy
EDITIONS SURRÉALISTES
16, rue Jacques-Callot, Paris
1927

José Pierre

Der surrealistische Maler par excellence

Yves Tanguy, der Maler luftiger,
unterirdischer und maritimer Gebilde
von furchterregender Eleganz,
der Mann, den ich als moralischen
Glanzpunkt seiner Zeit ansehe:
mein bewundernswerter Freund.
André Breton (1938)

Das Gehirn des Kindes

Es beginnt wie in einem dieser Hollywood-Filme, die das Leben berühmter Künstler der Vorstellungswelt einer breiten Öffentlichkeit nahebringen sollen: Yves Tanguy, der in seinem ganzen Leben noch keinen Pinsel angerührt hat, fährt im Autobus durch die Rue La Boétie und entdeckt im Schaufenster der Galerie Paul Guillaume das Bild *Le Cerveau de l'enfant* (1914, Abb. S.43) von Giorgio de Chirico, einem Maler, von dem er noch nie gehört hat. Es beeindruckt ihn derart, daß er aus dem fahrenden Autobus springt – wobei er sich fast den Hals bricht, wie manche übertreibend ausschmükken – um zurückzugehen und das Bild genauer zu betrachten. Und von diesem Tag an – die Szene ereignet sich etwa um 1923 – ist er entschlossen, sich der Malerei zu widmen. Es handelt sich tatsächlich weder um die allzu kühne Erfindung eines Regisseurs aus Beverley Hills, noch um eine von den Chronisten des Surrealismus fromm ausgemalte Legende: Tanguy selbst, mit Sicherheit der wortkargste Maler des ganzen 20.Jahrhunderts, dem Prahlerei ebensowenig wie Redseligkeit lag, bestätigt den Vorgang in dem einzigen Interview, das er jemals gegeben hat.[1]

Obendrein wird sein Bericht von André Breton bestätigt, der einige Jahre zuvor am gleichen Ort und auf die gleiche Weise die gleiche Begegnung erlebt hatte, was sehr deutlich die außergewöhnliche Schockwirkung zeigt, die von diesem Gemälde de Chiricos ausgeht: »Ich möchte nur daran erinnern, wie ich im Autobus durch die Rue La Boétie fahrend vor der alten Galerie Paul Guillaume – wo es ausgestellt war – wie von einer Feder abgeschnellt aufsprang und ausstieg, um hinzugehen und es genau anzusehen. Ich brauchte lange Zeit, um mich von dieser Betrachtung loszureißen, und von da an hatte ich nicht eher Ruhe, bis ich es kaufen konnte. Einige Jahre später, als dieses Gemälde während einer Gesamtausstellung de Chiricos aus meiner Wohnung an seinen früheren Platz zurückgekehrt war (das Schaufenster von Paul Guillaume), erlag jemand anders, der ebenfalls im Autobus dort vorbeifuhr, genau dem gleichen Reflex, wie er mir viel später bei unserer ersten Begegnung anvertraute, als er das Gemälde *Le Cerveau de l'enfant* an meiner Wand wiederfand. Es war Yves Tanguy, der erst daraufhin anfangen sollte zu malen und der dazu berufen war, einer der ersten surrealistischen Künstler zu werden.

Zu der Zeit, als die surrealistische Malerei ihr Selbstverständnis noch nicht gefunden hatte, übte dieses Bild, das ganz in einer ›zweiten‹ Bildwelt schwebte, auf meine Freunde wie auf mich einen einzigartigen Einfluß aus. Max Ernst tritt die Erbschaft dieses Vermächtnisses an mit einem Hauptwerk: *La Révolution la nuit*« (Abb. S.44, 1923).[2]
»Sind es diese geschlossenen Augen, die die zwingende Anziehung verursachen, und was liegt unter ihnen verschlossen?«

Les Yeux clos (1890, Abb. S.44) ist auch der Titel eines Bildes von Odilon Redon, das aber – soviel ich weiß – keinen Surrealisten jemals betört hat. Worin liegt der Unterschied? In der Verschiedenheit des Genies beider Künstler natürlich, aber worin sonst noch? Auf dem einen Bild wie dem anderen zeigt man uns einen Mann, der träumt, aber wo Redon uns die zarte und ein wenig vage Vorstellung beschreibt, die er sich von einem Traum macht, konfrontiert uns de Chirico brutal mit der ganzen Gewalt der Traumwelt. In gewisser Weise ist das Wesentliche an *Le Cerveau de l'enfant* das, was nicht in der Malerei ist; es ist der Traum.[3] Man kann also sagen, daß dieses Bild, das de Chirico in Paris 1914 malte, das aufsehenerregende Manifest zugunsten der »inneren Vorstellung«, das Breton in der Nummer 4 (15.Juli 1925) von ›La Révolution Surréaliste‹ veröffentlichte, um elf Jahre vorwegnahm: »Um der heute allgemein anerkannten Notwendigkeit einer absoluten Revision der wirklichen Werte zu entsprechen, wird das bildnerische Werk von einer rein inneren Vorstellung ausgehen müssen, oder es wird überhaupt nicht sein.«[4]

Diesen Luftballon sollten wir nun aber durch einen Nadelstich etwas zum Schrumpfen bringen: Nein, die Surrealisten malen nicht ihre Träume. Dali ebensowenig wie die anderen, obwohl er behauptete, »die Malerei auf die Fixierung der Traumbilder im ›trompe-l'oeil‹« zu reduzieren.[5]

Nur wenige haben dies in Ausnahmefällen gewagt, insbesondere Valentine Hugo. Dafür gab es einen guten Grund: Seit der berühmten Erklärung von 1924 hatte der Surrealismus sich zum Ziel gesetzt, »die eigentliche Tätigkeit des Denkens« zum Ausdruck zu bringen.[6] Es

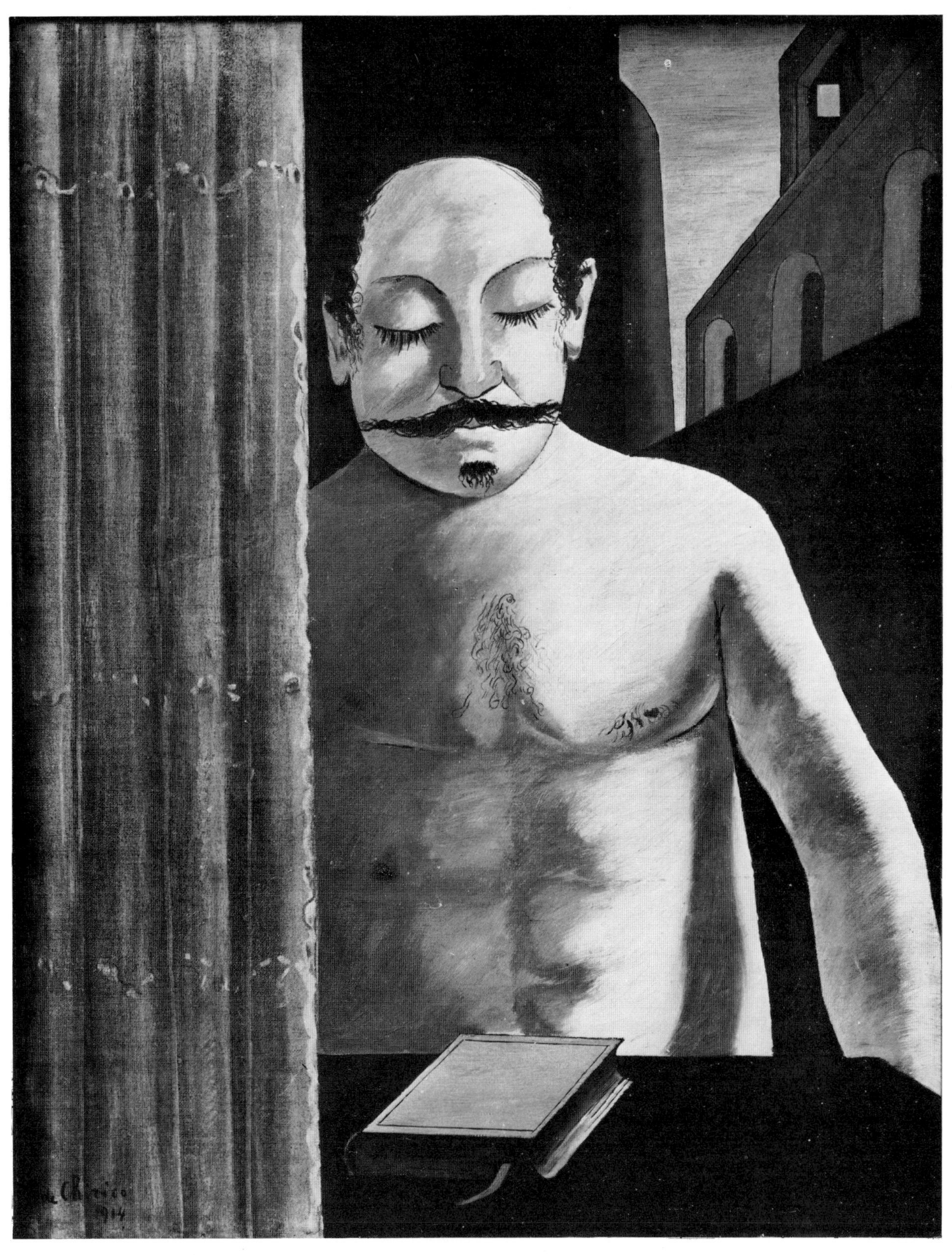

Giorgio de Chirico
Das Gehirn des Kindes, 1914
Öl auf Leinwand, 82 x 64,7 cm
Moderna Museet, Stockholm

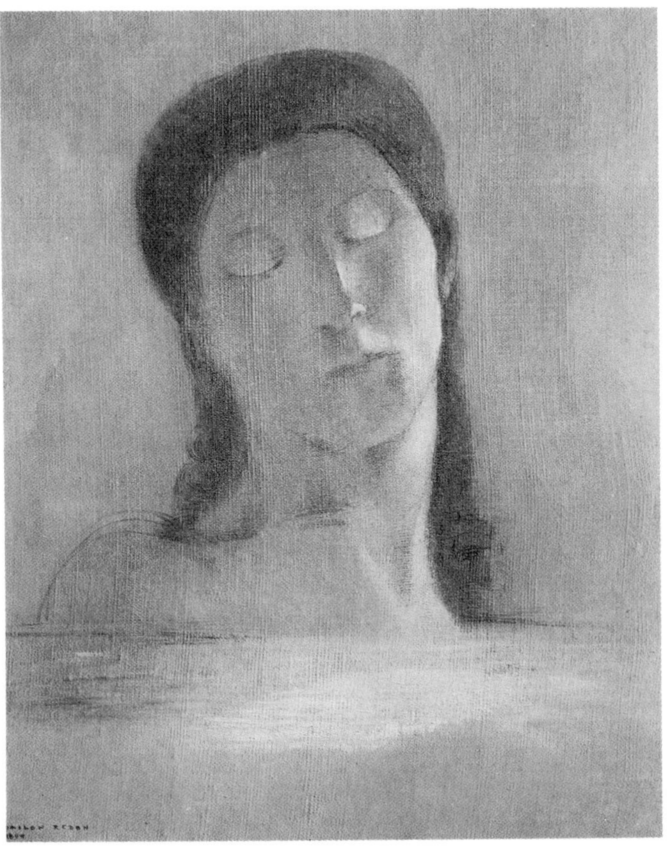

Odilon Redon Die geschlossenen Augen, 1890
Öl auf Leinwand, auf Karton aufgezogen, 44 x 36 cm
Musée du Louvre, Paris

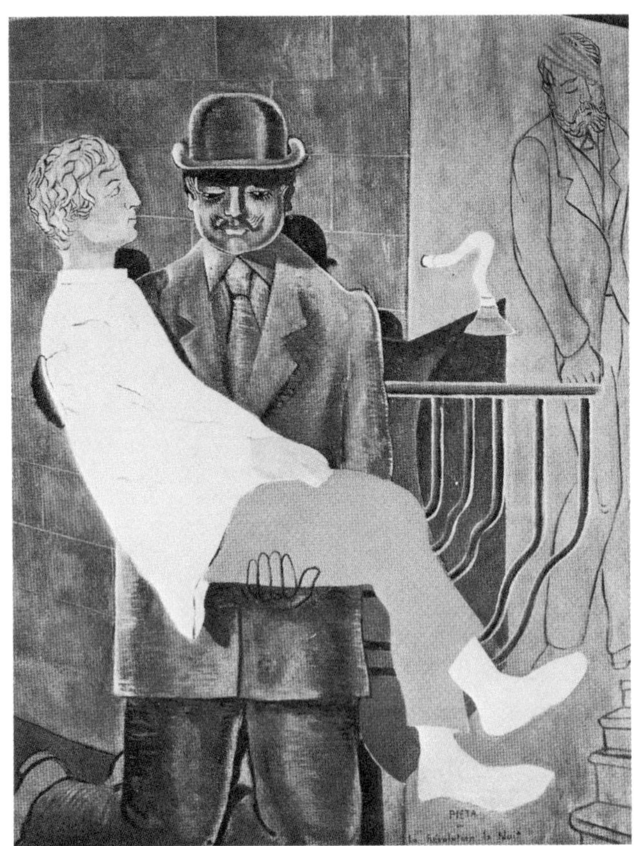

Max Ernst Pietà oder Die Revolution bei Nacht, 1923
Öl auf Leinwand, 116 x 89 cm
Privatbesitz, London

ist ganz klar, daß für den Träumenden der Traum ausreicht, um dieses Programm zu erfüllen. Aber es versteht sich auch von selbst, daß für den Maler nur die Malerei in der Lage ist, diesem Anspruch zu genügen, und zwar eine bestimmte Art von Malerei, die unter Bedingungen ausgeführt wird, die der Erzielung eines solchen Ergebnisses günstig sind, oder in einer Art und Weise, die seinen Absichten entgegenkommt. Mit anderen Worten: Das Ziel der surrealistischen Malerei ist nicht, »die Traumbilder im ›trompe l'oeil‹ zu fixieren«, sondern mit bildlichen Mitteln »die eigentliche Tätigkeit des Denkens« zu veranschaulichen – was für Breton bedeutet: »die unbewußte Tätigkeit des Denkens«. Folglich muß die surrealistische Malerei bemüht sein, die produktiven Mechanismen der Malerei mit den produktiven Mechanismen des unbewußten Denkens zu vereinigen – die sich ihrerseits wieder mit den produktiven Mechanismen des Traum-Denkens vereinigen.

Der ›erklärte Träumer des *Cerveau de l'enfant* sagte nichts anderes – wenigstens nicht für die, die in der Lage waren, ihn zu verstehen, was letzten Endes nicht allzuviele waren: vielleicht zwanzig oder dreißig in der ganzen Welt seit 1914! – Und auch der große Maler der deutschen Romantik, C. D. Friedrich, sagte ein Jahrhundert früher nichts anderes: »Schließe dein leibliches Auge, damit du mit dem geistigen Auge zuerst siehest dein Bild. Dann fördere zutage, was du im Dunkeln gesehen, daß es zurückwirke auf andere von außen nach innen.«[7]

So verfuhr de Chirico in seiner besten Periode, die bekanntlich nur sieben oder acht Jahre umfaßte. So verfuhr weitgehend auch Yves Tanguy während eines Vierteljahrhunderts. In Anbetracht dieser Tatsache kann man nur mit Erstaunen das Fehlen jeder formalen Ähnlichkeit zwischen dem Werk Tanguys und dem Bild feststellen, dem es seine entscheidenden Impulse verdankt. – Bei Max Ernst fand sich wenigstens ein ›Zitat‹! Wir müssen wohl daraus schließen, daß der Einfluß des italienischen Malers auf Tanguy im wesentlichen ein geistiger war. Dennoch wird man bemerken, daß sich auf einigen der sehr seltenen Bilder de Chiricos, auf denen er nicht sofort erkennbare Gegenstände darstellt – *La Caserne de la marine* (1914, Abb. S. 20) und die beiden bekannten Versionen des *Mauvais génie d'un roi*, alle drei scheinen aus demselben Jahr zu datieren wie *Le Cerveau de l'enfant*, das wahrscheinlich vor ihnen entstand, oder spätestens vom Anfang des Jahres 1915, vor de Chiricos Rückkehr nach Italien –, eine Andeutung des eigenartigen Universums von Tanguy findet.

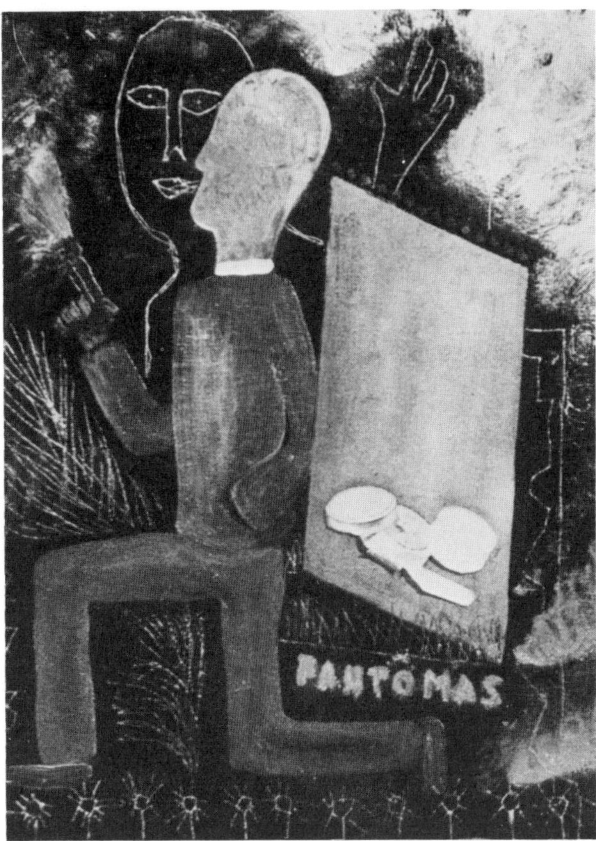

5 Fantômas, 1925-1926, Detail

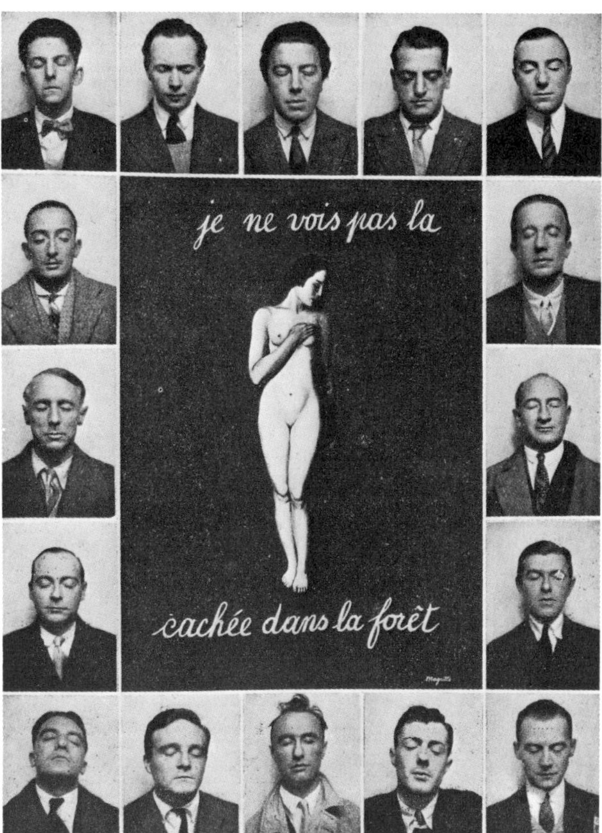

René Magritte ›Ich sehe nicht die im Wald Verborgene‹, 1929
Fotomontage für ›La Révolution Surréaliste‹,
Nr. 12, 15. Dezember 1929, S. 73

Fantômas

Das Haus Nr. 54 in der Rue du Château, wo Marcel Duhamel seit dem Jahre 1924 seinen Freunden Jacques Prévert und Yves Tanguy und auch ihren Gefährtinnen eine Dauerunterkunft gewährte – und das sehr bald zu einer der Hochburgen des Surrealismus wurde –, ist oft beschrieben worden. Aber keiner hat es besser oder öfter oder mit ähnlich leidenschaftlichem Interesse in Erinnerung gerufen als Breton. »Hier waren der absolute Nonkonformismus, eine allgemeine Respektlosigkeit an der Tagesordnung; alles sollte Spaß machen und weiter nichts«[8], schrieb er zum Beispiel und berichtete dann, wie das berühmte Spiel des sogenannten ›Cadavre exquis‹ an diesem Ort im Jahre 1925, d.h. sehr bald nachdem sich die drei Freunde dem Surrealismus angeschlossen hatten, entstanden war. Kurz darauf tauchte der ›Cadavre exquis‹ nun auch von mehreren Personen gezeichnet auf, nachdem er ursprünglich eine sprachliche Kollektiv-Schöpfung war (Abb. S. 244f.)

Zu den Zeichnungen, die in der Technik des ›Cadavre exquis‹ entstanden, erklärte Breton: »Sie sind die leidenschaftliche Absage an die lächerliche Tätigkeit, die in der Nachahmung der physischen Erscheinungswelt besteht und der die zeitgenössische Kunst zum größten – und anfechtbarsten Teil – verhaftet bleibt. Es sollten ihr – um sie aufzurütteln – einige heilsame Ungehorsamsempfehlungen entgegengehalten werden. Sie sollte lernen, wie unverzeihlich es ist, jeden Humor auszuschließen, und sie sollte dazu gebracht werden, den Sinn für die eigenen Möglichkeiten aus seinem larvenähnlichen Zustand zu erwecken.«[9]

Erst vor ziemlich kurzer Zeit wurde etwa ein Dutzend der allerersten kollektiven Zeichnungen veröffentlicht. Die Serie war vielleicht das Ergebnis nur eines einzigen mit diesem Spiel verbrachten Abends, an dem Tanguy und auch Masson nachweislich teilgenommen haben. Man kann sich gut vorstellen, wie sehr ein Neueingeweihter durch dieses Verfahren ermutigt werden mußte, sich von der »lächerlichen Tätigkeit, die in der Nachahmung der physischen Erscheinungswelt« besteht, abzuwenden.[10] Seine Anfänge als Zeichner, wenn nicht sogar als Maler waren nämlich unter dem Zeichen eines gewissen ›Populismus‹ einzuordnen, wobei er sowohl durch mehr oder weniger zufallsbestimmte Begegnungen mit Vlaminck, Gus Bofa, dem Kritiker Florent Fels, Direktor der Zeitschrift ›L'Amour de l'Art‹ beeinflußt war, als auch von dem, was man

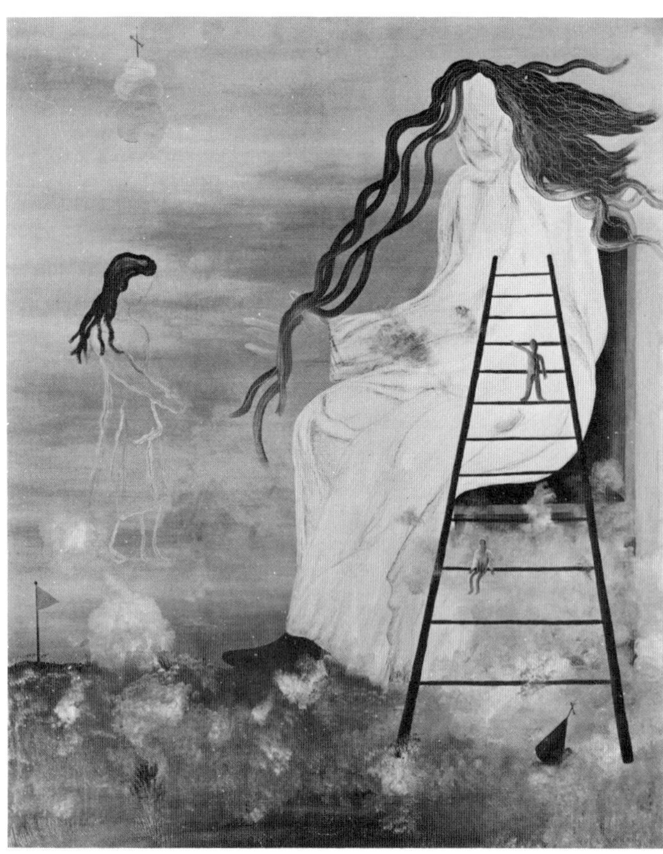

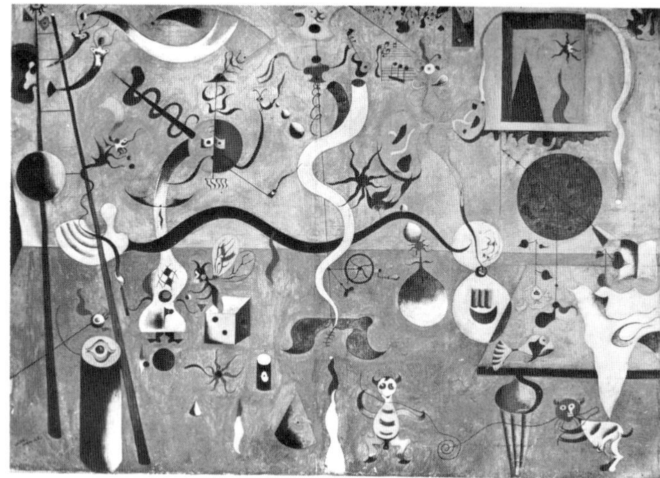

Joan Miró
Der Karneval des Harlekins, 1924-1925
Öl auf Leinwand, 66x91 cm
The Albright-Knox Art Gallery, Buffalo, N.Y.

Yves Tanguy
Titel unbekannt, 1926
Öl auf Leinwand, 100x81 cm
Sammlung J. Ulmann, Paris

ein wenig pompös die kulturelle Besonderheit der Rue du Château nennen könnte. Man braucht tatsächlich nur an den späteren Werdegang von Duhamel zu denken – der nach der ›Libération‹ erst die ›série noire‹ und dann die ›série blême‹ ins Leben gerufen hatte – oder mehr noch vielleicht an Jacques Prévert, von dem man weiß, welchen Platz er in der Geschichte des französischen Films einnehmen sollte, nachdem sein jüngerer Bruder Pierre ›L'Affaire est dans le sac‹ (1932) gedreht hatte – um sich einen Begriff zu machen von der Originalität der vielen Interessen, die die drei Freunde im gesamten Bereich des Surrealismus entwickelten. Nicht daß sie die einzigen Surrealisten gewesen wären, die den Jazz zu schätzen wußten oder die ›serials‹ vom Genre ›Mystères de New York‹, die Romane von Gaston Leroux, die ersten Comic Strips mit ihren Hauptfiguren, den sogenannten ›Pieds nickelés‹, die Katzen oder die Spielautomaten, aber mit ihnen – wie in einer Hinsicht auch mit Robert Desnos und etwa um die gleiche Zeit mit dem Kreis um Magritte in Brüssel, der ›Société du Mystère‹ – behauptet sich unleugbar eine volkstümliche Dimension des Surrealismus.

Meiner Ansicht nach war Tanguy damals sehr nahe daran, sich auf eine Malweise festzulegen, die raschen Erfolg versprach. Sie hatte gewiß einen erzählenden Charakter, aber sie war auch blitzhaft durchkreuzt von Traumgedanken und vor allem voller Humor. *Fantômas* (1925/26, Abb. S. 127) erscheint mir als der am meisten ausgereifte, reizvollste und äußerst vielversprechende Ausdruck dieser Malerei. Ich möchte es ganz deutlich sagen: Auf die Chance, die sich Tanguy schon jetzt bietet, wird Dubuffet noch gut zwanzig Jahre warten müssen, bevor er sie ergreifen kann. Ich wundere mich manchmal, daß sich die Museen dieses Werk voller Schwung und Einfallsreichtum einander nicht mit hohen Geldsummen abjagen – aber das liegt zweifellos daran, daß es noch kein Museum gibt, das sich systematisch auf die Sammlung solcher nicht in Erfüllung gegangener Versprechungen konzentriert. Tanguy wird nämlich die Versprechungen von *Fantômas* nicht halten: Er wird sich weigern, auch weiterhin eine Art malerisches Gegenstück zur Poesie Préverts anzubieten – oder, wenn man das vorzieht, eine ›volkstümliche‹ Version der Malerei Mirós. In Wirklichkeit will er viel lieber ein echter surrealistischer Maler werden. Denn wenn auch Duhamel und Prévert in *Fantômas* ausreichende Qualitäten erkennen konnten, so galt das nicht für Breton, der zur gleichen Zeit auch die Malerei von Pierre Roy und Georges Malkine ablehnte – und etwas später auch die von Savitry – während seine Freunde hier ebenfalls ein teilweises Gelingen anerkannten . . .

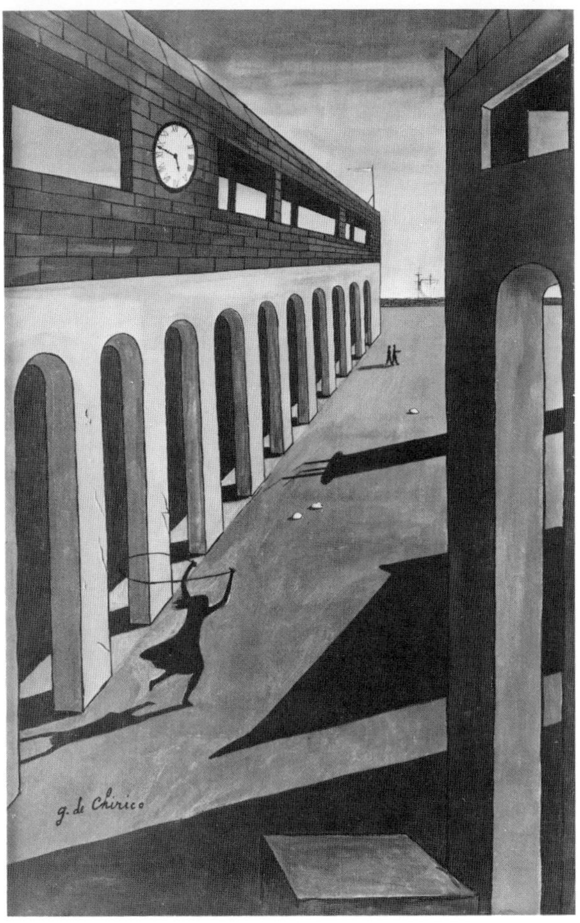

Giorgio de Chirico Melancholie einer Straße, 1924
Öl auf Leinwand, 90,5 x 58,8 cm
Hamburger Kunsthalle

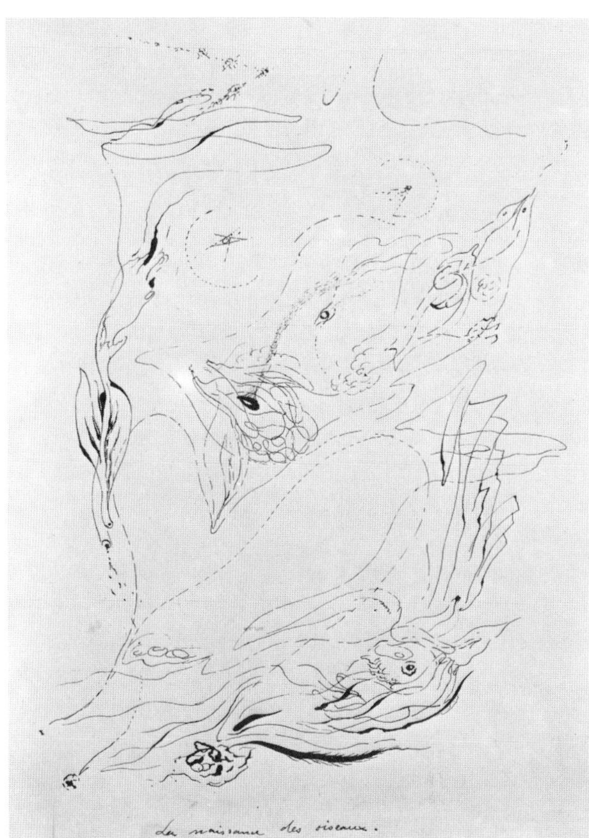

André Masson Geburt der Vögel, um 1925
Tuschfeder, 41,9 x 31,5 cm
The Museum of Modern Art, New York

Schattenland

Ich habe eben Miró erwähnt. Für das Beispiel des katalanischen Malers – mehr als das Beispiel Massons, dessen Werk trotz allem Spuren der kubistischen Richtung aufweist – zeigt sich Yves Tanguy in diesem Augenblick am stärksten empfänglich, und zwar nicht nur in seinen Zeichnungen, die ganz aus zerschrammten und zerplatzenden Linien bestehen und von denen eine in ›La Révolution Surréaliste‹[11] erschienen ist. Außer *Fantômas* versuchen noch mehrere Gemälde aus den Jahren 1926/27 sich in einem zweidimensionalen Raum, der auch der Raum Mirós ist, einzurichten.[12] Aber der Charakter des Immateriellen, Verschwimmenden der meisten bei Tanguy vereinigten Elemente – Bewegungsimpulse, unbestimmbare Materie, verschiedenartige Verformungen, geplante oder spontan geschaffene figurative ›Gags‹ – all dies verursacht in seinen Bildern, die übrigens oft großen Charme haben, eine zögernde Linienführung und jene Art struktureller Schwäche, die der junge Maler instinktiv durch die Einfügung von geraden Linien – ohne dabei die Linie des Horizonts auszunehmen –, von Zahlen und Buchstaben auszubalancieren sucht. Er bezieht sogar einfache feste Körper ein – wie es Cézanne vorgeschrieben hatte – z. B. die Pyramide und den Kegel. Miró hatte sich seit dem Winter 1923/24 einem ähnlichen Problem gegenübergestellt gesehen und das um so mehr, als er aus dem dreidimensionalen Raum seiner ›detaillistischen‹ Periode kam. Auch er suchte Halt an dem Sicherheitsgeländer der Horizontlinie – in den Bildern *Terre labourée* und *Paysage catalan* oder auch im geometrischen Prisma eines perspektivisch gesehenen Intérieurs, in *Le Carnaval d'arlequin* (1924/25, Abb. S. 43). Aber darüber hinaus hatte sich Miró geduldig bemüht, die Resultate des Automatismus in einer ganzen Serie von Anmerkungen, vorläufigen Entwürfen und Skizzen zusammenzustellen.

Diese vorsichtige Annäherung an das bildnerische Erleben widerstrebt Tanguy; er empfindet sie wie einen fundamentalen Mangel an Aufrichtigkeit – oder an Mut. In seinen Augen muß die Leinwand die komplette Theaterbühne sein, auf der sich die vollständige Geschichte des Bildes abspielt, von ihren ersten stammelnden Anfängen bis zum letzten Pinselstrich. Wenn ich einmal die Tätigkeit des Malers mit der des Gärtners[13] vergleichen darf, so möchte ich sagen, daß Tanguy seine Pflanzen immer direkt der Erde anvertraut, während Miró zunächst den Samen im Gewächshaus aussät oder in Kulturen vortreibt, bevor er im geeigneten Moment die nun schon robusten Pflanzen an ihren Platz versetzt. Diesem unterschiedlichen Vorgehen entspricht auch ein Unterschied in der Definition dessen, was für beide jeweils die Lust am Malen ausmacht: Miró geht es mehr um die Perfektion des fertigen Werkes – was in seinem Fall vielleicht eine größere Verletzbarkeit durch andere mit einbegreift –, Tanguy ist gefesselt von den einsamen Freuden der Entdeckung. Jedenfalls hat er das noch in einer Erklärung bestätigt, die auf den Tag ein Jahr vor seinem Tod erschien: »Das Element der Überraschung in der schöpferischen Gestaltung eines Kunstwerks ist für mich der wichtigste Faktor – der Überraschung für den Künstler selbst wie auch für die anderen.« – »Die Überraschung muß um ihrer selbst willen unbedingt angestrebt werden«. (André Breton, ›L'Amour fou‹) – »Die Malerei schreitet unter meinen Augen fort, wobei sie ihre Überraschungen je nach dem Stand ihrer Entwicklung enthüllt. Das ist es, was mir das Gefühl einer totalen Freiheit gibt, und darum bin ich unfähig, einen Plan zu entwerfen oder eine vorläufige Skizze zu machen.«[14]

Aus dem Vorhergehenden ergibt sich, daß das Auftreten des Schlagschattens in den Bildern von Tanguy keinesfalls auf den Einfluß de Chiricos zurückgeht, sondern einem inneren Erfordernis dieser Malerei entgegenkommt. Nachdem er zunächst fast zufällig aufgetaucht war, neigt er sehr bald dazu, eine strukturbildende Rolle ersten Ranges zu spielen. Einen ausreichenden Beweis dafür bietet die Entwicklung, die sich abzeichnet zwischen *Lune obscure* (1926) und *Maman, Papa est blessé!* (1927, Abb. S. 145), einem sehr wichtigen Gemälde, das im Keim bereits das ganze Werk, das von Tanguy noch kommen sollte, enthält. Er hat nach meiner Überzeugung sofort begriffen, welchen Nutzen er im malerischen Bereich aus diesem Schlagschatten ziehen würde. Aber auch im philosophischen Bereich – und von daher wird er ganz natürlicherweise zu den Plätzen Italiens von de Chirico zurückfinden: denn indem er den mehr und mehr erfundenen Elementen, die auf seinen Bildern ihren Platz einnehmen, diese dunkle Verlängerung und diese räumliche Verwurzelung gibt, verschafft er ihnen gleichzeitig eine unwiderstehliche Glaubwürdigkeit.

Aber wenn auch seine – mit Sicherheit sehr durchdringende – Intelligenz ihn frühzeitig erkennen ließ, wie vorteilhaft in ethischer wie auch ästhetischer Hinsicht die Einführung der Schatten in seine Malerei sich auswirkte, so wäre es doch falsch anzunehmen, daß er in den kommenden Jahren generell eine solche Hilfestellung nutzen würde. Der ab 1926 in *L'Orage* (Abb. S. 136) und in *Lune obscure* auftauchende Schlagschatten behauptet sich zwar im Laufe des Jahres 1927, aber man findet viele Bilder aus diesem Jahr, auf denen er fehlt, so: *Il faisait ce qu'il voulait* (Abb. S. 139), *Finissez ce que j'ai commencé* (Abb. S. 140), *La Main dans les nuages*. Oder er ist kaum ausgeprägt in *Terre d'ombre, On sonne, L'Extinction des lumières inutiles* (Abb. S. 143), *Un Grand tableau qui représente un paysage* (Abb. S. 144).

Das gleiche gilt für die Jahre 1928 und 1929, in denen Tanguy sich offenbar Gedanken darüber macht, wie er den Einsatz von Stilmitteln, die in anderen Händen als den seinen sehr bald zu gekünstelter Routine geworden wären, vermeiden kann. Beispiele hierfür sind: *L'Humeur des temps* (Abb. S. 149), *Le Plan des sources, Le Regard d'ambre* (Abb. S. 159). Man sieht also, wie er erst nach unendlich vorsichtiger Prüfung den Schlagschatten ihre Daseinsberechtigung im Mittelpunkt seiner Malerei zuerkennt – und tatsächlich werden sie erst ab 1931/32 systematisch eingesetzt. Es ist übrigens nicht ausgeschlossen, daß eine aufmerksame Beobachtung der Entwicklung im Werk de Chiricos seine letzten Zweifel in dieser Hinsicht zerstreut hat: Beim Schöpfer des *Cerveau de l'enfant* wird der Schatten nach 1919 in der Tat unbedeutend – wie seine Malerei selbst . . .

Wenn man mich erschießen wird

Es mag paradox sein oder nicht, aber im gleichen Maße, wie die Schatten sich ausbreiten, verschwinden die menschlichen Figuren oder ganz allgemein die erkennbaren Elemente aus seiner Malerei. Doppelsinnigkeit des Schattens: Er unterstreicht einerseits die greifbare Realität eines Wesens oder eines Objekts, aber, selbst von Natur aus ungreifbar, identifiziert er sich mit dem, was weder Substanz besitzt noch überhaupt existiert! Indem er die Beute fahren läßt um ihres Schattens willen, setzt sich Yves Tanguy in einem einzigen Anlauf an die äußerste Spitze des surrealistischen Abenteuers dorthin, wo ein Hauch genügen würde, daß der Dichter, der Künstler – sogar »der gewöhnliche Mensch«, um mit Dubuffet zu sprechen – die Realität seiner Wünsche, seiner Träume, seiner gefühlsmäßigen oder intellektuellen Spekulationen allem übrigen vorzöge.

Man hat so häufig mißverstanden, daß sich die Surrealisten mit so viel Leidenschaft und Nachdruck für die soziale Revolution einsetzten. Muß man aber nicht gerade darin das unerläßliche Gegengewicht sehen, mit dem die Versuchung balanciert werden konnte, dies ›bißchen Realität‹ für nichts zu erachten, mit dem uns die Zeitungen, Conciergen und Regierungschefs unermüdlich versorgen, und das sie uns im Gegenteil als ›die volle Realität‹ servieren wollen? Artaud, der sich am entschiedensten vom politischen Engagement der Surrealisten abwandte, hat in großartiger Weise das Programm eines Surrealismus entworfen, der einzig und allein geistigen Erfordernissen gerecht werden sollte: »Der Surrealismus ist für mich niemals etwas anderes als eine neue Art von Magie gewesen. Die Einbildungskraft, der Traum, die ganze intensive Befreiung des Unbewußten, die all das an die Oberfläche der Seele emportauchen läßt, was sie gewöhnlich tief verborgen hält, muß zwangsläufig tiefgreifende Veränderungen in der Skala der Erscheinungen, im Bedeutungswert und im Symbolwert alles Geschaffenen mit sich bringen. Alles Konkrete ändert sein Gewand, seine Schale und läßt sich nicht mehr durch die gleichen geistigen Abläufe erfassen. Das Jenseitige, das Unsichtbare, sie weisen die Realität zurück. Die Welt hält nicht mehr stand.«[15]

Dieser Text kommt zum gleichen Zeitpunkt aus der Presse, in dem die erste Einzelausstellung von Yves Tanguy (Paris, Galerie Surréaliste, 27. Mai bis 15. Juni 1927) eröffnet wird. Könnte man nicht sagen, daß Artaud, indem er seine eigene Sache verteidigt, auch für den jungen surrealistischen Maler spricht?

In seinem Vorwort zum Katalog stimmt Breton übrigens im gleichen Tonfall damit überein: »Es gibt keine Landschaften. Nicht einmal einen Horizont. Es gibt in der sinnlich wahrnehmbaren Welt nichts als unsere ungeheure Voreingenommenheit, die alles umschließt.«[16]

Daß diese Ausstellung in den Augen von Breton ein Ereignis von allererster Bedeutung war, ließe sich auch beweisen durch die ganz besondere Aufmerksamkeit,

Yves Tanguy Paravent, 1928
Privatbesitz, Paris

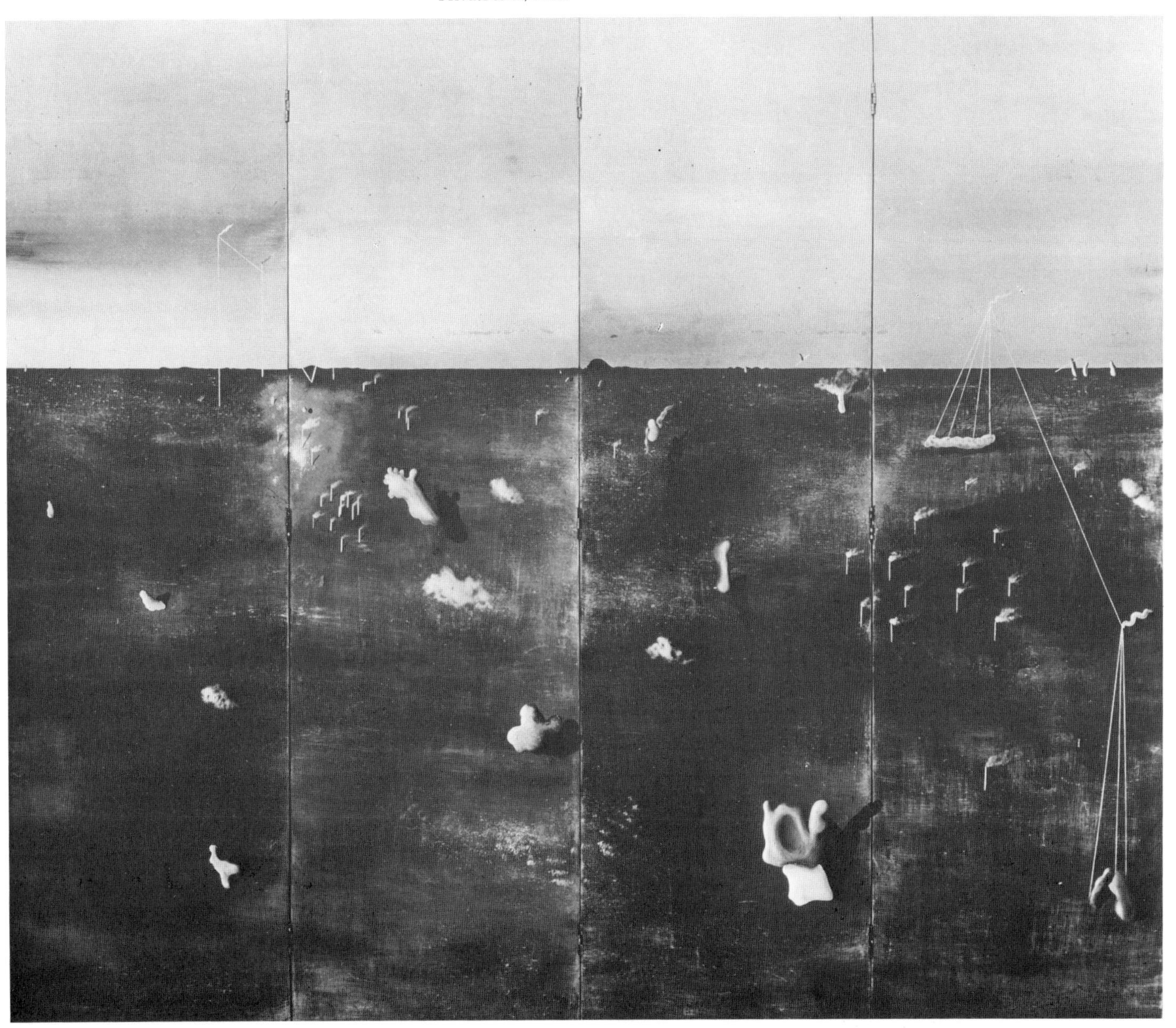

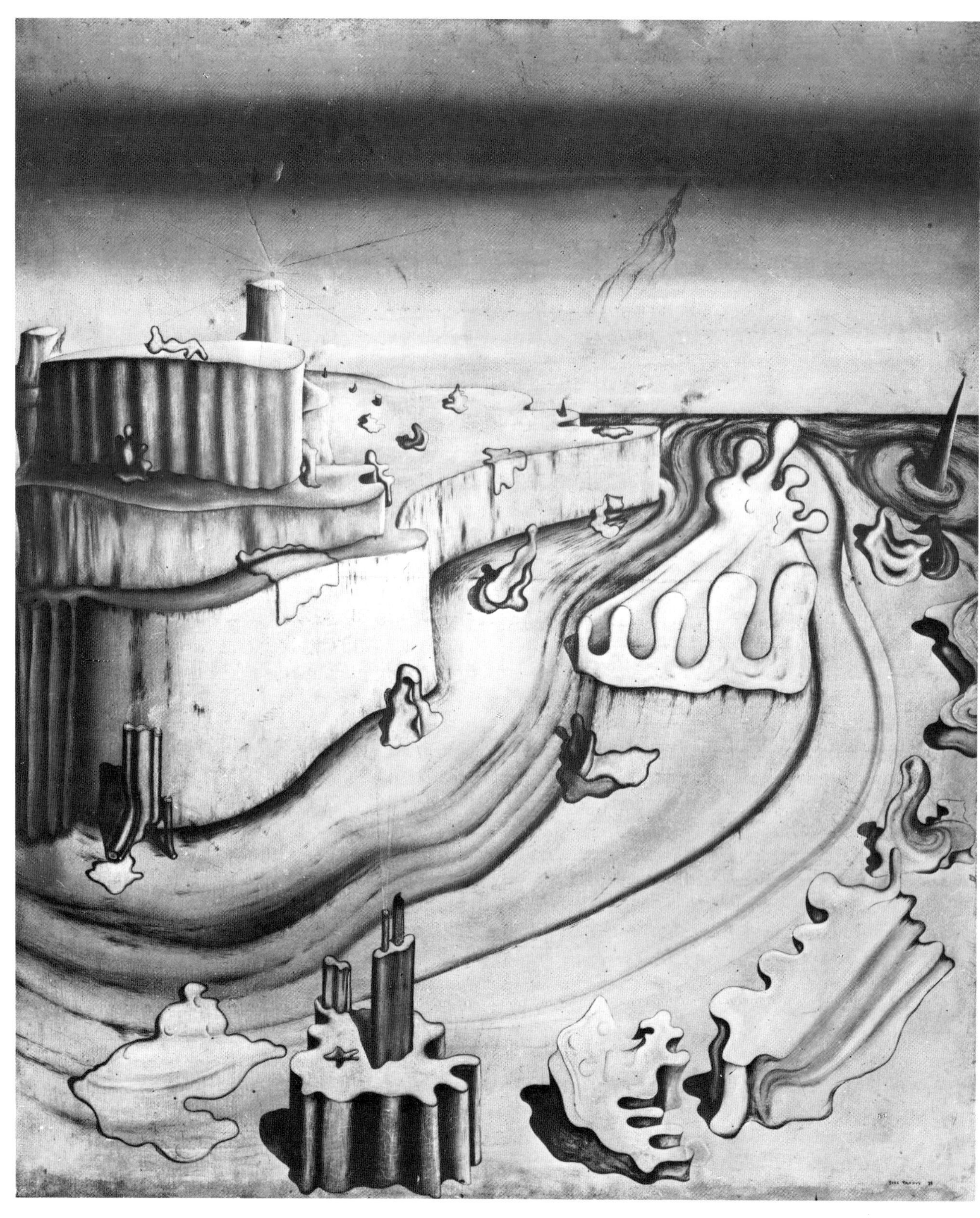

Yves Tanguy
Der Palast auf einem Vorgebirge, 1930
Öl auf Leinwand, 71,3 x 58,5 cm
Sammlung Peggy Guggenheim, Venedig

die er der Benennung der Bilder widmet. Tanguy erzählt: »Ich erinnere mich, daß wir einen ganzen Nachmittag miteinander verbracht haben, bevor der Katalog zum Druck ging, um in Büchern über Psychiatrie Aussagen von Kranken zu suchen, die als Titel für die Bilder in Frage kamen.«[17]

Außerdem sollte jedes Bild einen zweiten Titel haben, der allen Bildern der Ausstellung gemeinsam sein würde, so *Quand on me fusillera* (Abb. S. 146). Im Gegensatz zu Artaud möchte Breton auf diese Weise unterstreichen, daß die »tiefgreifenden Umwandlungen in der Skala der Erscheinungen, im Bedeutungswert und im Symbolwert alles Geschaffenen«, die durch die Malerei von Tanguy eingeleitet worden sind, auch eine revolutionäre Haltung im gesellschaftlichen Bereich mit einbegreifen: »Sie verschließt auch jeder Konzession die Tür, und sie ist, obwohl viele in ihr nur den bevorzugten Ort dunkler und wunderbarer Metamorphosen sehen wollen, die erste *nicht legendenhafte* Darstellung einer außerordentlichen Ausdehnung der geistigen Welt, die im Werden begriffen ist.«[18]

Es ist übrigens festzuhalten, daß man die Unterschrift Tanguys zwanzig Jahre lang unter allen kollektiven surrealistischen Erklärungen, die die Gesellschaftsordnung in Frage stellen, findet; von *Hands off Love* und *Permettez!* (1927) bis *Liberté est un mot vietnamien* (1947).[19]

Die Einzigartigkeit von Tanguys Einbruch in die surrealistische Malerei – man kann nicht deutlich genug unterstreichen, daß der Aussteller zum Zeitpunkt der Eröffnung seiner Ausstellung erst seit einem Jahr surrealistische Bilder malt! – hat nachträglich James Thrall Soby in Erstaunen versetzt. Er schreibt über ein Bild von 1928, *Vieil horizon* (Abb. S. 151): »Der düstere *Vieil horizon* bestätigt die grundlegende Ernsthaftigkeit Tanguys als Maler – eine Eigenschaft, die in deutlichem Gegensatz zu dem programmatisch ausgelassenen Humor des größten Teils der surrealistischen Kunst steht.«[20]

Gordon Onslow-Ford erläutert mit den folgenden Sätzen die Originalität Tanguys im Vergleich zu anderen surrealistischen Malern: »Bei den anderen Surrealisten gab es zunächst ein automatisches Verfahren und anschließend interpretierten sie – nicht so Tanguy. Max Ernst und Masson betrachteten, was sie (nach der ersten Materialbearbeitung) vorfanden, und sie sahen darin ihre Phantasmen oder ihre Wünsche, zum Beispiel nackte Frauen oder Monde. Und das führt die automatische Malerei wieder auf das Bekannte zurück. Tanguy hat das niemals gemacht.«[21]

Der Schrank des Proteus

Das Jahr 1927, der entscheidende Wendepunkt, war nicht nur das Jahr seiner ersten Ausstellung: Er heiratet in dieser Zeit Jeanne Ducrocq – Jeannette – und richtet sich mit ihr in der Rue du Moulin-Vert, Nr. 27 ein, wodurch er eine gewisse Distanz von seinen Freunden in der Rue du Château erkennbar werden läßt, die sich schließlich noch vergrößern wird, wenn Prévert und Queneau im Jahre 1930, am Tag nach der Veröffentlichung des ›Second Manifeste‹ (2. Manifest) gegen Breton Partei ergreifen.[22]

In der Zwischenzeit setzt sich bis 1929 die sogenannte Periode der ›Fumées‹ (Dunstbilder), die 1926 begonnen hatte, fort. Das wesentliche Problem, das sich Tanguy nun stellt, ist die Raumauffassung. Er zeigt dabei eine offensichtliche Hemmung, die Bildfläche zu ›vertiefen‹: der klassischen geometrischen Perspektive wird hier die Vogelperspektive vorgezogen, die den Vorteil bietet, den Erdboden fast in der Vertikalen zu zeigen, wobei seine Fläche sich beinahe mit der Fläche des Bildes deckt. Man denkt an persische Miniaturen, oder vielleicht eher noch an die vertikalen Rollbilder des Fernen Ostens, den chinesischen ›Tcheou‹ und den japanischen ›Kakemono‹, deren Beschränkung auf einen engen Raum den in den Bildern Tanguys üblicherweise anzutreffenden Raumverhältnissen entspricht. Es bleibt in diesem Zusammenhang zu erwähnen, daß man zwei vollständig von Tanguy bemalte Paravents (Abb. S. 49) kennt, von denen einer aus den Jahren 1927/28 stammt und der andere aus dem Jahr 1932, die eine mögliche fernöstliche ›Quelle‹ in seiner Malerei nicht ganz ausschließen. Ich möchte noch hinzufügen, daß die strukturbildende Rolle der Kalligraphie in den chinesischen oder japanischen Rollbildern hier von geometrischen Linien oder Figuren übernommen wird, die außerdem die Zweidimensionalität wieder betonen.

In die Zeit nach einer Nordafrika-Reise, in deren Verlauf Tanguy von der strengen Gewalt der Hochebenen im Atlas-Gebirge, ihren nackten, vom Sandwind ausgekehlten Felsmassen, tief ergriffen wird, fällt die sogenannte kurze Periode der ›coulées‹ (Fließtechnik, 1930/31). Damit versucht er eine totale Umkehrung seines malerischen Verfahrens: Zum einen treten an die Stelle seiner früheren, relativ kahlen Räume nun wuchernde Massen, die gleichzeitig an ausgewaschene Geröllflächen, steile Felsenküsten und Kreuzritterburgen im Heiligen Land erinnern. Zum anderen werden die sechs Bilder aus dieser Periode zunächst gezeichnet, bevor er sie malt, was im absoluten Widerspruch zu der seit 1926 befolgten Regel steht. Von diesen sechs Ölbildern sind die charakteristischsten: *Légendes ni figures* (Abb. S. 168), *Palais promontoire* (Abb. S. 50), *L'Armoire*

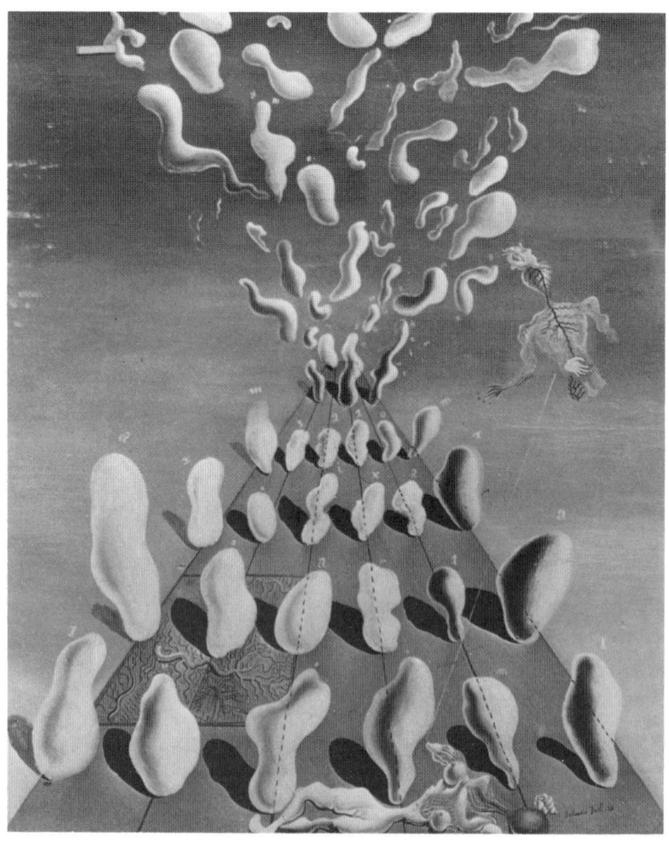

Salvador Dalí Einweihungsgänsehaut, 1928
Öl auf Leinwand, 75,5 x 62,5 cm, Privatbesitz

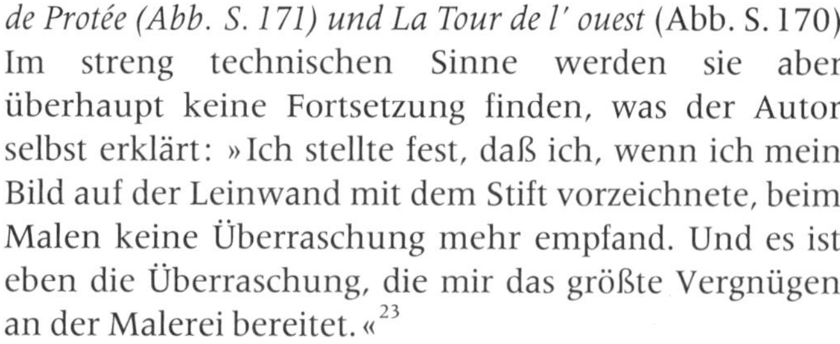

de Protée (Abb. S. 171) und La Tour de l' ouest (Abb. S. 170) Im streng technischen Sinne werden sie aber überhaupt keine Fortsetzung finden, was der Autor selbst erklärt: »Ich stellte fest, daß ich, wenn ich mein Bild auf der Leinwand mit dem Stift vorzeichnete, beim Malen keine Überraschung mehr empfand. Und es ist eben die Überraschung, die mir das größte Vergnügen an der Malerei bereitet.«[23]

Der Mangel an Vergnügen beim Malen dieser Bilder nimmt ihnen – wie wir gestehen müssen – nichts von ihrer Schönheit, und was Breton angeht, so war er weit davon entfernt, einen derartigen Verstoß gegen das Prinzip des ›reinen psychischen Automatismus‹ zu beanstanden und hörte nicht auf, ganz besonders *L'Armoire de Protée* zu bewundern, ein Bild, das in seinem Besitz war. Wenn die Malerei in diesen Bildern im Vergleich zu den früheren nicht mehr ›automatisch‹ ist, so ist es die Zeichnung dagegen nun geworden – und tatsächlich wird sich das grafische Werk Tanguys von nun an großartig entwickeln, allerdings nach Gesetzen, die nichts mit den Gesetzen der Malerei zu tun haben. Die von mir soeben zitierte Reaktion verdiente es daher, von bestimmten heutigen Erben Tanguys durchdacht zu werden.

Nachdem er die ›Fließtechnik‹-Bilder gemalt hat, wird sich seine Aufmerksamkeit in höherem Maße den

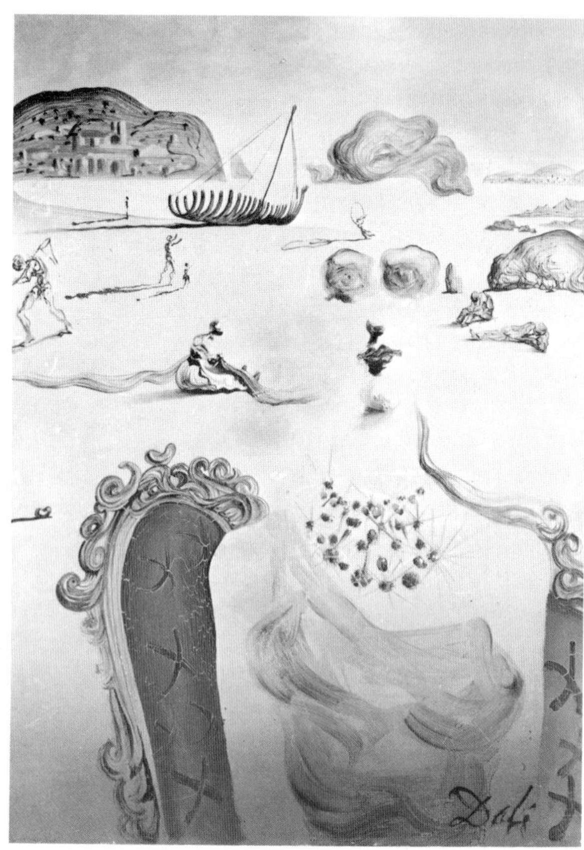

Salvador Dalí 58 Dame am Meeresstrand, 1935
Öl auf Holz, 33 x 23,7 cm, Privatbesitz

Formen und viel weniger dem Hintergrund zuwenden. Nicht daß dieser Hintergrund nun ein Bühnenhintergrund wie im Theater wird. Aber von diesem Moment an kann man sagen, daß Tanguy endgültig seinen eigenen Raum erobert hat, und daß er ihn nur noch auszugestalten braucht. Besser noch: Er verzichtet darauf, die Schnittlinie Himmel–Erde wie in der Vergangenheit hervorzuheben und sichert ihm damit seine geistige Einheit. Die Grenzen zwischen Luftraum und Erdraum zeichnen sich immer undeutlicher ab; was als Horizontlinie gelten könnte, schmilzt dahin – weil es nun nicht mehr die Erde auf der einen und den Himmel auf der anderen Seite gibt: Es gibt von nun an nur noch den Raum Tanguys. Und im Innern dieses Raumes keimen die Kreaturen – diese »Objekt-Wesen«, wie Breton[24] sie später nennt, die von nun an die ganze Aufmerksamkeit ihres Schöpfers beanspruchen. Nun ist es vorbei mit den letzten identifizierbaren organischen Überbleibseln – diesen Sandpflänzchen, die sich so eigensinnig an die Dünen klammerten – es ist vorbei mit den plötzlich aufflackernden Windböen: Eine totale Bewegungslosigkeit breitet sich in den Bildern Tanguys aus, und nur mit Mühe und Not treffen einzelne Teilchen unbegreiflicher Natur auf einen Hauch, der gerade ausreicht, um sie über ihre Schlagschatten anzuheben.

Die »Objekt-Wesen« wachsen an Zahl, an Bedeutung und Komplexität. Das erlaubt ihnen nun, sich von den Arpschen Formen, mit denen sie lange Zeit in poetischer Verwandtschaft lebten, zu unterscheiden. Ihre Mannigfaltigkeit ist erstaunlich, und man wundert sich, daß es noch niemand eingefallen ist, sie in einer gelehrten Klassifikation zu erfassen. Was mich angeht, so beunruhigt mich ihre Eigentümlichkeit. Sie erinnern mich unwillkürlich an einen berühmten Zeichenfilm von Emile Cohl, dem Erfinder des Zeichentrickfilms, in dem man sieht, wie sich ein Elefant nach und nach in eine Tänzerin verwandelt. Die Hälfte dieser Zeichnungen – acht von sechzehn – auf denen man nicht mehr einen Elefanten vor sich hat und noch keine Tänzerin, scheinen mir sehr schön geeignet, um den Übergangscharakter von Tanguys »Objekt-Wesen« zu verdeutlichen. Außer natürlich, daß er im Unterschied zu Emile Cohl nicht vorher festgelegt hat, zwischen welchem Wesen und welchem Objekt – oder welchem zweiten Wesen – eine Zwischenform erscheinen sollte. Sein Universum ist daher natürlicherweise das der Metamorphosen. So stand auch Proteus in dem Ruf, jeden Augenblick seine Erscheinung zu ändern – abwechselnd war er Löwe, Drache, Panther, Wasser, Feuer oder Baum – damit er nicht die Zukunft offenbaren mußte.

Das Band der Ausschweifungen

»Es war nicht umsonst, daß Yves Tanguy seine heiklen Botschaften ausgesandt hat«, schrieb Anfang 1928 Salvador Dali[25], der damit zweifellos sagen wollte, daß diese Botschaften nicht auf taube Ohren trafen. In der Tat zeigen zwei Bilder aus dem Werk des jungen katalanischen Malers, *Senicitas* (1926/27) und *Chair de poule inaugurale* (1928, Abb. S. 52) Erscheinungsformen, die man eine systematische ›Hypertanguysation‹ nennen könnte – nachdem Dali die Abbildungen in ›La Révolution Surréaliste‹, und dann im Katalog der Sonderausstellung von 1927 gesehen hatte.[26] Sicher, Lautréamont hatte gesagt: »Das Plagiat ist notwendig.«[27] Aber wo soll man die Grenze ziehen zwischen dem Plagiat und ordinärem Parasitentum? Ich will das jetzt nicht endgültig entscheiden; ich stelle lediglich folgendes fest: Dali begnügt sich nicht damit, sich viele Erfindungen des Schöpfers von *Maman, papa est blessé!* zu eigen zu machen, z. B. die Levitation, die seit *L'Anneau d'invisibilité* (Abb. S. 135) bis hin zum *Portrait de Paul Eluard* und *Le Monument impérial à la femme-enfant* Schule gemacht hat: Den ›Phallus-Finger‹, dessen sich Dali als eigener Erfindung rühmte, während er doch deutlich auf einer Zeichnung Tanguys zu erkennen ist, die in der Nr. 9-10 (1. Oktober 1927) von ›La Révolution Surréaliste‹ erschienen war, hier um so bemerkenswerter als er ein weibliches Genital durchdringt, aber von innen; die Pyramide, die Zahlen und Buchstaben aus *Il faisait ce qu'il voulait;* die ektoplasmischen Formen, die Nebel, usw. Dali hat das seltsame Licht der geistigen Strände Tanguys mit Gewinn für sich vereinnahmt, wie von *Spectre du soir* (1930) an deutlich erkennbar wird, wo der Strand sich anfüllt mit dem ganzen Arsenal der Symbole und Pseudosymbole, die ihm teuer sind. Denn aus einem Ort, der im eigentlichen Sinne außerhalb von Zeit und Raum ist, hat er nur das Bühnenbild für seine Erinnerungen und seine geschickt aufbereiteten Phantasmen zu machen gewußt...

Es ist allerdings klar, daß Dali eine Zeitlang alle Köpfe verdreht hat – die surrealistischen Köpfe eingeschlossen. Tanguys Kopf aber ganz sicher nicht; der verhält sich weiterhin wie ein exemplarischer Surrealist, besonders, als er am 20. September 1931 die Ausstellung ›La Vérité sur les Colonies‹ (Die Wahrheit über die Kolonien) veranstaltet – während im Bois de Vincennes die Kolonial-Ausstellung läuft. Im Zuge der Gegenkundgebung vom 9. Februar 1934 am Gare de l'Est versetzt ihm ein Mobilgardist einen Schlag mit dem Gummiknüppel, »der ihm die Vorderzähne ausschlägt«[28]. – Das war genau im gleichen Moment, in dem der Stern Dalis in den Augen Bretons und mancher seine Freunde zu verblassen begann; und das vor allem wegen der Hitler-freundlichen Einstellung des katalanischen Malers . . .

Die neue Schaffensphase im Werk Tanguys, die sich bis zum Ausbruch des Zweiten Weltkriegs fortsetzen wird und deren Hauptmerkmale ich schon angedeutet habe, wird eingeleitet durch ein wichtiges Bild, *Le Ruban des excès* (Abb. S. 175). James Thrall Soby betont, wie dieses Bild ganz besonders deutlich »die spontane Erzeugung der Formen bei Tanguy illustriert – ähnlich einer Kettenreaktion, wie sie etwa ein Paket Knallkörper verursachen könnte«, und er erinnert daran, daß der Maler ihm gesagt hatte, wie sehr er von dieser Arbeitsweise begeistert war, »wo ein Motiv das nächste anregte, dann ein drittes, viertes, in ganz unvorhersehbarer Weise«[29]. Unleugbar haben wir hier – bis hin zum Titel des Bildes – den Schlüssel für die Bilderfindungen des Künstlers während der ganzen dreißiger Jahre und zweifellos noch darüber hinaus. Der bandartige Aspekt der Komposition hat natürlich nicht nur Vorteile: zunächst einmal hält er die einzelnen Bestandteile von einem Bildrand zum andern hintereinander aufgereiht fest, wie Schauspieler, die am Ende einer Vorstellung an die Rampe kommen, um sich zu verbeugen, außerdem vernachlässigt er die anderen Ebenen etwas zu

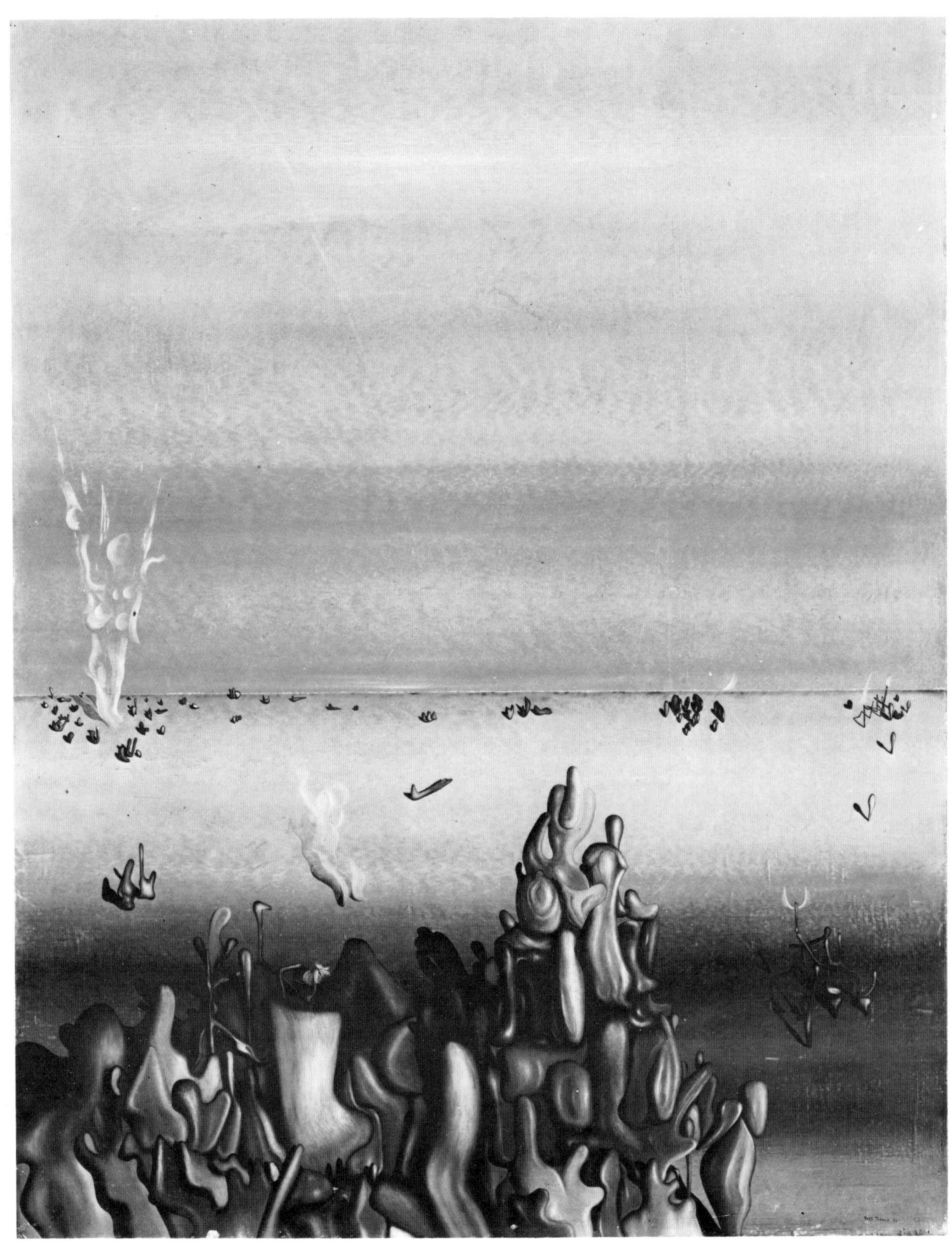

Yves Tanguy
Die Geißeln, 1934
Öl auf Leinwand, 63,5 x 53,5 cm
The Metropolitan Museum of Art, New York

sehr, obwohl der dichte Nebel, der auf der zweiten Ebene die »Objekt-Wesen« vom Hintergrund trennt und der eine Art endgültigen Abschied von der Periode der ›Fumées‹ darstellt, von unleugbarer Schönheit ist. Schließlich hat er vielleicht den Nachteil, daß er den Entstehungsprozeß des Bildes zu deutlich erkennen läßt.

Diesen Gefahren ist Tanguy ohne jeden Zweifel sofort mit den richtigen Mitteln begegnet. Wie er, ohne abzugehen von dem, was die Authentizität seines Verfahrens ausmacht – die Spontaneität, mit der seine Formen auftauchen, und die Art, wie er sie ähnlich den einzelnen Abschnitten einer Rede aneinanderkettet –, so organisiert er, wie ein Dichter das Weiß der Seiten, seine Rhythmik, so wird er verschiedene Mittel finden, um ein formelhaftes Einerlei zu vermeiden und niemals das gleiche Bild zu malen.

Man sieht ihn der Reihe nach oder gleichzeitig, etwa in der Verstreuung der einzelnen Formenelemente, eine Lösung suchen in *Mille fois* (1933), oder die formelle Hauptkette quer über das Bild verlegen in *Globe de glace* (1934); man sieht ihn seine Bestände zwischen zwei oder mehrere Parallelen verteilen in *Le Géomètre des rèves* (1935), oder die Regelmäßigkeit der Bildfläche durch das Einbringen eines großformatigen Elements aufbrechen in *Mode d'hérédité* (1936), einen Dialog zwischen zwei wichtigen Figuren herstellen in *Jour de lenteur* (1937, Abb. S. 189). Man sieht, wie er der Farbe eine gegenüber früheren Zeiten deutlicher ausgeprägte Differenzierungsaufgabe zuweist in *Les Oreilles d'un sourd* (1938), oder wie er überhaupt die Beziehungen zwischen den Formen selbst, ihren Schlagschatten und den Farbschwingungen des Hintergrundes feinfühlig andeutet, so in *Le Temps meublé* (1939). Für jemanden der sehen kann, zeigen die Gemälde aus den dreißiger Jahren eine solche Vielgestaltigkeit der malerischen Lösungen, daß im Vergleich dazu sämtliche im Werk eines Matisse oder eines Braque sich anbietenden Lösungen armselig erscheinen. Man wird mir vielleicht entgegenhalten, das sei nicht das Problem: dem stimme ich zu – aber was die Vielseitigkeit der grafischen Lösungen bei Tanguy angeht, so hat sie der Üppigkeit eines Picasso nichts zu neiden. Aber das wäre einer genaueren Betrachtung wert.

Bleibt das Problem der Interpretation. Wenn wir uns nicht mit ein paar bequemen Bezeichnungen wie Geröll, Skelette, Menhire begnügen wollen, die uns jede weitere Überlegung ersparen, ist es heute ebensowenig gelöst wie im Jahre 1939, als Breton von sich sagte, er sei »überzeugt, daß die sichtbaren Elemente der Malerei Tanguys, die unerklärbar bleiben, und unter denen folglich unser Gedächtnis nur mit Mühe eine Auswahl treffen kann, im Zuge der Weiterentwicklung des menschlichen Geistes erhellt werden. Sie sind Wörter einer Sprache, die wir noch nicht verstehen, die wir aber bald lesen und sprechen werden und die sich als die geeignetste für neue Formen der Verständigung erweisen wird«[30].

Zu einem Gemälde aus dem Jahre 1937, *Quelques Messieurs . . .*, schrieb Onslow-Ford kürzlich: »Wenn man sagt, daß dieses Bild eine Erinnerung an die prähistorischen Steine von Carnac ist, so kann man das nur bis zu einem gewissen Grade gelten lassen. In Wirklichkeit können wir darin Spuren von allem, was Tanguy kannte, nachweisen: Navigationsgeräte, Katzenkörbe und Frühlingsrituale . . . aber jetzt erscheinen sie in einem ganz anderen Zustand. Hier sind die Assoziationen mit Bekanntem bestenfalls Phantome aus der Vergangenheit. Die Welt Tanguys vermittelt uns ihre klarste Botschaft in einer Sprache lebendiger Formen und Farben, die sich direkt an das Unbewußte wenden.«[31]

Etwas später

Am Vorabend des Zweiten Weltkrieges bemerkt Breton, »daß der entscheidende moderne Einfluß auf die in jüngster Zeit bekanntgewordenen Maler von Tanguy ausgeht«[32]. Man darf tatsächlich nicht aus den Augen verlieren, daß die relativ oberflächlichen Probleme des Bildaufbaus, die ich soeben untersucht habe, zwar auf ›bewußte Absichten‹ zurückgehen, die aber keineswegs den Automatismus hindern, im Unbewußten umherzuwandern.[33] Jedes neue Bild von Tanguy entsteht – und so wird es aller Voraussicht nach bis zum Ende bleiben – aus der Vorbereitung der Leinwand »nach dem Gesetz des Zufalls«, wie Hans Arp gesagt hätte; aus Farben, die langsam miteinander vermischt werden, bis der Maler die Grundierung für ausreichend präpariert hält, um das gewünschte Keimen zu ermöglichen. Diese Grundierung bezeichnet Onslow-Ford mit dem treffenden Ausdruck »Mutterboden«; er fügt hinzu, daß der Maler die »grundierte Fläche während des rituellen Trocknungstages eingehend betrachtet, um sie nach Ablauf dieser Zeit *auswendig* zu kennen«[34], daß er sich dann wieder vor die Leinwand setzt und mit dem Pinsel in der Hand die winzigsten Anregungen des »Mutterbodens« ausspäht. Ich sollte jetzt den Vergleich mit der Hellseherin vorziehen, die, über ihre Kristallkugel gebeugt, sich bemüht, die launischen Hinweise auf die Zukunft ihres Klienten darin auszuspähen: So ist es auch bei Tanguy; was er malt, ist ›Orakel‹. Man stellt ihm übrigens einmal im Zusammenhang mit dieser Kristallkugel der Hellseherinnen und im Zuge von ›Recherches expérimentales sur la connaissance irrationale de l'objet‹ (vgl. S. 107) (Experimentelle Untersuchungen über das irrationale Erkennen des Objekts) die Frage: »Womit sollte sie auf einem Seziertisch zusammentreffen, damit Schönheit entsteht?« Er antwortet: »Mit einem Häuflein Nadeln und einem Taschenspiegel.«[35] Seine Version des berühmten Satzes von Lautréamont würde also heißen: »Schön wie die zufällige Begegnung einer Kristallkugel, eines Häufleins Nadeln und eines Taschenspiegels auf dem Seziertisch.« Wäre damit nicht *das* Bild von Tanguy auf die einfachste Formel gebracht?

Diejenigen, »auf die Tanguy einen übrigens von Tag zu Tag zunehmenden und tieferen Eindruck macht«[36], heißen Wolfgang Paalen, Matta, Gordon Onslow-Ford, Esteban Francés. Breton scheut sich nicht, im Bezug auf sie von »absolutem Automatismus« zu sprechen, womit er den Beweis liefert, daß nach seiner Ansicht in der surrealistischen Malerei bis dahin eher von ›relativem‹ Automatismus die Rede sein konnte. Aber wie verhält sich Tanguy zu diesem »absoluten Automatismus«? Alles deutet darauf hin, daß er in gewissem Maße für sein Auftreten verantwortlich ist, da er von den jungen Malern übernommen wird, die ausschließlich unter seinem Einfluß standen. Dennoch ist die Malerei Tanguys ihrer ganzen Form nach wenig dazu geeignet, dem Publikum oder der Kritik als Beispiel für den Automatismus in der Malerei zu dienen. Der Begriff ›Automatismus‹ verträgt sich eher mit Darstellungen, die mit einer gewissen Laxheit, ja sogar Schlampigkeit ausgeführt sind, so daß man dafür bei Masson oder bei Miró leichter Beispiele finden könnte als bei Tanguy. Das Mißverständnis wird noch größer, wenn es sich um die amerikanischen abstrakten Expressionisten oder die Quebecer Automatisten handelt. Weder die einen noch die anderen hatten offensichtlich eine Ahnung von dem fundamentalen Automatismus des Schöpfers des *Palais aux rochers de fenêtres* (Abb. 205). Dieses Mißverständnis scheint mir vor allem auf das Nichtunterscheiden zwischen dem ›manifesten‹ Automatismus – bei Masson oder Pollock – und dem ›latenten‹ Automatismus – bei de Chirico und Tanguy – zu beruhen. In Wirklichkeit kann man Nachlässigkeit in der Ausführung, Verzicht auf jede Gestaltung oder Beschränkung auf die zwei Dimensionen der Leinwand nicht als Kriterien des Automatismus gelten lassen, der weder eine technische noch eine ästhetische Angelegenheit ist, sondern eine geistige. Der Automatismus ist eine mediale Methode, die es nicht nach ihren Mitteln, sondern nach ihren Zielen zu beurteilen gilt.

Vor diesem Hintergrund scheint außer Zweifel zu stehen, daß der »absolute Automatismus«, den Breton im Jahre 1939 begrüßte, ein ›manifester‹ Automatismus war. Der Begründer des Surrealismus wünschte die Durchsetzung einer ausgesprochen ›automatischen‹ Malerei. Es steht also keineswegs fest, daß er – wie man manchmal glaubt – die Auswüchse, zu denen in der Folge Action-painting, Tachismus oder Informel führten, bedauert hat: Er sollte nur deren poetische Anspruchslosigkeit bedauern. Es sah ihm eher ähnlich, sich darüber zu freuen, daß der »absolute Automatismus«, sowie er aus der Taufe gehoben war, den Atlantik überquerte – hauptsächlich in der Person von Matta – und sich bald in eine wahre Flutwelle verwandelte. Was Tanguy angeht, so hatte auch er den Atlantik überquert, 1938 hatte er Kay Sage kennengelernt, mit der er sich nach seiner endgültigen Ausmusterung vom Militär in New York wiedertraf und die er 1940 heiratete. Aber im Gegensatz zum »absoluten Automatismus« konnte er in den Vereinigten Staaten nicht Schule machen. Er hatte dort keine Schüler außer seiner eigenen Frau – deren Werk, sichtbarer von Unruhe und Verstörung gezeichnet als das ihres Mannes, keineswegs unbedeutend ist –, beeinflußte jedoch in gewissem Maße die Bildhauer David Hare und Isamu Noguchi. Auch täuscht man sich, wenn man annimmt, daß seine Malerei mehr Verständnis und Begeisterung begegnete als in Frankreich. Man kommt nicht umhin festzustellen: Seine Malerei ist in zu hohem Maße ›innerlich‹, als daß sie jemals eine breite Öffentlichkeit erreichen könnte, und ihr Schöpfer hat niemals auch nur das geringste Zugeständnis gemacht, das daran etwas geändert hätte. Nach dem Halb-Elend, das er in Paris zwanzig Jahre lang gekannt hatte, lebte er nun im Wohlstand, weil seine Frau vermögend war. Das ging nicht ohne andere Nachteile ab: Breton, der Kay Sage nicht leiden mochte, war der Ansicht, daß Tanguy durch ihre Schuld verbürgerlichte – und das war das Ende einer äußerst lebendigen und warmherzigen Freundschaft, deren letztes Zeugnis zweifellos die Veröffentlichung (1946) der einzigen Monographie war, die der Schöpfer von ›Le Surréalisme et la peinture‹ einem Maler gewidmet hat.[37]

Die Täuschung der Zeit

Amerika war für Tanguy, wie mir scheint, eher eine Wiederentdeckung als eine Entdeckung. So hieß seine erste Einzelausstellung in der Surrealisten-Galerie: ›Yves Tanguy et objets d'Amérique‹, und tatsächlich war in dem Katalog ein Totempfahl der Tlingit-Indianer der Liste seiner Bilder gegenübergestellt; drei Seiten weiter schrieb Paul Eluard: »Wahre Einsamkeit, die

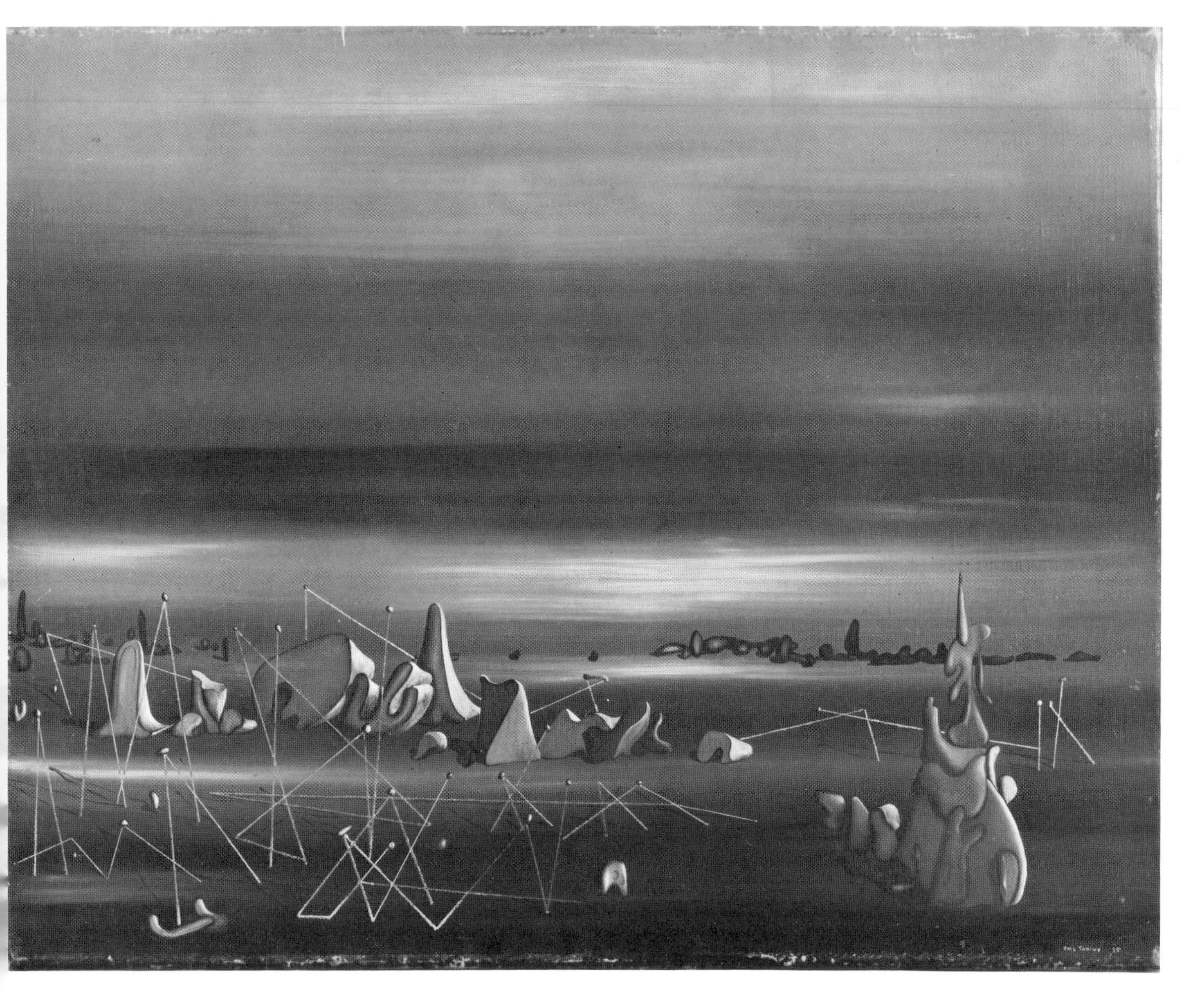

Yves Tanguy
Der Treffpunkt der Parallelen, 1935
Öl auf Leinwand, 27,5 x 35,5 cm
Kunstmuseum Basel, Emanuel-Hoffmann-Stiftung

Einsamkeit, die in den Träumen herrscht und die die Voraussetzung der Imagination ist. Sie scheint übrigens ganz Amerika beherrscht zu haben. Die Irokesen hatten nur eine Gottheit: den Traum. Ihm leisteten sie strikten Gehorsam.«[38]

Aber heute sind es weder die Irokesen noch die Algonkins, die das Gesetz im Lande ihrer Väter machen; was die Gottheit betrifft, so hat der Dollar den Traum entthront. In Woodbury (Connecticut), wo Tanguy und Kay Sage sich im Jahre 1942 niederlassen, haben sie weder Pekoten noch Mohikaner als Nachbarn, wie das zur Zeit der ›Mayflower‹ der Fall gewesen wäre. Wenn er auch nicht mit den ersten Amerikanern Verbindung aufnehmen konnte, um Verwandtes zwischen sich und ihnen zu entdecken – sei es in der Verehrung heiliger Steine bei den Sioux-Indianern Dakotas, »die sie mit roter und grüner Farbe verzierten«, sei es in der ›Religion der Träumer‹, die im 19. Jahrhundert bei den Nez-percés mit Smohalla und Chef Joseph entstand, und die im Traum die einzige Quelle übernatürlicher Kräfte sah[39] – so wird er doch das Land Amerika in sich aufgenommen und dabei ohne allzu große Überraschung Ähnlichkeiten mit seinen eigenen Visionen entdeckt haben – vor allem in den großartigen tafel- oder nadelförmigen Felsen, wie man sie in Arizona und in Neu-Mexiko antrifft. Obwohl er im Gegensatz zu Paalen nicht sofort nach Britisch Kolumbien aufgebrochen ist, scheint es mir zulässig, in vielen seiner in den USA entstandenen Werken und vor allem in mehreren Bildern aus den Jahren 1949/1950, wie *La Peur II* (Abb. S. 30), *Le Souhait* – (Abb. S. 50), *La Rose des quatre vents* und *Des Mains pâles aux cieux lassés* (Abb. S. 217) eine Art spontaner Bewunderung für die herrlichen Totempfähle der Haida und der Tlingit zu entdecken.

Aber in seiner gewohnten Zurückhaltung hat Tanguy sich damit begnügt zu erklären: »Die einzige Veränderung, die ich hier in den Vereinigten Staaten in meinem Werk entdecken kann, betrifft wahrscheinlich meine Palette. Was ist der Grund für diese Intensivierung der Farbe? Ich weiß es nicht. Aber ich muß zugeben daß die Veränderung beträchtlich ist. Vielleicht ist sie dem Licht zu verdanken. Auch habe ich hier das Gefühl eines größeren Raumes – von mehr Raum. Aber deswegen bin ich ja gekommen.«[40]

Was heißt das genau? Seit Beginn der vierziger Jahre ist es nämlich nicht der Raum, der sich weiter entwickelt, sondern die Bedeutung der in ihn hineingesetzten Formen wandelt sich. Anstatt sich harmonisch in die ganze Tiefe des Bildes zu verteilen, mitten hinein in diese »doppelt manipulierte Perspektive, von der Ferne bis zur Nähe und von der Höhe bis zur Tiefe«, von der Soby gesprochen hat[41], bevölkern die »Objekt-Wesen« den Vordergrund, wo sie sich mit einer gewissen Selbstgefälligkeit in die Breite und Höhe und in aller Buntheit entfalten. Dies Drängen zum Vordergrund erreicht seinen Höhepunkt 1943: *Par les oiseaux, par feu, et non par verre; Les Couleurs équivoques; Mémoire du matin;* mit einer letzten ostentativen Zuspitzung 1945 in *Le Pourvoyer*. Das Gefühl der Beklommenheit, fast des Erstickens, das diese Bilder schon beim ersten Anblick verursachen, legt mir nahe, sie als Zeugnisse der Schwierigkeiten zu interpretieren, mit denen der Maler zu kämpfen hatte, um sich den neuen Lebensbedingungen anzupassen. Was die Farbe angeht, so wird sie gleichzeitig lebhafter. Sie streift manchmal das Glamourhafte und sogar den Kitsch, und verstärkt so noch den unangenehmen Eindruck, von dem ich spreche. Der Titel des Bildes *Les Couleurs équivoques* trägt dem voll und ganz Rechnung . . .

Aber von 1942 an – offenbar sofort nach *Les Survenants II* – entwickelt sich eine sehr nuancierte und überraschende Behandlung der Oberflächen. Effekte von feuchtem Textil, frischem Gips oder Cellophan und Eindrücke von Glas, Metall oder Marmor durchdringen einander in subtiler Weise. *Vers le nord lentement* (1942) ist auch die erste nächtliche Vision von äußerster und tragischer Schönheit, die Tanguy verarbeitet. Hier taucht auch ein Wald von Antennen auf, die sich nun unaufhörlich vermehren werden – ebenso wie die »Linsen und Prismen«, die Breton ab 1938 aufgefallen waren: »Drehen wir uns, wenden wir uns zu seiner Ehre auf unseren zahllosen ›Pieds nickelés‹. Höher über das Meer! Tiefer in die Abgründe! Ein Prinz des Lichtes hält seinen Einzug; er führt einen Löwen mit einer Fregatten-Frisur an der Leine.«[42]

Ab 1945 neigt der Maler dazu, die Basis der im Vordergrund plazierten Formen mehr und mehr verschwinden zu lassen, während die »Objekt-Wesen« weiter an Komplexität zunehmen. Dies führt dazu, daß z. B. in *Pierre première* (1947) einerseits der zur Erde gehörende Teil – also auch die Schlagschatten – an Bedeutung verliert, und daß andererseits die Hauptfiguren sich nunmehr gegen den Himmel abzeichnen. Im Jahre 1947 nimmt auch die Zahl der obeliskenartigen Figuren zu, die im allgemeinen auf die zwei Dimensionen beschränkt bleiben und in eine mehr und mehr von Gewittern geladene Atmosphäre hineinragen, was ununterbrochen bis in die Bilder des letzten Jahres, *Mirage le temps* (1954, Abb. S. 222) und *Du Vert au blanc* (1954, Abb. S. 223) festzustellen ist. Allmählich scheint Tanguy sein Interesse auf die Himmelsräume zu richten, die sich wieder sehr klar abgrenzen gegen den Erdbereich – im Gegensatz zu der in den dreißiger Jahren und zu Anfang der vierziger Jahre vorherrschenden Übung – wo sich die Objekte in einem eng begrenzten Band am unteren Bildrand zusammendrängen. Plötzlich tritt in zwei letzten bedeutenden Bildern die Umkehrung ein: In *Multiplication des arcs* (1954, Abb. S. 224) – Soby hat uns berichtet, wie fieberhaft Tanguy daran arbeitete – füllen sich auf einmal zwei Drittel der Bildfläche mit einer wahnwitzigen Anhäufung von Steinen zwischen den auf dem Boden liegenden Obelisken, und in *Nombres imaginaires* (1954, Abb. S. 32) ist fast kein Himmel mehr vorhanden, dafür aber teilen hohe Wälle, die gleichzeitig an die Mauern aus getrockneten Steinen der Isle of Man oder des Cap Sizun und an die berühmte ›Straße der Riesen‹ im Norden von Ulster erinnern, den Boden in genau abgegrenzte Parzellen ein.

Yves Tanguy stirbt plötzlich am 15. Januar 1955 in Woodbury. Im Jahre 1938 sagte Matta zu Onslow-Ford, dem er sein letztes Bild mit dem Titel *A la veille de la mort* zeigte: »Aufgabe der Malerei ist es, uns selbst so vorzubereiten, daß wir eine Stunde, bevor wir sterben, mit der Welt Frieden geschlossen haben.«[43]

Das Reich der Mütter

Als er sich mit der Frage auseinandersetzt, auf welche Weise Tanguy Zugang zu seinem so eigenartigen Universum findet, kommt Breton sowohl 1942 wie auch 1952 zu dem Schluß, daß der Maler »immer das Reich der Mütter im faustischen Sinne gesucht zu haben scheint«[44].

Die Beschwörung der Mütter, wie Goethe sie in ›Faust II‹ vollzieht, findet ihre genaueste Entsprechung im Eintauchen des Blickes und des Geistes in die Bilder Tanguys. Ich möchte jedoch bemerken, daß die Kritiker [angesichts dieses Goethe-Textes – Anm. d. R.] oft in Verlegenheit geraten. So fragt sich z. B. Jeanne Ancelet-Hustache, ob es sich dabei um »die Welt der Ideen Platons« oder das »Reich der Monaden« handelt.[45] Der Psychologe Herbert Silberer berichtet, wie er nach dem Besuch einer Aufführung dieses Goethewerkes versucht, »sich auf das schwierige Problem der Mütter zu konzentrieren, das denen, die es interpretieren wollten, soviel Kopfzerbrechen verursacht hat, und wie er im Banne folgender Halluzination erwacht: Ich stehe auf einem einsamen Vorgebirge, das weit in das dunkle Meer hineinragt. Meereswellen scheinen sich mit dem düsteren Himmel zu vereinigen, der geheimnisvoll drohend wirkt«[46].

Dr. Géza Róheim, der das Vorhergehende in ›Die Pforten des Traumes‹ erzählt, läßt es an Deutlichkeit nicht fehlen: »Der stehende Schläfer und das einsame Vorgebirge sind der Phallus. Das Meer und der Himmel sind die Mütter. Das ist die richtige Erklärung der ›Mütter‹-Szene in Faust II.«

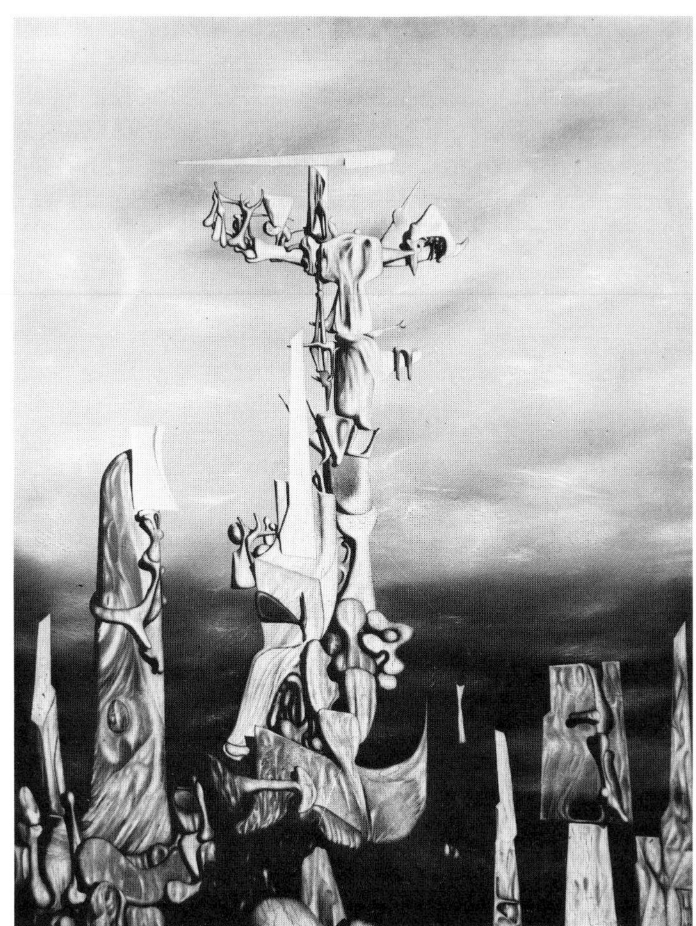

Yves Tanguy Der Wunsch, 1949
Öl auf Leinwand, 92 x 71 cm
Whitney Museum of American Art, New York

Bei diesem »Reich der Mütter« wie bei dem Universum Tanguys dürften wir also dem Elementar-Traum gegenüberstehen, wie ihn der Begründer der psychoanalytischen Anthropologie in dem folgenden Resümee definiert hat, das ich so wenig wie möglich kürzen werde: Im Schlaf kehren wir in die intra-uterine Situation zurück.

Der Traum an sich ist ein Versuch, die Verbindung zur frühesten Befindlichkeit herzustellen, die Welt wiederherzustellen. Er ist die normale Parallele zur Schizophrenie, nicht etwa zu manisch-depressiven Zuständen. Einschlafen ist gleichzeitig umgekehrte Geburt und Koitus.

Der Schlaf ist eine Kombination aus Regression und Verinnerlichung. Der Raum des Traumes ist gleichzeitig die Gebärmutter und der Körper des Träumenden . . .

Die Regression im Traum ist gleichzeitig Wunsch und Angst. Das leitet sich her aus der Tatsache, daß das Neugeborene schläft und ißt, und daß es die stillende Brust aufgeben muß, wenn es schlafen will.

Das Traumbild ist im wesentlichen geschlechtlich (phallisch). Das Traumbild ist das männliche Element, der Traum-Raum das weibliche . . .«

Im Laufe dieser Reise in die Vergangenheit versucht der Träumende natürlich seine früheste Befindlichkeit auf einem kindlichen Niveau, oder besser auf dem Niveau der kindlichen Wünsche, wiederherzustellen. Hier wird der Traum persönlich und spezifisch; das Ich und das Über-Ich des Träumenden greifen ein und verhindern eine freie Manifestation des verborgenen Inhalts.[47]

Obwohl Róheim mit diesem letzten Satz sich im Widerspruch zu Breton zeigt, der, immer mit Blick auf Tanguy, behauptet: »Mit ihm betreten wir zum ersten Mal eine Welt des völlig Verborgenen«[48] (möglicherweise rührt man hier aber an den grundsätzlichen Gegensatz zwischen Surrealismus und Psychoanalyse, die letzten Endes der Emanzipation der verborgenen Kräfte des Es ziemlich argwöhnisch gegenübersteht) zeigt sich ein auffallender Zusammenhang zwischen Róheims Schlußfolgerungen und der Malerei Tanguys.

Im neptunischen Licht

Die psychoanalytische Deutung sollte jedoch andere Deutungen nicht ausschließen, vor allem nicht die mythographische, die die kulturelle Herkunft des Künstlers nahelegt, die auch die durch Breton hergestellte Verbindung zu den ›faustischen‹ Müttern noch einmal unterstützt.

Es ist wirklich nicht uninteressant zu erfahren, daß die walisische Bezeichnung für Feen ›Y ma mau‹ (Mütter) das gallische Wort ›Matronen‹ genau übersetzt[49], und daß diese Matronen – lateinisch ›matronae‹ –, woraus auch die Marne ihren Namen ableitet – im allgemeinen in der Dreizahl der ›drei göttlichen Mütter‹ auftreten, die wiederum in Bezug gesetzt werden können zu der dreifachen Göttin, die Geburt, Leben und Tod lenkt; zu der Dreiheit von jungem Mädchen, Gattin und alter Frau; von Morrigan, Macha und Badh in Irland; von Persephone, Demeter und Hekate in Griechenland[50], ganz zu schweigen von den drei Parzen, die ja offensichtlich das gleiche Amt ausüben. Vielleicht befinden wir uns hier an einer der Quellen, aus denen Goethe schöpfte.

Bei John Sharkey, von dem ich den größten Teil dieser Hinweise übernommen habe, heißt es an anderer Stelle: »Die keltischen Mysterien entstanden in fließenden Zwischenzuständen, wie es die Dämmerung ist zwischen Licht und Dunkelheit, zwischen Tag und Nacht; oder der Tau, der weder Regen noch Dunst ist, weder Fluß noch Quellwasser... Der Bereich, in dem verschiedene Welten aufeinandertreffen, wie der Übergang vom Leben zum Tod, das Nebelfeld, das zwischen Meeresoberfläche und Himmel treibt, wie die Dämmerung, die Morgenröte und der Rand der Untiefe, hatte für die Kelten eine besondere Bedeutung.«[51]

Vermutlich entspricht diesem Reich des Unbestimmten – welches offensichtlich auch das der Malerei Tanguys ist – ursprünglich eine Art Gewißheit über die Wanderung der Seelen durch eine Folge von unterschiedlichen körperlichen Hüllen, die verschiedenen Arten, ja sogar verschiedenen Tierreichen angehören, worin ich so etwas wie die Urform der Metamorphose (Metapher?) zu sehen versucht bin.

So heißt es in dem Fragment der ›Reise des Bran‹, dem großartigen irischen Epos, das Françoise Henry als Beispiel anführt, nachdem sie deutlich machte, daß nach der Christianisierung »Gott den Magier von einst abgelöst hat, daß aber die Vorstellung von der unaufhörlichen Wandlung intakt bleibt«:

> Falke heute, Eber gestern
> wunderbare Unbeständigkeit!
> Jeder Tag macht mir die Güte Gottes teurer,
> die über meine Form bestimmt.
> Ich war unter den Wildschweinrudeln,
> und heute lebe ich inmitten des Vogelflugs.
> Ich weiß, was mir geschehen wird:
> bald werde ich eine andere Gestalt annehmen.[52]

Diese erstaunliche poetische Dynamik, die ein Wesen durch alle möglichen Seinsformen treibt, ist die gleiche, die eigenartigste Hervorbringungen der keltischen Kunst inspiriert, von den Münzen der Osismii und der Veneter bis zu dem berühmten ›Book of Kells‹ (Ende 8. bis Anfang 9. Jh.), dem letzten Zeugnis des schöpferischen Genies der Kelten im bildnerischen Bereich bis zum Jahr 1926, dem Jahr von *Vite! Vite! Second Message I* und *L'Orage*. Gewiß, vom Beginn der dreißiger Jahre an fehlt dem kontemplativen Universum Yves Tanguys jede äußere Dynamik, aber andererseits finden sich in diesem Universum, dessen gesamte Entwicklung in eine Epoche fällt, wo selbst der Begriff ›Keltische Kunst‹ – zumindest in Frankreich – komisch geklungen hätte, seltsamerweise die gleichen besonderen Merkmale, so wie sie heute ein kompetenter Fachmann, Paul-Marie Duval, herausstellt: »Die Neigung zum Phantastischen und die Vertrautheit mit dem Übernatürlichen, die Vorliebe für den Traum, das Bedürfnis, dem Gewohnten zu widersprechen und Verwirrung zu stiften, den Hang zur Magie der Metamorphose und Verzauberung, ein stets direkter Zugang zu dem, was uns entgeht – die instinktive Übertragung einer im innersten Selbst geformten Vision auf die sinnlich erfaßbare Welt.«[53]

Anmerkungen

1 A. James Johnson Sweeney, Museum of Modern Art Bulletin, Bd. 13, Nr. 4–5, New York 1946, S. 22-23.
2 Lettre à Robert Amadou, Revue métapsychique Nr. 27; Januar–Februar 1954, Perspective cavalière, Paris 1970, S. 39.
3 Was mich an das sehr schöne Bild von Richard Oelze *Erwartung* (1936) denken läßt, wo man nichts anderes sieht als Menschen, die warten.
4 Le Surréalisme et la peinture (1928), Paris 1965, S. 4.
5 Was übrigens in Widerspruch steht zu den Zielen der ›kritisch-paranoiden Methode‹.
6 Manifeste du Surréalisme, 1924; dt. André Breton, Die Manifeste des Surrealismus, Hamburg 1968, S. II ff.
7 Caspar David Friedrich in Briefen und Bekenntnissen, hrsg. von Sigrid Hinz, Berlin 1974, S. 92; siehe auch André Breton in L'Art magique, Club français du livre, Paris 1957, S. 35.
8 Le Cadavre exquis, son exaltation (1948); Le Surréalisme et la peinture, a.a.O., S. 288.
9 Ebenda, S. 290.
10 Katalog der Ausstellung, die von der Galleria Schwarz, Mailand, im Februar 1975 unter dem Titel des zuvor zitierten Breton-Textes veranstaltet wurde.
11 Nr. 9-10, 1. Oktober 1927, S. 22.
12 *La Fille aux cheveux rouges* (Das Mädchen mit den roten Haaren) *Vite! Vite!* (Schnell! Schnell!); *Second Message I* (Zweite Botschaft I), *Second Message II* (Zweite Botschaft II).
13 Y. von Taillandier hat übrigens ein Interview von Miró unter dem Titel veröffentlicht: ›Je travaille comme un jardinier‹, XXième Siècle, Paris 1964.
14 The creative process, Art Digest, Bd. 28, Nr. 8, New York, 15. Januar 1954, S. 14.
15 A la Grande nuit ou le Bluff surréaliste, Juni 1927.
16 Le Surréalisme et la peinture, a.a.O., S. 46.
17 Interview von J. J. Sweeney, a.a.O., S. 22–23.
18 Le Surréalisme et la peinture, a.a.O., S. 000
19 Vergl. José Pierre, Tracts surrealistes et Déclarations collectives, Bd. I: 1922-1939, Bd. II: 1940-1969, Le Terrain vague, Paris 1980 (1982).
20 Yves Tanguy, The Museum of Modern Art, New York 1955, S. 15.
21 Interview von José Pierre (2. Juni 1977) in dem von Fabrice Maze hergestellten Film, Esquisse Tanguy (S.E.R.D.D.A.V., 1978).
22 Prévert und Queneau – letzterer war ein ständiger Gast in der Rue du Château – gehörten zu den agressivsten Mitverfassern des Pamphlets mit dem Titel ›Un cadavre‹ (Ein Leichnam), das gegen Breton gerichtet war.
23 J. T. Soby, in Yves Tanguy, The Museum of Modern Art, a.a.O., S. 17.
24 Genèse et Perspective artistiques du surréalisme (1941); Le Surréalisme et la peinture, S. 71.
25 Nouvelles limites de la peinture, L'Ami de les Arts Nr. 22, Barcelona, 29. Februar 1928; Oui, Band 1: La Révolution paranoiaque-critique, Mediations, Paris 1971 (1979), S. 45.
26 *L' Anneau d' invisibilité* (Abb. S. 135) in der Nr. 7 (15. 6. 26), *Animaux perdus* (Verlorene Tiere) in der Nr. 8 (1. 12. 26); eine Zeichnung und *Second message I* in der Nr. 9 (1. 10. 27); *Terre d'ombre* (Schattenland) in der Nr. 11 (15. 3. 28). Im Katalog der Ausstellung von 1927 waren abgedruckt *Vite! Vite!*, *Il faisait ce qu'il voulait* (Er machte was er wollte) und *Extinction des lumières inutiles* (Das Auslöschen der überflüssigen Lichter).
27 Poésies (1870).
28 Georges Hugnet, Pleins et déliés, Paris 1972.
29 J. T. Soby, a.a.O., S. 17.
30 Des tendances les plus récentes de la peinture surréaliste, Minotaure Nr. 12 und 13, Paris, Mai 1939; Le Surréalisme et la peinture, a.a.O., S. 147-148.
31 Création, Galerie Schreiner, Basel 1978, S. 48 f.
32 Des tendances les plus récentes de la peinture surréaliste; a.a.O., S. 146 (leichte Abweichungen gegenüber dem Text von Minotaure).
33 Genèse et Perspective artistiques du surréalisme; a.a.O., S. 70.
34 Interview vom 2. Juni 1977, a.a.O.
35 Le Surréalisme A.S.D.L.R., Nr. 6, 15. Mai 1933, S. 10-11.
36 Genèse et Perspective artistiques du surréalisme; a.a.O., S. 82.
37 André Breton, Yves Tanguy, Pierre Matisse, New York 1946. Die graphische Gestaltung machte Marcel Duchamp.
38 D'un véritable continent.
39 T. C. McLuhan, Pieds nus sur la terre sacrée, Médiations, Paris 1974 (1976), S. 70, 197.
40 Interview von J. J. Sweeney, a.a.O.
41 J. T. Soby, a.a.O., S. 15.
42 Prologue 1938, Le Surréalisme et la peinture, S. 175.
43 G. Onslow-Ford, Création, a.a.O., S. 20.
44 Entretiens, Le point du jour, Paris 1952, S. 295.
45 Goethe par lui-même, Écrivains de toujours, Paris 1976, S. 175. G. Róheim, Les Portes du rêve (1953), Paris 1973, S. 21 f.
46 Ebda., S. 22.
47 Ebda, S. 126 f.
48 Ce que Tanguy voile et révèle, Le Surréalisme et la peinture, a.a.O., S. 178.
49 Gwenc'hlan Le Scouëzec, Guide de la Bretagne mystérieuse, Tchou, Paris 1977, S. 76.
50 John Sharkey, Mystères celtes, Paris 1975, S. 7.
51 Ebda, S. 11 und 20.
52 L' Art irlandais, Band I, Zodiaque, Abbaye Sainte-Marie de la Pierre-qui-vire 1963, S. 296.
53 Les Celtes, L' Univers des formes, Paris 1977, S. 237.

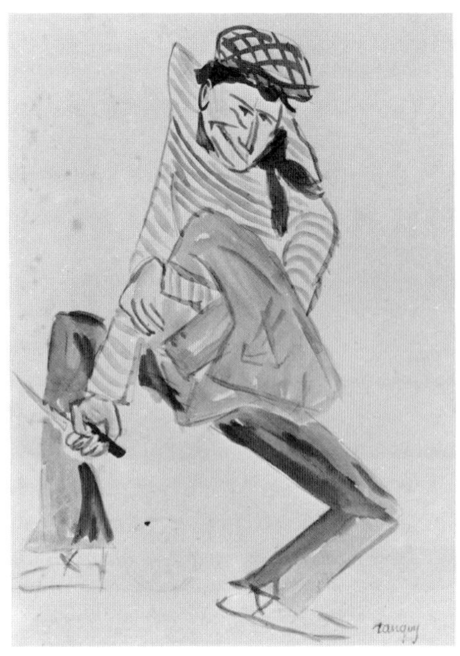

Ohne Titel, 1924
Aquarell
Indiana University Art Museum

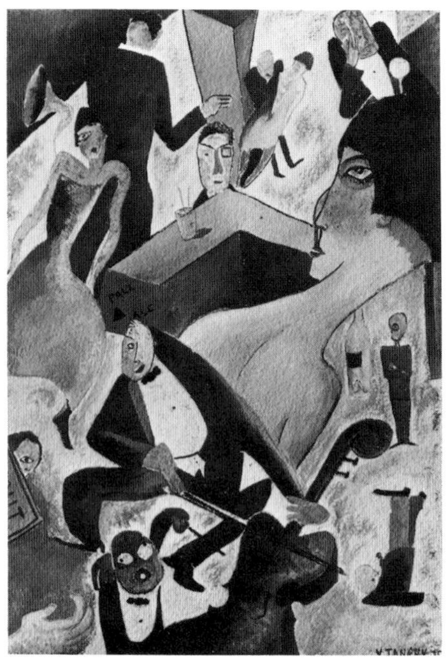

Amerikanische Bar, 1924-1925
Aquarell, 28 x 21,5 cm
Privatbesitz, Paris

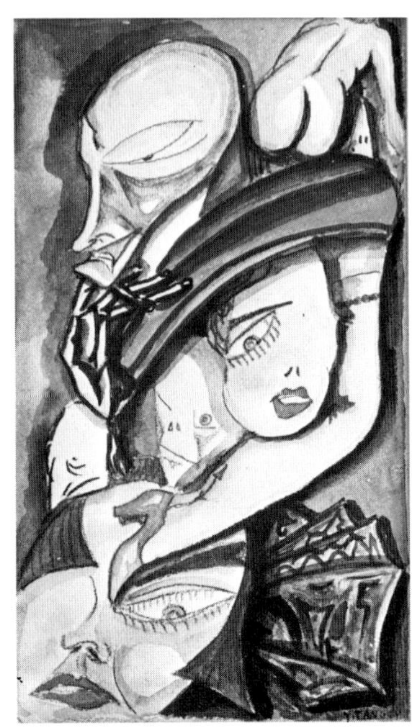

Ohne Titel, 1925
Aquarell, 32 x 22,5
Privatbesitz

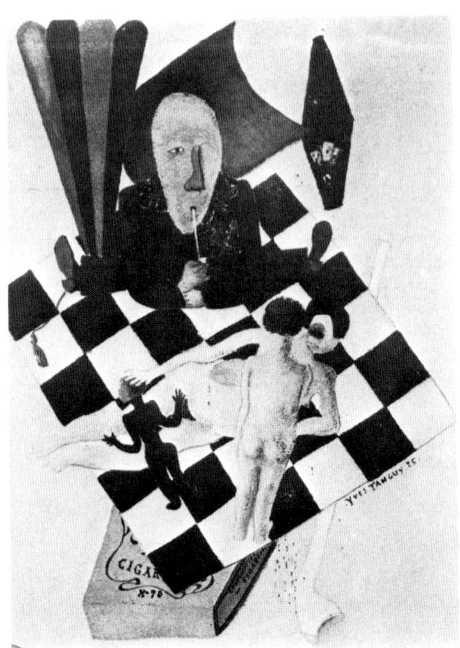

Ohne Titel, 1924-1925
Aquarell
Standort unbekannt

Thomas T. Solley

Zu Tanguys frühen Aquarellen

Etwa ein Jahr nach seinem Einzug in die Rue du Château Nr. 54 begann Tanguy seine ersten Aquarelle zu malen, eine Technik, die er schon nach wenigen Monaten wieder aufgab. Erst Anfang 1925 ging er zu der von nun an bevorzugten Ölmalerei über, wobei er jedoch seit 1926 zwischendurch an einer Reihe von Tusche-Zeichnungen arbeitete, die für seine Annäherung an den Surrealismus bedeutsam sind. Da Tanguy einen Großteil seines Frühwerkes vernichtete, läßt sich die genaue Chronologie seiner Aquarelle kaum festlegen; einige weisen allerdings so naive Züge auf, daß sie sicher zu den ersten Versuchen gerechnet werden können, so die Skizze aus der Sammlung des Indiana University Art Museums (Abb. S. 62 o.l.). Sie stellt einen schiefmäuligen Raufbold im Matrosenhemd dar, der in äußerst gespannter, drohender Haltung ein Messer schwingt – möglicherweise eine autobiographische Anspielung (Tanguy soll während seiner Zeit bei der Handelsmarine in eine Messerstecherei verwickelt gewesen sein). Der Rowdy im Matrosenhemd taucht in einem Aquarell von 1924 wieder auf (Pierre Matisse, 1963, 2). Eine weitere frühe Arbeit ist auch das Aquarell von 1924, das laut Duhamel (›Raconte pas ta vie‹, Paris 1972, S. 178) unmittelbar nach einer Aufführung des Russischen Balletts (von Nikita Balief) entstand (Abb. S. 62 u.l.). Die Kompositionsdichte und die Auffassung der Figuren (die Frauen und manche der Männer haben nur ein Auge) kündigt bereits die Malweise der Folgezeit an. Zwei weitere Aquarelle von 1924/25 lassen sich in diesem Zusammenhang anführen, *Die Amerikanische Bar* (Abb. S. 62 o.r.) und damit verwandt *Ohne Titel* (Abb. S. 62 u.r.); überdies gehört in den gleichen Kontext eine Ölmalerei, die auf der Tür zu Jacques Préverts Zimmer in der Rue du Château ausgeführt war. Die Einäugigen tauchen hier als wichtiges Kompositionselement wieder auf und die Darstellung der weiblichen Figuren erinnert sehr deutlich an ein Plakat der Mistinguette von Gesmar für das Casino de Paris, das 1922/23 nach seinem Erscheinen einen sensationellen Erfolg hatte; die weibliche Figur auf dem hochformatigen Aquarell (Abb. S. 62 u.l.) erscheint ebenfalls wie eine Kopie davon. Die Umwandlung der Federn Mistinguettes in ein wohlgeformtes Bein, das sich ums Kinn schmiegt, wirkt amüsant und kapriziös. In der linken unteren Ecke des Blattes erkennt man Josephine Baker mit ihrem berühmten ›accroche-cœur‹ (der wie ein Komma in die Stirn gedrehten Haarsträhne); vermutlich stellt der grüne bedrohliche Kopf oben links Conrad Veidt, den Star zahlreicher expressionistischer deutscher Filme dar. Andere Silhouetten, oftmals unbekleidet, seltsam und drollig, bevölkern auch in der Folgezeit die mehr ausgearbeiteten Werke: Es handelt sich um die Bildwelt der nächtlichen ›Feste‹, genauer gesagt, der Music-Hall. Die fragmentarisch-uneinheitliche Kompositionsweise, in der sie wiedergegeben ist, zeigt Einflüsse des Spätkubismus, der Dada-Plakate, des Films. Trotz der naiven Auffassung, die typisch ist für den aus der alltäglichen Bildwelt seiner Umgebung schöpfenden Autodidakten, spricht sich in ihr eine unleugbar persönliche poetische Qualität aus und ein wacher Humor, der auch in den Werken der Reifezeit noch immer spürbar ist.

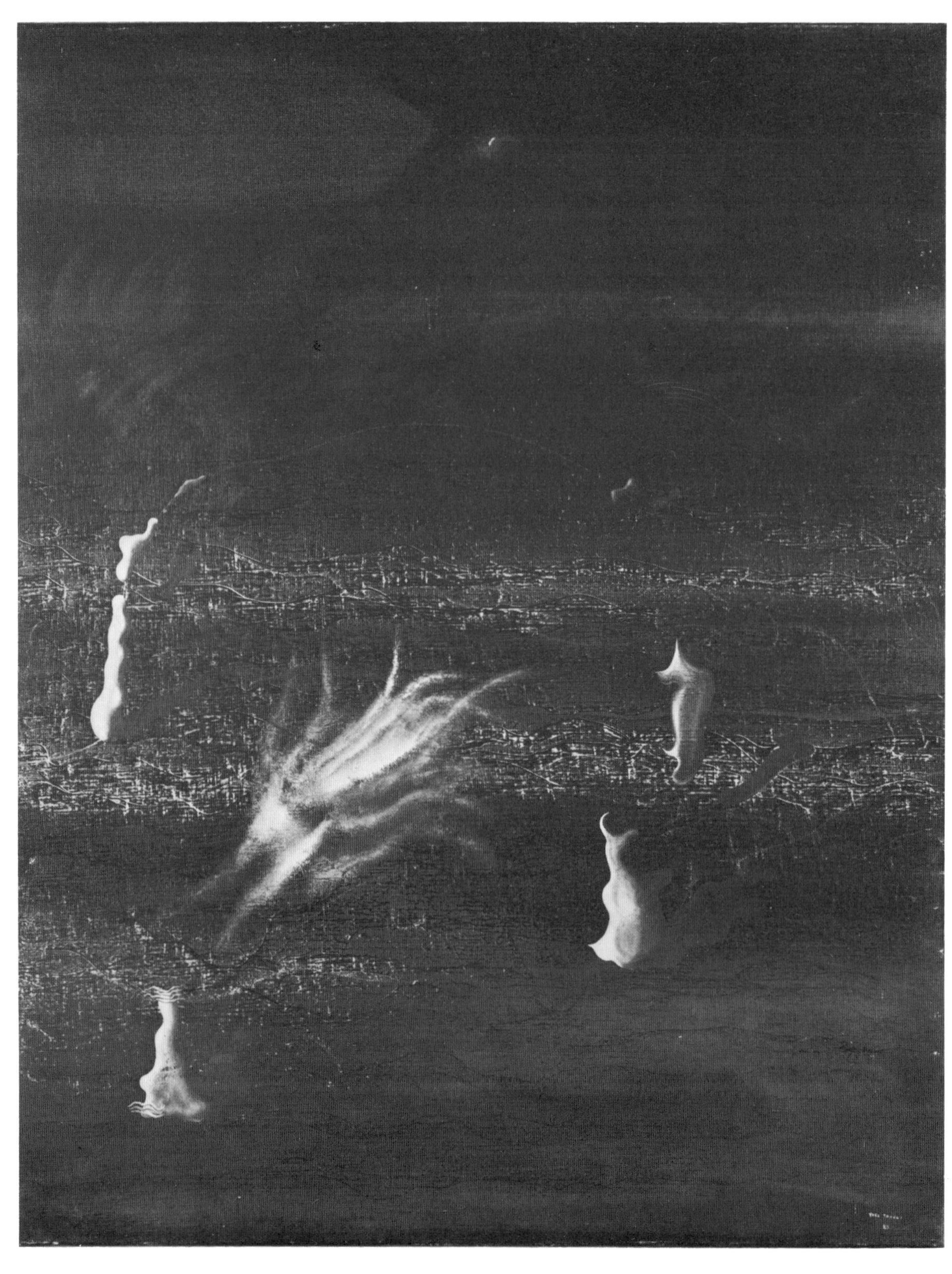

34 Titel unbekannt [Gleichgültiger Nußbaum], 1928
Privatbesitz

Reinhold Hohl

Tanguy und die surrealistische Figuration

Dialog über den Surrealismus im Jahr 1928

Antonin Artaud: *Hat der Surrealismus immer die gleiche Bedeutung für die Ordnung und Unordnung in unserem Leben?*
André Breton: *Es ist Dreck, dessen Zusammensetzung fast ausschließlich Blumen enthält.*

Antonin Artaud ›*Le Dialogue en 1928*‹

Tanguy ist ganz und gar ein surrealistischer und doch kein schwieriger Maler. Um so leichter sollte es sein, durch die kunsthistorische Betrachtung seiner Gemälde dem Wesen der surrealistischen Malerei auf die Spur zu kommen – jedenfalls dem figurativen (nach Werner Haftmann: dem »veristischen«, im Unterschied zum »absoluten« oder abstrakteren) Surrealismus und einem Teil der surrealistischen Plastik. Das wollen wir hier in drei Kapiteln versuchen. Wir untersuchen mit einigen Beispielen die Stilwerdung der ›typischen‹ Tanguy-Gemälde in den Jahren 1925 bis 1928; wir suchen nach den Beziehungen zwischen seinen surrealistisch-figurativen Bildgegenständen und der Gestalt einiger surrealistischer Bildhauerwerke; wir nennen, drittens, Tanguys surrealistische Skulptur-Projekte und Objekte und ordnen sie in die Tradition der provokativen Assemblagen ein. Vorher ist jedoch eine allgemeinere Bemerkung am Platz, wozu wir noch einmal von vorn beginnen müssen:

Tanguy ist kein schwieriger Maler. Man könnte auch sagen: Tanguy ist kein komplexer Maler, aber wir vermeiden mit Absicht das Wort ›komplex‹ – nicht nur, weil wir als Bildbetrachter von Tanguys ›Komplexen‹ nichts wissen, sondern auch, weil wir als Kunsthistoriker von seinen ›psychischen Automatismen‹ – als was der Surrealismus definiert worden ist – nichts wissen wollen, und von den ›unbewußten seelischen Reaktionen‹ der Betrachter noch weniger. Nicht daß es beides nicht gäbe; jedenfalls sind es poetische Ausdrücke für die unergründbaren Voraussetzungen und Wirkungen künstlerischer Schöpfungen. Wir halten uns aber an das, was der Künstler in bewußter Gestaltung gemacht hat und was der kunsthistorisch bewanderte Betrachter *sieht*. Erst wenn die doktrinäre Definition des Surrealismus und die Legendensammlung zum Thema ›Der Surrealismus und die Malerei‹ als das genommen werden, was sie sind, nämlich mit Wissenschaftlichkeit kokettierendes Dogma und literarisch aufgeputzte Heilsgeschichte, nicht aber sachliche Betrachtung und Kunstgeschichte, und erst wenn der Name ihres wortbegabten Autors auch noch aus den Fußnoten kunsthistorischer Texte verschwindet[1]: erst dann wird die Geschichte der surrealistischen Malerei und Plastik wirklich als ein Stück Kunst- und Stilgeschichte dargestellt werden können. Darum hat sich die Kunstwissenschaft natürlich schon längst und erfolgreich bemüht, aber die Legenden sind, gerade was Tanguy betrifft, bis heute noch nicht ausgemerzt.

Tanguys Anfänge und die Kunstgeschichte

Da wird immer noch die Geschichte des dreiundzwanzigjährigen Seefahrers erzählt, der von einem Pariser Autobus aus im Schaufenster des Kunsthändlers Paul Guillaume das Gemälde *Le Cerveau de l'enfant*, 1914, von Giorgio de Chirico sieht, vom Fahrzeug springt, zurückgeht, durch das Bild im Innersten getroffen und fortan zum Maler wird. Daß das wunderbare Ereignis von Tanguy selbst erzählt wurde und genau gleich ein paar Jahre vorher André Breton zugestoßen sein soll, wird wie ein Wahrheitsbeweis angeführt, statt daß man seine Wahrheit durch Quellenkritik in Frage stellte und hinter der scheinbaren Duplizität eine interessierte Komplizität feststellt; de Chiricos Gemälde gehörte damals André Breton...[2]

Wann Yves Tanguy wirklich zu malen begonnen hat, wissen wir nicht. De Chirico-Reminiszenzen sind in seinem Frühwerk, soweit es von 1925 an erhalten ist, selten, und wo sie auftreten, da stehen de Chirico-Motive in den Werken von Max Ernst dazwischen, etwa in dessen *Aquis submersus* (1919, Abb. S. 66), Städelsches Kunstinstitut, Frankfurt). Der Stilbefund sowie die gegenständliche Erfindung und Darstellung – spektakuläre Tiefenflucht; theatralische Himmelszone; der zur Bildsäule gebackene oder versteinerte, an seinen Schlagschatten gebundene Hominide im Vordergrund, der im Bann eines nur durch seinen Schatten ins Bild ragenden Dings steht –, sie lassen gerade dieses Gemälde als Vorbedingung für Tanguys Stil- und Bilderfindungen erkennen; andere Motiv- und Stilbeziehungen zwischen bestimmten Werken Max Ernsts (und auch Mirós und Arps) und Tanguys frühen Gemälden hat schon William Rubin besprochen.[3]

Solche Bildreminiszenzen ›erklären‹ natürlich die Anfänge eines Künstlers oder seinen Impetus zum Malen ebenso wenig wie Erweckungslegenden, aber sie machen durch vergleichende Bildbetrachtung ein klei-

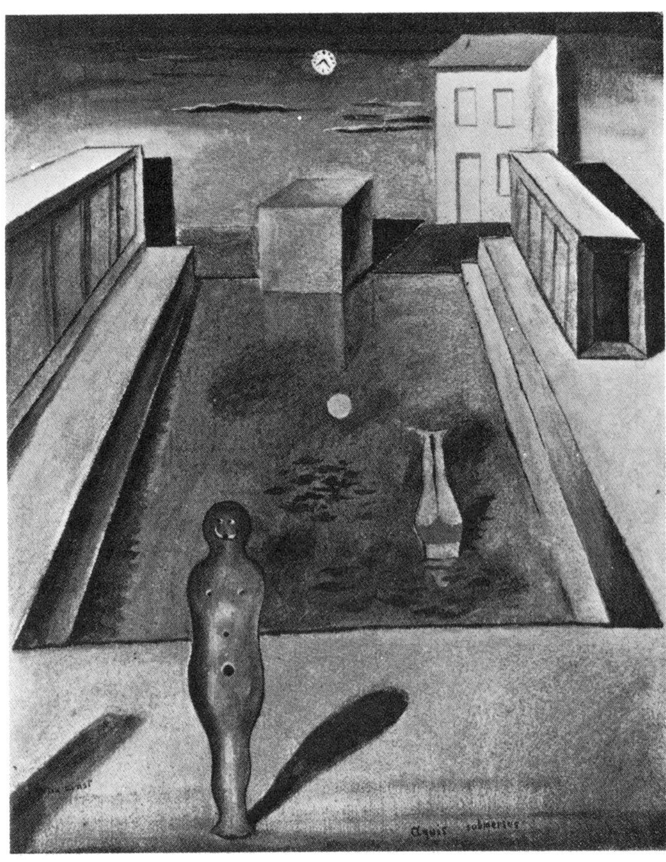

Max Ernst
Aquis submersus, 1919
Öl auf Leinwand, 54x44 cm
Städelsches Kunstinstitut, Frankfurt a. M.

nes Segment aus dem Kaleidoskop seiner vorangegangenen, nie vollständig zu inventarisierenden Kunstbegegnungen sichtbar. Tanguys Türbemalung vor Jacques Préverts Zimmer in ihrer gemeinsamen Behausung Rue du Château 54 – erstmals farbig reproduziert im Ausstellungskatalog ›Yves Tanguy‹ (Paris 1982, Farbabbildung 2); die gemalte ›Todesanzeige‹ für Prévert ist darauf ›5. Dezember 1925‹ vordatiert – spricht deutlich von Max Ernsts Malstil der Jahre 1918/19, aber auch vom Stil des deutschen Expressionismus der Nachkriegszeit und vor allem von der Kenntnis mancher früher Gemälde von Marc Chagall. Und was Tanguys ›allererstes Gemälde‹ betrifft, *Rue de la Santé* (1925, Abb. S. 123), so bezeugt es exemplarisch das jeder ernsthaften Kunstleistung eigene Zusammenwirken von bewußt gewordenem Seherlebnis (nach Marcel Duhamels Erzählung: plötzlich, auf einer nächtlichen Autofahrt durch die Rue de la Santé, *sah* Tanguy, was er sah) und von gespeicherten (›unbewußten‹) Kunstvorbildern, welche die malerische Realisierung möglich gemacht haben – hier, neben anderen, etwa Klees *Tanzspiel der Rotröcke* von 1924.[4]

Die erste Klee-Ausstellung in Frankreich, die vom 21. Oktober bis 14. November 1925 in der Pariser Galerie Vavin-Raspail stattgefunden hat, machte auf manche Dichter des Surrealismus (Aragon, Eluard, Crevel, Soupault, Limbour u. a.) einen großen Eindruck – vielleicht ein bißchen wegen Klees Bildtiteln.[5] Sie hat aber auch in Tanguys *Fantômas* (1925/26, Abb. S. 126f.), *La Fille aux cheveux rouges* (1926, Abb. S. 129) ihre Spuren hinterlassen. Für eingehende Bildvergleiche ist hier kein Raum, doch wird der Leser vor leicht beschaffbaren Reproduktionen die Zusammenhänge schnell sehen, sobald das Stichwort ›Paul Klee‹ gegeben ist.

Die Kunst Klees war André Breton im ›Manifeste du Surréalisme‹ von 1924 eine Fußnote wert gewesen, die 1928 in der Essay-Sammlung ›Le Surréalisme et la peinture‹ in den Text aufrückte – mehr nicht, was Roger Vitrac, einen der von Breton abgerückten Surrealisten – und diese schätzten Klees Kunst besonders – veranlaßte, Paul Klee dafür zu gratulieren, daß er Bretons »gaunerhafter Surrealismus-Interpretation« entgangen sei.[6] Tanguy erging es nicht so gut. Seine Bilder mußten es sich in der ersten Einzelausstellung seiner Gemälde (in der Galerie Surréaliste, 27. Mai-18. Juni 1927) gefallen lassen, von Breton betitelt zu werden, als ob erst die zusätzliche ›surrealistische‹ Dimension der verblüffenden und für hintergründig gehaltenen Bildtitel die Gemälde ausstellungswürdig machten (zum Beispiel die Titel der Bilder: *Der Ring, der unsichtbar macht,* Abb. S. 135; *Ich bin gekommen, wie ich versprochen hatte. Adieu,* Abb. S. 138; *Er tat, was er wollte,* Abb. S. 139; *Beenden Sie, was ich begonnen habe,* Abb. S. 140; *Toter, seine Familie belauernd,* Abb. S. 141; *Das Auslöschen der unnötigen Lichter,* Abb. S. 143; *Ein großes Bild, das eine Landschaft darstellt,* Abb. S. 144; *Mama, Papa ist verwundet,* Abb. S. 145).

Ähnliches war schon 1925 einem Aquarell Paul Klees widerfahren, dessen sachlichen Titel *Zimmerperspektive mit Einwohnern* Breton für die ›Première exposition surréaliste‹ (Galerie Pierre, 14.-25. November 1925) mit ›Perspective de chambre spirite‹ (Spiritistische Zimmerperspektive, oder, Perspektive eines Geisterzimmers) übersetzt hatte. Nun, 1927, wurde gröberes Geschütz aufgefahren. Nach Tanguys Überlieferung suchte er mit Breton einen Nachmittag lang für die Katalogliste Aussprüche von Geisteskranken aus Psychiatriebüchern (die sicher Breton mitgebracht hatte) heraus. Die Psychiatrie hat ihnen – in der Person von C. G. Jung – diese Assoziation mit gleicher Münze zurückbezahlt.

Ohne vom kunsthistorischen Hauptthema dieses Abschnittes auch nur eine Zeile lang abzuweichen, wollen wir hier einen Moment lang spielerisch Breton mit C. G. Jung verassoziieren – etwa so, wie die Surrealisten eine Zeit lang das Gruppenspiel der hybriden Propf-Zeichnungen (›Cadavres exquis‹, Abb. S. 244ff.) oder ihre ›Recherches expérimentales sur la connaissance irrationnelle de l'objet et sur les possibilités irrationnelles de pénétration et d'orientation dans un tableau‹ (in der Zeitschrift ›Le Surréalisme au Service de la Révolution‹, Nr. 6, Mai 1933) betrieben haben; man kann sich die beiden ja gut als Partner in einem psychoanalytischen Seminar über die Kunst des »sogenannten Surréalisme« (so C.G. Jung in Briefen um 1930) vorstellen, aus dem sie sich nach zwei Tagen gegenseitig ausgeschlossen haben würden... Das Untersuchungsobjekt ist Tanguys Gemälde *Ohne Titel* (Abb. S. 64), das Jung in seinem Ufo-Traktat ›Ein moderner Mythus. Von Dingen, die am Himmel gesehen werden‹ (Zürich 1958) reproduziert (seine Abbildung IV) und mit der »Methode, es etwa wie einen Rorschachtest zu verwenden«, beschrieben und gedeutet hat (S. 87-93). Zu den Stich- und Reizworten seiner assoziativen Erkenntnisse gehören: Kohabitation von phallisch geformter Wolke und luminarer Rundung; psychologische Hauptfunktion (dazu die Fußnote: Oder das Gegenteil) der gnostischen Vierergottheit Barbelo; heilige Himmelshochzeit (Hierosgamos) mit nachfolgender Erlösergeburt und Epiphanie auf Erden; Tanguys Quincunx (Fünferkreuz) und Quaternität (Vierheit) als Archetypen; dessen »Komplexe ... kollektiv-unbewußter Natur« usw. –: C.G. Jungs Prosa würde André Breton begeistert haben (oder das Gegenteil), besonders, weil Jung in der modernen Kunst allgemein eine »Experimentanordnung« sieht, die »... nur noch scheinbar das von ihr produzierte Bild im Auge [hat], in Wirklichkeit aber das betrachtende Subjekt und dessen unwillkürliche Reaktionen [meint]«[7]. – »Wer solche zu lesen versteht, kann vielerlei über die subjektive Disposition des Betrachters lernen, wenig oder gar nichts aber über das Gemälde als solches.«

Als Kunsthistoriker möchten wir jedoch über nichts anderes als das Gemälde als solches etwas lernen. Das Jungsche Bild gehört zu einer kleinen Gruppe von Werken, die den neuesten der von Breton betitelten Gemälden der Ausstellung vom Juni 1927 um wenige Monate vorausgegangen sind. Dazu gehört auch *L'Orage [Paysage noir]* (datiert ›1926‹; Abb. S. 136), ein Werk, das von William Rubin ins Ende dieses Jahres gelegt und als Beginn von Tanguys typischer Bildgegenständlichkeit und Stilausformung bezeichnet wird[8]; C.G. Jung nennt für sein Gemälde das Jahr 1927. (Im Katalogbuch von Pierre Matisse, New York 1963, erscheint es als Nr. 90 mit der stilistisch unpassenden Jahreszahl 1929). Beide Gemälde zeigen explosive Feuererscheinungen am nächtlich schwarzen Himmel

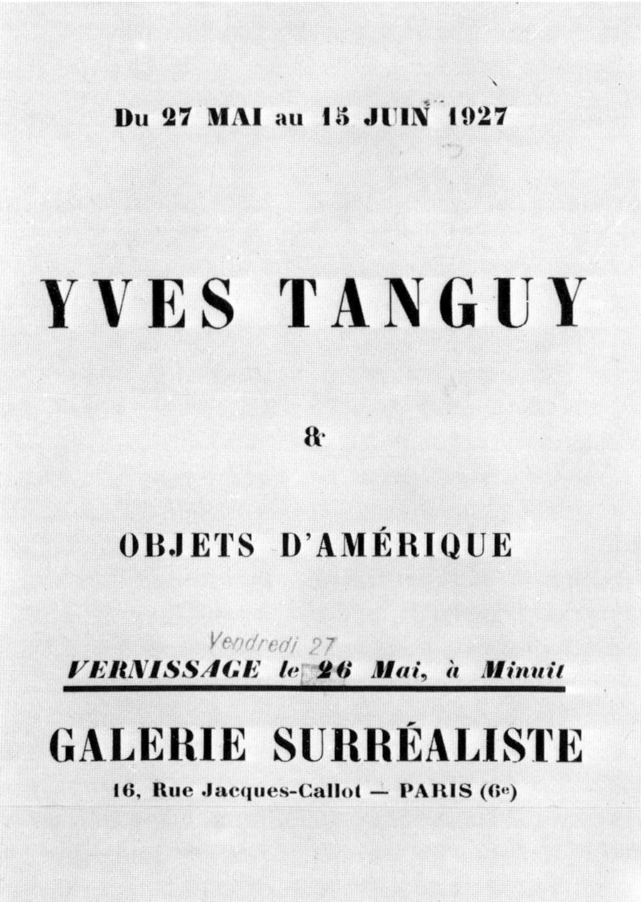

CATALOGUE

1. La lueur ressemblante.*
2. Premier message.*
3. Second message* *(Appart. à Louis Aragon)*
4. Troisième message.*
5. Leur ventre blanc m'avait frappé.*
6. Bélomancie.*
7. Mort guettant sa famille.*
8. Une couleur, une fleur, une personne présente.* *(Appart. à Roland Tual)*
9. Vite! Vite!..* *(Appart. à Mme J. T.)*
10. Elberfeld.* *(Appart à Paul Eluard)*
11. Je suis venu comme j'avais promis. Adieu.* *(Appart à Mlle Janine Kahn)*
12. L'anneau d'invisibilité.* *(Appart. à Mme Nancy Cunard)*
13. Essai sur les erreurs populaires.*
14. Argent potable.*
15. Fumier à gauche, violettes à droite.*
16. Finissez ce que j'ai commencé.*
17. Un grand tableau qui représente un paysage.*
18. Il faisait ce qu'il voulait.* *(Appartient à André Breton)*
19. Tous ces détails étaient exacts.*
20. Extinction des lumières inutiles.*
21. Le 4 juin je ne vois plus.*
22. Maman, Papa est blessé.*
23. Je m'en vais, venez-vous?*

**Var.:* Quand on me fusillera.

oder auf ödem Terrain und eine oder mehrere abgerundete ›Stein‹-Gestalten in einer entleerten Landschaft. Es braucht nun sozusagen nur noch heiterer Tag zu werden, der den entfernten Horizont und weitere biomorphe Findlinge in einer tiefen Wüsten- oder Meeresbodenlandschaft sichtbar werden läßt, und Tanguys Bildgestalt der nächsten zehn Jahre ist klar. Offenbar stehen wir also hier genau am Anfang von Tanguys ›typischer‹ Malerei, der aber natürlich kein Uranfang, sondern auch ein Übergang vom Kunstvorbild zum Eigenen war. Was steht kunsthistorisch dahinter? Wir meinen: das Gemälde *Loth und seine Töchter* im Louvre, das bis vor kurzem Lucas van Leyden zugeschrieben wurde (Abb. S. 68).[9]

Der Kronzeuge für unsere Identifikation dieser Bildquelle ist Antonin Artaud – einer der wenigen Künstler des Surrealismus, dem der surrealistische Stil nicht ein Dogma, ein Rezept, eine Geste, ein Spiel, eine Pseudo-Wissenschaft, eine politische Deklamation gewesen ist, sondern – vor allem auf der Bühne – eine Ausdrucksform des tiefsten Leidens, das zur menschlichen Existenz gehört. Persönliche Begegnungen zwischen Artaud und Tanguy sind anzunehmen, besonders in den Jahren 1925 und 1926, als Artaud die Zusammenstellung der Zeitschrift ›La Révolution Surréaliste‹ (mit zahlreichen Tanguy-Reproduktionen) besorgte und hinter den Aktivitäten des ›Bureau de recherches surréalistes‹ stand. Das Schisma zwischen seinem und Bretons (nun dem Kommunismus zuneigendem) Surrealismus erfolgte im Frühjahr 1927.

Wann Artaud das für ein Werk Lucas van Leydens gehaltene Gemälde im Louvre entdeckt hat, ist nicht belegt; die erste der gedruckt bekannt gewordenen Nennungen von *Loth und seine Töchter* erfolgte am 6. September 1931 im Zusammenhang mit dem ihm Anfang August zum Erlebnis gewordenen balinesischen Theater[10]; am 10. Dezember 1931 leitete er seinen Vortrag ›La mise en scène et la métaphysique‹ in der Sorbonne mit einer (im Druck vier Seiten langen) Beschreibung und Ausdeutung von *Loth und seine Töchter* ein. Wieso ihm diese Malerei, die, »was die Kraft und Frische der Farbe betrifft, wie vor 24 Stunden gemalt aussieht« und »die Vorstellung eines übergeordneten Theatergeschehens vermittelt« – wieso ihm die effektvolle Malweise und das Bildthema (Inzest vor dem Hintergrund einer Weltkatastrophe) für die Entwicklung seines »Theaters der Grausamkeit« so wichtig gewesen ist, können wir hier nicht ausführen; er ging noch einmal in einem Brief vom 28. Mai 1933 zu seinem Buch ›Le Théâtre de la cruauté‹ (1938) darauf ein.

Mit Tanguys Gemälden von Ende 1926 und Anfang 1927 hat dies alles scheinbar wenig zu tun, aber wenn der Bildvergleich einmal begonnen und das Interesse

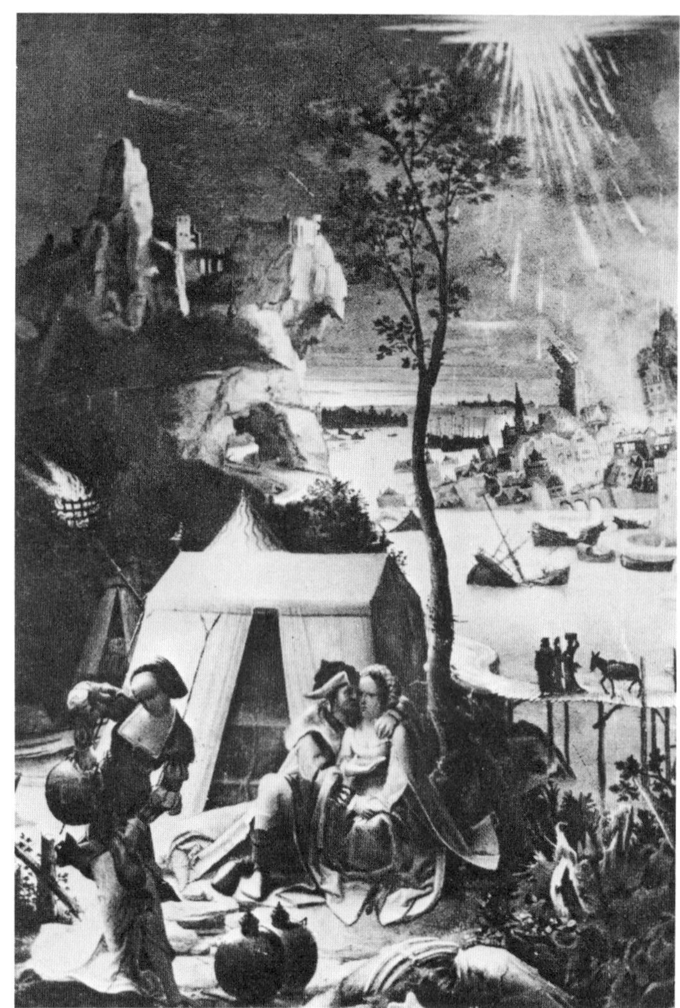

Unbekannter Meister
früher Lucas van Leyden zugeschrieben:
Loth und seine Töchter, Mitte des 16. Jhs.
Öl auf Holz, 58 x 34 cm, Musée du Louvre, Paris

der Surrealisten an der holländischen und flämischen Landschaftsmalerei mit Katastrophen-, Schuld- und Vexierthemen sowie bizarren Felsformationen dokumentiert ist (zu nennen wären auch Werke von Bosch, Brueghel und Mompert), so ist eine der kunsthistorischen Voraussetzungen zu Tanguys surrealistischer Figuration aufgedeckt. Es gibt so viele Übereinstimmungen zwischen dem Jungschen Tanguybild und dem Gemälde *Loth und seine Töchter* eines unbekannten Antwerpener oder Leidener Malers der Mitte des 16. Jh., daß der Vergleich auf jeden Fall fruchtbar wird.

Die himmlischen Feuererscheinungen entsprechen dem Feuerregen auf Sodom bis in die (auch von C. G. Jung gesehenen und detailliert gedeuteten) Einzelformen. Da sind die Großstadt am Wasser, die Jung aus dem ›Testbild‹ herausgelesen hat, die Explosionen im Himmel, die Katastrophe auf Erden und sogar die Dreieinheit der gnostischen Hochzeit – nur handelt es sich, was diese betrifft, um die ganz irdische Affäre der beiden heiratsfähigen, aber kinderlosen Töchter des alten Loth, den diese aus bevölkerungspolitischer Notwendigkeit in der gleichen Nacht zweifach zum Vater und Großvater ihrer Kinder machten. Das von Jung in Tanguys Gemälde gesehene Ufo – »... nur relativ wenige [haben] ein Ufo gesehen, trotzdem läßt sich an der Existenz des Gerüchtes nicht zweifeln...« –, also die aus Haarlinien bestehenden konzentrischen Kreise bei Tanguy, haben in der Vorlage allerdings ein viel harmloseres Gegenstück, nämlich den in die Höhe gehaltenen Feuerkorb. Handelt es sich dennoch um Archetypisches? Um formulierte Komplexe unbewußt-kollektiver Natur? Nein, sondern um eine individuelle, bewußte, abstrahierende Umwandlung einer bekannten Bildvorlage, wie es sie bei den Surrealisten dieser Observanz (aber auch bei den ›absoluten‹ oder abstrakteren Surrealisten wie Miró) insgesamt dutzendfach und als Prinzip gibt.

Als Kunsthistoriker haben wir nun zu beobachten, in welchem Sinn diese Umwandlung geschehen ist und was für allgemeinere Kenntnisse über die surrealistische Figuration daraus zu gewinnen sind. Diese Beobachtungen müssen auch dann bedeutungsvoll sein, wenn nachgewiesen werden könnte, daß die genannte Gruppe von Tanguys dunklen Gemälden mit Feuergarben und disparaten Dingformen in Katastrophenlandschaften auf keinen Fall etwas mit dem Louvre-Bild *Loth und seine Töchter* zu tun hat – anders würden unsere Schlüsse zusammen mit dem Vergleich hinfällig. Deshalb formuliere ich die als bewußte Verwandlung gedeutete Beziehung zwischen der traditionellen und der surrealistisch figurativen Bildgestalt allgemeiner, als ich sie in diesem Fall durch den Bildvergleich belegen zu können glaube.

Wir *sehen*: Eine zwar phantastisch erfundene, aber topographisch nacherlebbare Landschaft mit einfühlbarer Menschendarstellung wird vom surrealistischen Maler ins Ort- und Zeitlose versetzt und mit Gestalten bevölkert, mit denen der Betrachter sich nicht identifizieren kann. Dennoch sind diese neuen Bilder nicht abstrakte Kompositionen auf der Bildfläche, sondern gegenständliche Darstellungen in einem imaginären (nur gemalt vorhandenen) Bildraum. Mit den Mitteln der traditionellen Landschaftsbilder mit Staffage – nämlich Horizont, Perspektiven aller Art, Beleuchtung, Modellierung, Eigen- und Schlagschatten, Naturereignissen und Handlungsträgern – schildert der figurative Surrealismus eine erfundene, unidentifizierbare Formenwelt so, als ob es die wirkliche Erlebniswelt wäre. Zum Teil gelten in ihr die gleichen Naturgesetze – Schwerkraft, Lichteinfall, Schattenwurf, Verkleinerung der in größerer Distanz vorgestellten Körper –, zum Teil sind diese nach einer bei uns nicht geltenden Gesetzmäßigkeit in ihr Gegenteil abgewandelt – etwa so, wie auf dem Mond eben auch andere physikalische Voraussetzungen herrschen als auf der Erde. ›Handlungen‹ fehlen durchaus nicht, auch nicht das ›Personal‹ dazu, nur läßt sich keine eindeutige und menschlichem Verhalten entsprechende Anekdote ausmachen. (Da die Bretonschen Bildtitel von 1927 menschliche Situationen und Reaktionen ausdrücken, erschließen sie einen dieser Malerei unadäquaten, überholten Zugang.)

Vielleicht dürfen wir uns noch allgemeiner ausdrücken: Tanguys Bildwelt ist für den Betrachter nicht ein ansprechbares Du, sondern ein für sich bestehendes Es, das uns jedoch – im Unterschied zur ungegenständlichen Kunst – mit vielen traditionellen Eigenschaften eines bekannten Du entgegentritt und damit um so verwirrender wirkt: fremd und vertraut zugleich. Das gilt besonders von dem ›Landschafts‹-Charakter und von den oft biomorphen Gestalten, die wie Individuen allein oder gesellig ›dasitzen‹ oder ›herumstehen‹ und alle Anzeichen eines über sie verhängten Schicksals zur Schau tragen. (Darin besteht die Querverbindung zu Antonin Artauds Dramen- und Inszenierungskonzepten.) Sie wirken wie die unglücklichen, fliehenden oder zu Salzstöcken erstarrten Menschen von Sodom oder wie die nun zum Steinmal gewordene Gruppe von Loth und seinen Töchtern.

Tanguy und die surrealistische Plastik

Auf diese ›steinernen‹ Gestalten wollen wir unsere Betrachtung nun einengen. Die kunstgeschichtliche Tradition der phantastischen, manchmal antropomorphen Felsgebilde in der flämischen und niederländischen Malerei des 16. Jahrhunderts haben wir schon erwähnt. Mit Recht hat man auch an die Tanguy bekannten merkwürdigen Steinformationen der bretonischen Küste, am Meeresstrand bei Ebbe und in der nordafrikanischen Wüste erinnert und auf jungsteinzeitliche Mäler und Menhire hingewiesen. Eigenartige Steine berühren uns gleichzeitig als etwas Eigenes, Ganz-Anderes, Uneinfühlbares und als brüderliche Schicksalsgefährten im Mahlstrom der Zeit, der Witterung, des Weltenlaufs; daraus bezieht die moderne Steinskulptur viele ihrer Themen und Wirkungen.[11]

Nun kann man die ›Gestalten‹ in Tanguys Gemälden ja nicht alle ›steinern‹ nennen – manche sind eher ›beinern‹, ›pflanzenhaft‹, ›hölzern‹ oder scheinen aus unbenennbarer Materie zu bestehen –, aber ihre uns nicht gleichgültig lassende Bildpräsenz als etwas zugleich Fremdes und Vertrautes kann exemplarisch mit der Stein-Analogie umschrieben werden. Und wenn die Gebilde etwa hoch über ihren Schlagschatten schwebend gemalt sind, dann erst recht, denn dieser veristisch dargestellte Widerspruch zum ›Steinernen‹ verstärkt ob der Irrealität ihre surrealistischen Gesetzen folgende Bildrealität.[12] Ein Schritt weiter in der Richtung auf ihre handfeste ›Wirklichkeit‹ müßte sie vollplastisch aus dem Gemälde heraustreten lassen. Das geschah in der Tat im plastisch geformten Reliefrahmen zu *La Certitude du jamais vu* (1933, Abb. S. 71), wo zudem in Vertiefungen der unteren Rahmenleiste rundplastische Kleinskulpturen eingesetzt sind, die den bloß gemalten Gebilden genau gleichen, aber seltsamerweise statt größer (weil näher) zumeist kleiner geraten sind.

Tanguys Formationen sind oft gemalte Skulpturen genannt worden. Wieviel ihre Erfindung und Gestalt der modernen Skulptur verdankt, oder wie sehr sie von Arps Relief-Formen und Mirós Bildwesen inspiriert sind – etwa von dessen *Kopffüßler, der einem Vogel einen Stein nachwirft* (1926, Museum of Modern Art, New York) –, ist deshalb schwer mit Werkvergleichen zu belegen, weil Tanguys von 1927 an ganz ausgeformter Stil sie endgültig integriert und zu seinen eigenen Geschöpfen gemacht hat; einige Ähnlichkeiten wird man immerhin unschwer finden, da das Repertoire aller ausdenkbarer Hybridformen und aller kombinierbarer Abwandlungen der Naturformen erstaunlich beschränkt ist. Man beobachtet dies ja auch in den kollektiven Propf-Zeichnungen; nichts ist schwerer zu erfinden, als etwas, das es nicht gibt.

Da dies auch für die surrealistische Skulptur gilt, wollen wir einige Ausblicke in die surrealistische Plastik

Hans Arp
Beflügelte Konfiguration (Flasche und Vogel), 1925
Holzrelief bemalt, 52 x 56 cm
Musée d'art moderne, Straßburg

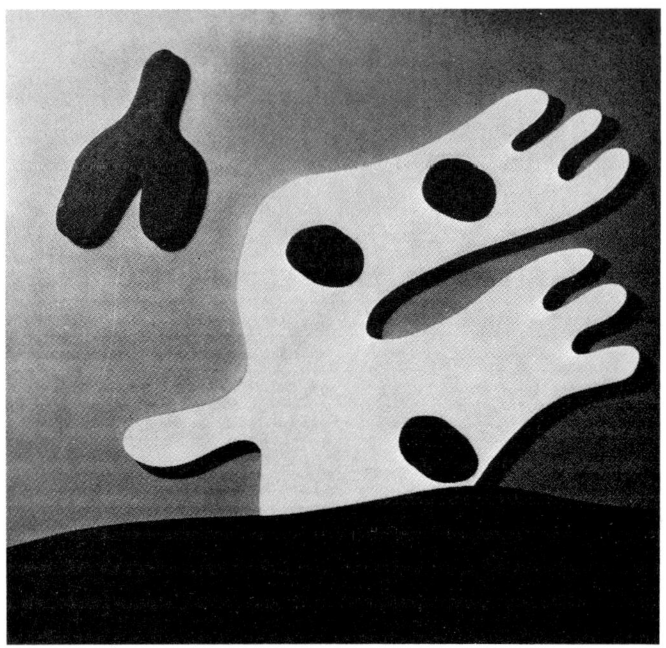

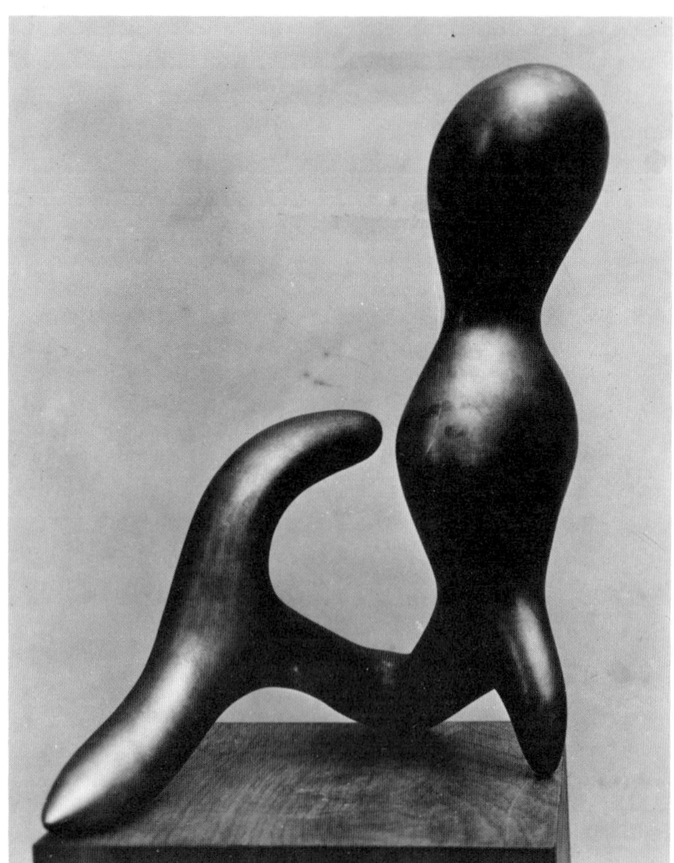

Hans Arp Sirene, 1942, Messing, Höhe 45 cm, Privatbesitz

der dreißiger und vierziger Jahre (und auf ihre Nachfolgewerke) tun, die der Tanguyschen Figurenwelt verwandt sind oder ihr gar ihre Gestaltung verdanken. In erster Linie sind die Rundplastiken von Hans Arp zu nennen, welche dieser von 1930 an zu schaffen begann.[13] Als These hat Stefanie Poley in ihrem Buch ›Hans Arp, Die Formensprache im plastischen Werk‹ (Stuttgart 1978, S. 140-143) untersucht, welche Arpschen Werke vor allem der Jahre 1930 bis 1934 mit bestimmten Gestalten in Tanguys Gemälden von 1926 bis 1929 zusammengebracht werden können. Ihre Werkvergleiche sind so spezifisch, daß sie die These zur Gewißheit machen; biographische Präzisierungen bekräftigen den augenfälligen Zusammenhang. Frau Poleys Beispiele lassen sich vervielfachen, und es dient zumindest der genauen Betrachtung von Tanguys Gemälden in dieser Ausstellung oder im Abbildungsteil dieses Katalogs, wenn wir den Leser auffordern, Arps hier reproduzierte, aus zwei Hauptteilen bestehende *Sirene* (1942, Abb. S. 70; Messing, 45 cm hoch; Privatbesitz) in Tanguys Bilderwelt wiederzufinden; unsere Lösung der Aufgabe steht in der Anmerkung 14. Dem Titel nach könnte der große, in zwei Richtungen weisende Formfortsatz am einen ›Bein‹ (in dieser Photographie links) der ›Fischschwanz‹ der ›Sirene‹ sein,

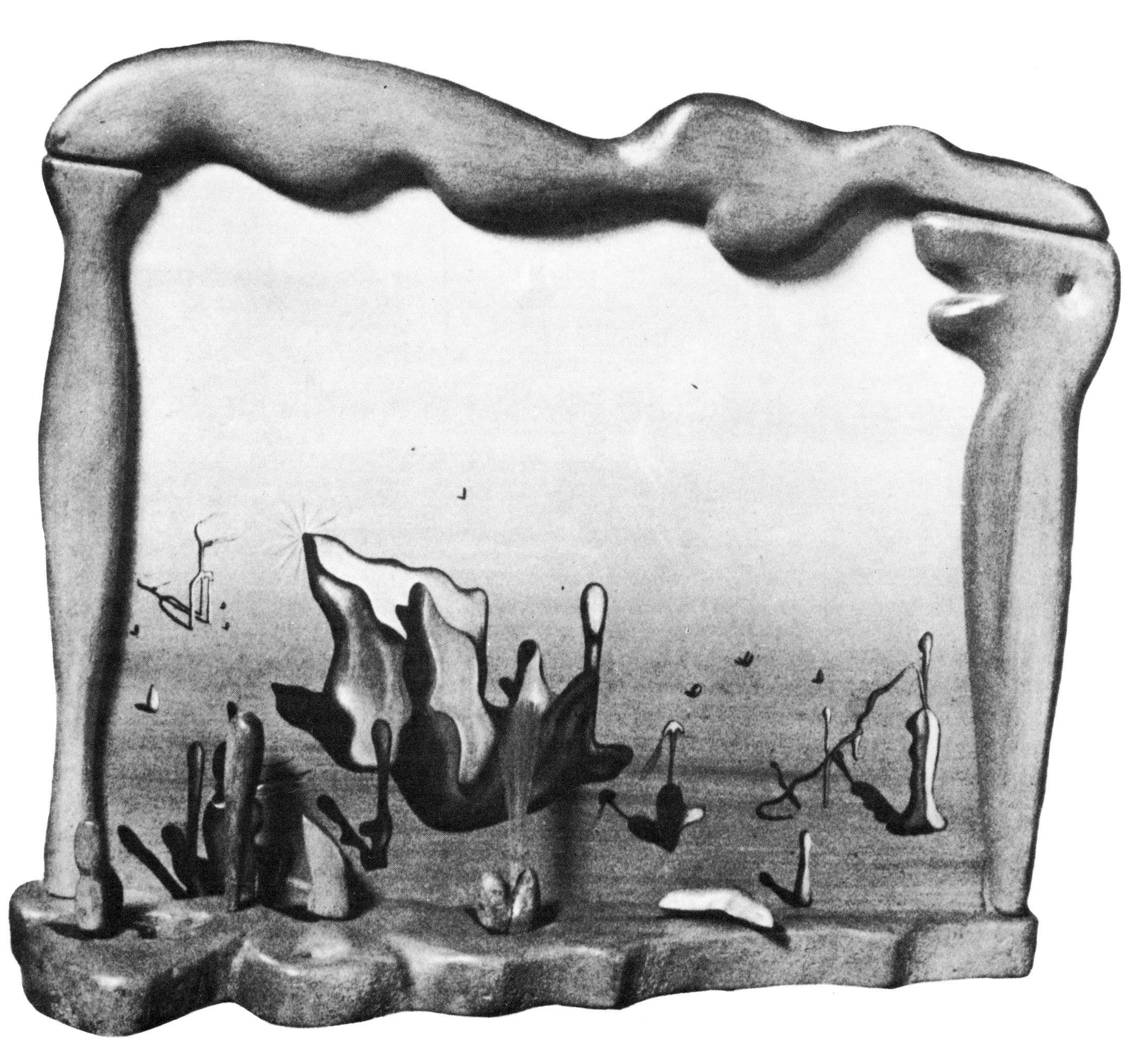

52 Die Gewißheit des Niegesehenen, 1933
Privatbesitz USA

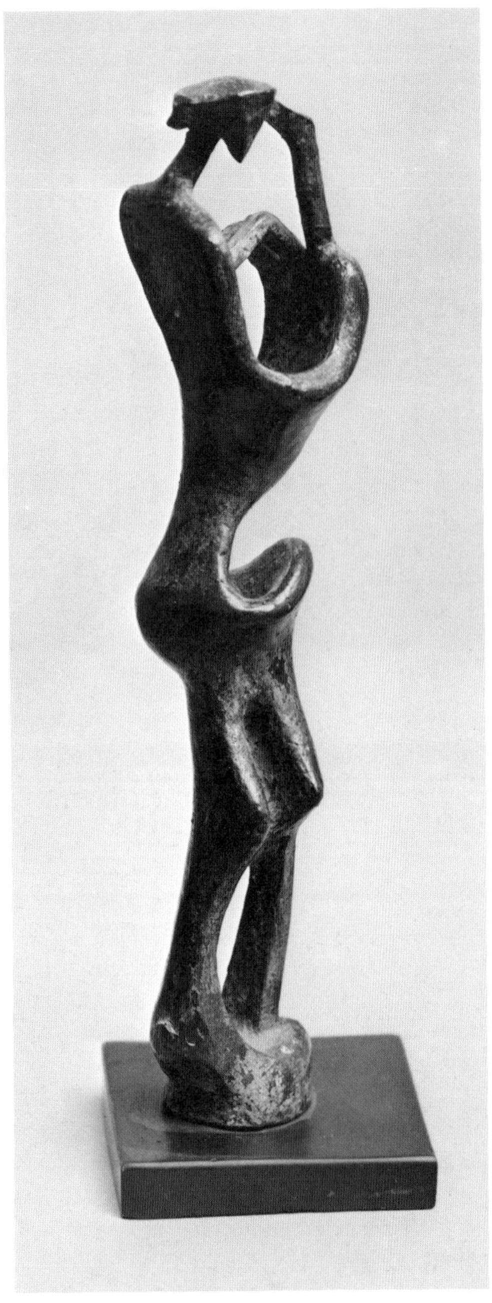

Henry Moore
Stehende Figur Nr. 4, 1952
Bronze, Höhe 25 cm
Galerie Beyeler, Basel

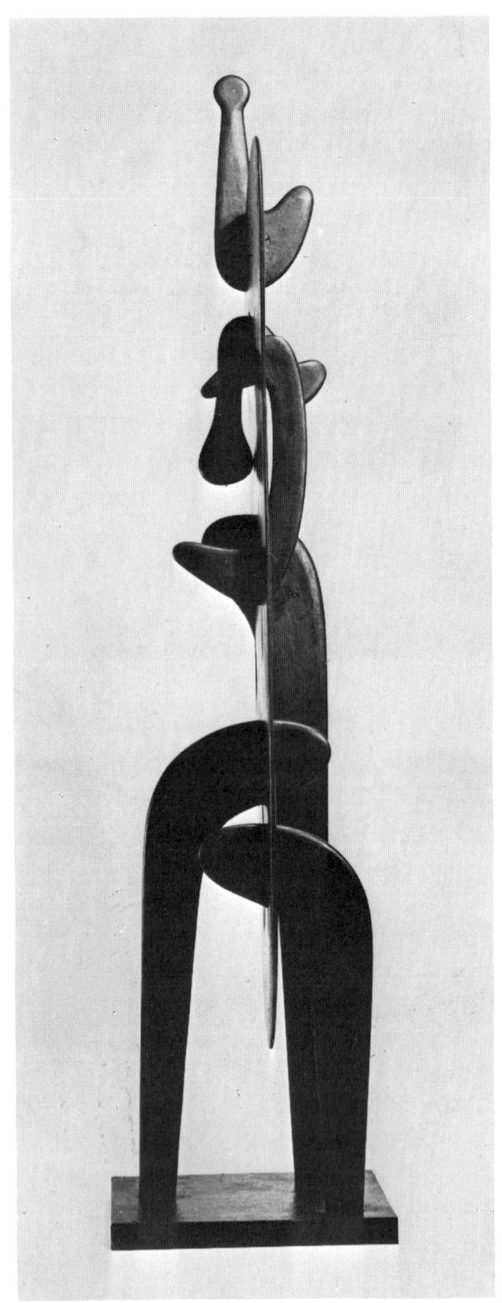

Jsamu Noguchi
Gregory, 1945
Bronze
Standort unbekannt

aber wer kennt sich denn in der Anatomie einer Sirene schon aus? Hat der Fortsatz nicht gleichzeitig die Form des Schlagschattens in der von uns gemeinten gemalten Gestalt bei Tanguy? Ist er vielleicht sogar davon angeregt? Wenn es damit etwas auf sich hat, so entdekken wir, daß die ›Umsetzung‹ von Tanguys *trompe l'œil*-Plastik in wirkliche Plastik eben doch noch soviel mehr eigene schöpferische Entscheidungen verlangt (hier: umgedeuteter Schlagschatten als plastische Gestalt), daß der vergleichende Nachweis von Formübernahmen Arps Bildhauerkunst dieser Epoche nicht in ihrem Kern trifft. Arps Gebilde, die eher vom ungegenständlich Abstrakten zur assoziierbaren Gegenständlichkeit gekommen sind, als umgekehrt, sind ja auch rundum gleich intensiv geformt und müssen die Glaubhaftigkeit ihrer vertraut-fremden Existenz im wirklichen, nicht nur im gemalten Raum bewähren. Daß sie es oft ohne Sockel und im Freien tun, verstärkt ihre Analogie zu Tanguys Figuration, aber es macht die Lösung dieser (auch vorher schon gestellten) Bildhaueraufgabe nicht leichter. Mit oder ohne Sockel sind Arps ›Konkretionen‹ (*Concrétion* oder *Concrétion humaine* sind bezeichnende Titel Arpscher Werke) sehr viel mehr als nur dreidimensionale Verkörperungen von Tanguys Bildmotiven, schon vom Konzept her, über das Arp geschrieben hat: »*Concrétion* bezeichnet den naturhaften Vorgang der Verdichtung, der Verhärtung, des Gerinnens, des Dickerwerdens, des Zusammenwachsens. *Concrétion* bezeichnet den Vorgang des Verhärtens einer Masse. *Concrétion* bezeichnet das Gerinnen, wie die Erde und die Gestirne geronnen sind. *Concrétion* bezeichnet die Verdichtung, die Masse des Steines, der Pflanze, des Tieres, des Menschen. Alles, was ist, ist *Concrétion*, also auch die Kunst, nur möchte sich die Kunst von der Natur entfernen...«[15] – und das lehrt uns auch etwas über Tanguys Figurationen. Vielleicht hängt Arps Einfall zu mehrteiligen Skulpturen wie *Kopf mit lästigen Gegenständen* (1930) oder *Im Wald auszusetzen* (Skulptur in drei Formen, 1932) mit der Kombination eines Primärkörpers mit daraufliegenden Sekundärgestalten in Tanguys *Un Grand tableau qui représente un paysage* zusammen (1927; Abb. S. 144), aber als plastische Realisierungen gehen sie doch viel weiter. Haben Arps beste Rundskulpturen – oder ein Podium voll seiner Gipse – nicht manchmal sogar die Kraft, den Betrachter, der sie zutraulich und doch auch argwöhnisch umschreitet – so wie man sich eben etwas Bekanntem und doch Fremdem nähert –, quasi leibhaftig in die Tanguysche imaginäre Bildwelt zu versetzen? Das könnte jedenfalls ein Maßstab dafür sein, wieweit andere surrealistische und post-surrealistische Skulptur, die Tanguys imaginäre Gebilde rundplastisch verkörpert, erfolgreiche, glaubhafte, eigenständige Skulptur ist. Hat sie – mit anderen Worten gesagt – dieselbe plastische Präsenz im wirklichen Raum, die Tanguys *trompe l'œil*-Figuration im Scheinraum der an der Wand hängenden Gemälde besitzt?

Für Henry Moores Werke der dreißiger Jahre ist *dies* die entscheidende Frage, und nicht, ob sie von Tanguy (oder Picasso oder Giacometti oder von einer der vielen anderen nennbaren Anregungen) abgeleitet wurden; denn daß sie kombinierte Gestaltungen aus zweiter Hand sind – etwa die *Figur* (1931); die *Liegende Figur* (1931); die *Komposition* (1932); die *Vierteilige Komposition: Liegende Figur* (1934), die wir alle wegen Tanguy nennen[16] –, gehört zum Talent dieses Künstlers. Dies gilt auch noch für seine späteren Epochen: Seine *Stehende Figur Nr. 4* (1952, Abb. S. 72) ist, wenn nicht eine jüngere Schwester, so doch eine Kusine der hohen, aufrechten ›knöchernen‹ Gestalten in Tanguys Kriegs- und Nachkriegsgemälden, zum Beispiel derjenigen links in *Mains et gants* (1946, Abb. S. 213), was sie nicht schlechter und auch nicht besser macht.

Tanguys Ausstellungen in New York – besonders die regelmäßigen Einzelausstellungen in den Galerien von Julien Levy (ab 1936) und Pierre Matisse (1939 und fast alljährlich von 1942-1946) haben durch die nun konstruierten, ›hölzernen‹ oder ›knochigen‹, zusammengesetzten Bildwesen in seinen in Amerika gemalten Werken die Generation der amerikanischen Post-Surrealisten sowohl zu Gemälden, als auch zu Skulpturen inspiriert. Wir wollen nur zwei Werke nennen: die ›armenischen Holzpflüge‹ *Haikakan Gutan I-III* (1944, 1945, 1946) von Arshile Gorky[17], die ihr bildhauerisches Thema zwar seinen Erinnerungen verdanken, ihre künstlerische Realisierung aber eben jetzt durch Tanguy (und andere Kunstvorbilder) haben finden können, und dann Isamu Noguchis *Gregory* (1945, Abb. S. 72), der Tanguys *Divisibilité indéfinie* (1942, Abb. S. 200) wie aus dem Gesicht, vielmehr: aus der Leinwand geschnitten scheint. Das Kriterium ihrer bildhauerischen Bedeutsamkeit – und das gilt auch für Eduardo Paolozzis *Brylla* (1968, Abb. unten) – liegt auch hier in der Frage, wieweit diese Skulpturen sich als plastische Präsenz im wirklichen Raum behaupten. Und das ist auch die Frage, die wir nun an Tanguys eigene, projektierte oder realisierte Objekt-Skulpturen stellen müssen.

Eduardo Paolozzi
Brylla, 1968
Stahl, verchromt, 10 x 20,7 x 11,2 cm
Vormals Hanover Gallery, London

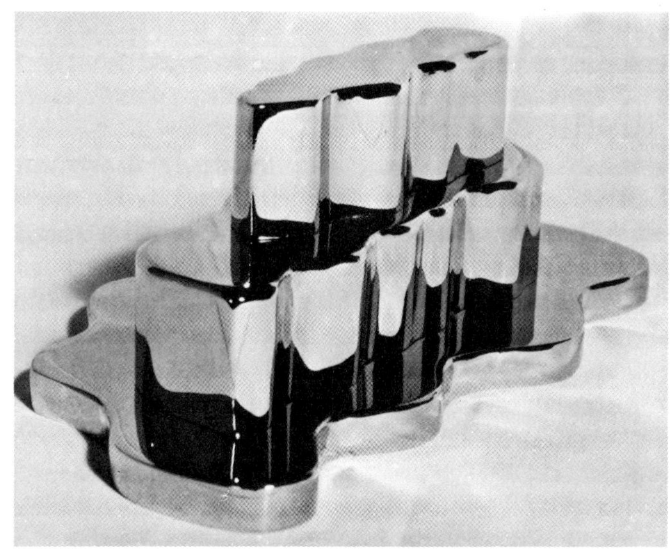

Tanguys surrealistische Objekt-Plastik

Mit dem, was Yves Tanguy im Surrealisten-Kreis an plastischen Werken entworfen oder ausgeführt hat, ist er noch kein Bildhauer des Surrealismus geworden – man müßte denn auch Jean Cocteau zu den Bildhauern rechnen, der zehn Jahre vor der ›Exposition surréaliste d'objets‹ (1936) in der Pariser Galerie ›Aux Quatre Chemins‹ (10.-28. Dezember 1926) Objekte unter dem Titel ›Poésie plastique‹ ausstellte[18], oder auch den damals noch nicht als Bildhauer tätigen Le Corbusier, der von 1925 an (in jenem Jahr im ›Pavillon de l'Esprit Nouveau‹) merkwürdig geformte Fundstücke wie Knochen, Kiesel und Tannzapfen auslegte und ihnen wenig später den Gattungsnamen ›*objets à réaction poétique*‹ gegeben hat. (Von 1930 an hat Le Corbusier sie, nach Légers Vorbild, in seine surrealistischen Gemälde aufgenommen.) Damit will ich nicht die Streitfrage aufwerfen, ob dadaistische und surrealistische Objekte, Assemblagen und arrangierte Fundstücke Skulpturen seien oder nicht; sicher gehören sie zur Geschichte der modernen Plastik. Aber Tanguys wenige dreidimensionale Arbeiten (vorgeschlagene und hergestellte) haben ihren Platz allein unter den Einfällen des literarischen, pseudo-psychiatrischen Breton-Zirkels.

Durch ihn wurde er veranlaßt, in der 3. Nummer der Zeitschrift ›Le Surréalisme au Service de la Révolution‹ (Dezember 1931, S. 27) unter dem Titel ›Poids et couleurs‹ (Gewichte und Farben, vgl. S. 37) sieben von ihm ausgedachte Skulpturen zu zeichnen und zu beschreiben. Die erste (oberste) sollte handgroß aus rotem Plüsch geschnitten, genäht und gestopft werden; in ihre vier Löcher sollte man die vier Finger einer Hand stecken (als wär's ein samtenes Handeisen oder ein wattierter Schlagring); die fünf in einer Reihe liegenden Vorbiegungen unten wären aus durchsichtigem, perlmutternem Zelluloid gewesen. Die plastische Konzeption stammt, soviel ich sehe, nicht aus einem Gemälde, findet aber für die irreale ›Verkörperung‹ und ›Materie‹ in der Malerei adäquate Umsetzungen in unskulpturalen Materialien und Färbungen; die Idee ist originell und war Tanguy wichtig genug, um sie 1936 in anderer Gestalt zu realisieren (siehe unten).

Hand und Finger sind auch die Themen der vier plastischen Projekte in der Mitte der Heftseite. Ob ihrer Gestalt (und dem vorgesehenen Material Gips für die Objekte links und ganz rechts) denkt man ebensosehr an Arps Plastik wie an Tanguys Malerei. Die ›Skulptur‹ links verbindet die Formen von Handballen und von ausgestrecktem Finger mit einer durch das vulgäre kopulative Handzeichen bekannten Anspielung; eine Bleikugel im Innern würde sie, einmal angestoßen, in wippender Bewegung halten, was eine Modifikation der *Schwebenden Kugel* (1930) von Alberto Giacometti ist, von dem im gleichen Heft (S. 18-19) die Zeichnungen und das Prosagedicht ›Objets mobiles et muets‹ abgedruckt waren. – Tanguys quecksilbergefüllte, kleine Kugelform in der Blattmitte hätte durch eine knallrote Strohhülle ihre wirkliche Schwere vertuschen sollen. Die daneben gezeichnete Hand mit Fingernägeln aus rosa Zelluloid wäre aus blaßgrüner Baumwolle geschneidert worden. Der mit schwarzer Tinte bemalte Gipsfinger rechts schließlich würde seinen rosa Nagel am Fingeransatz, statt an der Fingerspitze getragen haben.

Die beiden Skulptur-Entwürfe der untersten Reihe sind sogar noch stärker als die bisher beschriebenen von den anatomischen Mißbildungen in den Spritgefäßen einer medizinischen Sammlung inspiriert. Der ›Foetus‹ aus fleischfarbenem, weichem Wachs ist daran, sein braunes ›Haar‹ zu kämmen und seine drei Brüste am Leib (aus hartem, mattweißem Material) zu vergessen. Der von Karies befallene ›Zahn‹ aus hellblauer Kreide sollte so lange zum Schreiben auf einer Wandtafel benützt werden – so wird alles im französischen Text beschrieben –, bis nur noch das Haarbüschel oben übrig bleiben würde...

Im thematischen und kunstgeschichtlichen Sinn ist der gebührende Ort für Tanguys plastische Erfindungen von 1931 das Kuriositätenkabinett. Wir meinen das ganz sachlich und historisch, denn der Raum der Galerie von Charles Ratton, in dem vom 22. bis 29. Mai 1936 die ›Exposition Surréaliste d'objets‹ stattfand, und wo Tanguy zwei Objekte zeigte, hat sein Vorbild in den Kuriositäten- und Wunderkammern des späten Mittelalters und noch der Renaissance (etwa auf Schloß Ambras in Tirol), wo wunderliche Naturobjekte und wundertätige Reliquien und Wunderheilmittel neben wunderbaren Gläsern, wissenschaftlichen und musikalischen Instrumenten und Kunstwerken sowie exotische Souvenirs (Ethnologie-Objekte) gleich bewundert wurden. Schon seine erste Einzelausstellung in der Galerie Surréaliste hatte Tanguy 1927 übrigens mit *objets d'Amérique* (nämlich mit ethnologischen Sammelstücken der amerikanischen Indianer und der Eskimos) teilen müssen. Jetzt, 1936, waren ausgestellt und katalogisiert: Naturobjekte (Mineralien; fleischfressende und auf Berührung ›schamhaft‹ reagierende Pflanzen; Tierpräparate), veränderte Naturobjekte (ein Gebilde aus Farn, eine aus Tier- und Pflanzenteilen zusammengesetzte Stammesmaske), mitverwendete Naturobjekte, durch Vulkanausbruch und Brand verformte Haushaltobjekte, Fundobjekte, veränderte Fundobjekte, amerikanische und ozeanische Ethnologie-Stücke (darunter Malanggane und Ulis, also geschnitzte und bemalte Kult- und Ahnenfiguren von Neu-Irland,

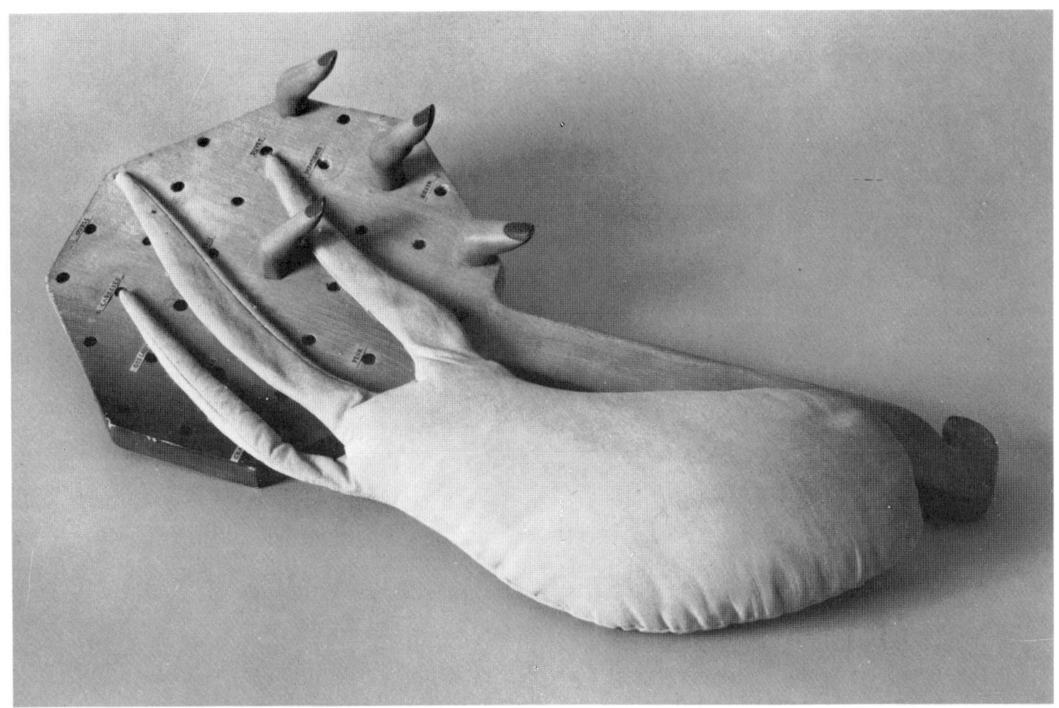

62 Von der anderen Seite der Brücke, 1936
Sammlung Mr. und Mrs. Morton G. Neumann, Chicago

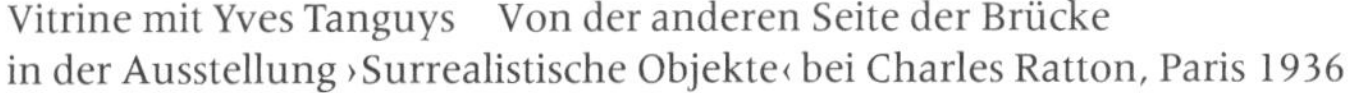

Vitrine mit Yves Tanguys Von der anderen Seite der Brücke
in der Ausstellung ›Surrealistische Objekte‹ bei Charles Ratton, Paris 1936

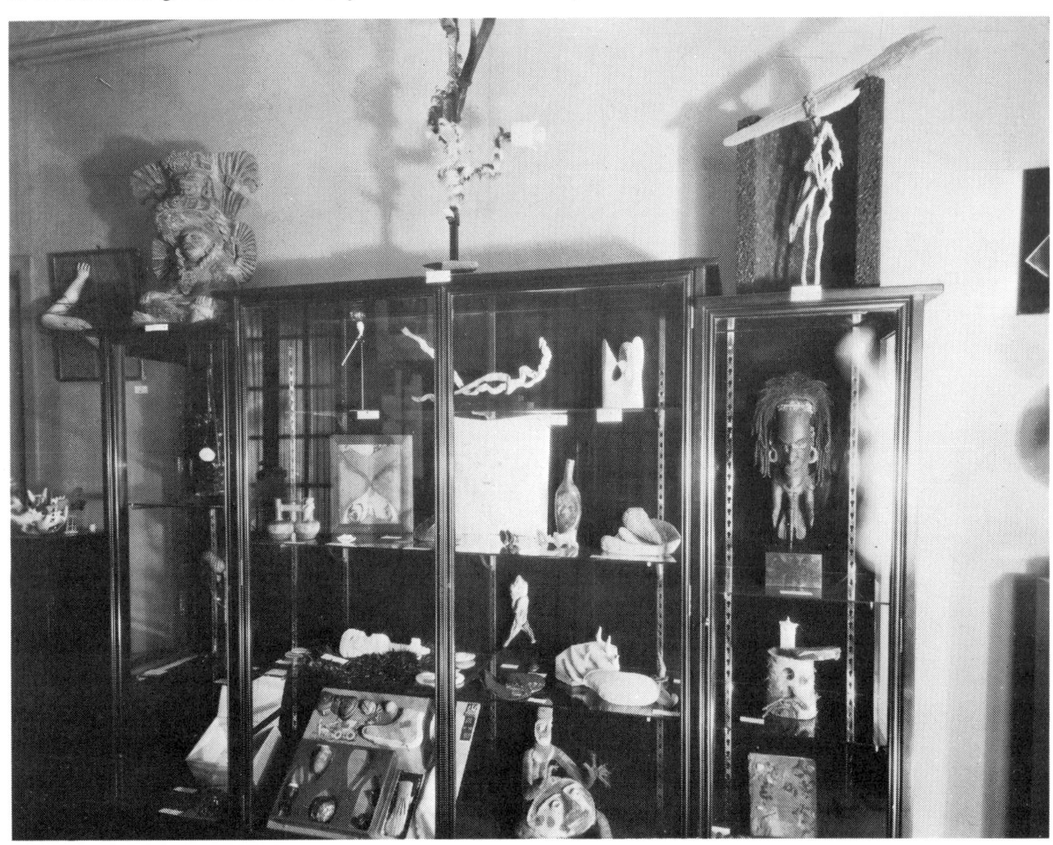

die bald in Tanguys Gemälde Eingang finden werden), Gipsmodelle algebraischer Funktionen, Fertigkunst und nachgeholfene Fertigkunst (Ready-mades und Assisted Ready-mades) von Marcel Duchamp (darunter der *Flaschentrockner*, 1914) und Man Ray als Vorläufer der surrealistischen Objektkunst, und schließlich, so zahlreich wie alles Vorgenannte zusammen, ›Surrealistische Objekte‹, zu denen ältere und neuere Bildhauerwerke (Picassos *Absinthglas*, 1914; ein Mobile von Calder; Giacomettis *Schwebende Kugel* und *Mann, Frau, Kind* (1932) ebenso gezählt wurden, wie die *objets fantômes* und *poèmes-objets* von Breton oder die *objets de rêve* und *objets à fonctionnement symbolique* von Dali und andern. Zu dieser disparaten Anhäufung, die auch als solche präsentiert wurde, steuerte Tanguy zwei plastische Werke bei, von denen das eine nur noch durch den Katalogtitel ›L'Industrie du paysage‹ bekannt ist (auch seine 1933 in der ›Exposition surréaliste‹ der Galerie Pierre Colle ausgestellten Objekte sind nicht mehr erhalten) und das andere sich den Vergleich mit Meret Oppenheims *Déjeuner en fourrure* gefallen lassen mußte und noch immer muß: es war das Werk *De l'autre côté du pont* (Abb. S. 75).

Heute liegt diese Objekt-Plastik *De l'autre côté du pont* auf einem Brett, das der Basis von Giacomettis Brettskulptur *Stachel im Auge* (1931) nachgebildet ist; damals war die langfingrige, schlaff gestopfte rosa Stoffhand und das von ihr behändigte, achteckige ›Solitär‹-Spielbrett mit Stiel ohne andere Unterlage in einem verglasten Schrank ausgestellt. In die regelmäßig angeordneten Löcher des Steckbretts sind vier versetzbare, hölzerne Frauenfinger mit rotlackierten Nägeln so hineingesteckt, als ob sie von der andern Seite her durchgesteckt wären. Bei einigen der Löcher geben französisch beschriftete Zettel (wie die Zeichen der Tarock-Karten) ihre Bedeutung an: ›Furcht‹, ›Zorn‹, ›zärtliche Berührung‹, ›Angst‹, ›Vergessen‹, ›Flaum‹, ›Verlangen‹... – das Werk ist offenbar so etwas wie ein experimenteller Charakterspiegel, ein Persönlichkeitshoroskop, ein Wahrheits-Spiel, und auf was für solitäre Spiele damit vielleicht auch noch angespielt wird, das weiß Freuds Urenkel-Generation heute aus der ersten Psychoanalyse im Kindergarten. Denn mit einer sex- und seelenexplorierenden Unterhaltung scheint es auch etwas zu tun zu haben. Vielleicht wird sie von zwei Personen geführt, von denen die eine blindlings ihre lebensvoll-naturalistischen Finger von der Rückseite her durch die Brettlöcher steckt, während die ›behandelnde‹ Person auf der andern Seite die komplexe Diagnose dank der Beschriftungen gleich bei der schlaffen Hand mit den drei ›knochigen‹ Stoffingern hat. Wenn so etwas gemeint ist, so wäre dieses moderne Kunstwerk in der Tat eine ›Experimentanordnung‹ und als psychiatrisches Instrument von großem Nutzen für eine Zeit und viel Geld sparende Quick- und Quacksalber-Analyse. Wir haben ja schon gehört: »Wer solche zu lesen versteht, kann vielerlei über die subjektive Disposition des Betrachters lernen«, so daß der Autor mit seiner Interpretation nun schon genug gesagt hat. Was er jedoch als Kunsthistoriker ›über das Werk als solches‹ noch lernt, ist viel bedeutsamer.

Mit der 1931 projektierten und 1936 ausgeführten Stoff-Skulptur gehört Tanguy zu den Vorläufern oder sogar zu den Erfindern der ›Soft-Art‹, wie Jahrzehnte später Eva Aeppli oder Claes Oldenburg sie – allerdings viel ernsthafter und wirkungsvoller – ausgeführt haben. Um dieses einen erhaltenen Werkes *De l'autre côté du pont* willen verdient Yves Tanguy, unter den Verfertigern surrealistischer Objekte genannt zu werden, und zwar sicher noch vor Breton und Dali, jedoch nach Miró oder Brauner; es ist formknapp, inhaltsreich und setzt die Materialien mit unterschwelliger Bedeutung ein. Weit Wichtigeres hat er jedoch – wie etwa auch Klee (s. Anm. 17) – als Maler geleistet.

Anmerkungen

1 – – – (sic!)...

2 Beide Überlieferungen gab u.a. James Johnson Sweeney als Interview mit Yves Tanguy im Beitrag zur Ausstellung ›Eleven Europeans in America‹, in: The Museum of Modern Art Bulletin, Bd. 13, Nr. 4/5, Februar 1946, S. 22, wieder. Die Duplizität ist von ihrem Erfinder in einem ›Brief an Robert Amadou‹, in: Revue métapsychique, Nr. 27, Januar 1954 (wiederabgedruckt in: Perspective cavalière, Paris 1970, S. 39) ›bestätigt‹ worden. In der Tat gehen sie auf ein nasführendes (›surrealistisches‹) Interview des Baron von Münchhausen mit Charles Henri Ford in View (New York Nr. 7/8, Oktober-November 1941, S. 2) zurück.
Sowohl ein Brief Tanguys an seine Schwester Emilie vom 17. September 1951, den Patrick Waldberg in: Yves Tanguy, Brüssel 1977, S. 14, mit Bezug auf eine andere, aber ähnlich pittoreske Überlieferung zitiert, als auch der Buchtitel: Perspective cavalière (für: Leichtfertiger Rückblick) legen den Schluß nahe, daß sie nicht für bare Münze zu nehmen sind.

3 William S. Rubin, Dada and Surrealist Art, New York 1968 (dt. Stuttgart 1972), S. 195.

4 Ausstellungskatalog: Klee, Galerie Beyeler, Basel 1973, Farbtafel zur Nr. 28: *Tanzspiel der Rotröcke* (1924, Öl auf Papier auf Karton, 35 x 44 cm).

5 Über die erfolgsfördernde Bedeutung von Klees Bildtiteln schrieb, fabelhaft dokumentiert, Otto Karl Werckmeister im Ausstellungskatalog: Paul Klee. Das Frühwerk 1883-1922, Städtische Galerie im Lenbachhaus, München 1979-1980, S. 184-185. – Über ›Paul Klee und der Pariser Surrealismus‹ steht mehr im Ausstellungskatalog: Neue Sachlichkeit und Surrealismus in der Schweiz 1915-1940, Kunstmuseum Winterthur 1979, S. 147-154.

6 Roger Vitrac in: Cahiers d'art, Paris 1930, S. 303: »Après l'escroquerie du livre ... sur la peinture [surréaliste]... je m'étonnais qu'il ait omis Paul Klee. Après tout, ce peintre allemand eût peut-être troublé le négoce... Et je félicite Paul Klee de l'avoir échappé belle.«

7 Oder das Gegenteil. (Anm. des Verfassers).

8 William S. Rubin, op. cit. (s. Anm. 3), S. 196, 344.

9 Die Zuschreibung an Lucas van Leyden des im Jahr 1900 vom Louvre erworbenen Gemäldes *Loth und seine Töchter* (Inv. R. F. 1185) bei M. Friedländer, Die altniederländische Malerei, Bd. 10, Lucas van Leyden und andere holländische Meister seiner Zeit, Berlin 1932, Nr. 115 und noch in Friedländer-Winkler, Lucas van Leyden, Berlin 1963, S. 35, hingegen nicht mehr in Rik Vos, Lucas van Leyden, Amsterdam 1978. Zuschreibung an einen Anonymus von Antwerpen oder Leiden, Mitte 16. Jahrhundert, in: Catalogue sommaire illustré des peintures du Musée du Louvre, I: Ecoles flamande et hollandaise, Paris 1979, S. 157. Datierung eher auf die Jahre 1510 und 1530 durch Oskar Bätschmann, Städeljahrbuch N.F 8, 1981, S. 159 ff.

10 Brief von Antonin Artaud an Jean Paulhan vom 6. September 1931; jüngster Wiederabdruck in Antonin Artaud, Œuvres complètes, nouvelle édition revue et augmentée, Bd. 5, 1979, S. 55; dazu Anm. 6, S. 252 [Anm. des Herausgebers], die den Eindruck erweckt, als beziehe sich Artaud auf einen unlängst erfolgten Besuch im Louvre; deshalb legt Elena Kapralik in ihrem sonst so nützlichen Buch: Antonin Artaud, 1896-1948, Leben und Werk des Schauspielers, Dichters und Regisseurs, München 1977, S. 121, Artauds Entdeckung des ›Lukas van Leyden‹-Gemäldes (mit Artauds falschem Datum ›1453‹) irrtümlicherweise auf den 6. September 1931; die andern Nennungen des Bildes in: op. cit., Bd. 4, 1978, S. 32-35 und S. 116 verdienen auch in unserem Zusammenhang wieder gelesen zu werden. Artauds harte Auseinandersetzung mit dem Surrealismus in: A la grande Nuit ou Le Bluff du surréalisme, Paris 1927, Point final, Paris 1927, sowie *Le Dialogue en 1928*, aus dem unser Einleitungs-Zitat stammt, in: op. cit. Bd. 1, 2. Teil, S. 59-75.

11 Siehe Ausstellungskatalog: Stein. Steinskulpturen im 20. Jahrhundert, Kunsthaus Zug, 1982, mit den Aufsätzen von René Wyss, Eike-Olaf Tillner, Christine Kamm-Kyburz und Karl Bühlmann sowie dem Essay ›Steinmythen und Mythensteine in der modernen Skulptur‹.

12 Für die post-moderne Skulptur sind schwebende Körper allerdings keine surreale Irrealität mehr: Alberto Collie löste das technische Problem mit elektromagnetischen Feldern, Hans Haacke mit Preßluft; siehe Jack Burnham, Beyond Modern Sculpture, New York 1968, S. 45-48.

13 Ihnen gingen zwei nur durch die Reproduktionen in ›Variétés‹ (Brüssel), Sondernummer ›Le Surréalisme en 1929‹, Juni 1929, bekannte, noch reliefmäßig behandelte Rundplastiken voraus, deren Gestalt nicht auf Tanguy, sondern auf Picasso weist.

14 Die mittlere ›Fuß‹-Gestalt mit Schatten (zweite von links im vorderen Mittelgrund) in *Titel unbekannt [Er kommt]*, 1927 (Abb. S. 154).

15 Hans Arp, Unsern täglichen Traum..., Erinnerungen, Dichtungen und Betrachtungen aus den Jahren 1914-1954, Zürich 1955, S. 83.

16 Abbildungen 17, 20, 22, 31 (und einige andere) in: John Russell, Henry Moore (1968), Pelican Books, London 1973.

17 Die Kenntnis von diesem Werk und seiner Entstehungsgeschichte verdanke ich einer Arbeit von Mrs. Hayden Herrera in meinem Seminar über moderne Skulptur am Graduate Center, City University of New York, Winter 1973-1974. Siehe Abbildung 141 in Andreas Franzke, Skulpturen und Objekte von Malern des 20. Jahrhunderts, Köln 1982, S. 188, wo auch plastische Arbeiten von Paul Klee abgebildet sind (S. 88, 89 und Farbtafel 5), auf die sich der Schlußsatz meines Textes bezieht.

18 Ausstellungskatalog: Jean Cocteau, Poésie plastique: Objets, dessins. Paris, Aux Quatre Chemins, 18, Rue Godot-de-Mauroy, 10.-28. Dezember 1926 – ›Six objets réalisés par Jean Cocteau‹, 6 Reproduktionen in: ›Echantillon‹, Paris, Nr. 6, Juni, Juli, August 1928. Siehe Ausstellungskatalog: Jean Cocteau et son temps, Musée Jacquemart-André, Paris 1965, S. 96, Nr. 373-374. Jean Cocteau ist mit seiner Ausstellung (vielleicht absichtlich) dem im Dezemberheft von ›La Révolution Surréaliste‹, Nr. 8, 1926, angekündigten und nicht verwirklichten Projekt einer ›Exposition d'objets‹ zuvorgekommen, in deren Katalog eine »définition formelle de l'objet surréaliste« hätte proklamiert werden sollen.

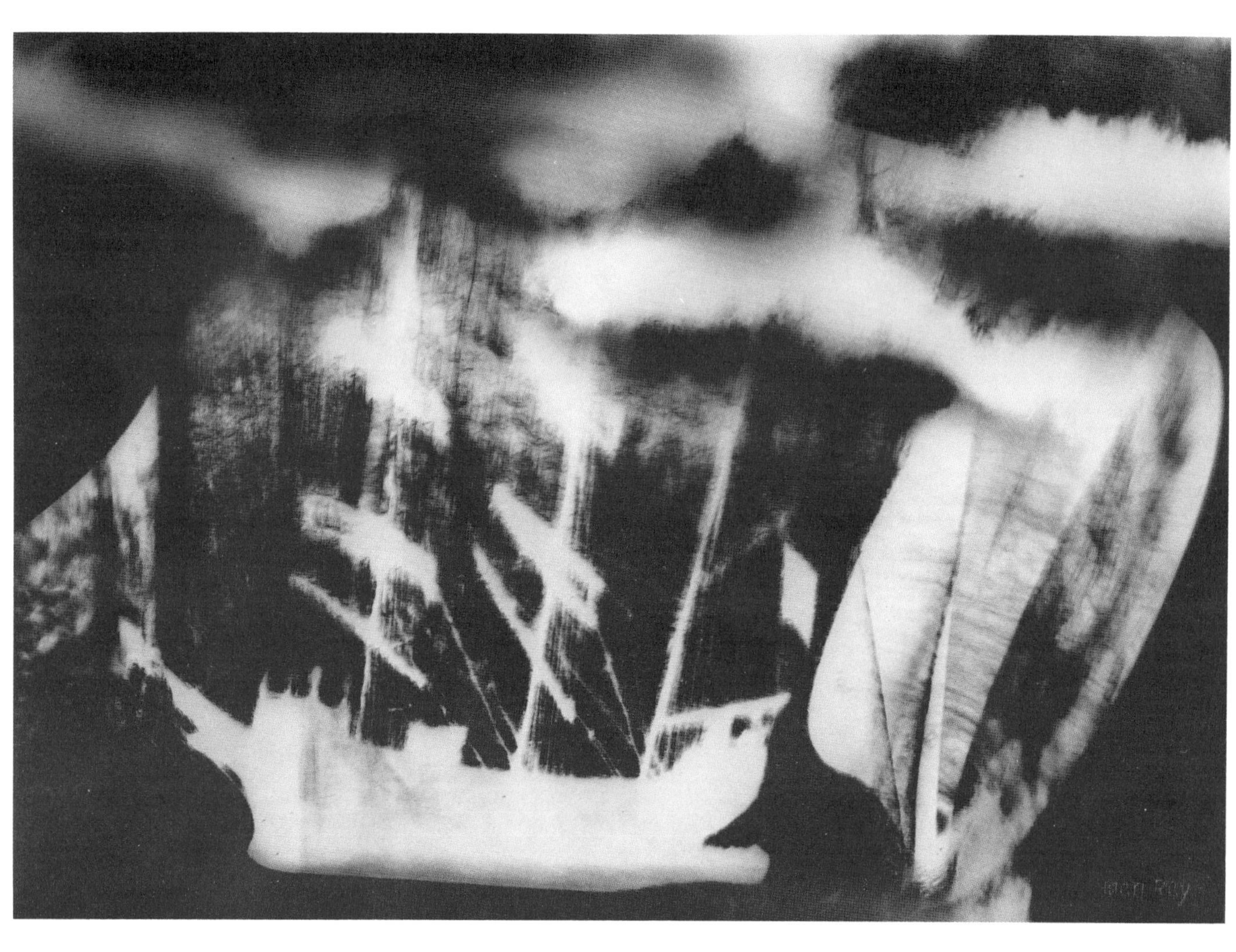

Man Ray
Das trunkene Schiff, 1924
Rayographie

Marianne Kesting

Erschaffung, Verwandlung und das Ende der Welt

Literarische Parallelen zum Werk Yves Tanguys

Es wäre ein endloses und vergebliches Unterfangen, bei einem Maler wie Yves Tanguy einzelnen Einflüssen seitens der Literatur nachzuspüren. Die Surrealisten, unter der Führung des Dichters André Breton, waren ohnehin eine Bruderschaft der Maler und Poeten, deren ästhetische Vorgänger Novalis, Gérard de Nerval, Edgar Allan Poe, Charles Baudelaire, Arthur Rimbaud, Stéphane Mallarmé, Alfred Jarry, Lautréamont und Guillaume Apollinaire durch Breton offiziell als solche erklärt[1] und selbstverständlich von allen rezipiert wurden. Durch die Vereinigung von Malern und Dichtern in der Surrealistischen Gruppe ergab sich überdies eine enge Affinität in Ästhetik und Anschauung, bei Yves Tanguy sich dokumentierend in einer Anzahl von ihm illustrierter poetischer Werke, so u.a.: Louis Aragon, ›La grande gaité‹ (1929); Paul Eluard, ›La vie immédiate‹ (1932), ›Solidarité‹ (1938), ›Voir: poemes, peintures, dessins‹ (1948); René Char, ›La mère du vinaigre‹ (1933); Tristan Tzara, ›Primele poème‹ (1934), ›L'Antitête/Minuits pour géants‹ (1949); Pierre Mabille, ›La conscience lumineuse‹ (1938), ›Trajectoire du rêve‹ (1938); Benjamin Péret, ›Dormir, dormir dans les pierres‹ (1927), ›Feu central‹ (1947), ›Les couilles enragées‹ (1954); Jean Laude, ›Le grand passage‹ (1954).[2] Freilich handelt es sich hier, gemäß dem surrealistischen Verständnis, nicht um direkte Illustrierung, sondern immer um die zeichnerische Aneignung, d.h. die Überführung der in der Dichtung auftauchenden Themen, Motive und ästhetischen Verfahren in Tanguys eigene Welt, wobei sich interne Überschneidungen ergaben, über die noch zu reden sein wird.

Tanguy war nicht nur mit Dichtern wie André Breton, Paul Eluard, Benjamin Péret und Jacques Prévert aufs engste befreundet, er war selbst ein engagierter Leser, der noch in seinen malerischen Anfängen in dem Buchladen der Joyce-Freundin Adrienne Monnier auf Lautréamont stieß und auf die erste Nummer der ›Révolution Surréaliste‹ (was den Anstoß zu seiner Bekanntschaft mit Breton gab), sondern er besaß selbst eine immense Bibliothek, auch nach seiner amerikanischen Emigration.[3] Das Lesen war für viele seiner Bilder konstitutiv, d.h. es gab ihm entscheidende Anstöße und Anregungen zur Anverwandlung und Überführung in seine Malerei.

Was eine Betrachtung über die literarischen Beziehungen im Werk Yves Tanguys sinnvoll leisten kann, ist, dem literarischen Ursprung und den literarischen Parallelen zu Tanguy nachzuspüren, dessen malerisches und graphisches Werk schließlich selbst mit dem Anspruch auftrat, verwirklichte Poesie zu sein.

Genèse/Métamorphose

Die zwei gundsätzlichen Abwanderungsformen aus der Gegenständlichkeit, Abstraktion und Erschaffung einer surrealen Gegenständlichkeit, haben zur Ursache, was André Breton im 1. Surrealistischen Manifest »den Prozeß gegen die reale Welt«[4] nannte. Es war der Protest gegen die Industriegesellschaft mit ihrer merkantilen Notwendigkeit, dem Nutzdenken, ihrem Positivismus und herabgekommenen Tatsachensinn, ihrer Herrschaft einer rationalen Logik, die weite anthropologische Bereiche und transzendentale Wünsche unberücksichtigt ließ, ihrem auf die Bedienung der industriellen Produktion abgestellten Pragmatismus, endlich die entwertete und unbeseelte Gegenständlichkeit der industriellen Massenproduktion selbst. Dieser verhärteten und dem Menschlichen aufs äußerste entfremdeten Welt und Umwelt, die dem vereinzelten Individuum nicht mehr als eine zu bewältigende und anzueignende erschien, proklamierte Breton – und darin gingen ihm seit Samuel Taylor Coleridge und Novalis die romantischen Dichter voraus – die Welt des Traums, des Wunderbaren, der reinen Imagination, das Eindringen in das, was nicht sichtbar sei, die »paysage mental«[5], das Unvordenkliche und Unvertraute, den Prozeß der Zerschlagung der alltäglichen und Neuschaffung einer imaginativen Gegenständlichkeit, endlich die Recherche des Schaffensprozesses selbst.

Breton zog damit Konsequenzen aus einer langen Entwicklung in Dichtung und Malerei. Bereits in den Anfängen der industriellen Revolution ergab sich ein Zusammenhang zwischen der Auflösung des Gegenständlichen und dem Aufgreifen der Thematik des Unbestimmten, so bei William Turner (1775-1851) und Coleridge (1772-1834). Bei Turner lösten sich die Konturen der Gegenstände in Nebel, Wolken, Dampf und Dunst teils impressionistisch, teils visionär auf. Das Unbestimmte und Unvertraute wurde zum unterschwelligen Thema des Bildes: Meer und Himmel, mit seinen immer sich verwandelnden Beleuchtungen,

Wolkenbildungen; zugleich aber, wo zwischen Himmel und Meer die Horizontlinien verschmolzen, vollzog sich die Genese des Monströsen, Ungeheuren und Phantastischen (Sunrise with seamonsters, ca. 1845).

Seit für Coleridge und Poe die Fahrt in die noch unerforschten und unentdeckten Meere der Antarktis (›The Rime of the Ancient Mariner‹, 1797/98; ›The Narrative of Arthur Gordon Pym‹, 1837/38) zu Fahrten in die Bereiche der reinen Imagination wurden, griffen Baudelaire, Mallarmé, Rimbaud und Lautréamont, also die deklarierten Vorgänger der Surrealisten, Meer und Meeresfahrt als eine dominante Thematik auf. In Baudelaires ›L'Homme et la mer‹ aus den ›Fleurs du mal‹ (1857) spiegelt in den »gouffres« und »ténébreux« des Meeres die des eigenen Innern, seine ›Voyage‹ fordert, nach der Desillusion durch das Reale, der »amer savoir du voyage«, endlich zum Schluß »plonger au fond du gouffre, Enfer ou Ciel, qu'importe! Au fond de l'Inconnue pour trouver du nouveau«[6].

In einer Notiz seiner Tagebücher ›Mon cœur mis à nu‹ preist er das Meer, das die »Idee der Unendlichkeit und Bewegung« vereine als Geburtsort der Schönheit und des Transitorischen.[7] Rimbauds ›Bateau ivre‹ (1871) löst sich von den Ufern Europas und vermählt sich zergehend mit der Unendlichkeit der Wasser und Horizonte. Mallarmés ›Maître‹ im ›Coup de Dés‹ (1897) konfrontierte sich mit den zwei Unergründlichkeiten Meer und Himmel, in denen sich seine eigene offenbarte, um aus beiden das ›absolute Gedicht‹, die ›constellation‹ hervorzubringen, eine abstrakte Form jenes neuen Objektes, um das es den Surrealisten ging. Lautréamonts Gesang an den ›alten Ozean‹ aus den auch von Tanguy illustrierten ›Chants de Maldoror‹ (1868) hymnisiert die ›schwindelnden Tiefen‹ seiner Abgründe. Im 1. Gesang scheint er Tanguys Geburt des phantastischen Objekts aus den Unbestimmtheiten des Meeres vorwegzunehmen: »Am Meer bei Mondenschein sieht man, in trübe Gedanken versunken, an einsamen Stellen der Landschaft alle Dinge gelbe, unbestimmte, phantastische Formen annehmen. Der Schatten der Bäume kommt und geht gleitend, bald schnell, bald langsam, in dauernd wechselnder Gestalt, sich flach an die Erde schmiegend.«[8] Dies ist der Geburtsort jener »paysage mental« oder »paysage intérieur«, die »von Minute zu Minute wechselt«, »wo alles sich augenblicklich in alles andere verwandeln kann« und »Formationen völlig neuen Charakters« (›des formations d'un caractère tout nouveau‹) hervorbringt[9] ohne direktes Äquivalent in Natur und Umwelt. Es ist die mentale Landschaft Yves Tanguys.

Daß Yves Tangyus bestimmende Jugendeindrücke aus der Bretagne, neben seiner Lektüre, Initialpunkte jener »paysage mental« waren, und die phantastischen Felsformationen der Bretagne mit Sicherheit als Stimulans zu jenen phantastischen Formen seiner erfundenen Objekte dienten, daß das Erlebnis des Unendlichen und Unbestimmten des Meeres, das Verschwimmen seiner Horizonte, das Ineinanderübergehen auch von Land und Meer in Luftspiegelungen, die immer wieder, neben Wolken, Dunst die Landschaft seiner Bilder regieren, ist oft erwähnt worden und auch sicherlich richtig als zugrundeliegende Erfahrung. Es erklärt aber weniger, daß dies auch seine Landschaft blieb nach seiner amerikanischen Emigration, da er in Woodbury auf dem Lande lebte.

Diese »paysage mental«, ihre changierende Unbestimmtheit und Unendlichkeit bildete die Folie des Prozesses der Genese und Metamorphose, endlich der Geburt des undechiffrierbaren plastischen Objekts, mit dem Tanguy seine innere Landschaft bevölkerte wie Bosch in der ›Erschaffung der Welt‹ auf den Außenflügeln seines *Tausendjährigen Reichs* (Abb. S. 29 r.) Gott durch Strahlung aus den Wolken auf der Erdscheibe, aus dem Meere hügeliges Land erschaffen läßt, aus dem irreale Vegetation, Felsen und phantastische Objekte sprießen. Bei Bosch ist die Erschaffung der Welt auch der Geburtsmoment seiner eigenen Phantasmagorie, wie sie sich aus aufgelösten und neu montierten Teilen aus Bekanntem, zum bislang nie Gesehenen kombinierte.

Den imaginativen Vorgang, die Genese des Gedichts, erforschte als erster Coleridge, in dem er sich selbst im Opiumrausch beim Schaffensprozeß belauschte und feststellte, daß seine Visionen die Form realer Erscheinungen annahmen, sich Metaphern wie Dinge vor ihm erhoben[10], zuweilen sich in dramatischer Weise verselbständigten, so daß sie hörbar und sehbar wurden[11]. Poe berichtete über den Schaffensprozeß seines Gedichts ›The Raven‹ als eine in sich stimmige rational komponierte Form in seinem Essay ›The Philosophy of Composition‹ (1846), den Baudelaire mit dem bezeichnenden Titel ›Genèse d'un poème‹ nach Frankreich übermittelte. Seitdem wird besonders in der modernen Literatur Frankreichs der Schaffensvorgang selbst zum Thema, so bei Raymond Roussel, im ›Nouveau Roman‹ und im ›Nouveau nouveau roman‹.

Der ›Prozeß gegen die reale Welt‹, die Ablehnung der entfremdeten, dem Individuum nicht mehr assimilierbaren Welt der Erscheinung, mußte zwangsläufig zur Thematisierung des eigenen Schaffensprozesses führen und auch zu seiner näheren Recherche. Nachdem Apollinaire die »création éternelle«[12] proklamiert hatte, wurde schon in den frühen Bildern Yves Tanguys der Kreationsprozeß ein zentrales Thema.

Während er in seinen ersten autodidaktischen Versuchen noch frei phantasierend Objekte der realen Erscheinung kombinierte (z. B. *Bar Américain,* 1925), heißt jenes bedeutende Bild, das er nach seiner Begegnung mit Breton und seinem Zusammenschluß mit der Surrealistischen Gruppe geschaffen hat, *Genèse* (1926, Abb. S. 137). Es bezeichnet zugleich die Geburt der eigenen Welt. Der Bezug zur Weltschöpfung ist hier evident: Aus einem bewachsenen Felsen, der auch die Assoziation an einen Phallus und an einen berühmten Menhir bei Locronan freigibt, sprießt oben eine phantastische Vegetation, tritt seitlich die Schöpferhand selbst hervor, eine Art Löffel haltend, aus dem eine Rauchfahne steigt, die wiederum weiteren Rauch hervorzubringen scheint. Eine Seiltänzerin[13] strebt dieser Schöpferhand auf einem Seile zu, das an einem graphisch sich abzeichnenden Turm aus Gestängen befestigt ist. Auch die Schlange des Sündenfalls fehlt nicht. Himmel, Meer, Wasser und Land sind nicht mehr exakt zu unterscheiden. Als verfremdendes und verfremdetes Objekt zeichnet sich der auch auf vielen anderen Bildern wieder erscheinende Kegel rechts im Bilde ab. In parallelen Bildern wie *L'Extinction des lumières inutiles* (1927, Abb. S. 143) wird der überwachsene Felsen zu einer Art Zauberhut mit Rauchfahne und Schöpferhand, die Seiltänzerin zu einem phantastischen Flugobjekt und zu Wolken, während aus dem wässerigen oder strandartigen Untergrund sich Tanguys phantastische Formen in voller Objekthaftigkeit, Schatten werfend, erheben. Weitere Verwandlungen des Bildes[14] machen die Seiltänzerin zu einer *Dormeuse* (1926, Abb. S.134) im Meer, verselbständigen die Schöpferfigur, die noch in dem frühen Bild *Animaux perdus* (1926, Abb. S. 35 r.) erscheint, Tiere aus dem Felsen schaffend, oder lassen sie ganz verlöschen, um den Prozeß der Genese aus dem Nichts und dem Unbestimmten erwachsen zu lassen. »Das ist auch die vor jeder Konzession zugeschlagene Tür und das ist dort, wo viele nichts als den vorzüglichen Ort dunkler und erlesener Metamorphosen sehen, der erste nicht legendäre Einblick in einen beträchtlichen Bereich der mentalen Welt im Moment ihrer Erschaffung.«[15], schrieb Breton zur Malerei Tanguys.

In Anspielung an die naturhafte Erzeugung ist diese Welt in opalisierende und weißliche Farben getaucht, worin sich Sperma und Milch assoziiert, oder, wie Tanguy in den ›Recherches expérimentales sur la connaissance irrationelle de l'objet Boule de cristal des Voyantes‹ es ausdrückt: »Die Milch wird Sperma.«[15a]

Tanguy, der es zeitlebens vermied, Kommentare zu seinen Bildern zu geben, hat doch einen Aufsatz ›The creative process‹ publiziert. Er schreibt, daß er geregelte Arbeitsstunden, die die Phantasie töteten, vermeide. Im Moment der Inspiration entwickelte sich das Bild vor seinen Augen, im Fortschreiten seine Überraschungen entfaltend. Dieser Prozeß gäbe ihm das Gefühl vollkommener Freiheit, machte ihn aber unfähig zu einem vorherigen Plan.[16] Die Überraschung, schon durch Baudelaire und Mallarmé[17] als unabdingbar gefordert, wurde durch Apollinaire in seinem Aufsatz ›L'esprit nouveau et les poètes‹ als wichtigstes Ästheticum emphatisiert: »Alles liegt in der Überraschung. Der neue Geist ist mit der Überraschung gleichzusetzen. Denn in ihr hat er das Lebhafteste und Neueste. Die Überraschung ist die große neue Triebkraft.«[18] Die Surrealisten zitierten diese Passage gern, um ihre vollkommene Übereinstimmung mit Apollinaire in dieser Hinsicht zu unterstreichen.[19] Basis für die Überraschung war der Imaginationsprozeß. »Es ging darum, zu den Quellen der dichterischen Imagination hinabzusteigen und vor allem dort zu bleiben«, schrieb Breton[20].

Der Bereich der Genese, zu dem auch Tanguy hinabstieg, um dort zu bleiben, folgt der freien Assoziation, wie deutlich aus einer *Zeichnung*[21] (Abb. S. 228) hervorgeht, da aus einer einzigen Schlangenlinie eine Anzahl von gespenstischen Formen erwachsen zusammen mit einer Schlange, die wiederum weitere Greiffüße, Blüten oder Rauchfahnen hervorbringt. In *Dormeuse* können die sich schlängelnden Haare einer im Wasser in schlängelnden Linien sich auflösenden Figur zu schlängelnden Linien von Rauchfahnen und Wolkenstreifen werden. Über die formale Assoziation führt der Weg in objekthafte Verwandlung.

Die von den Surrealisten erfundene ›écriture automatique‹, eine spontane Niederschrift von Assoziationen ohne Plan und rationale Kontrolle, die von Breton als »idée génératrice du surréalisme«[22] bezeichnet wurde, fand ihre Entsprechung in dem von Tanguy praktizierten sowohl graphischen wie literarischen Verfahren des ›Cadavre exquis‹, einem surrealistischen Gruppenspiel, wo jeder, bei Zufaltung der vorhergehenden Graphik, etwas zeichnete und sich dann das automatisch Überraschende ergab, beim Schreiben z. B. der Satz »le cadavre – exquis – boira – le vin – nouveau«, der diesem Vorgang den zufälligen Namen gab.

Diese ›ernsten Scherze‹ waren willentliches Spiel zur Herstellung des Überraschenden, quasi eine Konstruktion des Zufalls.

Tanguy beobachtete den Bereich des Zufälligen und Überraschenden, der Genese und Metamorphose, auch in der Natur selbst.

Viele Maler und Dichter, so u. a. Cézanne und Apollinaire, haben in Ablösung von der Gegenständlichkeit statt für eine Nachahmung der Natur für eine Produktivität »selon la nature« oder »parallelè à la nature« plädiert, wobei die autonome Kreativität durchaus in Kon-

Konkurrenz zu der Gottes geriet. Sprach Baudelaire vom »homme-dieu«, so Apollinaire vom Künstler als dem »dieu-créateur«[23]. Tanguy erläuterte sein »selon la nature« in einer beschrifteten Zeichnung mit dem Titel *Vie de l'objet*[24]. Sie stellt ein Felsplateau mit Faltungen und Rinnen und Löchern dar, aus denen Tanguysche phantastische Formen und Ausstülpungen erwachsen. Die Schrift, die er schräg über diese Felsformation gekritzelt hat, beschreibt einen organisch-anorganischen Metamorphoseprozeß, nämlich wie Wurzeln der Pflanzen sich in die Löcher der Steine bohren, um zu den in den tiefer liegenden Steinschichten befindlichen Wasserreservoiren zu gelangen und so die Trockenperioden des Sommers zu überstehen. Hier bearbeitet die Pflanze den Stein, der Stein bringt die Pflanze hervor. Beide gehen eine Symbiose ein. Wichtig erscheint nun im Zusammenhang mit der Tanguyschen Malerei, daß der Stein durch Wasser und Pflanzen in ein Tanguysches phantastisches Objekt verwandelt wird, die Hervorbringungen weiterer Lebewesen, nämlich der Pflanzen, sich ebenfalls als Tanguysche Formen darstellen, er den in der Natur beobachteten Prozeß seinem eigenen kreativen also angleicht.

Daß bei Tanguy der Schaffensakt immer mit zum Thema wurde, wird nicht nur an Titeln wie *Genèse; Création* (1927), *Apparitions* (1927) oder *Il faisait ce qu'il voulait* (1927, Abb. S. 139) evident; in den späteren Bildern erscheint auch die Produktionsstätte des Malers, die Staffelei, unter den phantastischen Formationen seiner erfundenen Objekte, so in *Jeune lune* (1950), *Monde proche* (1952), *Première clef* (1952), und sogar zwei Staffeleien, die Tanguysche Objekte aus sich hervorbringen, in *Parce que* (1951, Abb. S. 82), womit eine Parallele zur Thematisierung des Schreibaktes und seiner Materialien, endlich des Buches bei Mallarmé bis hin zu Philipp Sollers ›Drame‹ (1965) und Maurice Roches ›Compact‹ (1966) gegeben wäre.

Der Prozeß der Ablösung von der realen Gegenständlichkeit vollzog sich in der Literatur über die Deformation, die Zerschlagung der logischen Zusammenhänge und Neumontage nach inneren Gesetzmäßigkeiten, vor allem aber über die Verselbständigung der Metapher und damit Eliminierung von Gegenständlichkeit. In einem Brief an E. Lefébvre vom 17.5.1867 schrieb Mallarmé: »(. . .) ich habe mein Werk nur durch Auslassung geschaffen. (. . .) Die Zerstörung wurde zu meiner Beatrice.«[24a]

Bezeichnenderweise taucht bei Tanguy der Titel *Construire, détruire* (1940) auf, ein Titel, der ein Verfahren bezeichnet und selbstverständlich über jedem seiner Bilder stehen könnte.

Seit Baudelaire, in Anlehnung an die Ästhetik Poes, das Schöne als das Fremde und Bizarre[25] erklärt hatte,

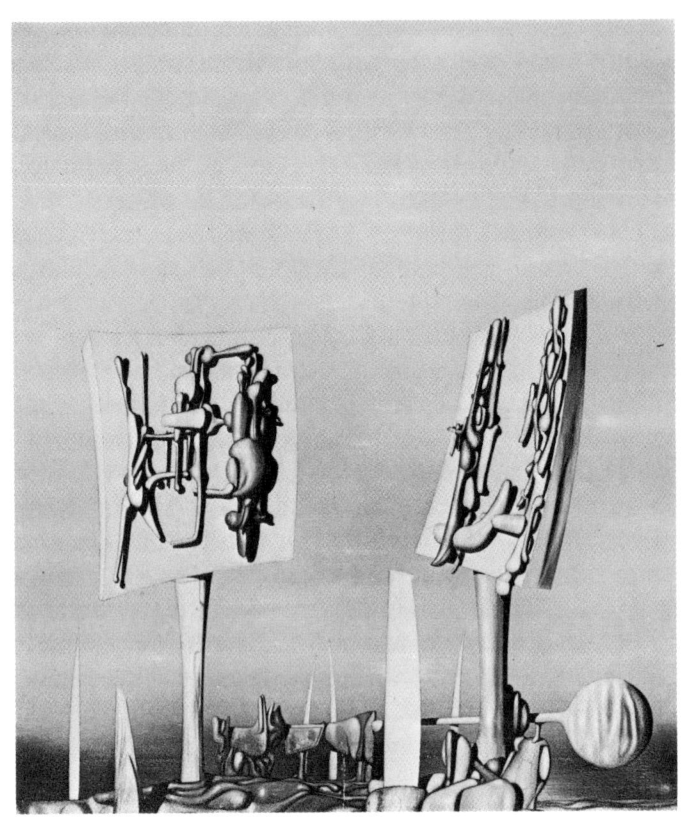

Yves Tanguy Weil, 1951
Öl auf Leinwand, 61 x 52 cm
Williams College Museum of Art

wurde die Verfremdung des Vertrauten, seine Überführung in die Abnormität, zu einem Modus seiner Überführung ins Unbekannte. »Es handelt sich darum, durch die Entregelung aller Sinne beim Unbekannten anzukommen«[26], schrieb Rimbaud im sogenannten ›Seher-Brief‹.

Breton zitierte im 1. Surrealistischen Manifest Reverdys Ausführungen über die dissonierende Metapher: »Je entfernter und je genauer die Beziehungen der einander angenäherten Wirklichkeiten sind, um so stärker ist das Bild – um so mehr emotionale Wirkung und poetische Realität besitzt es.« Er pflegte auch in verschiedenen seiner Schriften Lautréamonts Vergleich »schön wie (. . .) die unvermutete Begegnung einer Nähmaschine und eines Regenschirms auf einem Seziertisch«[27], aus dem 6. Gesang der ›Chants de Maldoror‹ für solche dissonierende Metapher anzuführen, die, wie er erläuterte, am längsten brauche, um sie in die Alltagssprache zu übersetzen. Die Nähe zur Collage und Montage in der Bildenden Kunst der Surrealisten ist hier evident.

In ›Le Surréalisme et la peinture‹ erläuterte Breton das Verfahren: »Diese Möglichkeit der Annäherung zweier unterschiedlicher Bilder erlaubt ihnen [den Dichtern, Künstlern – Anm. d. A.], über das manifeste Leben des Gegenstandes hinwegzukommen, das generell eine Schranke setzt. Dazu im Gegensatz kehrt der Gegenstand, wie fertig er sei, zu einer ununterbrochenen Folge von Verborgenheiten zurück, die nicht typisch für ihn sind und nun seine Transformation bewirken. Die konventionelle Eigenschaft dieses Objekts verschwindet für sie hinter seiner Repräsentationseigenschaft, die sie bewegt, auf seine bildliche Seite den Akzent zu setzen, auf seine Evokationskraft.«[28]

Die dissonierende oder verfremdende Metapher wurde zum Vehikel ihrer Autonomsetzung und damit Autonomsetzung des sprachlichen Vorganges. Wurde zunächst das Objekt transformiert durch die dissonierende Metapher, so wurde der Gegenstand nun eliminiert, das dichterische Vergleichsbild verselbständigt. Statt der Eindeutigkeit des Gegenstandes, die schon Mallarmé als Banalität erklärte, erwuchs gerade aus der Verselbständigung der Metapher die Allusion und die Suggestion[29], die wiederum beim Rezipienten eine vieldeutige Interpretation provozierte. Bekannt wurde Mallarmés Satz: »Ein Objekt benennen heißt Dreiviertel der Freude am Gedicht unterdrücken (...); es suggerieren, das ist der Traum.«[30]

Es versteht sich, daß damit das Objekt im Gedicht selbst verschwand, das Gedicht hingegen sich selbst als Objekt setzte.

Vie de l'Objet

»Die Mittelmäßigkeit schleicht sich überall ein«, schrieb Gustave Flaubert am 29. Januar 1854, »(...) und müßten wir dabei umkommen (und wir werden dabei umkommen, was tut's), man muß mit allen möglichen Mitteln einen Damm gegen die Flut von Scheiße bauen, die uns bedroht.«[31]

Als Ursache nennt er Industrialismus, Bürokratie, Ökonomie, wie Mallarmé die »Selbstgefälligkeit« der Industrie, des Fortschritts, der Wissenschaft selbst.[32] Mallarmé folgerte aus der Banalität, in der die gesamte Öffentlichkeit versänke, die Notwendigkeit für den Künstler »alles neu zu machen« (le devoir de tout recréer)[33], eine Notwendigkeit, die auch die Surrealisten als die ihre erklärten: Der Surrealismus repräsentierte den neuesten Versuch »mit den Dingen, die sind, zu brechen und in voller Aktivität und Genese andere an ihre Stelle zu setzen«[34]. »Ich erfinde keine Worte. Aber ich erfinde Objekte«, erklärte Paul Eluard.[35]

Schon in Kafkas ›Sorge des Hausvaters‹ verlebendigte sich ein solches phantastisches Objekt unter dem Namen Odradek. Sein Geheimnis war und ist, sich nicht definieren zu lassen, wenngleich Kafka es sehr präzis beschrieben hat. Sein weiteres Geheimnis ist, daß es sich räumlich darstellt, d. h. auch für andere mit den Sinnen erfahrbar wird.

Mallarmé strebte im ›Coup de Dés‹ (1897) eine Physik der Poesie durch ihre Verbildlichung an, ebenso wie Apollinaire in den ›Calligrammes‹ (1918). Apollinaire träumte von einem »lyrisme visuel«[36], wie ihn dann Artaud als ›Metaphern in drei Dimensionen‹ auf die Bühne zu bringen versuchte. Eluard sah die »physique de la poésie« in der Malerei realisiert[37], ebenso André Breton: »Dem Maler eröffnet sich eine Welt der Möglichkeiten, die vom Rückzug, die vom reinen und einfachen Verzicht zum graphischen Anstoß reicht, endlich bis hin zur augentäuschenden Fixierung von Traumbildern (...) Die Malerei surrealistischer Konstruktion hat nun subjektiven Elementen die Organisation von Wahrnehmungen mit objektiver Tendenz gestattet.«[38]

Wenn auf der einen Seite das phantastische Objekt, das Breton »objet poétique«[36a] nannte, sich auch in der Malerei verwirklichen konnte mit allem ›trompe-l'oeil‹, so tendierte die Malerei Tanguys dahin, dem phantastischen Objekt Bewegung durch den Prozeß der Metamorphose und Räumlichkeit durch Plastizität und Schatten zu verleihen und damit eine Art Dingwerdung des Imaginativen zu erreichen. In einem kleinen Artikel ›Poids et couleurs‹ beschreibt Tanguy solch erfundene Objekte, die er als Graphiken publiziert, in ihrer Stofflichkeit und Farbe, d.h. wie er sie plastisch ausführen würde.[39] Mit anderen Worten: Er sieht sie als reale Gegenstände an.

In bezug auf Tanguys Malerei schreibt Werner Haftmann: »Objekte, die keine oder nur vage assoziative Verbindung zu den natürlichen Dingen haben, erscheinen mit vollem dinglichen Daseinsanspruch.«[40]

In der Tat werfen sie Schatten, aber in den endlosen Himmelsräumen Tanguys erscheint keine Lichtquelle. Sie liegt immer außerhalb des Bildes, vielleicht zum Zeichen dessen, daß der Maler selbst die Lichtquelle ist, die die Schatten plastisch macht, vielleicht auch, weil man, wie Gérard de Nerval in ›Aurelia‹ bemerkt, »im Traum nie die Sonne sieht«.

Beim Rezipienten stellten sich die von Apollinaire geforderten »significations multiples«[41] ein, ein breiter Spielraum von Bedeutung und Allusionen bis hin zur realen Unentzifferbarkeit und Verrätselung, wie sie der Dichter Yves Bonnefoy vor der Bilderwelt von Tanguy konstatierte: »Ich habe immer den Eindruck gehabt, mit Tanguy in einem Traum zu sein vor einem Buch, dessen Worte mir, obwohl sie vertraut schienen, doch unentzifferbar waren.«[42]

»Die surrealistische Fauna und Flora ist un-sagbar« (La faune et la flore du surréalisme sont inavouables), schrieb Breton im 1. Surrealistischen Manifest.

Bei Tanguy finden sich alle erwähnten poetischen Verfahren wieder, aber in eine Welt sui generis verwandelt. In seine entgrenzte »paysage intérieur« von Meer, Himmel, Luft und Strand zeichnen sich Objekte ab, die von einem Bereich in den anderen übergehen: Organische Formen verwandeln sich in anorganische, anorganische in organische; Rauch verwandelt sich in plastische Formen, plastische Formen in Rauch und Wolken, Rauch in Flügel oder Tentakel, Landobjekte erheben sich in die Luft, Luftobjekte schwimmen im Meer. Immer aber ist es, in unendlicher Variation, Tanguys nur ihm zugehörige »paysage mental«. Wenn Alfred Jarry, »notre maître à tous«[43], empfahl, »auf der Straße der Sätze aus allen Wörtern eine Kreuzung zu machen«[44], d.h. sie zu vieldeutigen zu machen, die schon innerhalb der einzelnen Dichtung dort und dorthin führen können, so haben wir in diesem Verfahren zweifellos eine Parallelität zur Malerei Tanguys, da nicht nur alles sich in alles verwandeln kann, sondern jedes Detail mehreren Bereichen zustrebt – sowohl in der Realität des Bildes wie interpretatorisch.

Verifizieren läßt sich diese Parallelität des dichterischen und malerischen Verfahrens anhand von Benjamin Pérets ›Dormir, dormir dans les pierres‹, das Tanguy in den ›Editions surréalistes‹ 1927 mit Zeichnungen versah. Nicht nur erscheint in diesem Gedicht Tanguys »paysage mental« aus Blut, Himmel, Meer, Inseln, See- und Lufttieren, Gezeiten, Seevegetation etc. Hier wird wirklich aus jedem wichtigen Wort und Bild eine Kreuzung gemacht, dessen Straßen assoziativ zu einem endlosen Spielraum von neuen gegenständlichen Assoziationen und Bedeutungen führen. Um nur ein Beispiel zu nennen: Die Reseda, die mit ihren ährenförmigen Blütenständen und zerschlitzten Blütenblättern die Assoziation an mannigfaltige Formen von aufgelösten turmartigen Gebilden bei Tanguy freigibt, deren Wurzeln der Quarz mit einem »Puder aus Blut und Hirn« füllt, dehnt sich mit ihren Adern in die Sterne aus, assoziiert von den Adern zum »Haar der Quellen«, von den Himmeln zu den Vögeln, von den Vögeln zu den Federn, von den Federn zu den Himmeln, die aus ihnen gemacht seien, von den Blutstropfen zum Wasser usw., so daß das ganze Gedicht aus der immer neuen Verbindung von formalen und bedeutungsassoziativ ineinandergreifenden Metaphern besteht, die ein ganzes Netz um Motive auf Tanguys Bildern wirken, deren Bedeutungsspielraum durch immer neue Kontamination mit dissonierenden Metaphern abgetastet wird: Genese und Metamorphose in einem. Es entsteht jedoch im Gedicht durch das variierte Aufgreifen von bestimmten Metaphern ein Beziehungsgeflecht, wie es sich einmal sowohl innerhalb einzelner Bilder Tanguys, dann aber auch innerhalb seines gesamten Oeuvres darstellt. Es scheint, daß Tanguy innerhalb einzelner Bilder (so z.B. *Le Témoin,* 1940) mittels graphischer Geraden, die sich in manchen Bildern auch zu Gestängen verselbständigen *(Le Rendez-vous des parallèles,* 1935, Abb. S.57), solch ein Beziehungsgeflecht hat andeuten wollen. Die Objekte bei Tanguy, zweifellos inspiriert durch die unendliche Mannigfaltigkeit der submarinen Welt an phantastischen Übergängen von Pflanzen in Tiere, lassen sich manchmal diagnostizieren als amorphe Wechseltierchen, Amöben mit Scheinfüßchen, Radiolarien und Hohltiere, Quallen und Seesterne, Polypen und Seefedern, wie sie immer wieder auf seinen Bildern erscheinen. Aber auch seine erfundenen Objekte bringen wie Meerestiere jene Ausstülpungen, Fangarme, andererseits auch knochenartige Gebilde und mechanische Gelenke hervor und erhellen so sein Verfahren der freien Assoziation und Montage von real Unvereinbarem, die das unbekannte Objekt schafft.

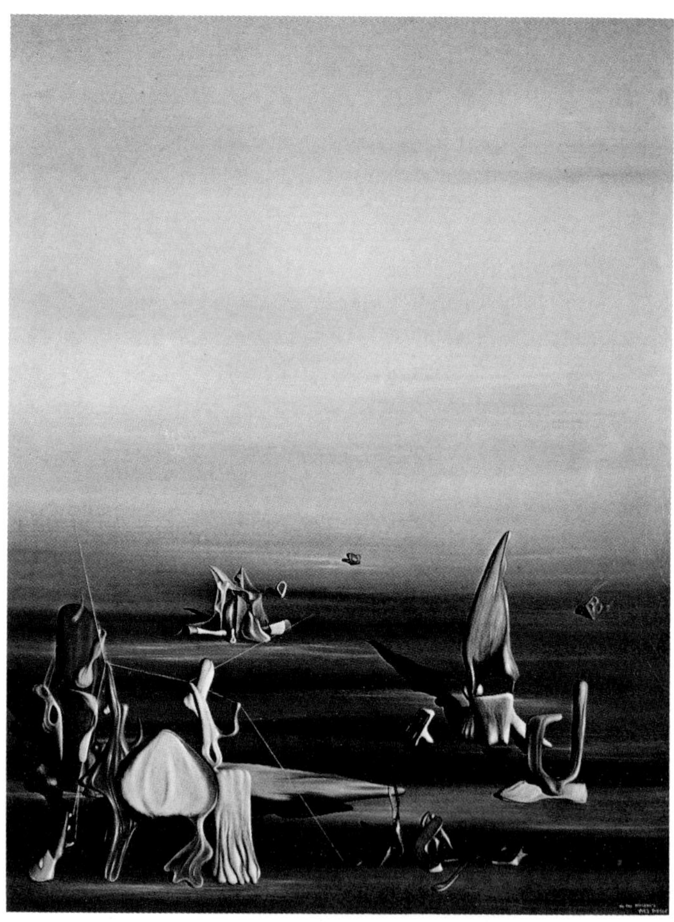

Yves Tanguy Der Zeuge, 1940
Öl auf Leinwand, 92 x 71 cm
Sammlung Mr. und Mrs. Frederick R. Weisman

Nach Poe vermag der Menschengeist sich nichts vorzustellen, was es nicht schon gäbe. Was sich für neu halte, sei nichts als eine Zusammensetzung aus uns schon »bekannten Gliedmaßen, Merkmalen und Eigenschaften«[45]. Diese dissonierende Montage aber, gleich der der dissonierenden poetischen Bilder, gebiert eine »paysage inconnu« mit unentzifferbaren Objekten, eben jene Welt auf den Bildern Tanguys, von der man sagen kann, sie sei eine Traum- oder Unterwasser- oder Luftwelt oder alles ineinander bis hin zum Unbekannten des Unbewußten. Es ist immer eine einsame, in Schweigen getauchte, von allem Alltag abgelöste Welt.

Alfred Jarry definierte seine »Pataphysique«, die die Surrealisten als Vorgängerschaft ihrer eigenen Intentionen empfanden, als vierfache Form des uneigentlichen Sprechens: »Die Pataphysik ist die Wissenschaft von den imaginären Lösungen, die den Grundmustern die Eigenschaften der Objekte, wie sie durch ihre Wirkung beschrieben werden, symbolisch zuordnet.«[46] Bei Tanguy läßt sich zumindest ein dreifach uneigentliches Sprechen feststellen, das eine dreifache Negation des pragmatischen Gegenstandes enthält: Tanguy suggeriert etwas, das es nicht gibt (transzendentales Objekt), über das erfundene Objekt und löst durch die Titelgebung zudem weitere Virtualität aus. Zum evokatorischen »objet poétique« fügt der Titel ein Drittes, Poetisches hinzu: *Au Coeur de l'eau, Hérédité des caractères acquis, Je tourne la tête vers moi, La Cage du temps, La Lumière de l'ombre, L'Anneau d'invisibilité, Le Geomètre des rêves, Le Ruban des excès, Le Temps meublé, L'Oreiller de satin, Ma vie blanche et noir.* Sofern diese Titel noch in sich selbst metaphorische Dissonanzen aufstellen, handelt es sich sogar um ein vierfaches uneigentliches Sprechen, zu dem die Titel oft in nicht benennbarer Beziehung zum Bild stehen, also ebenfalls evokatorischen Charakter haben.

Es ist überliefert,[47] daß Tanguy zusammen mit Breton zu einigen seiner Bilder die Titel aus psychiatrischen Büchern entnahm, so *Maman, Papa est blessé!, Je suis venu comme j'avais promis. Adieu; Je m'en vais, venez-vous?* Was diese Titel mit den Bildern zu tun haben, ist dem Assoziationsvermögen der Rezipienten überlassen.

Auffallend sind auch widersprüchliche Titel wie *L'Athée ou la religieuse* oder fragend unbestimmte wie *Où es-tu?, Parce que; Qui répondra?* Zum Zeichen, daß viele Titel poetische Zutaten zu den Bildern sind, keineswegs Interpretationshilfen, finden sich die meisten seiner Bilder ohne Titel, *Sans titre* oder *Titre inconnu.*[48] Titel, die Tanguys Welt am ehesten suggerieren, sind *La Certitude du jamais vu* oder *Légendes ni figures,* die auf eben jene undefinierbare »paysage inconnu« seiner Bilder selbst anspielen.

Der Raum der Bedeutungsassoziationen ist um so größer, je weniger im einzelnen übersetzbar ist, was wir sehen. Es gibt indes unterschwellige Themen, die benennbar sind. Sie betreffen nicht nur die Auflösung, Zerstörung und Neumontage von Teilen, sie betreffen die durchlöcherte, deformierte, aufgelöste und zugleich anonymes Objekt gewordene menschliche Figur, halb organisch, halb anorganisch, die trotz ihrer wuchernden Menge in grenzenloser Isolation verharrt, Fangarme und Stacheln oder mechanische Gelenke teils gegen den leeren Himmel, teils untereinander ausstrekkend, ohne Berührung oder mit spitzen Stacheln einander durchdringend. Es ist nicht von der Hand zu weisen, daß sich hier die teils furchtbare, teils komische Depravation und Enthumanisierung der menschlichen Figur assoziiert, die zwischen amorpher Amöbe und ihrer wuchernden Petrifizierung zu wählen hat, aber keine unzerstörte menschliche Perspektive mehr enthält.

Die Seele der Poesie sei Imagination[49], sagte Poe, und Baudelaire erklärte sie zur »Königin der Möglichkeiten«[50]. Im 1. Surrealistischen Manifest behauptete Breton, sie sei die »alleinige Erschafferin der realen Dinge«. Wir stehen jedoch in Dichtung und Malerei vor dem Phänomen, daß diese Imagination in durchaus unheimliche Kongruenz gerät zu realen sozialpsychologischen Fakten unserer Umwelt wie Isolation, Verstörung, Erstarrung. Wir stehen vor dem Phänomen, daß die reine Imagination in der »paysage mental« einem monströsen Wucherungsprozeß anheimfällt, der in der Literatur zum ›Nouveau roman‹ bereits als ›terminus technicus‹ den der »prolifération«[51] hervorbrachte. Die sich zuwuchernde und petrifizierende Welt der späten Bilder Yves Tanguys wie *Multiplication des arcs* (1954, Abb. S. 224), *Temps égaux* (1951, Abb. S. 220), *Plan laminé* (1950), *Nombres imaginaires* (1954), immer noch in einen grenzenlosen und leeren Raum projiziert, scheint der zunächst noch lebendige Prozeß der Metamorphose dem einer Versteinerung und Massierung anheimzufallen, die beängstigende Aspekte enthält.

In Raymond Roussels, einem zuerst von den Surrealisten entdeckten Literaten, ›La vue‹ (1902) wird diese Wucherung der Imagination zum Thema, indem der Autor, der vorgibt, in einem Federhalter in einem winzigen Loch ein winziges Bild zu entdecken, in dessen Beschreibung ein auswucherndes Panorama einer Seebadszene mit zahllosen Figuren, Schiffen, Häusern und wie in Momentaufnahmen erstarrten Ereignissen und Kommunikationen entwirft. Zweifellos thematisiert schon ›La vue‹ das Imaginationsverfahren als ein wucherndes, ausuferndes, das, ausgehend von einer begrenzten Anregung, keine eigentliche Begrenzung kennt, wenn auch die Jahrhundertwende-Photographie, die Roussel beschreibt, als Sujet weitaus harmloser sich ausnimmt als des späten Tanguy auswuchernde Steinformationen.

Andere Verfahren Roussels, die er in seinem berühmten Essay ›Comment j'ai écrit certains de mes livres‹ beschrieben hat, bereitete die »métamorphose structurelle« oder auch »génératrice« des ›Nouveau roman‹ vor, ein Verfahren, das auf dem Gebiet der Prosa in intime Parallelität zu dem auf Tanguys Bildern wie dem des Gedichts von Péret gerät. Roussel blendete zwei ähnlich klingende Wörter oder Sätze von verschiedener Bedeutung übereinander und konstruierte daraus vielfach ineinander geschachtelte Geschichten, die in sich eine anwachsende labyrinthische Struktur annahmen. Die »métamorphose structurelle«[52] oder »génératrice« im ›Nouveau roman‹ (z.B. in ›Orion aveugle‹ von Claude Simon) bedeutet, daß sich ein einzelnes Wort oder eine einzelne Metapher dem Wucherungsprozeß seiner Konnotationen, oder den Konnotationen ähnlich klingender, also homophoner Wörter oder Anagramme überliefert: »Auf diese Weise verwandelt sich die expressive Metapher in die strukturelle, durch die sich ein Text konstruiert und auf besondere Weise sich vermittelt.« »So ist ein Roman für uns weniger das Schreiben eines Abenteuers als das Abenteuer des Schreibens.«[53] Wenngleich hier eine imaginative Wucherungsstruktur entsteht, so steckt sie doch zwangsläufig, durch ihre Herleitung aus Wort- oder Metaphernzellen, voller Spiegelungen, Echos und Korrespondenzen, und zwar, wie Alain Robbe-Grillet bemerkte, in »transformation permanente«[54], die, über die Montagetechnik des Disparaten hinweg, die formale und intentionelle Einheit gewährleisten, wie sie sich ebenfalls auf Tanguys Bildern darstellt als ein System formaler wie bedeutungsassoziativer Korrespondenzen.

In der Autonomsetzung sprachlicher wie malerischer Verfahren, welche phantastische und nicht in die normale Sinneserfahrung rückübersetzbare »paysage mental« sich immer über sie abzeichne, lassen sich doch Perspektiven und unterschwellige Themen erkennen, in denen geistesgeschichtliche wie soziale Situationen auf der Folie des vom Unbewußten geleiteten Produktionsprozesses durchschlagen. Die »paysage mental« ist eine ›Landschaft‹ nicht jenseits der Erfahrung, sondern eine der vertieften und ausgeweiteten Erfahrung.

Temps/Espace

Eine dieser Perspektiven betrifft Raum und Zeit. Der unendliche, unbestimmte, leere Raum, in den sich Tanguys transformierendes ›Alphabet‹ einzeichnet, geht geistesgeschichtlich auf die kopernikanische Wende zurück. »Das ewige Schweigen dieser unendlichen Räume macht mich schaudern« (Le silence éternel de ces espaces infinis m'effrais)[55], schrieb Pascal in der Meditation jener kopernikanischen Wende, die Hans Blumenberg als »Katastrophe für das menschliche Bewußtsein«[56] und Sigmund Freud als eine der größten Kränkungen der naiven Eigenliebe der Menschheit bezeichnete: »Die Vorstellung, daß unsere Erde nicht der Mittelpunkt des Weltalls ist, sondern ein winziges Teilchen eines in seiner Größe kaum vorstellbaren Weltsystems.«[57]

Wenn man von philosophischen und wissenschaftlichen Wahrnehmungen einmal absieht, so ist diese kopernikanische Wende in Literatur und Kunst als das Bewußtsein des unendlichen leeren Raumes ohne Gott erst erstaunlich spät formuliert worden. Eines der eindringlichsten Zeugnisse in der deutschen Literatur, Jean Pauls ›Rede des toten Christus vom Weltgebäude herab, daß kein Gott sei‹ aus dem ›Siebenkäs‹ (1796f.), regte Alfred de Vignys Gedicht ›Le Mont des Oliviers‹ (1843) und Gérard de Nerval zu seinem ›Le Christ aux Oliviers‹ aus dem Gedichtzyklus ›Les Chimères‹ (1853/54)[58] an, den die Surrealisten wiederum oft zitierten. Die Verlassenheit Christi angesichts des Weltalls ohne Gott projiziert sich auf die grenzenlosen chaotischen Weiten einer Weltlandschaft, die zugleich »paysage mental« wird, also einen inneren Zustand symbolisiert:

> »Partout le sol désert côtoyé par des ondes,
> Des tourbillons confus d'océans agités . . .
> Un souffle vague émeut les sphères vagabondes,
> Mais nul esprit n'existe en ces immensités.
>
> En Cherchant l'oeil de Dieu, je n'ai vu qu'une orbite
> Vaste, noir et sans fond, d'où la nuit qui l'habite
> Rayonne sur le monde et s'epaissit toujours, (. . .)« (II)
>
> »Immobile Destin, muette sentinelle,
> Froide Nécessité! . . . Hasard qui, t'avançant
> Parmi les mondes morts sous la neige éternelle,
> Refroidis, par degrés l'univers pâlissant, (. . .)« (III)[59]

Fortan ist in der modernen französischen Lyrik das, was Hugo Friedrich die »leere Transzendenz«[60] nannte, sowohl als Darstellung des grenzenlosen Raumes wie der transzendentalen Verlassenheit als innerer Zustand gegenwärtig. Man geht wohl nicht fehl in der Annahme, daß Tanguys im Unbestimmten sich verlierende leere Räume und Himmel, besonders verzweiflungsvolle Bilder wie *De mains pâles aux cieux lassés* (1950, Abb. S.217), wo Stacheln und stachelige oder organisch-anorganisch wuchernde turmartige Objekte sich in den leeren Himmel strecken, sich auf diese nicht nur bei Gérard de Nerval schreckensvoll beschworene Situation beziehen.

Angesichts der leeren Transzendenz, des Nichts, beschloß Mallarmé, sich »in sich selbst einzuschließen« (je vais me cloîtrer en moi)[61] und als »homme-dieu«[62] (Baudelaire) seine eigene Welt zu schaffen, eine Situation, die sich bei Tanguy wiederfindet als »volonté d'autoemprisonnement«[63]. Dieses Einschließen in den inneren Raum bis zum Regreß auf das Unbewußte brachte gegenüber der Unendlichkeit der leeren Räume das innere Ineinander von Nähe und Ferne auf, wie sie Hugo Friedrich als Ergebnis der »diktatorischen Phantasie«[64] in der modernen französischen Lyrik diagnostizierte, eine »Verkehrung der Raumordnung«, die sich bei Tanguy im Ineinander der Räume, als Schweben der phantastischen Objekte zwischen Land, Meer und Luft, Auflösung von Landobjekten in Luft, von Luftobjekten in Landobjekte manifestiert.

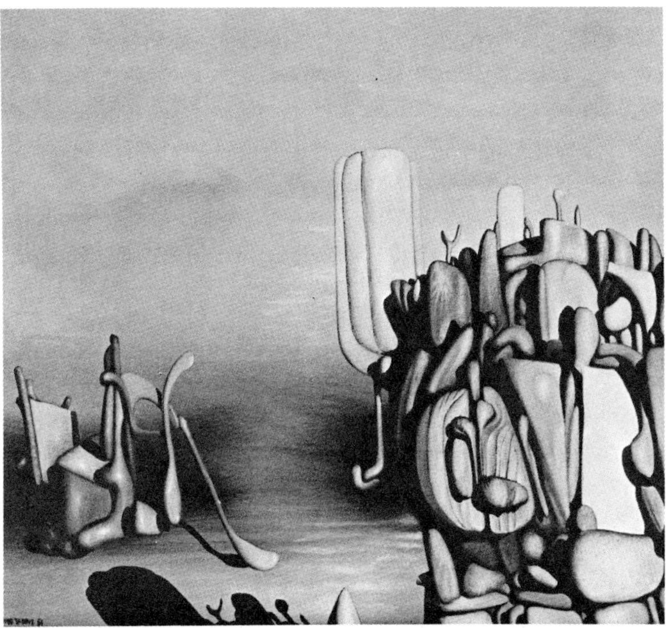

Yves Tanguy
Der Käfig der Zeit, 1951

Öl auf Leinwand, 20,2 x 25,5 cm
Privatbesitz

Die Negierung der Realzeit, wie sie sich in Mallarmés Gedichten als »Stillstand der Zeit«[65] darstellte, war ebenso eine Konsequenz des Absinkens in die »monde intérieur«. Freuds Feststellung, die Vorgänge des Unbewußten seien zeitlos, seien nicht zeitlich geordnet, würden durch die verlaufende Zeit nicht geändert, hätten überhaupt keine Beziehung zur Zeit[66], ließ André Breton für die Auslöschung der Realzeit[67] plädieren. In Apollinaires Gedicht ›Zone‹ herrscht die Simultaneität der beschworenen Orte Prag, Marseille, Koblenz, Amsterdam zugleich mit dem zeitlichen Ineinander von Erinnerung und Gegenwart, so daß sich eine raum-zeitliche Durchdringung ergibt, die auch auf Tanguys frühen Bildern vor 1926 (z.B. *Fantômas*, Abb. S. 127[68]) zu beobachten, in seinen späteren nicht mehr genau diagnostizierbar ist, da die Sprache der Objekte sich jeglicher Chronologie überhaupt entzieht, also deren zeitliches Ineinander auch nicht mehr feststellen läßt – es sei denn anhand von Titeln wie *Mort guettant sa famille* (1927, Abb. S. 141), da sich eine biographische Bezüglichkeit zu Tanguys frühverstorbenem Vater herstellen läßt, oder *J'avais déjà cet age que j'ai* (1939, Abb. S. 196 l.). Auffallend sind Zeit-Titel zu seinen Bildern wie *Humeur des temps* (1928, Abb. S. 149), *En le Temps menaçant* (1929, Abb. S. 167), *Le Temps meublé* (1939), *La Cage du temps* (1951, Abb. links), *Temps égaux* (1951), die entweder auf die Zeiterstarrung oder die Gefangenschaft in der Zeit verweisen. Auffallend ferner in *La Cage du temps*, daß Objekte, die offensichtlich auf einer Leinwand sich abzeichnen, sich neben der Leinwand raum-zeitlich versteinern, also ihre raum-zeitliche Metamorphose sich eingrenzt.

La Fin du monde

In den späteren Bildern Tanguys erstarrt der lebendige Prozeß von Genese und Metamorphose und überlagert sich mit endzeitlichen Aspekten. Man könnte ihnen jenen Titel geben, den Mauricio Kagel einem seiner instrumentalen Theaterstücke verlieh, ›Die Erschöpfung der Welt‹ (1980), worin sich der Prozeß der Schöpfung mit dem endzeitlichen überblendet. Bei Tanguy finden sich die Titel *Les Derniers jours* (1944, Abb. S. 89), *Globe de glace* (1934), *L'Extinction des espèces* (1938, Abb. S. 193) und endlich, die innere Resonanz auf diese Aspekte berührend, *La Peur* (1926 und 1949).

Der Aspekt der Vereisung und Erstarrung der Welt, ein psychischer Reflex auf die schizoide Entfremdung von Außenwelt und Innenwelt, taucht in der Literatur dort auf, wo sich die Dichtung willentlich aus der Nachahmung der Erscheinungswelt in die der reinen Imagination flüchtete, nämlich bei Coleridge und Poe. Anhand des Themas der Seereise in das Unbekannte, die letzten unentdeckten Partien der Erde, die Antarktis, wo phantastische Erscheinungen sich mit realen mischen und Innenwelt Außenwelt und Außenwelt Gleichnis für die Innenwelt wird, formulierte Coleridge im ›Rime of the Ancient Mariner‹ und Poe in ›The Narrative of Arthur Gordon Pym‹ zugleich eine Reise der Dichtung in die »paysage inconnu«. Bei Poe ist es letztlich die Welt des Weißen und des Nichts, die fortan sowohl in der bildenden Kunst (z.B. C.D. Friedrich, *Das Eismeer oder Die gescheiterte ›Hoffnung‹*, 1823/24) wie in der Literatur bis hin zu André Gides ›Voyage d'Urien‹ (1892) ein signifikantes Thema blieb[69], also die zufällige individuelle Psychose ausschließt. So sieht der Psychiater Joseph Gabel in ihm »nicht den Endpunkt eines innerpsychischen Prozesses, sondern den Zusammenstoß der geschichtlichen ... Wirklichkeit mit einem Bewußtsein, das zum Austausch mit dieser Wirklichkeit unfähig geworden ist«[70].

Die Welt des Ästhetischen und das heißt auch die ›Welt des Schönen‹ wird zum »globe de glace«, wie Tanguy es formulierte, zu einer Welt des Eises, der Kälte und der Erstarrung. Versteinerung und Erstarrung charakterisiert schon ›La Beauté‹ aus Baudelaires ›Les Fleurs du Mal‹. Mallarmés szenisches Gedicht ›Hérodiade‹ (1864/67), dessen Protagonistin, wie bei Baudelaire, sowohl die Schönheit wie die moderne Ästhetik symbolisiert, spricht neben der Versteinerung und Erstarrung noch von Vereinsamung und Vereisung.

Die bedeutsame Erläuterung findet sich in Mallarmés Brief an Henri Cazalis vom Juli 1866: »Ich reise, aber in unbekannte Länder, und wenn ich, um die heiße Wirklichkeit zu fliehen, mir darin gefalle, kalte Bilder zu evozieren, so kann ich Dir sagen, daß ich seit einem Monat in den äußersten Gletschern der Ästhetik mich befinde und daß ich, nachdem ich das Nichts entdeckt, das Schöne gefunden habe.«[71]

Mit dem Prozeß der Entfremdung, Vereisung und Erstarrung geht in der Dichtung wie in der Bildenden Kunst der endzeitliche in eins, wie ihn Baudelaire in den ›Fusées‹ (1851) formulierte: »Die Welt geht ihrem Untergang entgegen. Der einzige Grund für ihren Fortbestand ist ihr tatsächliches Vorhandensein. Wie schwach ist aber dieser Grund im Vergleich zu all dem, was das Gegenteil ankündigt, insbesondere zu der Frage: Was hat die Welt in Zukunft noch unter dem Himmel zu schaffen? Denn selbst gesetzt, sie würde in ihrer materiellen Existenz fortdauern, wäre dies noch eine Existenz, die dieses Namens und des historischen Wörterbuchs würdig wäre?«[72]

Der folgende Text erklärt, daß wir gerade zugrunde gehen würden an dem, »von dem wir uns Leben versprachen«, nämlich dem Prozeß der Mechanisierung, und parallelisiert den »allgemeinen Fortschritt« mit dem »allgemeinen Verfall«, »der ansteigenden Flut bloß tierischer Begierden«, die beherrscht würden von einer politischen Scheinordnung, die, um sich an der Macht zu halten, »zu Mitteln Zuflucht nehmen« werde, »vor denen die heutige Menschheit, die doch schon abgebrüht genug ist, zurückschauderte«. Baudelaires furchtbare Diagnose deutet den sozialpolitischen Horizont des endzeitlichen Aspektes in Malerei und Dichtung.

Gérard de Nerval hatte in ›Aurélia‹ (1855) den Traum von einer gestorbenen, überfluteten Erde.[73] Der Graphiker Charles Meryon, der ausschließlich reale und phantastische Stadtansichten von Paris radierte, ließ das *Collège Henri IV* (1864) von Meeresüberflutung und Segelschiffen bedrängen, die begleitet sind von dräuenden Schwärmen schwarzer Vögel, oder das *Ministère de la Marine* (1865, in dem – Zufall oder nicht – Yves Tanguys Vater zur Zeit seiner Geburt beschäftigt war) aus der Luft von phantastischen Flugtieren und Flugschiffen überfallen.[74] Was immer als Anzeichen des beginnenden Wahnsinns bei Meryon galt, erweist sich als eine apokalyptische Symbolisierung, die er in einem Brief kommentierte: »Als Konsequenz dieses Zustandes [der Ungerechtigkeit – Anm. d. A.] sehe ich in der großen Stadt, wo die in ihren Erfolgen so glorreiche Zivilisation ihre Pracht entfaltet, wie Pestkranke, Opfer aller Art, zusammengepfercht, erstickend, ohnmächtig sterben (...)«[75].

Der Endzeit-Aspekt, der nicht nur Tanguys gesamtes späteres Werk beherrscht und in mehreren Titeln auftaucht, gibt auch einem Breton gewidmeten Gedicht Paul Eluards die Überschrift ›La fin du monde‹, worin ein innerer Zustand geschildert wird, der intim dem gleicht, der sich unter dem Titel des Gedichts ›Yves Tanguy‹ findet, das ebenfalls den endzeitlichen Aspekt verinnerlicht. Ein weiteres Gedicht trägt den Titel ›L'univers-solitude‹. Alle Gedichte entstammen dem Zyklus ›La vie immédiate‹, den Tanguy mit Graphiken versah.

Die erstorbene Erde und das erstorbene Innere läßt an die *L'Extinction des espèces II* (1938, Abb. S. 193) denken, die einem Bild Tanguys den Titel gab, aber vielen jener Bilder den Titel hätte geben können, auf denen sich Deformation, Versteinerung, Durchlöcherung und Depravierung der menschlichen Figur abzeichnet. Unüberhörbar die Anspielung des Titels *L'Extinction des espèces* auf Charles Darwins ›On the Origin of Species‹ (1859), das die Entstehung, Evolution und Variabilität der Arten im Verlauf der Erdgeschichte behandelt.

In T. S. Eliots ›The Waste Land‹ (1922) überblendet sich der endzeitlich-zivilisatorische Aspekt mit dem der Wüste. Ein noch relativ gegenständliches Bild Tanguys aus dem Jahre 1926, eine Wüstenlandschaft darstellend, aus der die phantastischen Formen von Pflanzen hervorsprießen, geht einerseits auf reale Erfahrungen dieser Landschaft auf Tanguys Seereisen zurück, enthält aber einen das Bild verfremdenden riesigen schwarzen Pfeil und eine undefinierbare Stange, die gleichermaßen aus dem Boden wächst. Das Bild heißt *La Peur* (Abb. S. 30).

Angst und unheimliche Erwartung oder die Erwartung des Bedrohlichen und Unheimlichen (so in: *Le Soleil dans son écrin*, 1937; *Les Derniers jours*, 1944; *En Lieu de peur*, 1941; *Il vient*, 1928, Abb. S. 154), das nicht benannt wird und auch auf Tanguys Bildern sich immer außerhalb der Sichtweite oder außerhalb des Bildes befindet, ist offensichtlich die psychische Reaktion auf eine geschichtlich zivilisatorische Entwicklung, deren Konsequenzen in der »paysage mental« Tanguys, und nicht nur in ihr, formuliert werden. Die Tatsache, daß diese Angst heute die zivilisatorischen Völ-

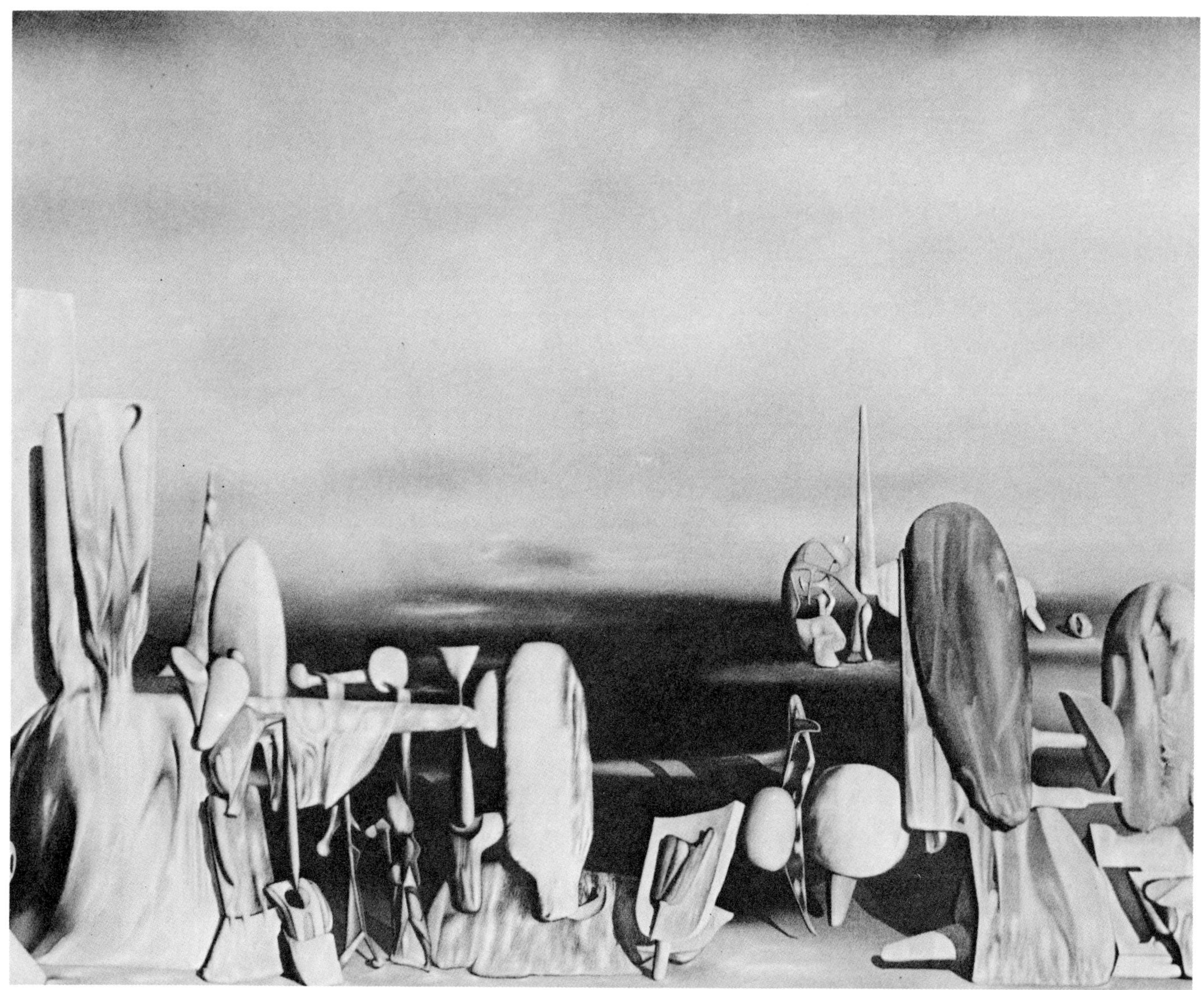

Yves Tanguy
Die letzten Tage, 1944
Öl auf Leinwand, 97 x 137,5 cm
Sammlung Mr. und Mrs. Harold Weinstein, Chicago

ker weltweit in ihrem Bann hält, enthebt uns der Möglichkeit, sie als eine subjektive Reaktion von einzelnen Malern und Dichtern zu interpretieren. Was als ›Flucht in die Innerlichkeit‹ abgetan wurde, als Ausweichen vor den realen gesellschaftlichen Problemen durch Ausweichen vor der Welt der Erscheinung, erweist sich gerade als ein Regreß an jenen Punkt, da seismographisch genau jene Erdbeben angekündigt werden, die unseren Globus erschüttern.

Anmerkungen

Der leichteren Lesbarkeit wegen sind die vielen französischen Zitate im Aufsatz selbst übersetzt worden; die französischen Texte finden sich in den Anmerkungen. Nur die Titel von Tanguy selbst, ferner die Innentitel des Aufsatzes, die sich auf Tanguy-Titel beziehen, und die Gedichtzitate sind französisch belassen. Die Übertragung der letzteren wiederum findet sich in den Anmerkungen.

1 Die Manifeste des Surrealismus, Reinbek bei Hamburg 1968, S.27; Entretiens 1913-1952, Paris 2/1952, S.23-44.

2 Vollständiges Verzeichnis der von Tanguy illustrierten literarischen Werke in der Bibliographie von: Patrick Waldberg, Yves Tanguy, Brüssel 1977.

3 Ebenda, S.223.

4 Ebenda, S.43.

5 Le Surréalisme et la peinture, Paris 1965, S.70.

6 »Auf den Boden des Abgrunds tauchen, ob Hölle oder Himmel! Auf den Grund des Unbekannten, um das Neue zu finden.«

7 Oeuvres complètes, Paris 1961, S.1290.

8 »Au clair de la lune, près de la mer, dans les endroits isolés de la campagne, l'on voit, plongé dans d'amères réflexions, toutes les choses revêtir des formes jaunes, indécises, fantastiques. L'ombre des arbres, tantôt vite, tantôt lentement, court, vient, revient, par diverses formes, en s'aplatissant, en se collant contre la terre.«

9 Le Surréalisme et la peinture, S.178/79.

10 »(...) all the images rose up before him as things, with a parallel production of the correspondent expressions, without any sensation or conscious of effort (...)« (Vorwort zu ›Kubla Khan‹, c.f. E. Schneider, Coleridge, Opium and Kubla Khan, The University of Chicago Press 1953, S.23).

11 »(...) the form of the vision appears to talk to us in its own thoughts in a voice as audible as the shape is visible (...)«. The Friend, London 1918, Bd.I, S.246f.

12 Oeuvres complètes, Paris 1966, S.908.

13 Seit Baudelaires ›A une jeune saltimbanque‹ wurden die Seiltänzer zum Symbol des Künstlers. Tanguy hat dieses Thema in seinem späten Bild *Les saltimbanques* (1954) wieder aufgegriffen, wo sie allerdings zur Unbeweglichkeit erstarrt sind.

14 s. auch *Titre inconnu* (1927), *Finissez ce que j'ai commencé* (1927), *Second message I* (1926), *Second message II* (1927).

15 »C'est aussi la porte fermée à toute concession et c'est, là où beaucoup ne voudront voir que le site préféré des obscures et superbes métamorphoses, le premier aperçu non légendaire sur une étendue considérable du monde mental qui en est à la genèse.« Le Surréalisme et la peinture, S.46.

15a Le Surréalisme au Service de la Révolution, Heft 6, 1933, S.11.

16 c.f. Patrick Waldberg, Yves Tanguy, S.185f., 308.

17 Ch. Baudelaire, Oeuvres complètes, S.1178; Mallarmé, Oeuvres complètes, Paris 1945, S.384.

18 »Il est tout dans la surprise. L'esprit nouveau est également dans la surprise. C'est ce qu'il y a en lui de plus vivant, de plus neuf. La surprise est le grand ressort nouveau.«

19 A. Breton, Entretiens 1913-1952, S.44.

20 Die Manifeste des Surrealismus, S.21.

21 Abgedruckt in P. Waldberg, Yves Tanguy, S.5.

22 Dictionnaire abrégé du surréalisme, in: Paul Eluard, Oeuvres complètes, Paris 1968, Bd.I, S.725.

23 Ch. Baudelaire, Oeuvres complètes, S.372ff.; G. Apollinaire, Oeuvres complètes, S.620.

24 Le Surréalisme au Service de la Révolution, Heft 6, 1933.

24a »(...) je n'ai crée mon œuvre que par élimination (...) La destruction fût ma Béatrice.«

25 »In every such thing, strangeness – in other words novelty – will be the source of every intense excitement among men.« (The Complete Works, New York 1965, Bd.XIV, S.153); Ch. Baudelaire, Oeuvres complètes, S.336.

26 »Il s'agit d'arriver à l'inconnu par le dérèglement de tous les sens.« (Briefe und Dokumente, Heidelberg 1961, S.240).

27 »(...) beau comme la rencontre fortuite, sur une table de dissection, d'une machine à coudre et d'un parapluie.« c.f. Entretiens 1913-1952, S.42.

28 »Cette faculté de rapprochement de deux images (différentes) (...) leur permet de s'élever audessus de la considération de la vie manifeste de l'objet, qui constitue généralement une borne. Sous leurs yeux, au contraire, cet objet, tout achevé qu'il est, retourne à une suite ininterrompue de latences qui ne lui sont pas particulières et appellent sa transformation. La valeur de convention de cet objet disparaît pour eux derrière sa valeur de représentation, qui les entraine à mettre l'accent sur son côté pittoresque, sur son pouvoir évocatoire.« a.a.O., S.279.

29 Oeuvres complètes, S.645.

30 »Nommer un objet, c'est supprimer les trois quarts de la jouissance du poème (...); le suggérer, voilà le rêve.« Ebenda, S.869.

31 »Mais la médiocrité s'infiltre partout (...) Il faut par tous les moyens possibles faire barre au flot de merdre qui nous envahit.« Correspondance, Paris 1927, Bd.IV, S.20.

32 »(...) toute infatuation moderne, qu'elle s'appellât industrie, progrès, même science.« (Oeuvres complètes, S.484).

33 Ebenda, S.481.

34 »(...) pour rompre avec les *choses qui sont* et pour leur en substituer d'autres, en pleine activité, en pleine genèse (...).« Dictionnaire abrégé du surréalisme, in: Paul Eluard, Oeuvres complètes, Bd.I, S.780.

35 »Je n'invente pas des mots. Mais j'invente des objets«, c.f. Maurice Nadeau, Histoire du surréalisme, Paris 1964, S.456.

36 Oeuvres complètes, S.901.

36a Le Surréalisme et la peinture, S.280.

37 Oeuvres complètes, Bd.I, S.982.

38 »Au peintre s'offre un monde de possibilités qui va de l'abandon pur et simple à l'impulsion graphique jusqu'à la fixation en trompe-l'œil des images en rêve (...) La peinture et la construction surréalistes ont permis, autour d'éléments subjectifs, l'organisation de perceptions à tendance objective.« Dictionnaire abrégé du surréalisme, a.a.O., S.765.

39 Le Surréalisme au Service de la Révolution, Heft 3, 1931, S.27.

40 Malerei des 20. Jahrhunderts, 4/1965, S.337.

41 Oeuvres complètes, S.907.

42 »J'ai toujours eu l'impression, avec Tanguy, d'être en rêve, devant un livre dont les mots me seraient, bien que familiers, indéchiffrables.« (c.f. P. Waldberg, Yves Tanguy, S.152f.).

43 Le Surréalisme et la peinture, S.180.

44 »Suggérer au lieu de dire, faire dans la route des phrases un carrefour de tous les mots« (Oeuvres complètes, Paris 1948, Bd.IV, S.171).

45 »Novel conceptions are merely unusual combinations. The mind of man can imagine nothing which does not really exist. (...) It is no more than a collection of known limbs, features, qualities. Thus with all which claims to be new, which appears to be a creation of the intellect (...).« (The complete Works, Bd.XV, S.13).

46 »La pataphysique est la science des solutions imaginaires, qui accorde symboliquement aux linéaments les propriétés des objets décrits par leur virtualité.« (Oeuvres complétes, Paris 1972, Bd.I, S.669).

47 P. Waldberg, Yves Tanguy, S.133.

48 Bei P. Waldberg das erstere bei 70 Bildern, das zweite bei 40 Bildern.

49 The Complete Works, Bd.VIII, S.283.

50 Oeuvres complètes, S.1036.

51 Vergl. Jean Ricardou (Hrsg.), Nouveau Roman: hier, aujourd'hui, Paris 1972, Bd.2, S.341.

52 Ebenda, Bd.1, S.257, 281.

53 »La métaphore expressive se transforme ainsi en métaphore structurelle, par laquelle un texte se construit et, spécifiquement, fonctionne. Apparaît donc alors, en quelque façon, un fantastique nouveau, le fantastique de l'écriture.« »Ainsi un roman est-il pour nous moins l'écriture d'une aventure que l'aventure d'une écriture.« (Jean Ricardou, Problèmes du Nouveau Roman, Paris 1967, S. 136, 111).

54 Nouveau Roman: hier, aujourd'hui, Bd. 1, S. 249.

55 Pensées, Fragment 206 (Heidelberg 1954, S. 115).

56 Aspekte der Epochenschwelle: Cusaner und Nolaner, Frankfurt a. M. 1976, S. 81.

57 Studienausgabe, Frankfurt a. M. 1969 ff., Bd. I, S. 283.

58 Vergl. K. Stierle, Dunkelheit und Form in Gérard de Nervals ›Chimères‹, München 1967, S. 38 ff.

59 »Überall die ausgestorbene Erde, von Wogen umsäumt,
Von den verworrenen Wirbeln der aufgebrachten Ozeane . . .
Ein vages Seufzen bewegt die schweifenden Sphären,
Aber kein Geist belebt diese Unermeßlichkeiten.
Das Auge Gottes suchend, habe ich nur einen Erdkreis gesehen,
Weit, schwarz und ohne Grund, von wo die Nacht, die dort wohnt,
In das Weltall ausstrahlt und sich immer verdichtet; (...)« (II)
»Unbewegliches Geschick, stumm auf der Lauer,
Kalte Notwendigkeit! . . . Zufall, der dich stößt
In die toten Welten unter ewigem Schnee,
Erkaltet in dem Grad, als das Weltall erblaßt, (...)« (III)

60 Die Struktur der modernen Lyrik, u. a., S. 62, 67, 132 f.

61 Brief vom 16. Juli 1866 an Théodore Aubanel (Correspondance 1862-1871, Paris 1959, S. 222).

62 Oeuvres complètes, S. 372 ff.

63 Interview ›Art Digest‹, c. f. P. Waldberg, Yves Tanguy, S. 187.

64 Die Struktur der modernen Lyrik, S. 81 f.

65 Ebenda, S. 130.

66 Studienausgabe, Bd. III, 145 f.

67 Die kommunizierenden Röhren (Les vases communicantes), München 1973, S. 19, 43.

68 Das Bild bezieht sich auf die ›Fantômas‹-Serie von Pierre Souvestre. Phantastische Trivialromane wie ›Fantômas‹, ›Les Mystères de Paris‹ von Eugène Sue, ›The Monk‹ von Matthew G. Lewis, ›Vint mille lieues sous les mers‹ von Jules Verne, ›Le fantôme de l'opéra‹ von Gaston Leroux gehörten zur Lieblingslektüre der Surrealisten und auch Tanguys in seinen malerischen Anfängen in der Rue du Château. Im *Fantômas*-Bild (1925/26) löst er das erzählerische Kontinuum des Romans offensichtlich in die innere Gleichzeitigkeit auf.

69 s. J. Metzner, Persönlichkeitszerstörung und Weltuntergang. Das Verhältnis von Wahnbildung und literarischer Imagination, Tübingen 1976; M. Frank, Die unendliche Fahrt, Frankfurt a. M. 1979.

70 Ideologie und Schizophrenie. Formen der Entfremdung, Frankfurt a. M. 1967, c.f. bei J. Metzner, a. a. O., S. 237.

71 »(...) je voyage, mais dans des pays inconnus, et si, pour fuir la réalité torride, je me plais à évoquer les images froides, je te dirai que je suis depuis un mois dans les plus glaciers de l'esthétique qu'après avoir trouvé le Néant, j'ai trouvé le Beau (...)« (Correspondance 1862-1871, S. 220 f.).

72 »Le monde va finir. La seule raison pour laquelle il pourrait durer, c'est qu'il existe. Que cette raison est faible, comparée à toutes celles qui annoncent le contraire, particulièrement à celle-ci: qu'est-ce que le monde a désormais à faire sous le ciel? – Car, en supposant qu'il continuât à exister matériellement, serait-ce une existence digne de ce nom et du dictionnaire historique?« (Oeuvres complètes, S. 1262 f.).

73 Aurélia, Frankfurt a. M. 1961, S. 60 f.

74 Katalog Charles Meryon. Paris um 1850. Ausstellungen Städtisches Kunstinstitut und Städtische Galerie Frankfurt a. M. 1975, R. 241, S. 128 und R. 266, S. 133.

75 Brief v. 23. 1. 1862, ebenda S. 90.

Zu besonderem Dank bin ich Herrn Walter König, Köln, verpflichtet, der mir ein kostbares Exemplar von Benjamin Pérets ›Dormir, dormir dans les pierres‹ mit einer persönlichen Widmung an Tanguy auslieh; ferner der Herzog-August-Bibliothek in Wolfenbüttel, die mir aus ihrer großen Sammlung von Maler-Büchern die von Tanguy illustrierten Bände Yvan Goll, ›Le Mythe de la Roche Percée‹ und Tristan Tzara, ›L'Antitête‹ und ›Minuits pour géants‹ zugänglich machte.

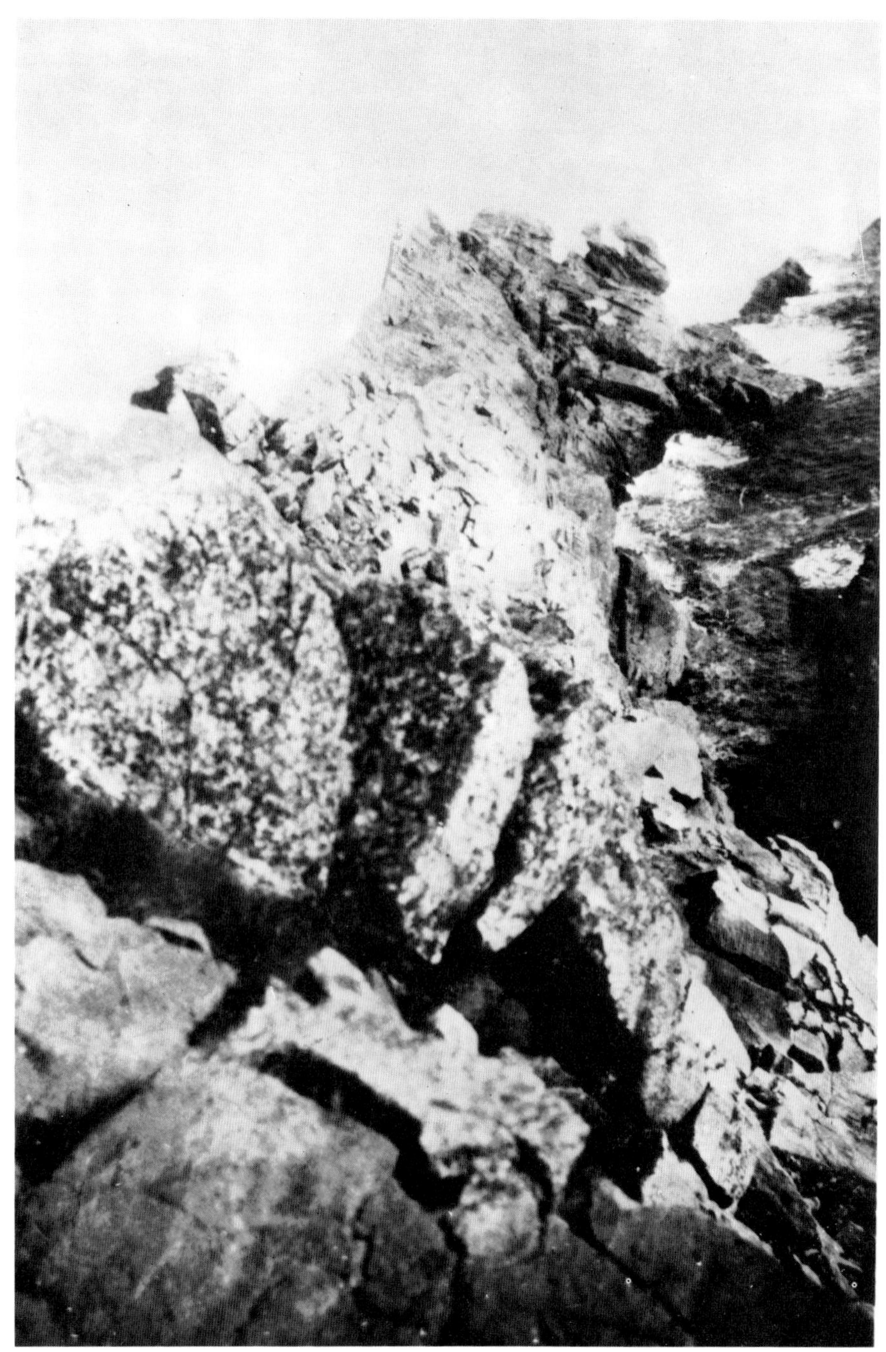

Yves Tanguy: Foto der bretonischen Küste

Quellen und Dokumente

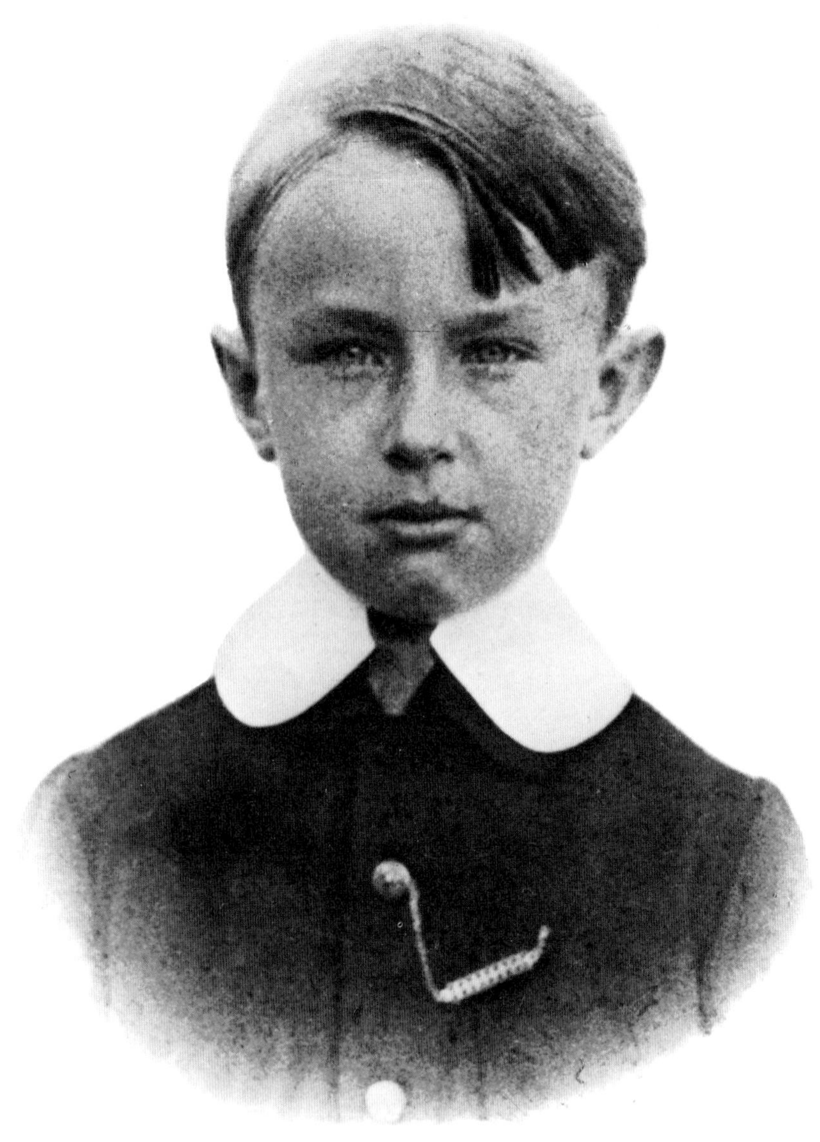

Yves Tanguy 1907

TANGUY berichtet wenig über besondere Kindheitserlebnisse. Er erinnert sich, als Kind drei unfehlbar wirkende Quellen des Schreckens gekannt zu haben: das Schilf der Sümpfe, die großen Strandkörbe und die Geschichte von Humpty Dumpty.*) Seine Kunst bezieht sich niemals darauf; sie beschäftigt sich nie mit autobiographischen Besonderheiten, wie das die Malerei bestimmter anderer Surrealisten tut. Aber die dunkle Schwermut seiner Vorstellungswelt wurzelt vielleicht in einer jugendlichen Begeisterung für die makabre Bildwelt von Gustave Moreau und Gustave Doré.

* Held einer in England sehr bekannten Kindergeschichte: Das Eierkopf-Männchen Humpty Dumpty fällt von der Mauer, auf der es saß und wird zerschmettert. Niemandem, auch nicht den Leuten des Königs, gelingt es, ihn wieder heil zu machen. Anm. d. Übersetzerin

J. T. Soby, ›Inland in the Subconscious‹, Magazine of Art, Bd. 42, Januar 1949

ZWISCHEN SECHZEHN UND SIEBZEHN, nach der Abreise seiner Mutter nach Locronan, zogen ihn sein Unabhängigkeitsstreben und seine Neugier in die verrufenen Viertel der Cité, dorthin, wo die Nachkommen der Patron-Minette-Bande zusammentrafen, Elendsgestalten, von denen Victor Hugo sagt, daß ihr Erkennungszeichen der verschattete Blick ist. Eines Abends im Jahre 1938 hat Yves mir ziemlich ausführlich von seinen einsamen Ausflügen auf die Festungswerke – die man gemeinhin die *fortifs* nannte – erzählt, wo man auf Messerhelden und Zuhälter stoßen konnte, auf eine ganze menschliche Elendsschicht, die auf der Lauer lag und zwischen Hunger und Verbrechen vegetierte. Hier herrschte eine offene, ungeschminkte Prostitution, deren unbefangene Schamlosigkeit fast wieder unschuldig wirkte. Lumpensammler, Zigeuner, Obdachlose hockten vor Kohlenöfen, deren Lichtschein die Schatten rötlich aufglühen ließ. Nicht selten traf man an solchen wahnsinnigen Orten, wo Leid und Verbrechen sich stumm ihre Maulwurfshöhlen gruben, einen von denen, deren Zeichen der Sternenblick ist. Yves war einer von ihnen, wie vor ihm Rimbaud, der in der ganzen Welt die ›unbekannten Schwarzen‹, seine Brüder, suchte. Mit siebzehn und achtzehn Jahren war Yves so ›Rimbaud-gleich‹ wie nur möglich. Auch er hätte ausrufen können: »Ich habe mich in den Schlamm gelegt. Ich habe mich in der Luft des Verbrechens getrocknet, und ich habe dem Wahnsinn ein paar schöne Streiche gespielt.«

Patrick Waldberg, Yves Tanguy, Brüssel 1977, S. 39

IN LOCRONAN befand sich Yves mitten in der geheimnisvollen keltischen Welt, dort, wo sich vorzeiten der Heilige Wald ausgedehnt hatte, von dem noch Reste erhalten sind: der Wald des Herzogs, der Wald von Nevet und der Wald von Leskuz in Plomodiern. Dort walteten die Druiden ihres Amtes, deren magische Kraft, von Lehrmeistern weitergegeben, inmitten ihrer Bruderschaft von Eingeweihten fortdauerte. Dort wirkte besonders der Druide Mog Ruith, der allein durch seinen Atem seine Feinde in Stein verwandelte und der eines Tages vor den Augen einer ganzen Armee einen Hügel verschwinden ließ. Überall hat die Christianisierung ihre wundertätigen Heiligen mit den wohlklingenden Namen in die alten druidischen Heiligtümer eingesetzt, in denen noch das Echo der Zaubersprüche raunt. Immer wieder trifft man auf heilige Quellen, deren Wasser schützen, heilen und Wünsche erfüllen; oder man begegnet aufgerichteten Steinen, unter denen die Geheimnisse des neolithischen Menschen verborgen sind. Von der Heide zum Strand und durch die Wälder hin bevölkert sich die Nacht mit Zwergen, den *poulpiquets* und den *chorriquets*. Manchmal taucht der *ankou* auf, bekleidet auf seinem Leichentuch, das Zeichen dafür, daß man sterben wird. Es sei denn, es sind die *anaou*, die Seelen der Dahingeschiedenen, die sich in den Höhlen drängen oder an verlassenen Orten umherstreifen und ihr Wimmern mit der Klage des Windes vermischen. Auf den Wassern, in den Fluten sieht man weiße Frauen dahingleiten; nicht selten trifft man beim Anbruch des Abends auf eine dunkle Gestalt; »die Wäscherin der Nacht«...

Alles in diesem Land spricht uns von versunkenen Städten, von sandverwehten Spuren, von Tälern, die in den Wassern ertrunken sind. Armorica versinkt jeden Tag etwas tiefer im Meer. Vor Douarnenez liegt Ys; gegenüber von Saint-Brieuc, Nazado; vor der Küste von Port-Blanc, die Stadt der Sieben-Inseln; ohne Perspican, Thomen, La Feuilleste, Colombel und viele andere zu erwähnen, die alle untergegangen sind. Anatole Le Braz, der die Todeslegenden der armorikanischen Bretonen gesammelt hat, erzählt: »Die Stadt Ys erstreckte sich von Douarnenez bis Port-Blanc. Die ›Sieben-Inseln‹ sind von ihr übrig geblieben. Die schönste Kirche ragte an dem Ort empor, an dem heute die Riffe von Triagoz sind. Darum nennt man sie immer noch Trew-gêr. In den Felsen von Saint-Gildas hört man in klaren und milden Nächten eine Sirene singen, und diese Sirene ist Athès, die Tochter des Königs Gradlon. Manchmal auch klingen Glocken über den Wassern vor der Küste. Niemals wird man ein Glockenspiel hören, das melodischer ist. Das sind die Glocken von Ys.«

Die Legenden der Bretagne haben einen traurigen Grundzug... Mehr als jede andere ruft diese Landschaft ein schwelgerisches Gefühl in der Melancholie hervor, dem Yves sehr früh erlegen sein muß, und das er während seines Heranwachsens und in seiner Jugendzeit im geheimen gepflegt hat.

Patrick Waldberg, a.a.O., S. 43 und S. 55

IN DEN SOMMERN seiner Kindheit, die Yves Tanguy mit seiner Familie in Locronan in der Bretagne verbrachte, sah er häufig einem Künstler namens Toché bei der Arbeit zu. Toché versuchte mit Vorliebe, die atmosphärischen Besonderheiten einer Abendlandschaft festzuhalten und betrachtete zu diesem Zweck seine Motive durch ein dunkles Glas, das ihren Tageslichtcharakter in einen Nachtcharakter umwandelte. Die Parallele zu Tanguys eigenem künstlerischen Schaffen ist offenkundig, obwohl bei ihm das Werkzeug zur Verwandlung imaginativer und nicht mechanischer Natur ist. Bis zum heutigen Tag spricht Tanguy respektvoll von Toché und zieht ihn – so scheint mir – sogar noch immer Paul Gauguin vor, den ihm André Breton Jahre zuvor als einzigen Maler genannt hatte, der in der Lage sei, die Landschaft der Bretagne wiederzugeben. Als Junge bewunderte Tanguy besonders den Mut Tochés, der seine Staffelei an der Straße aufstellte und eifrig, ohne Blick für die Vorübergehenden, arbeitete. Von Anfang bis Ende seiner eigenen Karriere hat Tanguy eine ausgeprägte Gleichgültigkeit gegenüber der öffentlichen Meinung bewiesen; sein Blick wendete sich nicht von seiner Malerei, und er kümmerte sich nicht um Schmähungen oder Beifall.

T. Th. Soby, ›Inland in the Subconscious‹, Magazine of Art, Bd. 42, New York, Januar 1949

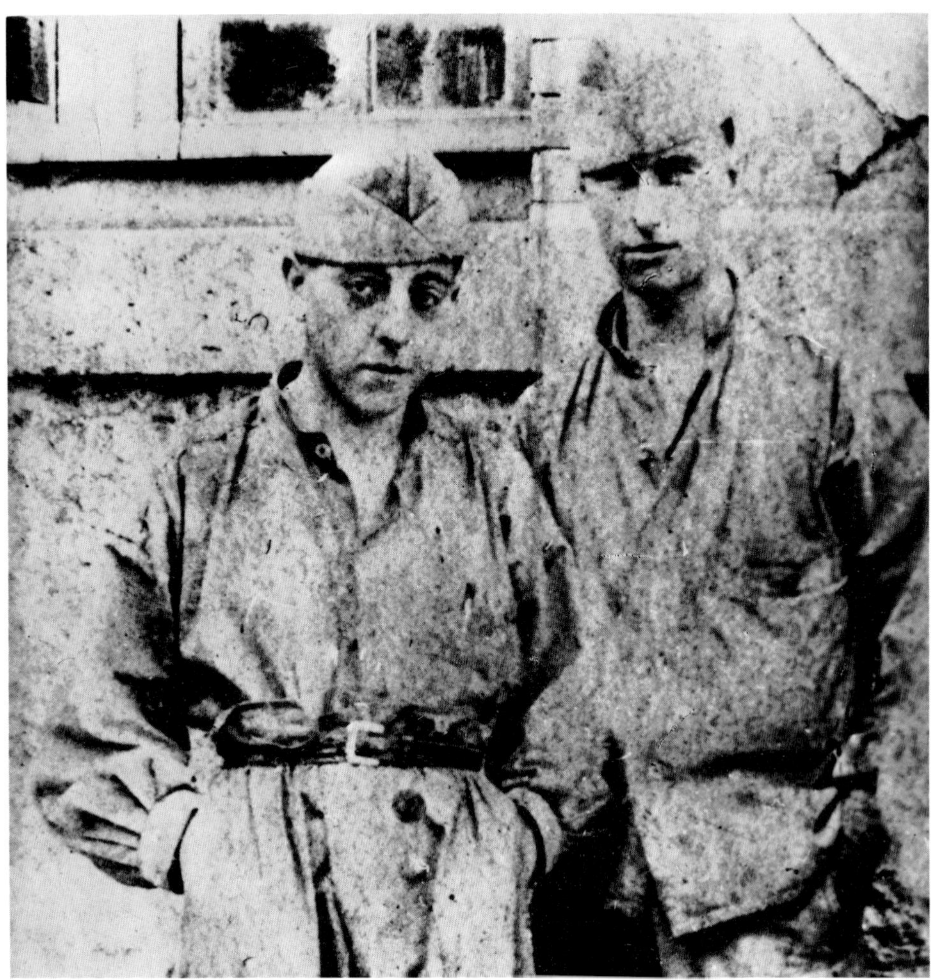

Jacques Prévert und Yves Tanguy, Lunéville, 1920

VOLLER ABSCHEU vor dem Leben in der Kaserne verwandelte sich Tanguy sehr schnell in einen passiven Deserteur, einen Hypochonder, wie Le Sengle in ›Les jours et les nuits‹ von Alfred Jarry. Jarry, der manchmal zum Abendessen rote Tinte trank, um seine Tischgenossen in Erstaunen zu versetzen, hätte seine Freude daran gehabt, wie Tanguy sich selber üble Streiche spielte, etwa wenn er beim morgendlichen ›Kaffee‹ seine Strümpfe aß. Das tat er allerdings weniger, um seine Kameraden zu verblüffen, als um sie auf Distanz zu halten. Es ist schwer abzuschätzen, zu welchen Exzentrizitäten er sich bei dieser absichtlich gespielten Rolle des Stubenekels noch verstiegen hätte, wäre nicht Jacques Prévert beim gleichen Regiment sein Stubennachbar geworden. Prévert hatte Verständnis für Tanguys Gemütszustand, der seinem eigenen entsprach; aber seine Fröhlichkeit und sein Humor ermöglichten es ihm, dem abstumpfenden Garnisonsleben erfolgreich Widerstand zu leisten.

Marcel Jean, ›Yves Tanguy, peintre de la voie lactée‹, Les Lettres Nouvelles, Paris, März 1955

NACHDEM wir Maurice, genannt ›Bazar‹, und Georges Dichard wiedergefunden haben, können wir unseren ersten Abend wohl nur im Umkreis der ›Rotunde‹ oder bei Roger Dienne in seinem Studio am Boulevard des Capucines verbracht haben. Was wollten wir? Die gute Wärme der Freundschaft miteinander empfinden, herumalbern natürlich, uns einen Schwips antrinken und Pläne für die nächsten Tage machen. Vielleicht auch losgehen zum ›Medrano‹, um die Fratellini zu sehen. Ich habe die Namen der drei Brüder immer verwechselt, aber ich glaube, daß der genialste von ihnen, der Clown, der von einem Ohr zum anderen grinsend den Mund verzog und eine tomatenähnliche Nase hatte, François war. Oder es zog uns zur Music-Hall, wo wir Little-Tich sahen, mit seinen Schuhen wie Elbkähne. Und auch seinen Landsmann, den General Lavigne. Vor dem Hintergrund eines Vorhangs, auf dem eine Seeschlacht dargestellt ist, tritt der General auf, bekleidet mit einem Redingote, vorne und hinten, einschließlich der Rockschöße, mit Medaillen und Orden behangen. Er beginnt wie beiläufig mit zwei Bällen zu jonglieren... lässig, wie zufällig... ein dritter Ball mischt sich wie durch Zauberei ins Spiel, ein vierter und noch einer, den er in der Luft zu vergessen scheint und den er im Bruchteil einer Sekunde eben noch schnappt, von rückwärts genausogut wie von vorn. Dabei singt er, man weiß nicht was, vor sich hin. Die Bälle scheinen magnetisiert, so magisch ist seine Geschicklichkeit. Am Ende seiner Nummer zieht er lässig eine Pistole aus seinem Redingote, zielt auf einen Panzerkreuzer, der auf den Szenenvorhang aufgemalt ist, und drückt ab. Eine Detonation folgt, und der Panzerkreuzer versinkt in den grünen Wellen, wobei er noch eine letzte Salve abfeuert.

Gegen zwei Uhr morgens, am Ende einer Bummeltour in der Gegend der ›Maub‹, der Place Maubert, wo zwei große Cafés mit ihren beschlagenen Scheiben die Kundschaft vielleicht vor den Augen von Eindringlingen und Beobachtern verstecken wollen. Wenn wir, aus der Winterkälte kommend, durch die Eingangstür gehen, überschwemmt uns eine Woge feuchter Wärme, in die sich der saure Geruch des Elends mischt. Der Raum ist voller Clochards... Wir, Jacques, Pierrot, Yves, Jeannette und ich, sind nicht hergekommen, um uns in dieser Gesellschaft zu amüsieren, sondern ganz einfach, weil alles, was am ›Rande der Gesellschaft‹ lebt, uns schon immer angezogen hat. Vielleicht ist es die Verlockung einer gewissen exotischen Welt, und davon einmal abgesehen: Jeannette hat schlimme Zeiten hinter sich; immer noch bewohnt sie mit Yves ein winziges Zimmer bei seiner Schwester in der Rue Coëtlogon. An einem Dezemberabend, an dem er allein war und seinen Schlüssel verlegt hatte, mußte Yves die Nacht im Keller verbringen, mit nichts anderem als plötzlichen Zahnschmerzen und einem gefrorenen Würstchen. Oft hat er Schlange gestanden für einen Job, um eine Fuhre von ›Paris-Soir‹ oder von Fruchtkörben zu verladen und dennoch, wer weiß, ob nicht gerade das drastische Milieu der Markthallen sein Fall ist. Jacques seinerseits hat mit Simone zusammen bereits

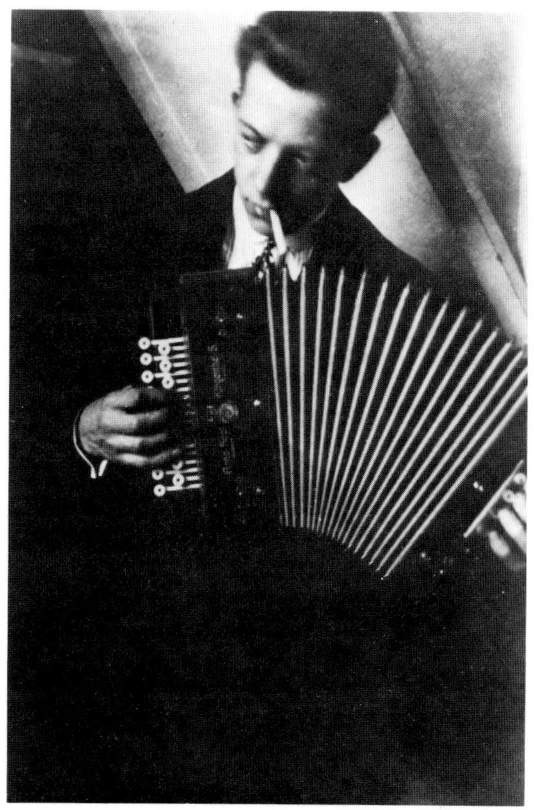
Marcel Duhamel

ganze Nächte auf einer Bank im Freien verbracht. Nein, wir werden nicht von irgendeiner ungesunden Neugier getrieben. Kein verspäteter Romantizismus, vielmehr das unausgesprochene Gefühl, daß es unter den Elendsgestalten solche gibt, die uns etwas mitzuteilen hätten, solche, die die Freiheit gewählt haben, unverbesserliche Vagabunden, echte Clochards.

Marcel Duhamel, ›Raconte pas ta vie‹, Paris, Mercure de France, 1972, S. 122-123, 127-128

NACHDEM alles hergerichtet ist, verfügen wir im Erdgeschoß über ein gemeinsames Zimmer von etwa 25 Quadratmetern, das zur Straße hinausgeht, mit WC und mit einer abgeschlossenen Nische von einem Quadratmeter mit Wasser und Gas, die die pompöse Bezeichnung ›Küche‹ erhält. Im rückwärtigen Teil dieses ›Wohn‹-Eßzimmers geht eine Tür auf einen Innenhof hinaus, der durch Klappfenster Licht bekommt und der Yves und Jeannette als Schlafzimmer-Atelier dienen wird. In der ersten Etage geht es von einem kleinen Treppenabsatz aus rechts zu meinem Zimmer, links zum Zimmer von Jacques. Um eventuelle Gäste unterbringen zu können, ist im Wohnzimmer eine kleine Loggia auf Pfählen errichtet worden: eine Loggia, deren Fenster auf das Zimmer selbst hinausgehen. Darunter schichten wir Kissen aus schwarzem Leder und stellen einen niedrigen Tisch auf und haben damit noch einen zusätzlichen Schlafraum. Die Dekoration: Ein geknüpfter Teppich auf dem Boden des großen Zimmers. An der Wand bemalte Jutebespannung, die, eingerahmt durch die elektrische Leuchtröhre, futuristische Zickzacklinien zeichnet. Ein kubistischer Vorhang von Lurçat, in den Farben grün, weiß und schwarz, entfaltet sich über die ganze Fensterfront hin und verbirgt uns vor der Straße. Die Möbel: ein großer rechteckiger Tisch und zwei Bänke, alles von Yves angefertigt, eine Kombination Schrank-Grammophon-Bibliothek-Aquarium von 60 Zentimeter Breite und 2,50 Meter Höhe. Im Aquarium kein Wasser, dafür Sand, auf dem kleine Nattern bewegungslos herumliegen. Genau darüber ein Käfig, der weiße Ratten enthält. Bizarre Koexistenz, die für die Nattern tödlich ausgehen könnte; denn die Ratten werden ihre Köpfe erwischen, wenn sie sich als zu neugierig erweisen. Raffinierte Neuerung: ein Plattenspieler, der durch die Gummischeibe eines kleinen elektrischen Motors bewegt wird... Ein Bett, ein Waschtisch, ein Bidet, zwei Lampen und ein Sessel in jedem Zimmer, jedoch der Fußboden mit grauem Teppich ausgelegt. Kubistische Tapeten von Lurçat, abgestimmt auf den großen Vorhang im Erdgeschoß, aber rot, im Zickzackmuster auf den Wänden meines Zimmers und quadratisch angeordnet unter der Zimmerdecke bei Jacques, wobei die Wände weiß bleiben. Dort werden wir für einige Jahre leben. Jacques und Simone, Yves, Jeannette und ich . . . Und wenn Jacques mit ungeheurer, ansteckender, unerschöpflich guter Laune in Fahrt gerät, werden wir alle von Lachkrämpfen geschüttelt. Yves steht ihm an Schwung und guter Laune nicht nach. Wir spielen zu Hause alle möglichen Spiele . . .

Während all dieser Jahre in der Rue du Château lesen Jacques und Yves enorm viel; ihr kritisches Urteilsvermögen in bezug auf Literatur und Kunst erscheint mir beachtlich. Yves malt noch nicht, Jacques schreibt nicht, die Basis für die zukünftigen Werke entsteht erst. Niemand träumt davon, etwas zu »erschaffen«, jedenfalls ist das keinem bewußt; es geht nur darum zu leben, und eines ist sicher: wir leben intensiv.

Marcel Duhamel, a. a. O., S. 130-131, 134-135

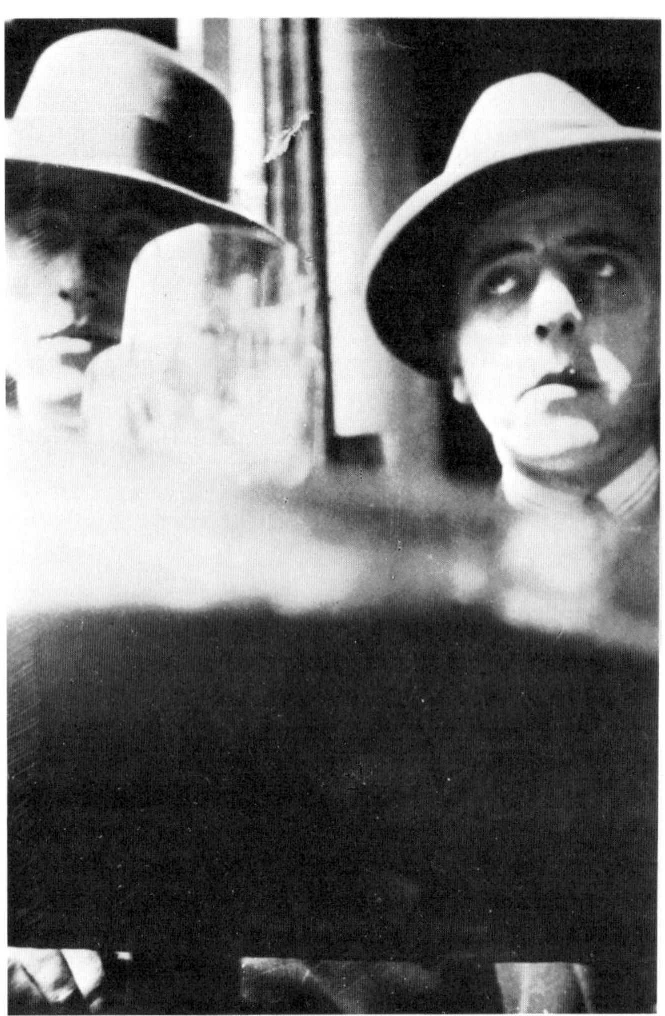

Yves Tanguy und Jacques Prévert

NOCH UNGEWÖHNLICHER ist das konvulsivische Lachen, das Yves bei dieser Entdeckung schüttelt. Er renkt sich buchstäblich die Kinnladen aus. Er kann das. Ich habe gesehen, wie er, bloß um einen Tischnachbarn in Erstaunen zu versetzen, sich den Kiefer ausrenkte, um einen enormen Apfel hineinzuschieben, wie er dabei den anderen fixierte und Tränen vergoß vor Lachen. Ein zugleich komischer und verwirrender Anblick. Wie der, den er beim Aufwachen nicht vorgewarnten Zuschauern bietet: Ein großer magerer und bleicher, in sich selbst zusammengekrümmter Körper, der sich langsam entfaltet, indem die Gliedmaßen sich buchstäblich vom Körper ablösen, das Ganze überragt von einem schon weitgehend kahlen Schädel mit hoher Stirn, in dem kleine Augen, immer zum Staunen bereit, von einem intensiven Blau leuchten. Isidore Ducasse hätte aus dem Anblick eine neue Definition der Schönheit ableiten können.

Marcel Duhamel, a.a.O., S. 137-138

DIE ›LEUTE AUS DER RUE DU CHATEAU‹, Yves Tanguy, die Brüder Prévert, Marcel Duhamel, alle vier, vernarrt in die Filmkunst, wie ich... Ich war ein bedingungsloser Surrealist, und es gab 1925/26 keine surrealistischen Filme. Wir hielten es wie Breton, der damals in ›Nadja‹ sagte, daß er es liebe, am späten Nachmittag über den Boulevard Bonne-Nouvelle zu bummeln und ab und zu bestimmte Kinos zu besuchen. So hatte er ›die achte und letzte Folge eines Films‹ gesehen, in dem ein Chinese, der – ich weiß nicht welches – Mittel gefunden hatte, sich zu vervielfältigen, allein in New York einfiel, in Millionen Exemplaren seiner selbst. Er betrat, gefolgt von sich selbst und nochmals von sich selbst, das Büro von Präsident Wilson, der seinen Zwikker abnahm. Dieser Film, der mich unter vielen am meisten beeindruckt hat, hieß: ›L'Etreinte de la Pieuvre‹ (Die Umarmung des Kraken). Paul Eluard hatte eine besondere Vorliebe für das ›Carillon‹, ein kleines Boulevard-Kino, in der Nähe des ›Gymnase‹, das auf expressionistische deutsche Gruselfilme spezialisiert war. In einem dieser Filme enthüllte sich ein wundervolles, maskiertes Wesen im Liebesakt und zeigte ein von Krebs zerfressenes Gesicht; man sah, wie die Zunge sich hinter lückenhaften Zahnreihen bewegte. Da wir sonst nichts von Murnau kannten, galt unsere uneingeschränkte Bewunderung seinem ›Nosferatu‹. Der Film war seit langem aus den Programmen verschwunden. Es war ein Ereignis (1928 oder 1929), als das ›Carillon‹ auf Grund eines wiedergefundenen Negativ-Duplikats eine Kopie anfertigen ließ (ich lernte damals diese Technik kennen), und die Gruppe der Surrealisten begab sich in großer Feierlichkeit geschlossen dorthin. Besonders gut erinnere ich mich an den (ehemaligen) Abbé Jean Genbach, der im Smoking kam, mit violetter Fliege, einem Amethystring am Finger, einem mit Fuchspelz gefütterten schwarzen Cape, wie er im Fond eines schwarzlackierten Automobils zu dieser Wiederaufführung von ›Nosferatu‹ fährt, wie ein Anti-Bischof oder ein Anti-Papst, der im Begriff ist, eine schwarze Messe zu zelebrieren. Wochenlang haben wir uns diesen französischen Untertitel (der Murnau zweifellos unbekannt war) als reinen Ausdruck der konvulsivischen Schönheit wiederholt: »Als er die Brücke überschritten hatte, kamen ihm die Gespenster entgegen.« Von allen ›Fortsetzungsromanen‹ übertraf in unseren Augen selbstverständlich keiner ›Fantômas‹. Wir, d. h. Jacques Prévert, Raymond Queneau, Yves Tanguy und ich, verbrachten in der Rue du Château ganze Abende damit, uns gegenseitig unser Wissen über das 1911/12 von Pierre Souvestre und Marcel Allain geschriebene Meisterwerk abzufragen. Und wenn einer von uns den Titel eines seiner 32 Bände zitierte: ›Les souliers du mort‹ oder ›Le Fiacre de nuit‹, mußten die anderen die Morde aufzählen, die ›Le Maître de l'Effroi‹ begangen hatte. Nur der Älteste unter uns, Jacques Prévert, kannte auch den Film, den er als sehr interessant bezeichnete. Aber wie wir alle kannte er nicht den Namen des Regisseurs, Louis Feuillade.

Georges Sadoul: ›Souvenir d'un témoin‹, Etudes cinématographiques, Nr. 38, Nr. 39, ›Surréalisme et cinéma‹. 1. Trim. 1965, S. 10-13

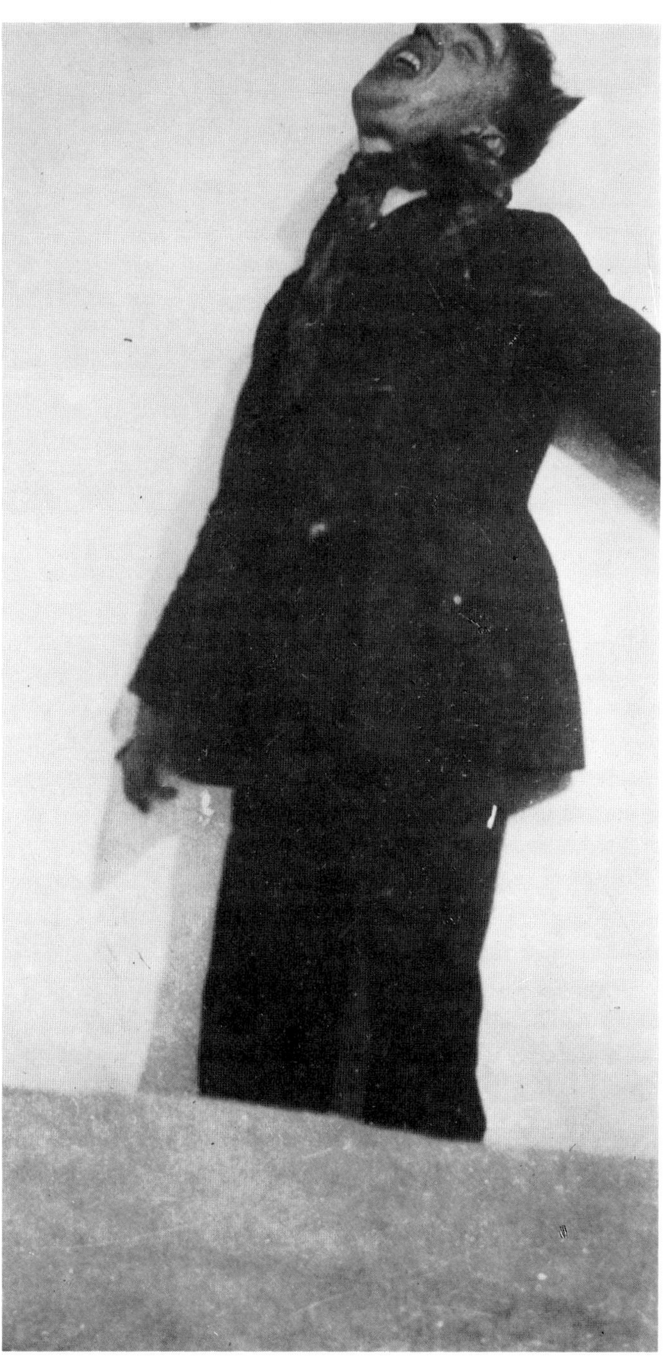

Yves Tanguy

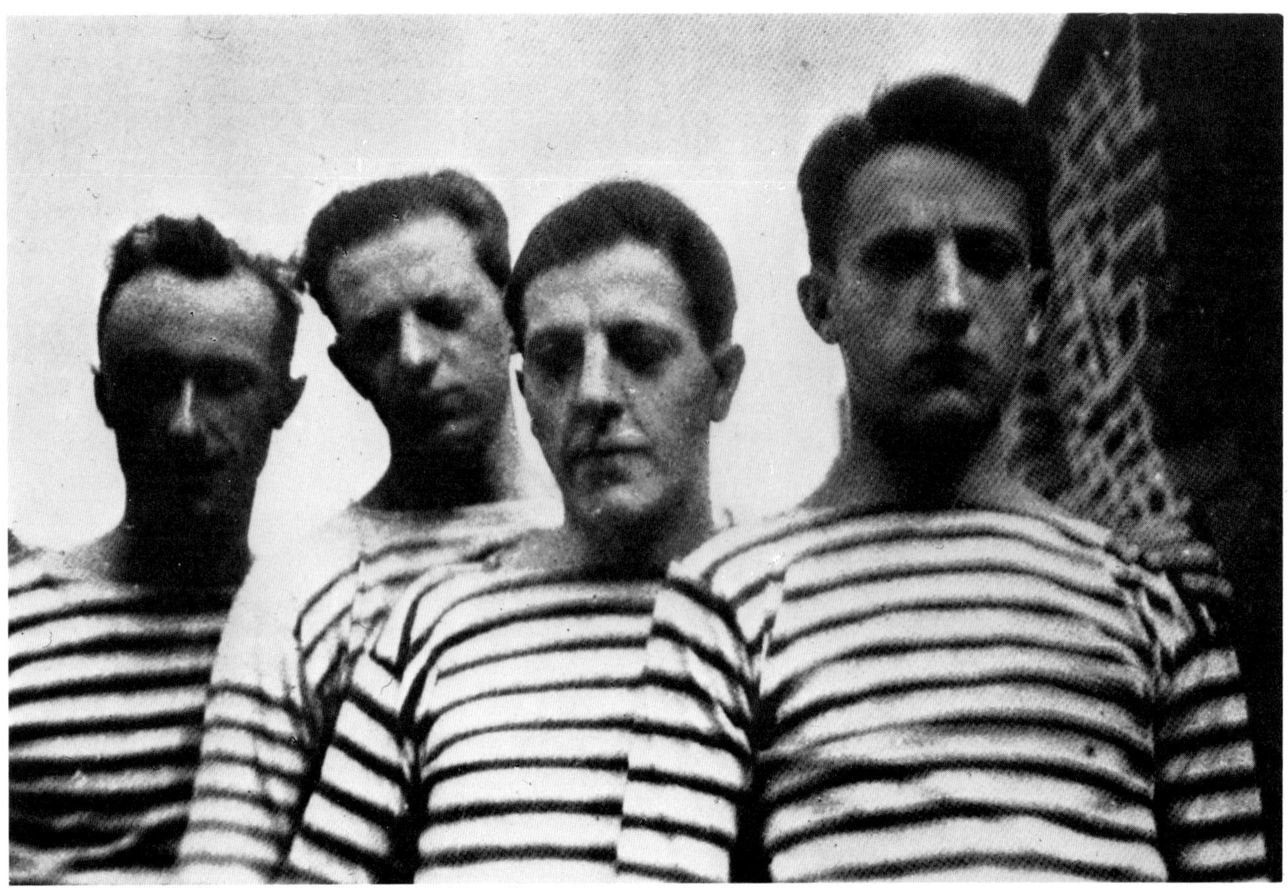

Yves Tanguy, Marcel Duhamel, Jacques und Pierre Prévert in der Bretagne

Louis Aragon Die Gebrüder La Côte

für Malcolm Cowlez

Als der Rademaretz* zur Tür hereinkam
saß die ganze kleine Familie in der Stube
»'n Tag, alle miteinander!« sagte der Rademaretz
packte die Mutter und schubste sie in den Wandschrank
Fing der jüngste Sohn laut zu schreien an
Sang ihm der Rademaretz ein Lied von seinem Land
von Hölzlein klein sang er
von Hölzlein klein, Hölzlein klein
grad so
Sprach der Vater: Bedenken Sie doch
Aber der Rademaretz hatte keine Lust, sich anöden zu lassen
warf dem unglücklichen Erzeuger eine Handvoll Salzwasser in den Mund
und der würdige Mann gab den Geist auf
Gott sei seiner Seele gnädig
Nun kamen die Töchter dran
der Größe nach
die eine auf den Knien
die andere auf beide Backen
die dritte, die dritte
wie die Tiere, glauben Sie mir
die vierte dito
die fünfte, mich schaudert
meine Feder stockt
und sträubt sich, solche Greuel zu beschreiben
Herr, Herr, solltest du weniger großmütig sein als jene
Ah, ich vergaß
auch das Huhn
seinerseits
hat der Rademaretz, der garstige Rademaretz ratzebutz aufgefressen.

* fr. *raz de marée:* Springflut, Sturmflut

La Révolution Surréaliste, Nr. 4, Juli 1925
Kalligraphisch gestaltet von Yves Tanguy, Rue du Château

NACHDEM wir zu früher Stunde am Bahnhof von Quimper ausgestiegen sind, fährt uns das Automobil, d. h. Simone, Jeannette, Pierrot, Jacques, Yves und mich, zum Dorf. Pierrot und ich wohnen bei den Bäker-Vettern, Jeannette und Yves im Pfarrhaus. Obwohl er sich hütet, es zu zeigen, verehrt Yves seine Mutter. Sie ist eine sanfte und gute Frau. Sie ist sehr religiös erzogen, aber trotzdem außergewöhnlich tolerant. Flâneur schläft seit vielen Jahren über dem Ofen des Bäkkers. Er ist der große Freund von Yves. Und diese Freundschaft stößt auf eine gewisse Ablehnung. Flâneur ist mit seinen 55 Jahren immer noch der Taugenichts der Gegend. Der Grund dafür? Er bummelt herum, trinkt und bequemt sich nur dann zu vagen kleinen Arbeiten für die Nachbarn, wenn er absolut nicht darum herumkommt. Der Regen überrascht uns oft in seiner Gesellschaft, wenn wir in den umliegenden Wiesen den einfachen Rotwein aus der Flasche trinken, was vor allem dem Klatsch Nahrung gibt und bei den Gemeindemitgliedern Anstoß erregt.

Marcel Duhamel, a.a.O., S. 150-152

SCHEINBAR IMMER in einen Trenchcoat gehüllt – selbst wenn er ihn ausgezogen hatte – war Tanguy wortkarg, von bescheidenem, aber sicherem Auftreten. Im Gegensatz zu den Zeitgenossen, die so sehr bemüht sind, uns über ihre ›Versuche‹ oder ›Erfahrungen‹ auf dem laufenden zu halten, sprach er niemals über seine Malerei. Er entschuldigte sich beinahe, weil er malte und suchte damals nicht den Erfolg. Er verkaufte fast nichts und verteilte seine Zeichnungen und Gemälde unbedenklich an die Gerissenen, die ihn darum baten. Er war arm, trank schrecklich viel Bier, und wenn er betrunken war, wurde er bösartig und fiel einer Art von Selbstzerstörungstrieb zum Opfer. Prévert behauptete, daß er vor allem etwas gegen Briefkästen hatte und daß er nach der zwölften Flasche Bier blindlings auf diese postalische Einrichtung losging, um sie kurz und klein zu schlagen.

Auf einen oberflächlichen Beobachter wirkte Yves, als ob er sich in einem simplifizierten Universum bewegte, in dem er Gut und Böse, die Freunde und die Schufte mit Hilfe kleiner, kindischer und rührender Tests unterscheiden konnte. Aber diese Vereinfachung war nur der Ausdruck seiner Bescheidenheit und seiner Vorliebe für das, was klar verständlich war. Sie war das Ergebnis eines präzisen Beurteilungsvermögens, des Abscheus vor der Lüge und den faulen Kompromissen. Tanguy las mehr als die anderen, interessierte sich für alles, und sein Urteil war sehr scharfsinnig. Er durchschaute schnell die Komödien und Maskeraden, die aufgeführt wurden, um eine gute Figur zu machen oder vorteilhafte Täuschungen aufrechtzuerhalten. Seine Freundschaft war treu, diskret, überwältigend. Letztlich hat er erkannt, daß sein Werk viel wichtiger war als Glaubensbekenntnisse oder Verdammungen, und hat sich entsprechend verhalten.

André Thirion, ›Révolutionnaires sans révolution‹, Paris 1972, S. 97-98

VORHER HATTE YVES eine kleine Anzahl Bilder voller Vorstellungskraft und Poesie gemalt, die ich großartig fand. Eines stellt die Erde mit den Augen eines Kindes gesehen dar, das sich weigert, sie sich rund zu denken, und sich fragt, was es am Ende der Welt finden würde. Gewiß das gleiche, was Yves dort entdeckt hatte: Vor dem Hintergrund eines grenzenlosen, immer bretonischen Himmels die Erde, eine Lehmkugel, bevölkert mit einer seltsamen Fauna und Flora, Tieren und Bäumen, die plastisch hervortreten. All das Wunderbare – in einer Öl-Collage – schon im Jahre 1925.

An einem Winterabend im selben Jahr, als ich spät aus dem Gasthaus heimkehre, finde ich das Wohnzimmer nur von einem Notprojektor erleuchtet, den Yves auf der rückwärtigen Wand an der Tür seines Ateliers angebracht hatte. Der Projektor beleuchtet einen Alptraum: Eine Karikatur des gekreuzigten Christus – schmal und hoch, gemalt wie die blutigen Skelette von Soutine. Gespenstisch und bedrückend...

Dieses Bild und viele andere, die ich noch mehr liebte, zerstörte er, nachdem er de Chirico entdeckt hatte und wir mit der Gruppe der Surrealisten Verbindung aufgenommen hatten. Vor allem einen Schulhof, der das Zimmer von Jacques schmückte...

Wenn er ein Bild vernichtete, mit dem er unzufrieden war, übermalte er aus Sparsamkeit oft die Leinwand, so daß bestimmte Sammler, ohne etwas davon zu ahnen, zwei Bilder statt eines einzigen besitzen müssen. Das ist, nebenbei gesagt, bei meinem *Forains* der Fall.

Marcel Duhamel, a.a.O., S. 157-158

ANDRÉ BRETON hat von uns gehört. Auch er will uns kennenlernen. Ein Treffen bei ihm ist für morgen abend vereinbart. Jacques ist, warum auch immer, nicht da. Da wir sehr aufgeregt sind, nehmen Yves und ich eine Prise Kokain, um uns Mut zu machen. Es ist nicht schwer zu bekommen im ›Montparnasse du Jokkey‹, ›De la Jungle‹ und anderen Kneipen. Wir erscheinen also in der Rue Fontaine, Nr. 42. Breton ist da, mit seiner Frau Simone, und Max Morise. Übererregt durch die Droge und die Feierlichkeit des Augenblicks, weiß ich nicht mehr, was wir ihm erzählt haben, aber wir haben ihn derart verblüfft, daß er uns am nächsten

Morgen anruft, um zu erfahren, was uns in diesen Zustand versetzt hat: wir ließen ihn, wie er sagt, kein Wort aussprechen.

Wenn man seine Persönlichkeit kennt, so grenzt das an ein Wunder. Von jetzt an werden wir uns kaum noch voneinander trennen. Wir nehmen teil an allen Zusammenkünften, an den täglichen Treffen im Café Cyrano oder anderswo, essen fast jeden Abend zusammen und gehen regelmäßig in die Rue Fontaine.

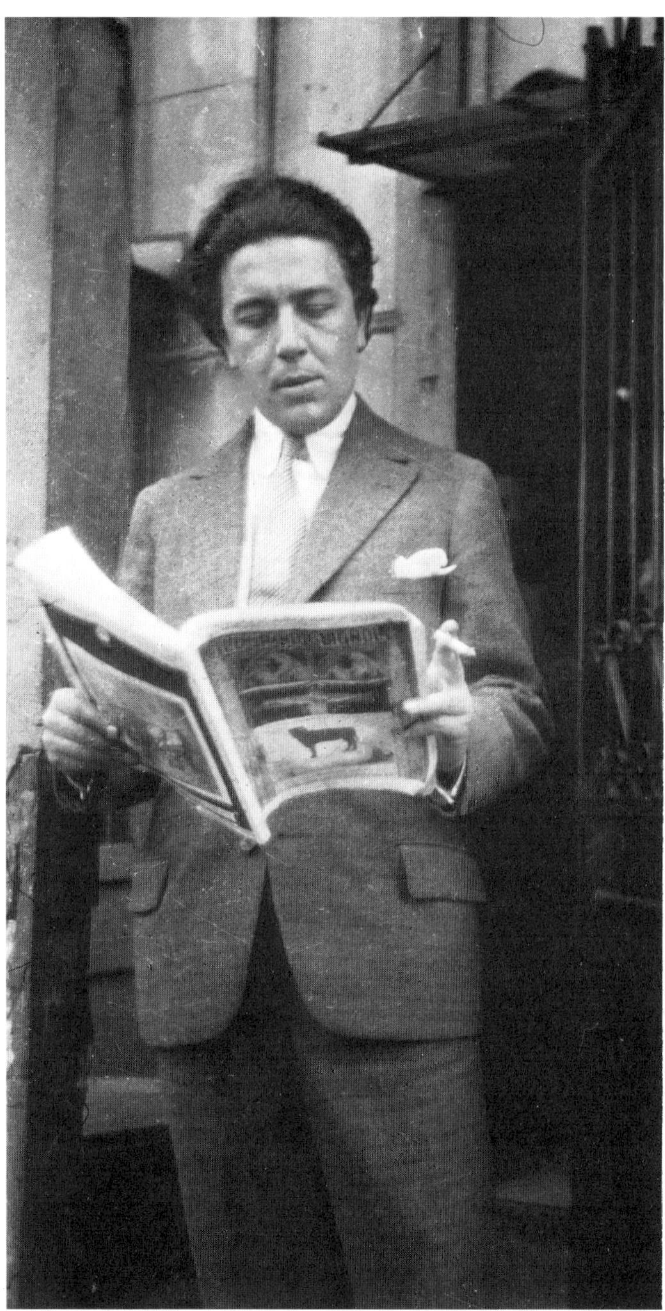

André Breton vor der Gittertür der Rue du Château 54

Marcel Duhamel, a. a. O., S. 158–159

DIE RUE DU CHÂTEAU

Chronisten haben einen Gegensatz konstruieren wollen zwischen der Gruppe der Rue du Château in den Jahren 1926-1927 und allem, was bei Breton in der Rue Fontaine oder im Café Cyrano gesagt oder zusammengebraut wurde. Das bedauerliche Pamphlet ›Un Cadavre‹, das im Jahre 1929 von der Mehrheit der Freunde der Rue du Château zu Zeiten Préverts unterschrieben wurde, könnte diese Vorstellung von der Gegensätzlichkeit bestätigen. Man sollte vielleicht weniger von grundsätzlichen Differenzen als von unterschiedlichen Stufen der geistigen Entwicklung und Anschauung sprechen. Bei einigen führte das Bewußtwerden der eigenen Persönlichkeit zu einer Art emanzipatorischer Aufsässigkeit. Man hat in der Rue du Château alle surrealistischen Spiele gespielt, und vielleicht hat man dort mehr *cadavres exquis* erfunden als anderswo; aber das wirkliche Interesse verlagerte sich auf populärere Ausdrucksmittel. So entstanden, ein wenig später, die ›Série Noire‹, die Filme von Prévert, ›Paroles‹, die Romane von Queneau. Die Rue Fontaine war ein Laboratorium, in dem mannigfaltige, ständig neue künstlerischen Ideen – falls sie sich nicht ohne Spuren zu hinterlassen verflüchtigten – grelle Blitze erzeugten, Gewitter, seltsame Kristallisationen; einer der Aspekte des Genies Bretons war, daß er in seiner Umgebung fast ständig die Bereitschaft für Entdeckungen aufrechterhielt, daß er Prüfungen und Zusammenstöße zum Besten wie zum Schlimmsten ausnutzte. Dennoch war die beherrschende Persönlichkeit Bretons, waren sein Starrsinn, seine Vorliebe für Skandale, seine Neigung, Unterordnung und Treue zur Basis menschlicher Beziehungen zu machen, sein überhebliches Ergötzen an ihrem Bruch, der unabhängigen Entwicklung der Tendenzen, deren Entstehen er anregte und förderte, wenig günstig. In dem freieren, offeneren, duldsameren Milieu der Rue du Château ging die Saat der Rue Fontaine auf und reifte. Das, was heranwuchs, bedurfte neuer Nahrung, denn Reife und Ernte vertragen sich schlecht mit ständiger Aussaat. Die Rue du Château und die Rue Fontaine hatten denselben Abscheu vor der Zügellosigkeit der Künstler-Bohême, die sie beide umgab... Die moralische Strenge der Rue Fontaine, die sich noch verstärkte, hatte zum Ziel, die Bereitschaft jedes Einzelnen und die Reinheit des Ganzen zu bewahren. Arbeit, die dem Lebensunterhalt diente, journalistische oder kunstverwandte Aktivitäten, waren gleichbedeutend mit Verrat. Der Umgang mit ihnen wurde unter die Lupe genommen: Man sah überall Provokateure, Polizisten und Schweine. Man verunglimpfte Max Ernst und Miró, weil sie den Auftrag zur Ausstattung von Balletten angenommen hatten. Man warf Artaud vor, Schauspieler zu sein, Vitrac,

Theaterstücke zu schreiben und aufführen zu lassen, ein Privileg, das nur Raymond Roussel zugestanden wurde, der absolut unangreifbar war. Der Surrealismus wählte die Armut. Nur gelegentlich waren kommerzielle Spekulationen über bewunderte Kunstwerke und den Erlös aus der Auflage eigener Werke erlaubt, vorausgesetzt, daß Käufer und Verleger integer waren, daß der Verleger nicht auf den Gedanken kam, Werke von Autoren zu veröffentlichen, die man für skandalös hielt, oder doch wenigstens nicht auf der Rückseite eines surrealistischen Buches dafür Reklame machte.

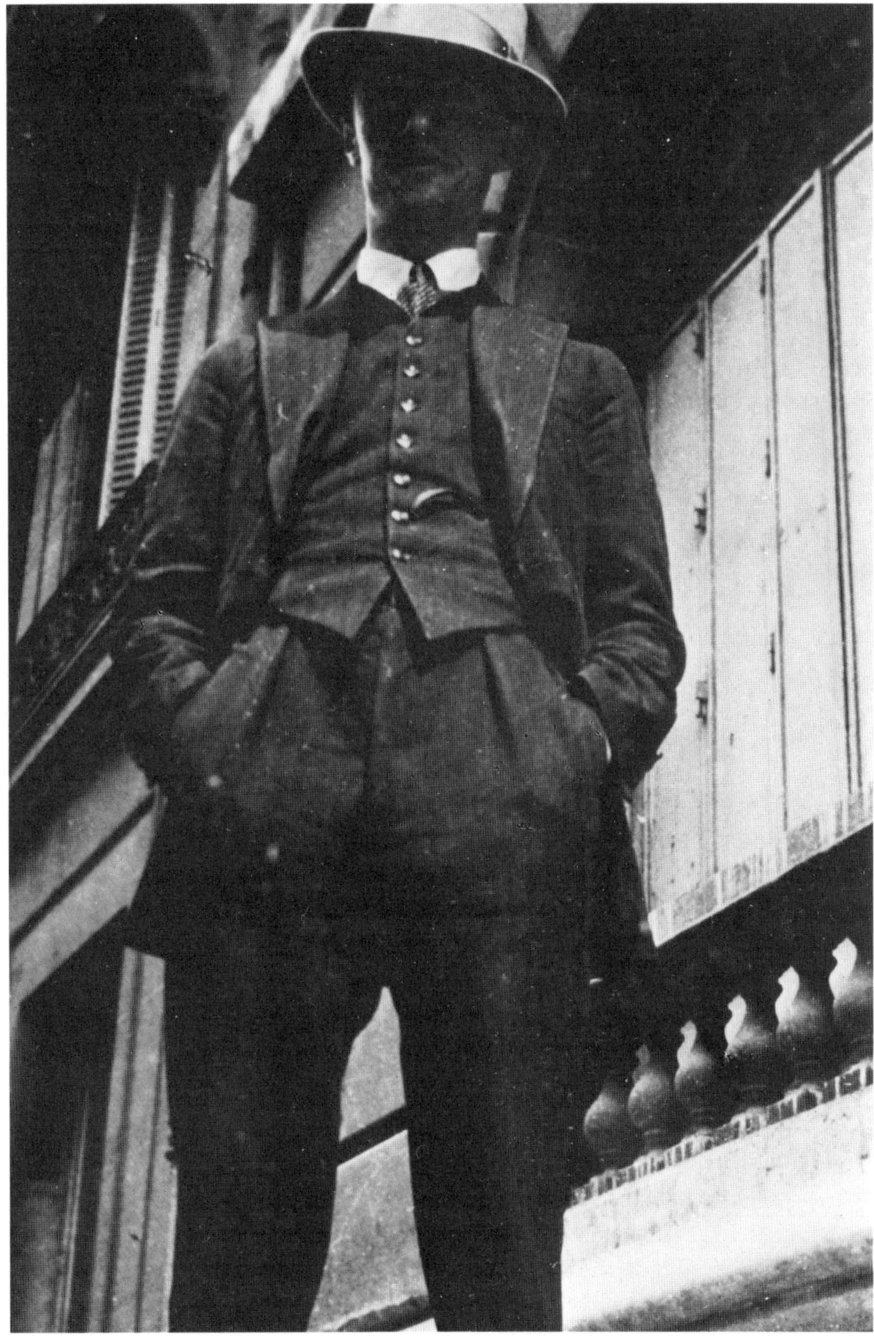

Yves Tanguy

Diese etwas kindische Empfindlichkeit verurteilte von vornherein alles, was Männer wie Duhamel, Prévert und Queneau tun wollten. In der Rue du Château war man weniger streng, objektiver, auch eklektischer. Es ist nicht sicher, daß die Unbeugsamkeit der einen und die Anpassungsbereitschaft der anderen ihnen immer in dem Maße genutzt haben, wie sie es verdienten. Im Gegensatz zur Rue Fontaine räumte die Rue du Château in ihrem intellektuellen Bemühen den bildenden Künsten nur einen begrenzten Raum ein, obgleich sie mehr als andere dazu beigetragen hatte, die modernen

Regeln der Schönheit zu bestimmen. Dennoch malte dort Yves Tanguy, dessen Bedeutung damals eigentlich keiner richtig einschätzte. Seine Gegenwart als ›Kleckser‹ (wie er sich ausdrückte) beeinflußte die Gespräche der Freunde des Hauses kaum, obwohl einige von ihnen bereits Sammler waren, denn Tanguy war Surrealist, bevor er Maler wurde. Die Besuche Massons, dessen Zeichnungen und Gemälde sehr bewundert wurden, erklärten sich vor allem durch die Nähe seines Ateliers. Masson sprach mehr von seinen Mythen als von seiner Maltechnik. Auch Man Ray kam als Nachbar und eher als Photograph, als Cineast, als Schöpfer erstaunlicher Objekte denn als Maler. Auch fungierte er als Mittler zur amerikanischen Kolonie in Paris. Die Männer der Rue du Château waren in vieler Hinsicht mehr in ihrer Zeit zu Hause als die der Rue Fontaine. Der Jazz und der amerikanische Film, die Horrorfilme, die Tagesereignisse und die Verbrechen, die Eintönigkeit des täglichen Lebens, die Kriegsdienstverweigerung, die melancholische Poesie der Spielautomaten und die trostlose Langeweile der Vorstädte sind dort intellektuell und künstlerisch verarbeitet worden zum Nutzen der zwei nachfolgenden Generationen. Die Filme ›Quai des brumes‹ und ›Un oiseau rare‹, der Roman ›Loin de rueil‹ sind gute Zeugnisse dieser Form geistiger Aneignung. In der Rue Fontaine ließ die persönliche Sammlung von André Breton, die Werke de Chiricos, Picassos, Max Ernsts, Duchamps, Picabias und die primitiven Objekte Ozeaniens, zunächst an ein großes Museum denken. Gewiß, jedes Bild, jeder Gegenstand besaß eine außergewöhnliche Darstellungs-, ja Halluzinationskraft, die ihnen wie ein Schatten anhaftete, wo immer man sie auch plazierte. So kurz die Besucher auch verweilen mochten, sie blieben niemals gleichgültig. Dennoch gab es etwas Zeitloses oder noch besser eine Art natürlicher Leere in diesem Atelier, das man durch eine Tür betrat, über der in kupfernen Lettern das Datum ›1713‹ und die Paraphe des Hausherrn standen. Die Anwesenheit von Menschen schien dort nicht selbstverständlich. Möglicherweise hätte die Begegnung mit Personen aus einem anderen Zeitalter an diesem Ort keine Überraschung hervorgerufen. Die Rue du Château war die Szenerie für ein Stegreif-Stück mit Schauspielern, die mit der letzten Ausgabe des ›Paris Soir‹ auf die Bühne traten. Die Handlung spielte zwangsläufig um das Jahr 1927. Die Rue du Château war auch nicht von den metaphysischen und politischen Besorgnissen der Rue Fontaine geplagt. Dennoch war man dort sehr empfänglich für den Einfluß einer großen Persönlichkeit, eines wahren Einzelgängers,

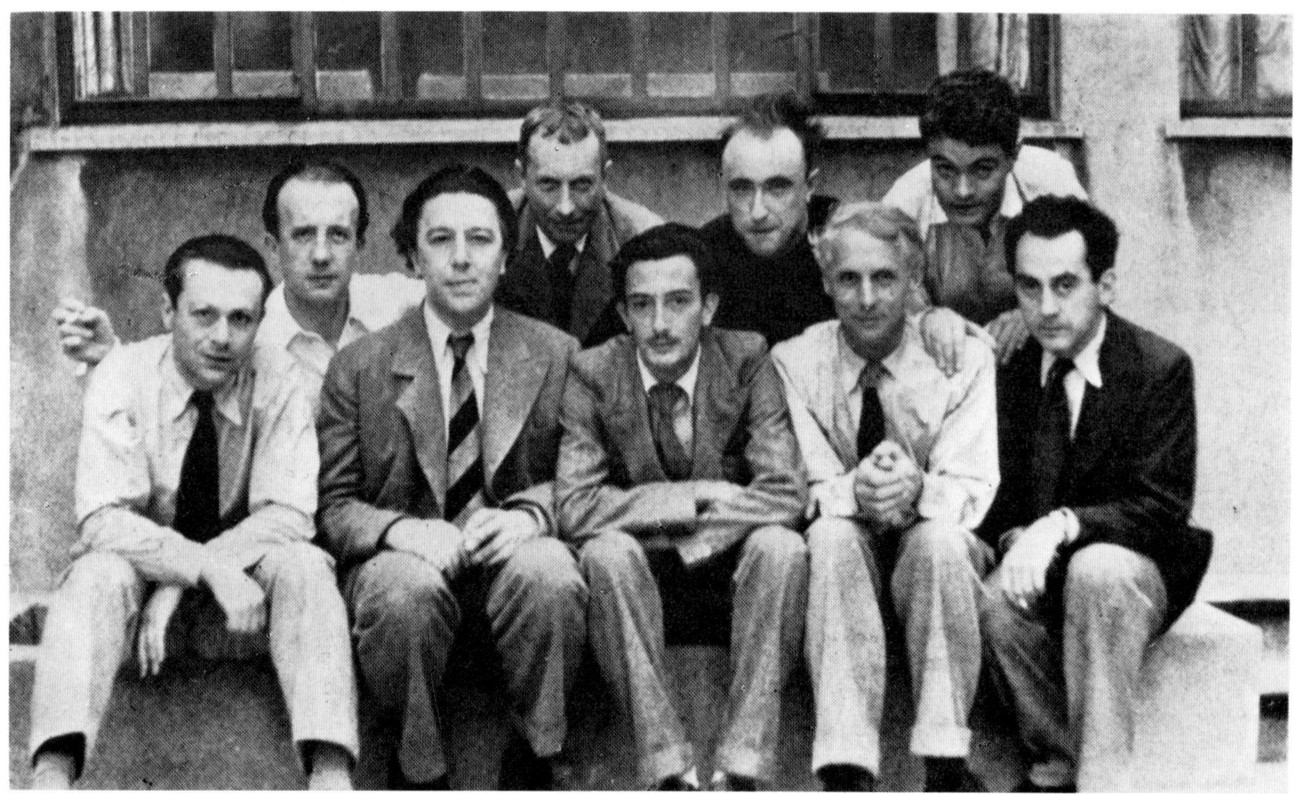

Man Ray Die Surrealistengruppe, 1930
Von links nach rechts: Tzara, Breton, Dalí, Ernst, Man Ray;
dahinter Eluard, Arp, Tanguy, Crével

dessen Werk von einer zusammenhängenden Philosophie geprägt ist: Georges Bataille. Ich bin versucht zu glauben, daß die bedeutende Rolle, die Bataille der Erotik bei der Suche nach der Erkenntnis der Welt und des eigenen Ich und bei der Erfüllung des persönlichen Schicksals zugewiesen hat, auf die unter 35jährigen einen beträchtlichen Einfluß ausgeübt hat. Georges Bataille sollte kurz vorher, im Jahre 1927, einen bewundernswerten Text, ›L'Histoire de l'oeil‹, veröffentlichen, der, unter dem Ladentisch verkauft, jungen Leuten wie mir hauptsächlich unter diesem Aspekt erschien. Der Erotik wurde sowohl in der Rue du Château wie in der Rue Fontaine großer Wert beigemessen, aber einzig und allein als intellektueller Kategorie und Gegenstand der künstlerischen Inspiration. Dennoch wäre der Ton des göttlichen Marquis in der Rue du Château unpassend gewesen, während er in der Rue Fontaine wie in einer mittelalterlichen Festung widerhallte. Dafür war in der Rue du Château das Treiben des Sergent Bertrand, des Schänders der auf dem Friedhof Montparnasse beigesetzten jungen Mädchen oder das des masturbierenden Schäfers aus dem Aveyron Gegenstand erstaunlicher Beschwörungen. Ich vermute, daß Bataille harte Kritik an der Oberflächlichkeit der philosophischen Diskussionen der Rue Fontaine und der wechselseitigen Durchdringung von Magie, Freud und Marx geübt hat. Diese Kritik hat den Verfassern des bereits zitierten Phamphlets ›Un Cadavre‹ wahrscheinlich das Gewissen erleichtert, indem sie ihnen das lieferte, was man im Jargon der extremen Linken eine ideologische Basis nennt. Aber abgesehen von einem indirekten Hinweis auf die Meinung und das Urteil Batailles als Mittel gegen die Politisierung der Rue Fontaine war es der Humor, mit dem man in der Rue du Château die philosophischen Wellen, die ihren Ursprung in der Rue Fontaine hatten, in der schlimmsten Weise verulkte. »Was halten Sie von Origines?« fragte mich Pierre Unik eines Nachts ganz unvermittelt. Auf den ersten Blick ging es viel mehr darum, einen wenig bekannten schönen Namen zu zitieren, als eine Diskussion über einen bemerkenswerten antiken Entwurf des Materialismus zu beginnen. Die allgemeine Diskussion nahm übrigens eine ungewöhnliche Wendung unter dem Einfluß von Prévert. Berkley übte damals eine große Faszination auf Breton aus. Der Immaterialismus, mit den Augen Préverts gesehen und auf die Briefkästen und die Pariser Messe angewandt, wurde zu einer großartigen Geschichte von Wahnsinnigen, die sich mit meiner marxistischen Strenggläubigkeit sehr gut vertrug. Dennoch hatte die Rue du Château eine politische Haltung. Im Jahre 1926 fanden dort die Diskussionen mit Pierre Naville nach der Veröffentlichung der Schrift ›La Révolution et les intellectuels‹ statt. Zu behaupten, Tanguy, Prévert und Duhamel fühlten sich aus diesem Grund dort nicht mehr wohl und daß sie feststellen mußten, daß sie beengt lebten, hieße die Sache von der amüsanten Seite nehmen. Sie trennten sich. In den ersten Wochen des Jahres 1928 übernahm Georges Sadoul den Mietvertrag von Duhamel, und wir, d. h. Sadoul, Katia und ich, richteten uns sofort in den Möbeln der vorherigen Wohnungsinhaber ein. Alles blieb, wie es war. Marcel Duhamel überließ uns auch seine wundervolle, aus Amerika mitgebrachte Jazz-Platten-Sammlung, um die die Kenner sich heute reißen würden. Ich vergrößerte sie mit der Zeit um alle Armstrong-, Trumbauer-, Duke Ellington- und Sophie Tucker-Platten, die auf dem Markt erschienen. Sadoul bezog das Südzimmer in der 1. Etage, Katia und ich das angrenzende Zimmer, das vorher Tanguy bewohnt hatte und dessen Tür von einer der ersten Kompositionen des Malers geschmückt war: einem Horizont voller vulkanischer Rauchspalten. Unter dem Spannteppich seines Zimmers entdeckte Sadoul mehrere Kladden mit Schriften von Prévert. Das war für uns eine große Überraschung. Wir hatten nicht gewußt, daß Prévert schrieb, und vielleicht waren wir seine ersten Leser. Es gab da u.a. den Entwurf zu einem Roman, dessen Hauptperson ONOTO war, ein Vogel mit einwärtsgebogenen Federn.

André Thirion, ›Révolutionnaires sans révolution‹, a.a.O., S. 98-102

ALS ICH IHN IM JAHRE 1932 KENNENLERNTE, war für ihn die Periode relativen Wohlstands schon vorbei. Mit Jeannette, seiner ersten Frau, wohnte er in einem bescheidenen Atelier in der Rue du Moulin-Vert Nr. 51, nahe der Avenue d'Orléans. Welche Reichtümer an den Wänden des Zimmers! Man sah dort alte Bilder, wie *L'Inspiration* und viele andere, neuere. Er war zu voller Meisterschaft seines Stils gelangt, es waren da *Ruban des excès, Théorie des réseaux, Le Nid de l'Amphioxus, Entre l'herbe et le vent.* Nur Käufer fehlten... Als Nachbarn hatten sie Alberto Giacometti, mit dem sie mehrmals in der Woche hinaus zum Montmartre und zum Café de la Place Blanche gingen, und Victor Brauner, den Yves bald der Gruppe der Surrealisten vorstellen sollte.

Marcel Jean, ›Yves Tanguy, Peintre de la voie lactée‹, a.a.O., S. 376

Surrealistische Spiele

Man setzt sich um einen Tisch. Jeder der Anwesenden schreibt, ohne einen Blick auf seinen Nachbarn, zuerst einen hypothetischen Satz nieder, der mit einem bedingenden oder zeitlichen WENN beginnt, ferner eine grammatisch anschließende Aussage im Konditionalis oder Futurum ohne inneren Zusammenhang mit dem vorausgehenden Satz. Anschließend stellen die Spieler die Ergebnisse wahllos je zwei zu zwei zusammen. Was dabei herauskommt, ist nicht ohne Reiz. Hier einige Beispiele:

A.B. – Wenn es die Marseillaise nicht gäbe
L.A. – kreuzten die Wiesen die Beine
...
P.U. – Wenn die Eltern ihre Babys bei der Geburt ausstopften
Y.T. – würde man den Himmel weich nennen
A.B. – Wenn das Pack auch etwas zu sagen hätte
P.U. – würden die Bettler in der Basilika von Saint-Denis beigesetzt
Y.T. – Wenn die Marienkäfer aus Weißblech wären
G.S. – wäre gar nichts mehr zu machen
S.M. – Wenn das Unmögliche dem Unvorhergesehenen die Hand reicht
A.B. – wird die Furcht auf ihrer Sprungfeder in die Höhe schnellen
J.T. – Wenn es keine Guillotine gäbe
S.M. – würden die Wespen ihr Korsett ablegen
P.U. – Wenn Abendfalter nicht mehr Hoffnung bedeutet
G.S. – werden die Augen aus Eisen sein
S.M. – Wenn die Flieger in den siebenten Himmel aufgestiegen sind
Y.T. – werden die Statuen sich ein kaltes Abendessen servieren lassen
A.B. – Wenn man wieder Rüstungen tragen wird
P.U. – wird man nur noch in Sprichwörtern reden
Y.T. – Wenn die Kinder ihre Eltern ohrfeigen werden
A.B. – werden die jungen Leute alle schlohweiß sein.

Auszug aus Varietés, ›Le Surréalisme en 1929‹

Der Dialog 1934
André Breton und Yves Tanguy

B. – Was ist deine Malerei?
T. – Ein kleiner weißer Rauch.
B. – Was ist die Bretagne?
T. – Eine Frucht, die die Wespen zernagt haben.
B. – Was ist dir das Liebste?
T. – Ein Widerschein auf dem Wasser.
T. – Was ist die körperliche Liebe?
B. – Die Hälfte der Lust.
T. – Was ist das Alter?
B. – Ein Feigling.

Auszug aus: Documents 34, Brüssel 1934

DER BRUCH YVES' mit Prévert, Queneau und Duhamel war sicherlich sehr schmerzlich für ihn: Er konnte seine Freundschaften nicht mit den Erfordernissen seiner Arbeit in Einklang bringen, die er um jeden Preis weiterbringen wollte... Eine schwierige Epoche beginnt in der Rue du Moulin-Vert. In dieser Zeit lernte ich ihn kennen, und er stellte mich Breton vor.

Ich war noch ein bißchen ›balkanisch‹... Sie haben mich den Ausschluß von Dali unterzeichnen lassen, der von Tanguy sehr viel ›entlehnt‹ hat, und den Tanguy übrigens wenig mochte... Er warf ihm seinen gesellschaftlichen Erfolg vor, während er selbst...

Max Ernst seinerseits gab sich volksnäher... Das erste Bild, das ich gesehen habe, war *Les Amoureux:* Mit einem Schlage habe ich diese Sache begriffen, die keine ›Erfindung‹ war, sondern eine Wirklichkeit, die existiert: Eine ›Landschaft‹. Tanguy hat mir die Möglichkeit gezeigt, eine Innenwelt der Dinge zu konstruieren. Ich habe ihm beim Malen zugeschaut. Er fing mit der Grundierung an, dann zeichnete er die Formen: Der Schlagschatten kam zum Schluß.

Manchmal amüsierte es ihn, seine Bilder zu beschreiben... Ich sah ihn sehr oft, und ich habe sogar um das Jahr 1936/37 eine Zeitlang mit ihm zusammen bei Crevel in der Rue Nicole gewohnt: Er stand sehr früh auf, schön, sauber setzte er sich in einen Sessel und wartete... Zu jener Zeit haben wir auch, um ein wenig Geld zu verdienen, einige Schreiner-Arbeiten ausgeführt: Tische, eine Bar, natürlich... Geld, das wir eiligst in endlosen Sitzungen in den Cafés ausgegeben haben... Der Alkohol täuschte über den Hunger hinweg, er trank wie eine Bretone.

Er war ein ›anti-bretonischer‹ Bretone; er wollte sich nicht festlegen lassen: Keine Fesseln, keine Laufbahn, das alles war lächerlich. Er war niemals ganz an seinem Platz, er hatte übrigens keinen Platz. Er hätte auf dem Wasser treiben mögen, das Meer bewohnen...

Jacques Hérold, Gesammelte Schriften

AUS DER ZWEITEN GRUPPE surrealistischer Maler, die phantastische Landschaften in einem extremen Realismus malen, ist lediglich Tanguy ohne Einschränkung abstrakt. Er entlehnte die flachen, organischen und biomorphen Formen Arp und Miró. Um das Jahr 1927 ging er dazu über, ihnen beim Malen oder Zeichnen Volumen zu geben und mit ihnen seine Mond- und Meeresgrund-Landschaften zu bevölkern. Die Bedeutung des Raumes und der Perspektive erkannte Tanguy bei Giorgio de Chirico, der sie in seinen ›metaphysischen‹ Stilleben von 1915-1917 hervorgehoben hatte.

Alfred Barr, ›Cubism and abstract art‹, New York 1936, S. 201

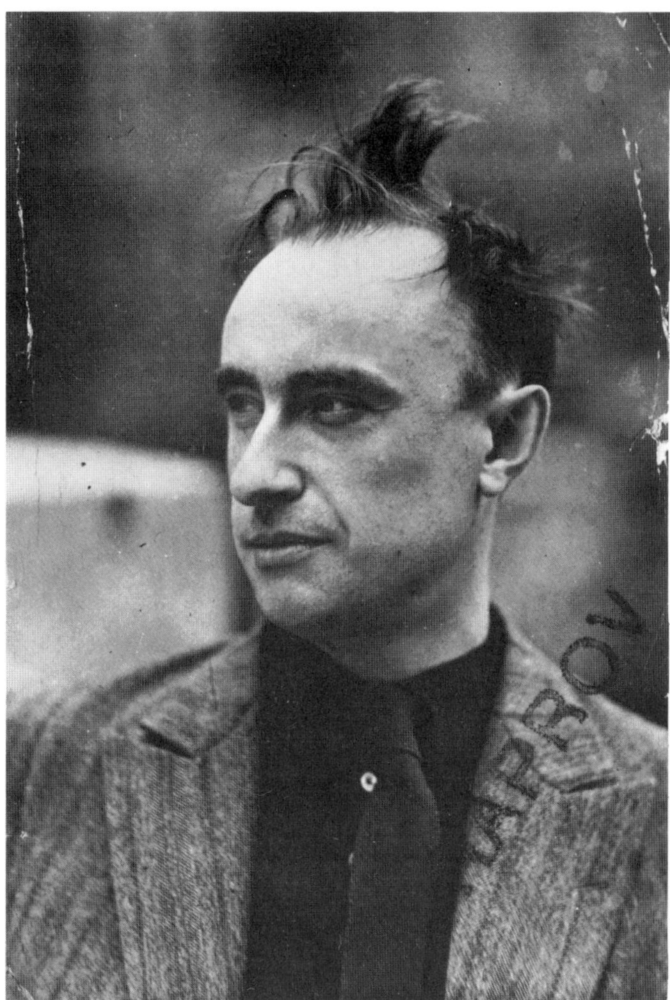

Yves Tanguy

Experimentelle Nachforschungen
über
die irrationale Kenntnis des Gegenstandes
Kristallkugel der Hellseherinnen
(15. Februar 1933)

Fragen:

1. Gehört sie dem Bereich des Tages oder dem der Nacht an? – 2. Begünstigt sie die Liebe? – 3. Ist sie verwandlungsfähig? – 4. Welches ist ihr Ort im Raum hinsichtlich des Einzelnen? – 5. Welcher Epoche entspricht sie? – 6. Was geschieht, wenn man sie ins Wasser taucht? – 7. in Milch? – 8. in Essig? – 9. in Urin? – 10. in Alkohol? – 11. in Quecksilber? – 12. Welchem Element entspricht sie? – 13. In welches philosophische System gehört sie? – 14. An welche Krankheit erinnert sie? – 15. Welches ist ihr Geschlecht? – 16. Mit welcher historischen Persönlichkeit kann sie gleichgesetzt werden? – 17. Wie stirbt sie? – 18. Womit sollte sie auf Lautréamonts Seziertisch zusammentreffen, damit etwas Schönes zustandekommt? – 19. Welches sind die beiden Gegenstände, mit denen zusammen man sie gerne in einer Wüste sähe? – 20. An welche Stelle eines nackten Frauenkörpers würden Sie sie hinsetzen? – 21. und wenn die Frau schläft? – 22. und wenn sie tot ist? – 23. Welchem Tierkreiszeichen entspricht sie? – 24. Auf welcher Stelle eines Sessels würden Sie sie abstellen? – 25. auf welcher Stelle eines Bettes? – 26. Welchem Verbrechen entspricht sie?

Antworten:

...

XIV. Yves Tanguy. – 1. Dem der Nacht. – 2. Sehr, jederzeit. – 3. Zu allen Verwandlungen fähig. – 4. Im Zenith. – 5. Der Regentschaft der Isabeau de Bavière. – 6. Gar nichts. – 7. Die Milch wird zu Sperma. – 8. Sie wird weich, elastisch und verliert ein wenig ihre ursprüngliche Gestalt. – 9. Sie gewinnt einen freien Blick nach allen Seiten. – 10. Sie zieht den Alkohol zu durchsichtigen Spiralen aus, durch die sie langsam einherschwebt. – 11. Alles löst sich in leichten Rauch auf. – 12. Dem Feuer. – 14. An die Ophtalmie. – 15. Geschlechtslos. – 16. Mit Karl dem Kühnen. – 17. Durch Erschießen. – 18. Mit einem Haufen Nadeln und einem Taschenspiegel. – 20. Beweglich zwischen die geschlossenen Schenkel. – 21. Gegen den After. – 22. Auf den offenstehenden Mund. – 23. Den Zwillingen. – 25. Auf keiner Stelle.

Le Surréalisme au Service de la Révolution, 15. Mai 1933, S. 10-11

YVES TANGUY gibt seinen Traum-Geschöpfen und Traumobjekten ein bestimmtes Klima, eine Umwelt. Seine Bilder sind durchdrungen von Luft und Ferne; sie sind tatsächlich kleine Fenster, die sich auf eine ungeheure und einsame Wüstenlandschaft des Traums öffnen. Seine Farben sind zart, und seine Zeichnung ist so genau und fein, daß sie seinen Gemälden die Präzision von Juwelen verleiht. Seine tiefen, fernen Horizonte wurden später von Dali aufgegriffen und entwikkelt als Elemente, die geeignet sind, das Rätsel des Raumes fühlbar zu machen. Aber während für Dali der Raum erschreckend wird, ist er für Tanguy gleichzeitig vertraut und ewig, tröstlich und unentrinnbar.

Julien Levy, ›Surrealism‹, New York 1936, S. 22-23

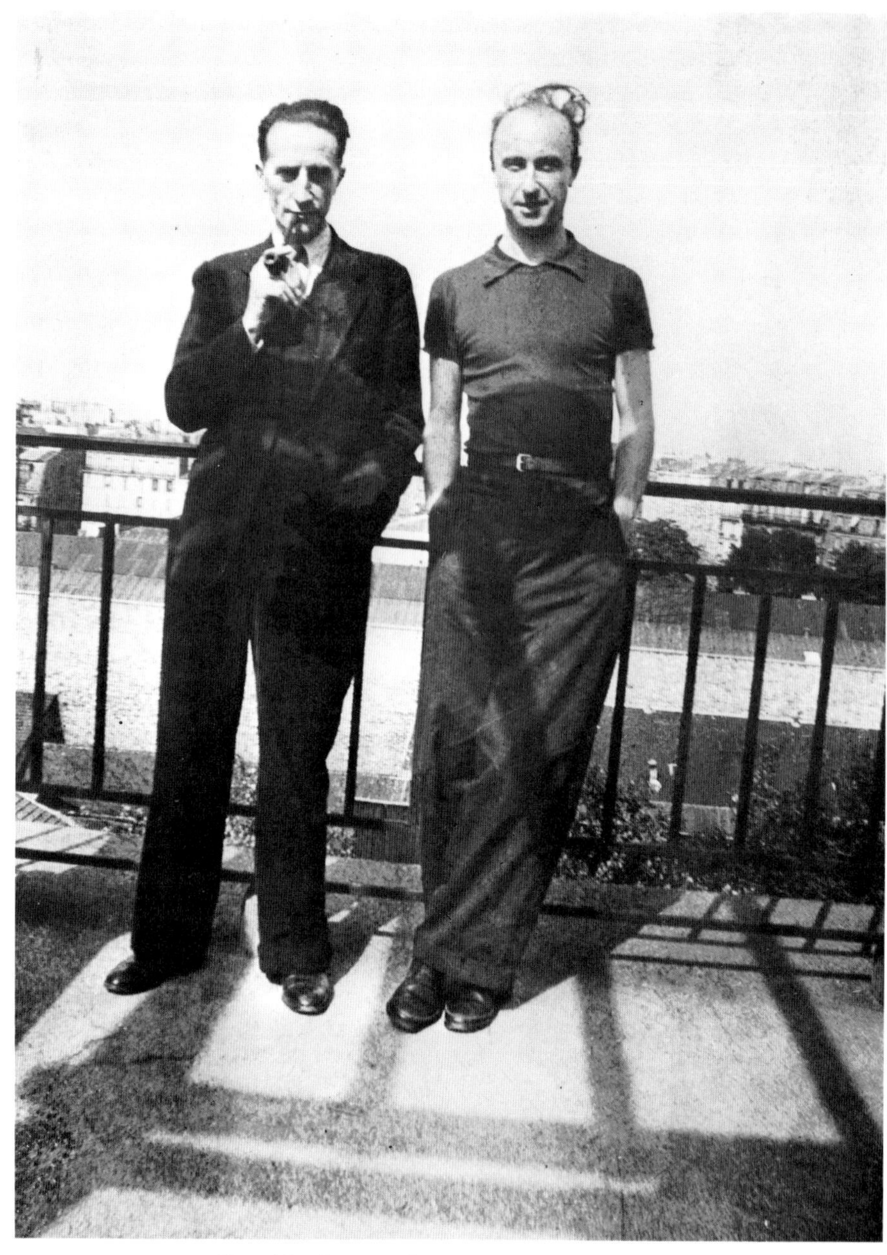

Marcel Duchamp und Yves Tanguy, Paris, um 1934

NACH UND NACH erregten seine Werke von neuem Aufmerksamkeit. 1936 bezog er ein anderes Atelier in der Nr. 23 derselben Rue du Moulin-Vert, dessen großartige Terrasse den Blick auf ganz Paris freigab. Sie wurde überragt von einem kleinen, vergitterten Aussichtsturm, in den Breton eine Art Wildkatze einsperren lassen wollte, die er in der Tierabteilung des Kaufhauses Samaritaine entdeckt hatte, ein seltsames Katzentier mit blauweißen Augen, wie Yves... Er ließ sich nicht davon abbringen und zog es vor, im Erdgeschoß des Hauses in dem engen, aber hellen Hof einen kleinen verglasten Raum zu mieten, in den er sich zum Malen zurückzog.

Marcel Jean, a. a. O., S. 372

ÜBERALL in diese großen Weiten setzt der Maler seine Kraken, seine Pilze, seine Dornen, die er mit dem Eifer eines Paläontologen gelb, violett, braun färbt. Ein schönes Werk, ohne Überschwenglichkeit und ohne Quacksalbereien, in dem die uns bedrängenden Visionen unvergeßlicher Meere, auf denen die Mastbäume einer dichterischen Imagination kraftlos umhertreiben, unterkühlten Ausdruck finden. Sympathisch übrigens, dieser Mann mit den strahlenden Augen, der hochgewachsen und mitteilsam ist, und dessen Malerei dem Gefälligen mißtraut.

Pierre Corthion, XXème Siècle, Nr. 3, Paris, Juli 1938

WIE MAGRITTE und Man Ray verleiht uns Tanguy Hellsichtigkeit und Macht über die Möglichkeiten des Lebens. Seine Bilder sind keine Träume – Zufluchtsorte für die Ohnmacht –, sondern »weite und seltsame Bereiche, wo das blühende Geheimnis sich dem offenbart, der es ergründen will«.

Louis Scutenaire, Vorwort zum Katalog der Ausstellung: E. L. T. Mesens présente trois peintres surréalistes: René Magritte, Man Ray, Yves Tanguy, Brüssel, Palais des Beaux-Arts, 1937

ES IST BEMERKENSWERT, daß der entscheidende moderne Einfluß auf alle in jüngster Zeit aufgetretenen Maler – von denen ich hier Wolfgang Paalen ausnehme, der seit langem zur Meisterschaft gelangt ist, – von Tanguy ausgeht. Wohingegen Dalis Wirkung immer rascher nachläßt. Das könnte auch nicht anders sein, da bei letzterem die bis zum Paroxysmus gesteigerte Gefallsucht ihn nötigt, seine eigenen Paradoxa unaufhörlich zu übertrumpfen... In Dalis Malerei lauert bereits die tiefe, die wirkliche Monotonie. Bei einem fortgesetzten Bestreben, seine paranoische Methode immer mehr zu verfeinern, sieht man ihn auf dem besten Wege, sich mit verspielten Kreuzworträtselbildern zufrieden zu geben.

Auszug aus: André Breton, Des tendances les plus récentes de la peinture Surréaliste, in der Zeitschrift ›Minotaure‹, Heft 12/13, Mai 1939

IKONOGRAPH DER MELANCHOLIE

In Yves Tanguy findet die Melancholie des Surrealismus ihren Ikonographen. Zweifellos war es die Bretagne, ihr Himmel und ihre Küsten, die ihm zunächst das formale Repertoire lieferte. In der Sensibilität für Farbtöne, lineare Rhythmen und für Raumverhältnisse liegt die Basis seines malerischen Ausdrucks. Aber erst die beständige Vermittlung einer Traumwelt durch ein suggestives, sehr zurückgenommenes System, dessen Formen sich fast jedes Symbolismus enthalten, macht Tanguys Individualität aus...

Indem Tanguy eine persönliche oder verlorengegangene Sprache benutzt, entzieht er sich registrierbaren Zeichensystemen. Seine Formen gleichen eher Menhiren und steinernen Grabdenkmälern der armorikanischen Halbinsel als den Erscheinungsformen der Welt, in der er malt. Dennoch sind sie gleichwohl imaginär, direkt dem Phantastischen entliehen. Im Gegensatz zu so vielen seiner Zeitgenossen scheint Tanguy der Symbolsprache der von ihm gewählten Bildelemente nur wenig Bedeutung beizumessen. Er sucht nicht eine Wirkung durch die Andeutung bestimmter doppelsinniger oder widerspruchsvoller Gedankenverbindungen zu erzielen. Die besondere Stimmung, die sein Werk erzeugt, ergibt sich eher aus der Art, in der er seine malerischen Mittel einsetzt, als aus dem Gegenstand seiner Bildkompositionen. Der Traumcharakter und die melancholische Note entstehen durch seine Handhabung der Farbe und die Anordnung der einzelnen kompositorischen Elemente in den großen, einsamen Räumen seiner Gemälde.

Thomas de Quincey schrieb über seine Träume – diese »Kraft, auf den Grund der Dunkelheit alle Arten von Gespenstern zu malen«, und sagte: »Ich schien jede Nacht nicht metaphorisch, sondern buchstäblich hinabzusteigen – in Abgründe und lichtlose Schlünde, grundlose Tiefen, aus denen ich nicht hoffen durfte, jemals wieder aufzusteigen... Das Raumgefühl und am Ende auch das Zeitgefühl waren stark gestört... Der Raum dehnte, weitete und wiederholte sich in eine unbeschreibliche Unendlichkeit. Dies verwirrte mich aber sehr viel weniger als die gewaltige Ausdehnung der Zeit. Manchmal schien es mir, als hätte ich in einer Nacht siebzig oder hundert Jahre gelebt; nein, manchmal hatte ich sogar das Gefühl einer Dauer, die weit über die Grenzen menschlicher Erfahrung hinausging.«

Das ist die Welt von Tanguys Malerei. Aber es ist auch unser Traum, ebenso wie der des Malers. Er baut die Szene auf, und wir träumen uns hinein. Tanguys Kunst ist eigentlich eine abstrakte Kunst in dem Sinn, daß seine Formen von allen vertrauten und erkennbaren Ähnlichkeiten mit Gegenständen der natürlichen Welt entkleidet sind. Wir sind also direkt zugleich durch die überzeugende Realität seiner Vision wie durch deren Fremdheit betroffen. Die ziehende Leere des Raums und ferner Horizonte ergibt sich eher aus subtilen Farbübergängen als aus erkennbaren perspektivischen Linien. Die besondere Stimmung, die das Werk freisetzt, wird durch die vorherrschenden Grau-, Blau- und Violett-Töne der Palette des Künstlers erzeugt. Plötzlich verschwindet die Schranke zwischen uns und dem Bild. Der Platz wird frei für unsere eigene Deutung der bloßen, abgeschälten Formen, die allein durch die melancholische Stimmung gefärbt sind, die der Maler aus den leeren Landschaften seiner Jugend immer bewahrt hat.

Das ist vielleicht Tanguys Kunst: Die Schaffung eines einfachen, aber vollkommenen Gefäßes, in das die Einbildungskraft des Betrachters frei einströmen und so an der Schöpferfreude des Künstlers teilnehmen kann.

J. J. Sweeney, View, Nr. 2, New York, 1942

YVES TANGUYS GEMÄLDE in der Galerie Pierre Matisse zeigen auffallende Abweichungen von seiner früheren Arbeit. Es ist wahr, daß in vielen dieser Bilder, wie *La Rapidité des sommeils* oder *Divisibilité indéfinie*, immer noch das endlose Zurückweichen verschwimmender Horizonte sowie das Spiel durchsichtiger Farben, die miteinander zu verschmelzen scheinen, sichtbar wird, doch sind bei der Mehrzahl der Werke Formen und Figuren eng in den Vordergrund gezogen, fast wie eine Schranke gegen die bebende Himmelswölbung.

Über der ganzen Ausstellung liegt der Schatten des Krieges. Nicht in irgendeiner gegenständlichen, deutlichen Form, sondern in dem unentrinnbaren Widerschein der Ängste und der Enttäuschung des Künstlers, in dem offenkundigen Unvermögen dieser phantastischen Gestalten, eine vernünftige und glückliche Welt zu beschwören. Viele der Formen deuten auf de Chiricos Schaffen hin, während *Ma vie blanche et noire* eher an einige von Picassos knochigen Strukturen erinnert. Hier gibt es weniger das wohlbekannte Nebeneinander von Wirklichem und Unwirklichem, das das surrealistische Werk vielfach kennzeichnet, als vielmehr den ›angenehmen Schauder‹ der Träume, die lebendiger sind als die Wirklichkeit.

Es ist erstaunlich, daß durch die Anordnung dieser seltsamen Formen so viel Empfindung wachgerufen wird, daß eine so deutliche Botschaft durch undeutliche Ansichten dieser Welt von spukenden Nachtmahren, die in die Schönheit von Licht und Farbe gefaßt sind, übermittelt wird. Dies ist kein Symbolismus; dies geht über den Symbolismus hinaus in eine Wirklichkeit geistiger Qual, die durch die ganze Ausstellung hin eine melancholische Tonart anschlägt.

Es ist kaum notwendig, Tanguys vollendete malerische Fähigkeiten näher zu erläutern. Seine Pinselarbeit ist reine Zauberei; eine Oberfläche verschmilzt mit der anderen, ohne faßbare Abgrenzung: Fließen und dabei doch Festigkeit, atmosphärische Schleier einer über dem anderen, von Strahlen durchschossen, und eine nicht erkennbare Lichtquelle. Unter den besonders beachteten Gemälden sind *L'Alphabet du vent*, wie ein uranfänglicher Schöpfungsaugenblick und *La Tour marine*, dessen Leuchtfeuer den durchsichtigen Himmel mit Streifen von Rot färbt.

Margaret Breuning, ›Surrealist Desillusion of Yves Tanguy‹, Art Digest, Bd. 19, New York, 15. Mai 1945, S. 5

VOR SIEBEN ODER ACHT JAHREN hatte man sich das letzte Mal gesehen, lange vor dem Krieg, als er Jeannette verlassen hatte und Kay, Ex-Prinzessin Colonna, von London nach Italien, dann in die Vereinigten Staaten begleitete und sie ihn in ein kosmopolitisches Milieu einführte, das für ihn ganz neu war. Warmherziges Wiedersehen. Abgesehen von einem Anflug von Bauch und einer leichten Aufgedunsenheit des Gesichts, ist Yves unverändert. Seine Augen sind immer noch von einem strahlenden Blau, immer noch sprühend vor Bosheit, die hohe Stirn vielleicht ein wenig kahl. Kay kennt mich nur aus seinen Erzählungen, und ich bemerke, daß sie über alles unterrichtet ist, ein deutlicher Beweis dafür, daß er, der sich um die amerikanische Staatsbürgerschaft beworben hat und ein gewisses Desinteresse in bezug auf Frankreich und die dortigen Ereignisse vorgibt, während all dieser Jahre, die er in den Vereinigten Staaten verbracht hat, in Wirklichkeit ein gewisses Heimweh empfindet, was er übrigens niemals zugeben wird.

Bevor wir zu ihnen nach Hause gehen, führen sie mich zu Richter, der nicht weit von ihnen entfernt wohnt und der eine Serie von *poèmes-echecs* verfilmt. (Wortspiel: *poèmes-echecs* sind sowohl ›verfehlte Gedichte‹ als auch ›Schach-Gedichte‹.) Marcel Duchamp, der im Garten auf einem Baum sitzt, spielt einen Zauberer. Auf dem riesigen Schachbrett, das die gesamte Rasenfläche bedeckt, spielt Yves, als Bischof verkleidet (im Englischen heißt ›bishop‹ auch ›Läufer‹) und mit einer Mitra auf dem Kopf, den Narren. Mir, als dem einzigen Schauspieler der Clique, bietet man keine Rolle an. Ärgerlich… Nachdem die Sequenz abgedreht ist, nehmen mich die Tanguys mit nach Hause. Woodbury ist eines der typischen Postkartendörfer Connecticuts. Kleine weiße Holzhäuser, umgeben von weiten, hügeligen und gut gemähten Rasenflächen, eine kleine weiße Kirche, wie gewöhnlich aus Holz, niedliche Geschäfte, Handwerksläden mit dekorativen Schildern von bescheidener Kunstfertigkeit, kurz ein Spielzeugdorf. Man könnte glauben, in Dänemark zu sein, das nehme ich jedenfalls an: Ich habe niemals meinen Fuß dort hingesetzt. Das Haus, natürlich aus Holz, ist groß und äußerst bequem. Zu ihm gehören u. a. ein ganz in der Nähe gelegener Pavillon, der für die Freunde bestimmt ist, und, vom Hauptgebäude abgetrennt, ein Raum mit zwei Ateliers. Denn auch Kay malt und signiert als ›Kay Sage‹ Bilder, in denen man sowohl den Einfluß de Chiricos als auch den Yves' wahrnimmt. Aber sie sind sehr eigenständig und ungewöhnlich genug, um ihr in den Vereinigten Staaten einen bemerkenswerten Erfolg zu sichern.

Gegen Abend trinkt man etwas auf der Veranda, vor der steilen, unbearbeiteten und mit Kiefern bedeckten Anhöhe, die sich an die Rasenfläche anschließt und die die Tanguys den benachbarten Farmern zur Verfügung stellen, die dort ihre Kühe weiden lassen. Kay bringt ein Tablett, beladen mit Flaschen, Gläsern und Eis. Es ist die heilige Stunde des Daiquiri (weißer Rum mit grüner Zitrone und Rohrzucker), den Yves mit der gleichen minutiösen Sorgfalt zubereitet, mit der er seine Farben dosiert. Um 11.00 Uhr morgens und um 6.00 Uhr abends. Der Ritus ist unumstößlich . . . Nachdem er mich in das Atelier geführt hat, zeigt mir Yves seine letzten Bilder. Die gleichen Meeresgrund-Landschaften in der Unbeweglichkeit und Stille der Tiefen, besiedelt mit beunruhigenden Dingen, unter den gleichen bretonischen Himmeln, die vielleicht weniger aufgewühlt und heller sind als früher; auch scheint er mit größerer Freiheit lebhafte Farben zu verwenden, um seine Phantasiebilder zum Leben zu erwecken. Dank Pierre Matisse, der ihm zu einem Vertrag mit seiner Galerie verholfen hat, ist er zu relativem Wohlstand gekommen. Nachdem ihre Vereinbarung in freundschaftlichem Einvernehmen aufgehoben worden ist, was Yves die Möglichkeit gibt, von Zeit zu Zeit an Dritte zu verkaufen, bleibt Matisse dennoch ein guter Freund und stellt weiterhin seine Bilder aus.

Marcel Duhamel, a. a. O., S. 520-523

YVES TANGUY

»Natürlich gibt es ein Paris, das man immer vermißt. Trotzdem, in Woodbury fühle ich mich vollkommen wohl. Vielleicht findet man in Mexiko eher die Montparnasse-Atmosphäre, Caféhaus-Leben und eine kosmopolitische Bohême. Aber Mexiko flößt mir Angst ein. Es ist ein typisches Touristenland. Dort lebte ich in der Atmosphäre, die mir aus Paris vertraut war. Ich fühlte mich kaum vom Krieg berührt. Er schien so weit von mir entfernt. Aber in diesem Land gibt es mehr Freiheit, mehr Raum. Das ist der Grund, warum ich hierher kam.

»Es ist sehr hart, keine Cafés aufsuchen zu können. Es ist eine so herrliche Sache in Europa, müßig umherzuschlendern und sich zwanglos mit seinen Freunden zu treffen. Trotzdem gewöhnt man sich tatsächlich an den Verlust dieses Lebensstils, und man wird dafür durch wichtigere Vorzüge entschädigt. Zum Beispiel hat man in diesem Lande eine höhere Meinung von einem Künstler als in Europa. Dort ist er ein Bohemien, Bewohner einer Halbwelt. Hier ist er ein Weltbürger genau wie jeder andere. Schon sehr früh, im Jahre 1934, begann ich, gewisse Anzeichen von faschistischen Tendenzen in Frankreich festzustellen – in einer Straßenschlacht hier und einer Schlägerei dort. Ich wäre damals beinahe mit Paalen nach Amerika gegangen. Lediglich Schwierigkeiten mit meinen Papieren hielten mich davon ab.

»Ich war nie in den Vereinigten Staaten gewesen, obwohl ich sehr viel in der Welt herumgekommen war. Im Alter von 18 Jahren trat ich in die Handelsmarine ein und verbrachte dort ungefähr eineinhalb Jahre als Offiziersanwärter. Während jener Zeit besuchte ich Brasilien und Argentinien, ebenso die Küsten Afrikas, Portugal und England. Und als ich anfing, in Europa Zeichen drohenden Unheils zu bemerken, entschloß ich mich, die Alte Welt so bald wie möglich zu verlassen. Ich wußte, daß ich wegen Behinderungen aus dem letzten Krieg für den militärischen Dienst untauglich befunden würde; und es war mir klar, daß ich in einer Zeit der Krise als Maler nur von geringem Nutzen sein konnte.

»Nein, ich hatte während jener Jahre auf See nicht gemalt. Tatsächlich begann ich erst 1924 oder 1925 zu malen. Ich hatte noch nie einen Pinsel angerührt, nicht einmal in der Schule. Obwohl ich mich erinnere, daß ich mit 14 Jahren sehr beeindruckt war von dem Werk Henri Matisses und besonders von seinem *Interieur mit Goldfisch.* Sein Sohn Pierre war mein Klassenkamerad. Und mein Interesse für das Werk von Matisse ist zweifellos auf meine Bekanntschaft mit Pierre zurückzuführen.

»Um 1924 stieß ich auf die erste Ausgabe der ›Revue Surréaliste‹, und ich begann, mich sehr dafür zu interessieren. Nicht so sehr wegen der darin reproduzierten Bilder als vielmehr wegen der allgemeinen geistigen Haltung, die sie vertrat.

»In jener Zeit stand ich eines Tages auf der Plattform eines Autobusses, der die Rue la Boëtie herunterfuhr. Zwei Gemälde im Fenster der Galerie Paul Guillaume zogen meine Aufmerksamkeit auf sich. Ich stieg aus dem Bus aus, um sie zu bewundern. Es waren zwei de Chiricos, die ersten, die ich je gesehen hatte.

»Später erfuhr ich, daß seltsamerweise André Breton auf die gleiche Weise de Chirico entdeckt hatte – von einem Bus aus, der an Guillaumes Fenster vorbeifuhr.

»Kurz darauf begann ich einige Zeichnungen anzufertigen. Vlaminck war der erste Maler, der sie sah und der mich ermutigte weiterzumachen.

»Gus Bofa de Crapouillot war ein Freund von mir. Er half mir im Jahre 1925, zwei oder drei Zeichnungen im ›Salon de l'Araignée‹ auszustellen.

»Natürlich sah ich 1925 die Surrealismus-Ausstellung in der Galerie Pierre in Paris; aber zu der Zeit hatte ich noch nichts Ehrgeizigeres versucht als Zeichnungen. Meine erste Gemälde-Ausstellung fand erst im Jahre 1927 statt.

»Inzwischen war ich durch die ›Revue Surréaliste‹ ein enger Freund André Bretons geworden. Er schrieb die Einleitung zu dem Katalog meiner Ausstellung. Ich erinnere mich, daß wir einen ganzen Nachmittag miteinander verbracht haben, bevor der Katalog zum Druck ging, um in Büchern über Psychiatrie Aussagen von Kranken zu suchen, die als Titel für die Bilder in Frage kamen. Das dem Museum gehörende Bild *Maman, Papa est blessé!* war eine dieser Aussagen.

»Die einzige Veränderung, die ich hier in den Vereinigten Staaten in meinem Werk entdecken kann, betrifft wahrscheinlich meine Palette. Was der Grund für diese Intensivierung der Farbe ist, kann ich nicht sagen. Aber ich muß zugeben, daß die Veränderung beträchtlich ist. Vielleicht ist sie dem Licht zu verdanken. Auch habe ich hier das Gefühl einer größeren Weite – von mehr Raum. Aber deswegen bin ich ja gekommen.«

Yves Tanguy (Interview mit J. J. Sweeney), The Museum of Modern Art Bulletin, Bd. XIII, Nr. 4-5, New York, Dez. 1946

Woodbury, Connecticut (Town Farm), 9. Juli 1946

Mein lieber Hérold,
Dank für Deinen Brief – endlich. Ich hatte Brauner mehrmals gebeten, Dir zu sagen, daß Du mir schreiben solltest. Du weißt jetzt, warum ich Deinen ersten Brief, der viel zu spät ankam, als daß ich etwas für Dich hätte tun können, niemals beantwortet habe. Außerdem hatte ich absolut keine der notwendigen Angaben (Geburtsdaten, Geburtsort usw.). In diesem Land sind sie, vor allem seit dem Krieg, immer bürokratischer geworden, und man kann die für ein einfaches Visum erforderlichen Papiere nach Kilogramm zählen. Schließlich ist all das jetzt vorüber.

Von Breton habe ich noch keine Nachricht. Wenn Du ihn siehst, sage ihm, wie sehr er uns hier fehlt. Ich habe mit Vergnügen sehr schöne Reproduktionen von Dir in ›View‹ gesehen. Nach meiner Ansicht waren sie das Beste in dieser Nummer. Ich schließe aus dem Tonfall Deines Briefes, daß Du während des Krieges eher bittere Erfahrungen gemacht hast. Ich versichere Dir, daß auch hier einiges los ist und abgesehen von einigen wenigen Freunden der ganze Rest nur aus einer Bande von Speichelleckern besteht, die für ein kleines bißchen Erfolg alles tun würden. Nun, das alles ist nicht neu. Ich kümmere mich nicht darum, ich lebe zwar nicht in einem Elfenbeinturm, aber beinahe auf einer einsamen Insel, gehe so selten wie möglich nach New York, arbeite gerade so viel, wie nötig – eher noch etwas weniger... Du wirst viel Unsinn über mich hören – verhalte Dich all dem gegenüber reserviert...

Es ist schade, daß Du nicht hier bist. Ich habe einen großen Billard-Tisch mitten im Wohnzimmer. Wir könnten ein paar gute Partien spielen, ganz zu schweigen von den Cocktails, die ich, ohne mich rühmen zu wollen, ausgezeichnet zu machen verstehe.

Du hast Glück, eine so prompte Antwort von mir zu erhalten. Ich habe dort auf meinem Schreibtisch mehr als 15 Briefe aus Frankreich und anderswoher liegen, die ich bisher nicht beantwortet habe. Einige sind mehrere Monate alt. Faulheit ist eine schöne Sache, aber ich rate Dir nicht dazu und rechne damit, daß Du mir bald antwortest und mir ein paar Einzelheiten über Dein Leben mitteilst. Hast Du irgendeinen Händler, der sich um Deine Bilder kümmert? Kann ich hier irgendetwas auf diesem Gebiet für Dich tun? Ich habe keinen großen Einfluß, aber ich kann es immerhin versuchen, obwohl das Leben hier härter ist als irgendwo sonst. Auf jeden Fall ist ein Boheme-Leben unmöglich.

Mein lieber Hérold, ich wiederhole, wie glücklich ich war, schließlich Nachricht von Dir zu erhalten. Vergiß nicht, daß ich immer noch dieselbe Freundschaft für Dich empfinde.

Herzlichst, Yves

DIE AKTIVITÄTEN BRETONS scheinen mir ein wenig vage und das ›surrealistische‹ Leben und Treiben einigermaßen erloschen. Ist das eine Täuschung meinerseits?

Alle Welt verschwindet nach Europa. Max Ernst im Juli, Pierre Matisse Ende dieses Monats, Tchelitchew ist, wie ich vermute, schon angekommen, auch Edward James, Esteban vielleicht und eine Menge Leute aus unserem Freundeskreis, die weniger bekannt und weniger berühmt sind. Wir warten noch, denn die Dollars fließen ein bißchen träge in diesem Jahr.

Habe neulich Luis Carré in New York gesehen, und ich bedauere meinen Besuch nicht. Wir haben uns ausgiebig amüsiert, trotz der Szenerie (Villon-Ausstellung).

A propos Ausstellung – vielleicht entschließe ich mich, in diesem Winter oder im Frühling nach Paris zu gehen: Aber das liegt noch etwas zu fern, um ernsthaft darüber zu sprechen.

Yves Tanguy, Brief an Marcel Jean, Mai 1948

AN DER TANGUY-AUSSTELLUNG intensiv teilzunehmen, war ein wahrer Genuß. Die weiten nächtlichen Landschaften, in denen ein ganzes Volk von Gerippen lebte, die unendlich lange Schatten warfen, schafften es nicht, man weiß nicht wieso, Schrecken einzuflößen. Sie verwandelten sich unaufhörlich, nichts war bewegungslos, nichts glich dem anderen. Sie wirkten narkotisierend, und man mußte mit ihnen träumen. Alles spielte sich ab wie gewohnt, eine eindrucksvolle Vernissage, viele Flaschen, einige Berühmtheiten, ein Hauch von Erfolg, ein irritierendes Interesse für einzelne Bilder, sogar ein Verkauf, für den niemals bezahlt wurde... Erst im Jahr nach der Schließung der Galerie gelang es mir, Tanguy zu begegnen. Ich verdanke diese Begegnung René Lefebvre.

Als die Galerie verkauft war, traf ich René in New York. Er wollte mich Tanguy vorstellen. Wir fuhren zusammen im Wagen nach Connecticut. Zuerst hielten wir in Roxbury an, um Sandy Calder zu besuchen.

Das war ein großer Augenblick; denn Calder war ein äußerst charmanter Brummbär, und er zeigte mir sein Atelier. Der Besuch seines Ateliers verriet seine Beschäftigung mit der Astronomie. Er öffnete eine Scheunentür und gab damit den Blick frei auf eine Unmenge von sich bewegenden Ensembles, eine ganze Scheune voller Mobiles. Das Öffnen der Tür brachte Bewegung in dieses ganze eingeschlossene Leben. Ich erinnere mich an einen Gong, der dauernd zu läuten drohte. Wir haben uns bei Calder ausgeruht, und als er erfuhr, daß wir auf dem Weg nach Woodbury waren, um Tanguy zu besuchen, wollte er uns begleiten. Das Gesicht seiner Frau verfinsterte sich . . . Wir sind zu Tanguy gefahren, indem wir Calder in seiner alten Karre folgten. Tanguy war sehr belustigt, als er uns mit Calder ankommen sah. Nicht so seine Frau. Sie hatte alles getan, um ihn vom Trinken abzubringen. Die Ankunft Calders kündigte die Niederlage an. Die Männer umarmten sich wie zwei Schelme, die zusammen zu trinken verstehen.

Es gelang mir an diesem Tage nicht wirklich, Tanguys Bekanntschaft zu machen, es sei denn durch das, was ich von seinem Haus und von seinem Atelier sah... Ich erinnere mich an den Billard-Tisch im Salon, weil ich nicht damit gerechnet hatte, ihn dort zu finden. Es gab dort auch Snack-Bar-Stühle, deren Rückenlehnen rissig waren wie altes Pergament. Das Atelier war ein Pferdestall mit gekalkten Wänden innerhalb einer Scheune. Seine Frau, Kay Sage, hatte das gleiche nebenan. Ich habe niemals etwas gesehen, was dem Atelier von Yves ähnlich gewesen wäre, außer in Krankenhäusern (als Weiberfeind habe ich mir das Atelier seiner Frau nicht genau angesehen). Eine alte, sehr massive französische Staffelei war an ihrem oberen Rand mit einer gedrehten Kordel versehen, die an einer Spindel befestigt war und ein kleines Instrument für die Präzisionsarbeiten hielt. Seine Farbtuben lagen geordnet und klassifiziert in Regalfächern unter der Staffelei. Die Tische, die sich dort befanden, glichen Operationstischen. Künstler arbeiten unterschiedlich. Manche sind schlampig, andere sorgfältig. Das Atelier von Yves wurde so sorgfältig behandelt wie seine Malerei.

Bill Copley (Interview), Katalog der Ausstellung Paris-New York, Paris, 1977, S. 100-101

IM REICH DES UNBEWUSSTEN, das Tanguy bewohnt, spielt sexuelle Metaphorik eine bedeutende Rolle, was inzwischen alle außer den unerbittlichsten Anti-Freudianern zugeben werden. Daher sind phallische Anspielungen ein unvermeidliches Element seiner Vorstellungswelt. Es ist jedoch eine der hervorragendsten Qualitäten seiner Malerei, daß sie die vielleicht größte Schwäche der surrealistischen Kunst vermeidet – die uneingeschränkte Kapitulation visueller Werte vor psychologischen Kategorien. Damit meine ich, daß Tanguys Kunst, ebenso wie die de Chiricos und Mirós, durch malerische Ausdruckskraft, durch die Qualität von Licht, Oberfläche, Farbgebung und Gleichgewicht, die alten malerischen Traditionen entstammt, vor allzu aufdringlichen Freudschen Psychologismen bewahrt wird und unser Interesse an seinen Bildern noch wachgehalten wird, wenn wir ihre Themen längst verarbeitet haben.

Obwohl er erkennt, daß der Surrealismus als einheitliche Bewegung abgeschlossen ist, folgt Tanguy weiter treu dessen nachdrücklich vertretenem Programm, wonach jegliche Barrieren, die das menschliche Bewußtsein einschränken, niedergerissen werden sollen. Dennoch war er gegenüber den polemischen Aktivitäten seiner Kollegen eher zurückhaltend, und so fest er sich der gewollten Anti-Ästhetik des Surrealismus verschrieben hatte, ist er doch – ob er wollte oder nicht – weitgehend der französische Künstler im klassischen Sinn geblieben. In der Tat, wenn er seinen Band Montaigne in der Hand hält und davon sagt: »alles ist hier«, spürt man – was die Zukunft bestätigen wird –, daß Tanguy nicht weniger der geistige Erbe von Chardin als der von Isidore Ducasse, Comte de Lautréamont ist.

J. Th. Soby, ›Inland in the subconscious‹ Magazine of Art, Bd. 42, Januar 1949, New York, S. 6f

DER SURREALISMUS hat zwei Hauptströmungen. Die eine, die auf de Chirico zurückgeht, benutzt eine illusionistische Sprache – gemeinhin die *trompe l'oeil*-Malweise des 19. Jahrhunderts. (Sie schließt die Malerei von Dali, Delvaux und Magritte sowie das bildhauerische Werk von MacWilliam ein.) Die andere, die auf Duchamp zurückgeht, benutzt eine nicht-illusionistische Sprache auf der Grundlage des Kubismus und der abstrakten Kunst. (Sie umfaßt die Malerei von Miró und Masson und das bildhauerische Werk von Arp, Moore und Giacometti.) Das Interesse an Verwandlung und Nebeneinanderstellung gegensätzlicher Objekte und Phänomene, worin der Surrealismus seine *raison d'être* findet, manifestiert sich bei der ersten Richtung durch die Darstellung einer Traumwelt, in der man Verwandlungen und Nebeneinanderstellungen realer Objekte tatsächlich im Entstehen sieht. Bei der zweiten Richtung formuliert sich dieses Interesse in der normalerweise automatischen Erfindung unbestimmter Formen, die vielfältige, ineinandergreifende, sich vermischende Assoziationen freisetzen.

Tanguy war einer der beiden Surrealisten – der andere war Max Ernst –, die diese beiden gegensätzlichen Methoden miteinander versöhnten. (In der Folge wurde von Vertretern der nächsten Generation wie Matta, Francés und Hérold eine Synthese erreicht.) Bei Tanguy ist die Seinsweise seiner Bildwelt illusionistisch: er verwendet Hell-Dunkel, Linear- und Luftperspektiven usw. Aber er füllt diese Welt nicht mit Darstellungen realer Objekte oder Objekt-Fragmenten, sondern mit Gestalten und Formen, die sich für viele Deutungen anbieten und die Bilder der Skulpturen von Arp und Moore sein könnten (sie sind es nicht, denn sie waren früher). Auf diese Weise weicht er der Tendenz des illusionistischen Surrealismus aus, lediglich illustrativ oder allegorisch zu wirken. Gerade seine Abwendung von realen Objekten verleiht seinem bildnerischen Universum mehr Realität als die anderen surrealistischen Welten vermitteln können. Denn sein bildlicher Ausdruck selbst ist Phantasie, nicht eine Kopie einer Phantasie. Aber dies alles, so wichtig es ist, macht nicht das Wesentliche seines künstlerischen Beitrags aus. Das Wesentliche liegt in der staunenswerten Unpersönlichkeit seiner Bildvorstellungen: Eine klassische Nüchternheit ist in seinen romantischen Visionen, die sie um so beklemmender macht.

Seine Hauptschwäche besteht in der Neigung, Farbe zu benutzen, als handele es sich um Zuckerguß, mit dem eine Pille umhüllt wird. Es ist nicht zu übersehen, daß auch er seine Grenzen hat: das heißt, seine Phantasie hat keine große Spannweite; er wiederholt sich in unübersehbarer Weise. Und wie bei den meisten Künstlern, die sich wiederholen, sind auch bei ihm seine früheren Werke die besten. Es unterstreicht die Bedeutung der gegenwärtigen Ausstellung, daß sie drei große Gemälde von 1929 einschließt (Tanguy ist im Jahre 1900 geboren), die, soviel ich weiß, bisher in London noch nicht ausgestellt waren. Alle drei, aber besonders *Le Regard d'ambre*, sind spannungsgeladene Orte eines Dramas, das greifbar ist, gegenwärtig – ganz anders, als die meisten seiner späteren Werke, die halbvergessene Situationen beschwören, die dann ans Licht gebracht werden, als ob sie exhumiert worden seien.

David Sylvester, ›Yves Tanguy‹, Art News and Review, London, 3. Juni 1950

VOILÀ, heute schneit es und die herrlichen Berge und die roten Felsen aus Pappe (das ist so schön wie im Théâtre du Châtelet) verschwinden im Nebel. Das ist immerhin etwas. Aber sage bitte dem armen Max nichts davon, der dieses Land liebt. Jedem das Seine. Ich werde Max ein wenig necken, der sich mir gegenüber etwas verlegen fühlt wegen seiner Versöhnung mit A. B., was ich ihm übrigens überhaupt nicht übelnehme. Ich mache mich nur still und heimlich darüber lustig... Aber lassen wir das alles fallen. Ich hätte mich an seiner Stelle wahrscheinlich genauso verhalten wie er (Max).

...Max bringt mir schubkarrenweise Bücher, und ich habe innerhalb der letzten zwei Tage Alphonse Allais, die letzte Nummer von Nef, die Critique-Ausgabe, Gilbert Lely verschlungen und danach zum Glück de Sade, Kafka, Melville und – lassen wir es dabei.

Yves Tanguy, Brief an Marcel Jean, Sedona, 23. Februar 1951

Mein lieber Marcel,

Dank dafür, daß Du mich so gewissenhaft auf dem laufenden hältst. Ich habe nicht eher geantwortet, weil ich auf den Brief von Breton und Péret wartete, der erst gestern eintraf. Habe ein paar Tage vorher den Text von Pastoureau erhalten (die normale Post braucht unendlich viel Zeit, zweifellos um die Luftpost zu unterstützen). Ich bin noch immer wie vom Blitz getroffen durch diese ganze Geschichte, und wenn ich sagte, daß ich nicht daran glauben könnte, zog ich keineswegs Deinen guten Glauben in Zweifel! Ich wollte nur kein Öl in das Feuer gießen, und vielleicht hoffte ich, daß sich irgendein Wunder ereignen könnte. Dieses Mal bedeutet es wirklich das Ende der Surrealisten-Gruppe. Letztlich kann man sich immer damit trösten, daß man ein gutes Vierteljahrhundert erlebt hat! Ich fühle mich etwas weit weg von der ersten Begegnung mit A. B. nach der Surrealismus-Ausstellung im Jahre 1925 in

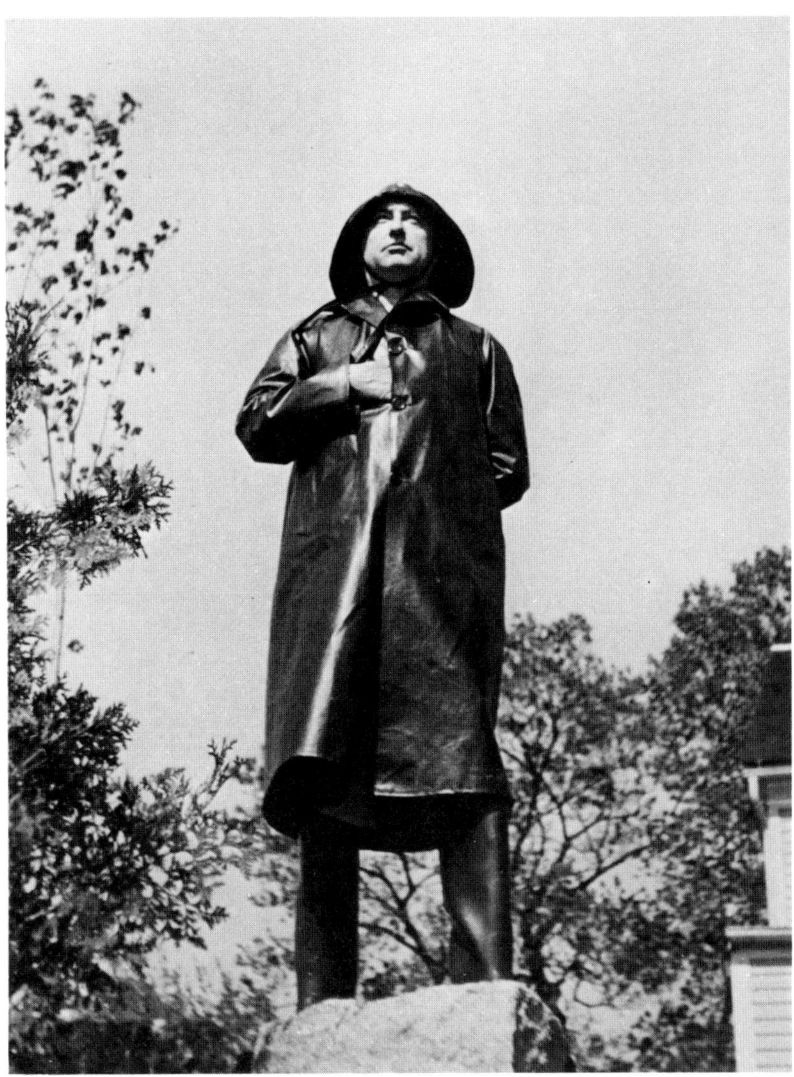

Yves Tanguy in den Vereinigten Staaten

der Galerie Pierre! Dem Papier von Pastoureau will ich nur die genaue Darstellung des Sachverhalts entnehmen, denn was seine politische Einstellung angeht, so hätte ich eine Menge zu sagen, wie Du Dir denken kannst. Aber darum geht es nicht. (Ich kann mir vorstellen, wie wir ›Amerikaner‹ in bestimmten Kreisen beurteilt werden. Aber ich pfeife darauf.) Ich bin etwas erstaunt über die Haltung, die Mayoux einnimmt. Aber das sind Dinge, die man nur an Ort und Stelle beurteilen kann, und ich verbürge mich für die Lauterkeit von Mayoux, der eine Art weltlicher Heiliger ist, wie Du weißt. Ich werde ihm schreiben, um ihn ein bißchen hochzunehmen. Den Bericht der Versammlung habe ich natürlich nicht erhalten, und ich werde ihn auch niemals erhalten. Vergiß nicht, daß ich seit langem ausgeschlossen bin. Ich weiß nicht, ob meine Exkommunikation offiziell war oder nicht. Kurz, was bleibt nun aus dem Umkreis von A.B. und B.P. All diese neuen Namen sagen mir nicht sehr viel.

Yves Tanguy, Brief an Marcel Jean, Woodbury, 3. April 1951

ES IST GANZ KLAR, daß Du Dich, wenn Du willst, auf meine völlige Billigung berufen kannst, was die Kundgebung gegen die Vorträge von Carrouges in St.-Séverin betrifft. Im übrigen möchte ich im Hinblick darauf, daß ich ohne Prozeß und Urteil aus der Gruppe hinausgeworfen wurde, ganz offen gesagt lieber weiterhin aus dieser Randstellung Nutzen ziehen. Aber das soll nicht heißen, daß ich versuche, mir ein paar Türen offenzuhalten. Ich betrachte mich als jemand, der endgültig alle Beziehungen zu A. Breton abgebrochen hat. Es gibt persönliche Dinge, die ich weder vergessen noch verzeihen kann. Aber ich will mich nicht in das Handgemenge stürzen, und ich bin weit, sehr weit davon entfernt, die Einstellung und die Politik Pastoureaus zu billigen. Ich sage dies jedoch nur, um mich Dir gegenüber verständlich zu machen, und ich will mich nicht in einem privaten Gespräch auf mehr oder weniger zweifelhafte Beweisführungen einlassen. Für mich ist der Surrealismus völlig tot . . .

Yves Tanguy, Brief an Marcel Jean, Woodbury, 26. Juni 1951

ER ARBEITETE BEI MIR an einer Radierung, und während ich mit ihm plauderte, verfolgte ich mit den Augen die feine Spitze, die sich langsam und unfehlbar durch das Wachs hindurchgrub, und die mit einer wunderbaren und instinktiven Sicherheit, ohne Wiederholung, ohne Rücknahme, ohne Zögern ein neues kleines Monument errichtete, das allen Vollendungen gewidmet war.

Marcel Jean, a.a.O., S. 378

AM 7. JANUAR 1955 schrieb er mir – mit der Zurückhaltung, die er hinsichtlich seiner eigenen Werke immer übte: »Das Museum of Modern Art hat mir soeben mein letztes großes Bild zu einem (für mich) so hohen Preis abgekauft, daß die elementarste Bescheidenheit es mir verbietet, ihn zu nennen.« Nun, Kay und er hatten beschlossen, wieder zu reisen, sie sollten am 20. März in Frankreich ankommen. »Ich halte die Daumen«, sagte er zu mir, »daß unsere fabelhaften Pläne gelingen.«

In einem Brief an Marcel Duhamel wird eine Art Vorahnung deutlich; er erzählte von seinen Plänen und kommentierte sie mit den Worten: »All das wird zweifellos nicht in Erfüllung gehen.« »Ich bin gerade 55 Jahre alt geworden«, fügte er hinzu, »und ich fühle mich ein wenig verbraucht.«

Es erscheint mir dennoch unglaublich, daß die Studie, die man soeben gelesen hat, ein Nachruf ist – daß der Lebenszyklus von Yves sich so plötzlich hat schließen müssen. Am 15. Januar, als wir Marcel Duchamp und seine Frau mit Max Ernst und Dorothea Tanning zum Dinner empfingen, teilten wir ihnen die bevorstehende Ankunft der beiden Abwesenden mit, wir plauderten fröhlich über die ›Town Farm‹, die unsere Gäste gut kannten. Am nächsten Morgen meldete uns ein Telegramm von Kay Sage den Tod Yves Tanguys, der am Vorabend plötzlich an einer Hirnblutung gestorben war.

Marcel Jean, a. a. O., S. 379

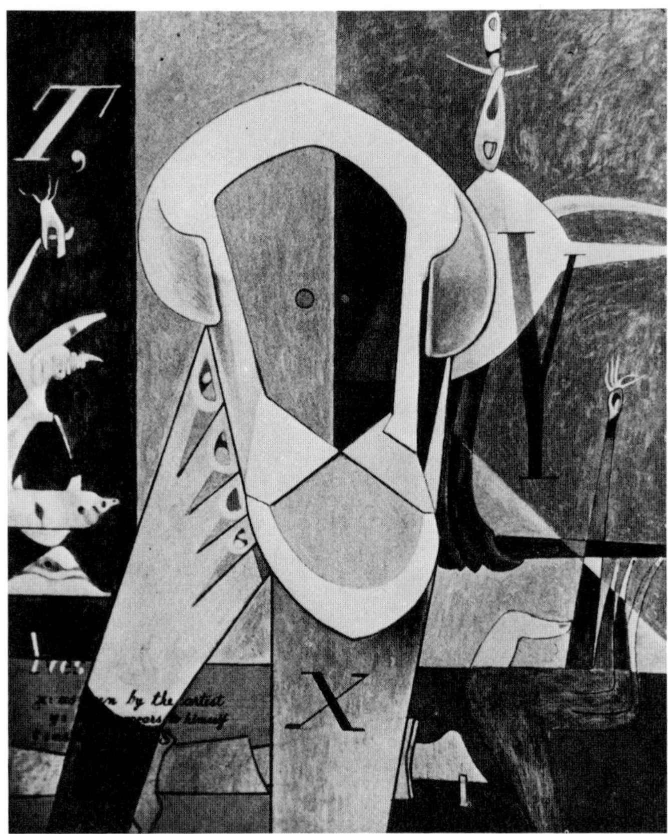

Max Ernst
Porträt von Yves Tanguy, 1948
Öl auf Leinwand, 76 x 61 cm, Privatbesitz

Was ein Kunstwerk an ›Überraschung‹ enthält, ist, für mich, der wichtigste Faktor in seiner Schöpfung – Überraschung für den Künstler wie für die anderen. »Die Überraschung muß bedingungslos um ihrer selbst willen gesucht werden.« (André Breton, ›L'Amour fou‹)

Das Bild entwickelt sich vor meinen Augen; es offenbart seine Überraschungen, je mehr es fortschreitet. Dies verleiht mir das Gefühl einer völligen Freiheit, und darum bin ich außerstande, einen Plan vorzubereiten oder von einem Entwurf auszugehen.

Ich glaube, man gewinnt nicht viel, wenn man mit anderen Künstlern seine Ansichten über die geistigen Grundlagen der Kunst und die technischen Verfahren austauscht. Sehr einsam in meiner Arbeit, bin ich in der Tat fast eifersüchtig auf sie. Die Geographie ist ohne jeden Einfluß auf diese Arbeit, ebenso das, was die Menschen beschäftigt, unter denen ich lebe. Ich arbeite sehr unregelmäßig und wenn es mich überkommt – manchmal eine ganze Woche und länger, doch niemals an mehr als einem Bild gleichzeitig, noch in mehr als einem Medium. Eine regelmäßige Arbeitszeit wäre mir unerträglich, denn alles, was nach Verpflichtung aussähe, ist für mich die Negation jeglicher Phantasie bei der schöpferischen Arbeit.

Manche meiner Bilder werden sehr rasch fertiggestellt, andere beanspruchen zwei bis drei Monate oder auch mehr. Das hängt nicht von den Ausmaßen des Bildes ab.

Natürlich interessiere ich mich für das, was andere arbeiten. Von den Malern, die mir die liebsten sind, nenne ich Hieronymus Bosch, Lukas Cranach und Paolo Ucello unter den alten Meistern, und de Chirico (den der metaphysischen Periode) unter den Zeitgenossen.

Zum Schluß: sollte ich ergründen müssen, warum ich male, so wäre das fast, als wollte ich mich selbst in Ketten legen.

Yves Tanguy

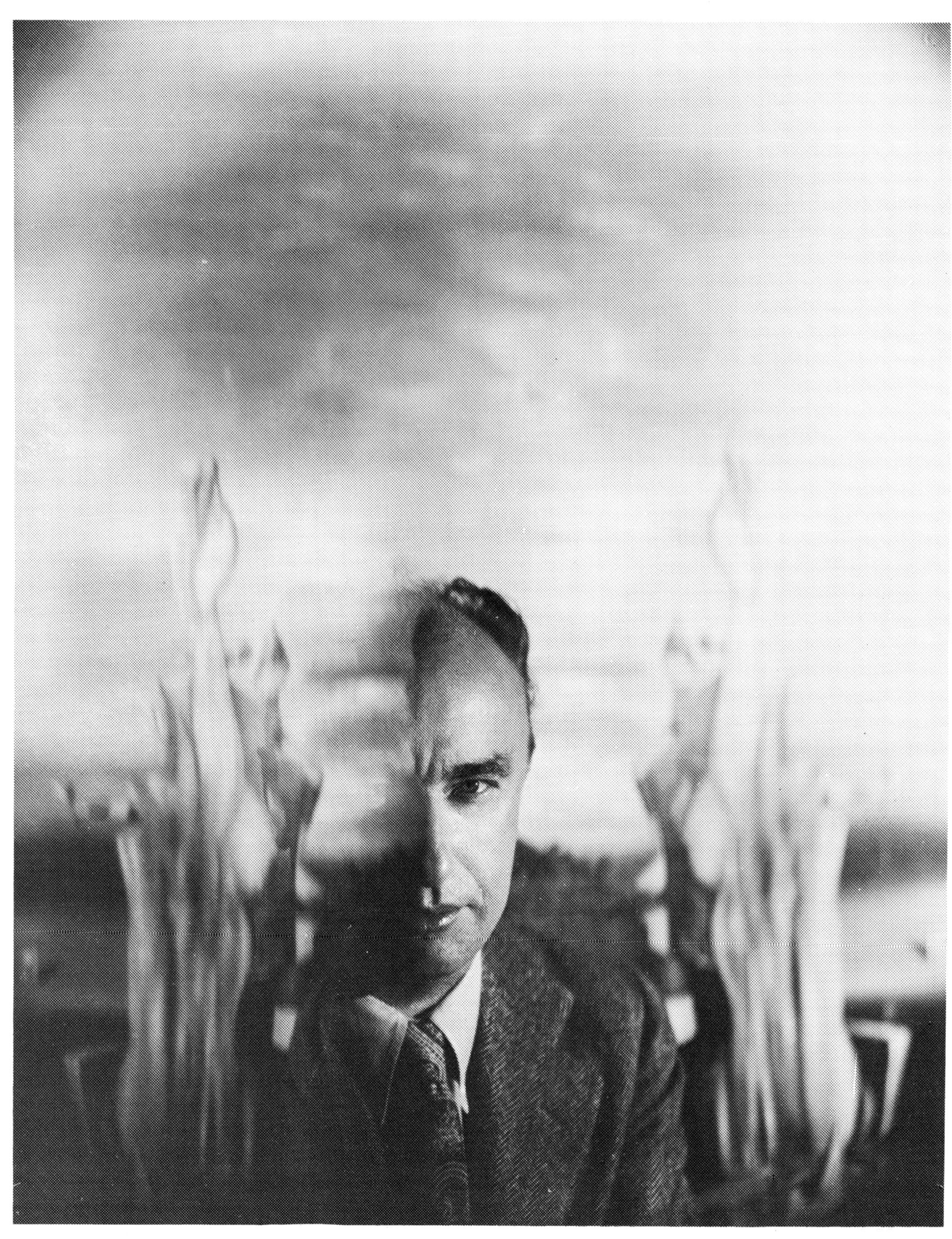

Georges Lynn Pratt: Porträtfoto Yves Tanguy, nach 1941

Bildteil

YVES TANGUY oder Die Anatifera Torpille / Die Jivaros

Eine meiner Erinnerungen an Yves Tanguy: wie er schlafend hoch oben im Astwerk eines Baumes sitzt. Oder ich sehe ihn noch vor mir, wie er zähneknirschend mit dem Kopf das Hotel einzustoßen versucht, in dem wir abgestiegen waren, in jenem trübseligen Provinznest! ich sehe ihn noch wehklagend, daß der Kakerlak, den er lebend verschluckt hatte, sich zu sterben weigert und verzweifelt zu entkommen sucht. Diese Bilder und viele andere haben, wo es um Tanguy geht, nur den Wert eines grammatischen Exempels: so etwas wie die schönsten Passagen eines Films, die die Zensur herausgeschnitten hat und die nun, aneinandergereiht, trotz allem nicht imstande sind, für den Betrachter die Atmosphäre des Films wiederherzustellen, von dem sie nur die Momente der höchsten Steigerung und Authentizität zeigen. Stellt man jedoch die Verbindung zwischen diesen Bildern und seiner Malerei her – die diesen Momenten ihre Entstehung verdankt –, so hat man einen vortrefflichen Klopfhammer zur Auslösung irrationaler Reflexe.

Und ich frage nun in die Kulissen:

– Wenn Tanguy eine Farbe wäre?
– Dann wäre das ein sehr frisches, strahlendes Gelb, antwortet mir eine Stimme.
– Wenn es ein Tier wäre?
– Dann wäre es ein Giraffenjunges.
– Wenn es ein Parfüm wäre?
– Dann wäre es ein vorzügliches Eau de Cologne.
– Wenn es eine Sprache wäre?
– Dann wäre es das Dänische.
– Wenn es eine Frucht wäre?
– Dann wäre es die Schlehe.
– Wenn es eine Erfindung wäre?
– Dann wäre es die des Schubkarrens.
– Wenn es eine Straße in Paris wäre?
– Dann wäre es die Rue d'Amsterdam.
– Wenn es ein Vogel wäre?
– Dann wäre es der Grünspecht.
– Wenn es ein Getränk wäre?
– Dann wäre es der Muscadet.
– Wenn es ein Komplex wäre?
– Dann wäre es der Selbstbeschuldigungskomplex.
– Wenn es eine Sommerfrische wäre?
– Dann wäre es ein Dorf am Ufer des Lac d'Annecy.
– Wenn es Schuhe wären?
– Dann wären es Sandalen.
– Wenn es ein Fortbewegungsmittel wäre?
– Dann wäre es ein Segelschiff.
– Wenn es ein Schmuckstück wäre?
– Dann wären es erotische Ohrgehänge.
– Wenn es ein Werkzeug wäre?
– Dann wäre es der Schraubenschlüssel.
– Wenn es eine Zeitspanne des menschlichen Lebens wäre?
– Dann wäre es das 18. Lebensjahr.
– Wenn es ein Element wäre?
– Dann wäre es die Luft.
– Wenn es ein Gemüse wäre?
– Dann wäre es der Sellerie.
– Wenn es ein Baustil wäre?
– Dann wäre es der der Pfahlbauten.
– Wenn es ein Edelstein wäre?
– Dann wäre es der Aquamarin.
– Wenn es eine eßbare Muschel wäre?
– Dann wäre es die Anatifera, vulgo Entenmuschel.
– Wenn es eine Perversion wäre?
– Dann wäre es der Sadismus.
– Wenn es ein Gebäck wäre?
– Dann wäre es ein Mokka-Eclair.
– Wenn es eine Tagesstunde wäre?
– Dann wäre es 4 oder 5 Uhr morgens.
– Wenn es ein exotisches Gewächs wäre?
– Dann wäre es ein Kaktus: die mexikanische Kerze.
– Wenn es eine Maschine wäre?
– Dann wäre es die Walzmaschine.
– Wenn es ein Fisch wäre?
– Dann wäre es die Torpille, der Zitterrochen.
– Wenn es ein Toilettegegenstand wäre?
– Dann wäre es die Haarbürste.
– Wenn es eine Beleuchtungsart wäre?
– Dann wäre es die Gaslaterne.
– Wenn es ein mythologisches Tier wäre?
– Dann wäre es das Einhorn.
– Wenn es ein Gedicht wäre?
– Dann wäre es ein Gedicht aus Guillaume Apollinaires *Calligrammes: Arbre.*
– Wenn es ein Bildhauer wäre?
– Dann wäre es der erste Holzbildschnitzer auf den Osterinseln.
– Wenn es ein Möbel wäre?
– Dann wäre es ein Schemel.
– Wenn es ein primitives Volk wäre?
– Dann wären es die Jivaros.
– Wenn es eine Geisteskrankheit wäre?
– Dann wäre es die Zyklothymie.
– Wenn es ein Wildbret wäre?
– Dann wäre es die Krickente.
– Wenn es eine Foltermethode wäre?
– Dann wäre es die des Wassertropfens.
– Wenn es ein Schriftsteller wäre?
– Dann wäre es Charles Robert Mathurin, der Verfasser des ›Melmothe‹.
– Wenn es ein Denkmal in Paris wäre?
– Dann wäre es der Genius der Bastille.
– Wenn es ein Aberglaube wäre?
– Dann wäre es der des verschütteten Salzes.
– Wenn es eine Religion wäre?
– Dann wäre es eine Art Fetischismus mit Menschenopfern.
– Wenn es ein Gewürz wäre?
– Dann wäre es der Muskat.
– Wenn es eine Liebkosung wäre?
– So bestünde sie darin, das Gesicht mit beiden Händen zu umfassen.
– Wenn es eine Wasserpflanze wäre?
– Dann wäre es das Pfeilkraut.
– Wenn es ein Kleid wäre?
– Dann wäre es ein netzartig gerafftes Gewand.
– Wenn es ein Haustier wäre?
– Dann wäre es der Esel.
– Wenn es eine untergegangene Kultur wäre?
– Dann wäre es die Kultur der Maya.

Wer sieht nun nicht Yves Tanguys Silhouette inmitten eines Libellenschwarms sich abzeichnen? Ich erwarte euch, spricht er von der Höhe jenes großen Steinbruchs, aus dem Tausende von glimmerspatfarbenen Hornissen auffliegen. Und von euren großen Füßen wird kaum mehr bleiben als kleines Gebein, den Reis der Chinesen damit zu essen. Aber beeilt euch, euer künftiges Bild zu betrachten, ehe die Wirbelflüge eure Herzen und Lebern, nach denen die Butterblumen sich schon das Maul lecken, in den platinblonden Himmel zerstreut haben.

Benjamin Péret

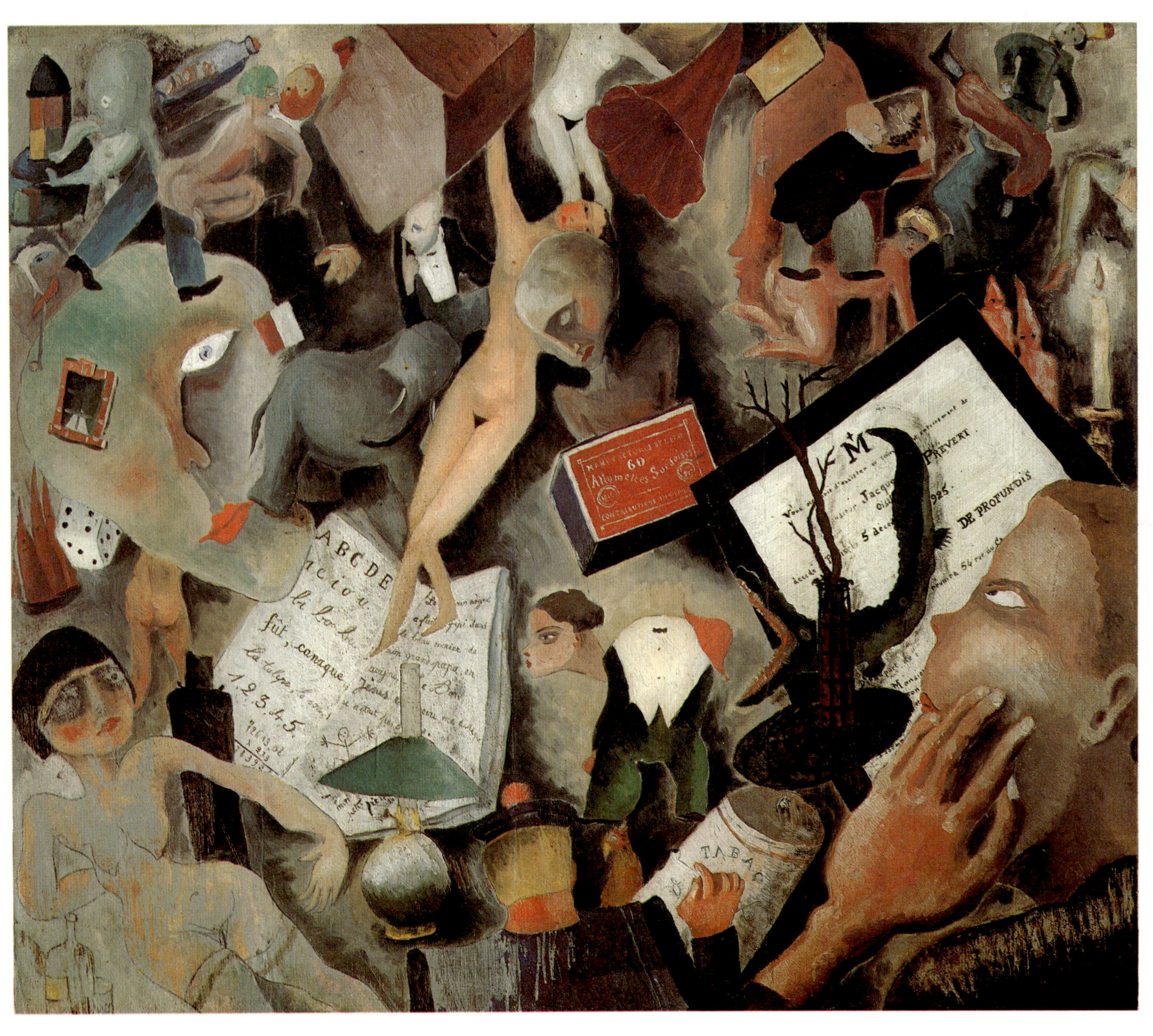

2 Ohne Titel, 1925
Sammlung Pierre Matisse, New York

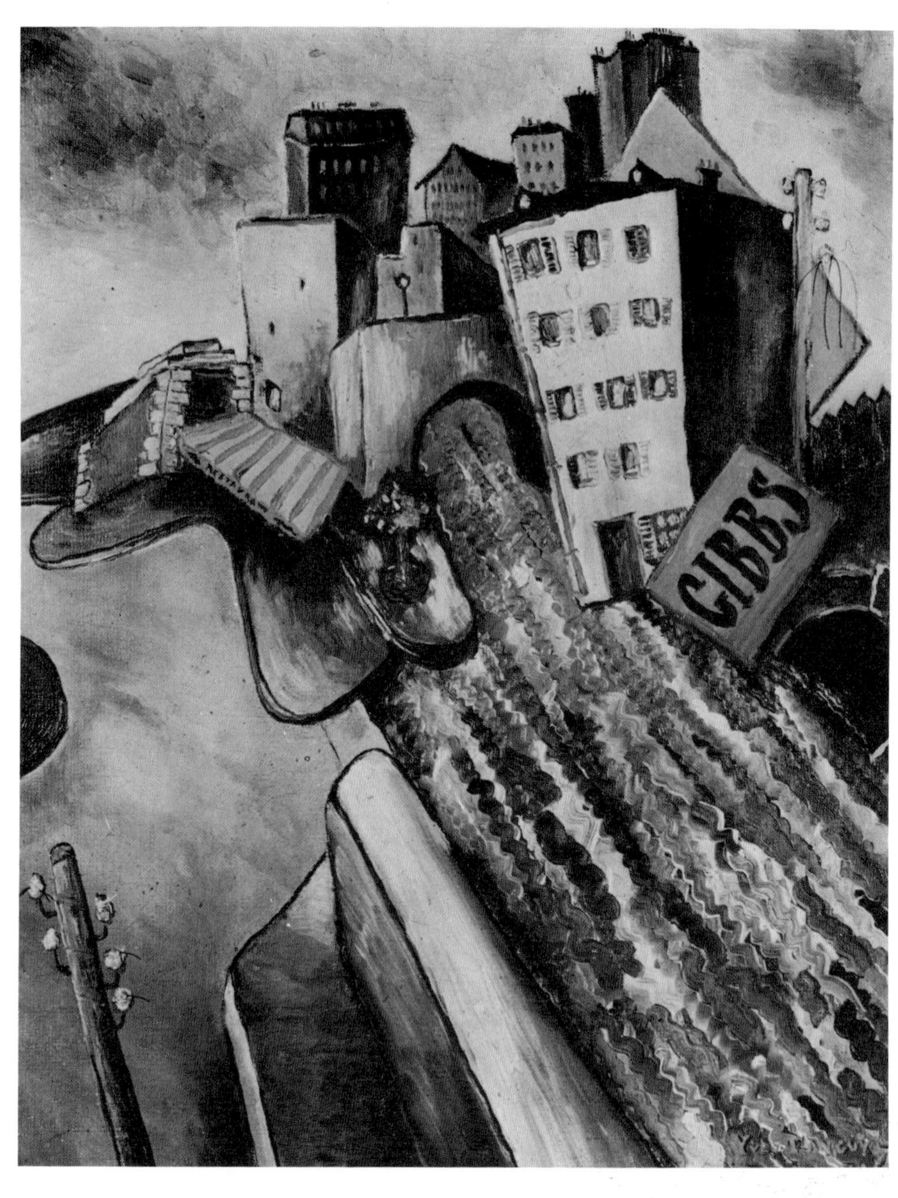

3 Die Brücke, 1925
Privatbesitz, Frankreich

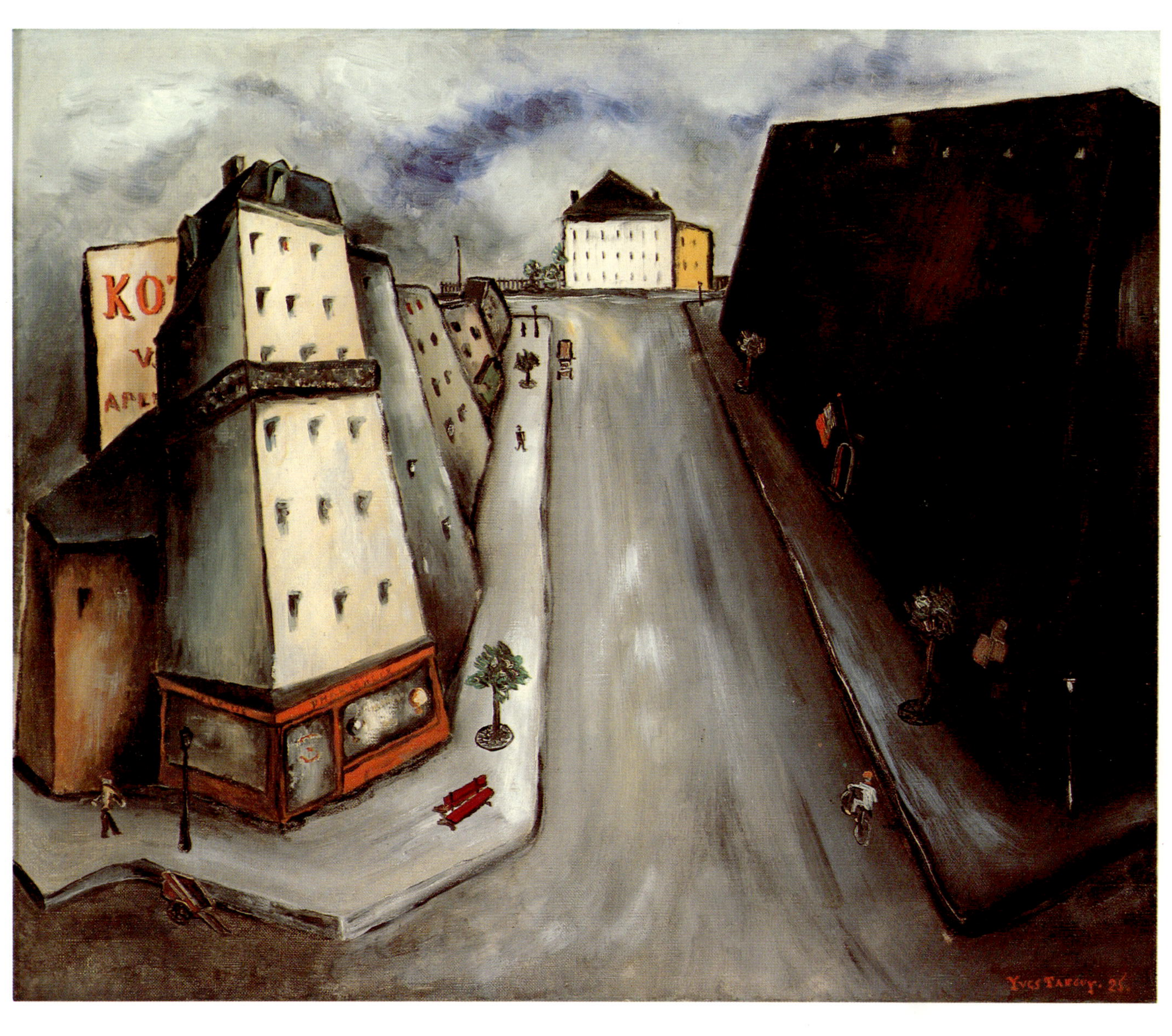

4 Rue de la Santé, 1925
The Museum of Modern Art, New York, legs Kay Sage-Tanguy, 1963

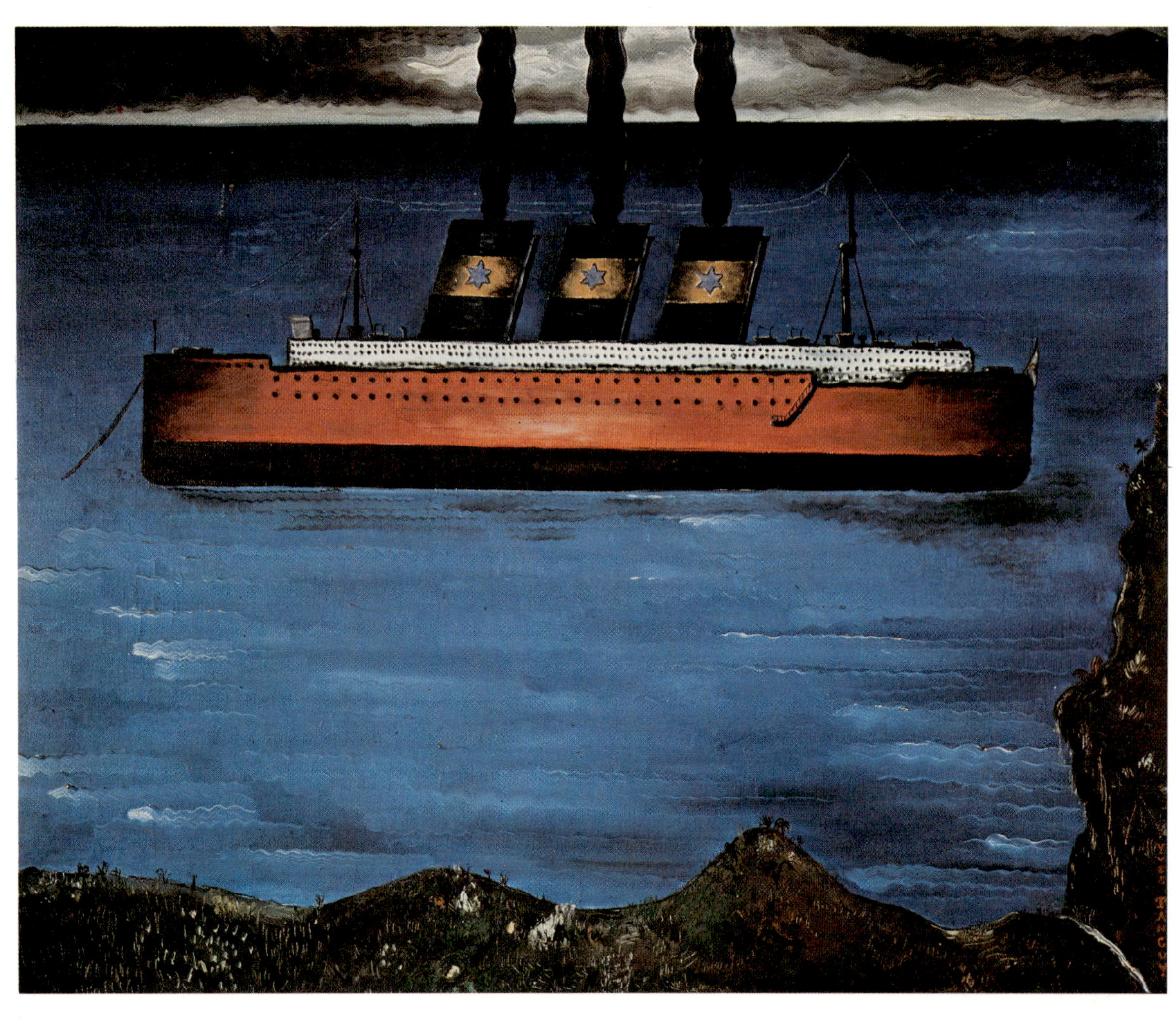

6 Das Schiff, 1925-1926
Privatbesitz, Paris

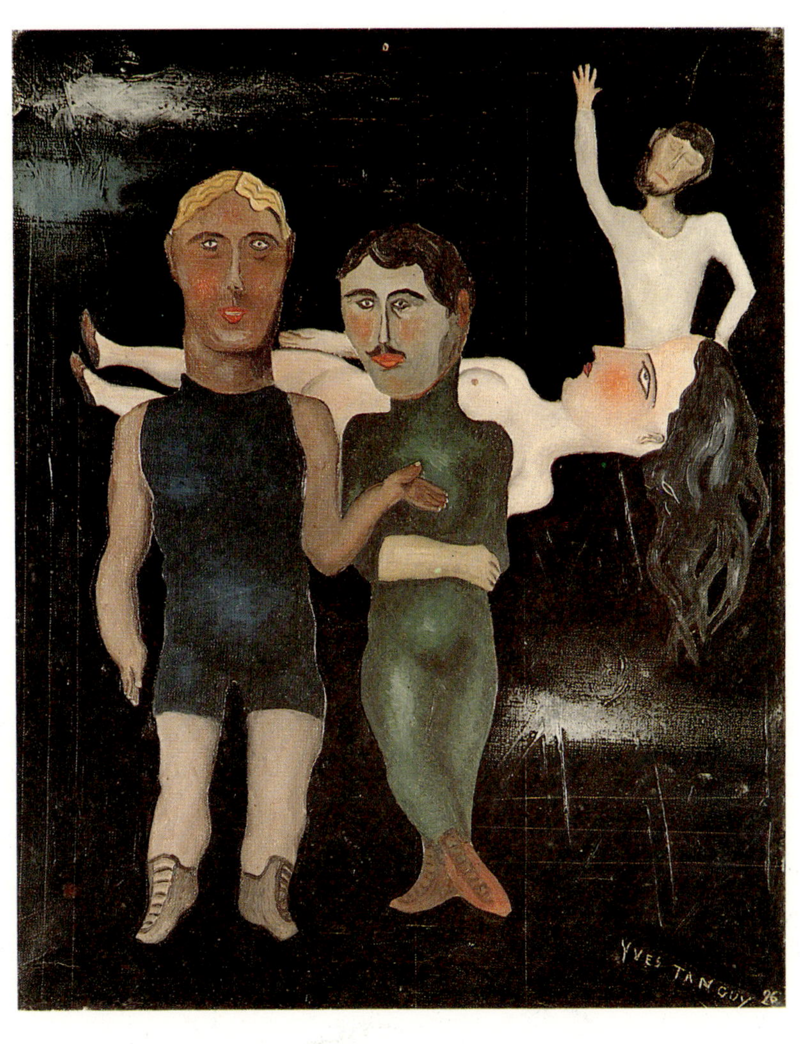

7 Die Jahrmarktsgaukler, 1926
Privatbesitz, Frankreich

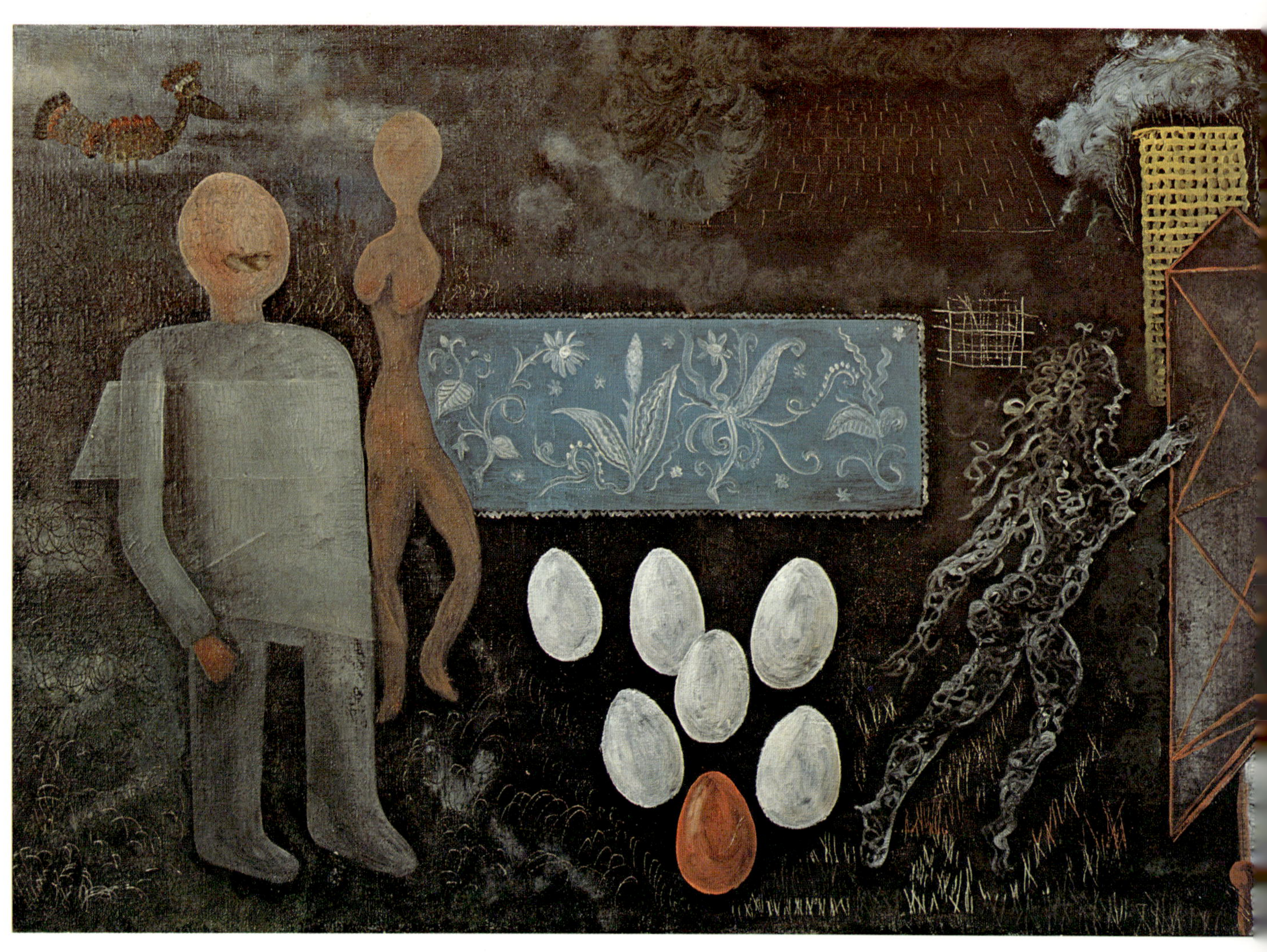

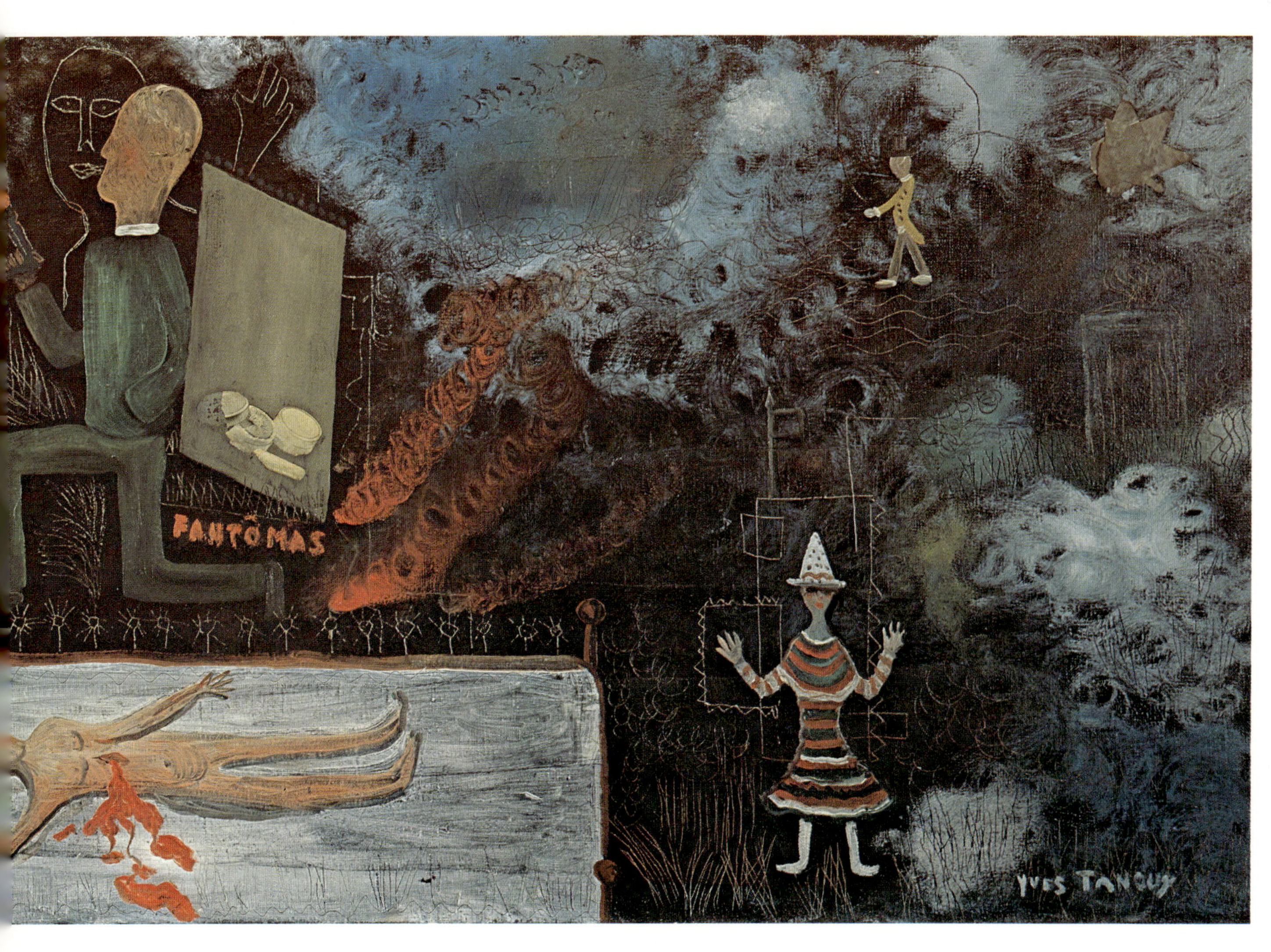

5 Fantômas, [1925-1926]
Sammlung Pierre Matisse, New York

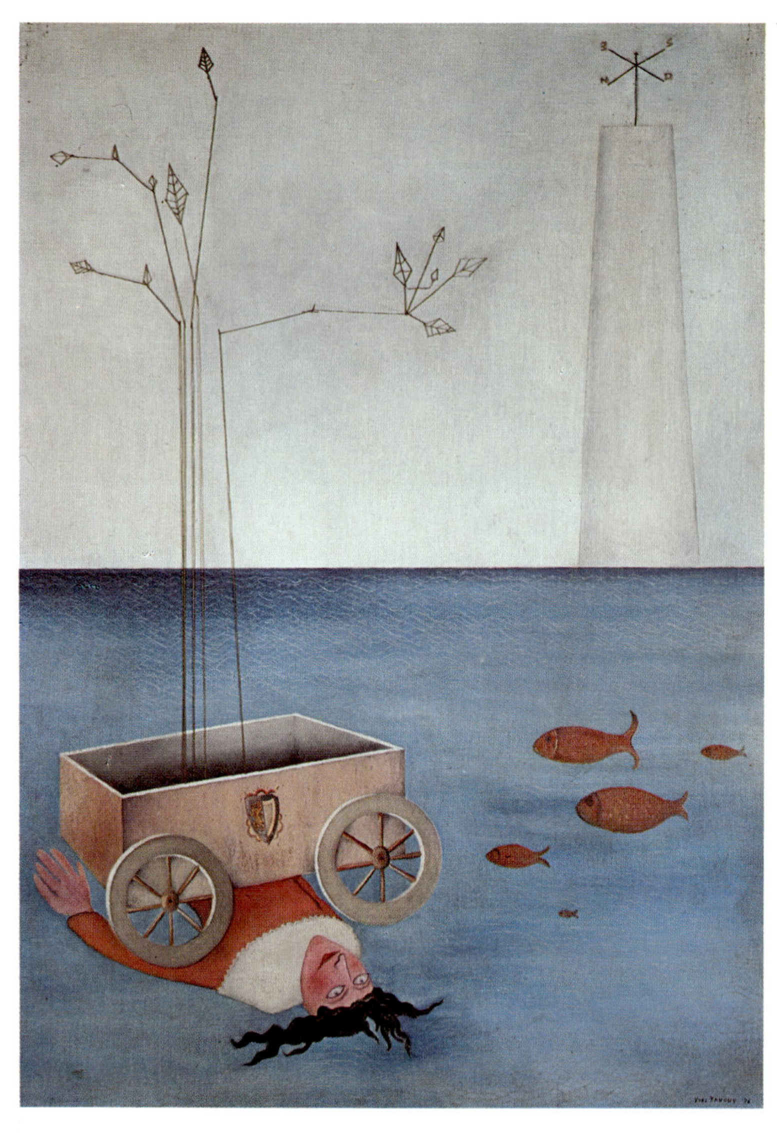

11 Titel unbekannt, 1926
Privatbesitz, Schweiz

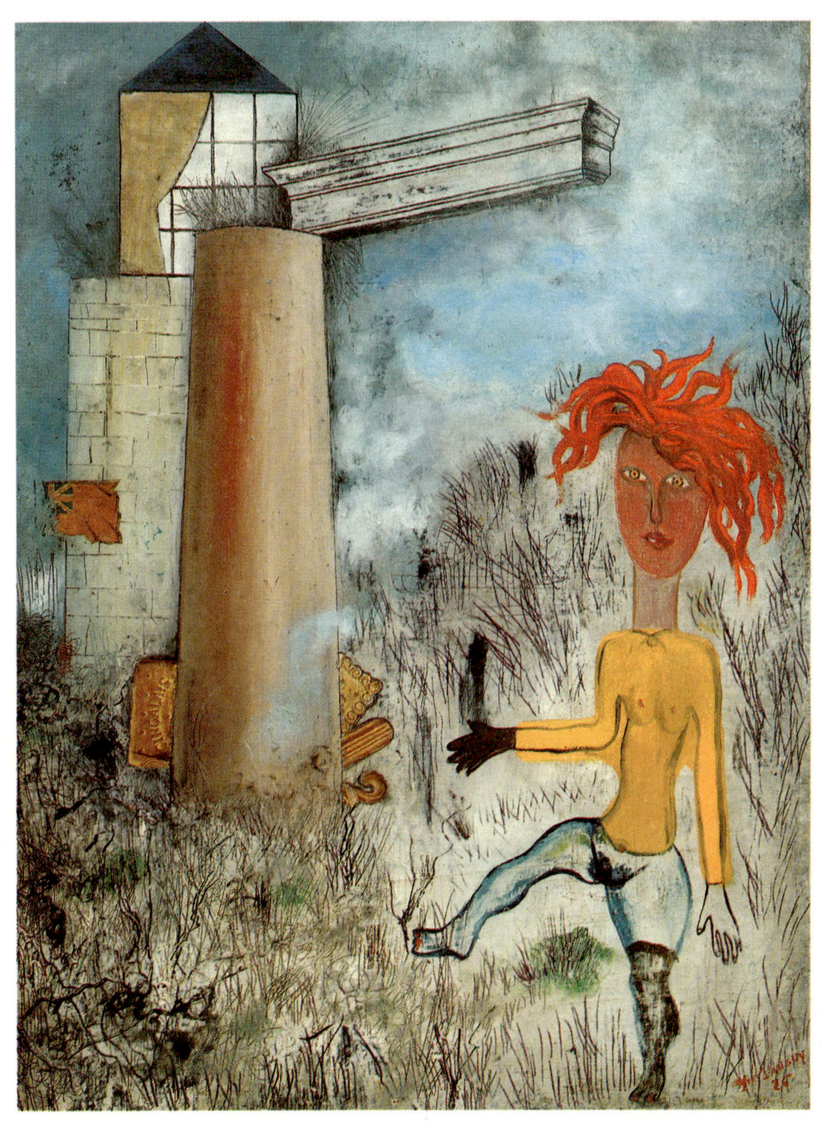

9 Das Mädchen mit den roten Haaren, 1926
Sammlung Pierre Matisse, New York

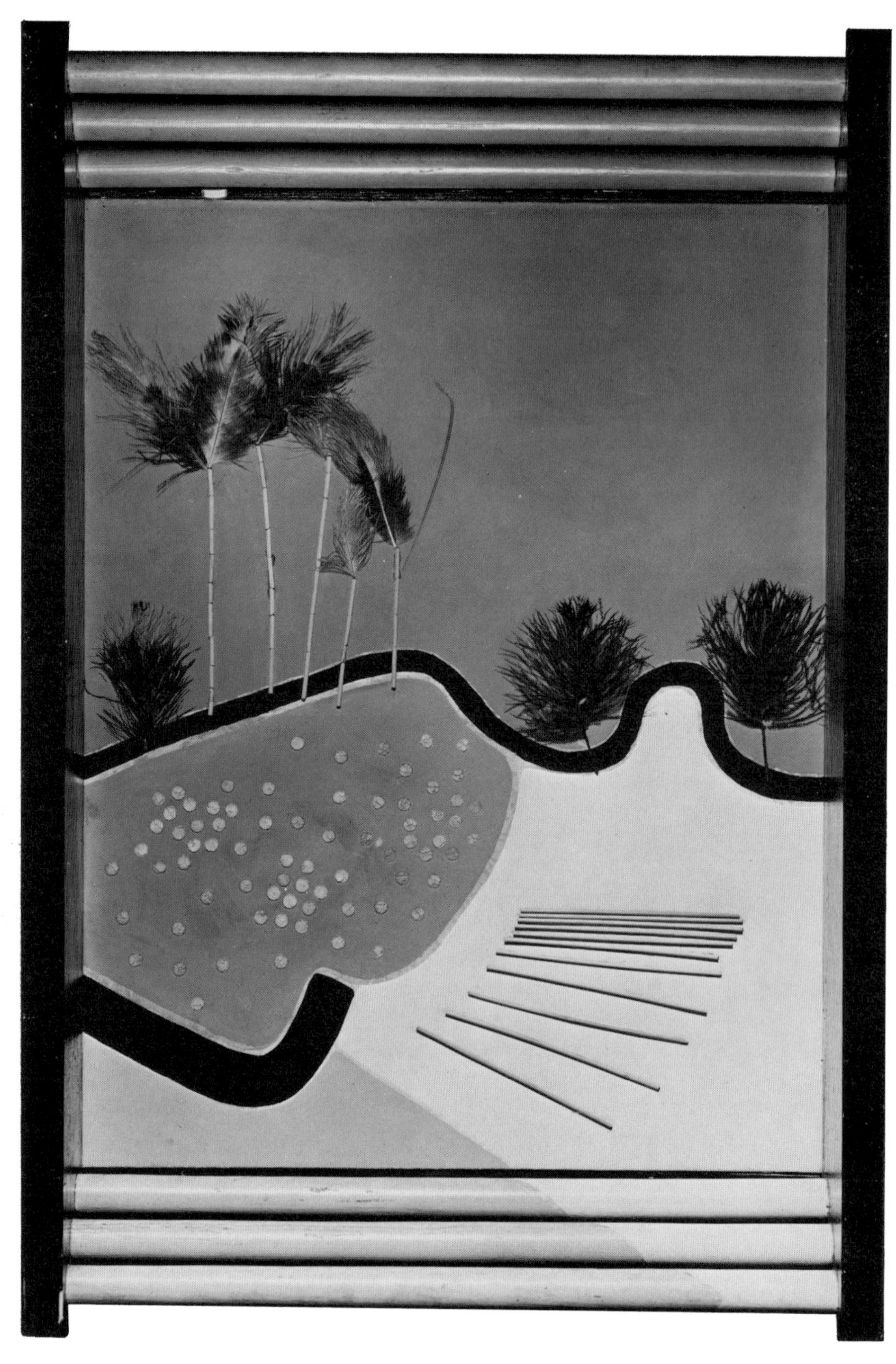

Francis Picabia: Federn, 1924–1925
Staatsgalerie Stuttgart

8 Der Leuchtturm, [1926] ▷
Privatbesitz, Frankreich

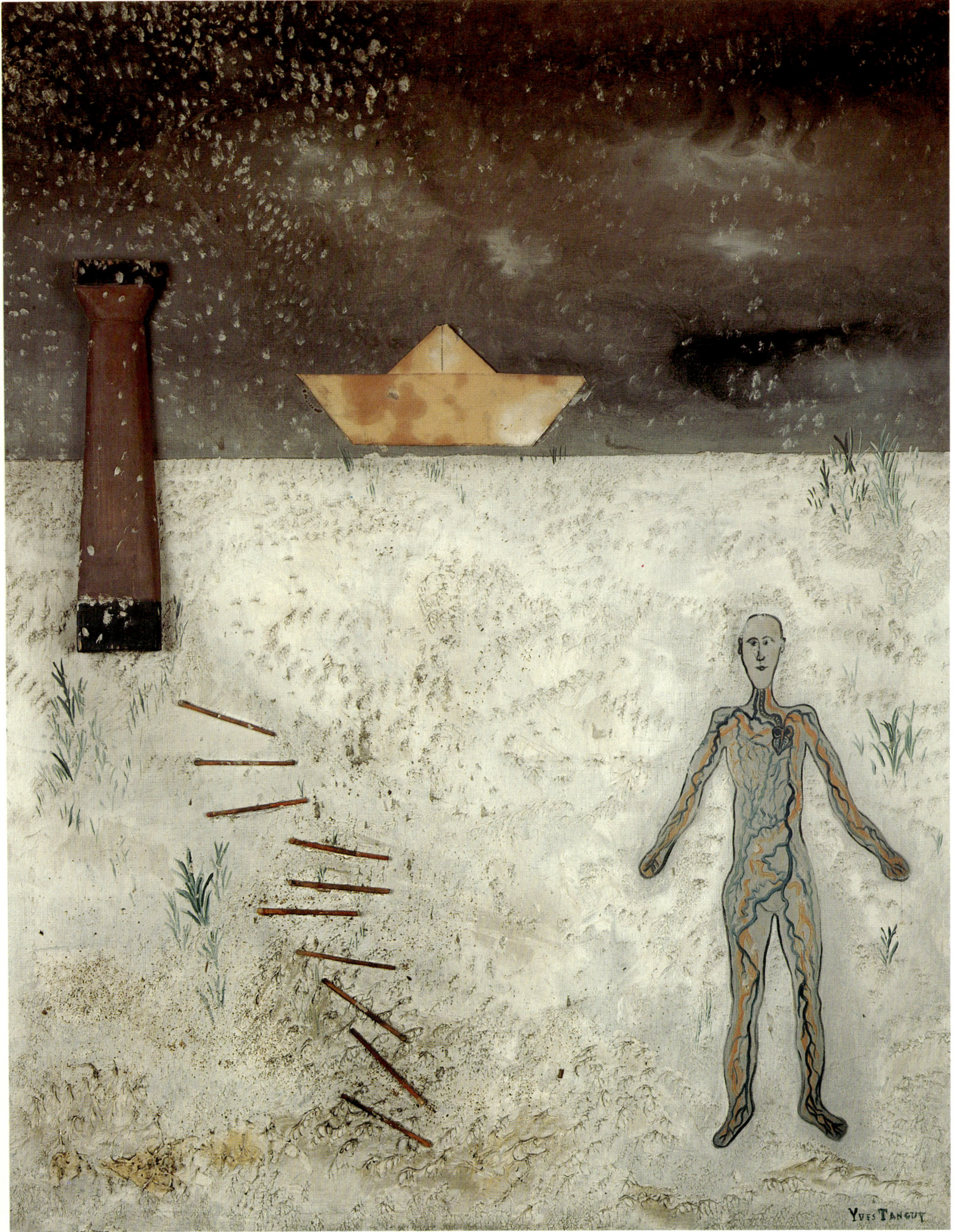
Yves Tanguy

LA MAISON D'YVES TANGUY

La maison d'Yves Tanguy
Où l'on n'entre que la nuit
Avec la lampe-tempête
Dehors le pays transparent
Un devin dans son élément
Avec la lampe-tempête
Avec la scierie si laborieuse qu'on ne la voit plus
Et la toile de Jouy du ciel
— Vous, chassez le surnaturel
Avec la lampe-tempête
Avec la scierie si laborieuse qu'on ne la voit plus
Avec toutes les étoiles de sacrebleu
Elle est de lassos, de jambages
Couleur d'écrevisse à la nage
Avec la lampe-tempête
Avec la scierie si laborieuse qu'on ne la voit plus
Avec toutes les étoiles de sacrebleu
Avec les tramways en tous sens ramenés à leurs seules antennes
L'espace lié, le temps réduit
Errant dans sa chambre-étui
Avec la lampe-tempête
Avec la scierie si laborieuse qu'on ne la voit plus
Avec toutes les étoiles de sacrebleu
Avec les tramways en tous sens ramenés à leurs seules antennes
Avec la crinière sans fin de l'argonaute
Le service est fait par des sphinges
Qui se couvrent les yeux de linges
Avec la lampe-tempête
Avec la scierie si laborieuse qu'on ne la voit plus
Avec toutes les étoiles de sacrebleu
Avec les tramways en tous sens ramenés à leurs seules antennes
Avec la crinière sans fin de l'argonaute
Avec le mobilier fulgurant du désert
On y meurtrit on y guérit
On y complote sans abri
Avec la lampe-tempête
Avec la scierie si laborieuse qu'on ne la voit plus
Avec toutes les étoiles de sacrebleu
Avec les tramways en tous sens ramenés à leurs seules antennes
Avec la crinière sans fin de l'argonaute
Avec le mobilier fulgurant du désert
Avec les signes qui se font de loin les amoureux
C'est la maison d'Yves Tanguy

André Breton

Chemillieu, juin 1939.

André Breton

Das Haus von Yves Tanguy

Das Haus von Yves Tanguy
Das man nur nachts betritt
    Mit der Unwetter-Lampe
Draußen das helle Gelände
Ein Seher in seinem Element
    Mit der Unwetter-Lampe
    Mit dem so geschäftigen Sägewerk daß der Blick es nicht mehr erfaßt
Und das Bild des Himmels von Jouy
– Ihr, verjagt mir das Übernatürliche
    Mit der Unwetter-Lampe
    Mit dem so geschäftigen Sägewerk daß der Blick es nicht mehr erfaßt
    Mit allen Sternen des Himmelnocheinmal
Es ist aus Lassoschlingen, aus Federstrichen
Von der Farbe des schwimmenden Krebses
    Mit der Unwetter-Lampe
    Mit dem so geschäftigen Sägewerk daß der Blick es nicht mehr erfaßt
    Mit allen Sternen des Himmelnocheinmal
    Mit den Trambahnen in jeder Richtung die nur noch Fühlhörner sind
Der Raum gefesselt, die Zeit verkürzt
Ariadne im Zimmer ihres Kästchens
    Mit der Unwetter-Lampe
    Mit dem so geschäftigen Sägewerk daß der Blick es nicht mehr erfaßt
    Mit allen Sternen des Himmelnocheinmal
    Mit den Trambahnen in jeder Richtung die nur noch Fühlhörner sind
    Mit der endlosen Mähne des Argonauten
Sphinxe verrichten den Dienst dort
Halten linnene Tücher sich vor die Augen
    Mit der Unwetter-Lampe
    Mit dem so geschäftigen Sägewerk daß der Blick es nicht mehr erfaßt
    Mit allen Sternen des Himmelnocheinmal
    Mit den Trambahnen in jeder Richtung die nur noch Fühlhörner sind
    Mit der endlosen Mähne des Argonauten
    Mit dem funkelnden Mobiliar der Wüste
Man verkeilt dort, man heilt dort
Man schmiedet Verschwörungen schutzlos
    Mit der Unwetter-Lampe
    Mit dem so geschäftigen Sägewerk daß der Blick es nicht mehr erfaßt
    Mit allen Sternen des Himmelnocheinmal
    Mit den Trambahnen in jeder Richtung die nur noch Fühlhörner sind
    Mit der endlosen Mähne des Argonauten
    Mit dem funkelnden Mobiliar der Wüste
    Mit den Zeichen die sich die Liebenden zuwinken von fern
Das ist das Haus von Yves Tanguy

Chemillieu, Juni 1939

Deutsch von Friedhelm Kemp

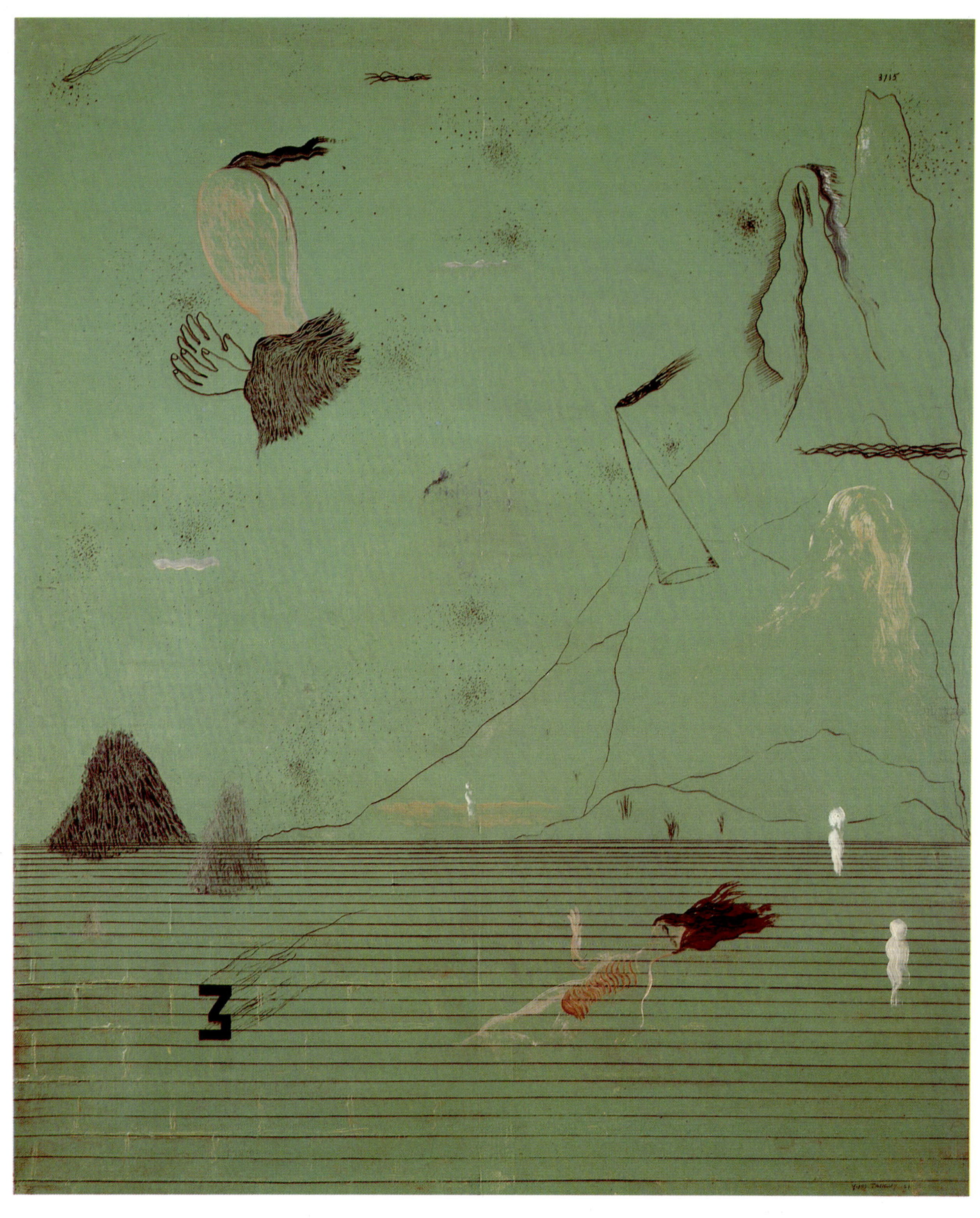

15 Träumende [Schlafende], 1927
Privatbesitz, Frankreich

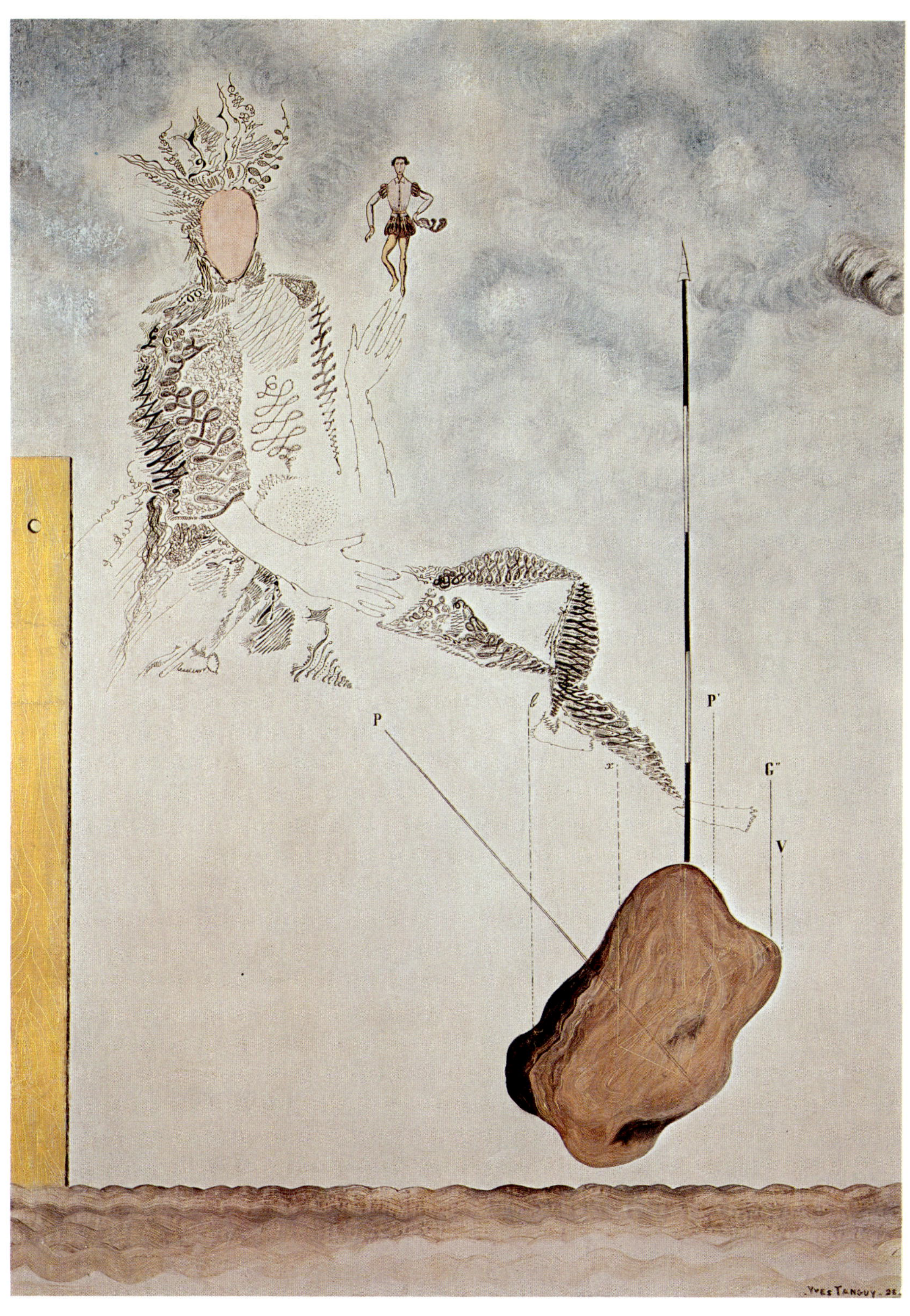

10 Der Ring, der unsichtbar macht, 1926
Sammlung Mr. Giuseppe Nahmad, Genf

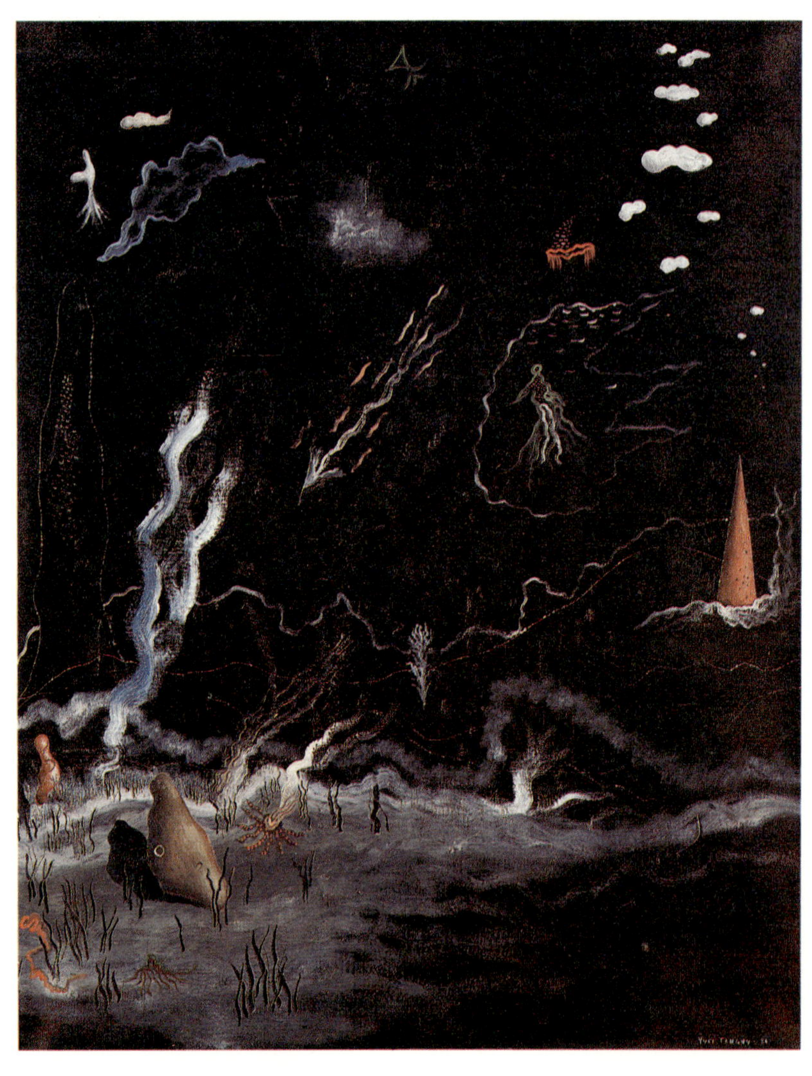

13 Das Gewitter [Schwarze Landschaft], 1926
Philadelphia Museum of Art, The Louise and Walter Arensberg Collection

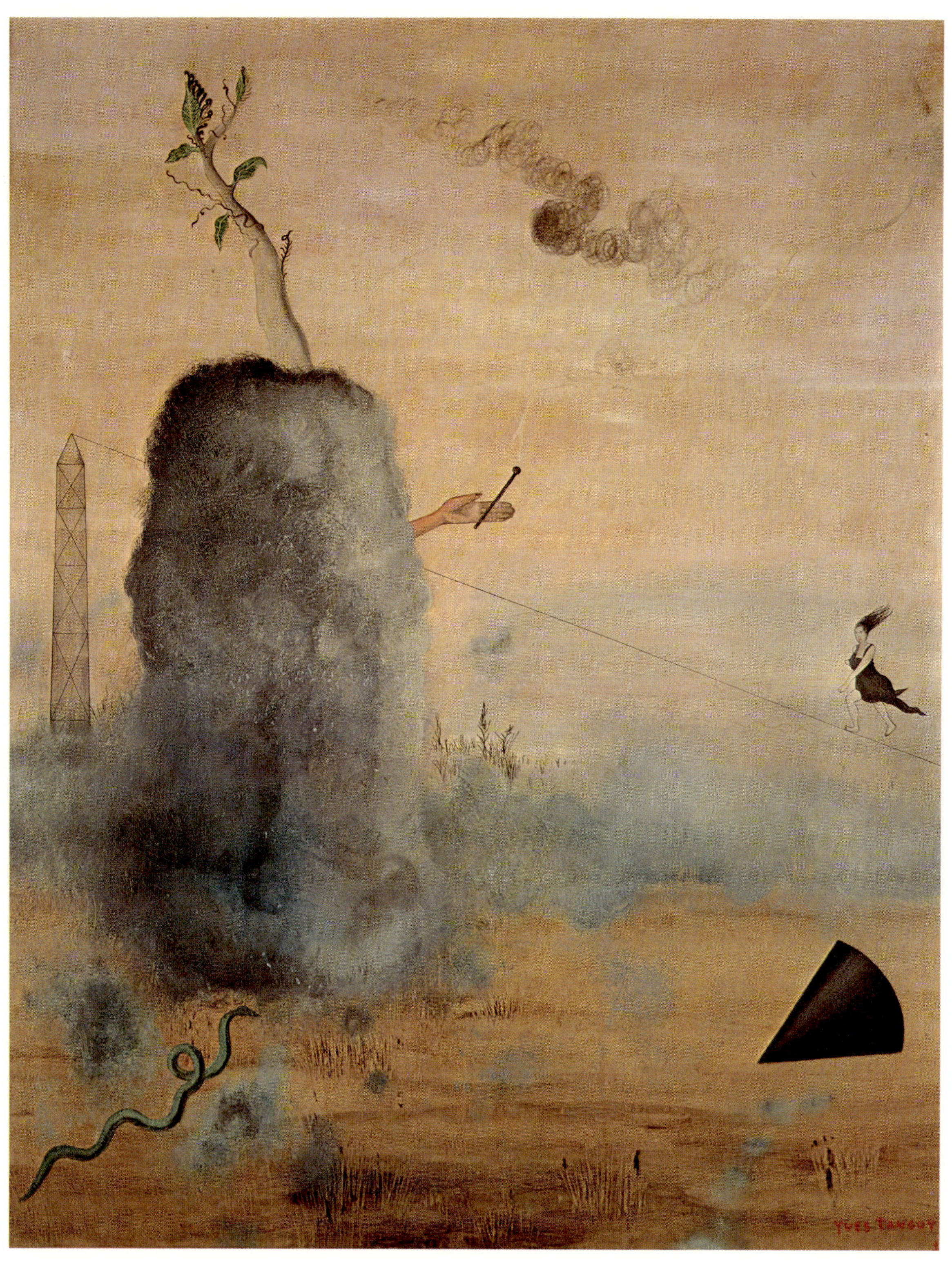

14 Genesis, 1926
Privatbesitz, Frankreich

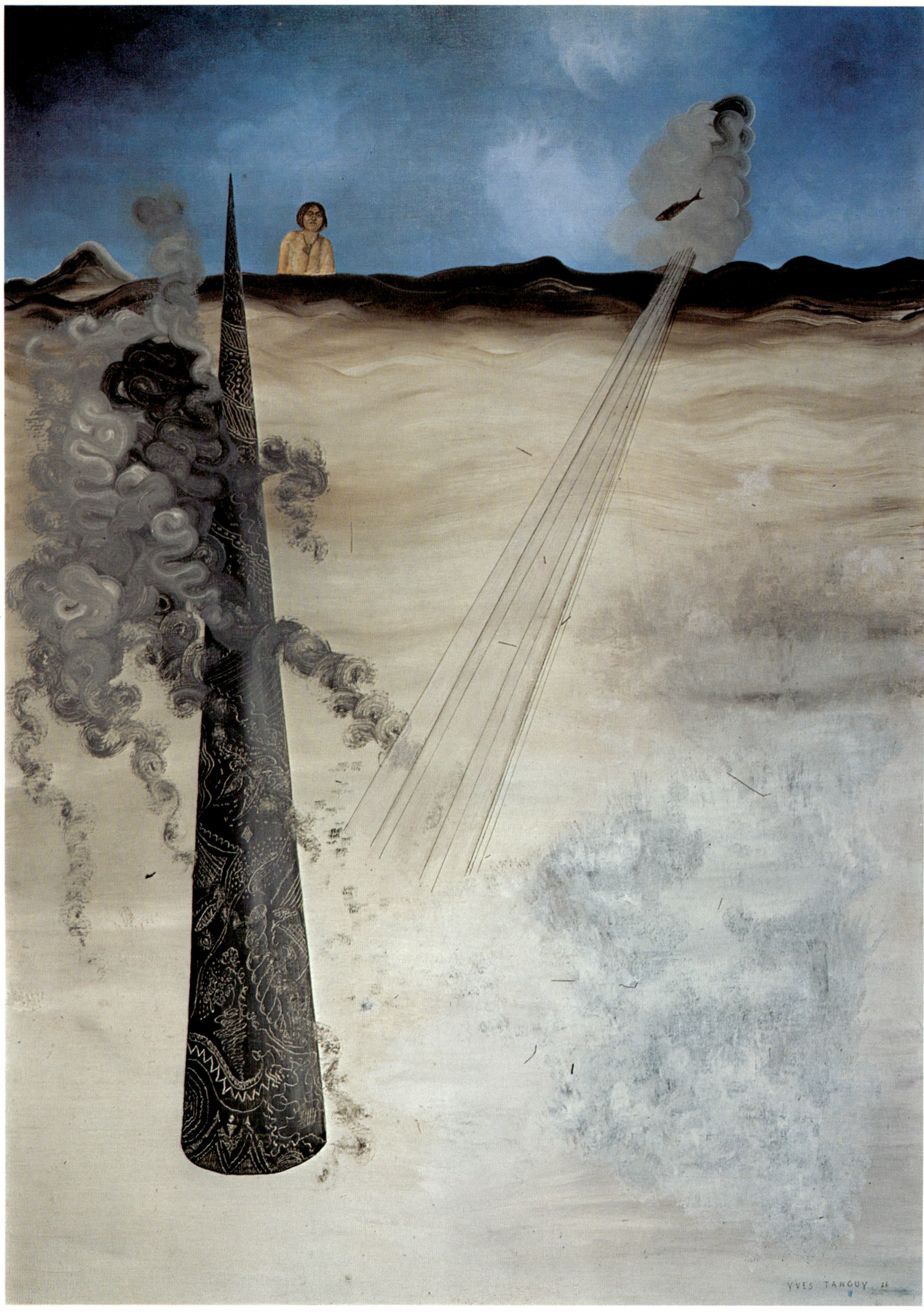

12 Ich bin gekommen, wie ich versprochen hatte, Adieu, 1926 Privatbesitz, Hamburg

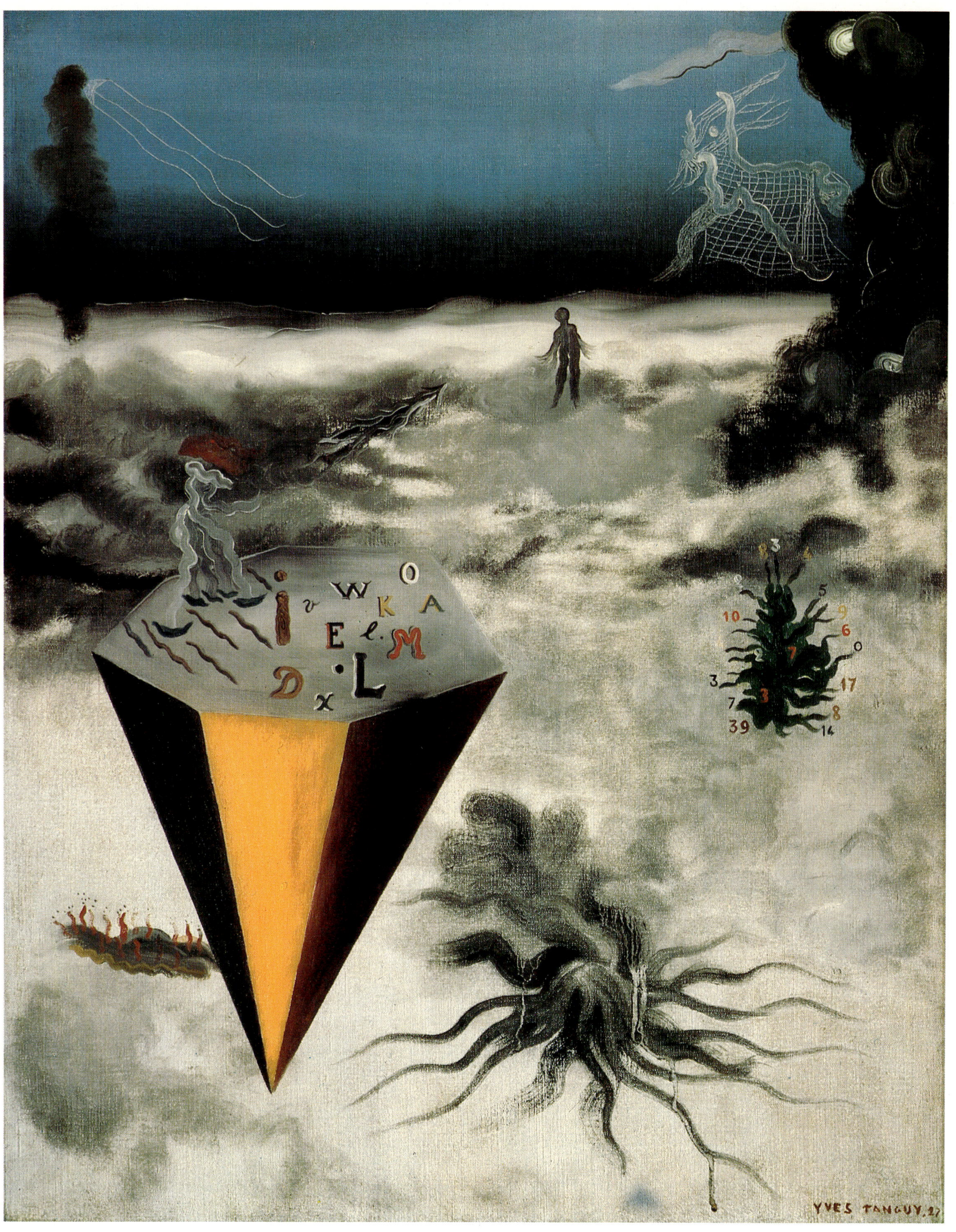

16 Er tat, was er wollte, 1927 Sammlung Richard S. Zeisler, New York

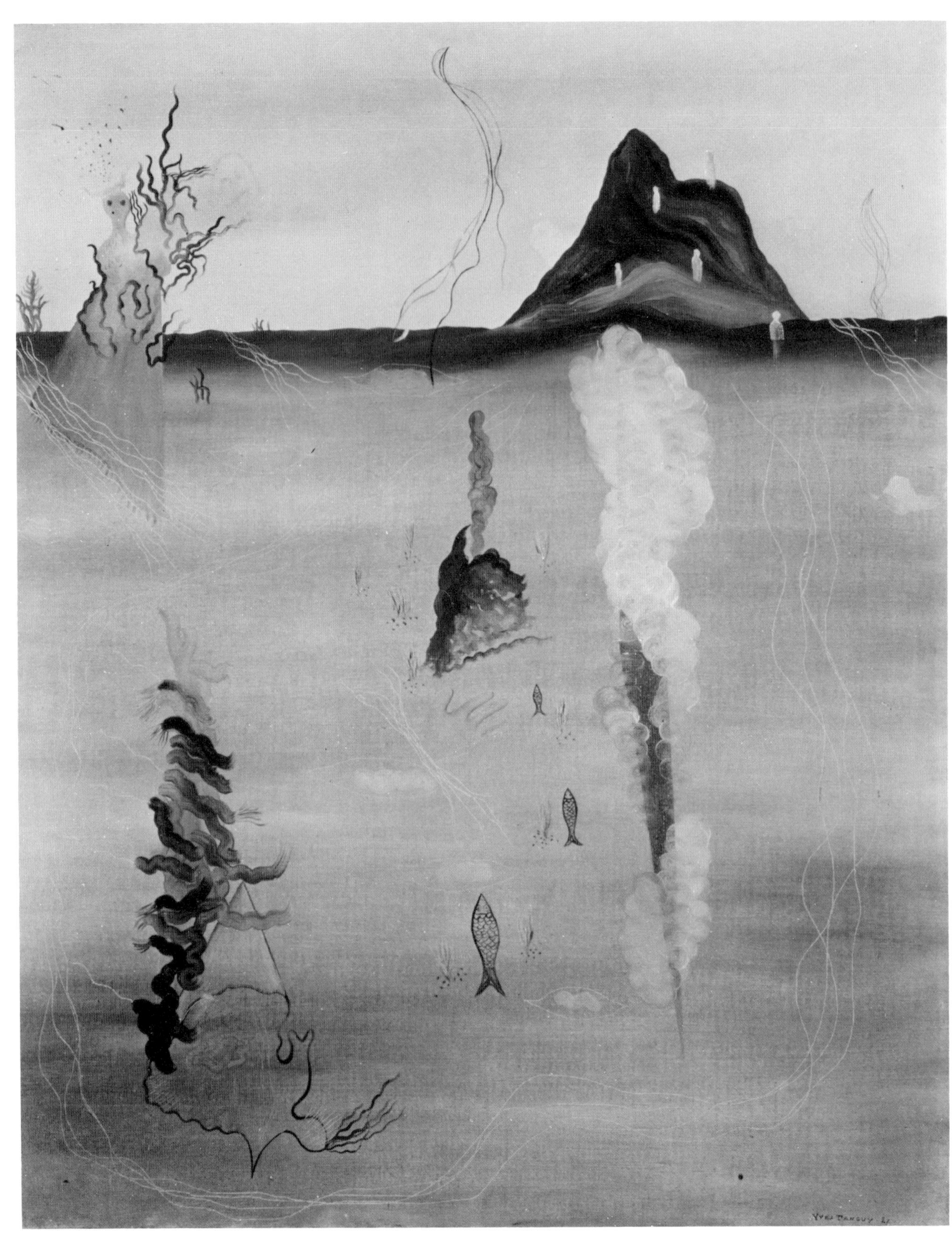

17 Beenden Sie, was ich begonnen habe, 1927
Privatbesitz, New York

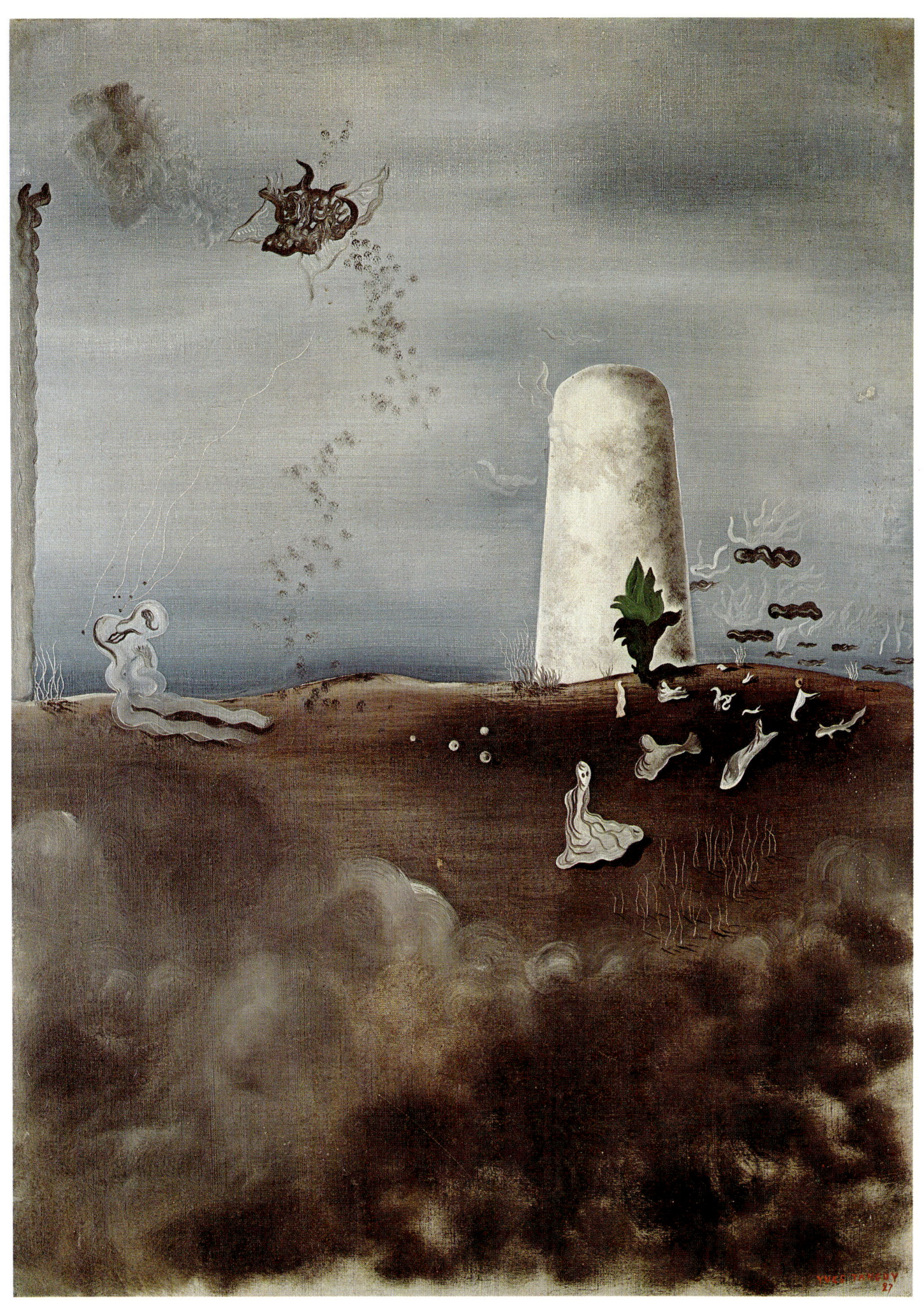

18 Toter, seine Familie belauernd, 1927
Sammlung Thyssen-Bornemisza, Lugano, Schweiz

André Breton

Yves Tanguy

Die Pflanzenwelt ist ungefähr so verschieden
Wie die Stöpsel auf den Karaffen.
Arthur Rimbaud

Gleich weit entfernt von jenen alten mexikanischen Städten, die ein undurchdringlicher Urwald menschlichen Blicken wohl auf immer verbirgt, von den Lianen, deren Geflecht ihre riesigen Gänge verhängt, von den unmöglichen Schmetterlingen, die auf den tausend Stufen ihrer steinernen Treppen sich öffnen und schließen, – gleich weit entfernt von jenen Städten und von einem ›Ys‹, dessen Schlüssel er wiedergefunden hätte, als er eines Nachts durch die Korallengärten seinen Weg nahm, ein Gespenst, das Ketten von Perlen nachschleifte und einer Synphonophore sich als Leuchte bediente, – gleich weit entfernt von dem allen, lädt Yves Tanguy uns heute ein, ihn an einem Ort aufzusuchen, den er wirklich entdeckt hat. Entdeckt, wie alles, was man entdeckt, wie der Phönix, wenn er nur das Geheimnis seiner Asche in sich trägt....

Da Tanguy weder die Meinung vertritt noch einen Anspruch darauf erhebt, er male *ce qui se passe*, gleichviel welche und wo immer auch stattfindende Vorkommnisse, so sehe ich nicht, womit man ihn widerlegen könnte. Wer in seinen Bildern da oder dort eine Art Tier, etwas Strauchartiges oder Rauchähnliches wahrnimmt, wird selbstverständlich fortfahren, sich stärker zu machen, als er ist, und alle Hoffnungen auf das zu setzen, was er Wirklichkeit nennt. Für Tanguy besteht kein Anlaß, das unvermeidliche Vorhandensein solcher mehr oder minder ›erkennbaren‹ Bestandteile in einem Bild zu beklagen, dank welcher andere ihre ganze geheime Bedeutung gewinnen. Er gesteht ihnen vermutlich einen Vergleichswert zu, da er alle Dinge natürlicherweise nach keinem anderen Maßstab beurteilen und beurteilt sehen möchte, als nach dem der Dinge dieser Welt, ja sogar derjenigen, über die wir fast einhellig gleicher Meinung sind. Dieser Kontakt, den er um keinen Preis verlieren möchte, gestattet ihm, sich so weit hinauszuwagen, wie er will, und uns von dem Unbekannten ebenso konkrete Bilder zu liefern, wie wir sie von dem Bekannten herumreichen.

Was eigentlich sind solche Bilder? An jenen Grenzen, wo der Geist auf jede Anleihe bei der Außenwelt verzichtet, wo der Mensch entschlossen ist, jegliches allein aus seinem eigenen Dasein zu begründen, in jenem Bereich der reinen Formen, wohin jedes Nachdenken über die Malerei uns führt, dort, wo eine Flaumfederkugel ebenso schwer ist wie eine Kugel aus Blei, wo alles ebenso gut schweben wie einschlagen kann, wo das Widersprüchlichste sich vereinbart, das Entgegengesetzteste aufeinandertrifft, ohne Schaden zu nehmen, wo man weiß, daß ein jugendliches Haupt ein jugendliches Haupt bleiben wird, wo das Feuer bereit ist, sich am Wasser zu entzünden, – und wenn man sich noch jedes Beistands der Vision entäußert, wenn man das Strandgut, das die Träume zurücklassen, ungeplündert läßt, – wonach geht man hier auf die Suche, und was findet man? Die Vorstellung, daß es drei Naturreiche gäbe, ist freilich barer Widersinn. Wenn ein Blattflügler sich auf einem Zweig niederläßt, wer wollte zu behaupten wagen, daß, was ein wenig später davonfliegt, nicht statt seiner ein Blatt des Baumes wäre? Ich weiß, daß man unter dergleichen Umständen lieber glauben wird, ein anderer Blattflügler habe sich abgelöst, und so einer um den andern bis in den Winter. Die Wolken des armen Hamlet, die Tieren so ähnlich sahen: aber es waren ja Tiere! Es gibt keine Landschaften. Nicht einmal einen Horizont. Es gibt, hinsichtlich der physischen Welt, nur unser alles umfassendes grenzenloses Vermuten.

Gestalten unseres Vermutens, schöne und klägliche Schatten, die ihr um unsere Höhle schweift, wir wissen, daß ihr Schatten seid. Das starke subjektive Licht, das Tanguys Bilder durchflutet, ist dasjenige, das uns am wenigsten allein läßt, an einem weniger als andere öden Ort. Kein Wesen, hier, das nicht metaphorischerweise an dem Leben teilhätte, das zu führen wir entschlossen sind, das nicht der Erwartung entspräche, die die unsrige ist, das nicht einer Ordnung (einer höheren, einer niedrigeren?) entstammte, die uns unwiderstehlich anzieht. Werk eines Mannes, der nur sehr Reinem sich ergibt, ist dies nun, weit aufgetan, der Ausblick auf das Mysterium seines Unter-uns-Seins. Und ist zugleich die Tür, die gegen jedes Zugeständnis versperrt ist, und eben dort, wo viele nur das bevorzugte Gelände dunkler und prächtiger Metamorphosen sehen möchten, die erste *glaubwürdige* Auskunft über beträchtliche Bezirke der geistigen Welt, deren Genesis hier anhebt.

Vorwort zu dem Katalog einer Ausstellung
Yves Tanguy et Objets d'Amérique
in der Galérie Surréaliste, Mai/Juni 1927

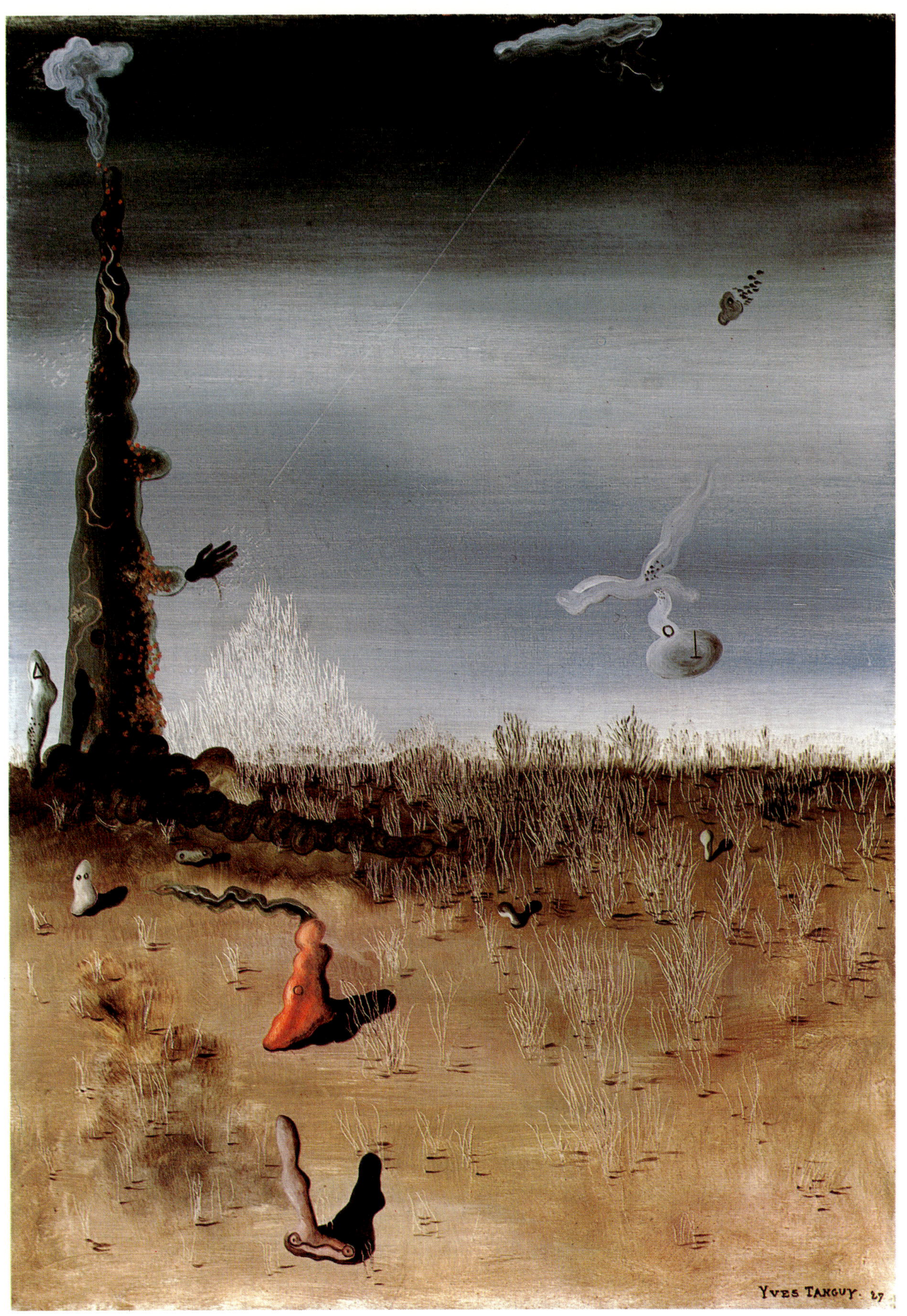

19 Auslöschen der unnötigen Lichter, 1927
The Museum of Modern Art, New York

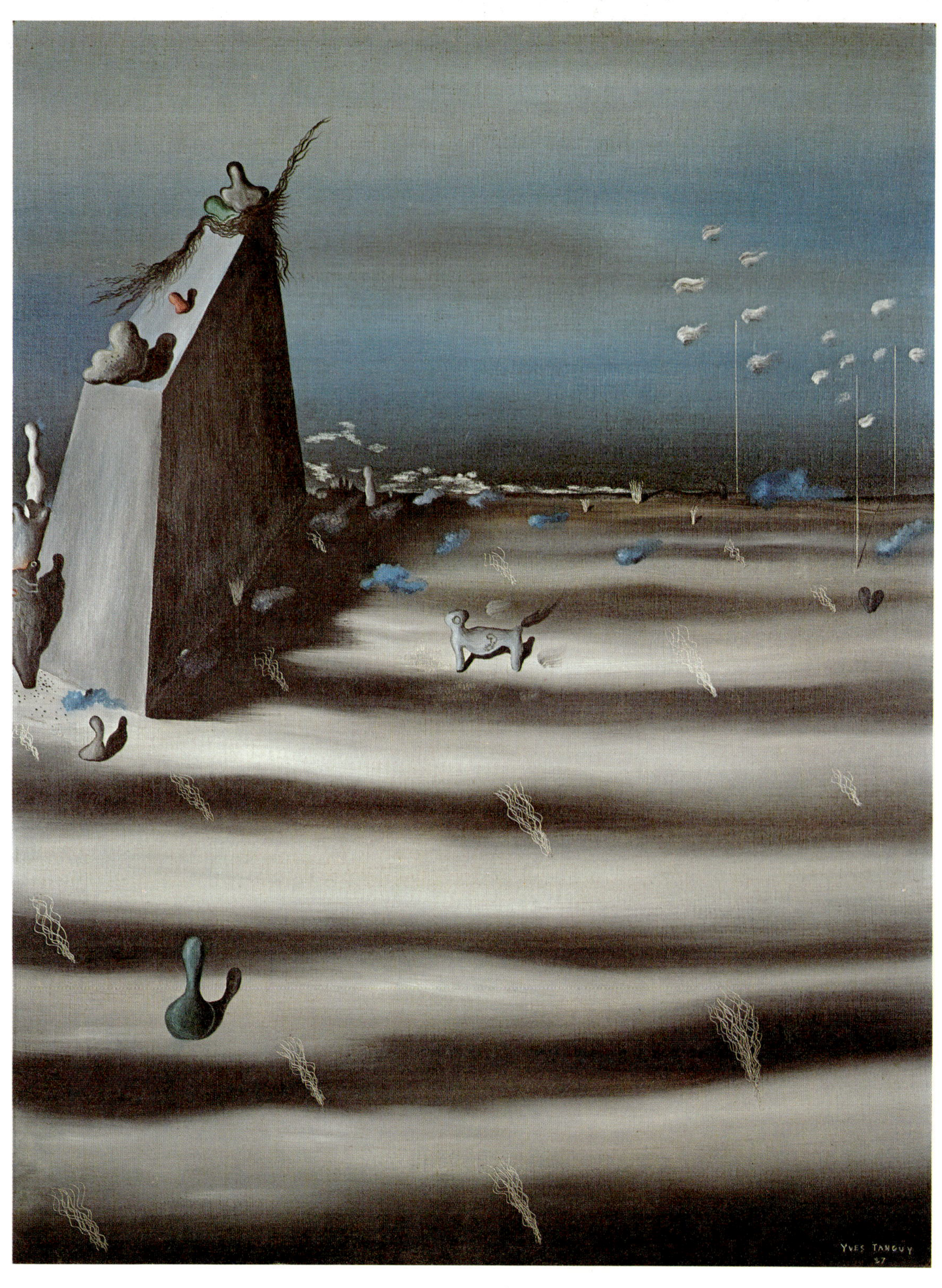

21 Ein großes Bild, das eine Landschaft darstellt, 1927
Privatbesitz, Tokio

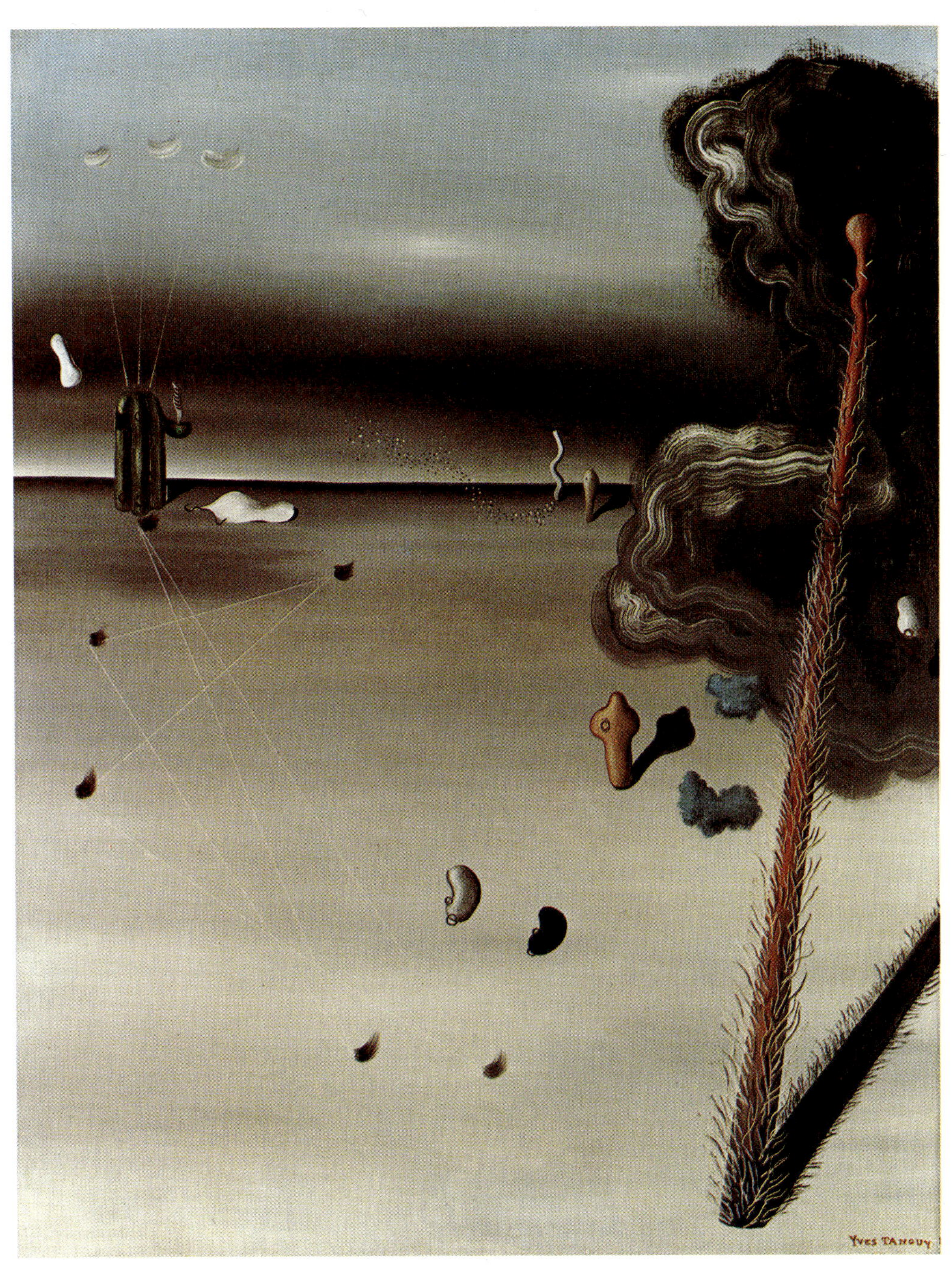

20 Mama, Papa ist verwundet, 1927
The Museum of Modern Art, New York

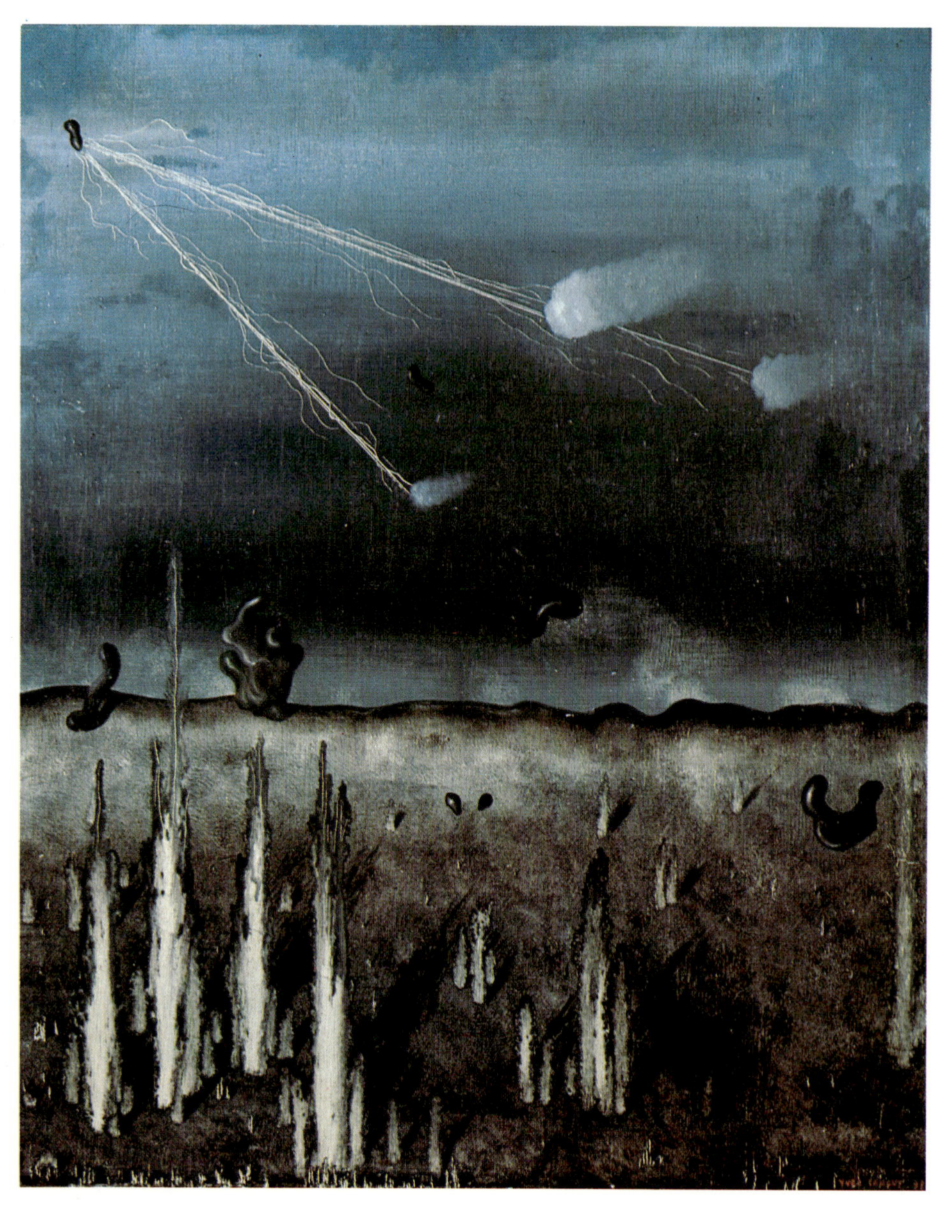

24 Morgen erschießt man mich (Wenn man mich erschießen wird) 1928
Sara Hilden Foundation, Sara Hilden Art Museum, Tampere, Finnland

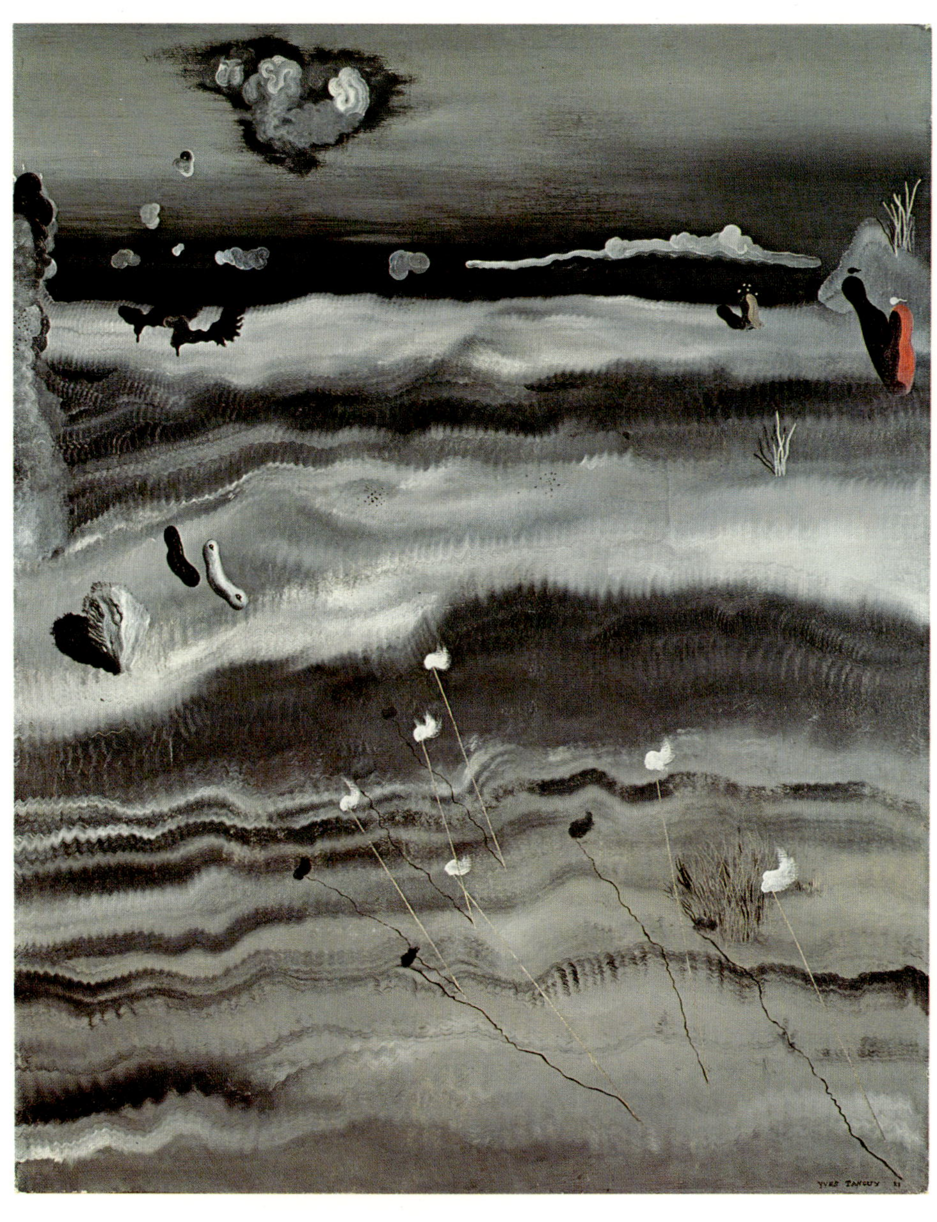

23 Titel unbekannt [Surrealistische Landschaft], 1927
Staatliche Kunsthalle Karlsruhe

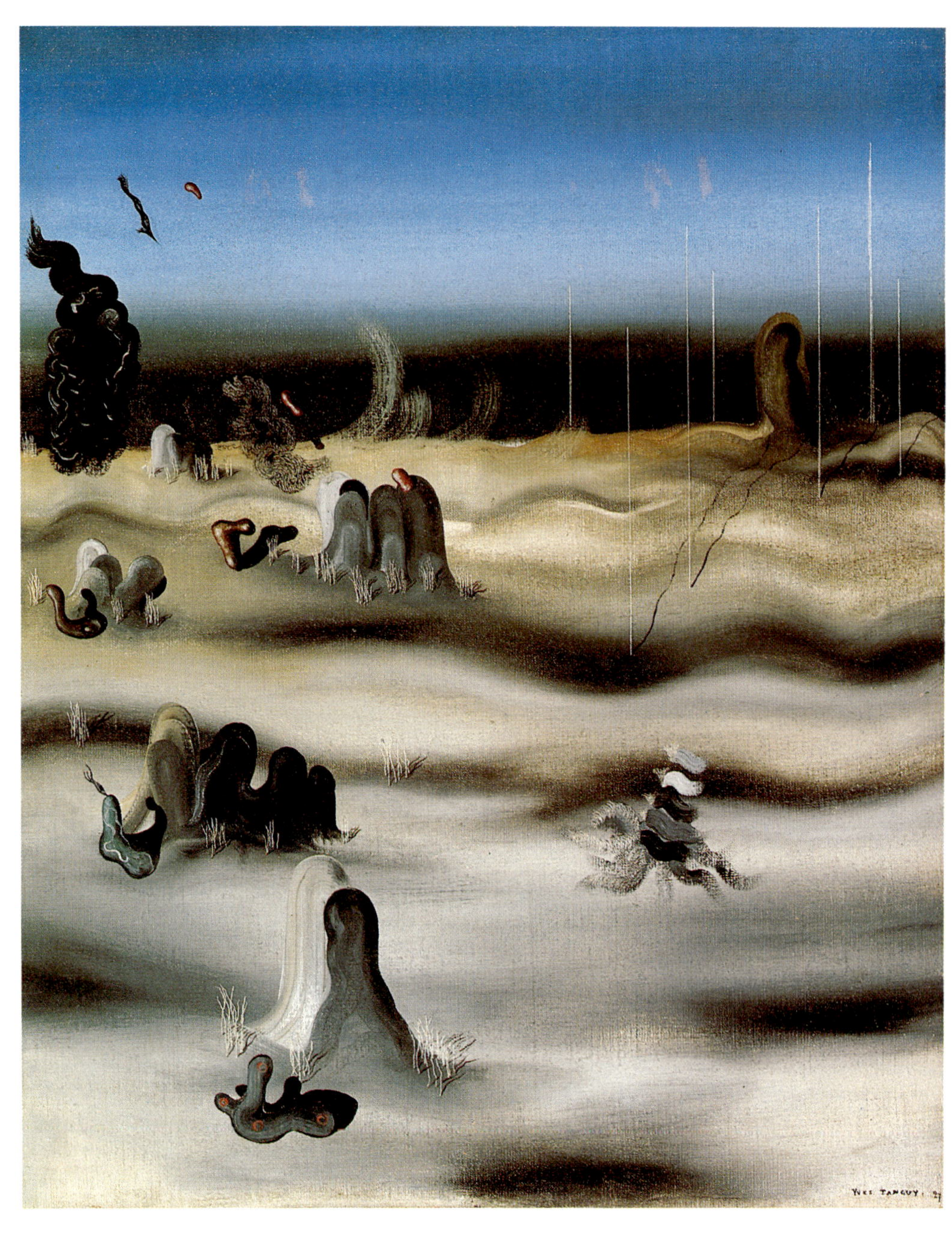

22 Schattenland, 1927
The Detroit Institute of Arts, Detroit, Schenkung Mrs. Lydia Winston Malbin, 1974

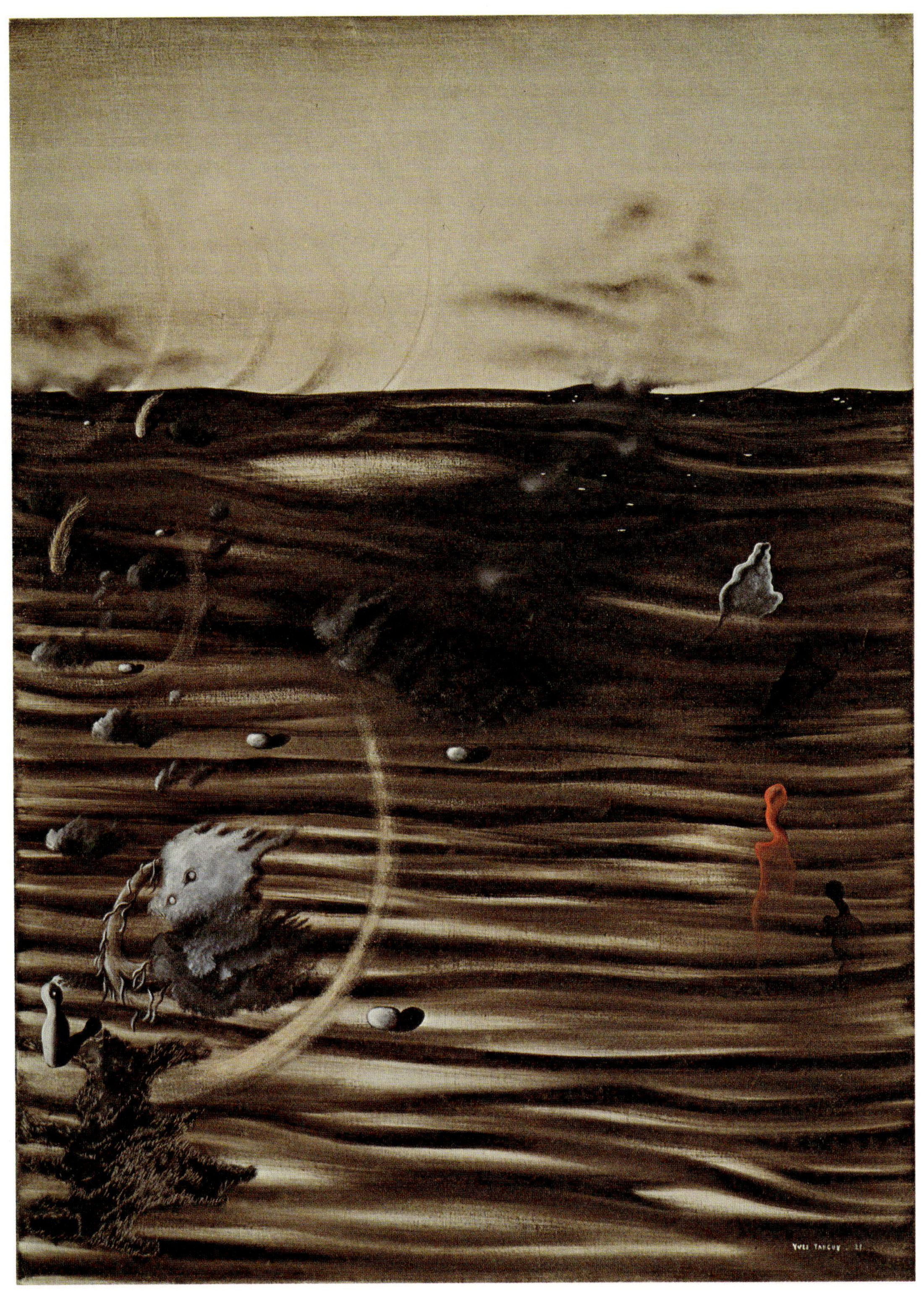

28 Die Wetterlaune, 1928
The Museum of Modern Art, New York, legs, James Thrall Soby, 1979

André Breton

Prolog

›Knieende Frauen waschen in der Abenddämmerung am Rand eines Tümpels‹ (Femmes agenouillées lavant à la tombée du jour au bord d'une mare). – Jugend! Zwischen unseren Händen die apfelgrüne Wäsche von Mann und Frau, der schöne Säulentorso, der nur noch dazu da ist, sich ins dunkle duftende Gras zu strecken, um zu erkunden, was sich da liebkost, was sich erhitzt, was zu Eis erstarrt unter dem Schwingen der Glocke zwischen Mitternacht und Mitternacht. Wenn sich die menschlichen Erscheinungen von hier zurückziehen, so nur, um den nach ihnen gebildeten Larven Platz zu machen, die für einige Stunden die Windrose erfüllen. Steine, um sie festzubinden, bevor der Geometer des Traums vorbeigeht; er reist auf dem großen Rad und hält den Strauß aus Hirschkäfern!

›Die Fingerhüte‹ (Les digitales). Wir haben auf den Böschungen einen sagenartigen Handschuhladen eröffnet, ihn zu bedienen, ihn und die Leute seines Gefolges. Es sind Handschuhe, um in Schlaf zu versenken, was man sieht, und um, was man nicht sieht, zu berühren. Bei ihrer Berührung gleiten neue Bezüge über die Möbel, die ihrerseits nun auf das Moos gleiten. Aus unserer Farbe hat er seinen Likör gebraut, der uns das Herz schneller schlagen läßt, weil wir etwas sehen, was noch nie gewesen ist, das aber den Keim in sich hat, durch ihn zum Leben erweckt zu werden.

›Ein Salamander‹ (Une salamandre). Ich höre ihn unter meinem Stein, ich, den man taub nennt in diesen Gegenden des Westens, wo sich sein Turm erhebt. Er kommt auf Samtpfoten, um mir das Wasser in der Schale der Eichel zu reichen. Auf seiner Schulter hat er für mich einen gelben Fleck angebracht aus einem Stoff, der den Helden eines Romans mit dem Titel ›Mysterier‹[1] bekleidet. Und auch im Feuer, mit allen meinen Sprachen habe ich ihm geholfen, die Dinge zum Reden zu bringen, die sich versteckten, wie ich.

›Die Dame des Aluette‹ (Madame de l'Aluette)[2]. Ich liebe ihn. Seine Arme lassen über meinen ganzen Körper die Schwäne der erregenden Gewässer gleiten und lassen hinter sich die dreieckige Kielspur. Im Traum erscheint er mir mit Bohnen gekrönt, und unser Bett ist die Sonne, die aufgeht, wenn es regnet. Das Gefäß, in das nichts Wirkliches mehr eingeht, ist aus demselben Stoff wie seine Lippen.

›Die Katze von Man‹ (Le chat de Man). Ich darf von ihm in einem besonders vertraulichen Ton sprechen. Ich habe gründlich seine seltsamen runden blaßblauen Augäpfel erforscht, in einem Käfig, der uns in Paris umschließt. Sie sind aus dünnem Schiefer und tragen sehr alte Spuren in sich und sind wie das, was man vom Himmel sieht, wenn man wohlig im Farnkraut liegt. Außer all dem zieht ihn, glaube ich, ein inneres sehr modernes Verlangen zu den sanften und leuchtenden und neuen Dingen, das ganz dem meinen gleicht. Alles, was nicht unsere gemeinsame Freude ist, gehört zur Geschichte, aber ich verstehe Geschichte nicht, weil ich nichts von einer Schlange an mir habe, nicht einmal deren Schwanz.

›Linsen und Prismen‹ (Lentilles et prismes). Wir wollen uns zu seinen Ehren auf unseren unzähligen vernickelten Füßen drehen und drehen. Weiter auf hohe See hinaus! In die Tiefe der Gesteinslagerungen! Ein Fürst des Lichts hält seinen Einzug, er führt einen Löwen, der wie ein großer Fregattenvogel getrimmt ist, an der Leine.

›Ich‹ (Moi). Yves Tanguy, der Maler der schreckenerregenden Eleganz in der Luft, in den Tiefen der Erde und der Meere, der Mann, der für mich die seelische Zierde unserer Zeit ist: mein anbetungswürdiger Freund.

---

1 Knut Hamsun, ›Mysterier‹.

2 Aluette: Kartenspiel aus der Bretagne. Die »Dame« ist zweite Figur in der Rangordnung des Spiels.

Aus: ›Der Surrealismus und die Malerei‹ Berlin 1967
Deutsch von Manon Maren-Grisebach

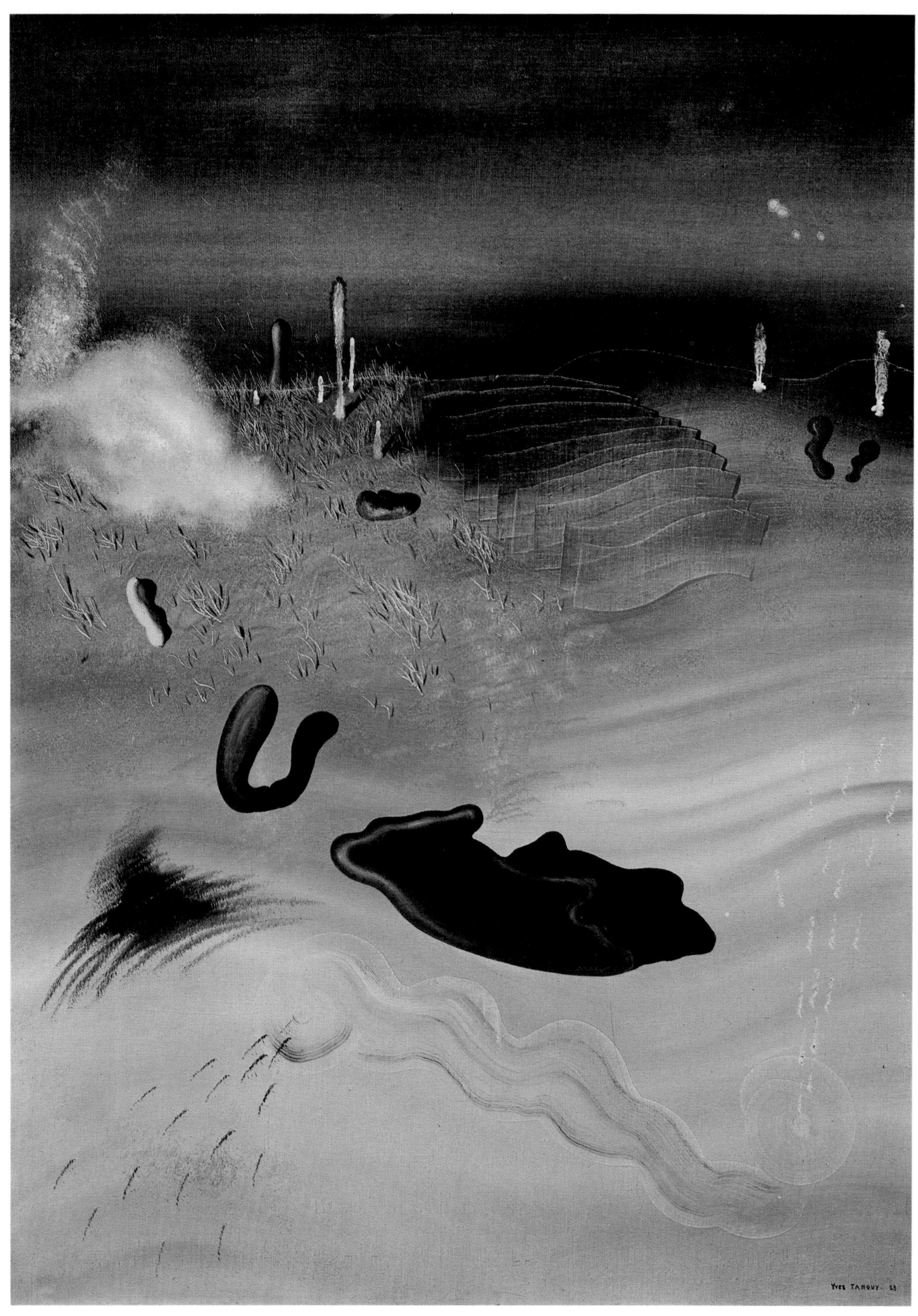

29 Alter Horizont, 1928
Pierre Matisse Gallery, New York

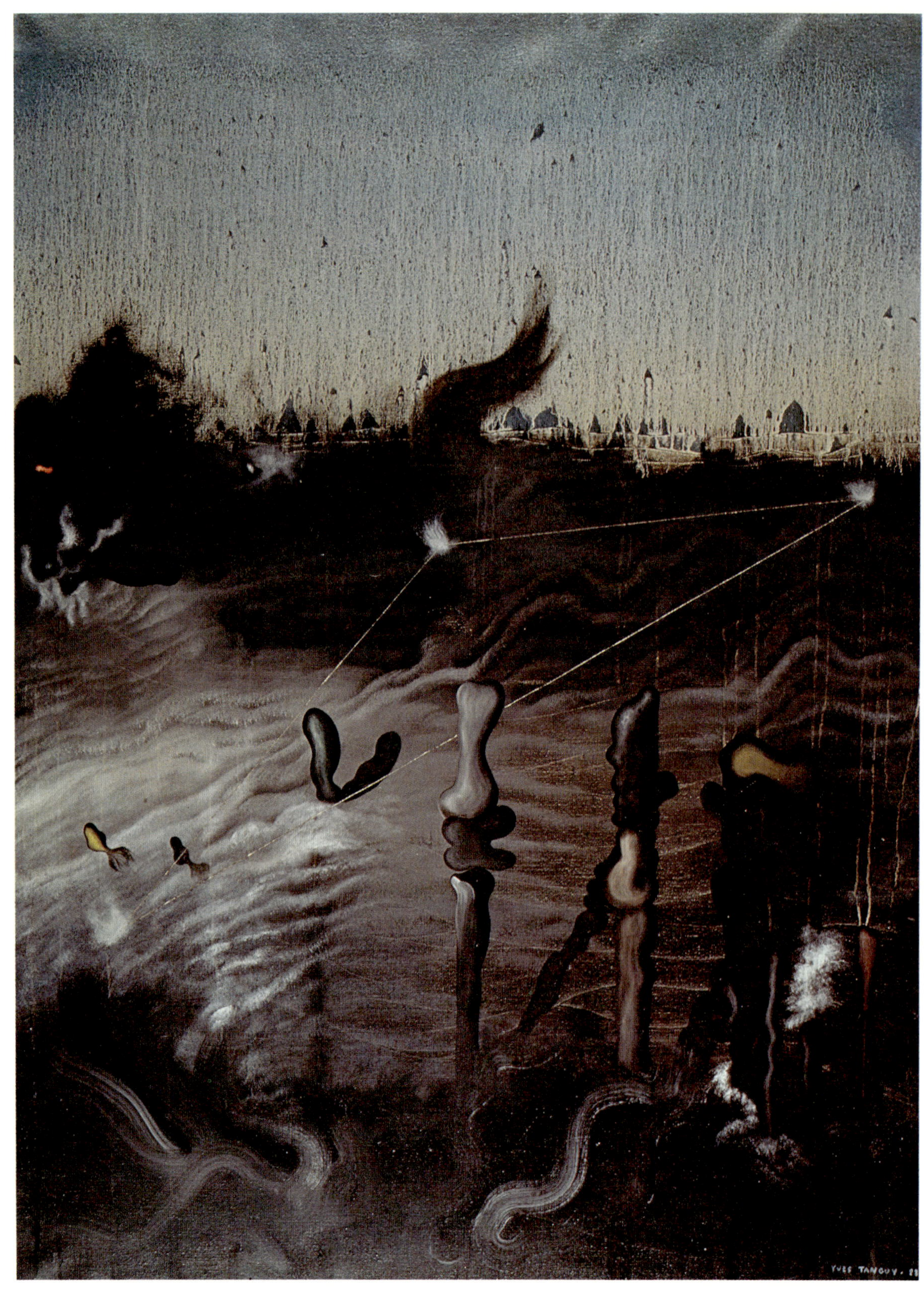

31 Titel unbekannt [Die schweigende Tiefe]
Sammlung Gordon Onslow-Ford, Inverness, Calif.

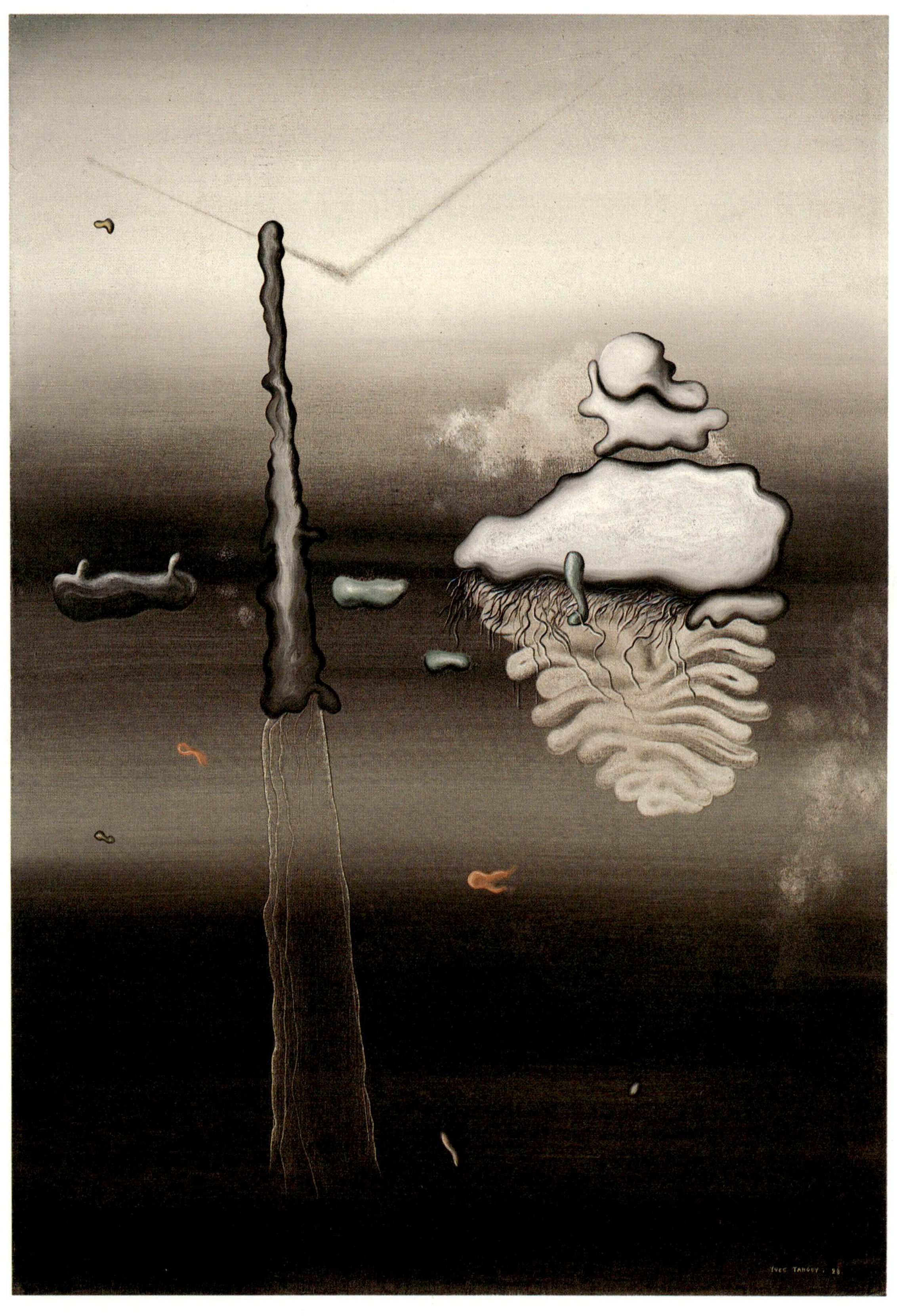

30 Titel unbekannt, 1928
Galerie Jan Krugier, Genf

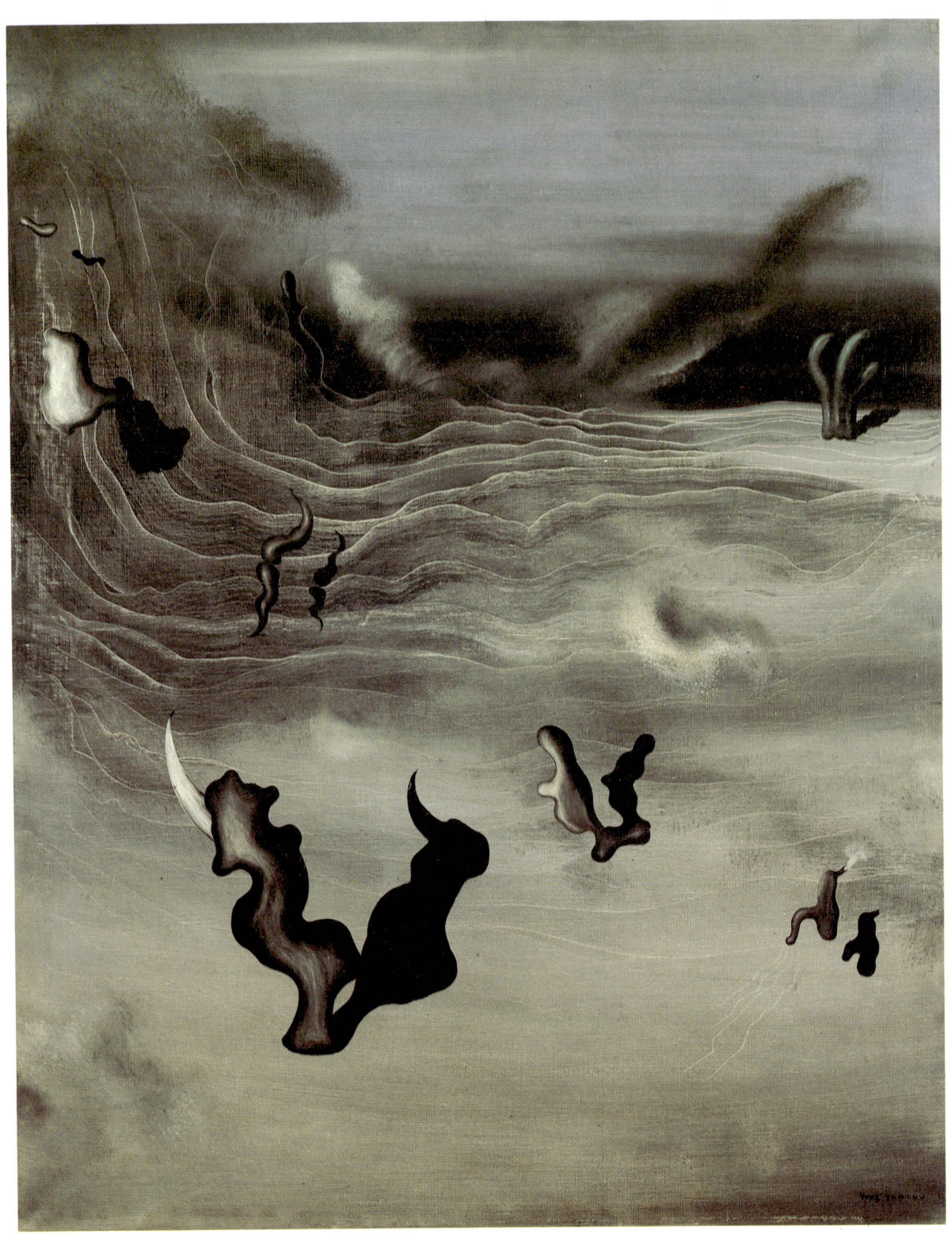

25 Titel unbekannt [Er kommt], 1928
Privatbesitz, Paris

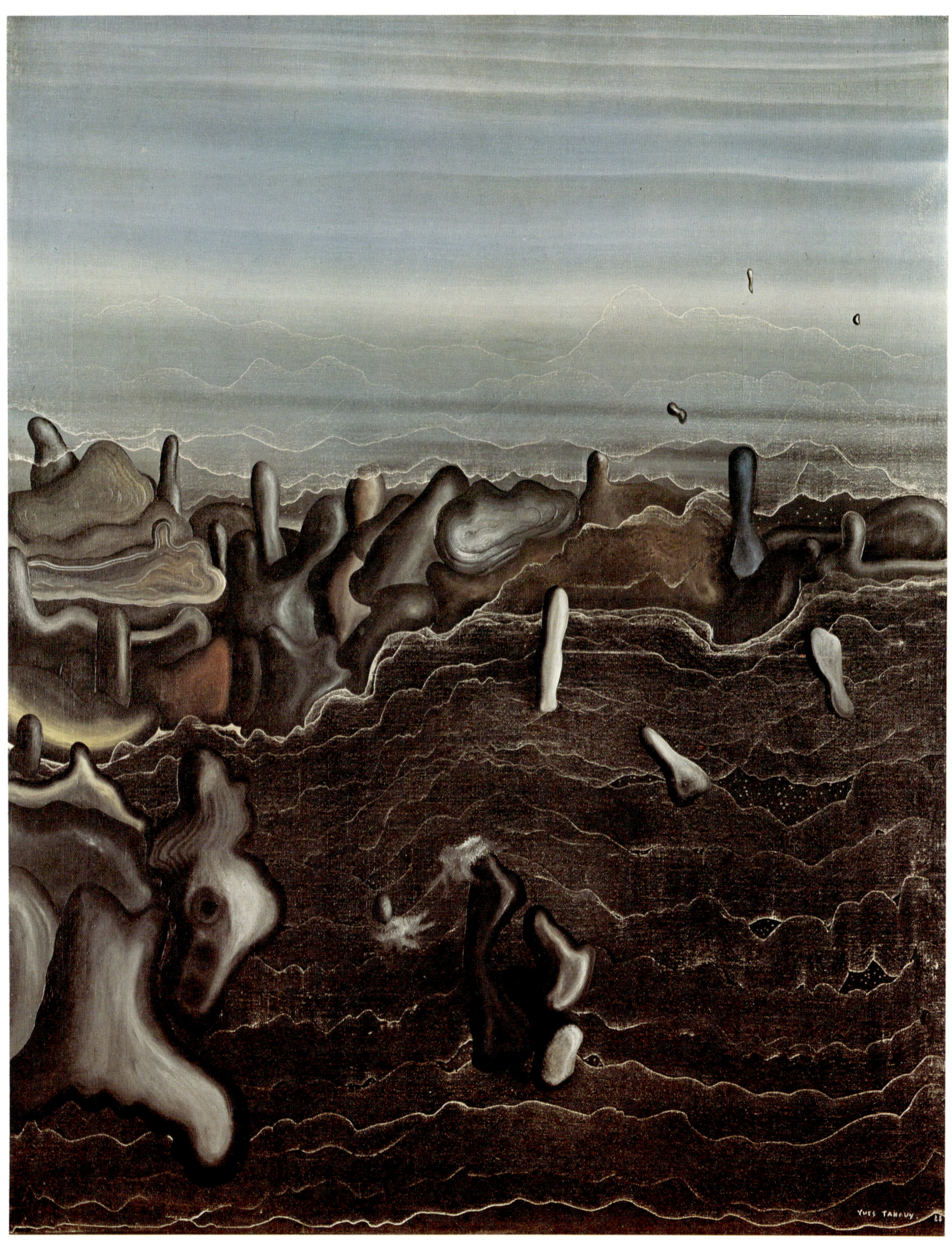

27 Der düstere Garten, 1928
Kunstsammlung Nordrhein-Westfalen, Düsseldorf

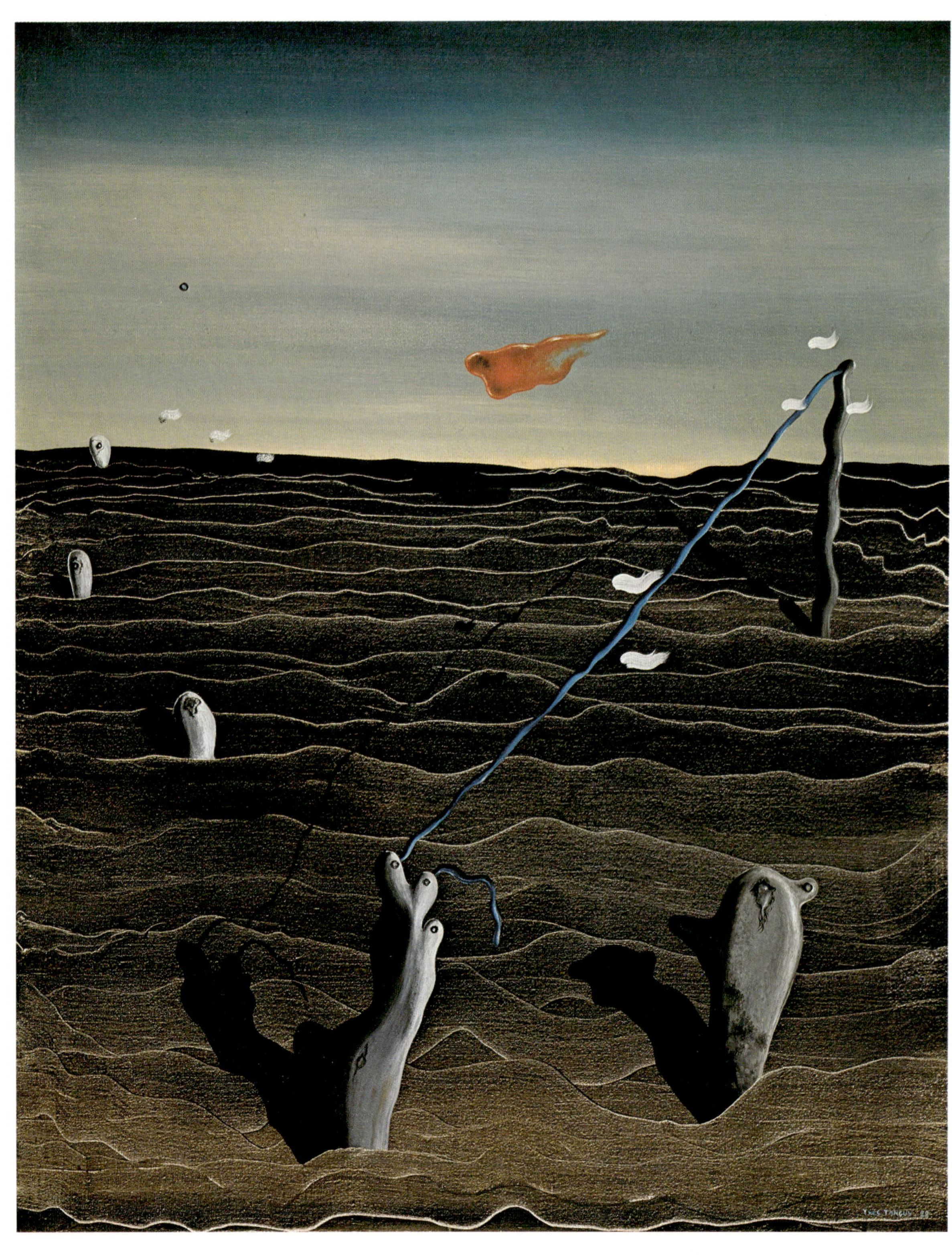

26 Titel unbekannt [Landschaft mit roter Wolke], 1928
Privatbesitz

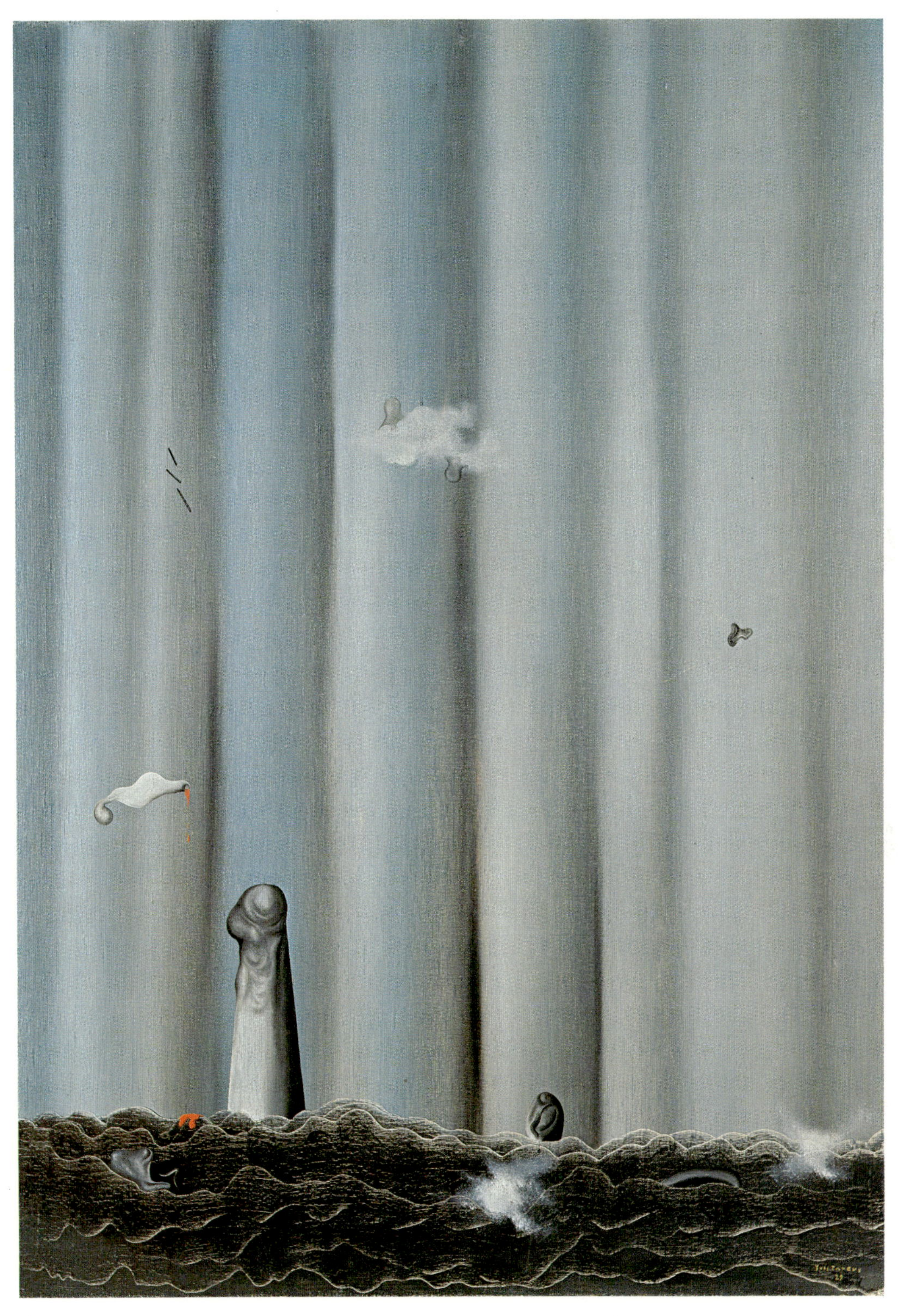

39 Titel unbekannt, 1929
Sammlung Mr. Giuseppe Nahmad, Genf

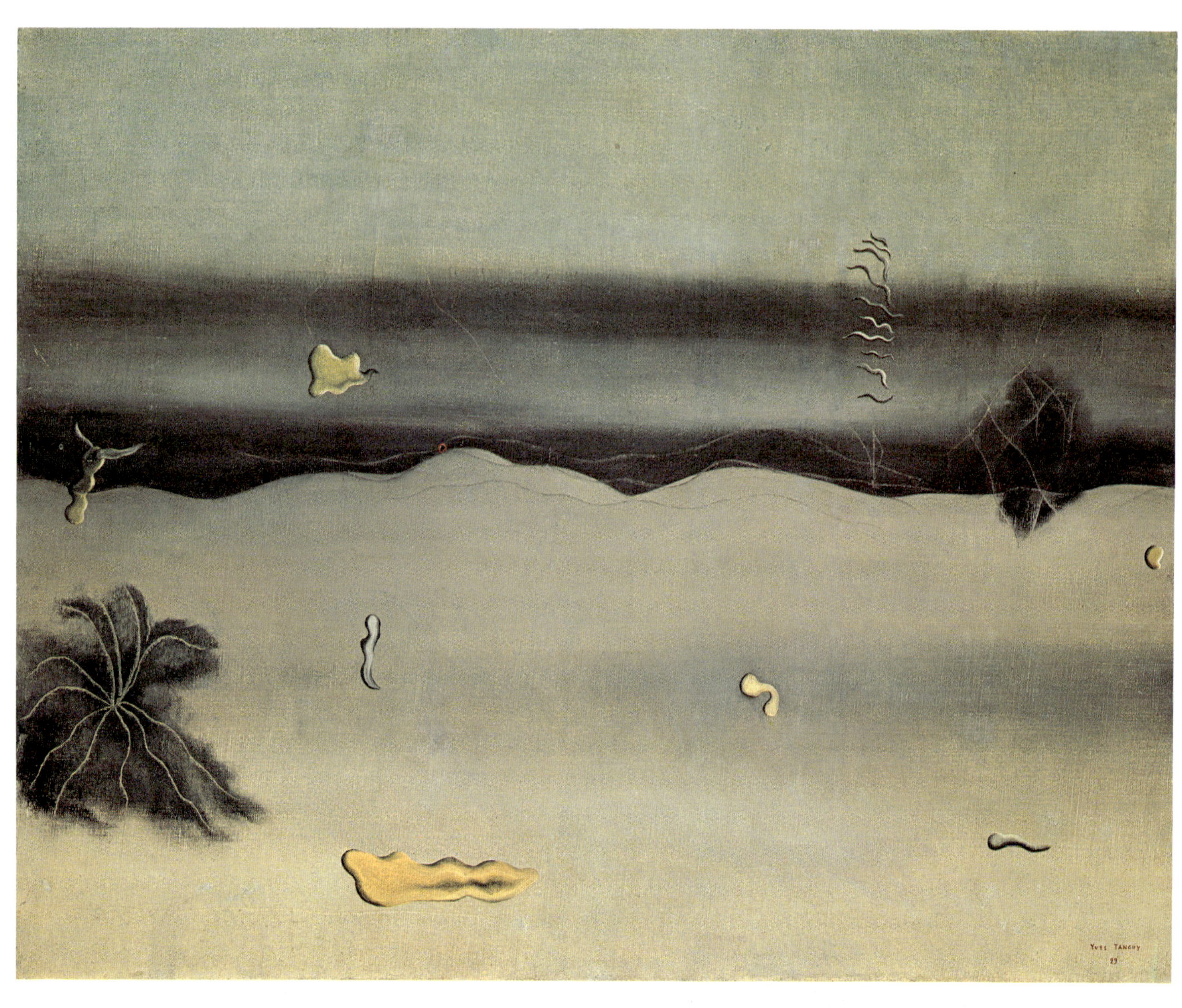

32 Titel unbekannt, 1929
Sammlung Mr. Giuseppe Nahmad, Genf

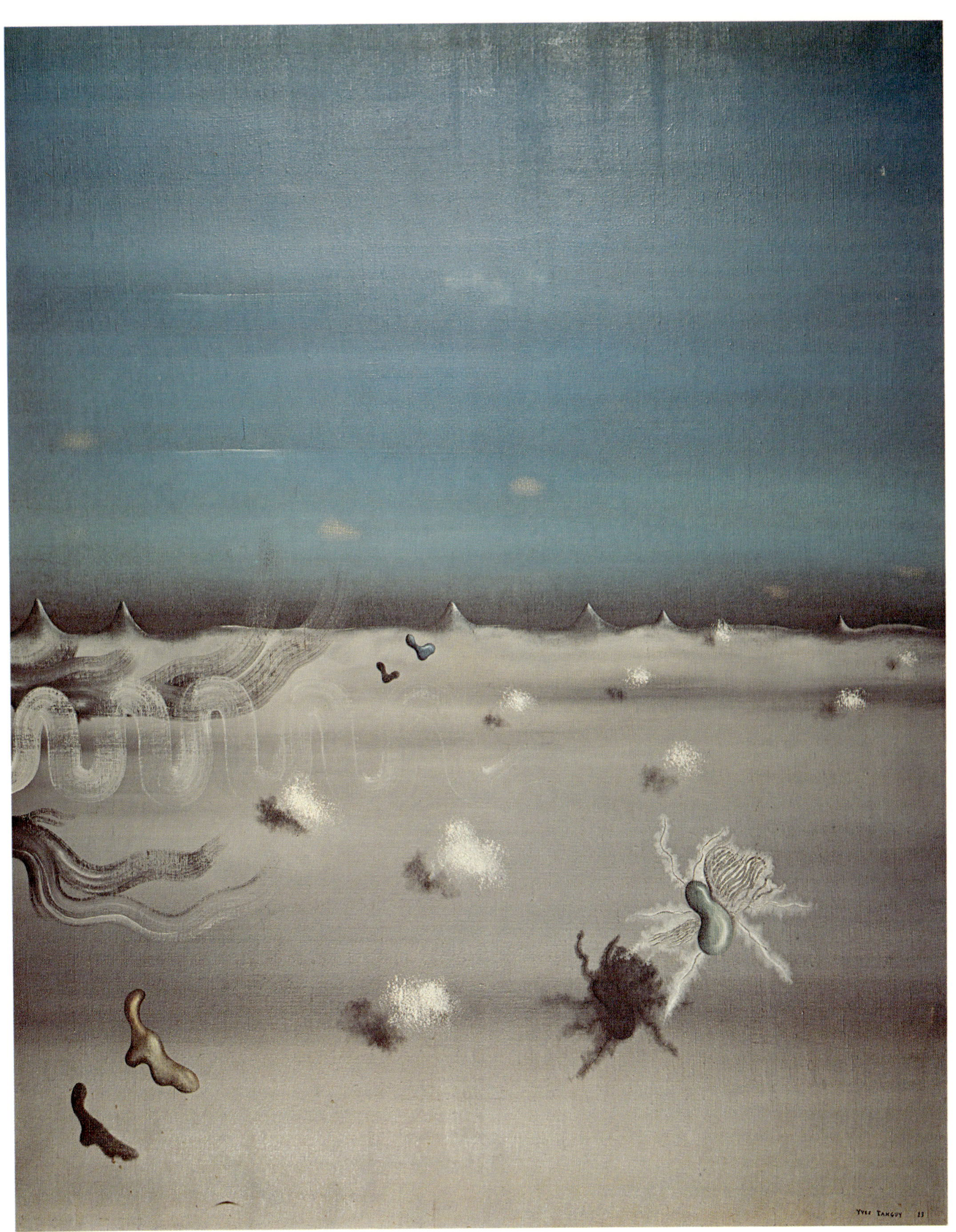

33 Der Bernsteinblick, 1929
Sammlung Mr. und Mrs. Ephraim Ilin

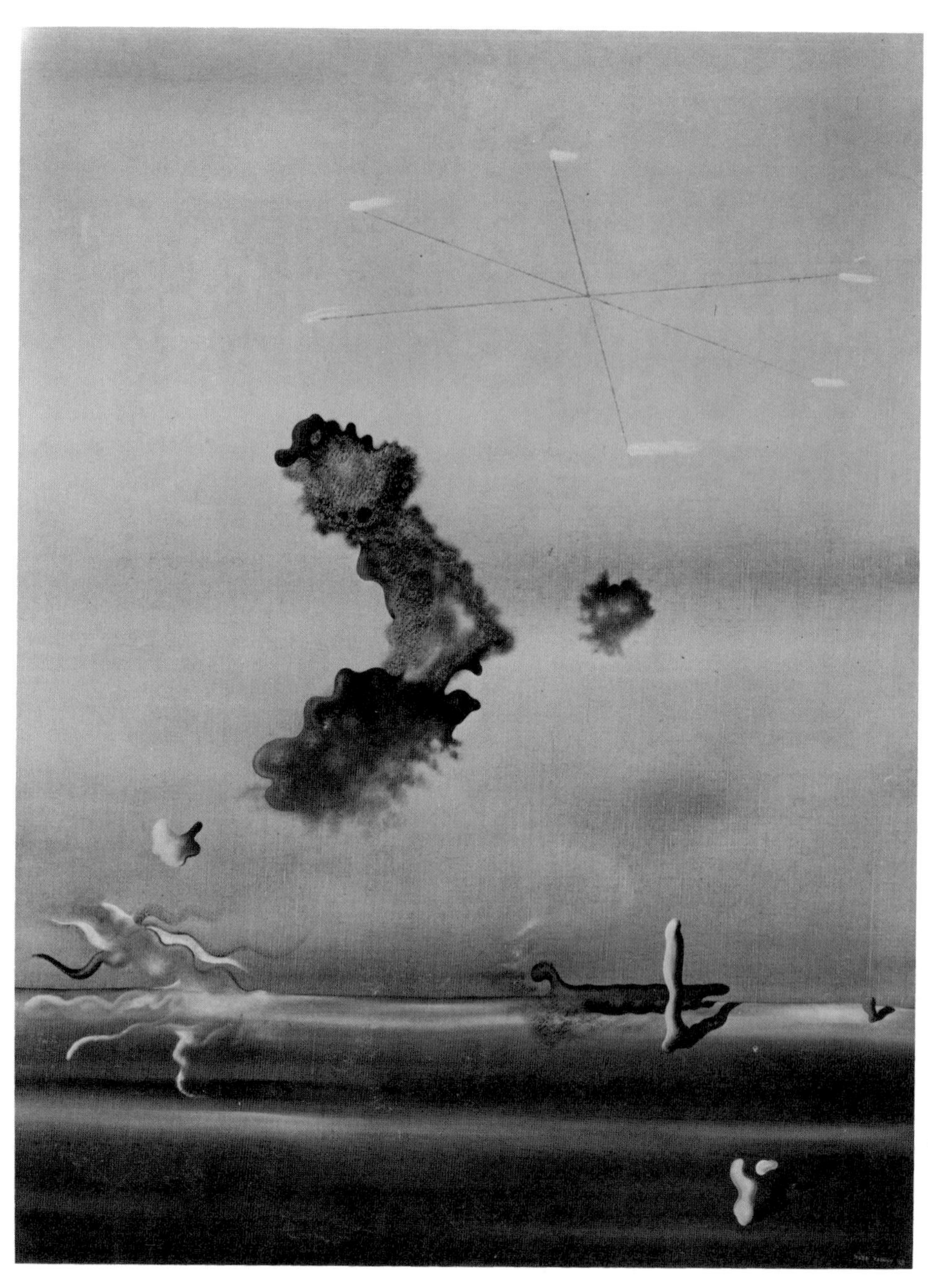

36 Draußen, 1929
Privatbesitz, London

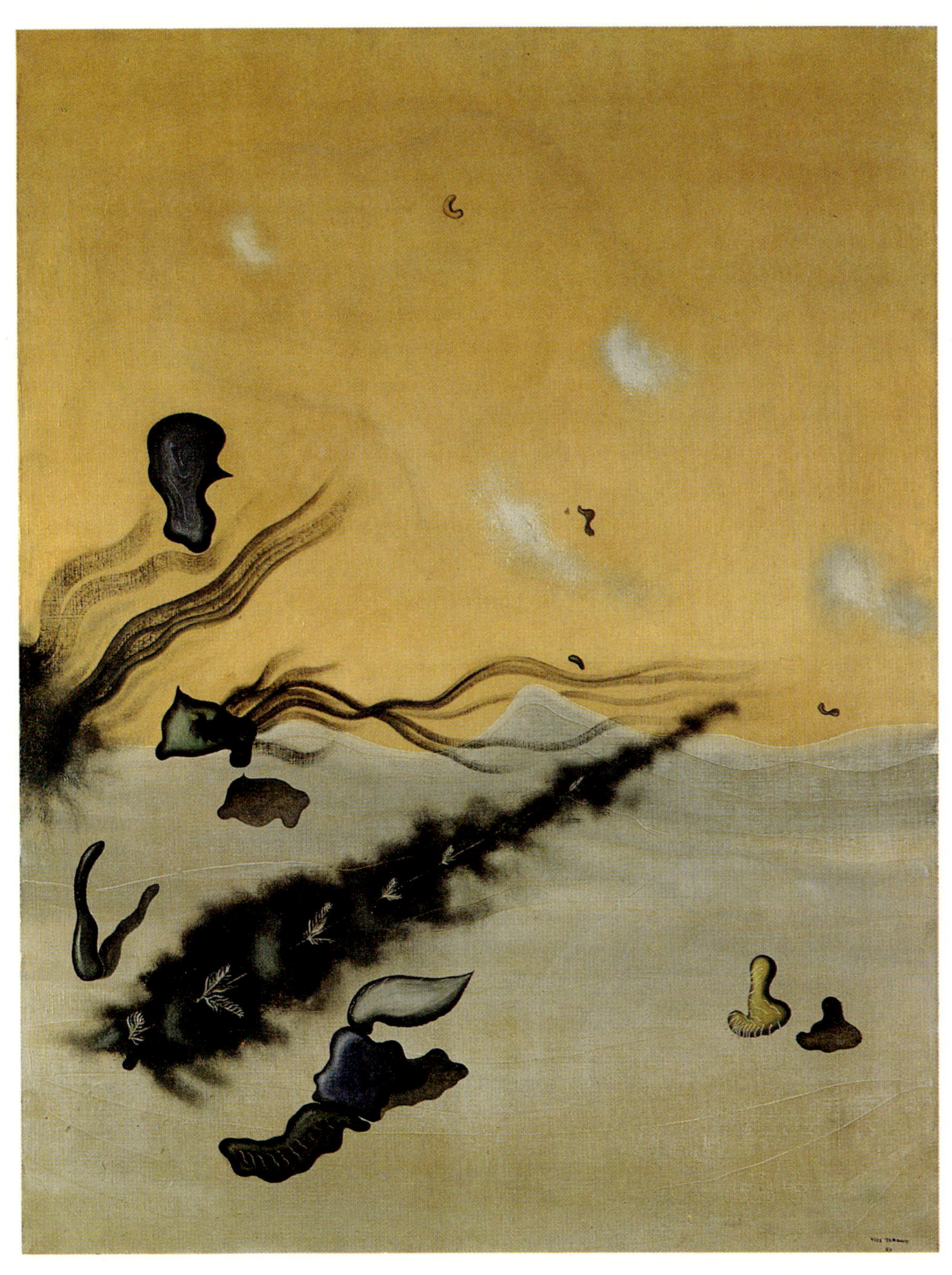

35 Titel unbekannt [Je mehr wir sind], 1929
Privatbesitz, Paris

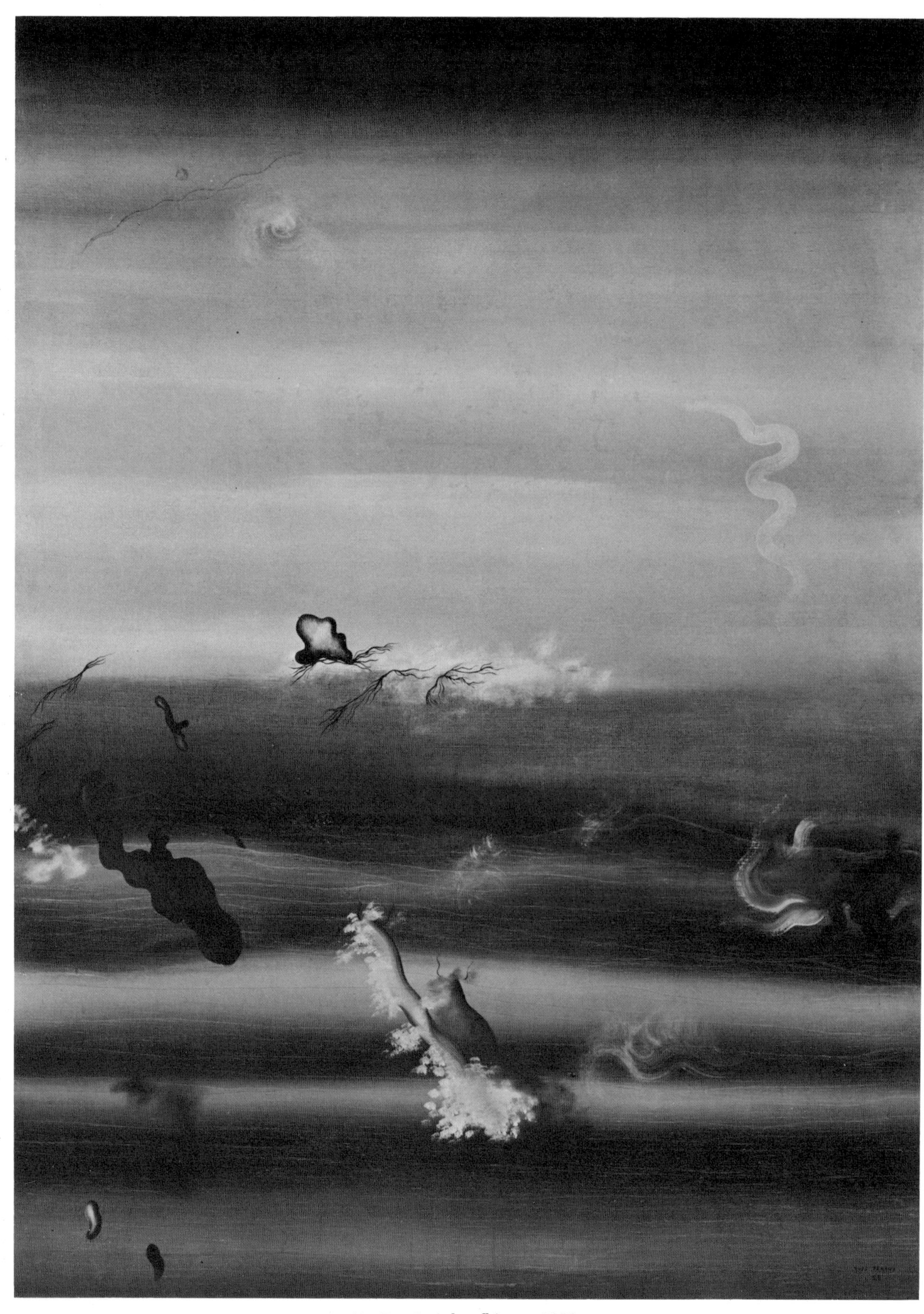

40 Das Satinkopfkissen, 1929
Galerie Beyeler, Basel

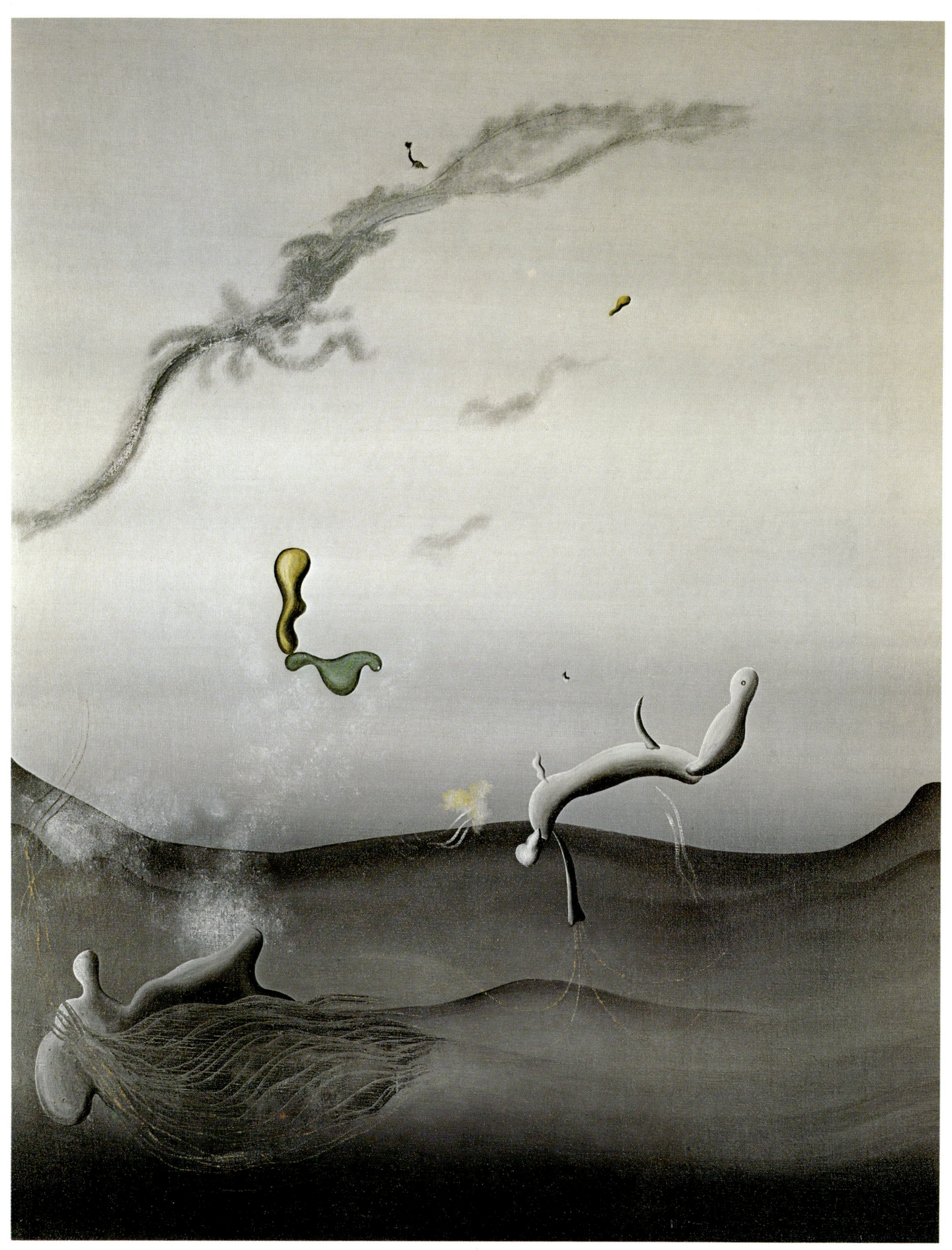

37 Aus der Bläue kommend, 1929
Privatbesitz

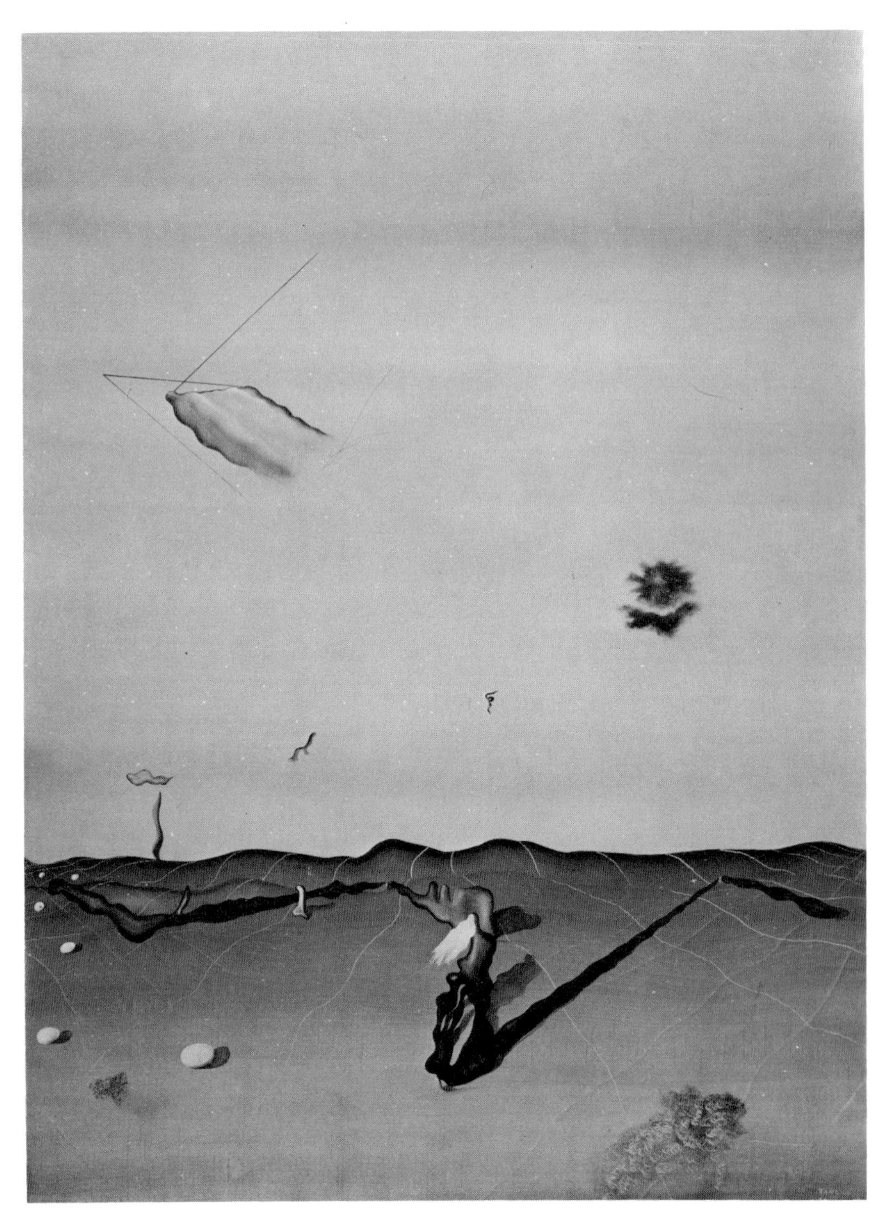

38 Titel unbekannt, 1929
Musées Royaux des Beaux-Arts de Belgique, Brüssel

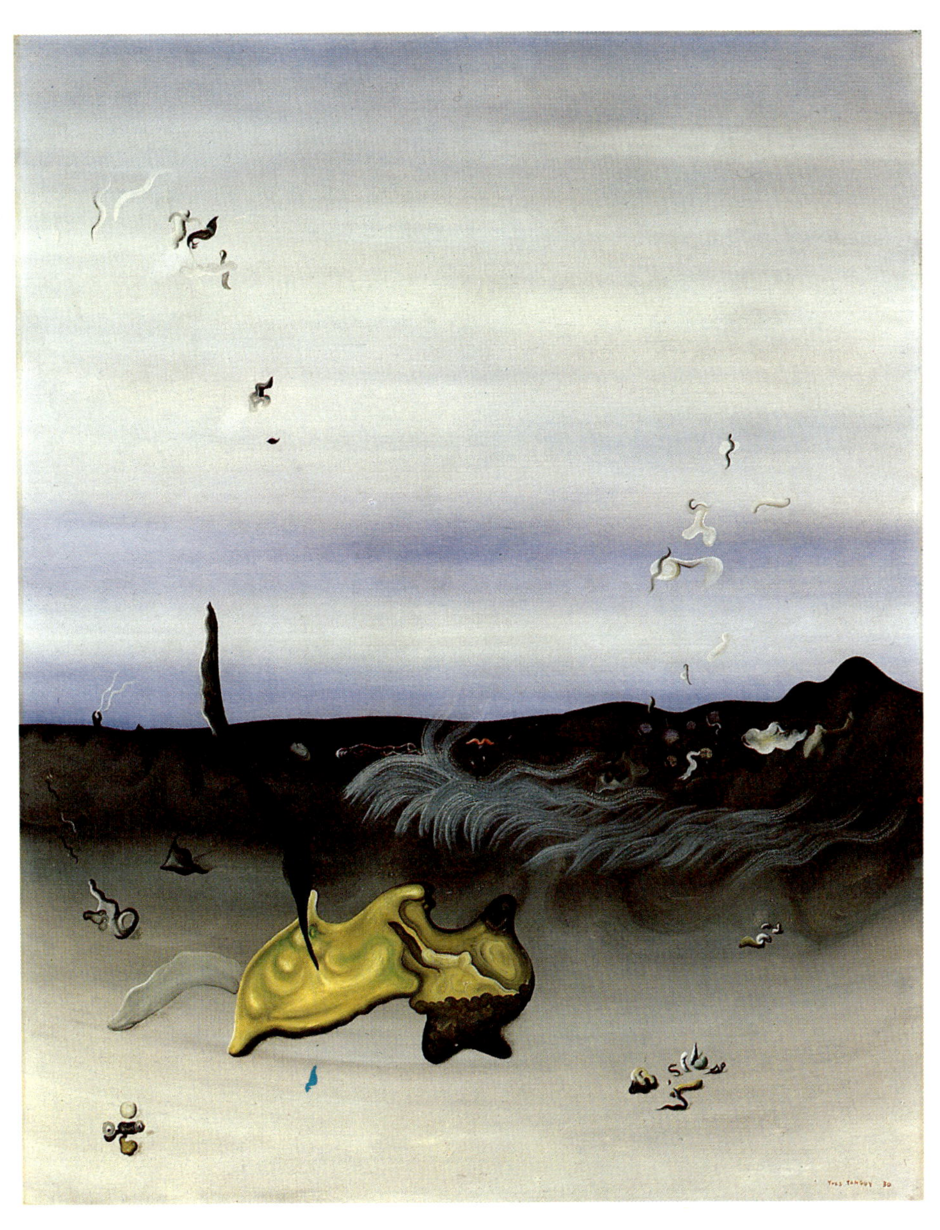

42 Der ähnliche Glanz, 1930
Kunstmuseum Basel, Schenkung Charles F. Leuthardt,

André Breton

Daß Tanguys Gestirn immer höher und höher steigt, erklärt sich daraus, daß er vollkommen integer und intakt ist, daß seiner Natur nach jeder Kompromiß ihm fremd ist. Vorläufig hat Tanguys Malerei nur ihren Zauber verraten: bald wird sie ihr Geheimnis kundtun. Dieses Geheimnis ist ein nicht minder sorgfältig gehütetes als das des ersten de Chirico. Wie es der ganzen geistigen Entwicklung der letzten zwanzig Jahre bedurfte, um die vermutlich sogar dem Maler selber verborgene Meinung dieser Arkaden, dieser Türme, dieser Schlote, dieser Gliederpuppen, dieser Biskuits zu ergründen, so werden, meiner Überzeugung nach, auch die anschaulichen Gebilde in Tanguys Malerei, die sich der Ausdeutung widersetzen und die darum dem Gedächtnis Schwierigkeiten bereiten, eine Wahl unter ihnen zu treffen, dank der Fortschritte des Geistes in nicht mehr ferner Zeit sich uns erhellen. Noch sind sie Wörter einer unverstandenen Sprache; bald aber wird man sie lesen und sprechen, und feststellen, daß sie für das Neue, das man sich mitzuteilen hat, besser als andere geeignet sind.

Auszug aus *Des tendances les plus récentes de la peinture surréaliste,* in der Zeitschrift ›*Minotaure*‹, Heft 12/13, Mai 1939

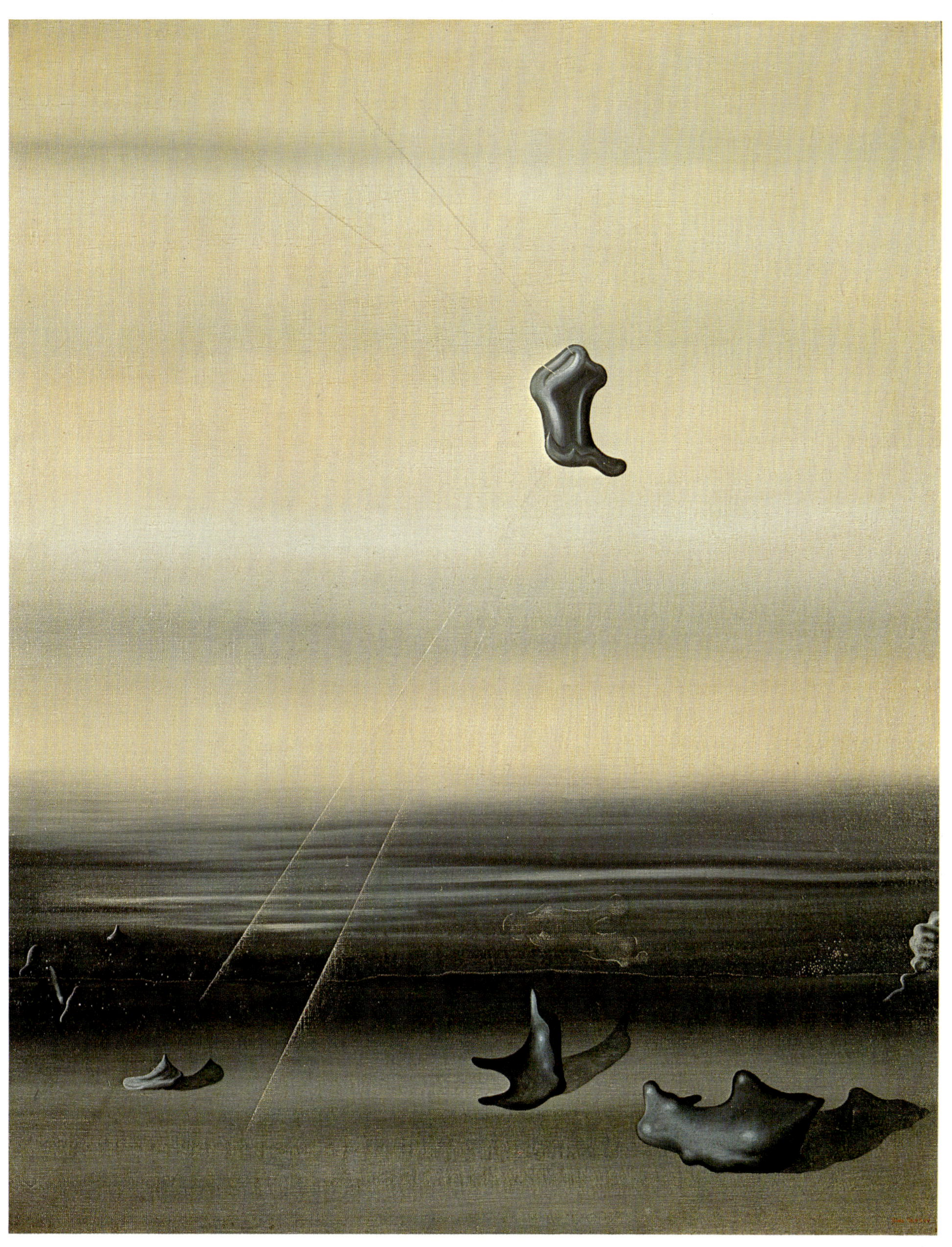

41 In der bedrohlichen Zeit, 1929
Sammlung Mr. Giuseppe Nahmad, Genf

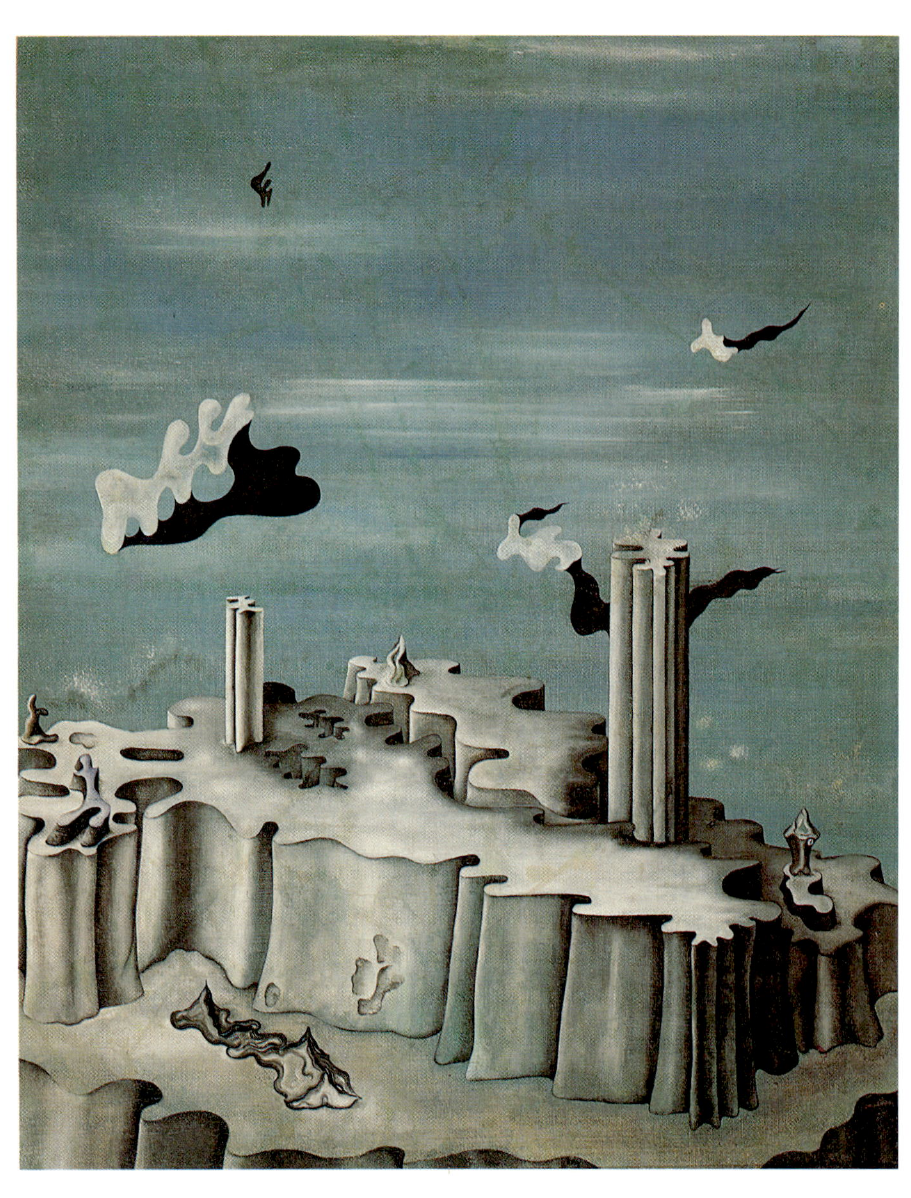

43 Weder Sagen noch Gestalten, [1930]
Privatbesitz, USA

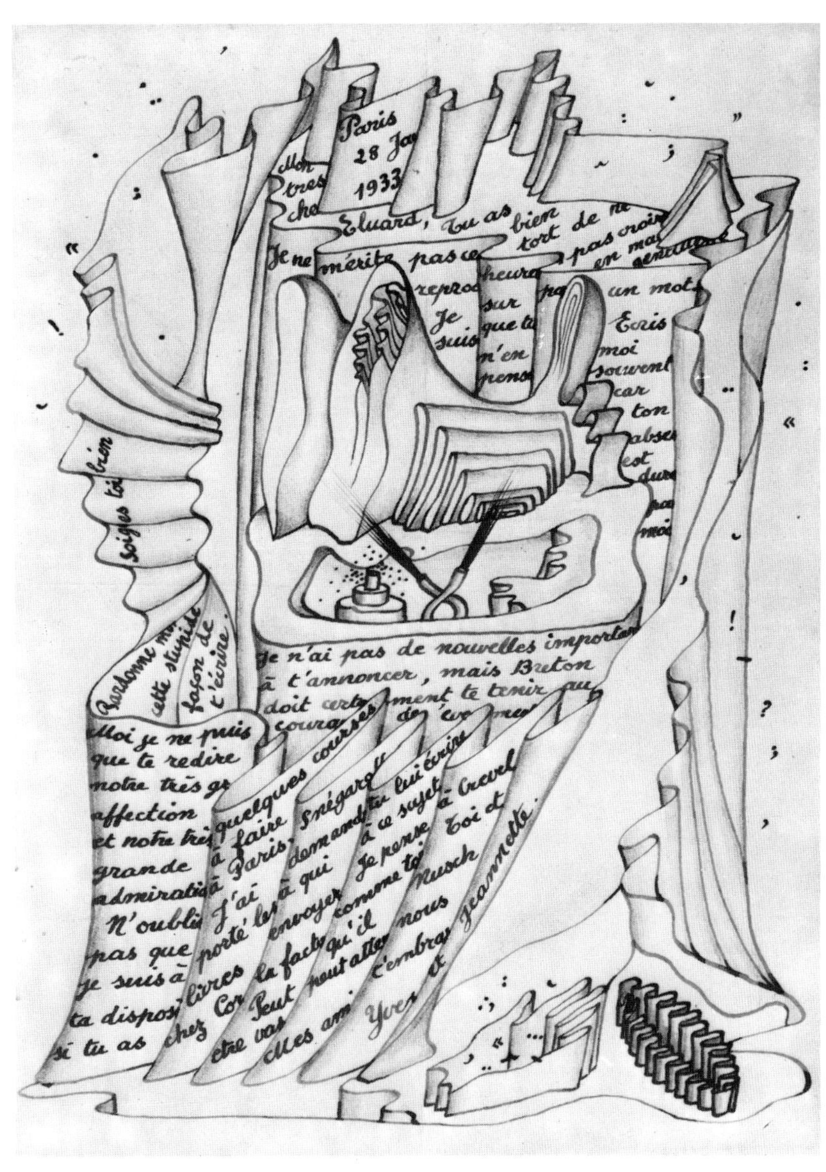

115 Brief an Paul Eluard, 1933
The Museum of Modern Art, New York, Eluard and Dausse Collection.
The Museum of Modern Art Library

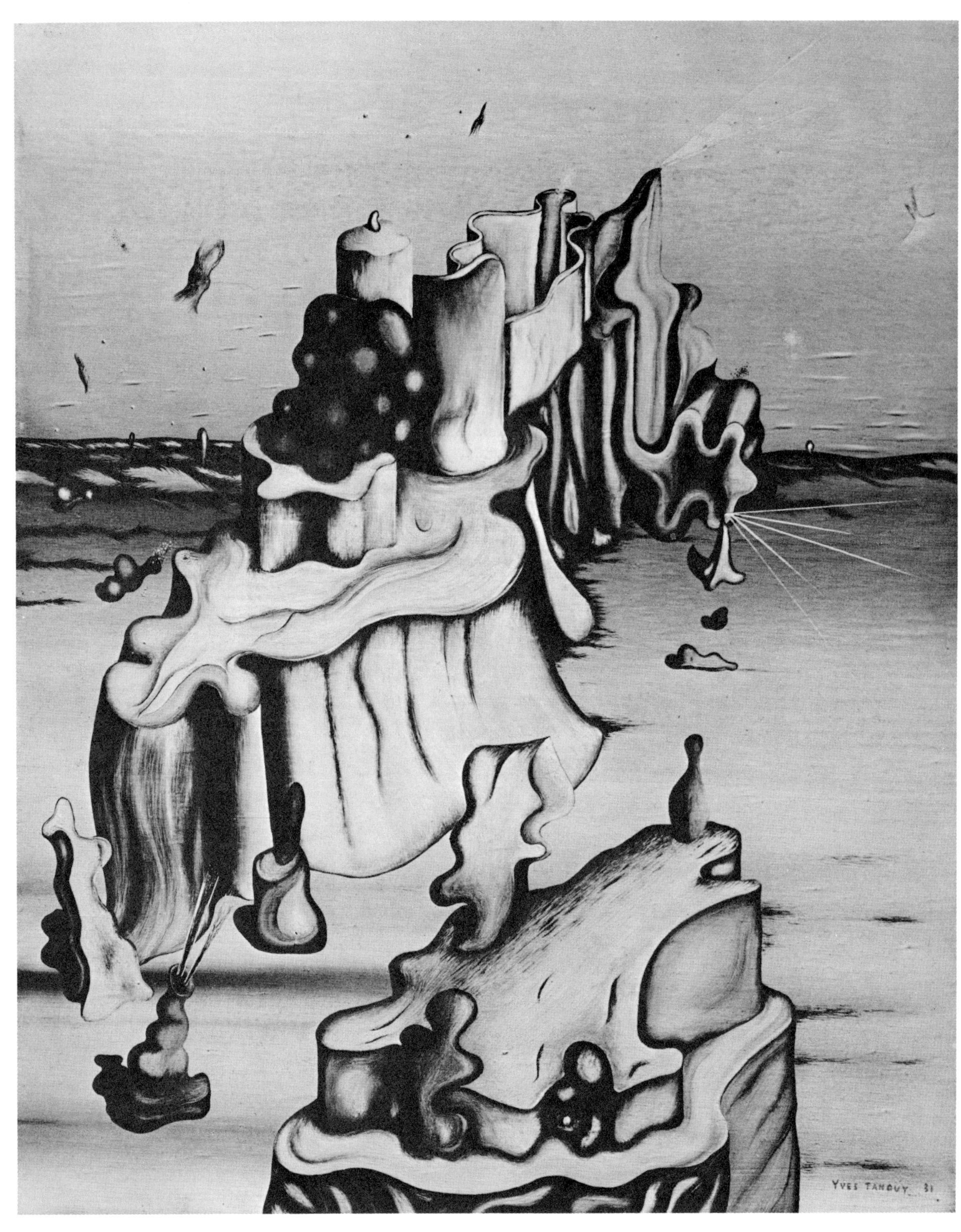

45 Der Turm des Westens, 1931
Sammlung Erna und Curt Burgauer, Küsnacht, Schweiz

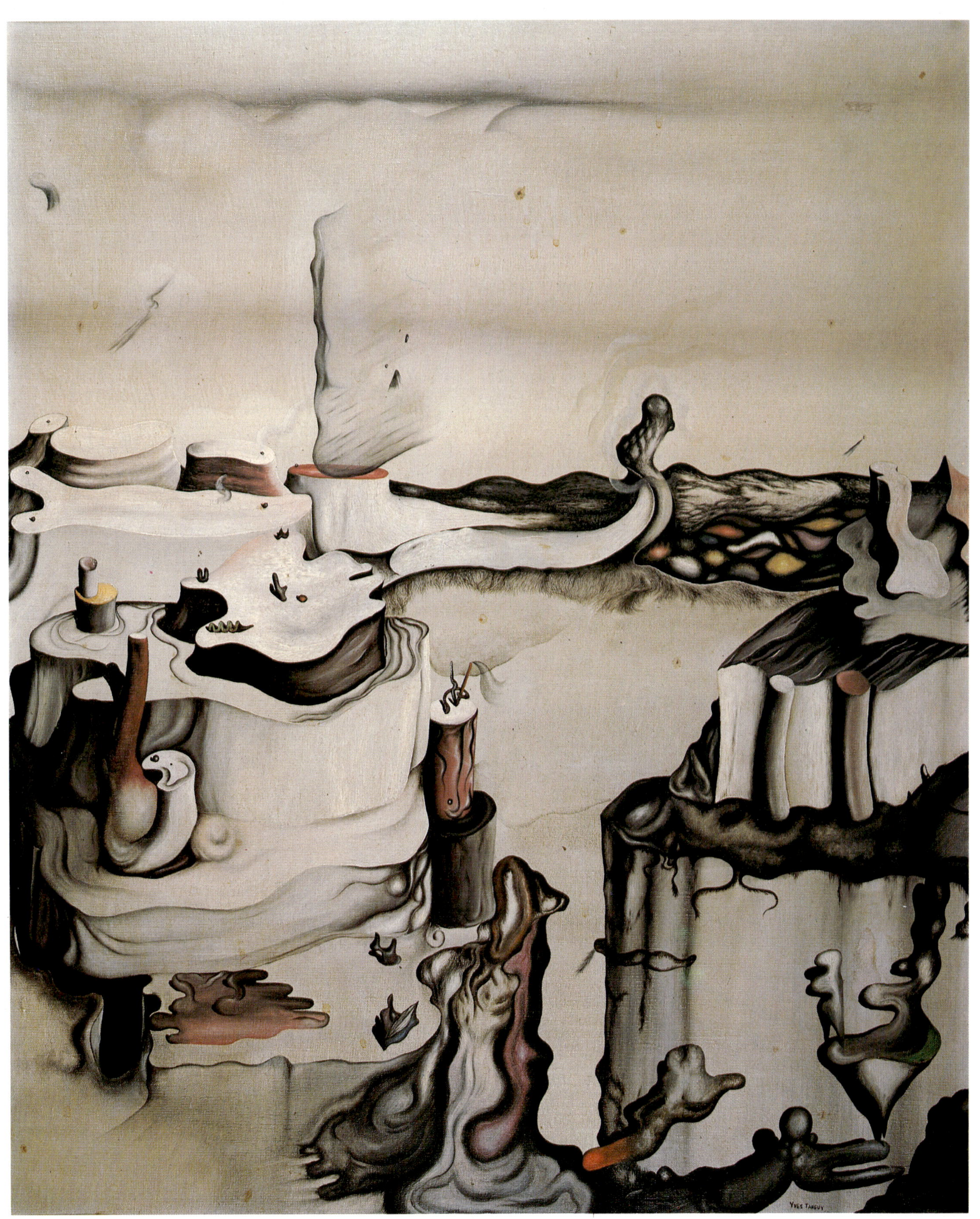

44 Der Schrank des Proteus, 1931
Privatbesitz, Paris

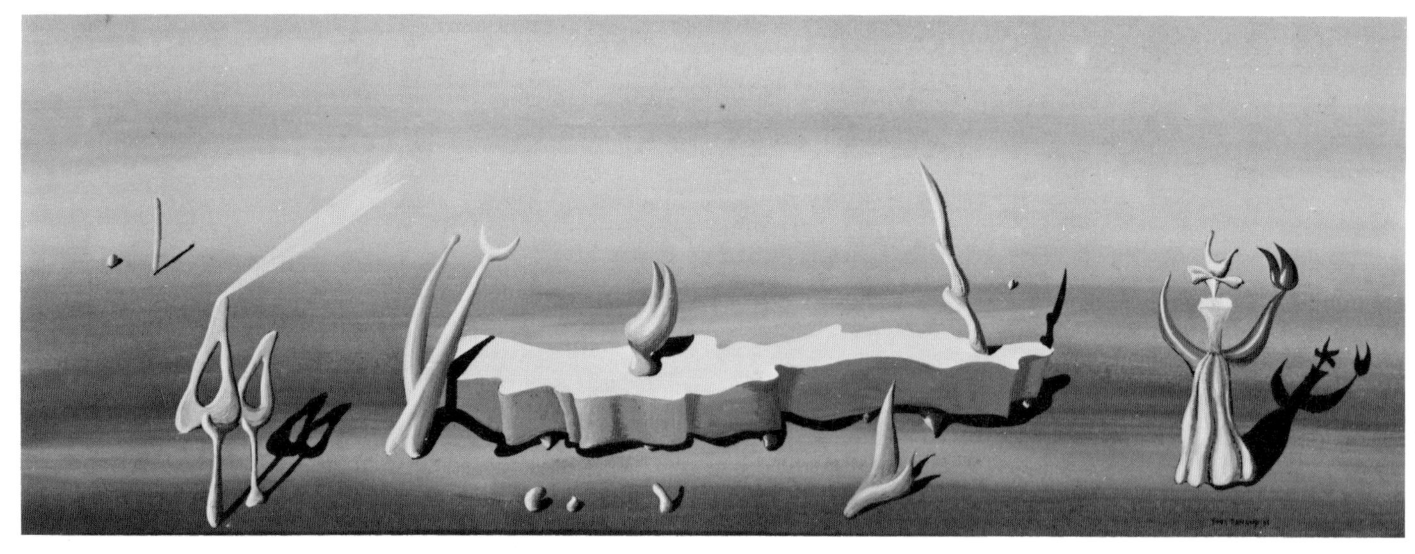

46 Absolute Landschaft, 1931
Kunstmuseum Basel. Schenkung Charles F. Leuthardt

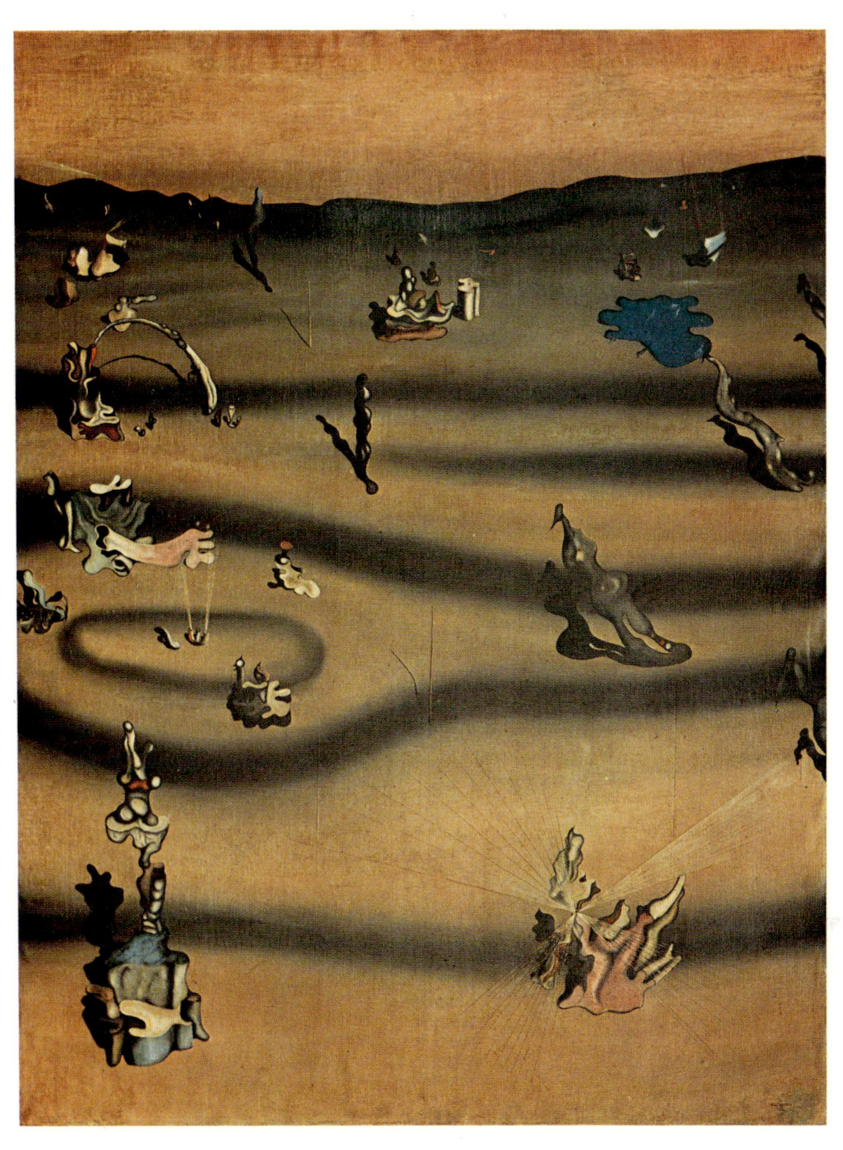

47 Titel unbekannt, 1931
Privatbesitz, Schweiz

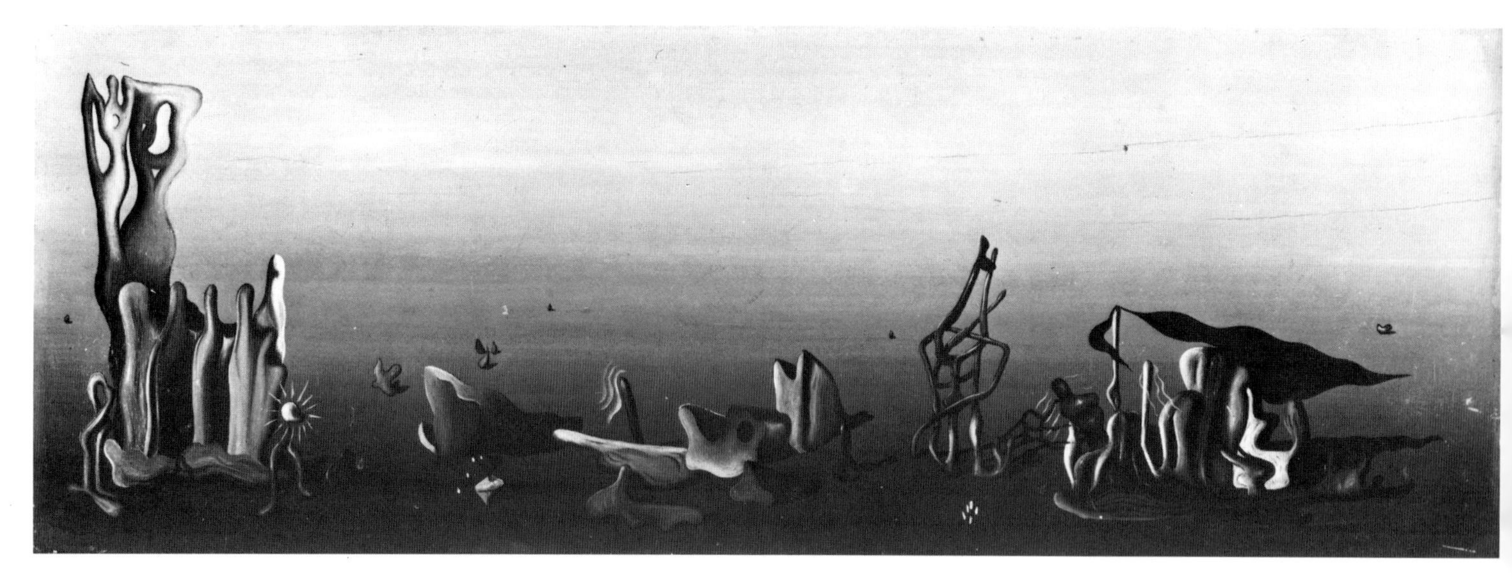

50 Ohne Titel, 1932
Privatbesitz, Paris

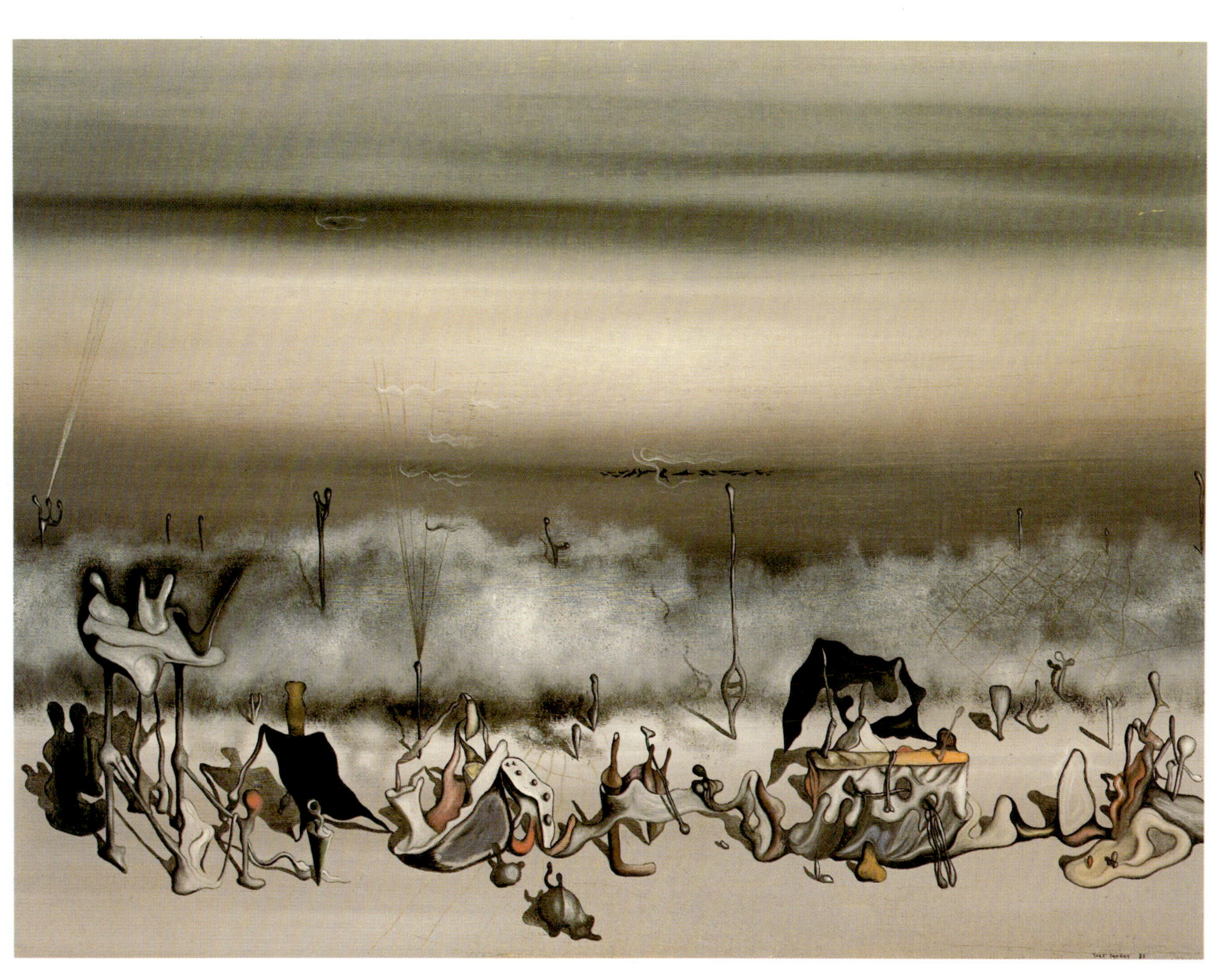

48 Das Band der Ausschweifungen, 19[illegible]
Privatbesitz, London

Yves Tanguy

—

Un soir tous les soirs et ce soir comme les autres
Près de la nuit hermaphrodite
A croissance à peine retardée
Les lampes et leur venaison sont sacrifiées
Mais dans l'œil calciné des lynx et des hiboux
Le grand soleil interminable
Crève-cœur des saisons
Le corbeau familial que la terre environne.
La puissance de voir

Il y a des étoiles en relief sur eau froide
Plus noires que la nuit
Ainsi sur l'heure comme une fin l'aurore ~~[illegible]~~
Toutes illusions à fleur de mémoire
Toutes les feuilles à l'ombre des parfums.

Et ~~dans un miroir~~ les filles des mains ont beau ~~[illegible]~~ pour s'endormir
~~[illegible]~~ Cambrer leur taille ~~et~~ ~~[illegible]~~ ouvrir les anémones de leurs seins
Je ne prends rien dans ces ~~plages~~ filets de chair et de frissons
Du bout du monde au crépuscule d'aujourd'hui
Rien ne ~~[illegible]~~ résiste à mes images désolées.

En quête d'ailes le silence a des plaines gelées
~~Des plaines~~ Que le moindre désir fait craquer
~~Des plaines découvertes par la nuit qui se retourne~~
La nuit qui se retourne les découvre
Et les rejette à l'horizon
~~Nous avions convenu d'une armure plus dangereuse que la mienne~~
Nous avions décidé que rien ne se définirait
~~[illegible]~~ le doigt par hasard posé sur les commandes d'un appareil brisé

Paul Eluard

Yves Tanguy

Ein Abend alle Abende und dieser Abend wie die anderen
Der hermaphroditischen Nacht nah
Um ein Geringes nur verspätet in ihrem Wachstum
Die Lampen hingeopfert und ihr Wildbret
Im ausgeglühten Auge aber die Luchse und Eulen
Die große unaufhörliche Sonne
Herzweh der Jahreszeiten
Der häusliche Rabe
Die Macht zu sehen und ringsum die Erde

Schwärzer als die Nacht sind auf kaltem Wasser
Gebuckelte Sterne
So auf der Stunde einem Ende gleich das Morgenrot
Überm Erinnern leicht alle Täuschungen
Alle die Blätter im Schatten der Düfte

Und vergebens straffen die Hände-Mädchen mich einzuschläfern
Ihren Leib vergebens öffnen sie die Anemonen ihrer Brüste
Ich fange nichts in diesen Netzen aus Fleisch und Schaudern
Vom Ende der Welt bis zu der Dämmerung heute
Nichts widersteht meinen verzweifelten Bildern

Zu Flügeln hat das Schweigen froststarre Flächen
Sie bersten von leisester Lust schon
Die Nacht die sich umgekehrt entdeckt sie
Und verwirft sie zum Horizont

Wir hatten entschieden: nichts gewinne Gestalt und Verstand
Als dem Finger gemäß der von ungefähr die Hebel einer zerbrochenen Apparatur berührt.

Deutsch von Friedhelm Kemp

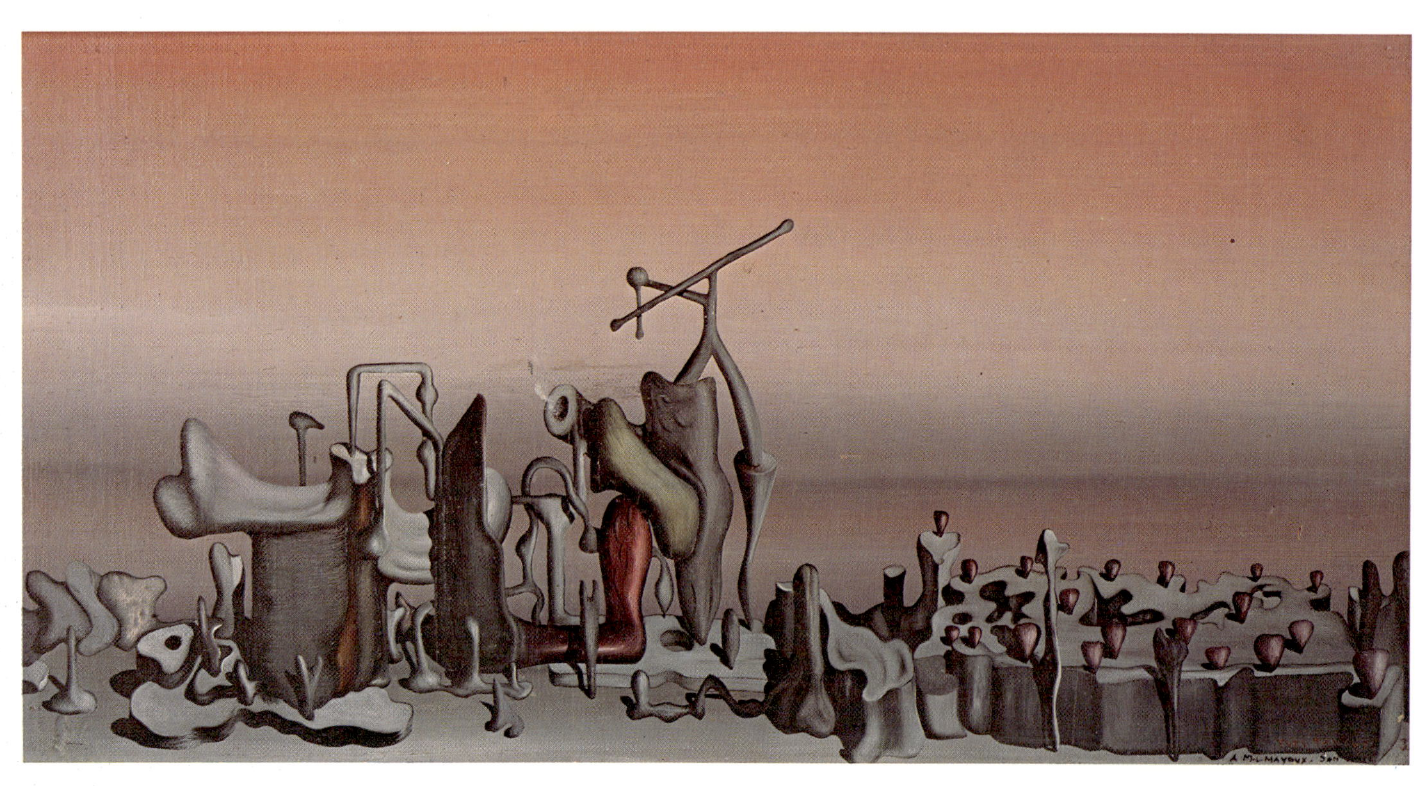

51 Die empfindliche Lage, 1933
Privatbesitz, Frankreich

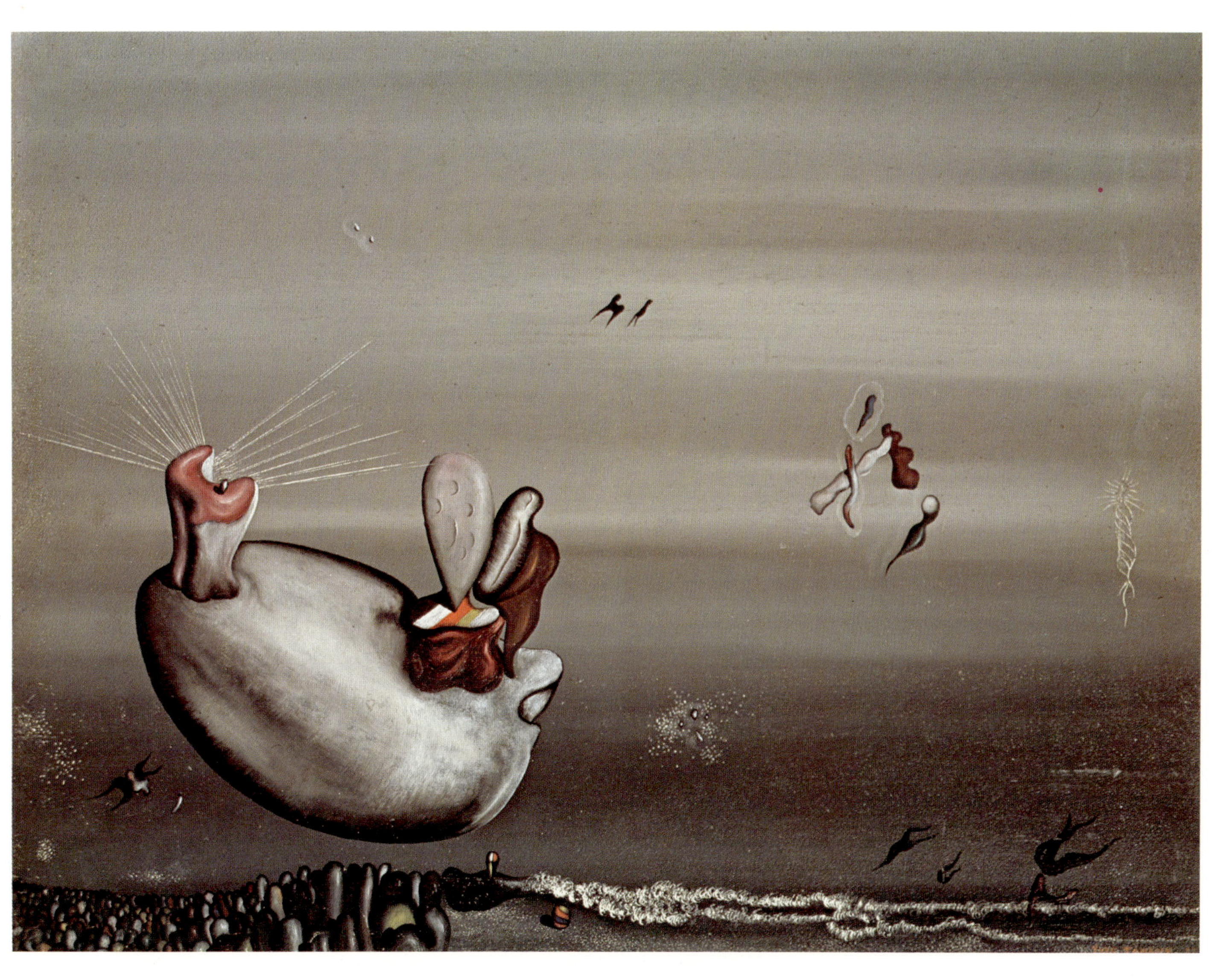

49 Rot im Winter, 1932
Pierre Matisse Gallery, New York

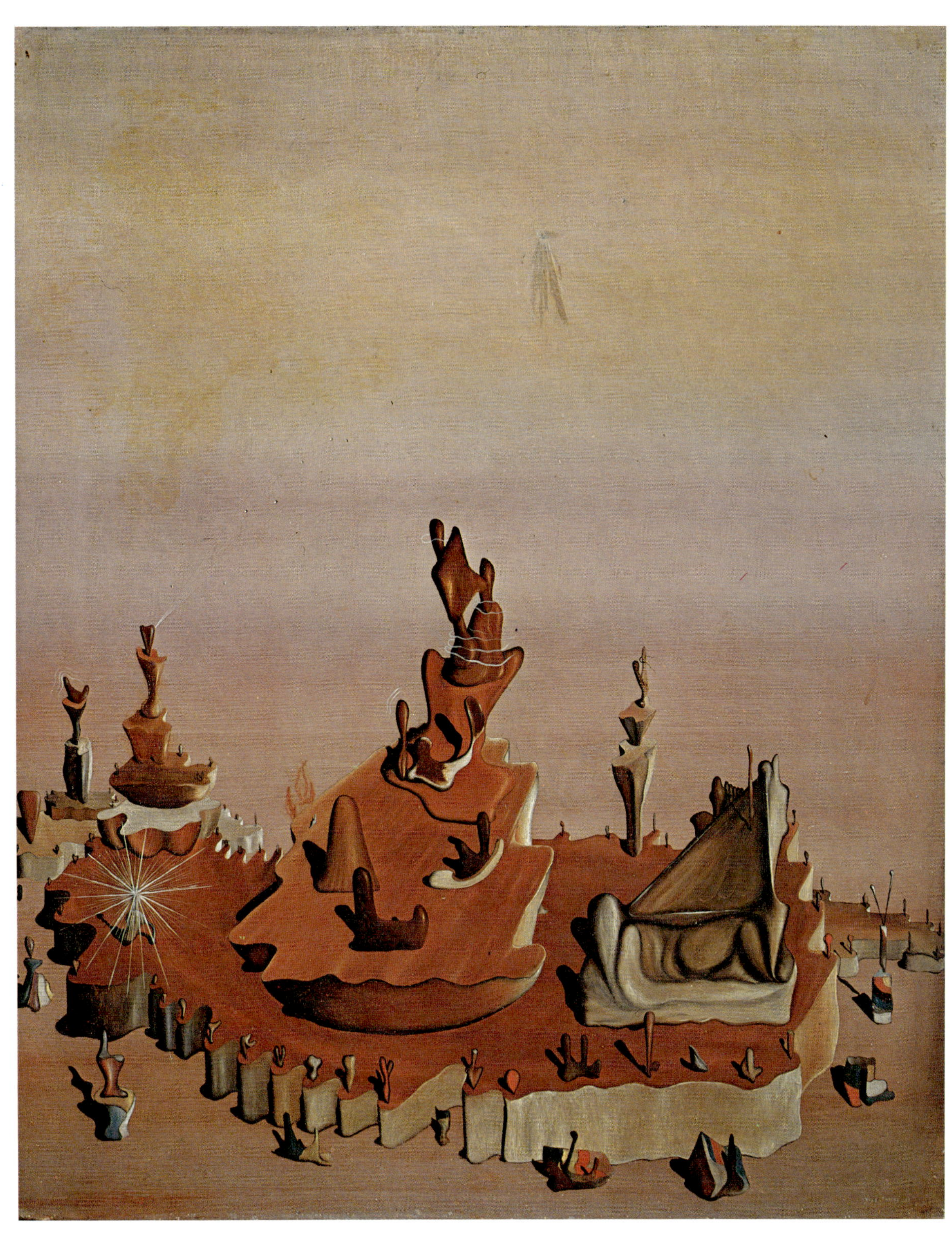

54 Die Besessenheit von der Prophezeihung, 1933
Privatbesitz, Schweiz

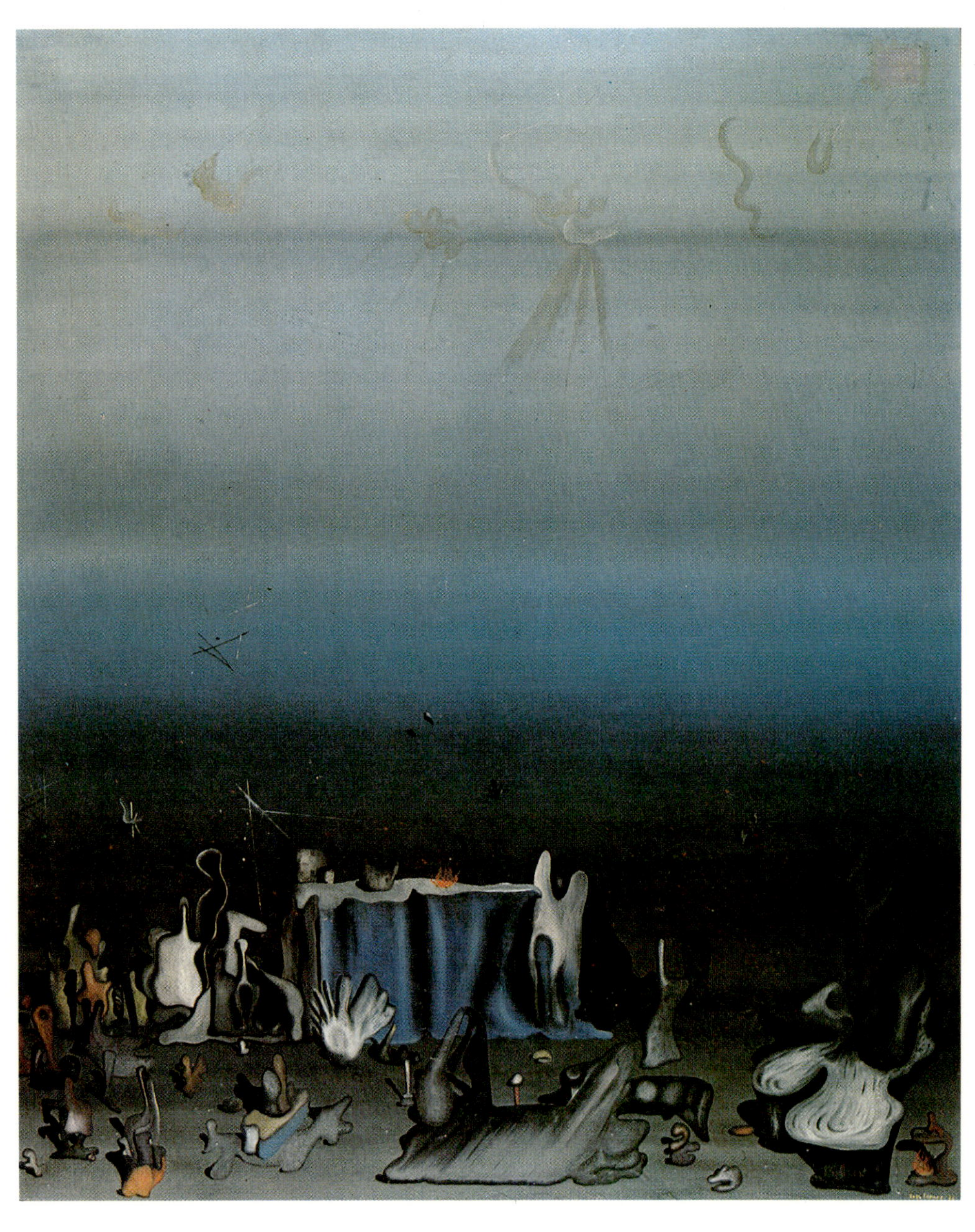

53 Das Unterste des Turmes, 1933
Sammlung Mme Henriette Gomès, Paris

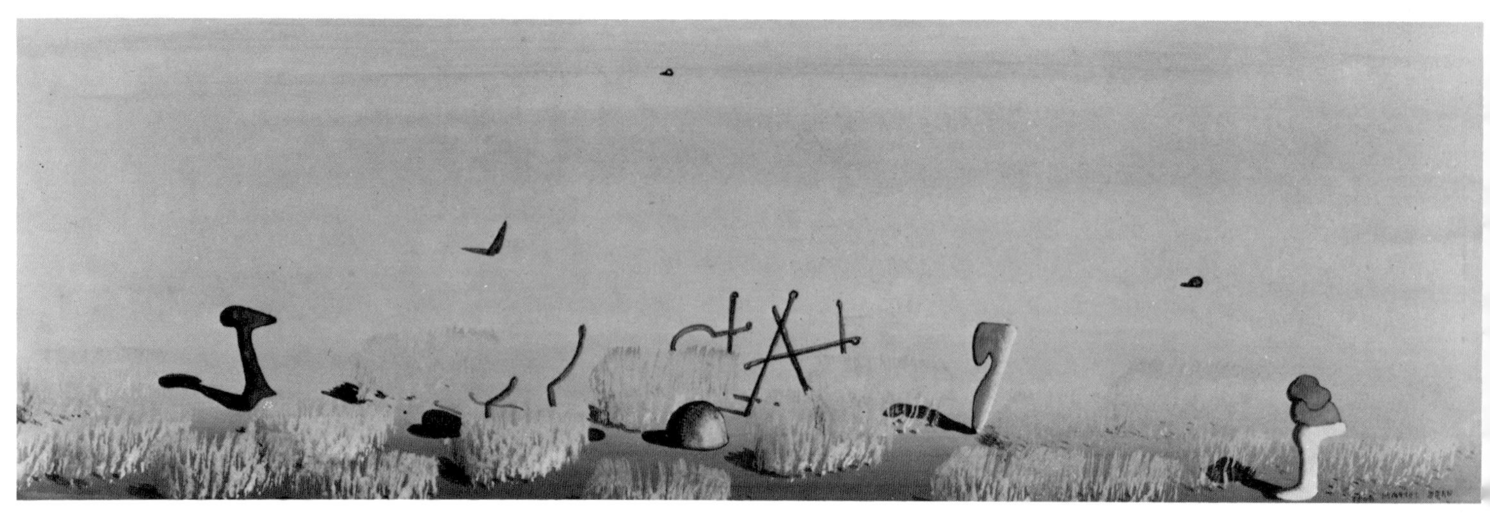

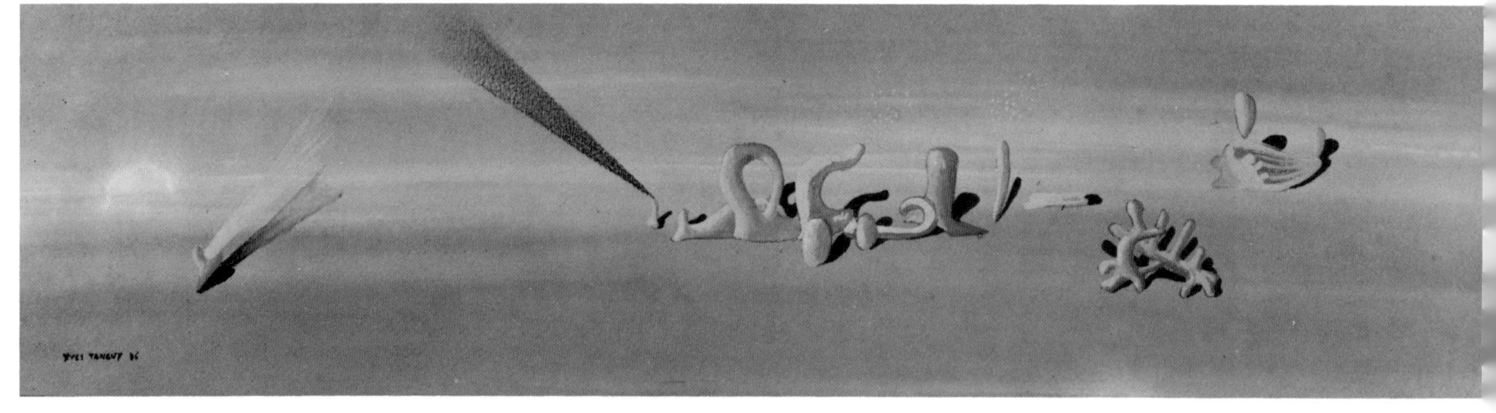

59 Ohne Titel, 1936
Sammlung Marcel Jean, Paris

60 Ohne Titel, 1936
Pierre Matisse Gallery, New York

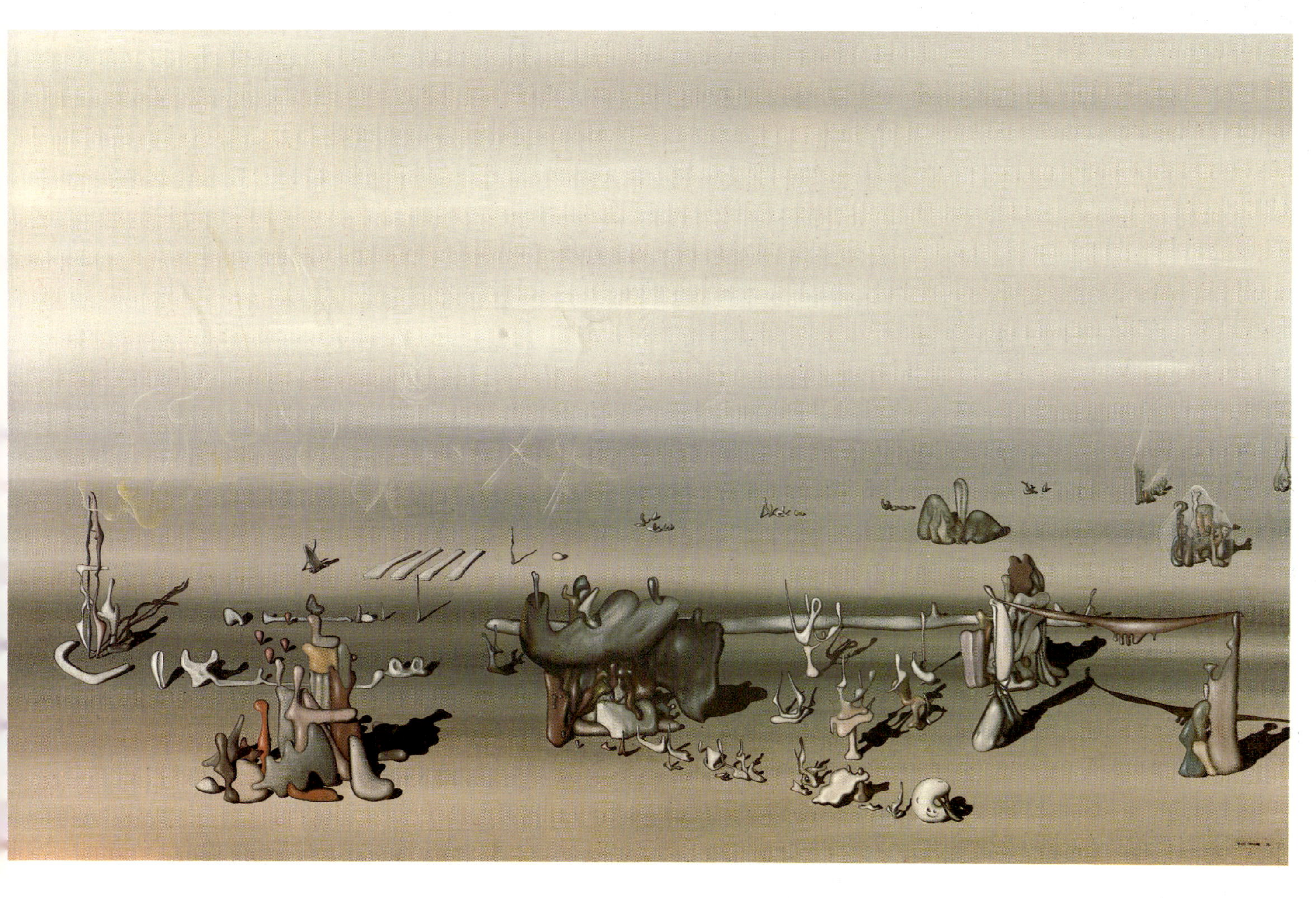

55 Ich erwarte Sie, 1934
Sammlung Mr. und Mrs. Jerome L. Stern, New York

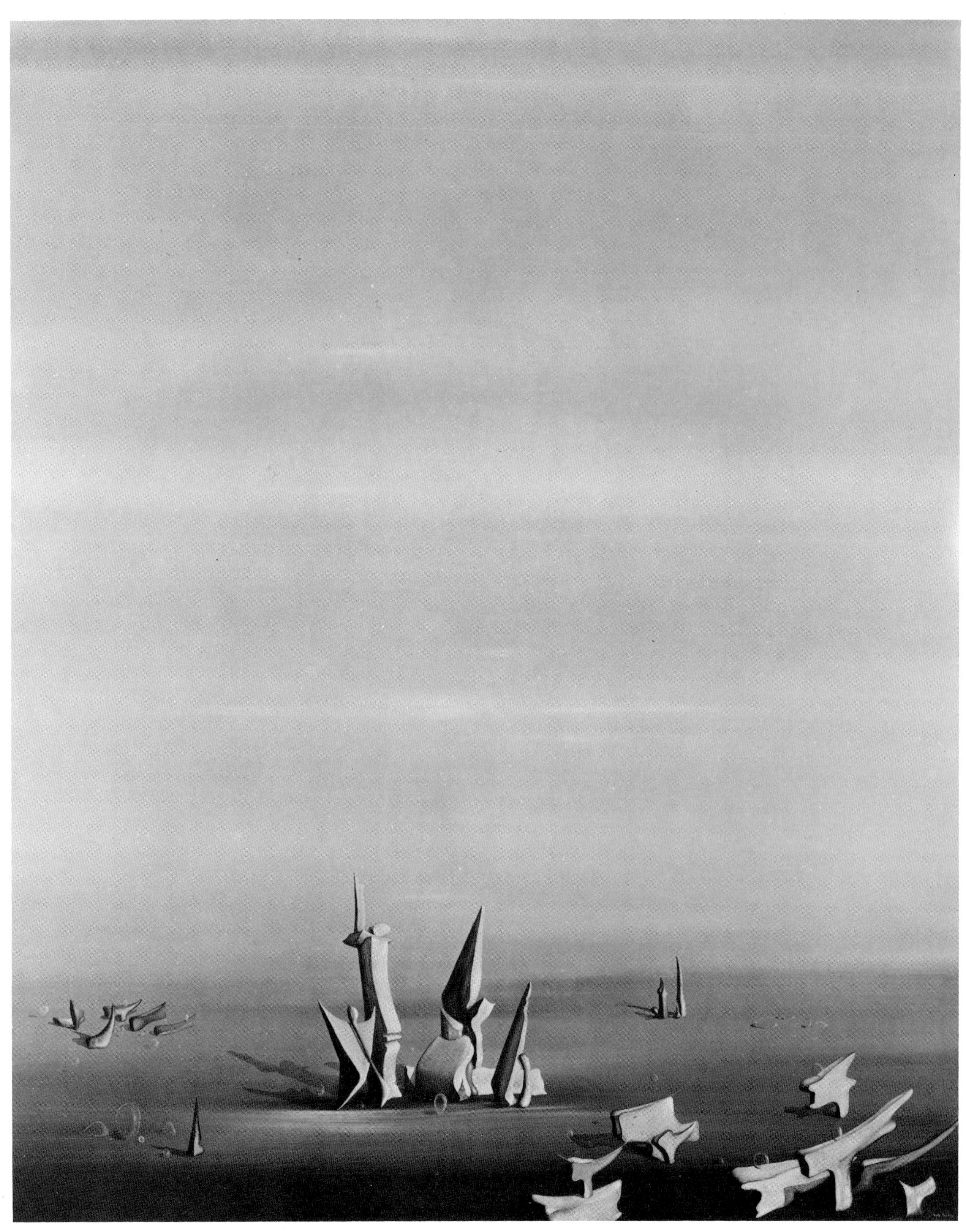

56 Die neuen Nomaden, 1935
John and Mable Ringling Museum of Art, Sarasota, Florida, legs Kay Sage-Tanguy, 1964

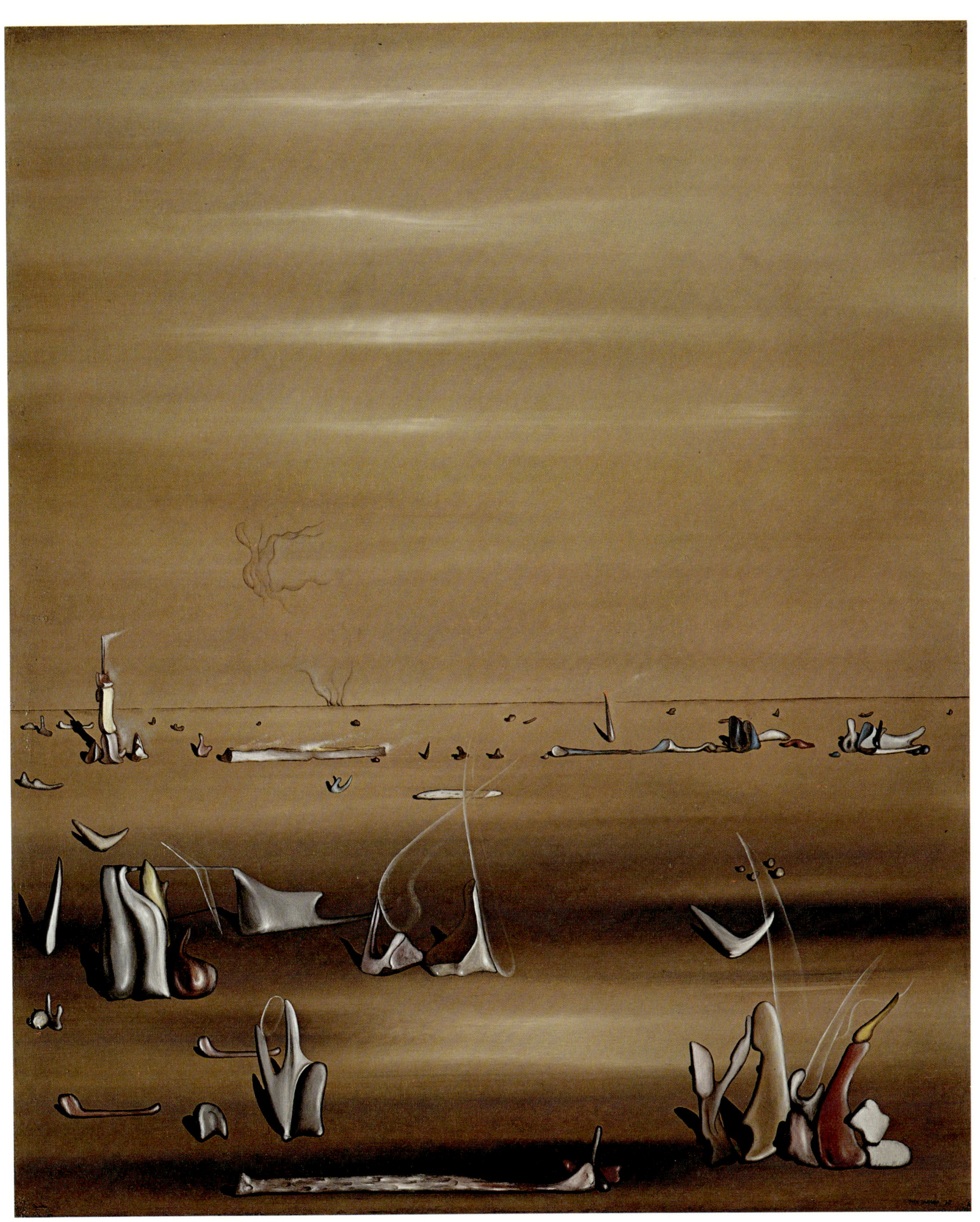

57 Titel unbekannt [Metaphysische Landschaft], 1935
Staatsgalerie Stuttgart

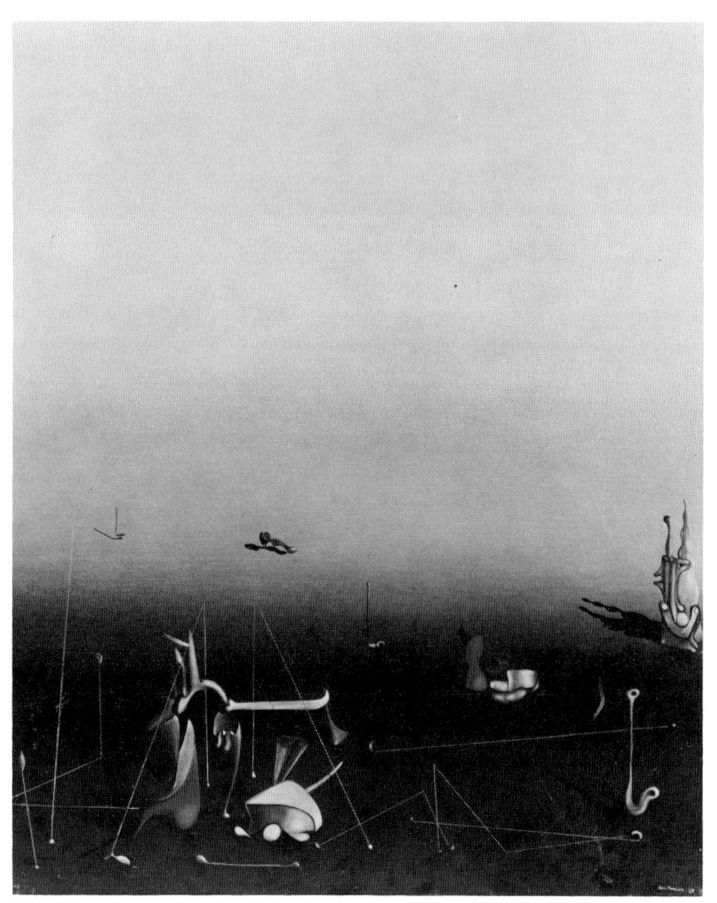

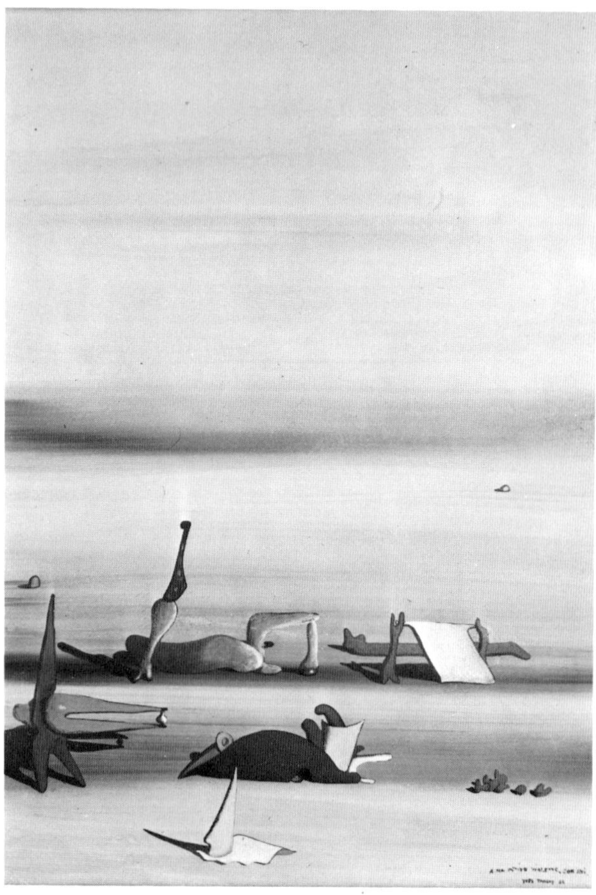

65 Die Bewegungen und die Taten, 1937
Smith College Museum of Art, Northamton, Mass., legs Kay Sage-Tanguy, 1964

61 Ohne Titel, 1936
Privatbesitz, Paris

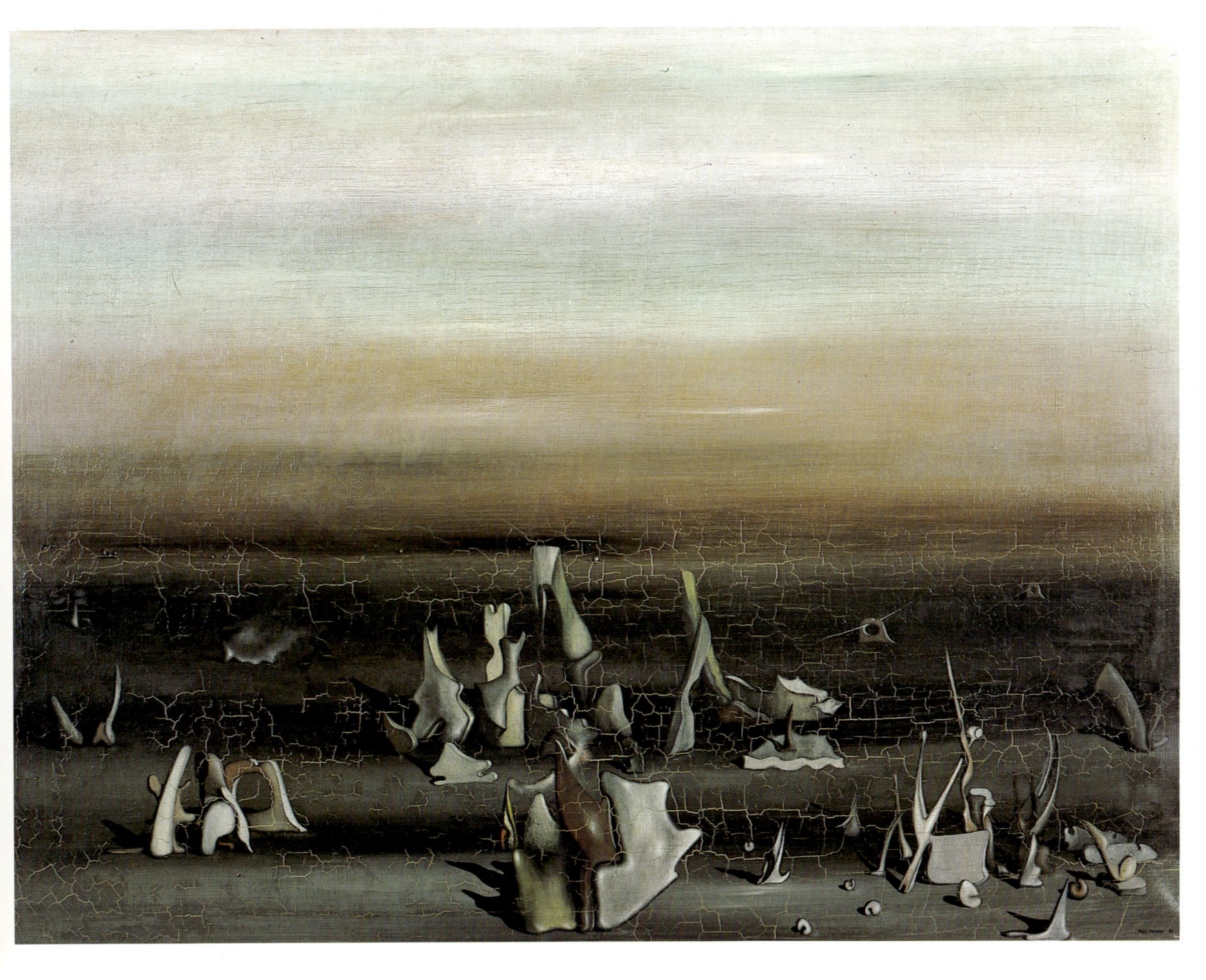

63 Das Nest des Amphioxus, 1936
Musée de Peinture et de Sculpture, Grenoble

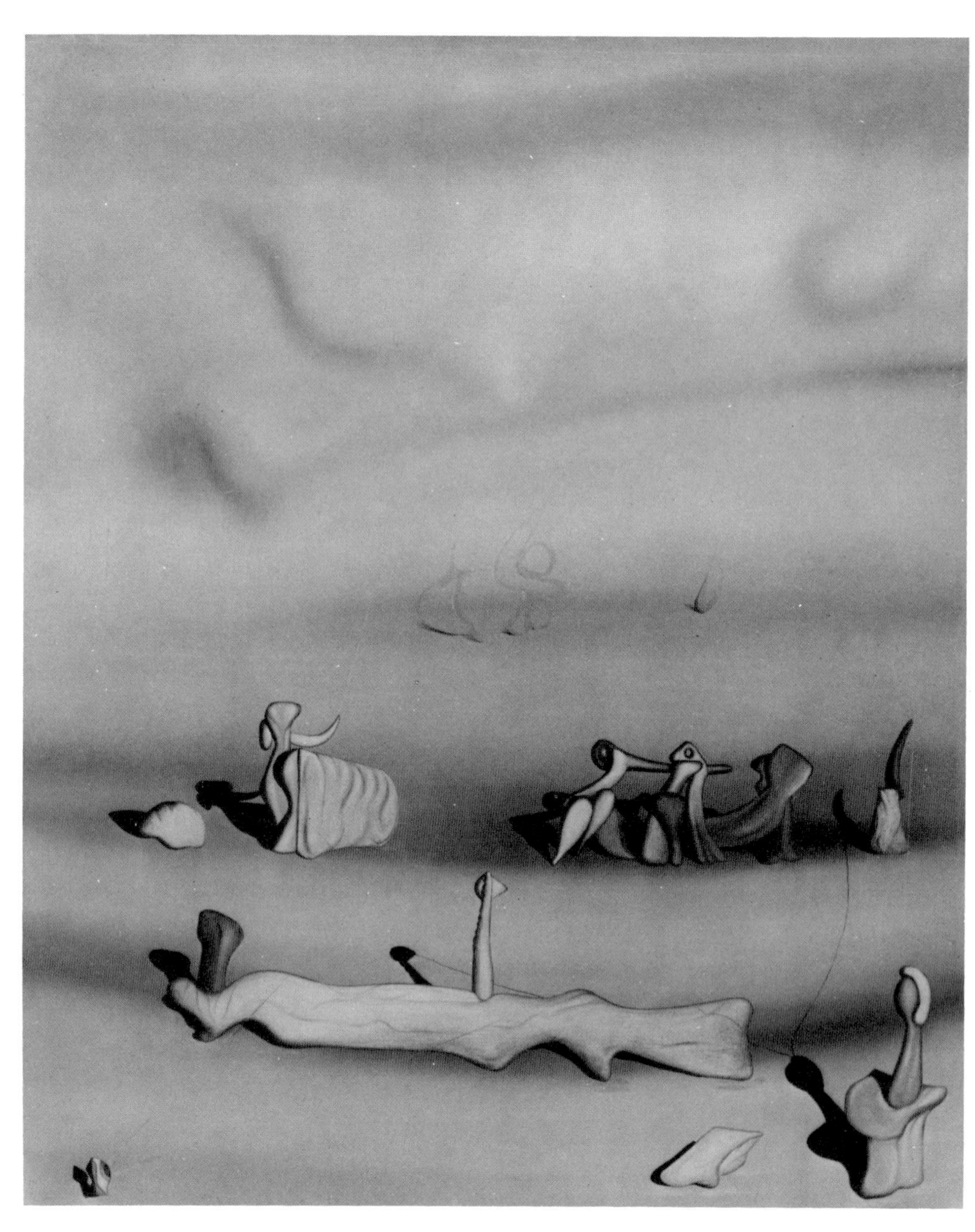

68 Morgen, 1938
Kunsthaus Zürich

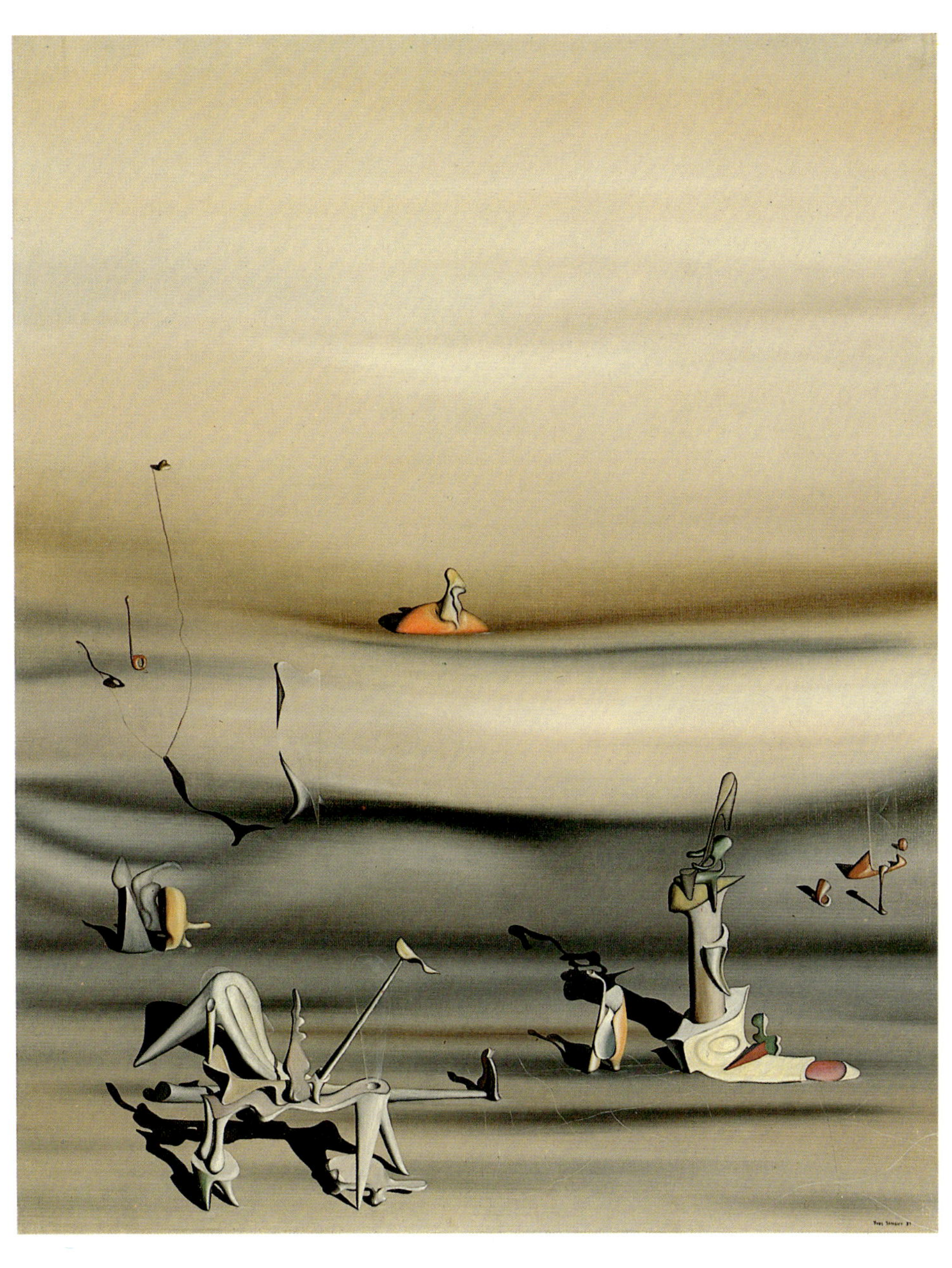

64 Tag der Trägheit, 1937
Musée national d'art moderne, Centre Georges Pompidou, Paris

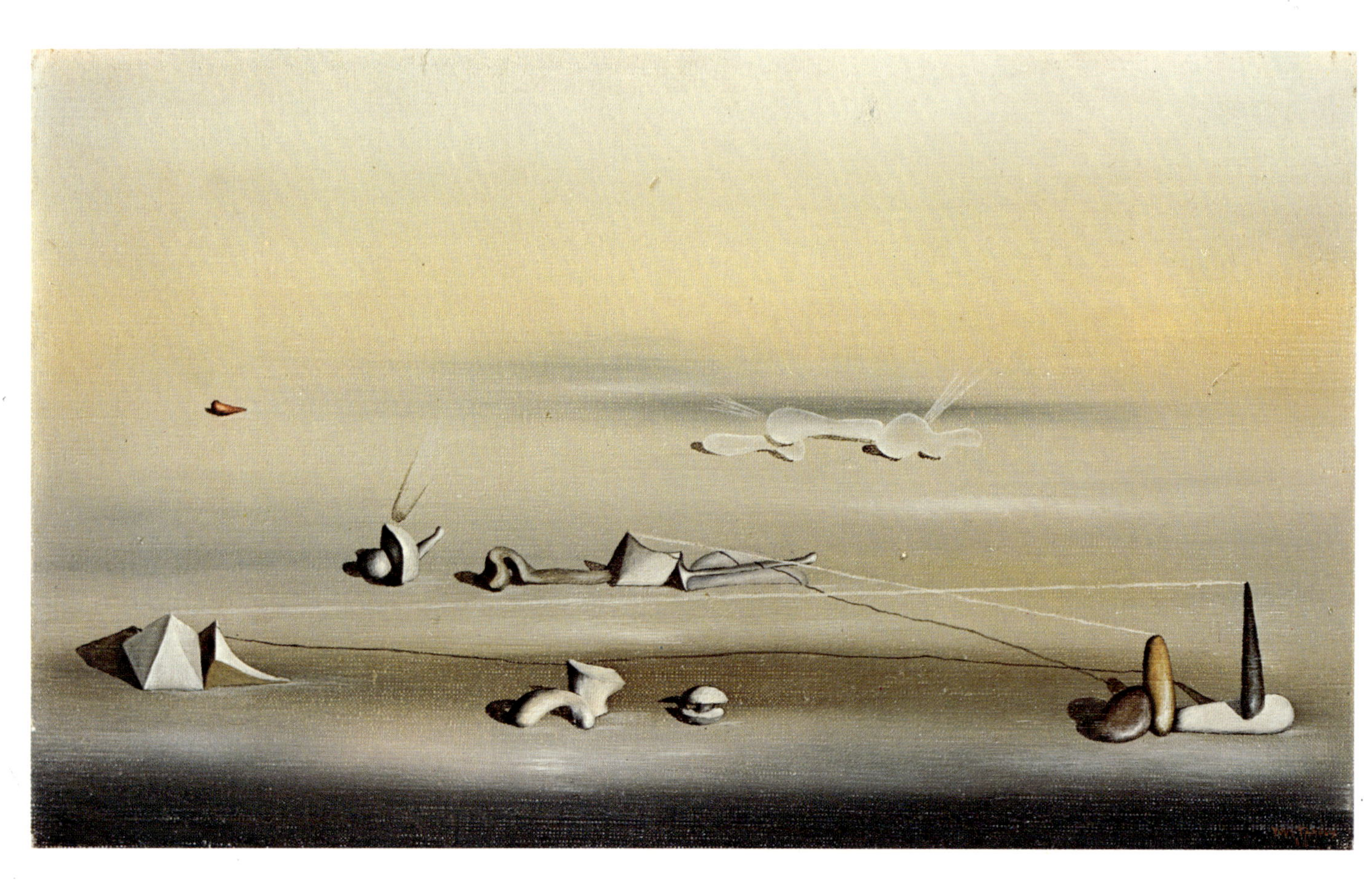

69 Titel unbekannt [Landschaft], 1938
Privatbesitz

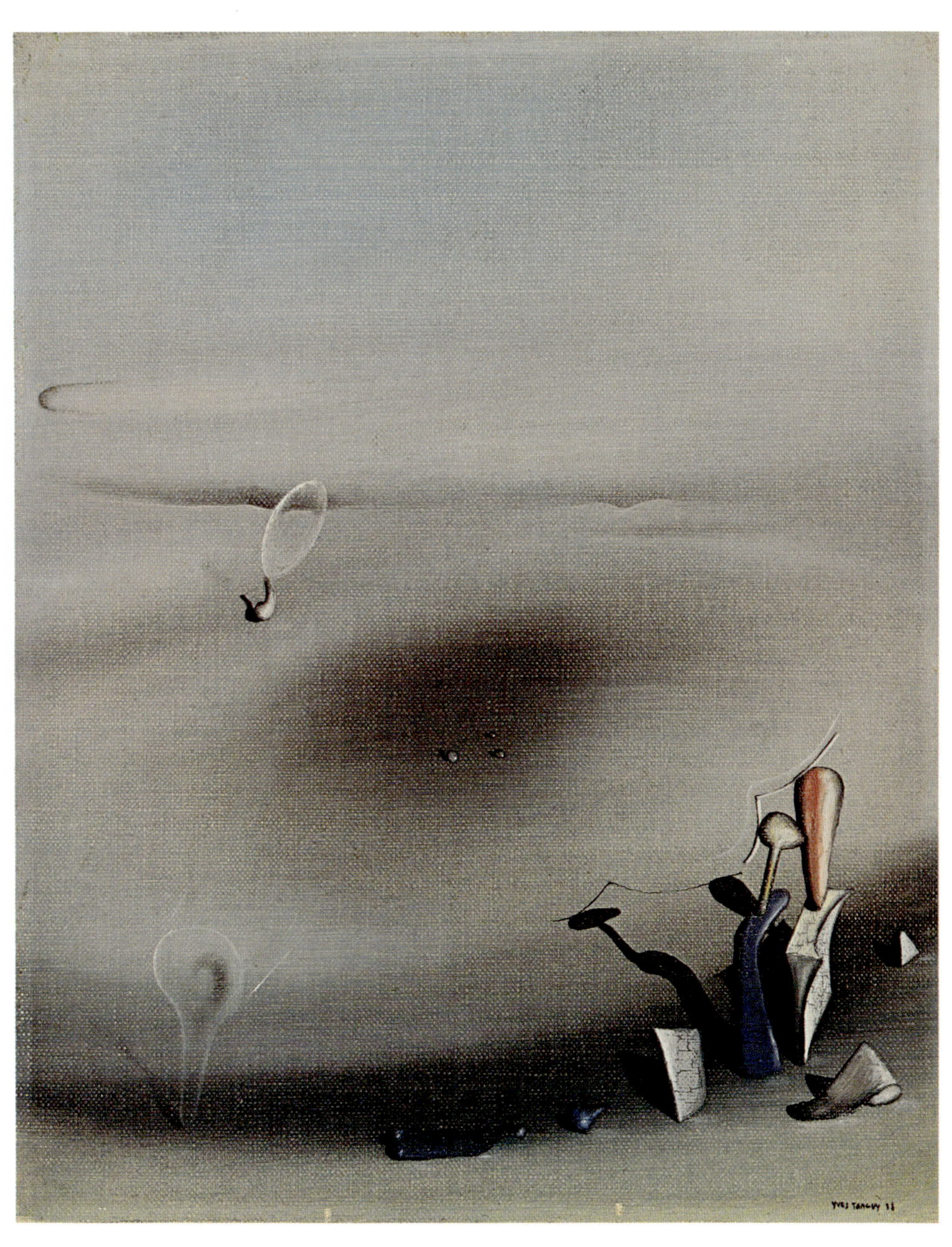

67 Endlose Räume, 1938
Tel Aviv Museum of Art, Tel Aviv

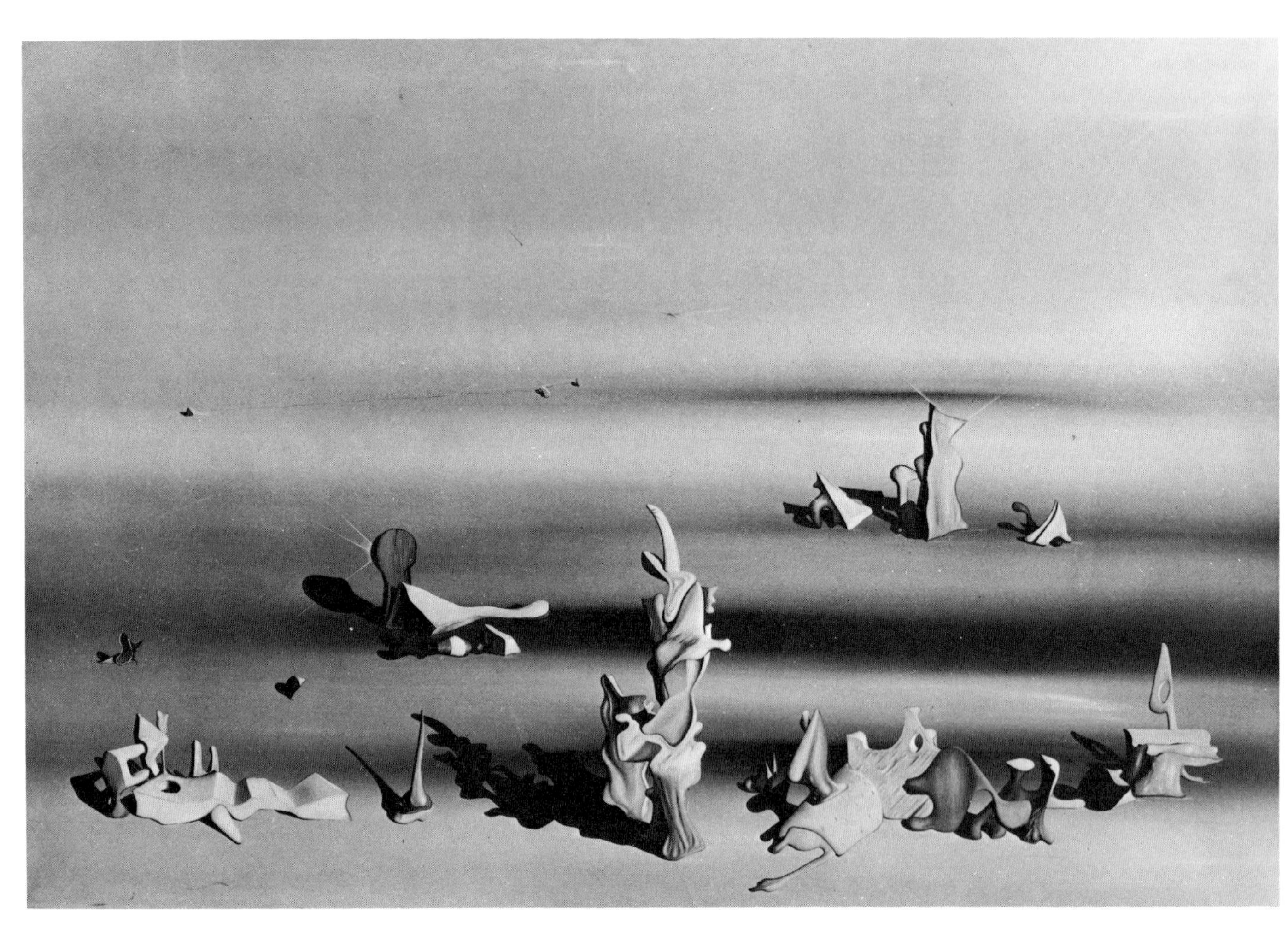

71 Wenn es wäre, 1939
Privatbesitz, New York

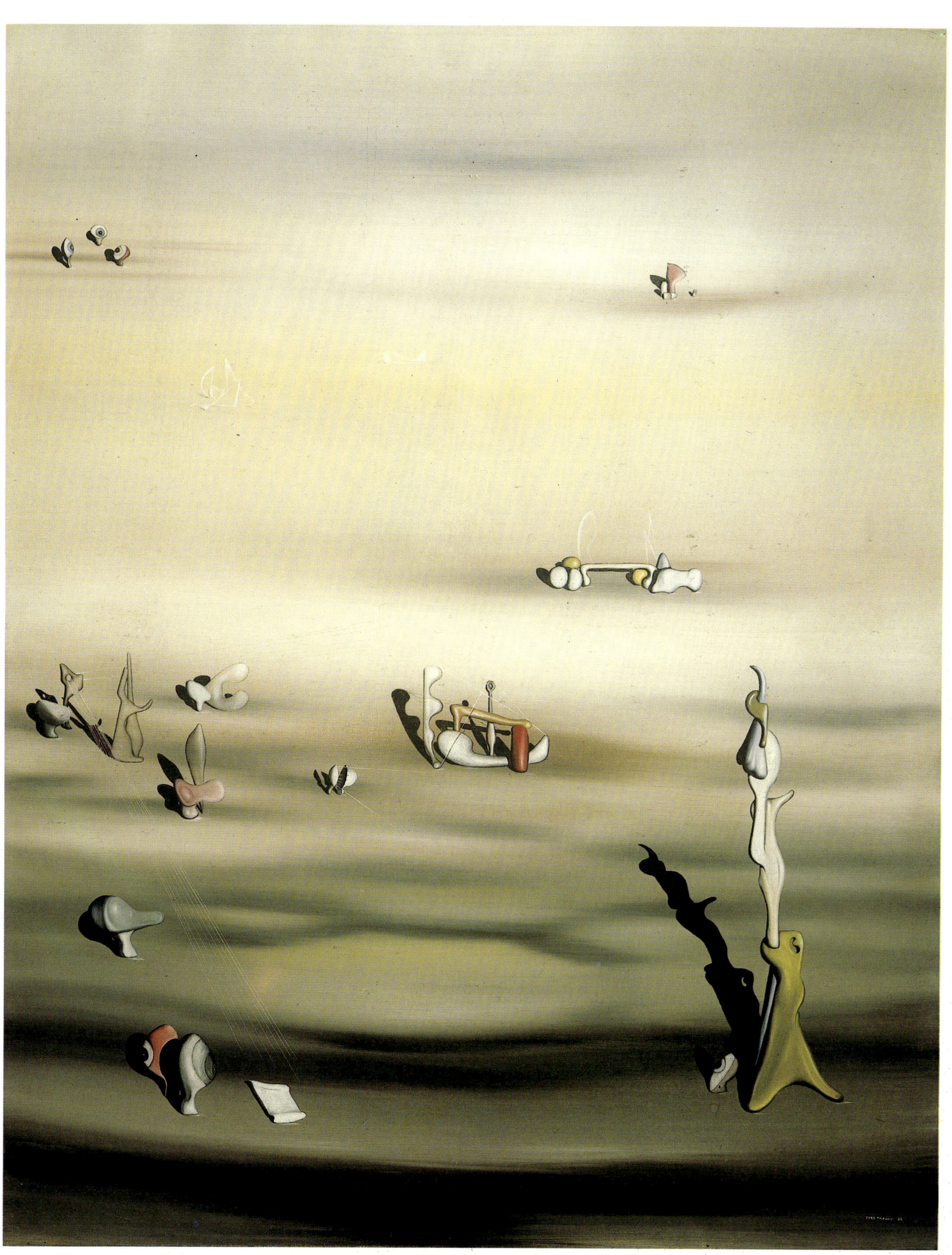

70 Das Erlöschen der Arten II, 1938
Privatbesitz, New York

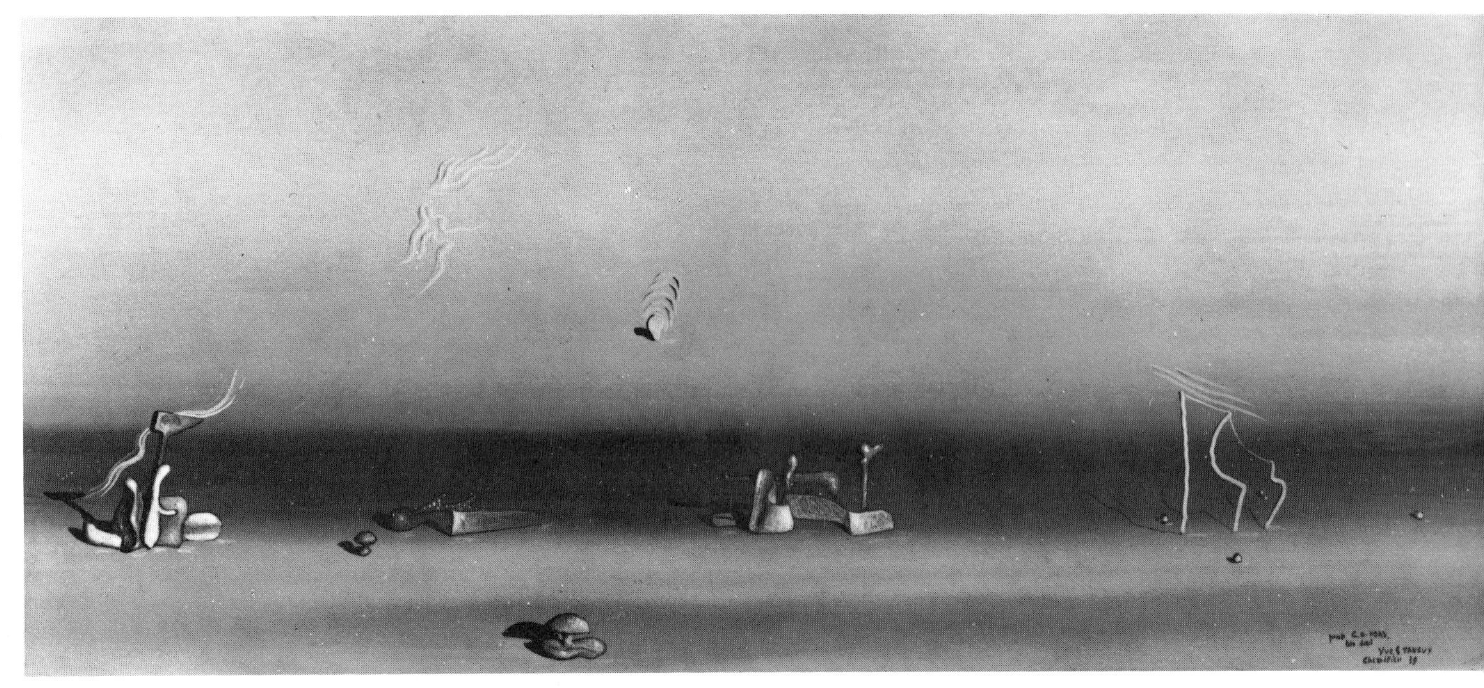

72 Ohne Titel, 1939
Sammlung Gordon Onslow-Ford, Inverness, Calif.

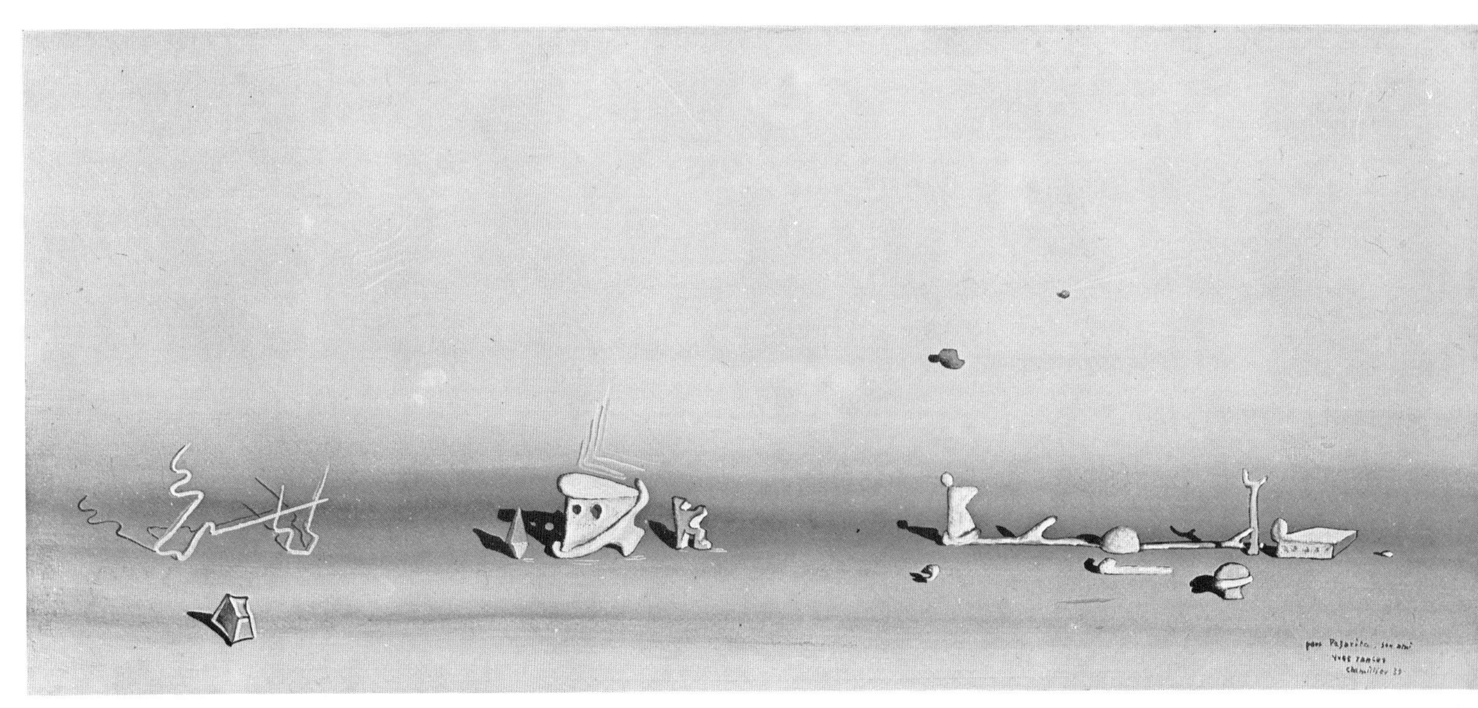

73 Ohne Titel, 1939
Sammlung Gilbert E. Kaplan, New York

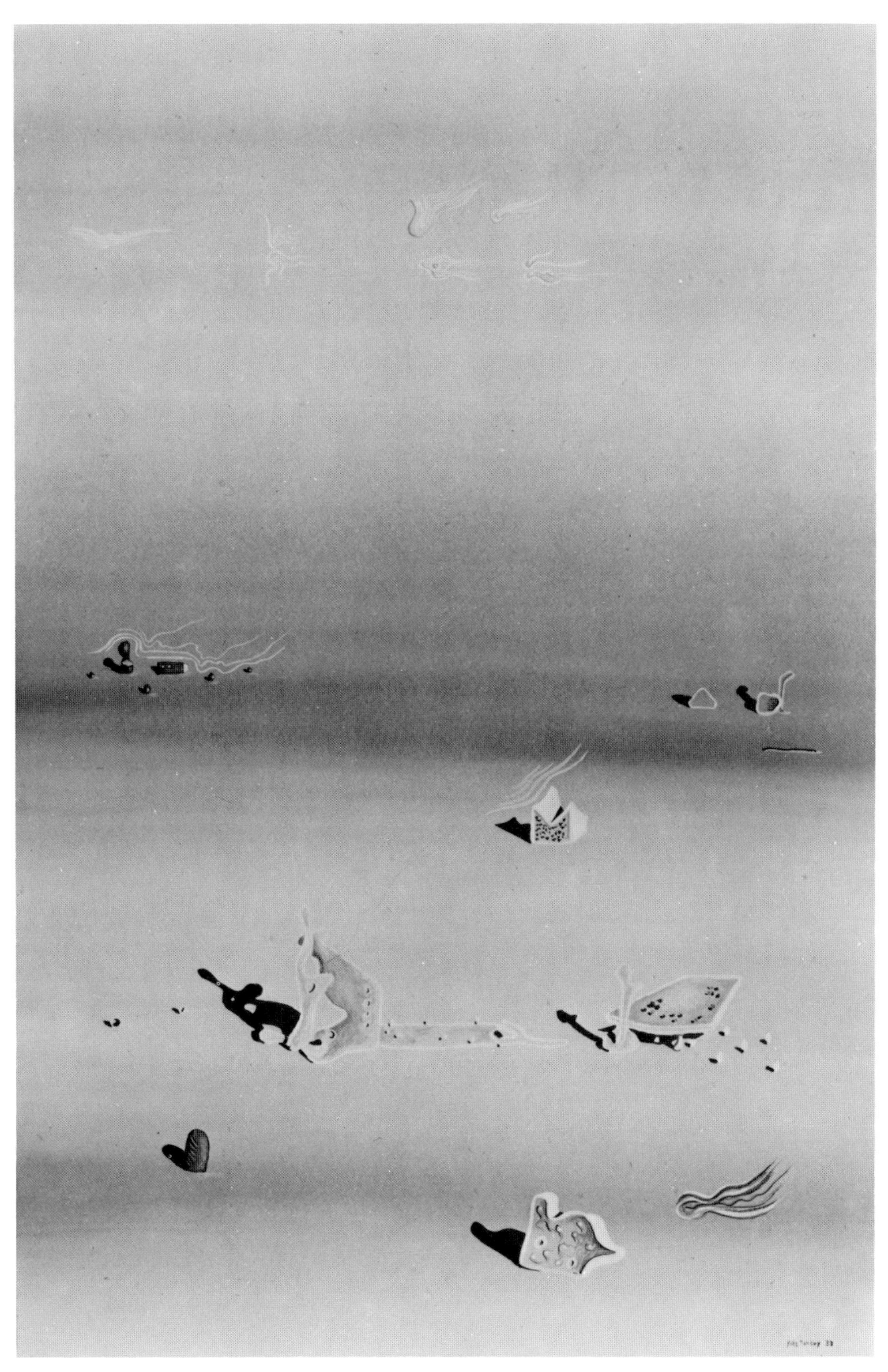

74 Ohne Titel, 1938
Sammlung Lefebvre-Foinet, Paris

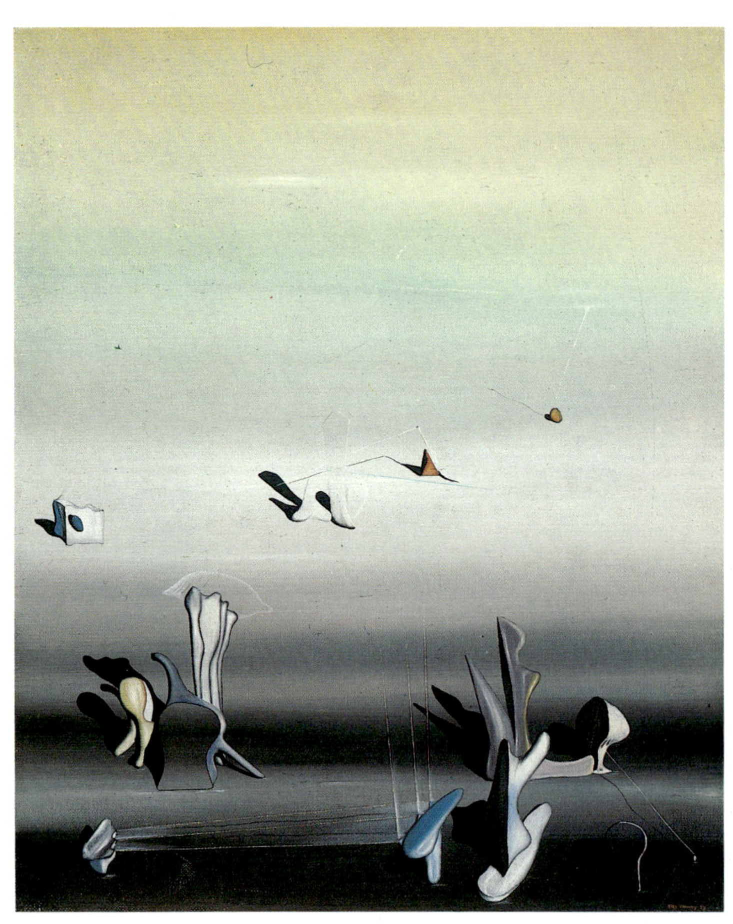

75 Ich hatte schon dieses Alter, das ich habe, 1939
Privatbesitz, New York

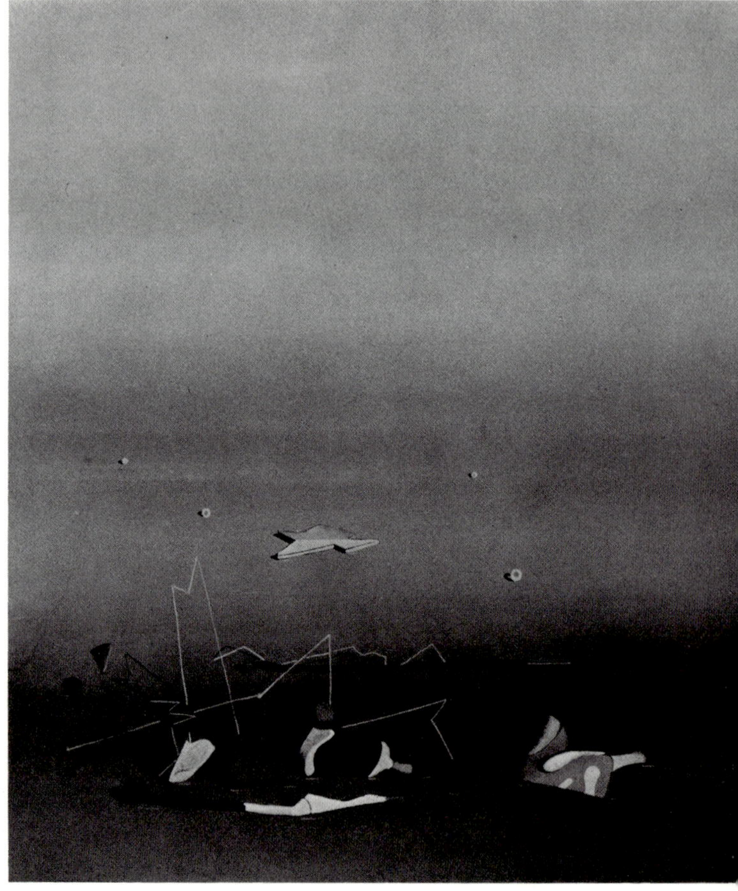

78 Ohne Titel, 1941
Privatbesitz, New York

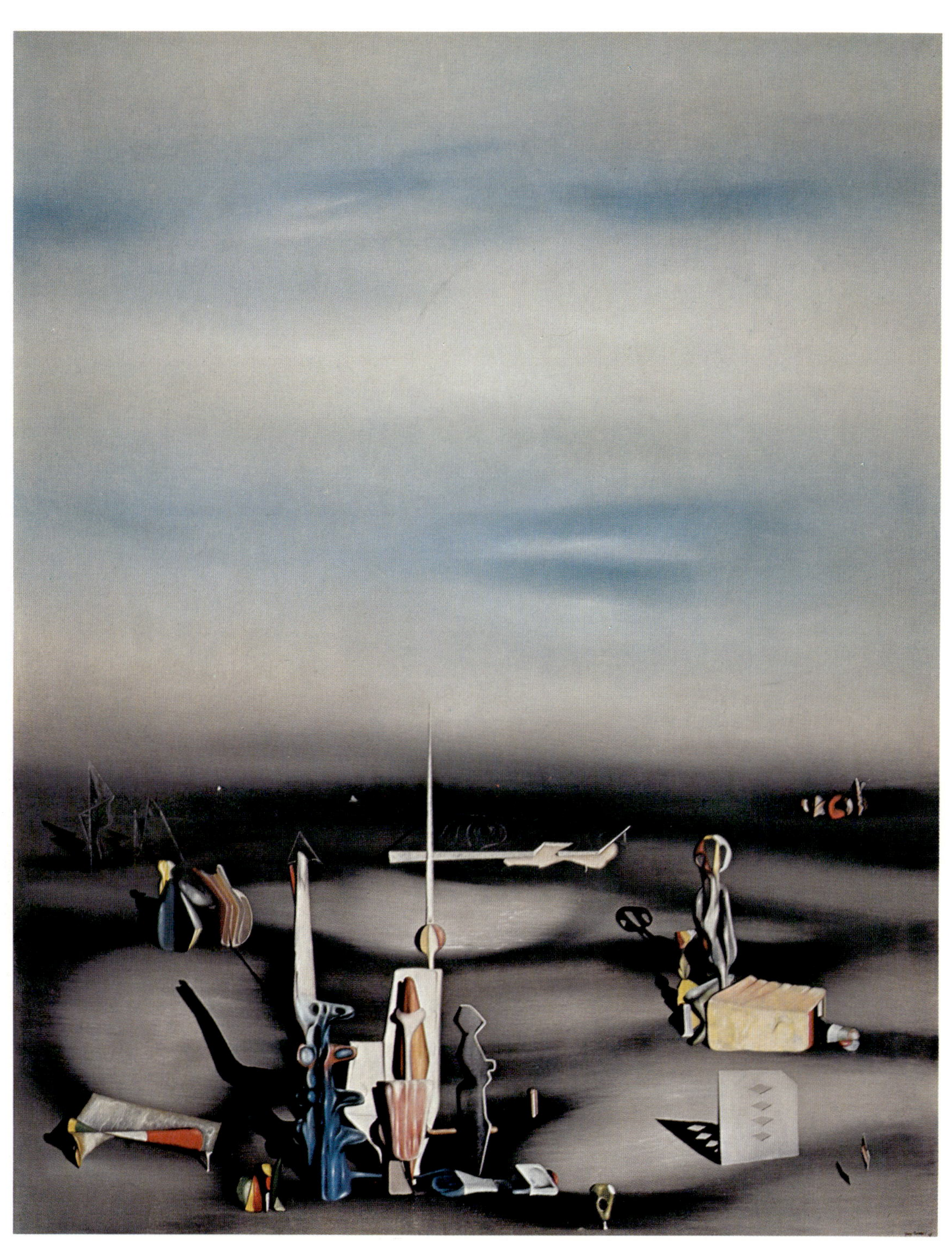

79 Die Erde und die Luft, 1941
The Baltimore Museum of Art, legs Mrs. Saidie A. May, 1951

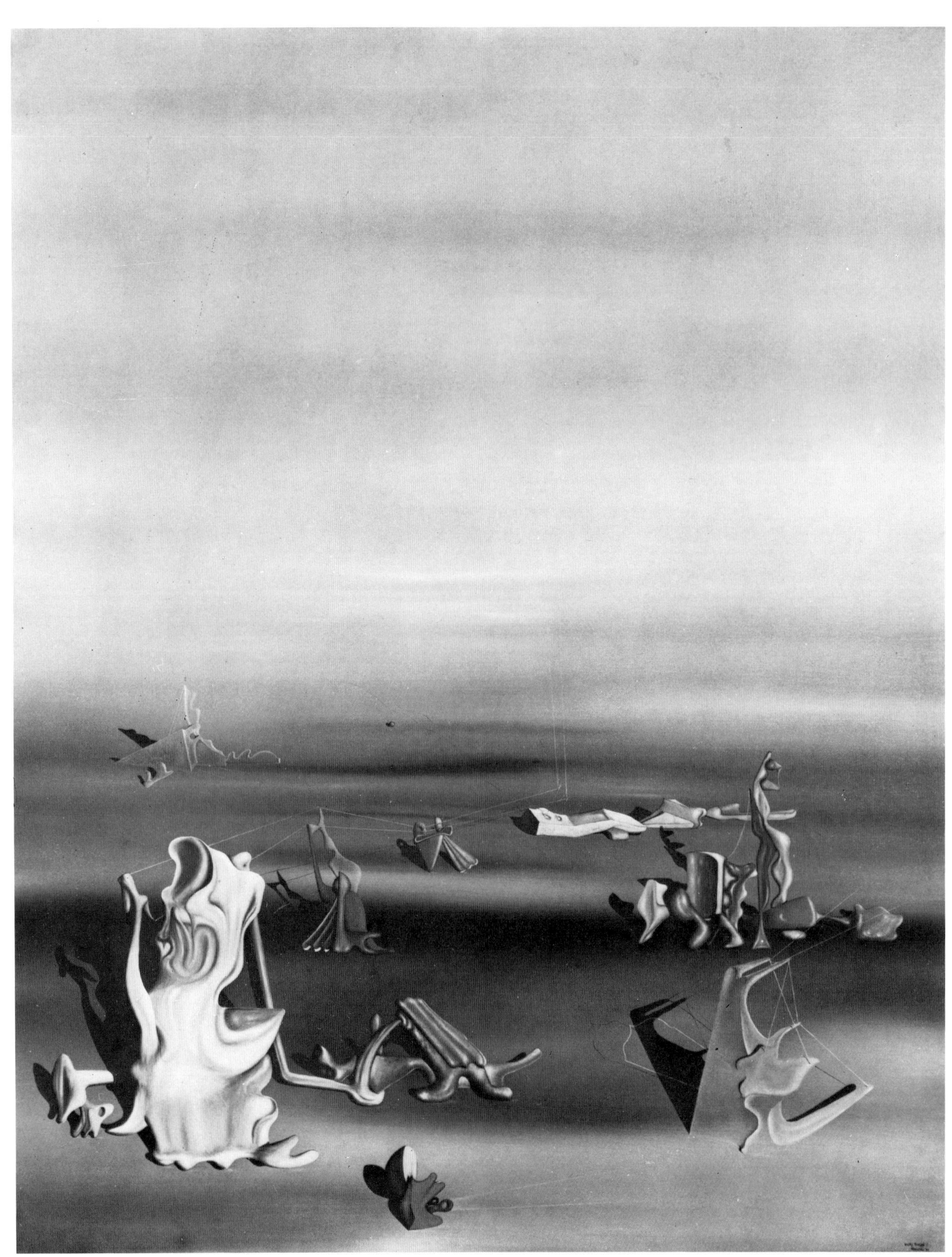

76 Hintergedanken, 1939
San Francisco Museum of Modern Art, William L. Gerstle Collection

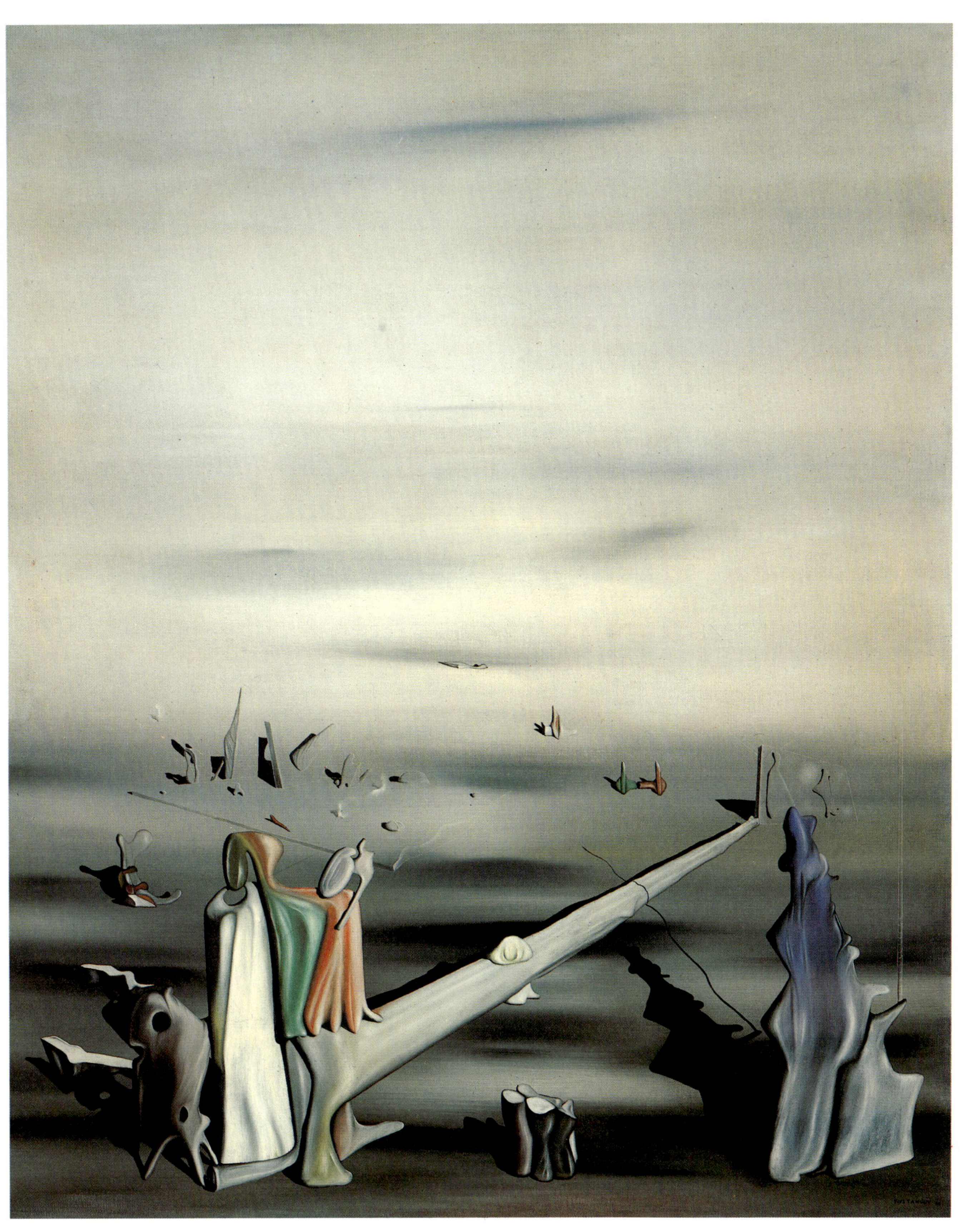

77 Stimmgabel aus Satin, 1940
Sammlung M. und Mme Jacques Gelman, Mexiko

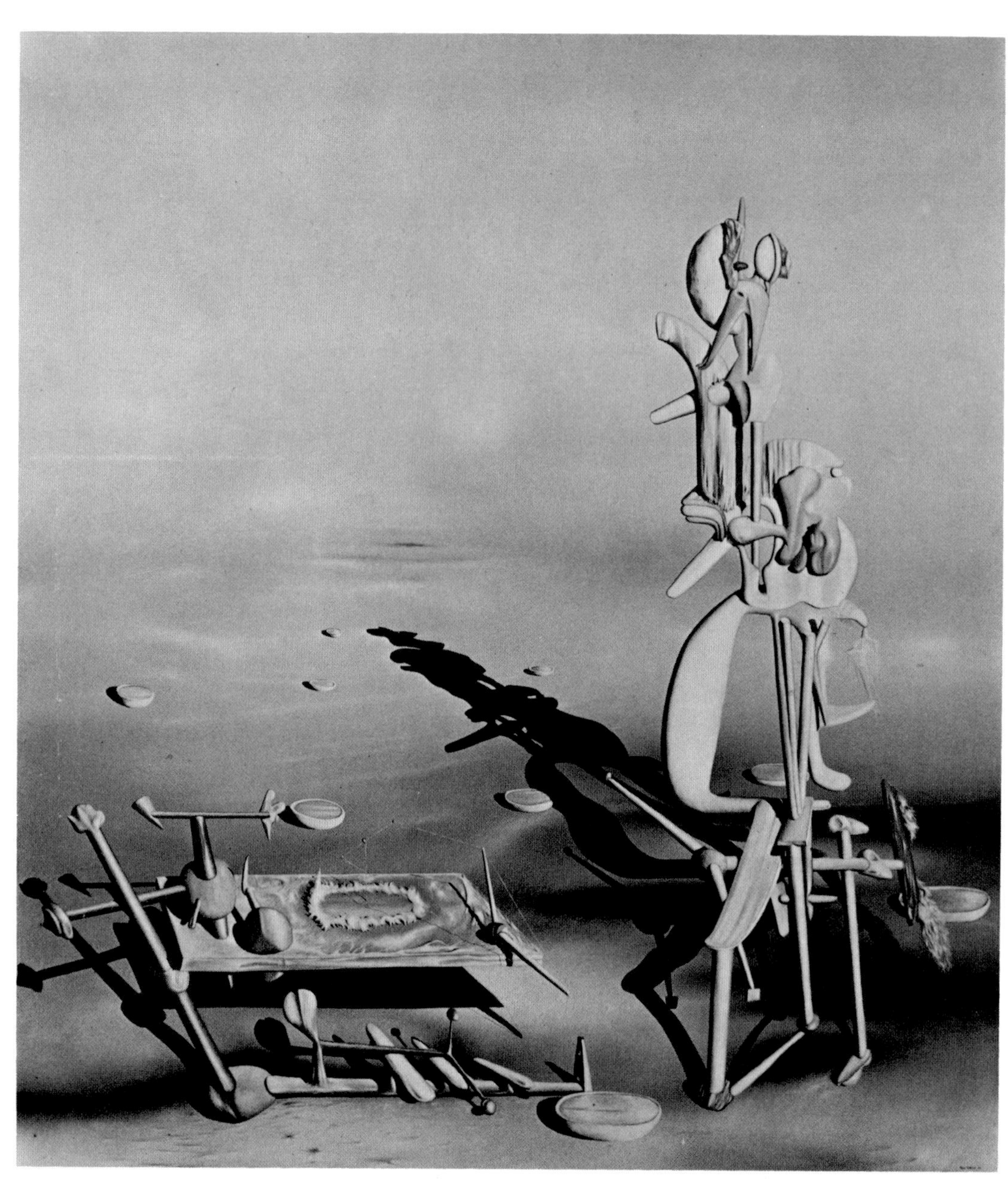

80 Unendliche Teilbarkeit, 1942
Albright-Knox Art Gallery, Buffalo, N.Y.

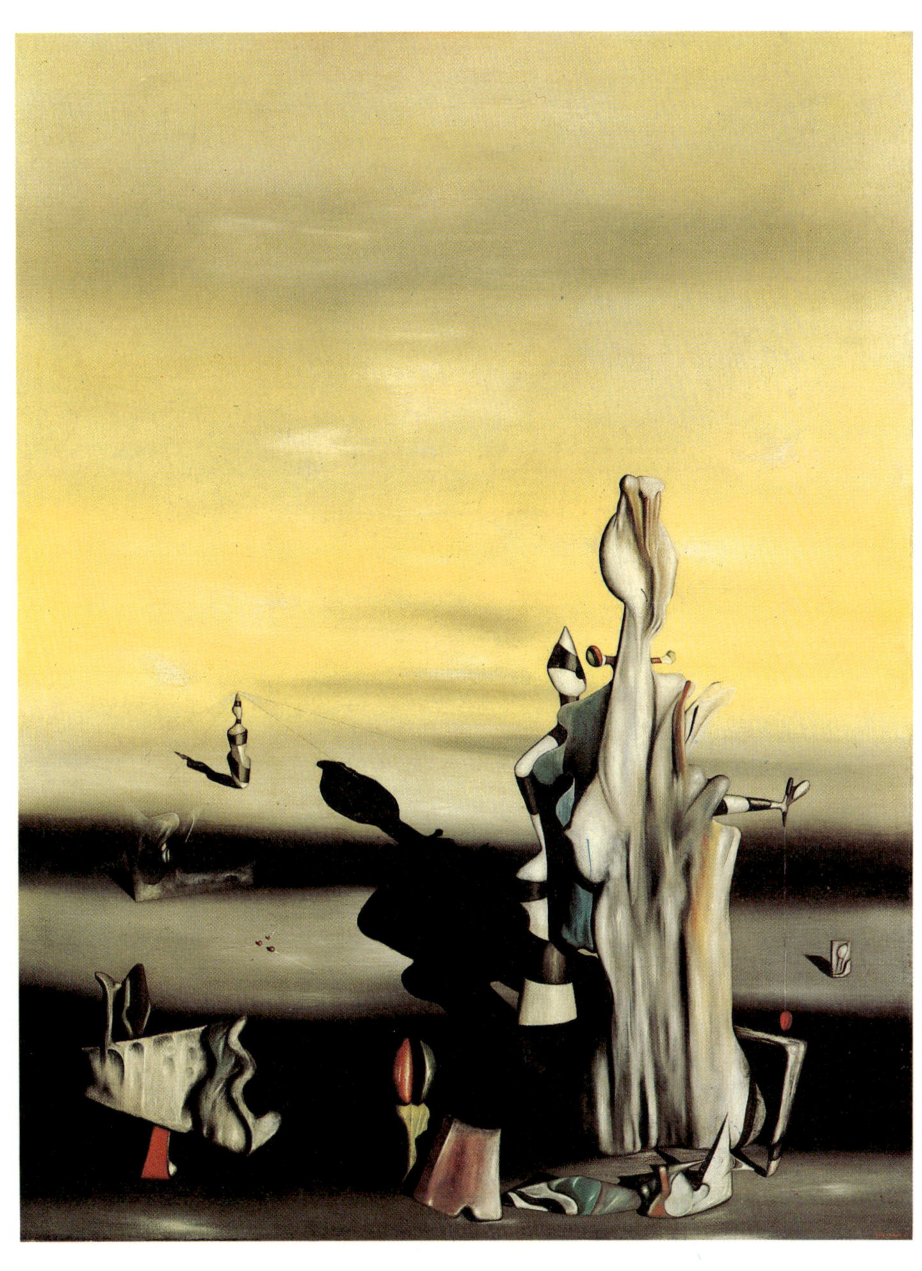

81 Dame in Abwesenheit, 1942
Kunstsammlung Nordrhein-Westfalen, Düsseldorf

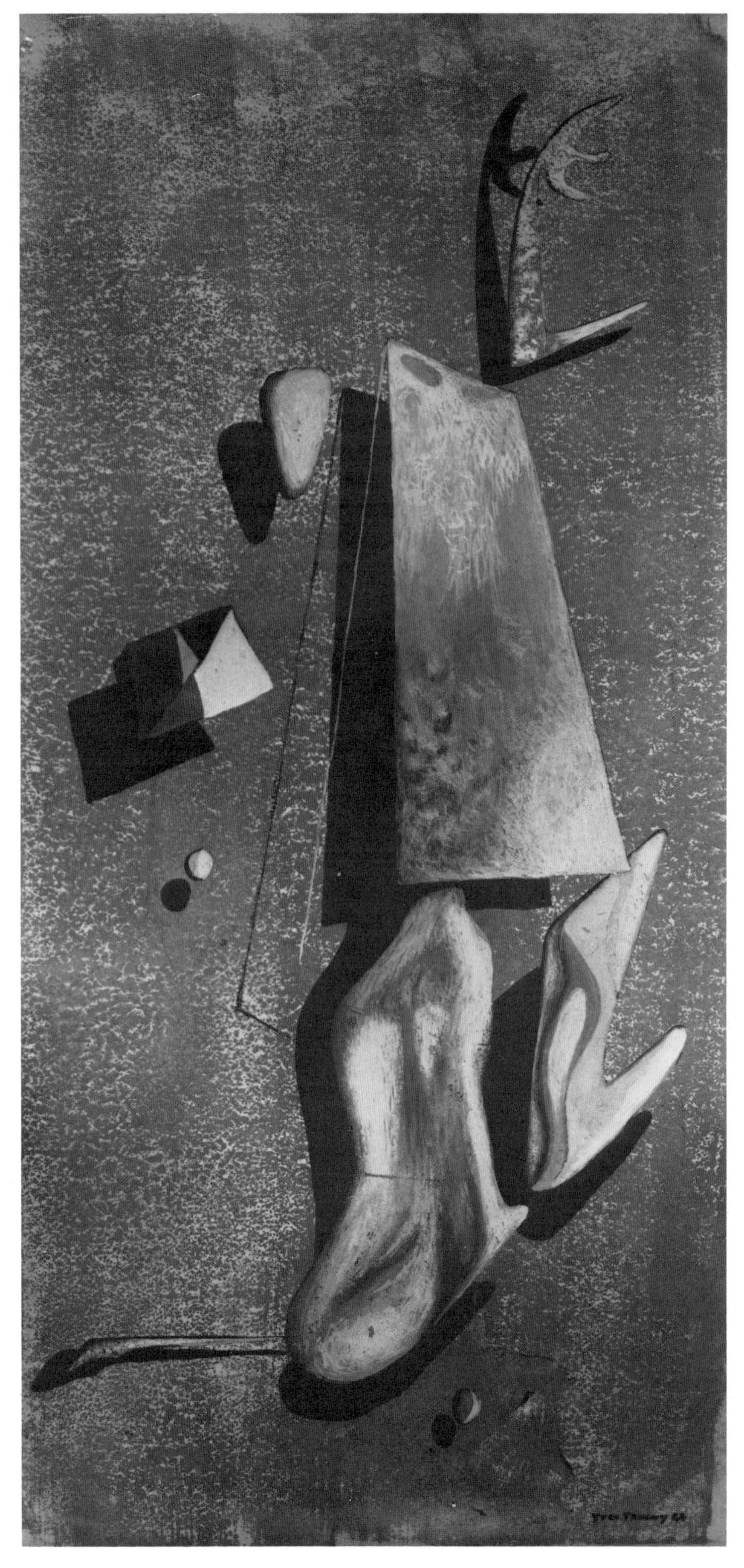

82 Ohne Titel, 1942
Privatbesitz, New York

André Breton

Was Tanguy verhüllt und enthüllt

»Die Mütter!« Das Schaudern Fausts erfaßt uns wieder, wie er stehen wir vom Schlag getroffen beim bloßen Klang jener Silben, hinter denen sich die mächtigen Göttinnen verbergen, erhaben über Zeit und Raum, »die einen sitzen, andre stehn und gehn, wie's eben kommt«. Die Mütter: »Sie sehn dich nicht, denn ungeborne Wesen sehn sie nur.«[1] Der Geist des Menschen blitzt auf und verlöscht beim Anblick dieser Gottheiten, dank denen alles, was möglich ist, nach Verwirklichung strebt. Wir wissen, um bis zu ihnen hinabzusteigen, muß man mit einem feurigen Schlüssel bewaffnet sein.

Die Malerei und die Dichtung mußten notwendig jede in ihrem Bereich eines Tages versuchen, den Weg zu den Müttern wiederzufinden, hinab in den tiefsten, allertiefsten Grund. Leicht ließe sich für einen derartigen Gang in verschiedenen wissenschaftlichen Theorien von heute eine Bestätigung aufzeigen: In der Psychoanlayse, die unsere Erkenntnis umwälzend veränderte, indem sie den Prozeß der unbewußten Eindrücke, die das Ich und die Dinge erfahren, beleuchtete; in der Gestalttheorie, die unsere Vorstellung umwälzend veränderte, indem sie das Ich und die Dinge den ihnen eigenen Beziehungen unterordnete. Aber keineswegs kann man von diesen Theorien behaupten, sie bedingten die schöpferischen Kräfte einer Zeit in Kunst und Dichtung, denn diese bleiben ihrer Natur nach reine Intuition. Der Zusammenhang eröffnet sich erst nachträglich und nur für das kritische Auge. Es sind zwei voneinander völlig verschiedene Ausdrucksformen, in denen sich ein neues Lebensgefühl, das zu jeder Zeit ›in der Luft liegt‹, manifestiert. Wohl ist es einziger Strom, nur entspringt er an zwei verschiedenen Quellen.

So wie man sich aus dem Fenster des eigenen Auges stürzt, so tat er es als erster, noch taumelnd um sich selbst. Schauend drang er in das Reich der Mütter vor, Yves Tanguy. Mütter, das heißt Matrizen und Hohlformen, in denen die Entwicklung von unseren ältesten wirbeltierähnlichen Vorfahren bis hin zu uns in entmutigender Langsamkeit vorgezeichnet war und in deren Reich überdies jedes Ding von einem Augenblick auf den anderen in etwas völlig anderes verwandelt werden kann. Apulejus in einen Esel, der Bock in einen schwarzen Hahn, die Kinder einer bretonischen Sage in Rasen, und das alles nur durch den Zauberstab Wort. Bis zu Tanguy blieb das Ding, obschon es einigen äußeren Angriffen ausgesetzt wurde, letztlich unverwechselbar und der Gefangene seiner Identität. Mit ihm betreten wir zum ersten Mal die Welt der vollkommenen Undeterminiertheit: »Auf jeden Fall keinerlei tatsächliche Erscheinungen«, hatte Rimbaud versprochen. Das Elixier des Lebens will sich hier abklären von all dem, was ihm die Wirrsal unserer individuellen, nur vorübergehenden Existenz beimengt; das Meer weicht zurück und entblößt, soweit das Auge reicht, einen Strand, auf dem ganz neuartige Gebilde dahinkriechen, sich aufrichten und sich anlehnen, manchmal einsinken oder davonfliegen, ohne etwas Vergleichbares in der Natur. Sie haben sich bis zum heutigen Tag tatsächlich jeder gültigen Deutung entzogen.

Um ein Mißverständnis gar nicht erst aufkommen zu lassen, sei festgestellt, daß wir uns mit diesen Gebilden nicht im Bereich des Abstrakten befinden, sondern im Herzen des Konkreten. Was Tanguy in der Tat von jenen Malern, die ihm vorangingen, unterscheidet, ist seine Eigenart, bei der Gestaltung des Lebens nicht von der äußeren unsensiblen Rinde auszugehen, sondern vom Herzen des Baumes, aus dem die Jahresringe hervortreiben. Das Gefühlsleben des Menschen zeigt dem Betrachter vornehmlich Höhepunkte der Konzentration und Strecken passiven Umhertreibens, die jeweils in anderen Beleuchtungen erscheinen. Die Landschaft des Innern wechselt jeden Augenblick: sie besteht nicht aus klaren und einfachen Dingen, voneinander geschieden, leicht erkennbar, sondern aus Abdrücken, mit denen sich andere Abdrücke vermischen. Wir befinden uns hier hinter den Kulissen des Lebens, eben dort, wohin uns Gérard de Nerval entführte, wo die Gestalten der Vergangenheit und jene der Zukunft »alle gleichzeitig miteinander leben, wie die Personen eines Dramas, das noch ungeschieden, aber auch schon vollendet, im Geiste seines Autors dasteht«. Es war wirklich Tanguys Verdienst, uns diese schwankenden Wesen sichtbar gemacht zu haben. Sein Genius bestand darin, daß er sich zum Herrn und Meister dieser Schemen machte und fähig war, »in ihrer immateriellen und ungreifbaren Form einige reine Elemente von Materie zu verdichten, die sich dann plötzlich vereinigen und sich gegenseitig erhellen wie die schwebenden und in einem Sonnenstrahl schwirrenden Teilchen«, wie wiederum Nerval gesagt hat. Um das zu erreichen, hat sich keiner mit mehr Zuversicht auf den poetischen Zufall der Farbe verlassen als er, und das so weit, daß man, meine ich, sein Licht zerlegen könnte in Kapuzi-

1 Goethe, Faust II, »Ungeborne Wesen« ist zur besseren Verständlichkeit des Textes hier rückübersetzt (Anm. d. Übers.).

nerblumen, Berghäher, Pappellaub, in die Kette eines Ziehbrunnens, in geschnittenes Natrium, Schiefer, Meduse und Zimt.

Fast alle Bilder Tanguys machen die unerbittlich gerade Linie des Horizontes deutlich; und es stimmt mit dieser Aufteilung überein, daß der Maler keinerlei Erklärung über das Ziel, das er sich zu erreichen vornimmt, verlauten läßt. Er gibt nichts von seinen Intentionen preis, ist viel zu sehr voller Verachtung, um die Deutungen, die man ihm anbietet, zu widerlegen. Jenseits jenes Horizontes, auf dem Abhang nicht mehr der Kunst, sondern des Lebens und unter einem undurchsichtigeren Himmel, der nicht so rein gewaschen ist von allen Sonnenaufgängen weiter Reisen, schwankt ein niedriges Haus zwischen der Bretagne und einem der verschlossensten Viertel von Paris, zwischen Locronan[2] im Finistère und der Rue du Château, im vierzehnten Bezirk. Wahrhaftig eine seltsame Bleibe. Ein schnell fließender Bach rauscht, als ob er rollende Steine mit sich führte, quer durch das Eßzimmer, und von dem tiefen schwarzen Kamin, in dem schattenhafte Schleier auf- und niedergaukeln, kann man den Blick nicht wenden. In der Ecke des Zimmers eine kleine amerikanische Bar mit Kinoplakaten des vorigen Krieges erlesen tapeziert: ›Die Geheimnisse von New York‹ (Les Mystères de New York) und so weiter. Die Steinmauern, was für eine Stille, sind etwas über sechzig Zentimeter dick. Auf dem Ehrenplatz ein einzigartiges *Objet trouvé*, ein menschenähnliches Tabernakel in Pelz gehüllt mit Armen eines Leuchters und Glasaugen als Knöpfe.[3] Diese Glasaugen, dreizehn an der Zahl, wenn ich nicht irre, leuchten im Wechselspiel mit jenen der Katzen, die von überallher auftauchen. Die Prozession ›La Grande Troménie‹, mit Hauben aus Spitzen und Ärmeln aus Samt, geht dreimal um den ›Block‹, wie man heutzutage sagen würde. Die Gläubigen gehen dabei Schritt für Schritt den Weg des heiligen Ronan nach; sie hüten sich dabei, ihren Kopf zu wenden, wenn die Hecken erzittern, und werfen keinen Blick in die Gräben, auf die Büsche oder die schlammigen Tiefen. Plötzlich stürzen sie sich in das schwach erleuchtete Treppenhaus der Rue du Château, unter dem Gepfeife der ›Polente‹. Wieder das schweigsame Haus; das leere Aquarium; »Kindern ist das Spielen an den Türschlössern verboten«, das ist alles, was von einem Eisenbahnzug übrig blieb; aus Spaß: feinste Luxustapeten an den Wänden. Erinnerungen: die nächtliche Waschfrau in ihrem halbhohen Holzbottich knieend, man muß sie unbedingt zum Schweigen bringen. In Tanguys Nähe, in steter Provokation und unwiderstehlich Jacques Prévert, inzwischen der Autor der Filme ›L'affaire est dans le sac‹ und ›Le jour se lève‹. Und vor einem Glas Absinth mit roter Tinte gefärbt in der Rue Cassette unser aller Herr und Meister, Alfred Jarry. Ein Matrose von Douarnenez, der nach dem Fischfang seinen Anker nicht mehr lichten konnte, fällt ins Wasser und sieht, daß der Anker sich in den Gittern eines Fensters der Stadt Ys verhakt hat. In dieser untergegangenen Stadt, die legendär dazu berufen ist, aufzuerstehen, sind alle Läden immer noch erleuchtet, die Stoffverkäufer verkaufen immer noch dasselbe Stück Stoff an dieselben Käufer.

Yves Tanguy hinter dem Gitter seiner blauen Augen.

André Breton, März 1942

---

2 Bretonische Stadt. (Anm. d. Übers.).

3 Abgebildet in ›Dictionnaire abrégé du Surréalisme‹, Galerie des Beaux-Arts 1928.

Deutsch von Manon Maren-Grisebach Aus: *Der Surrealismus und die Malerei*, Berlin 1967, S. 182ff.

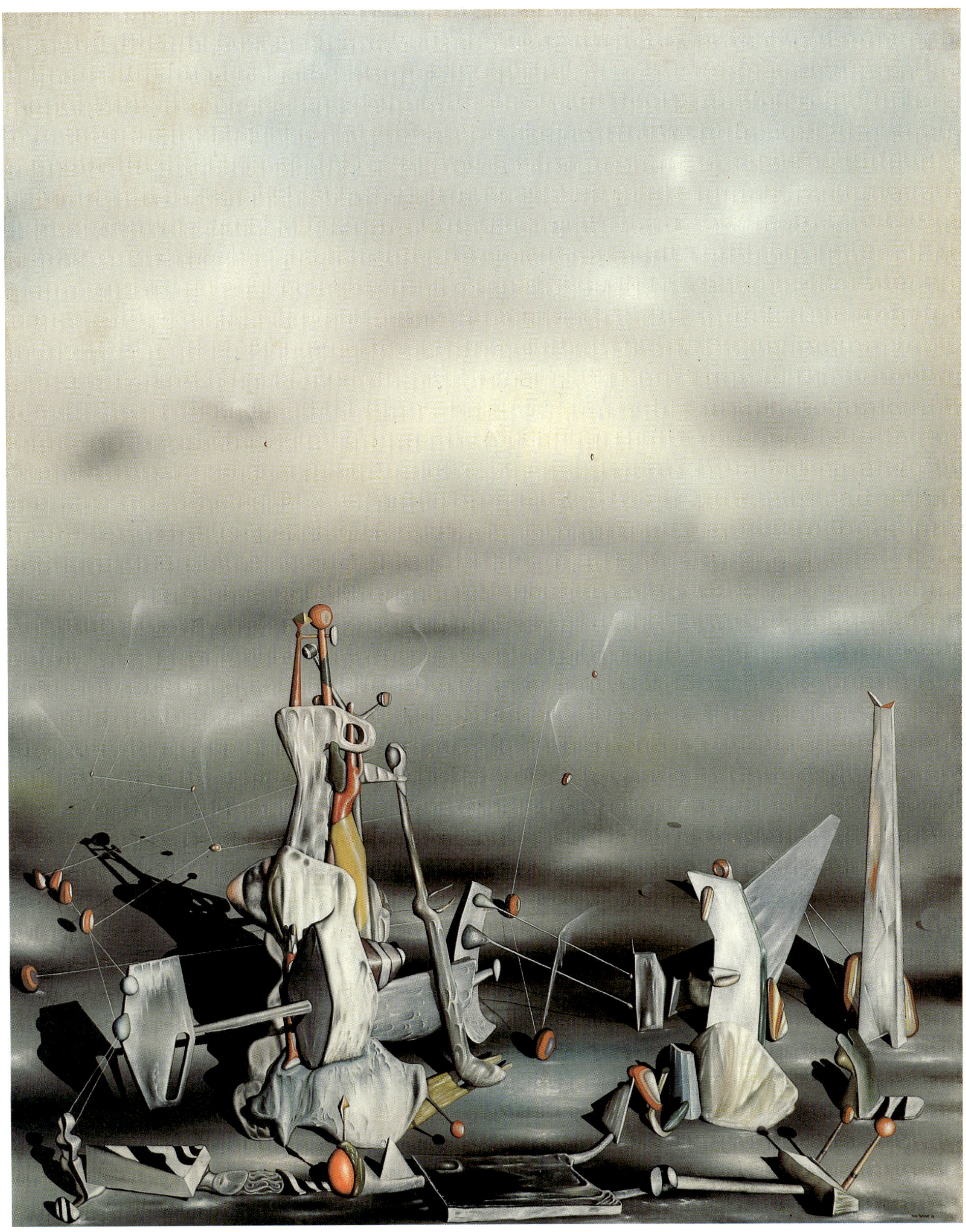

83 Der Palast der Fensterfelsen, 1942 Musée national d'art moderne, Centre Georges Pompidou, Paris

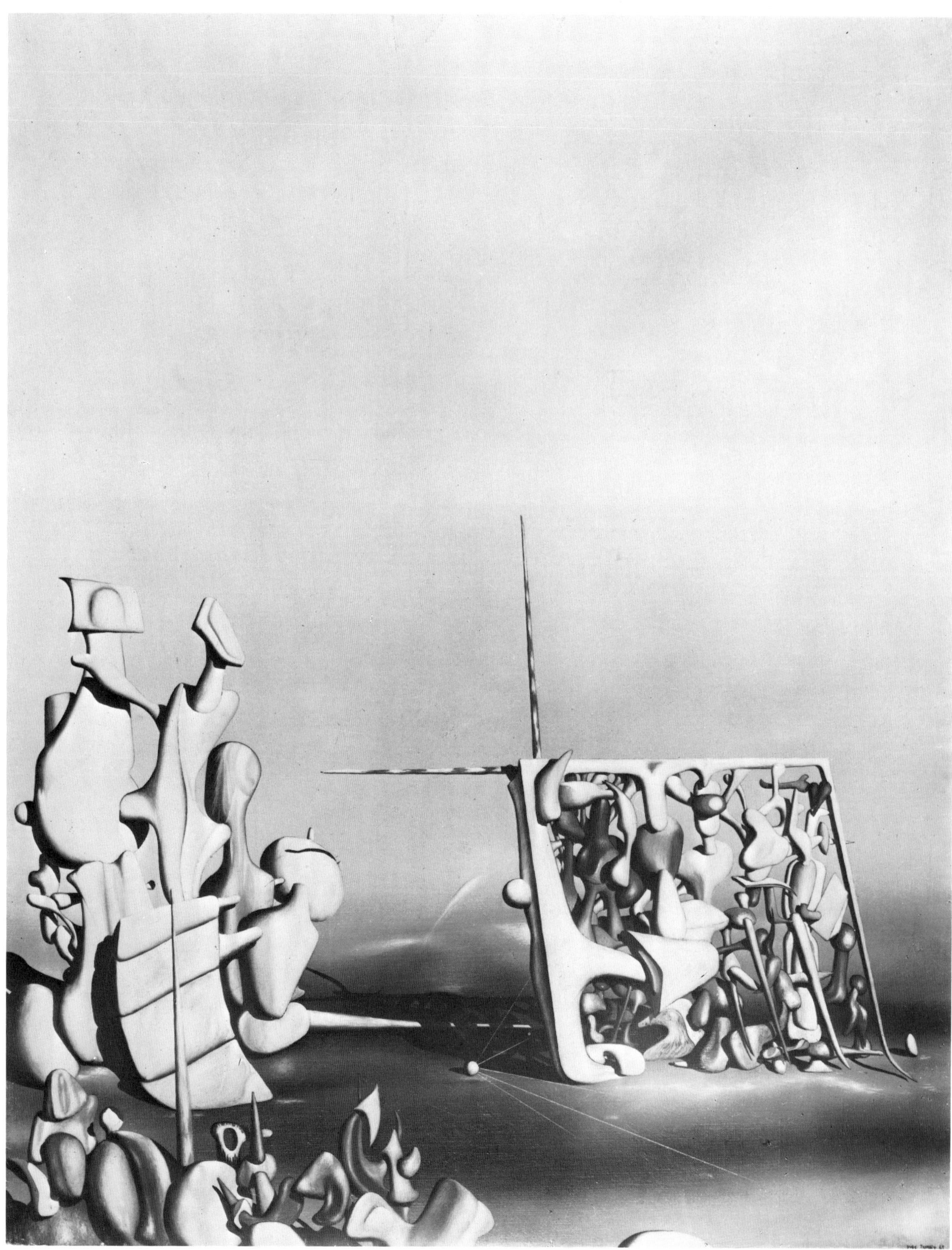

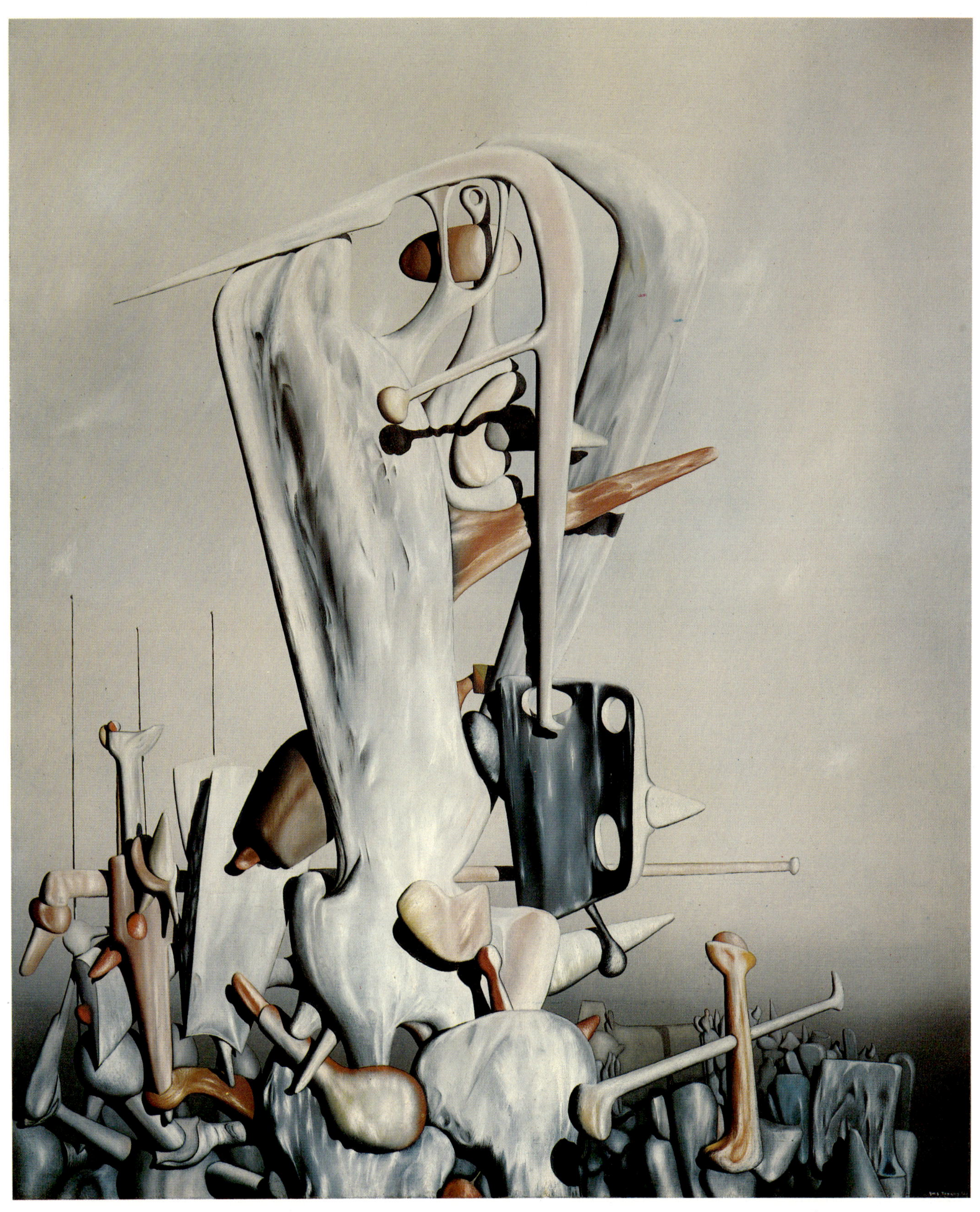

86 Dort endet die Bewegung noch nicht, 1945
Sammlung Richard S. Zeisler, New York

85 Mein Leben weiß und schwarz, 1944
Sammlung M. und Mme Jacques Gelman, Mexiko

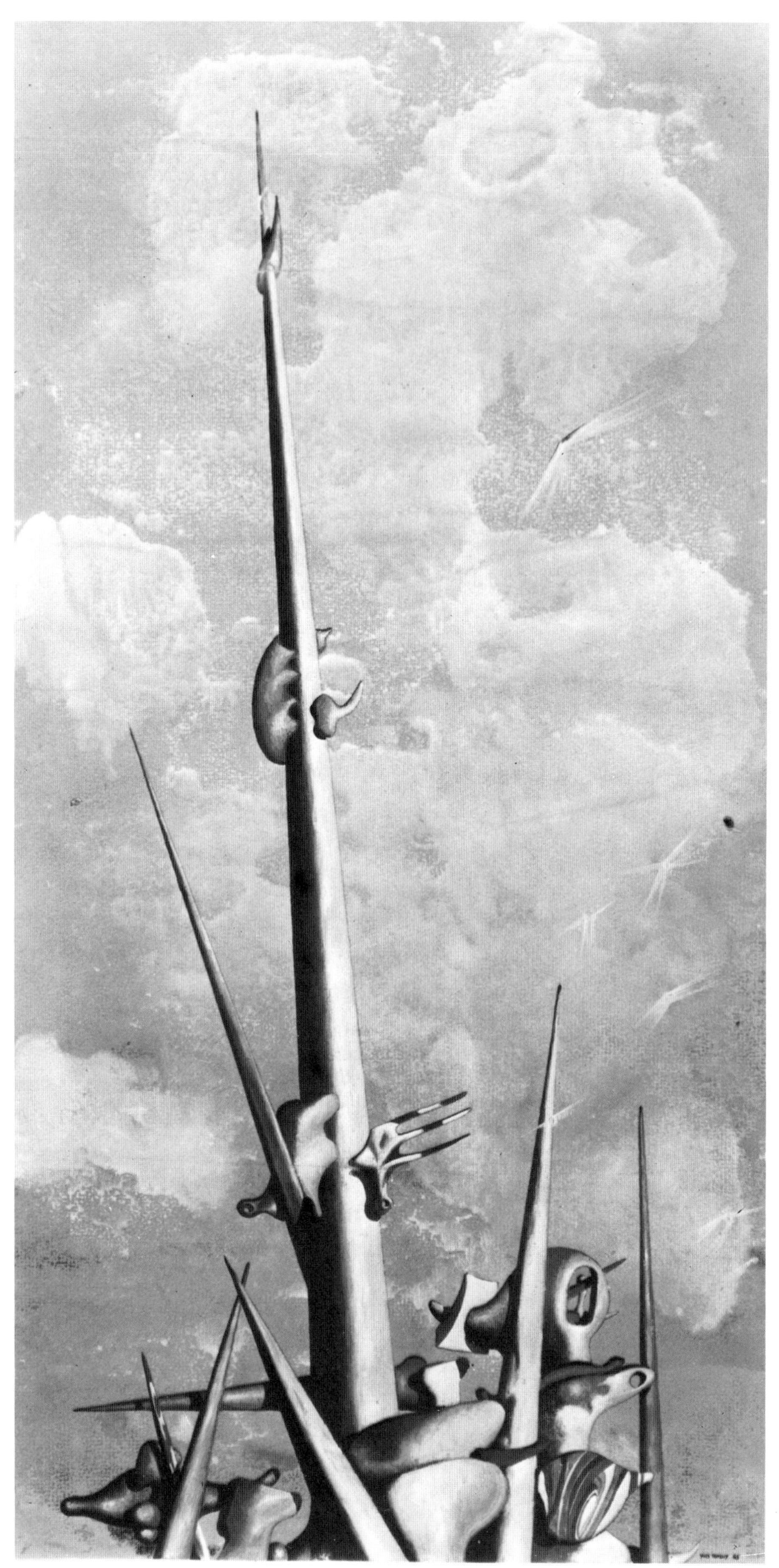

87 Wespentaille, 1945
Pierre Matisse Gallery, New York

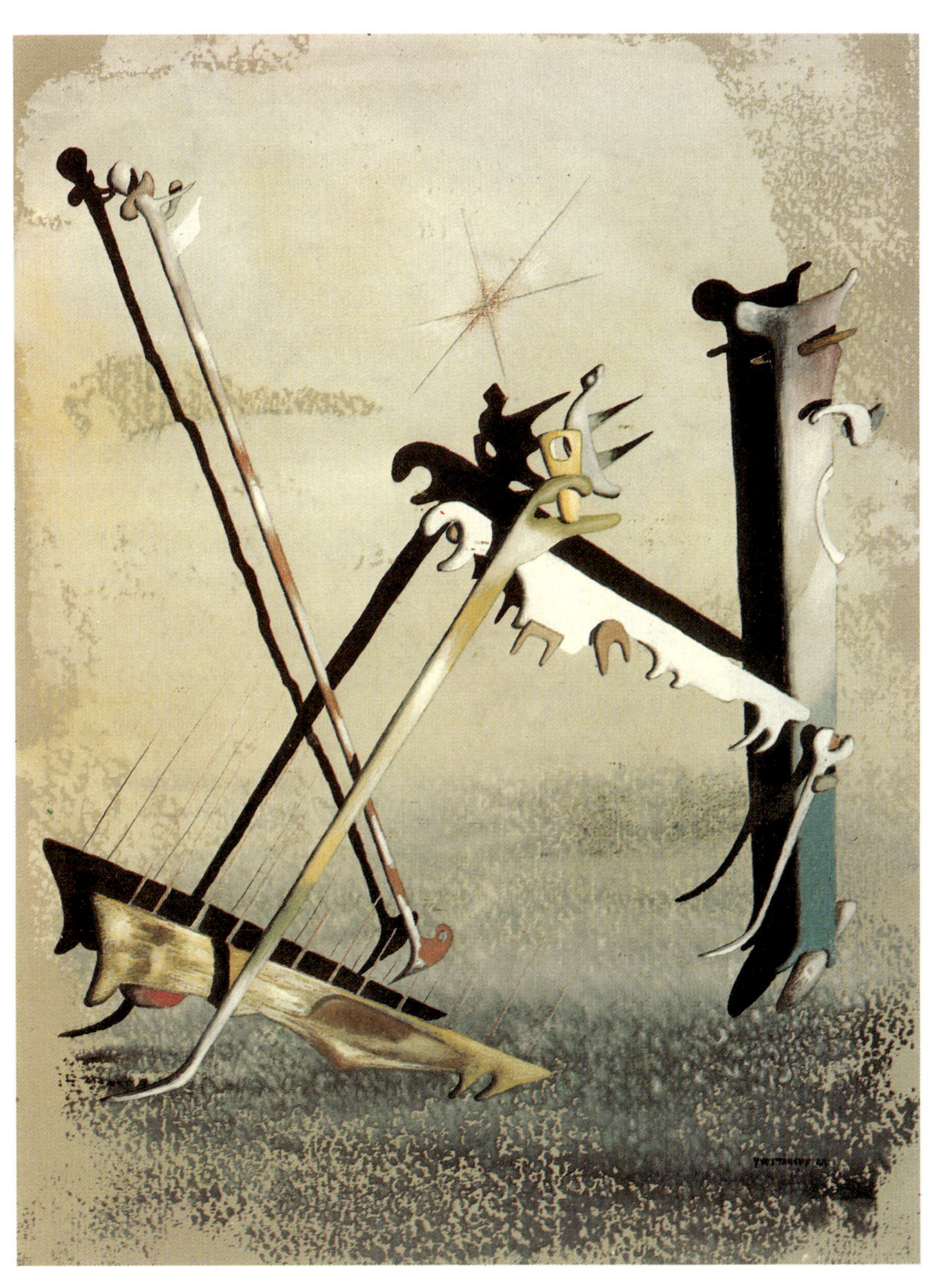

90 Ohne Titel, 1947
Privatbesitz, New York

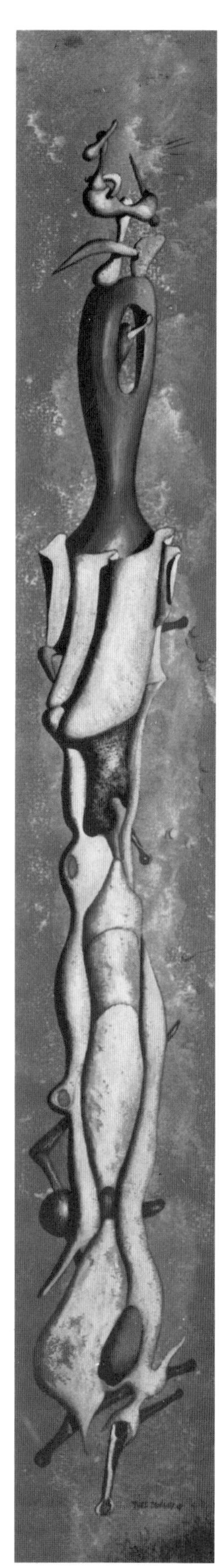

91 Der Meeresturm, 1947
Privatbesitz, New York

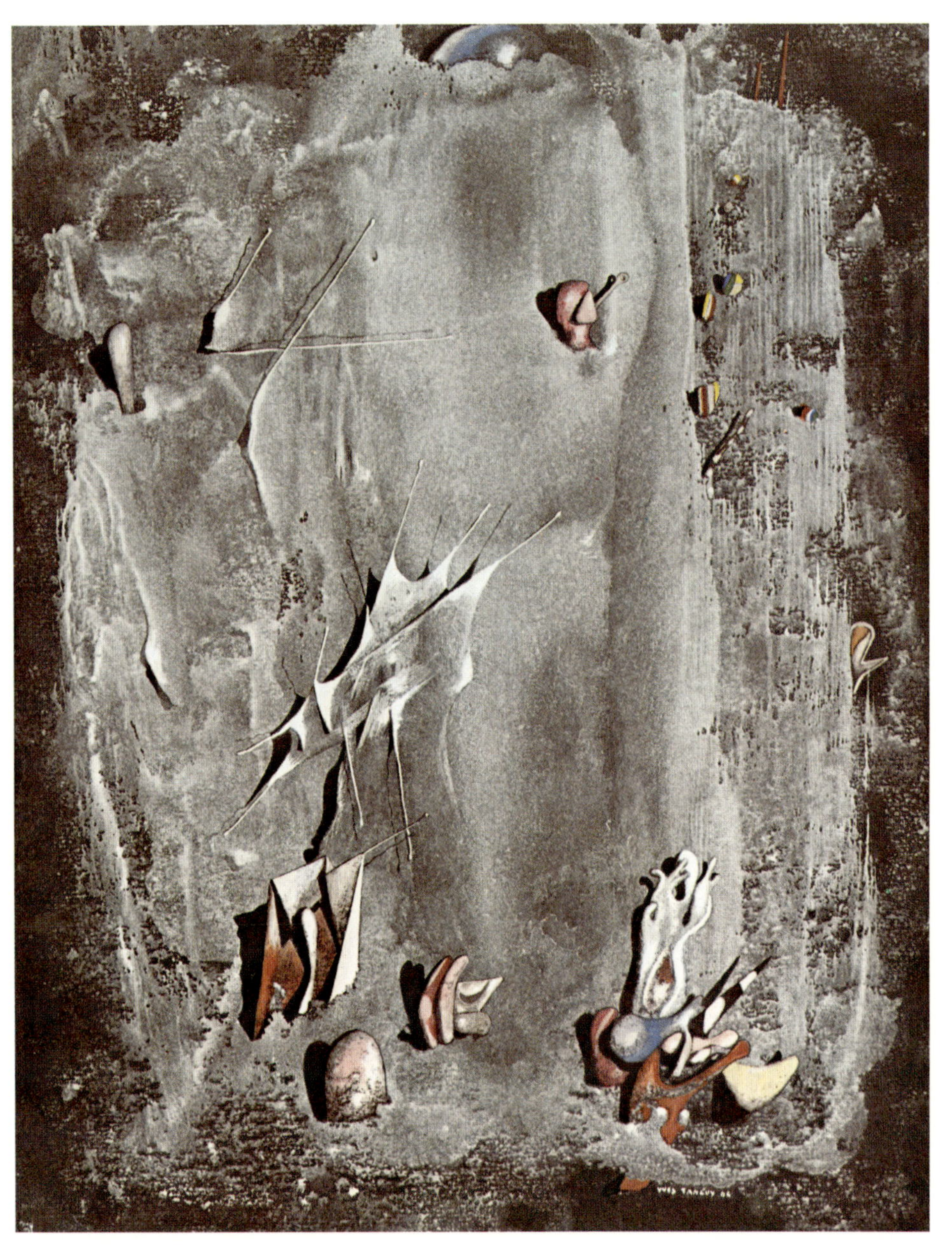

88 Ohne Titel, 1946
Sammlung Pierre Matisse, New York

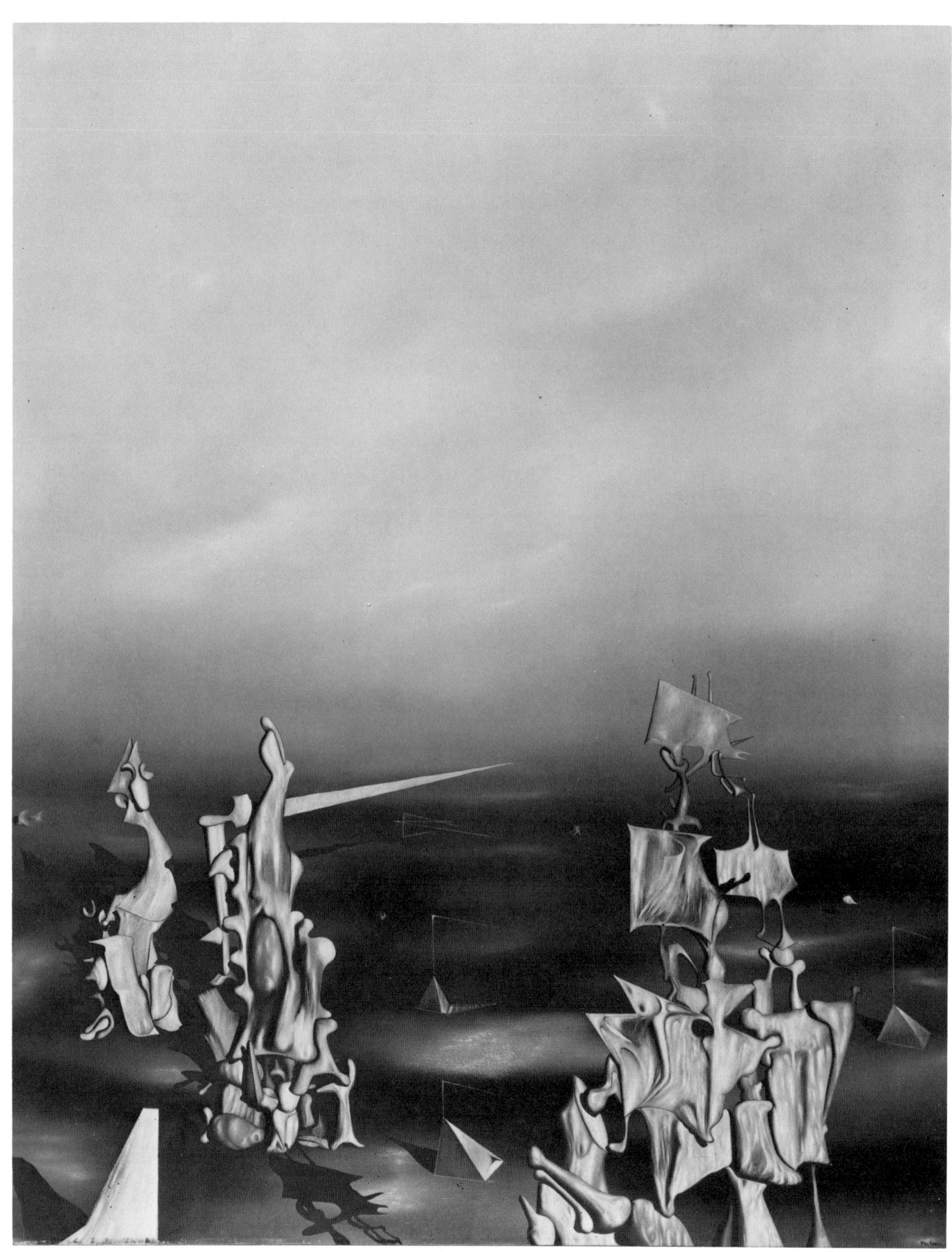

92 Von einer Nacht zur anderen, 1947
The Fine Arts Museum of San Francisco, Mildred Anna Williams Fund, 1948

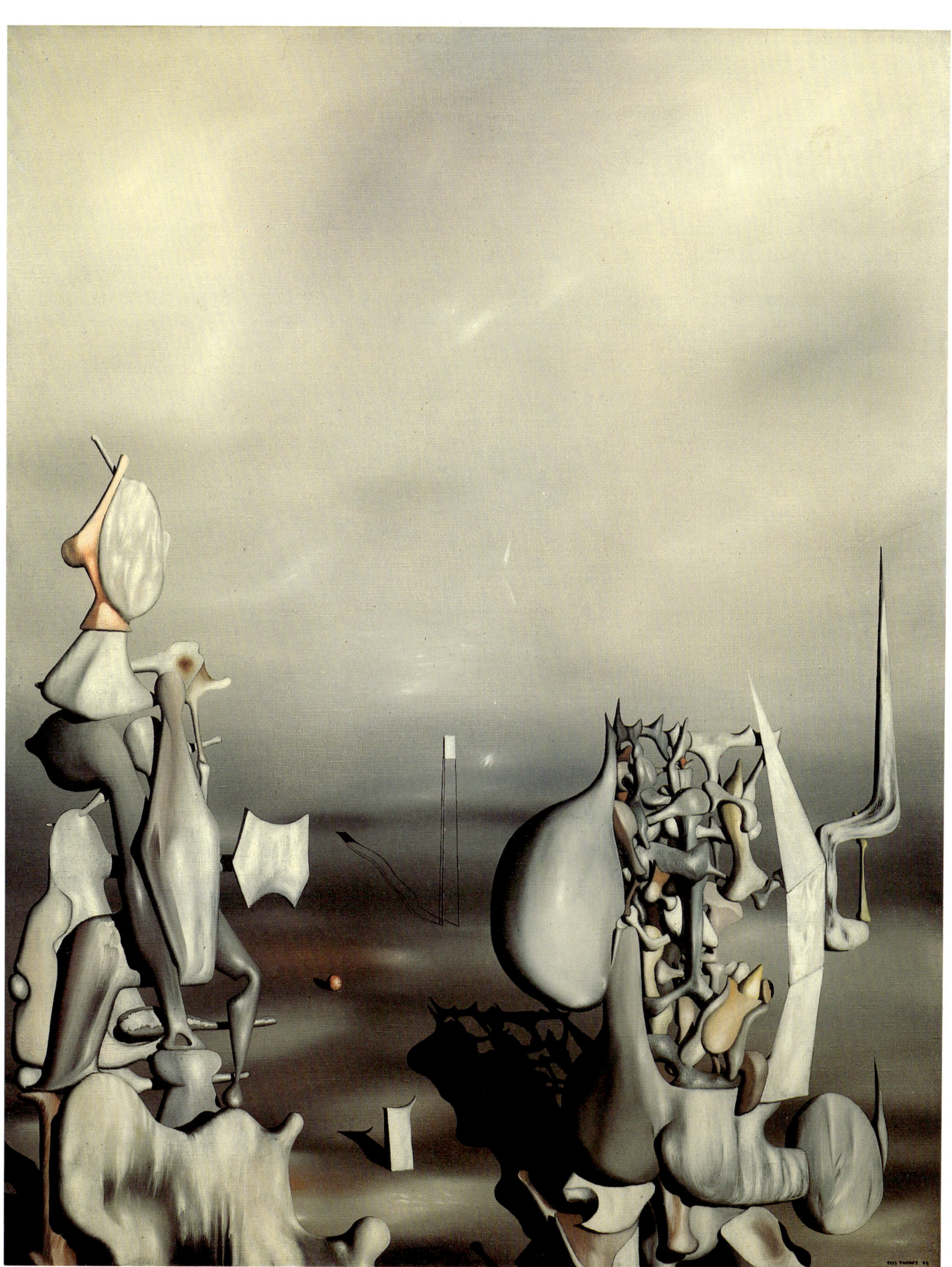

89 Hände und Handschuhe, 1946
Privatbesitz, New York

Die Erscheinung Tanguys in dem neptunischen Licht hellseherischer Beleuchtung spannt nach und nach den zerrissenen Faden des Horizontes wieder aus. Doch bei ihm ist es ein neuer Horizont, vor dem nicht ferner die natürliche, sondern die geistige Landschaft sich in die Tiefe ordnet. Wer hier, zu seiner Beschwichtigung, darauf besteht, von einer »submarinen« oder sonstigen Atmosphäre zu reden, vergißt einfach, daß die Fähigkeit zur Entfaltung der künstlerischen Einbildungskraft in engstem Bezug zu der Vielfalt der kosmischen Phänomene steht. Wenn ich zum Beispiel hier in New York zum ersten Mal der herrlichen Erscheinung ansichtig werde, die unter dem Namen Nordlicht bekannt ist, und dabei gleichsam in schwindelnder Eile die Himmel Tanguys an mir vorüberziehen, der dieses Nordlicht so wenig wie ich je erblickt hat, dann besagt dies, daß Tanguys Geist sich in ständiger Verbindung mit dem Erdmagnetismus befindet. Die durchaus erfundenen *›êtres-objets‹*, die seine Bilder bevölkern, erfreuen sich besonderer Verwandtschaften, die auf die einzig glückliche – da nicht wörtliche – Weise uns alles übersetzen, was im Universum Gegenstand einer Empfindung sein könnte. Sie wollen betrachtet sein als Resultanten der allerverschiedensten Eigenschaften alles Vorhandenen. Diese Gebilde erscheinen heute wunderbar befreit von den Dünsten, die sie einst verkündeten (1927-1929), und den flüssigen Massen, aus denen sie sich zu entschiedener Gestalt entwickelt haben (1930-1931). Ohne das geringste Zugeständnis an die Welt der Wahrnehmungen stehen sie dennoch, möchte man sagen, mit dieser vollkommen in Einklang.

Auszug aus *Genèse et perspective artistiques du surréalisme*, 1941

Deutsch von Friedhelm Kemp

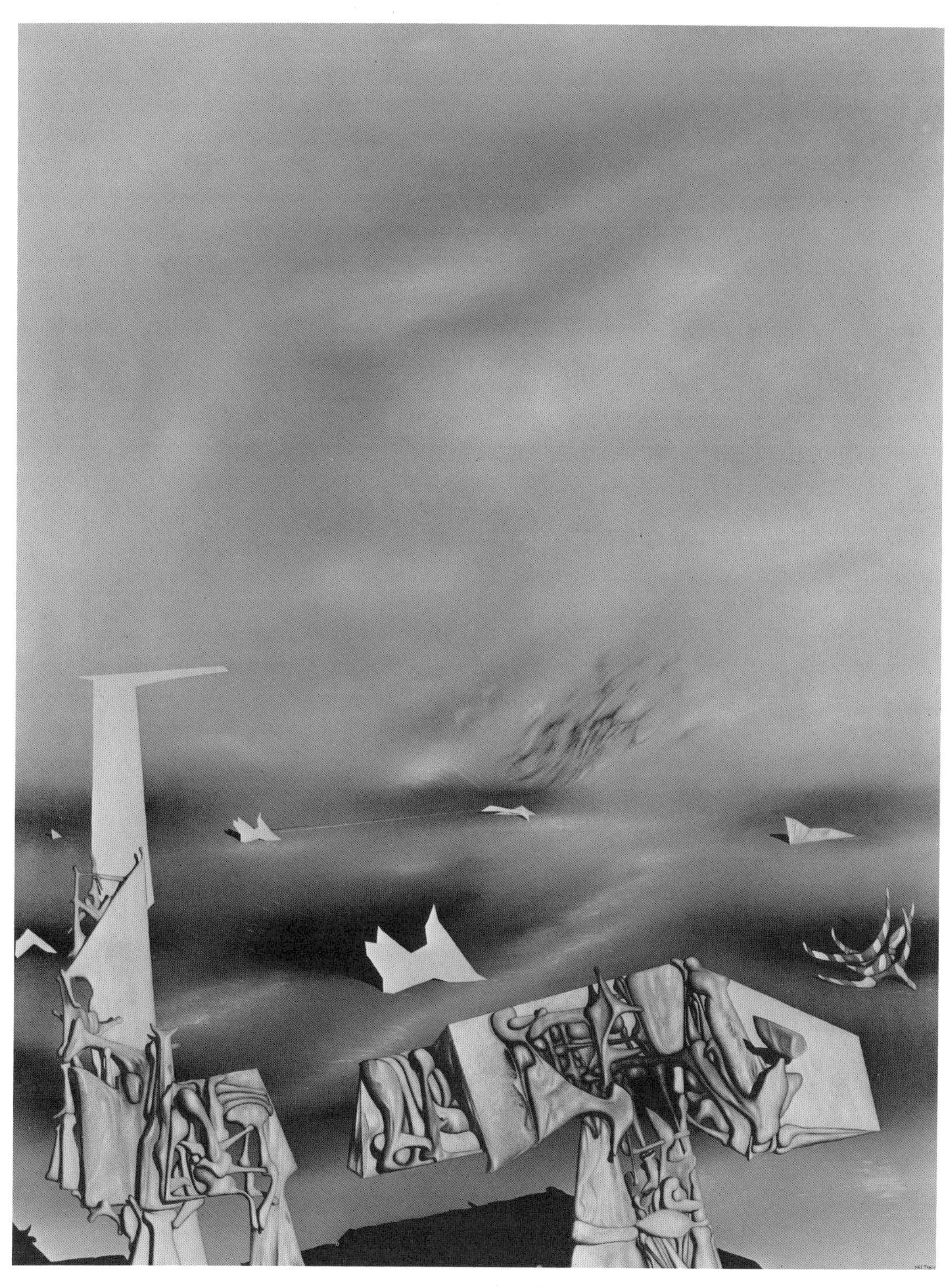

93 Das Unglück besänftigt die Steine, 1948
Krannert Art Museum, University of Illinois, Urbana Champaign

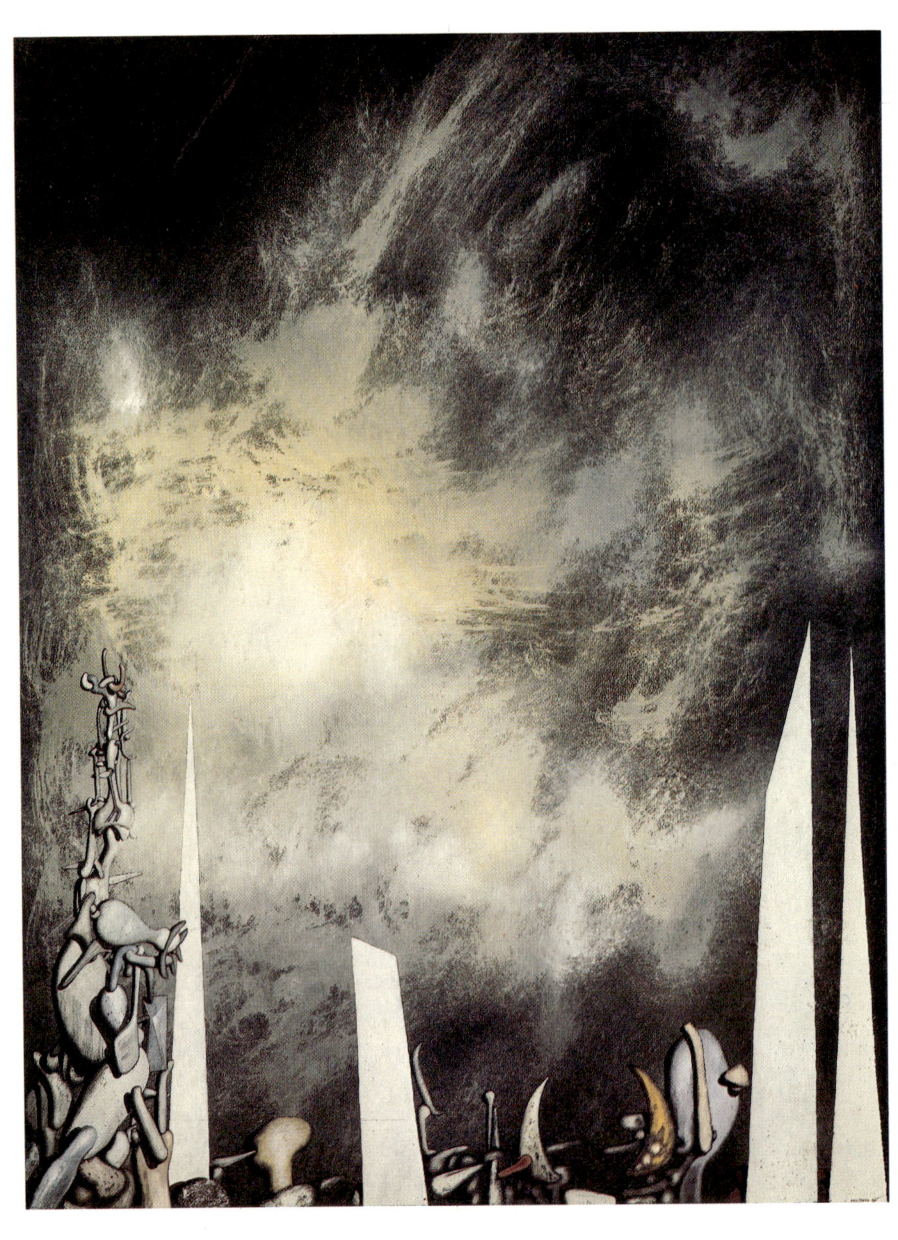

95 Das große Fenster, 1950
Sammlung Pierre Matisse, New York

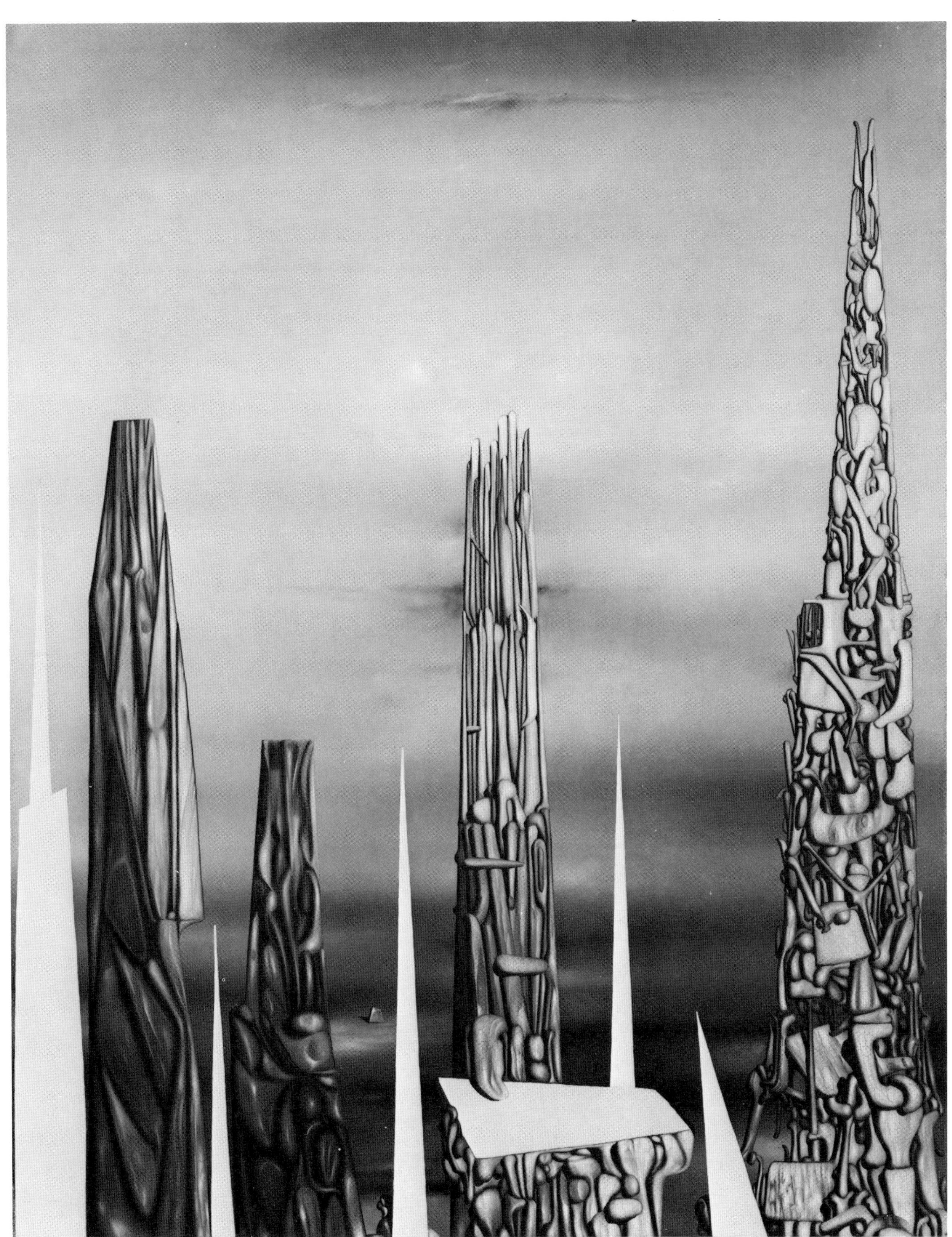

94 Von bleichen Händen zu müden Himmeln, 1950
Yale University Art Gallery, New Haven, legs Kay Sage-Tanguy

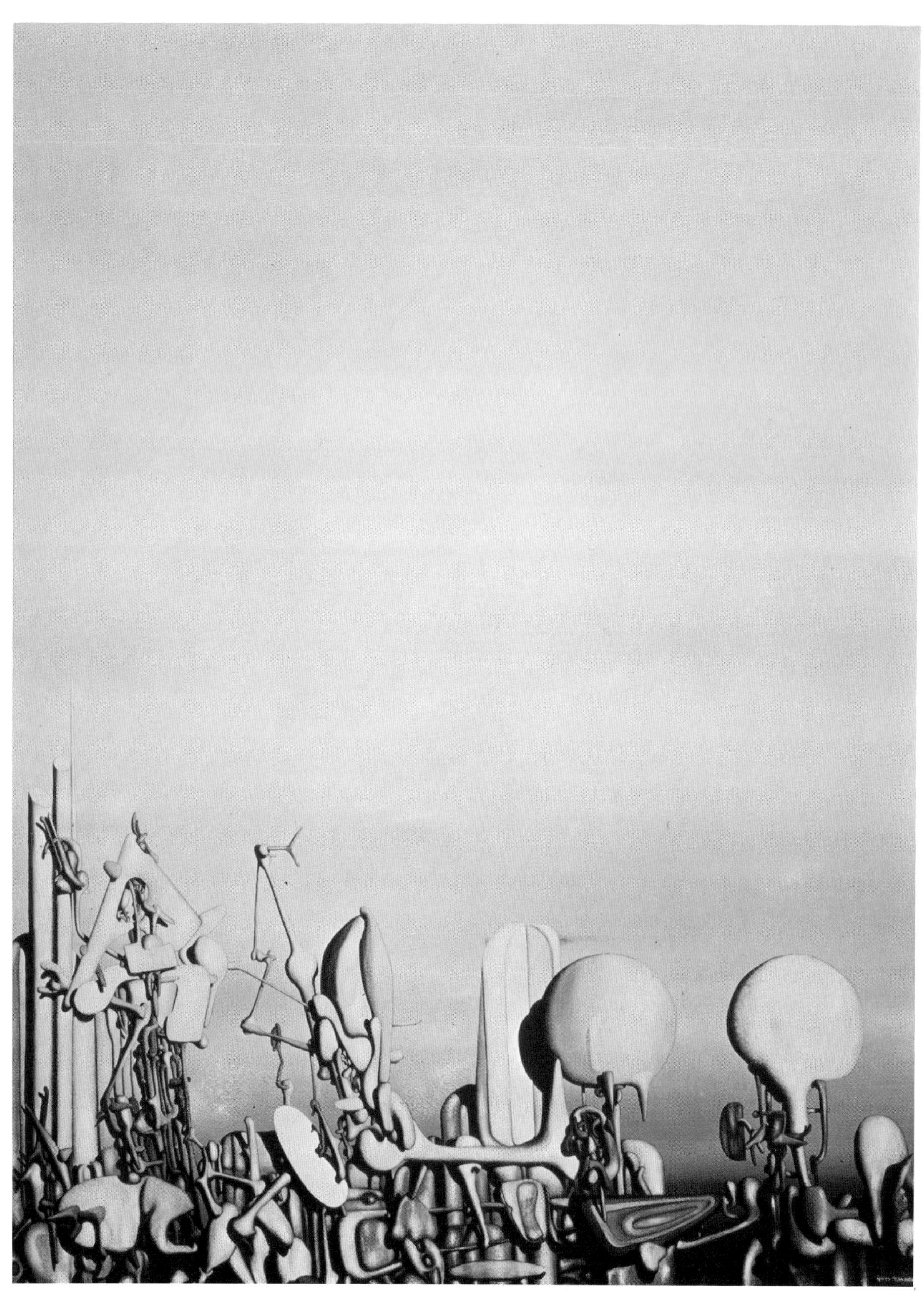

96 Heute morgen, 1951
Privatbesitz, New York

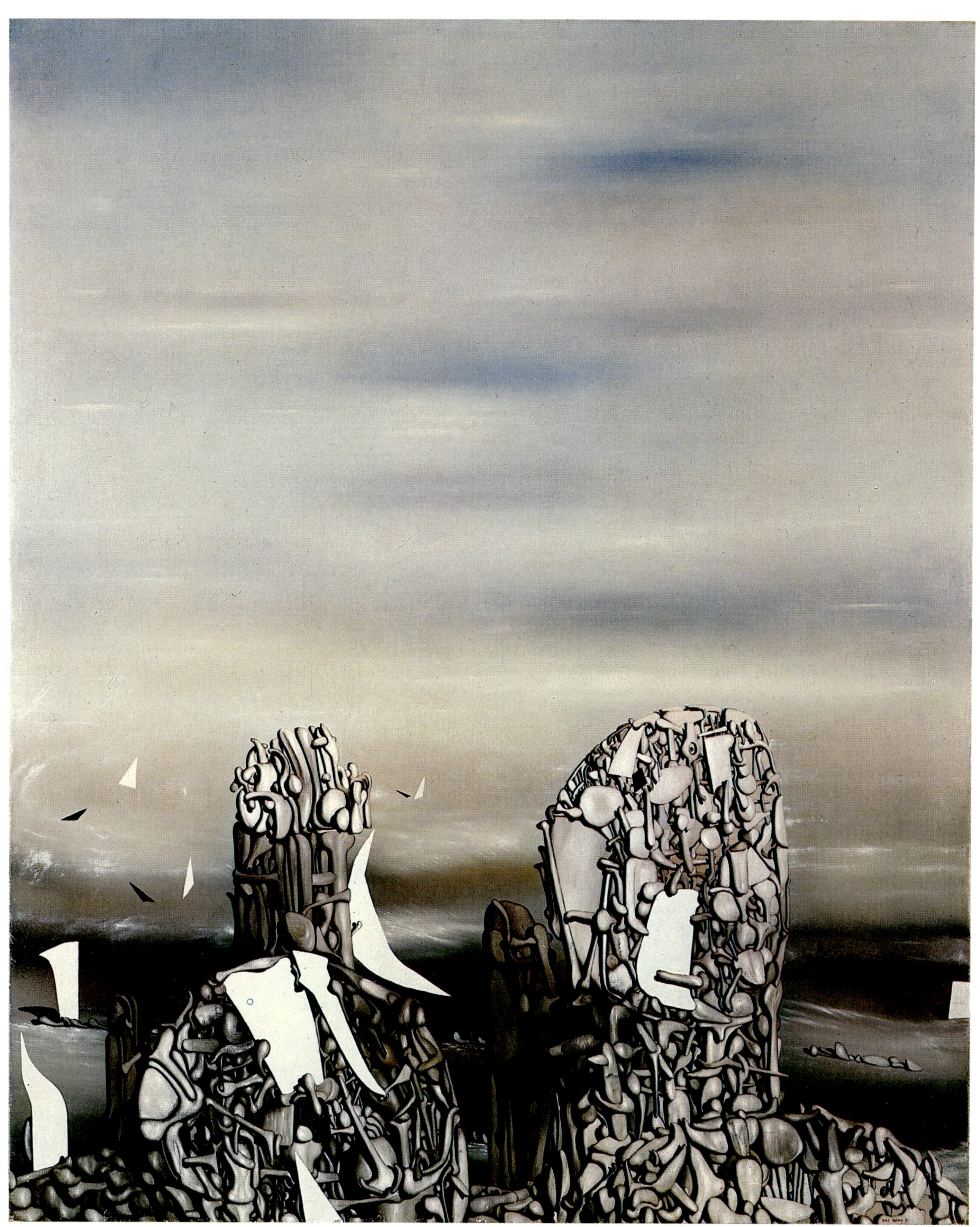

97 Der umzingelte Himmel, 1951
Privatbesitz, New York

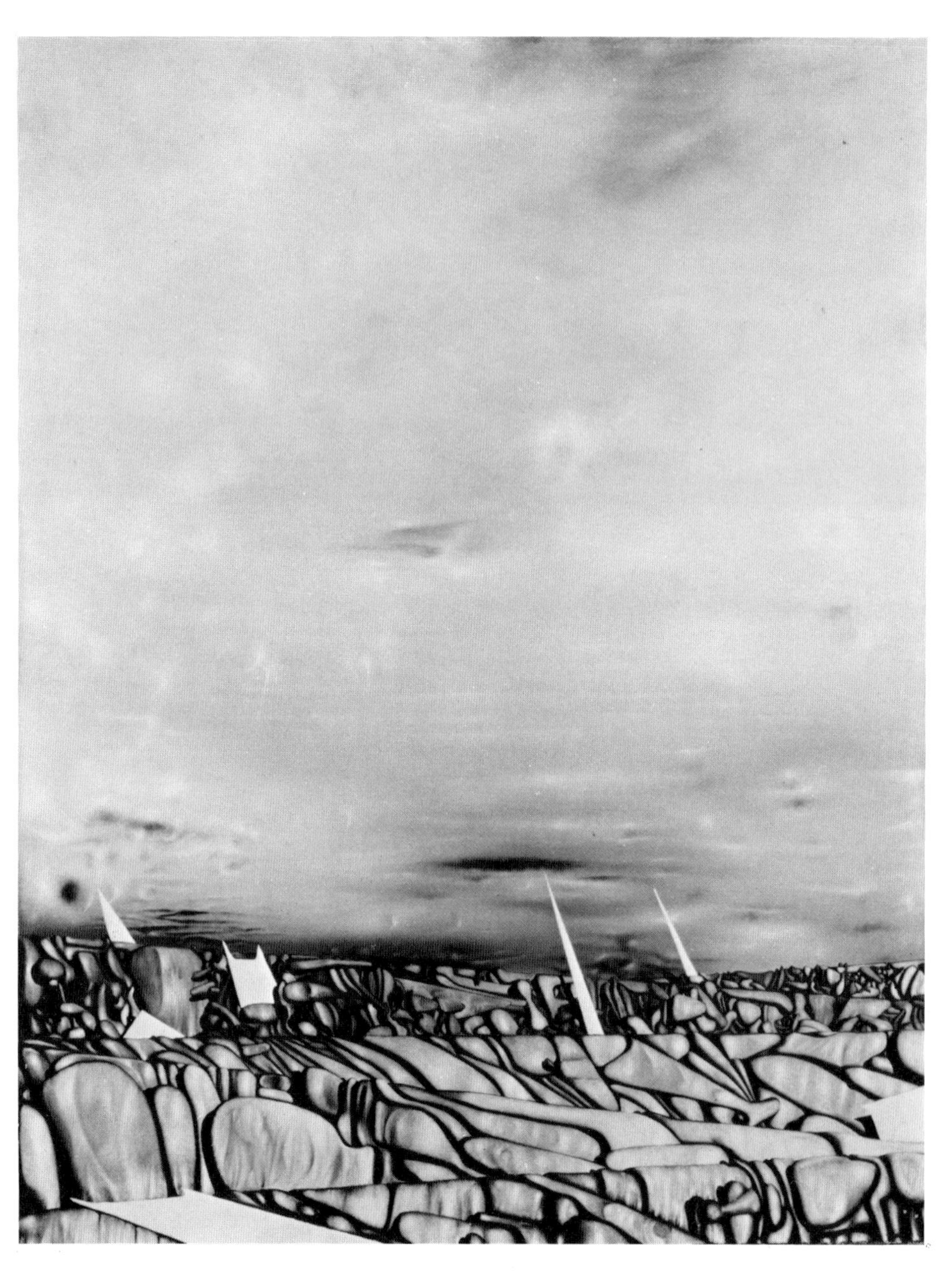

98 Gleiche Zeiten, 1951
University of Arizona Museum of Art, Tucson, Schenkung Edward J. Gallagher Jr., 1956

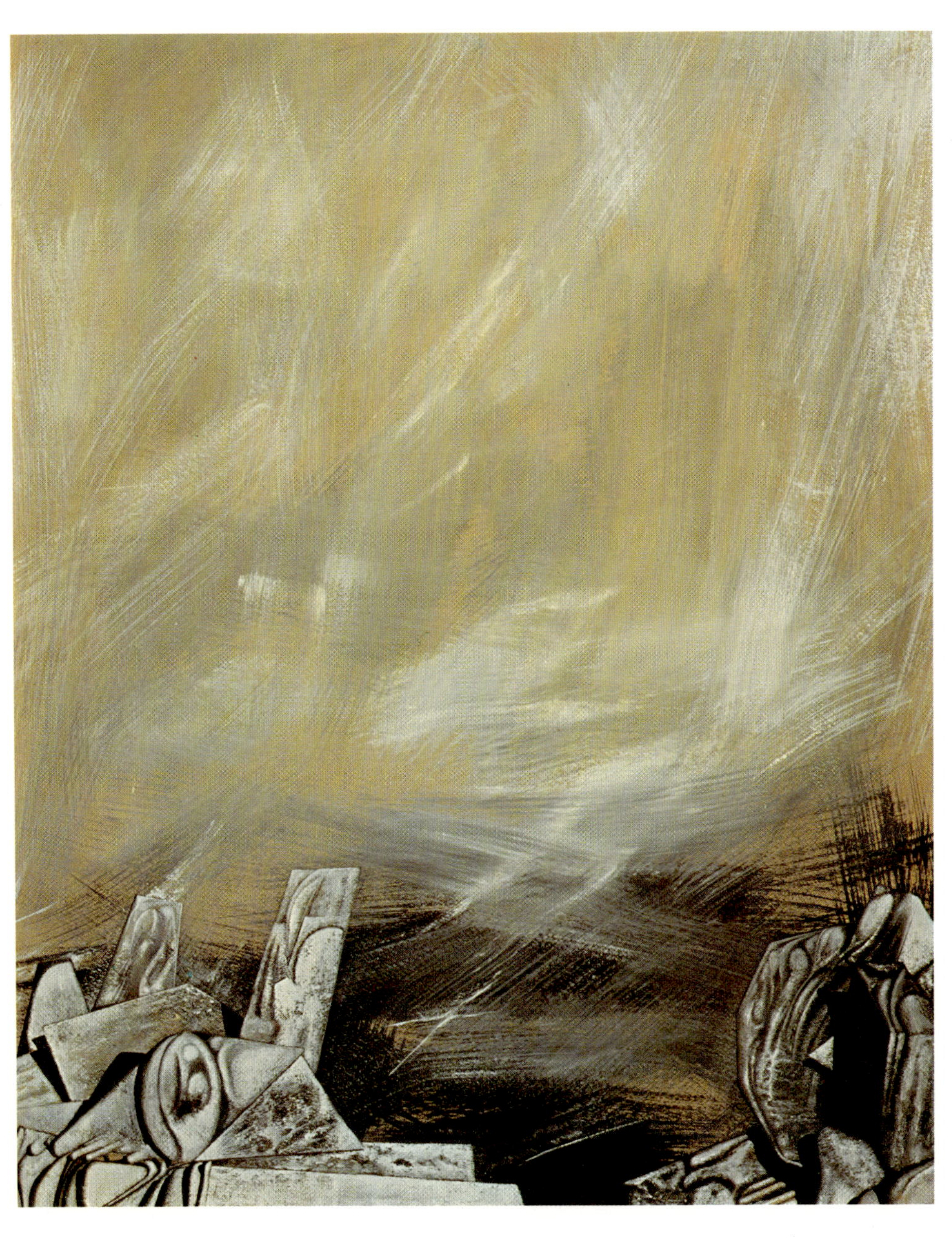

99 Hekla [1952]
Galerie Beyeler, Basel

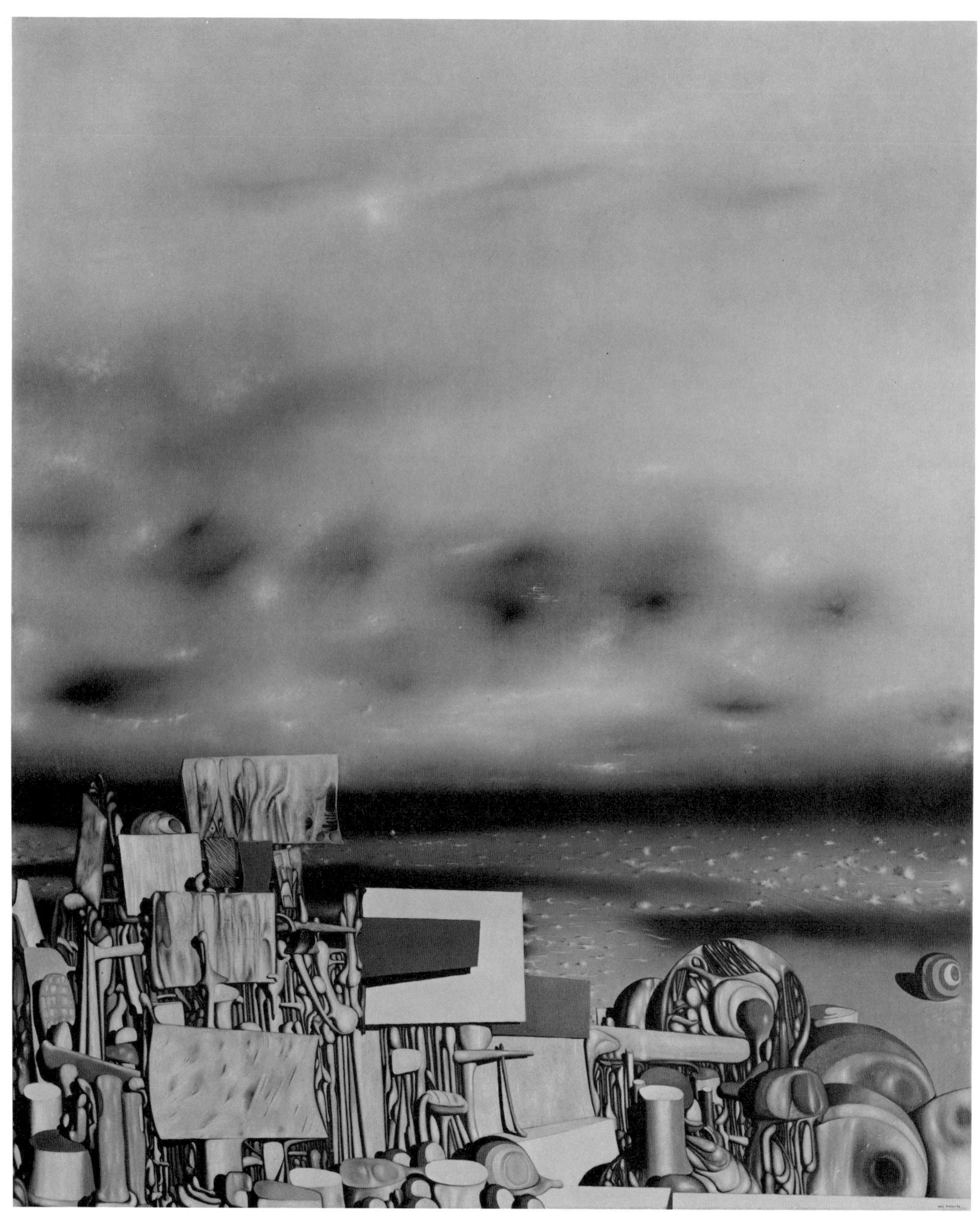

100 Die Täuschung der Zeit, 1954
The Metropolitan Museum of Art, New York, George A. Hearn Fund, 1955

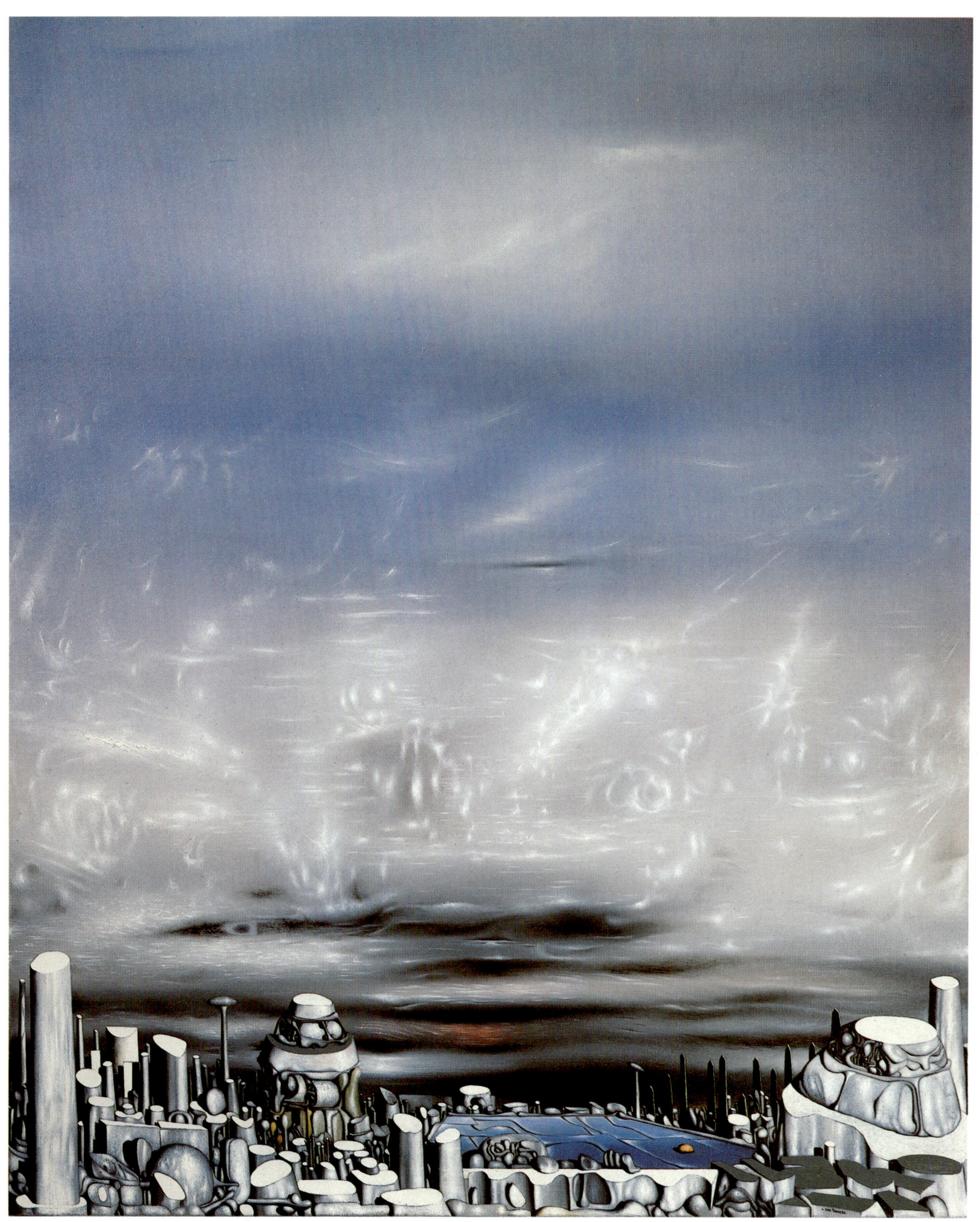

101 Von Grün zu Weiß, 1954
Sammlung M. und Mme Jacques Gelman, Mexiko

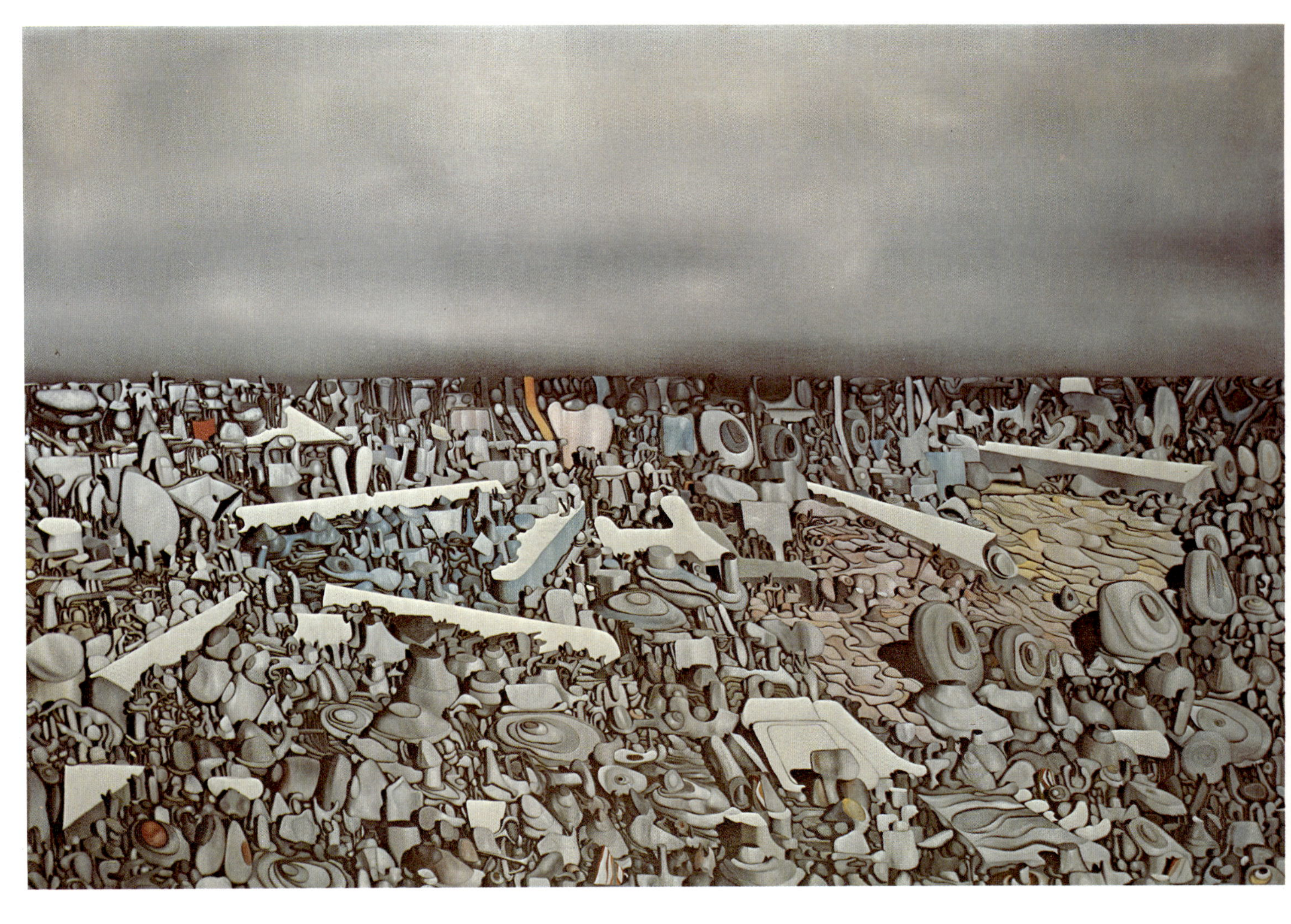

102 Vervielfältigung der Bögen, 1954
The Museum of Modern Art, New York, Mrs. Simon Guggenheim Fund, 1954

Zeichnungen
Cadavres exquis

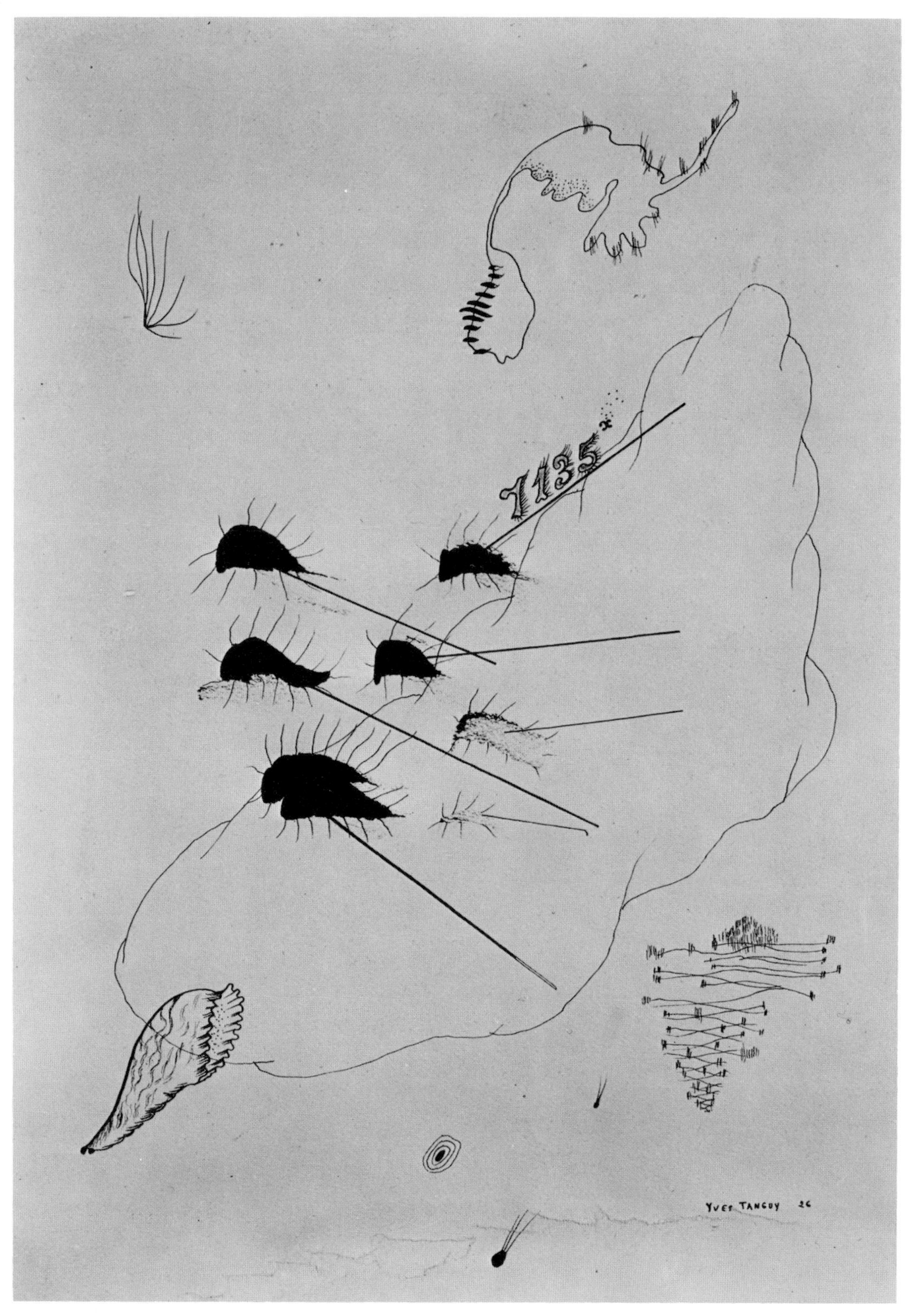

105 Ohne Titel, 1926
The Museum of Modern Art, New York

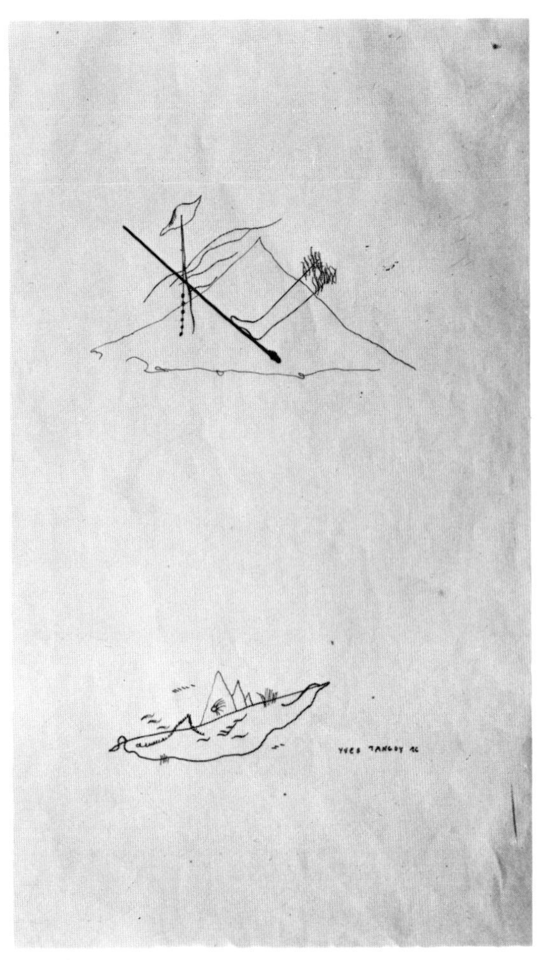

103 Ohne Titel, 1926
Privatbesitz, Schweiz

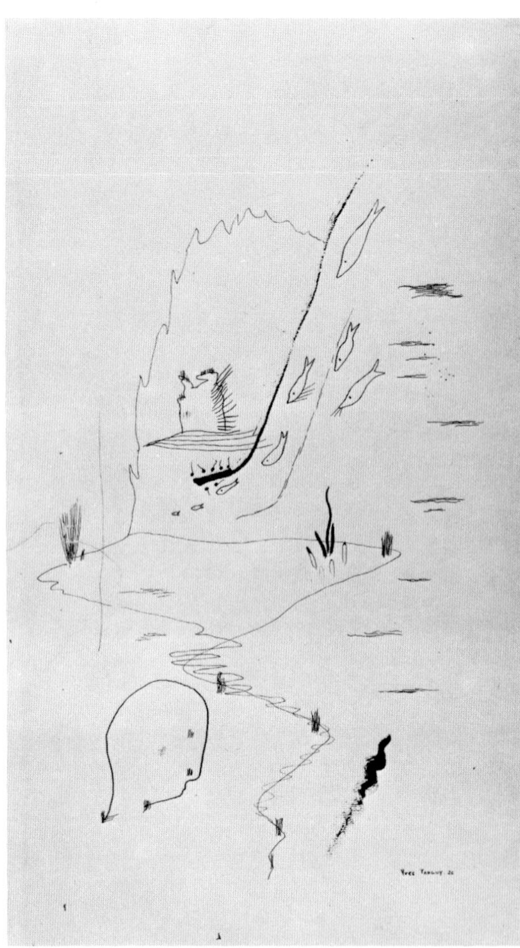

104 Ohne Titel [Automatische Zeichnung], 1926
Staatsgalerie Stuttgart

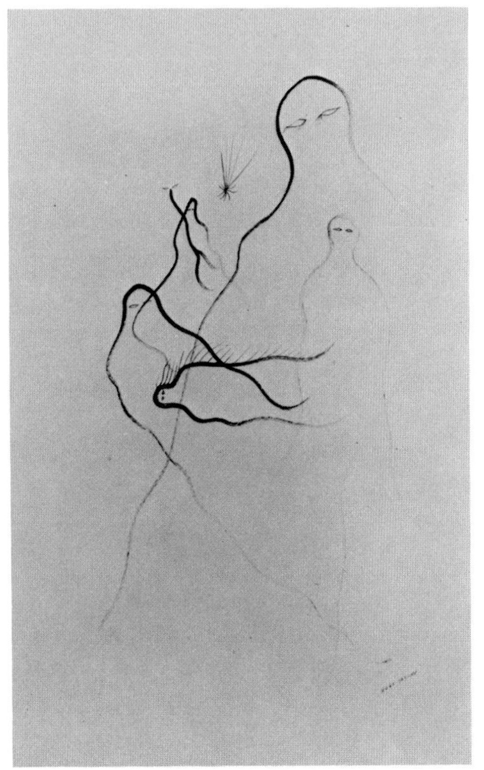

112 Ohne Titel, 1926-1927
Privatbesitz, Paris

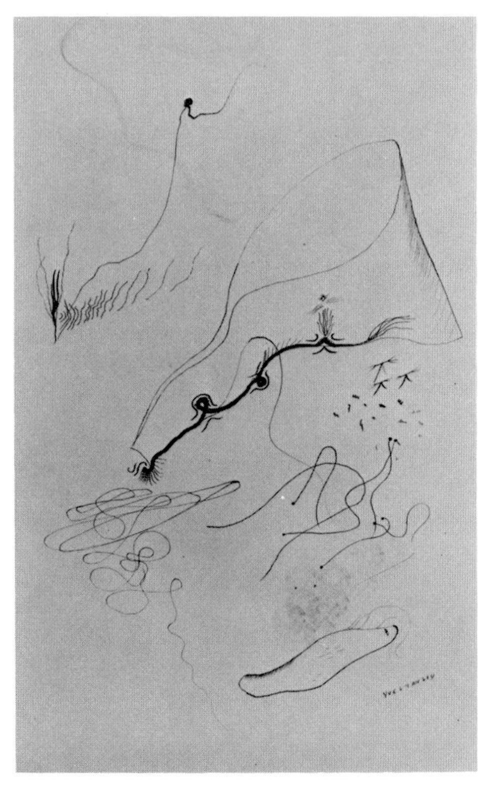

113 Ohne Titel, 1926-1927
Privatbesitz, Paris

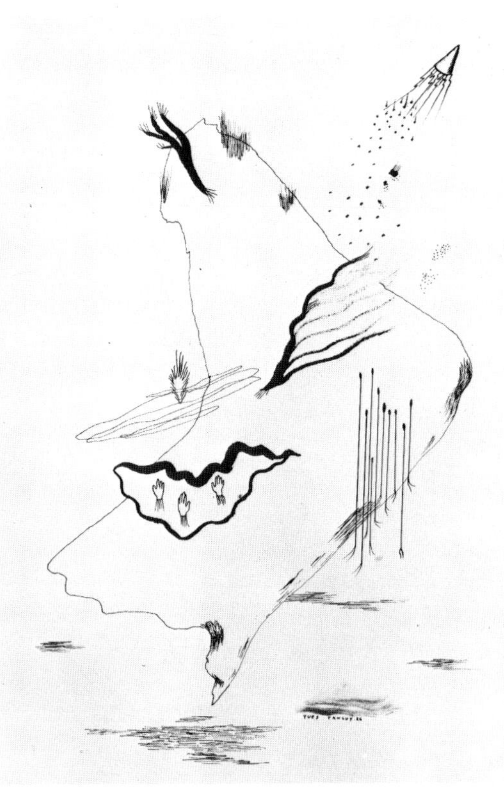

107 Ohne Titel, 1926
Privatbesitz, Paris

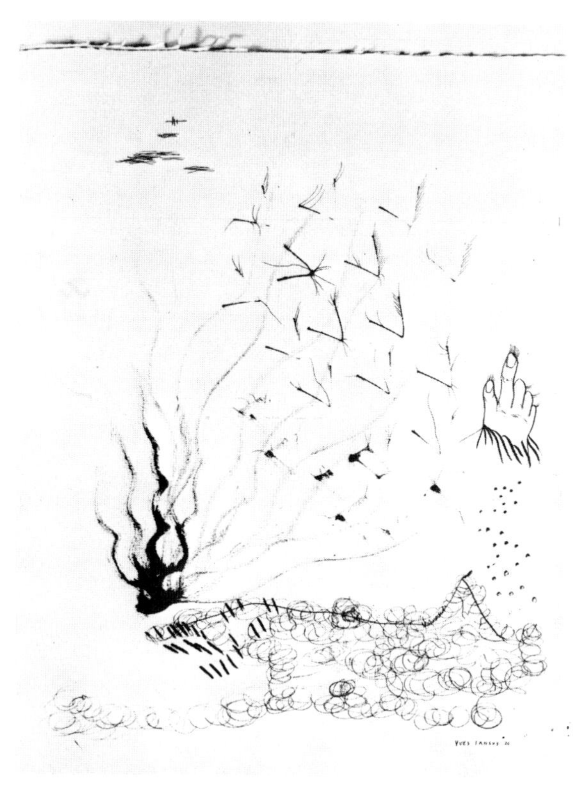

108 Ohne Titel, 1926
Privatbesitz, Paris

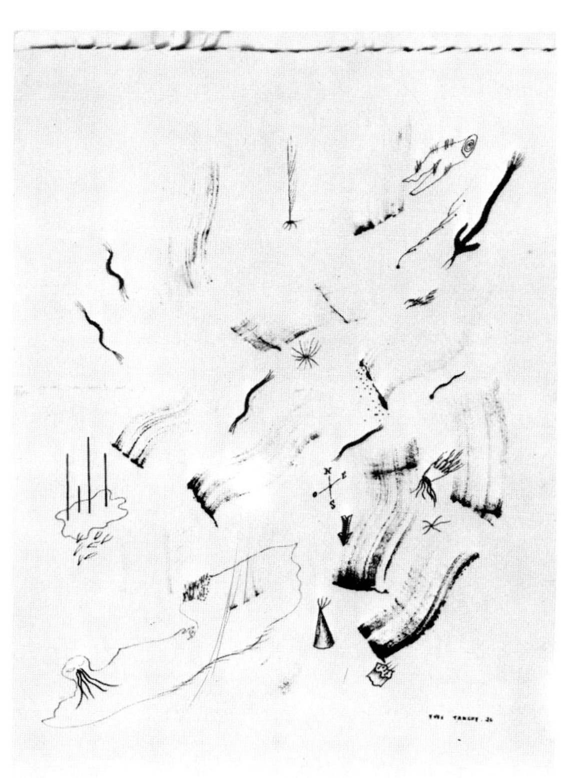

109 Ohne Titel, 1926
Privatbesitz, Paris

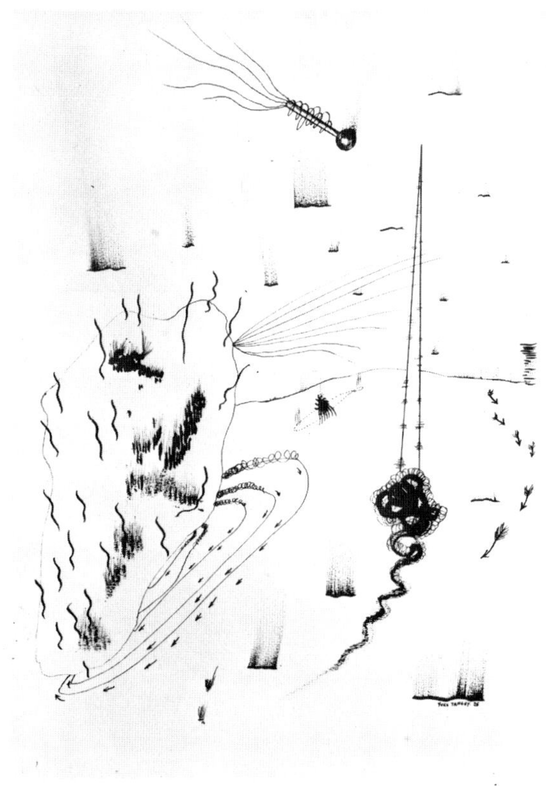

110 Ohne Titel, 1926
Privatbesitz, Paris

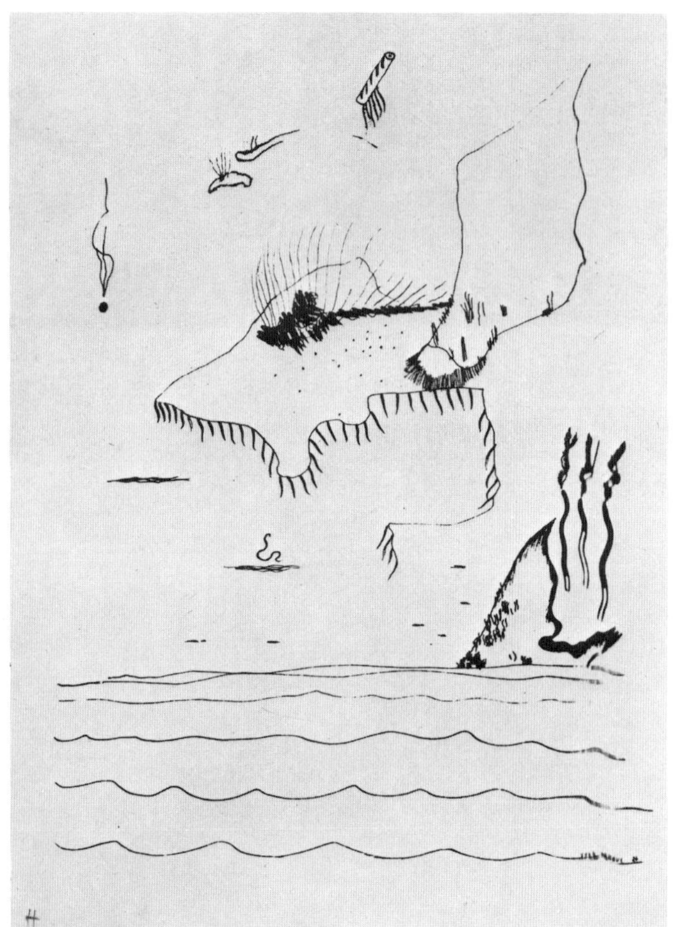

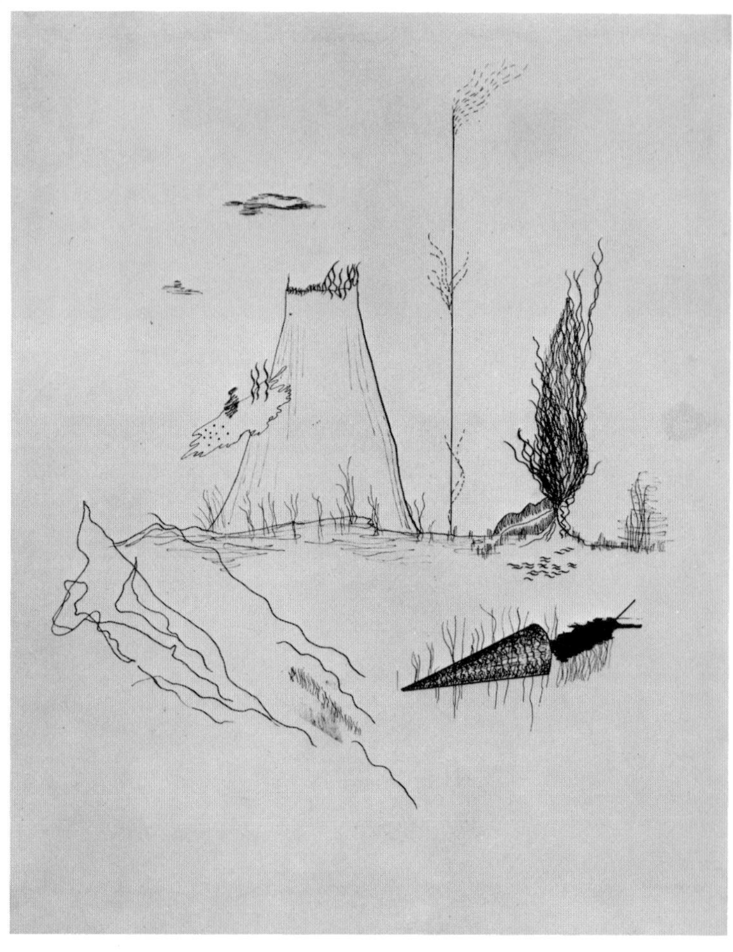

111 Ohne Titel, 1926
Sammlung Gordon Onslow-Ford, Inverness, Calif.

114 Ohne Titel, 1927
Galerie Rudolf Zwirner, Köln

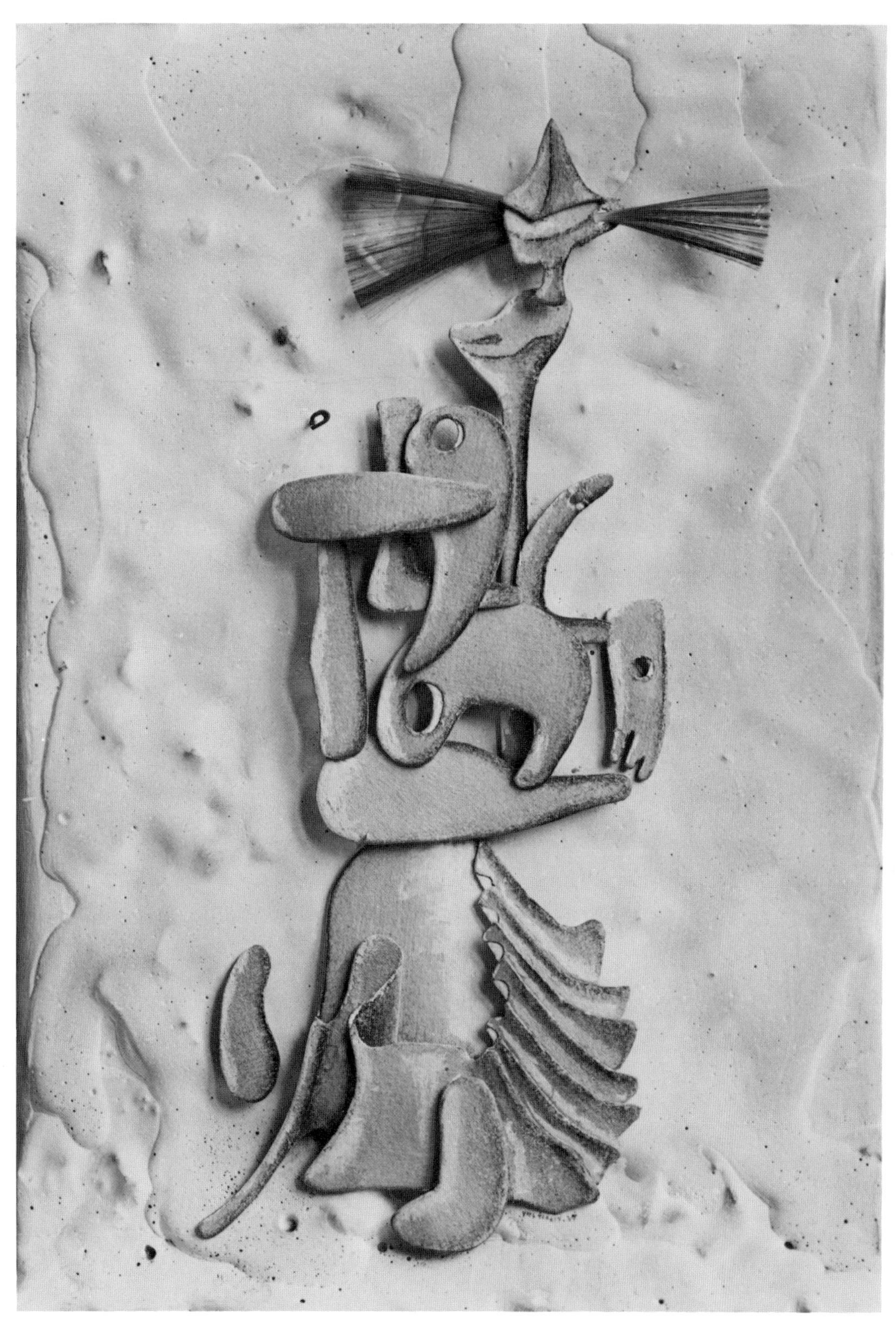

66 Der Sandmann, 1937
Privatbesitz, Paris

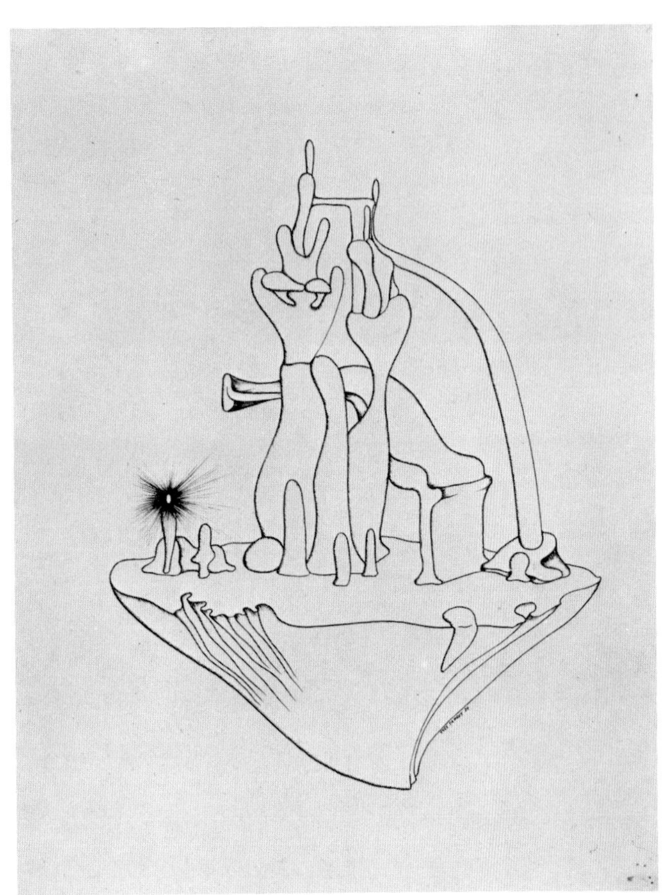

116 Ohne Titel, 1934
Privatbesitz, Paris

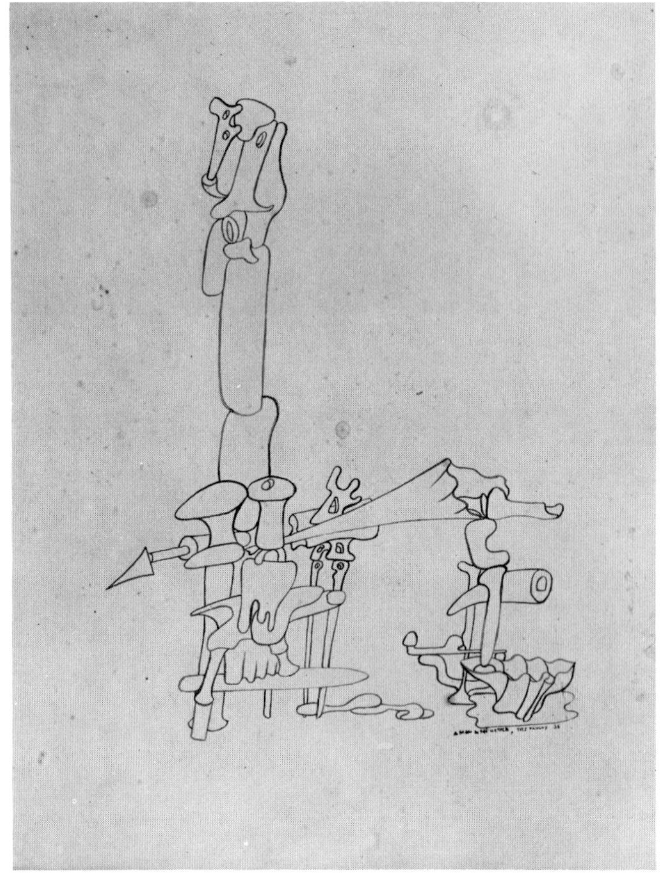

117 Ohne Titel, 1936
Privatbesitz, Paris

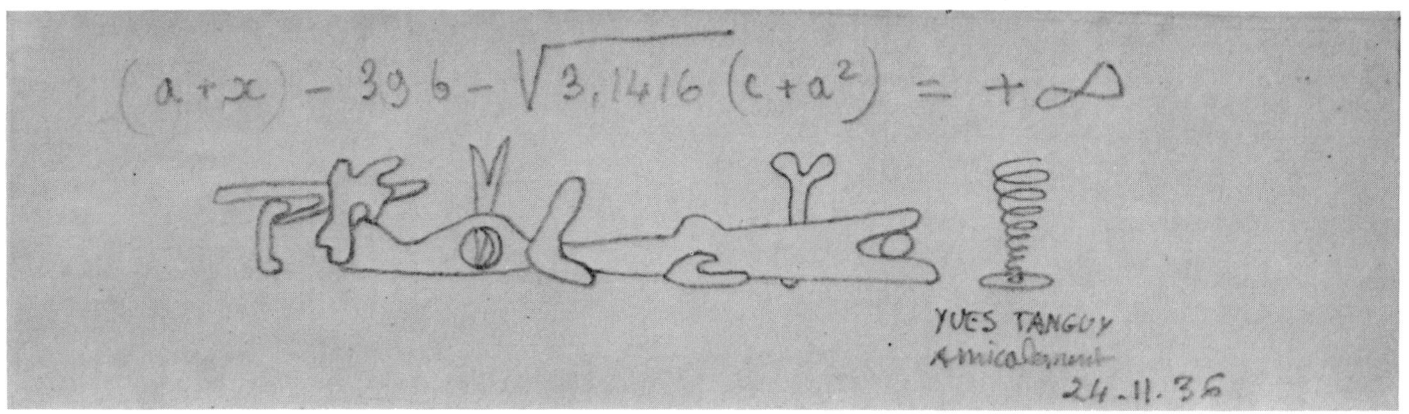

118 Ohne Titel, 1936
Sammlung Erica Brausen, London

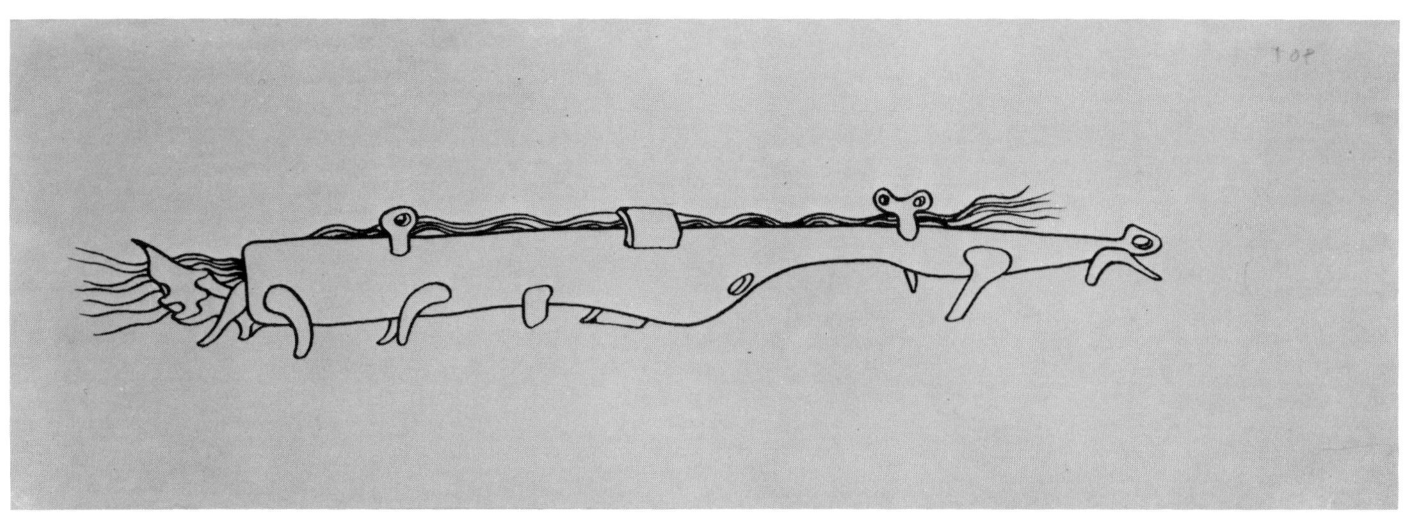

127 Ohne Titel, [1942]
The Museum of Modern Art, New York, legs Kay Sage-Tanguy, 1963

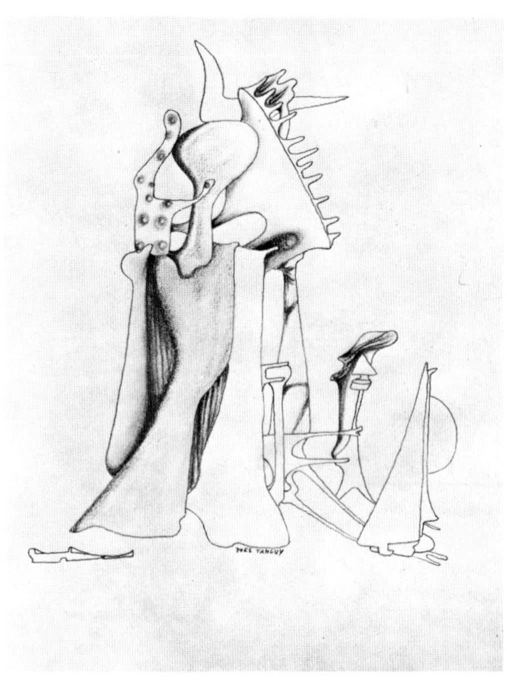

120 Ohne Titel, 1938
The Museum of Modern Art, New York, legs Kay Sage-Tanguy, 1963

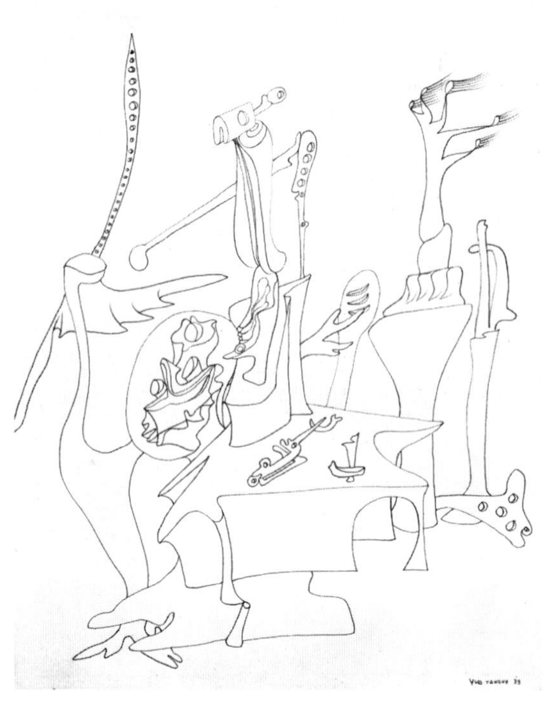

121 Ohne Titel, 1939
The Museum of Modern Art, New York, legs Kay Sage-Tanguy, 1963

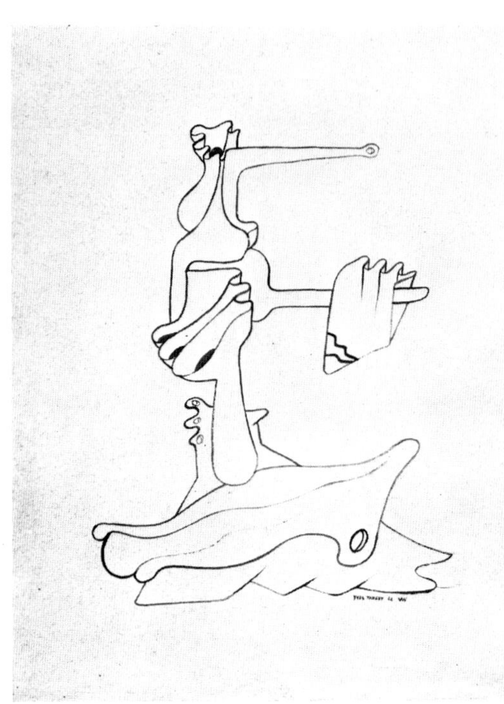

123 Zeichnung für die Zeitschrift ›View‹, 1942
The Museum of Modern Art, New York, legs Kay Sage-Tanguy, 1963

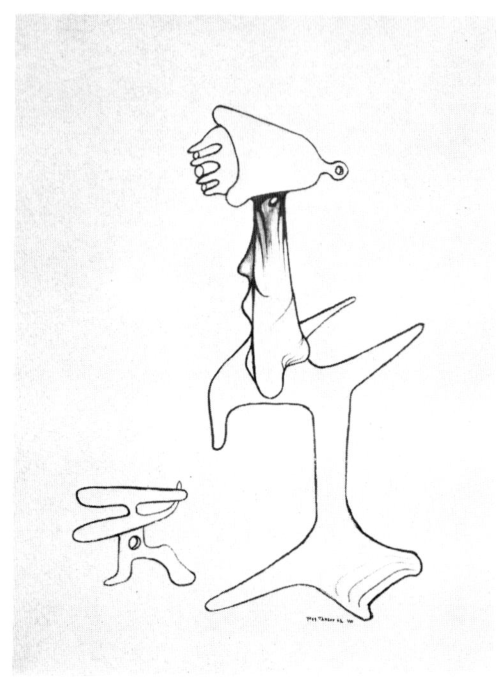

124 Zeichnung für die Zeitschrift ›View‹, 1942
The Museum of Modern Art, New York, legs Kay Sage-Tanguy, 1963

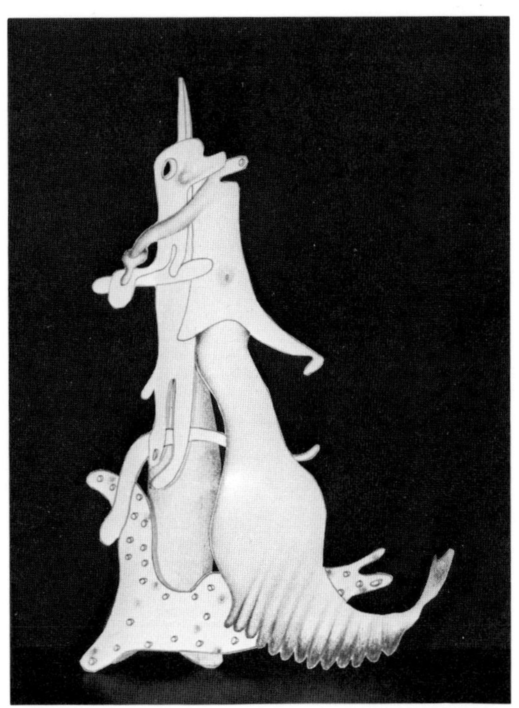

119 Vertrautes Persönchen, 1938
Musée national d'art moderne, Centre Georges Pompidou, Paris

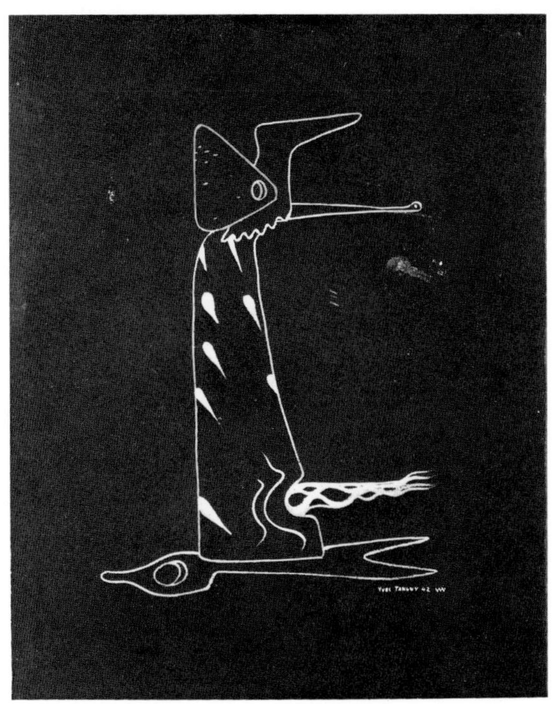

125 Zeichnung für die Zeitschrift ›View‹, 1942
The Museum of Modern Art, New York, legs Kay Sage-Tanguy, 1963

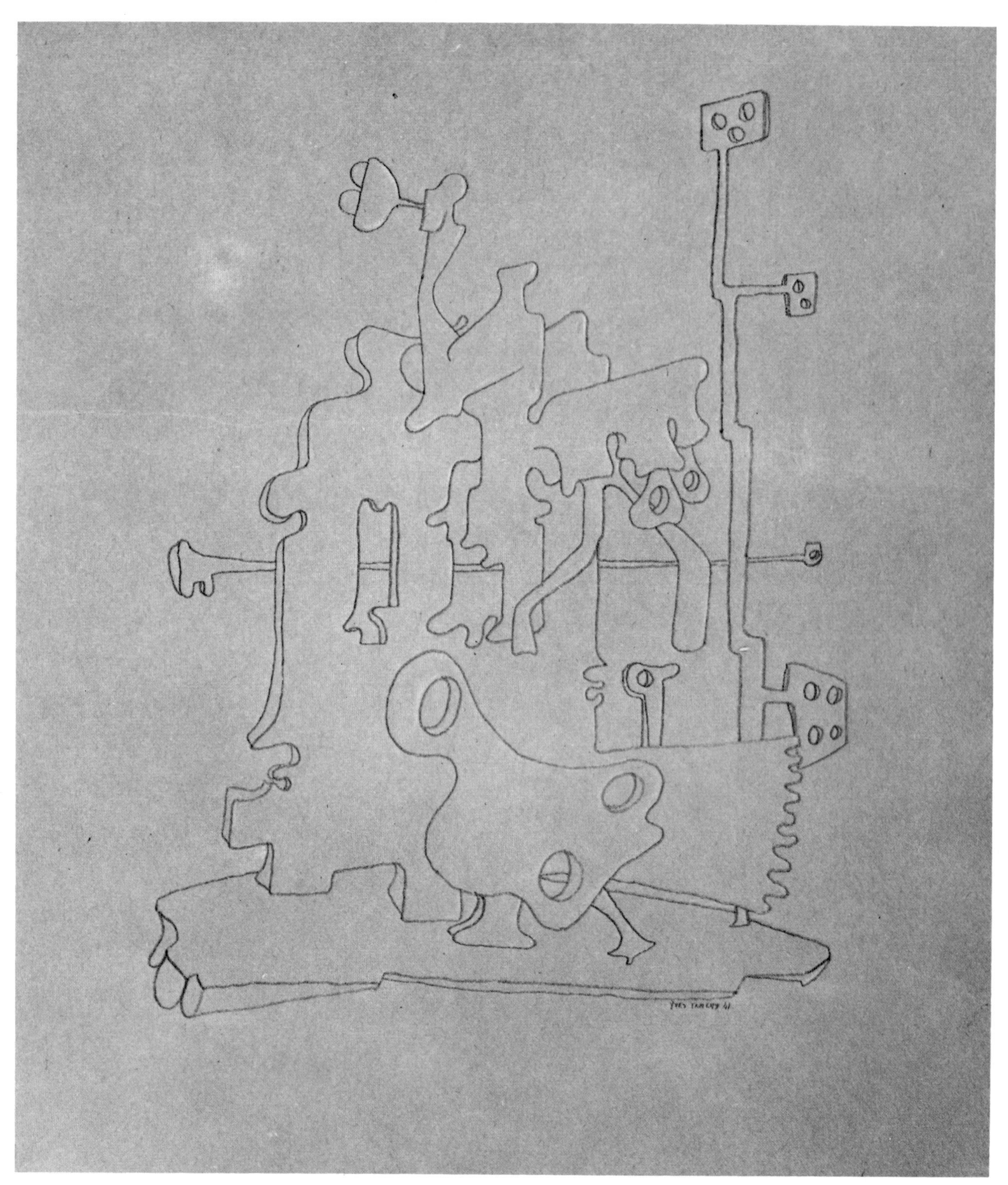

122 Ohne Titel, 1941
The Museum of Modern Art, New York, Schenkung Kay Sage-Tanguy

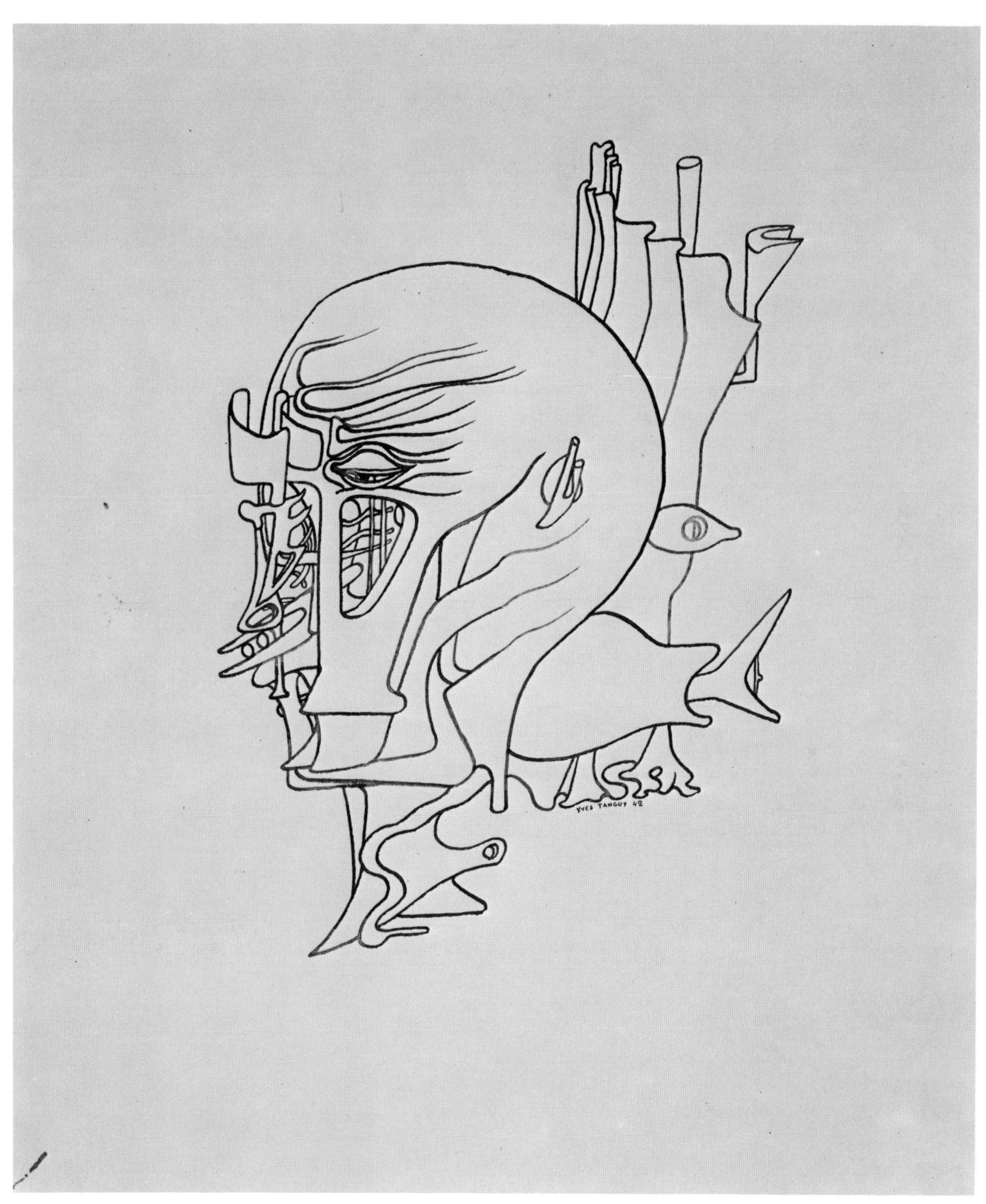

128 Ohne Titel, 1942
The Museum of Modern Art, New York, legs Kay Sage-Tanguy, 1963

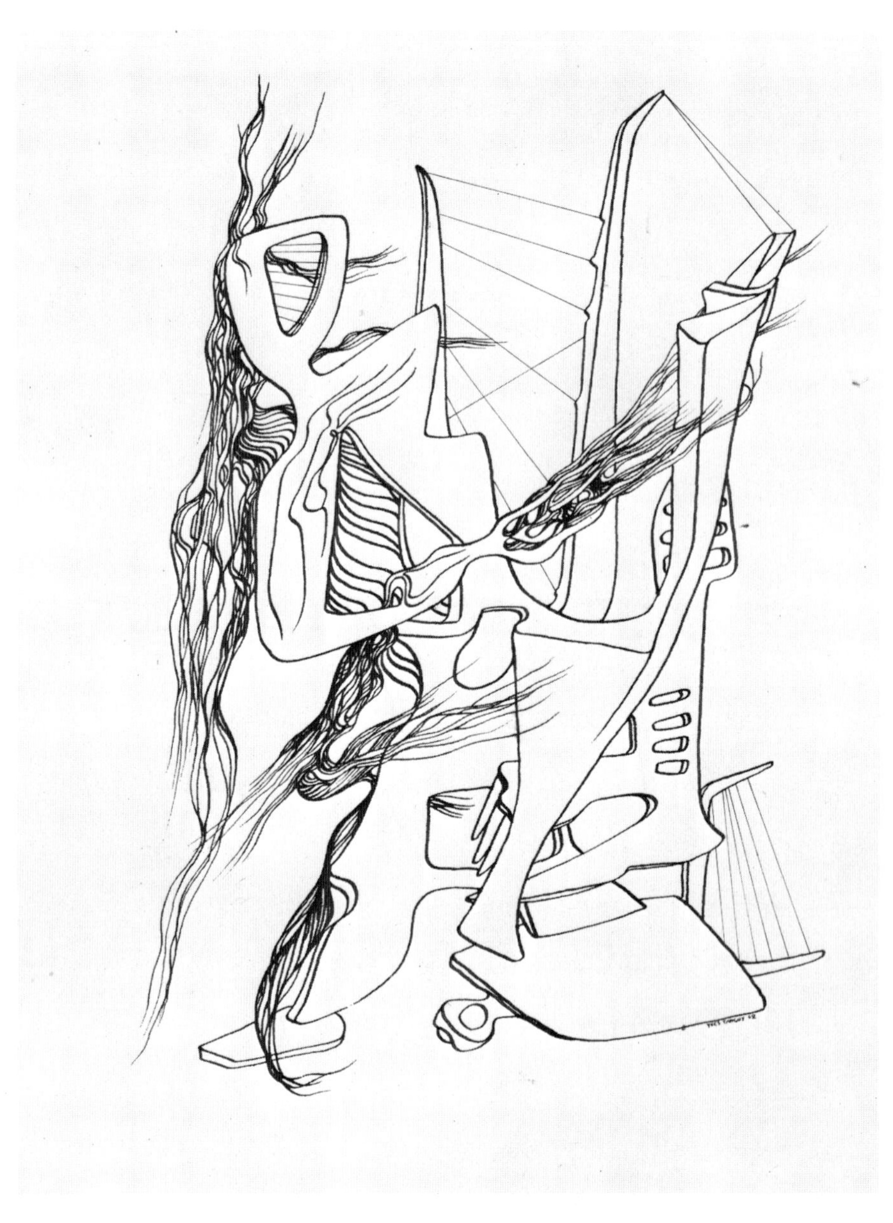

126 Ohne Titel [Der große Perlmutterne am Rande der Nacht], 1942
The Museum of Modern Art, New York, legs Kay Sage- Tanguy, 1963

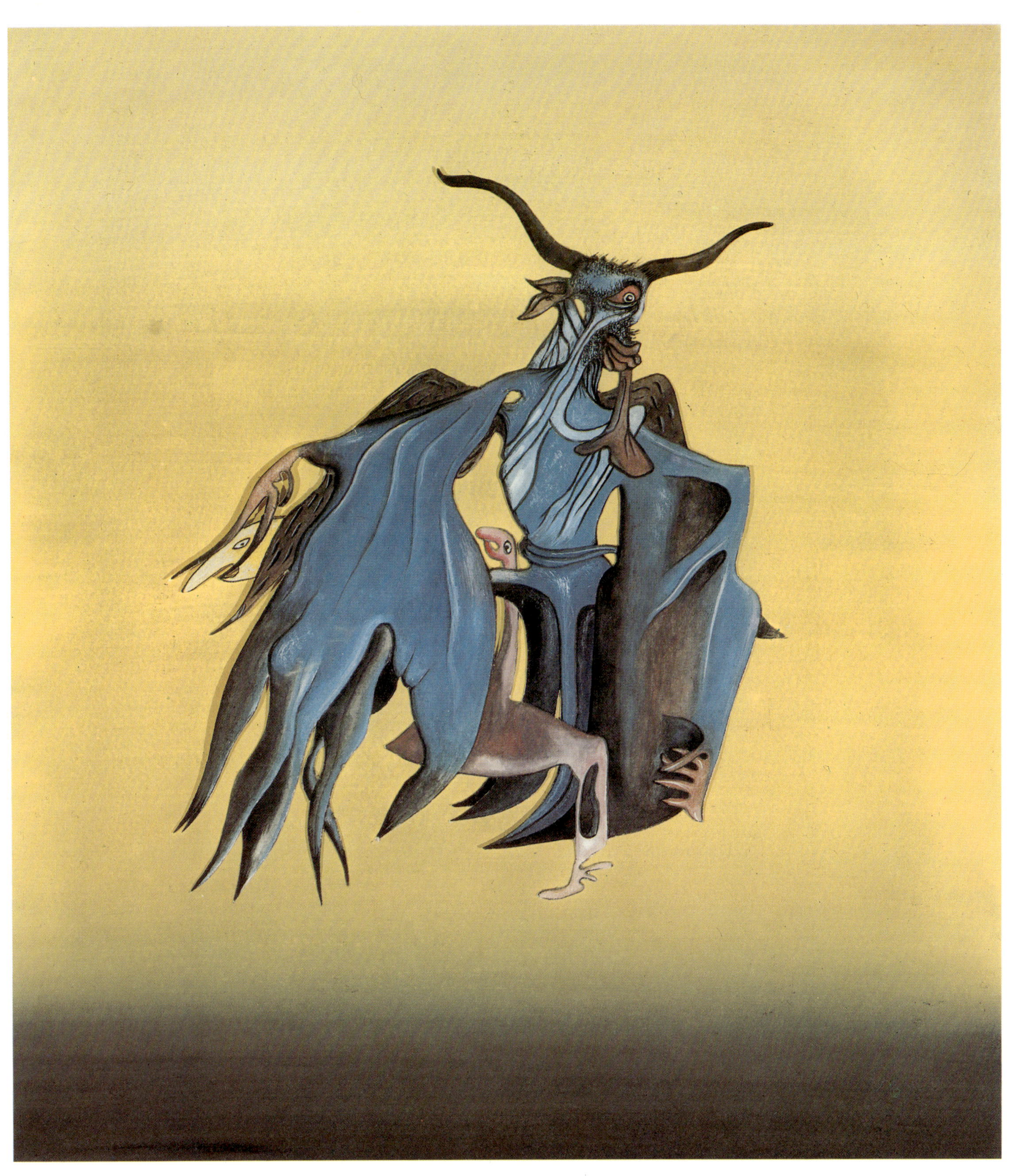

84 Entwurf für die Titelseite einer Zeitschrift, 1943
Privatbesitz, New York

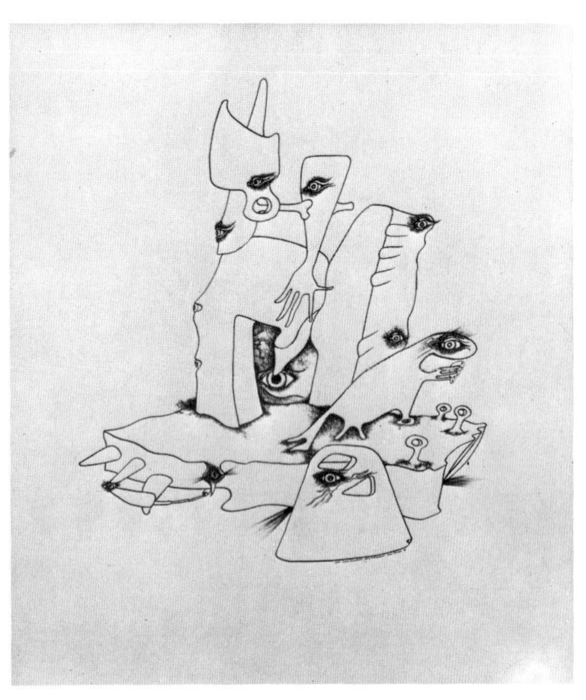

129 Ohne Titel, 1942
Pierre Matisse Gallery, New York

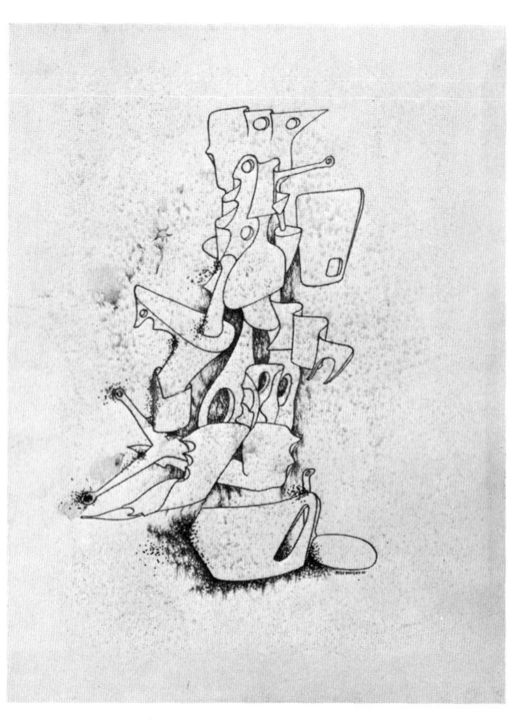

132 Ohne Titel, 1945
The Museum of Modern Art, New York, legs Kay Sage-Tanguy, 1963

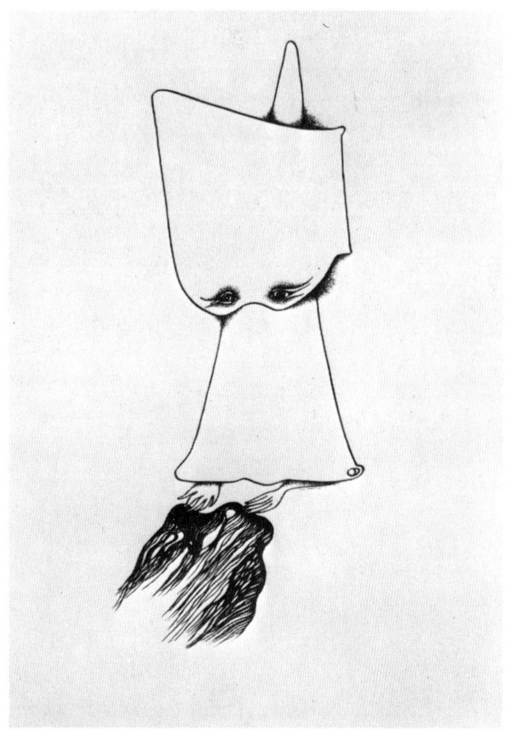

131 Ohne Titel, 1943
Privatbesitz, New York

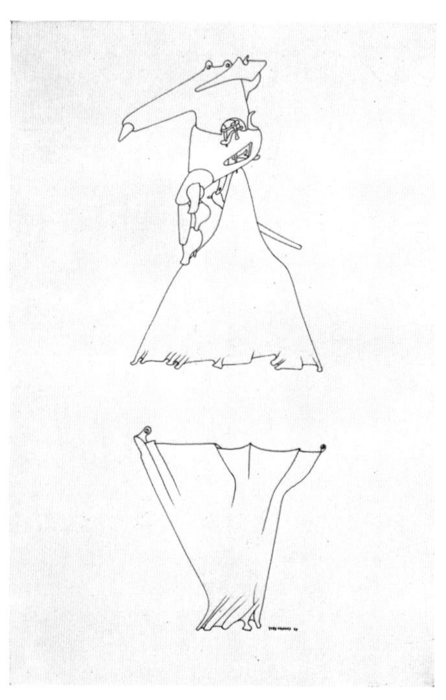

133 Ohne Titel, 1947
The Museum of Modern Art, New York, legs Kay Sage-Tanguy, 1963

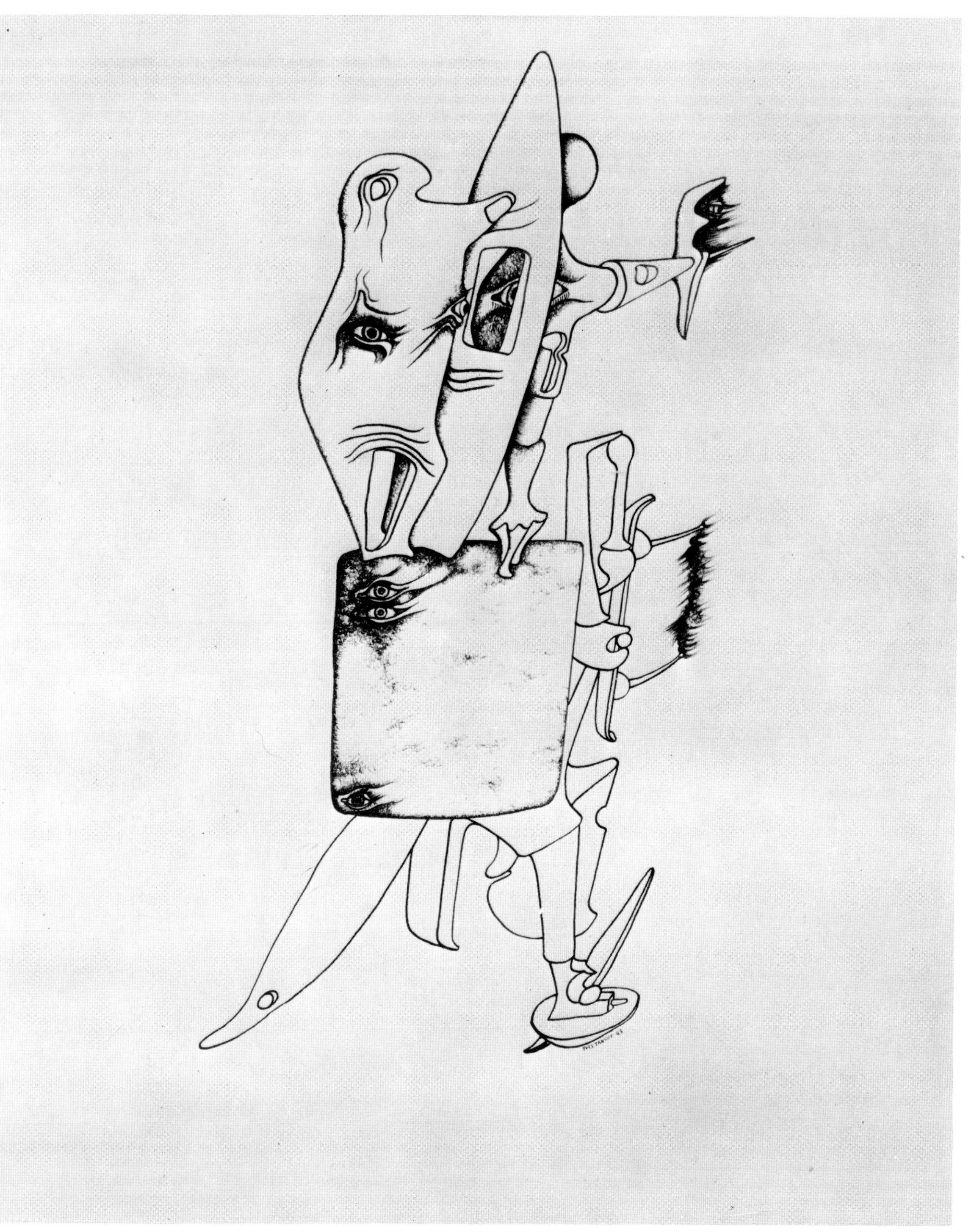

130 Ohne Titel, 1943
Sammlung Pierre Matisse, New York

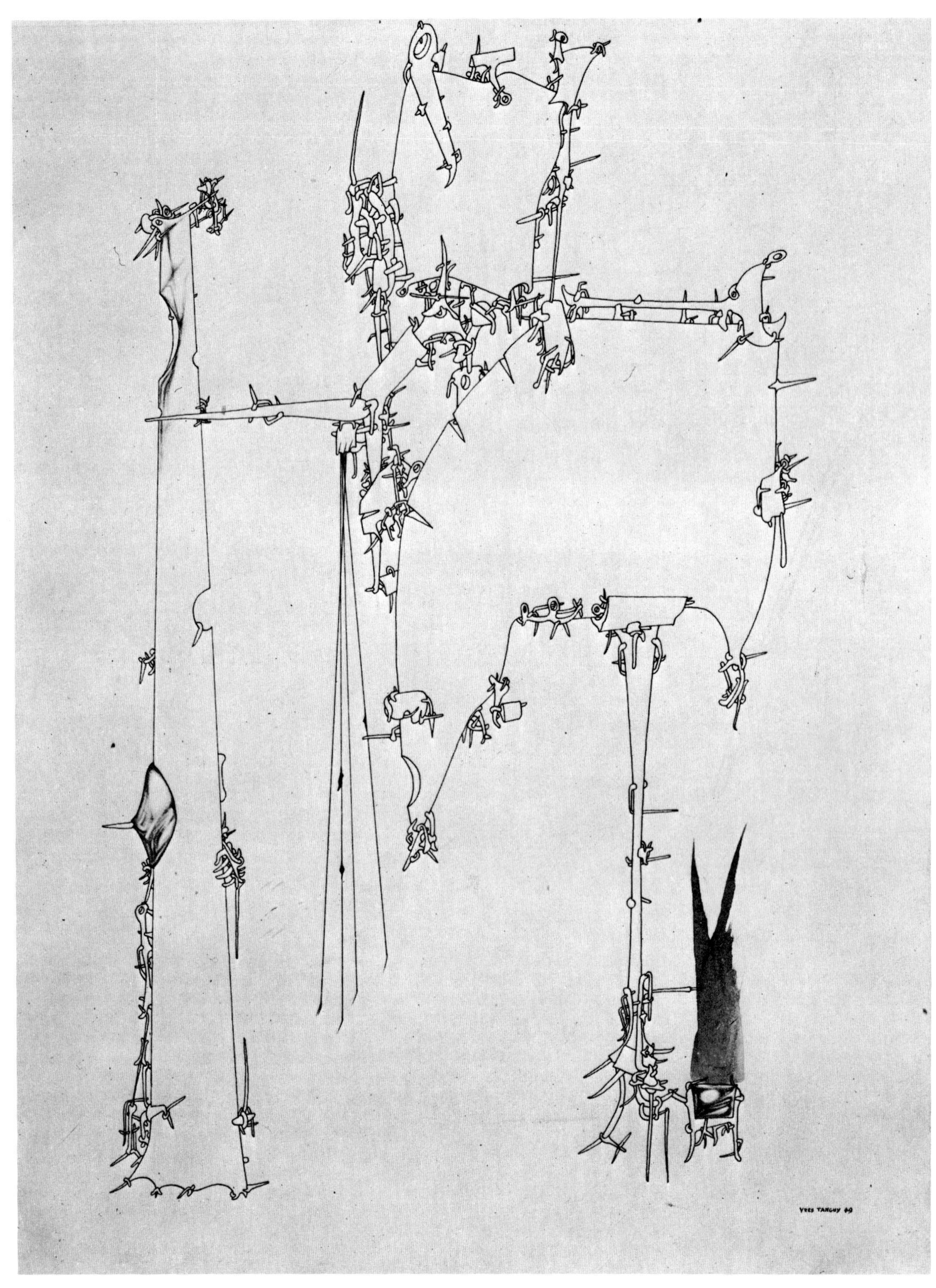

134 Ohne Titel, 1949
The Museum of Modern Art, New York, legs Kay Sage-Tanguy, 1963

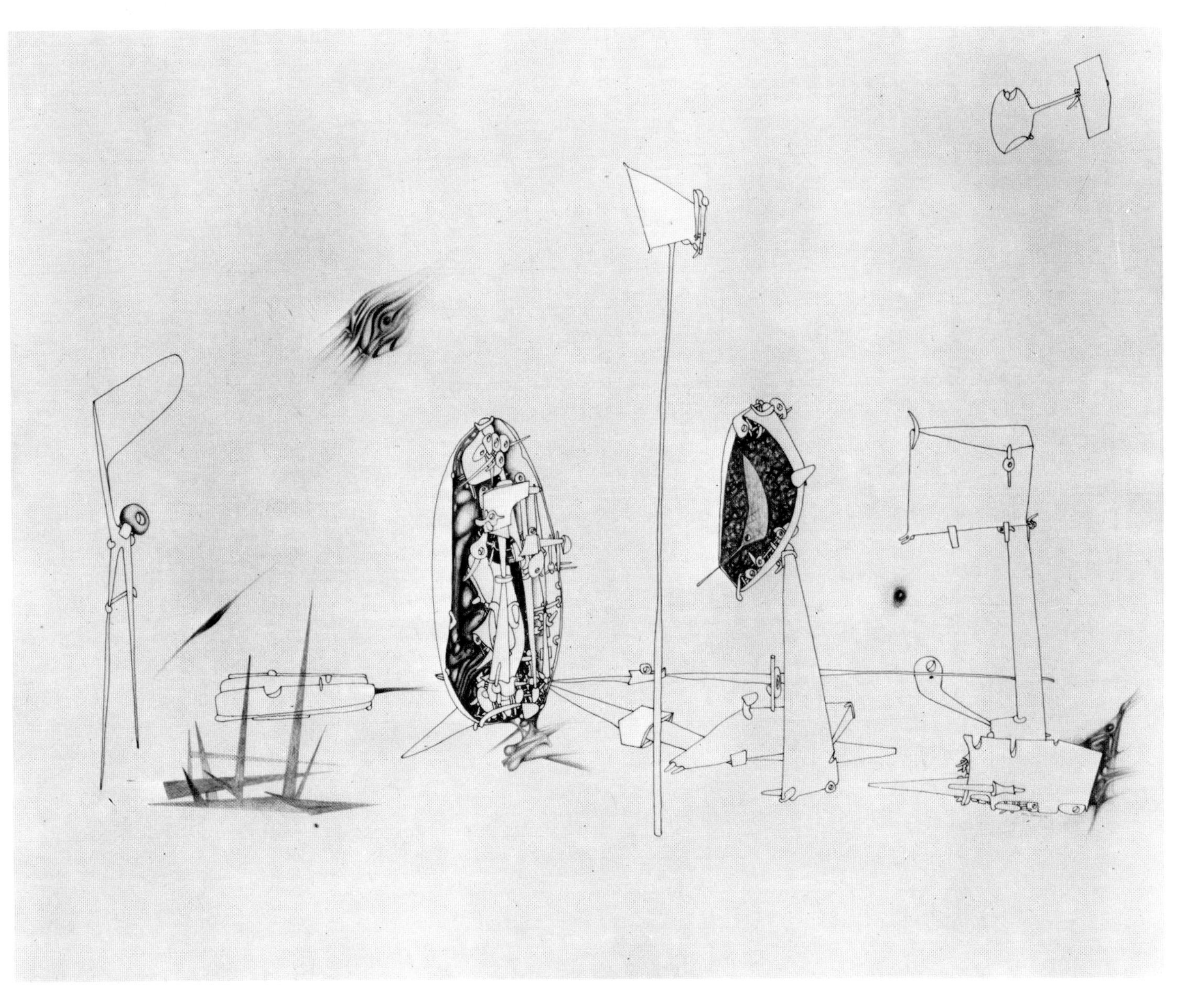

135 Ohne Titel, 1952
Privatbesitz, New York

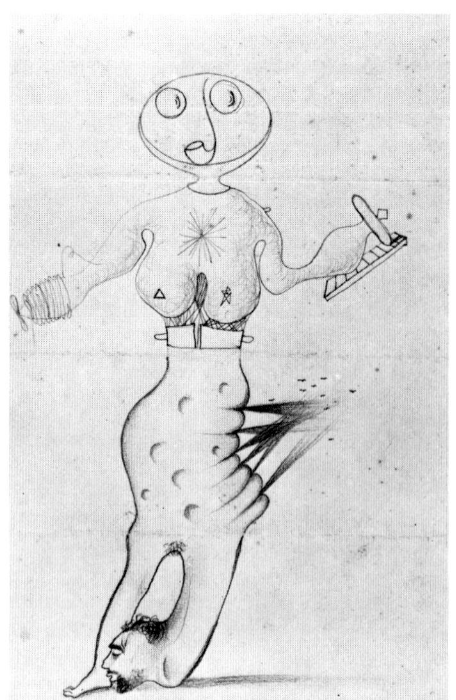

143 Cadavre exquis, 1934,
André Breton, Victor Brauner,
Yves Tanguy, Jacques Hérold
Privatbesitz, Paris

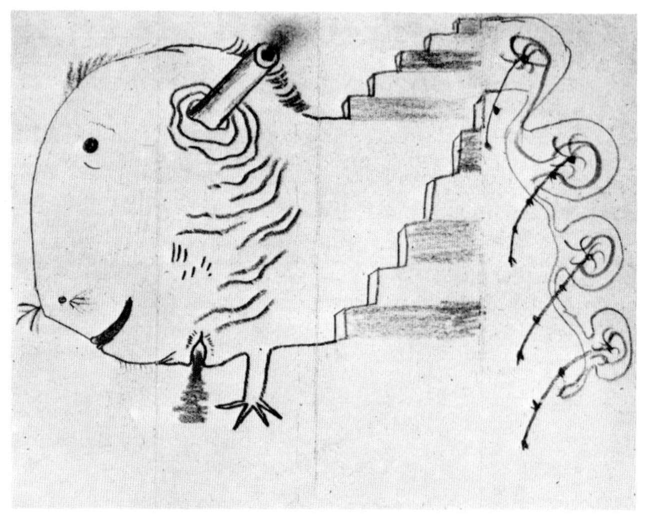

137 Cadavre exquis, 7. März 1927,
Prévert, Breton,
Tanguy, Goemans
Musée national d'art moderne,
Centre Georges Pompidou, Paris

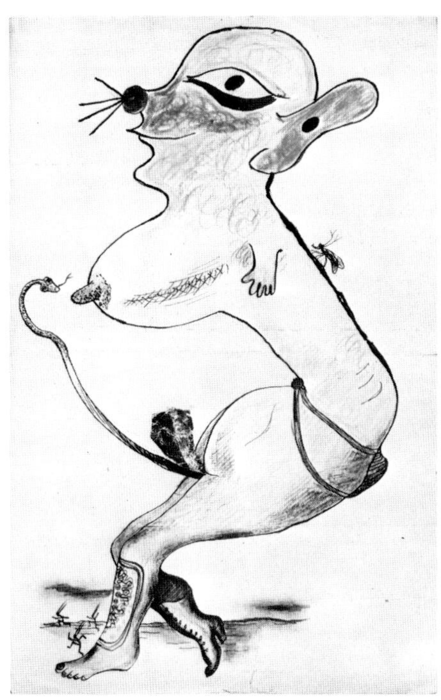

138 Cadavre exquis, undatiert,
Joan Miró, Max Morise,
Man Ray, Yves Tanguy
Musée national d'art moderne,
Centre Georges Pompidou, Paris

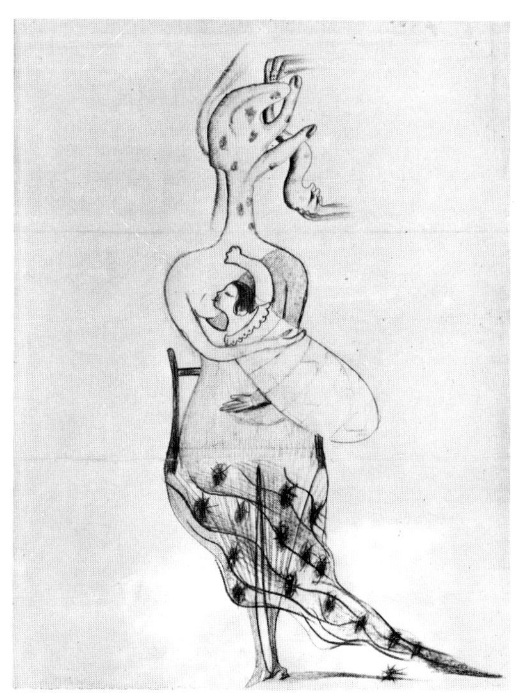

139 Cadavre exquis, undatiert,
Yves Tanguy, André Breton u. a.
Musée national d'art moderne,
Centre Georges Pompidou, Paris

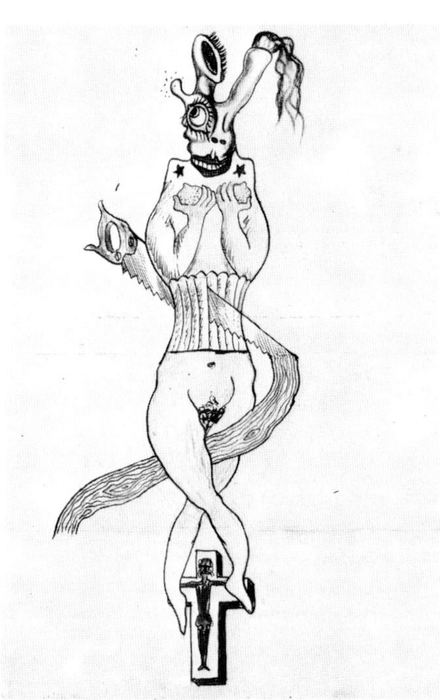

140 Cadavre exquis, 17. Mai 1927,
Yves Tanguy, Man Ray,
Max Morise, André Breton
Musée national d'art moderne,
Centre Georges Pompidou, Paris

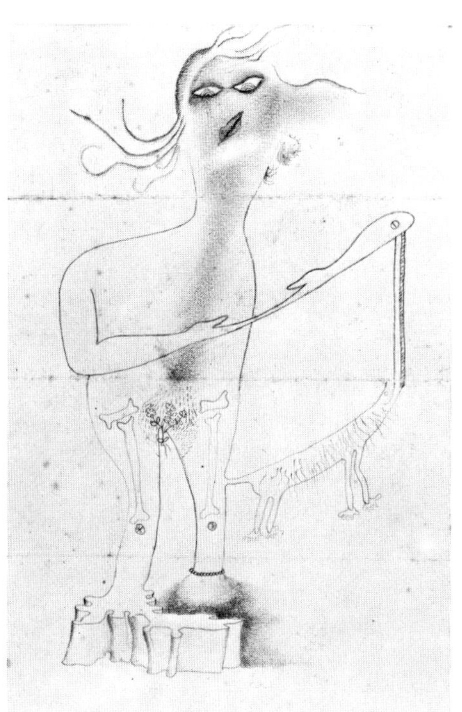

142 Cadavre exquis, 1934,
Jacques Hérold, André Breton,
Victor Brauner, Yves Tanguy
Privatbesitz, Paris

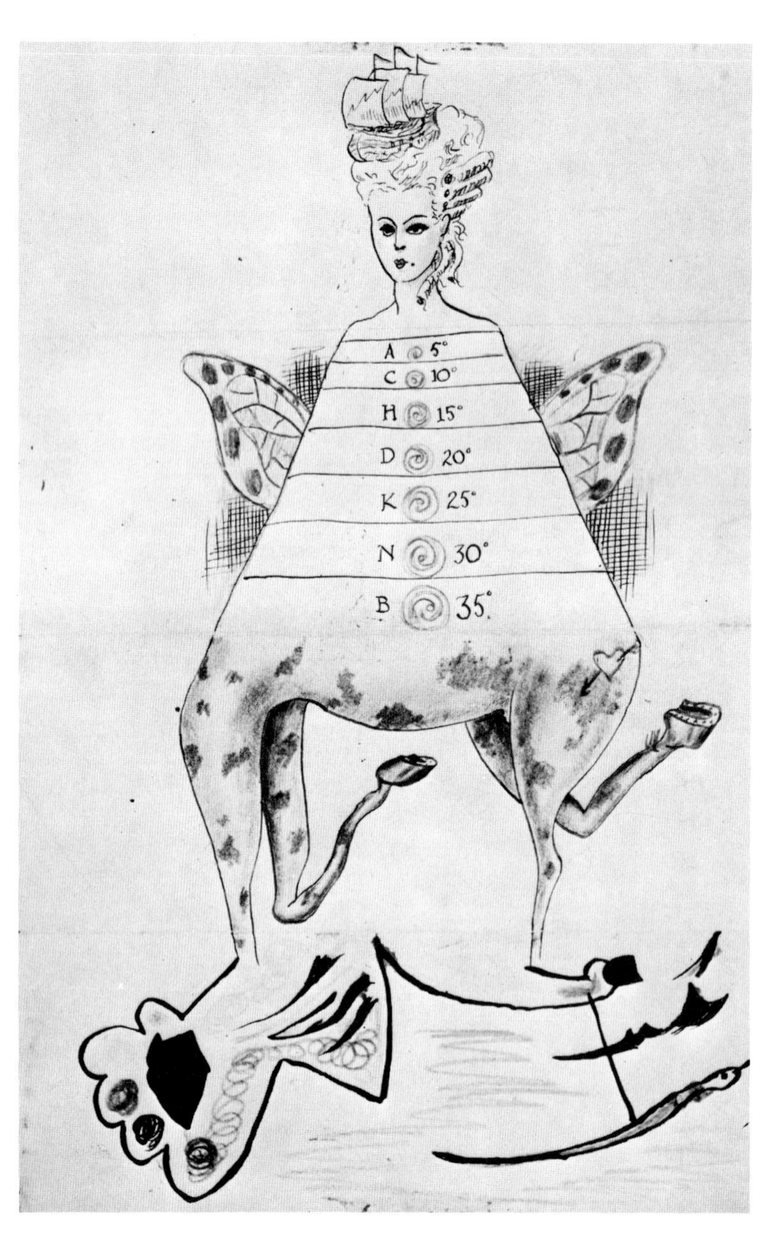

141 Cadavre exquis, 1927-1928,
Joan Miró, Yves Tanguy,
Man Ray, Max Morise
Sammlung Manou Pouderoux, Paris

Katalog

Viele der von Tanguy verwendeten Originaltitel sind mehrdeutig. Bei der Übersetzung ins Deutsche wurde die von Kay Sage angeführte englische Fassung (Pierre Matisse, New York 1963) berücksichtigt. Dennoch gibt es Titel, die eine sehr anders lautende Übersetzung gestatteten. Die deutsche Fassung ist daher oft nur als relativ bescheidene Verständnishilfe, nicht als Ersatz für die Originaltitel zu betrachten.

Die chronologische Ordnung richtet sich hier im wesentlichen nach der von Pierre Matisse 1963 angegebenen Folge, die in einzelnen Fällen durch Überprüfung des Entstehungsjahres am Original korrigiert wurde. Nicht gesicherte Angaben stehen in [].

Die Maße sind inklusive der Papierarbeiten in cm angegeben.

Angaben zur Provenienz der Werke, zu Ausstellungen und bibliographische Hinweise wurden – soweit diese im Pariser Katalog enthalten – von dort übernommen, für die zusätzlichen Werke: Kunsthalle Baden-Baden.

*Während die Biographie hier um ihre rein interpretierenden Passagen gekürzt erscheint, entsprechen das Verzeichnis von Tanguys Einzel- und Gruppenausstellungen und die Bibliographie der Originalausgabe. Die dort möglichst die Originalschreibweise berücksichtigende Form wurde hier beibehalten. Mit * gekennzeichnete Werke sind nicht in Baden-Baden ausgestellt.* KS

1 siehe Frontispiz
Portrait de l'artiste, 1925
Selbstporträt
Aquarell auf Papier
13,5 x 8,5
Undatiert, unsigniert
Slg. Pierre Matisse, New York
Ausst.: 1982, Musée national d'art moderne, Centre Georges Pompidou, Paris, Yves Tanguy, Kat. Nr. 1, Abb.
Lit.: Pierre Matisse 1963, Nr. 4

2
Sans titre, 1925
Ohne Titel
Öl auf Holz
42 x 48
Undatiert, unsigniert
Auf der Rückseite handschriftlicher Vermerk von Georges Sadoul auf aufgeklebtem Papier »du 54, rue du Château«
Slg. Pierre Matisse, New York
Prov.: Slg. Georges Sadoul
Ausst.: 1982, Musée national d'art moderne, Centre Georges Pompidou, Paris, Yves Tanguy, Kat. Nr. 2, Abb.

3
Le Pont, 1925
Die Brücke
Öl auf Leinwand mit einer Collage aus zum Teil abgelösten Drähten
40,5 x 33
Signiert und datiert unten rechts: Yves Tanguy 25
Privatbesitz, Frankreich
Prov.: Slg. Marcel Duhamel
Ausst.: 1972, Musée des Arts Décoratifs, Paris, Le Surréalisme 1922-1942, Kat. Nr. 406; 1982, Musée national d'art moderne, Centre Georges Pompidou, Paris, Yves Tanguy, Kat. Nr. 4, Abb.
Lit.: R. Lebel, Il Surrealismo: Tanguy, Dali, Brauner, Dominguez e altri, in: L'Arte Moderna, Bd. VII, Nr. 61, 1967, S. 242; M. Duhamel, Raconte pas ta vie, Paris 1972, SS. 140-141; D. Marchesseau, Yves Tanguy, Paris 1973 (dt. 1974), Abb. S. 9; Pierre Matisse 1963, Nr. 3; P. Waldberg 1977, S. 99

4
Rue de la Santé, 1925
Öl auf Leinwand
50,2 x 61,1
Signiert und datiert unten rechts: Yves Tanguy 25
The Museum of Modern Art, New York, Legs Kay Sage-Tanguy, 1963
Prov.: Slg. Kay Sage-Tanguy
Ausst.: 1982, Musée national d'art moderne, Centre Georges Pompidou, Paris, Yves Tanguy, Kat. Nr. 5, Abb.
Lit.: J. T. Soby, Yves Tanguy, New York 1955, S. 12, Abb.; M. Jean, Histoire de la peinture surréaliste, Paris 1959 (dt. 1961), S. 162, Abb.; R. Lebel, in: L'Arte Moderna, Bd. VII, Nr. 61, 1967, S. 242; M. Duhamel, Raconte pas ta vie, Paris 1972, S. 140; Pierre Matisse 1963, Nr. 5; P. Waldberg 1977, S. 88

5
Fantômas, 1925-1926
Öl auf Holz mit einer Collage, Pappe und Watte
50 x 150
Signiert unten rechts: Yves Tanguy
Slg. Pierre Matisse, New York
Ausst.: 1968, The Museum of Modern Art, New York, Dada, Surrealism and their Heritage, Kat. Nr. 308, Abb.; 1974, Acquavella Galleries, New York, Yves Tanguy, Kat. Nr. 1, Abb.; 1982, Musée national d'art moderne, Centre Georges Pompidou, Paris, Yves Tanguy, Kat. Nr. 8, Abb.
Lit.: R. Lebel, in: L'Arte Moderna, Bd. VII, Nr. 61, 1967, S. 242; J. Ashbery, Yves Tanguy, Geometer of dreams, in: Art in America, Bd. 62, Nov. 1974, Abb.; D. Marchesseau, Yves Tanguy, Paris 1973 (dt. 1974), SS. 6-7, Abb.; H. Wescher, Die Geschichte der Collage, vom Kubismus bis zur Gegenwart, Köln 1974, S. 117/118 Abb.; Pierre Matisse 1963, Nr. 8; P. Waldberg 1977, SS. 136-137, Abb.

6
Le Bateau, 1925-1926
Das Schiff
Öl auf Leinwand
50 x 61
Signiert unten rechts: Yves Tanguy
Privatbesitz, Paris
Prov.: Slg. Gazelle Duhamel
Ausst.: 1982, Musée national d'art moderne, Centre Georges Pompidou, Paris, Yves Tanguy, Kat. Nr. 6, Abb.
Lit.: J. T. Soby, Yves Tanguy, New York 1955, S. 10; P. Waldberg, Les Demeures d'Hypnos, Brüssel 1976, SS. 245-247; Pierre Matisse 1963, Nr. 9; P. Waldberg 1977, SS. 97, 100

7
Les Forains, 1926
Die Jahrmarktsgaukler
Öl auf Leinwand
40,5 x 33
Signiert und datiert unten rechts: Yves Tanguy 26
Privatbesitz, Frankreich
Prov.: Slg. Marcel Duhamel
Ausst.: 1972, Musée des Arts Décoratifs, Paris, Le Surréalisme 1922-1942, Kat. Nr. 405; 1982, Musée national d'art moderne, Centre Georges Pompidou, Paris, Yves Tanguy, Kat. Nr. 7, Abb.
Lit.: J. T. Soby, Yves Tanguy, New York 1955, S. 13, Abb.; W. S. Rubin, Dada and Surrealist Art, New York 1968, S. 190; M. Duhamel, Raconte pas ta vie, Paris 1972, S. 141; D. Marchesseau, Yves Tanguy, Paris 1973 (dt. 1974), S. 10, Abb.; P. Waldberg, Les Demeures d'Hypnos, Paris 1976, S. 247, Abb.; J. Baron, Anthologie plastique du surréalisme, Paris 1980, S. 244, Abb.; Pierre Matisse 1963, Nr. 10; P. Waldberg 1977, S. 90

8*
Le Phare, 1926
Der Leuchtturm
Öl auf Leinwand mit einer Collage aus Streichhölzern, Papier und Holz
67 x 50
Signiert unten rechts: Yves Tanguy
Privatbesitz, Frankreich
Prov.: Slg. André Breton
Ausst.: 1982, Musée national d'art moderne, Centre Georges Pompidou, Paris, Yves Tanguy, Kat. Nr. 10, Abb.
Lit.: M. Jean, Yves Tanguy, peintre de la voie lactée, Les lettres nouvelles, März 1955, S. 370; R. Lebel, in: L'Arte Moderna, Bd. VII, Nr. 61, 1967, S. 242; P. Waldberg, Les Demeures d'Hypnos, Paris 1976, S. 244, Abb.; Pierre Matisse 1963, Nr. 11; P. Waldberg 1977, SS. 114-135

9
La Fille aux cheveux rouges, 1926
Das Mädchen mit den roten Haaren
Öl auf Leinwand
61x46,2
Signiert und datiert unten rechts:
Yves Tanguy 26
Slg. Pierre Matisse, New York

Ausst.: 1955, The Museum of Modern Art, New York, Yves Tanguy, S.23, Abb.; 1977, Akademie der Künste, Berlin, Tendenzen der Zwanziger Jahre, Kat.Nr. 182, Abb.; 1982, Musée national d'art moderne, Centre Georges Pompidou, Paris, Yves Tanguy, Kat.Nr.9, Abb.
Lit.: D. Marchesseau, Yves Tanguy, Paris 1973 (dt. 1974), S.66, Abb.; Pierre Matisse 1963, Nr. 14; P. Waldberg 1977, SS. 114-115

10
L'Anneau d'invisibilité, 1926
Der Ring, der unsichtbar macht
Öl auf Leinwand, Collage
99,5x73
Signiert und datiert unten rechts:
Yves Tanguy 26
Slg. Mr. Giuseppe Nahmad, Genf

Prov.: Nancy Cunard, Paris
Galerie Tarica, Paris

Ausst.: 1927, Galerie Surréaliste, Paris, Yves Tanguy et objets d'Amérique; 1975, Städtische Kunsthalle, Düsseldorf, Surrealität – Bildrealität 1924-1974, Nr.330
Lit.: La Révolution Surréaliste, Nr.7, 15.6.1926, S.18, Abb.; Pierre Matisse 1963, Nr. 16; P. Waldberg, 1977, S.91

11
Titre inconnu, 1926
Titel unbekannt
Öl auf Leinwand mit einer Collage aus Faden
92x65
Signiert und datiert unten rechts:
Yves Tanguy 26
Privatbesitz, Schweiz

Prov.: Slg. Pierre Matisse

Ausst.: 1961, Galerie A.F. Petit, Paris, Max Ernst, Yves Tanguy, œuvres anciennes, Kat.Nr.9, Abb.; 1968, The Museum of Modern Art, New York, Dada, Surrealism and their Heritage, Kat.Nr.309, Abb.; 1974-1975, Städtische Kunsthalle, Düsseldorf, Surrealität – Bildrealität 1924-1974, Kat.Nr.329, Abb.; 1982, Musée national d'art moderne, Centre Georges Pompidou, Paris, Yves Tanguy, Kat.Nr. 11, Abb.
Lit.: Pierre Matisse 1963, Nr. 20

12
Je suis venu comme j'avais promis. Adieu, 1926
Ich bin gekommen, wie ich versprochen hatte, Adieu
Öl auf Leinwand mit Papiercollage
100x73
Signiert und datiert unten rechts:
Yves Tanguy 26
Privatbesitz, Hamburg

Prov.: Slg. Raymond Queneau

Ausst.: 1927, Galerie Surréaliste, Paris, Yves Tanguy et objets d'Amérique, Nr. 11; 1982, Musée national d'art moderne, Centre Georges Pompidou, Paris, Yves Tanguy, Kat.Nr.24, Abb.
Lit.: R. Lebel, in: L'Arte Moderna, Bd. VII, Nr.61, 1967, S.242; H. Wescher, Die Geschichte der Collage, vom Kubismus bis zur Gegenwart, Köln 1974, Abb.; Pierre Matisse 1963, Nr.22; P. Waldberg 1977, S.132

13*
L'Orage (Paysage noir), 1926
Das Gewitter (Schwarze Landschaft)
Öl auf Leinwand
80,3x65,4
Signiert und datiert unten rechts:
Yves Tanguy 26
Philadelphia Museum of Art, The Louise and Walter Arensberg Collection

Prov.: Slg. Valentine Hugo; Slg. Louise and Walter Arensberg, Hollywood

Ausst.: 1930, Studio 28, Paris, Exposition de l'Age d'or, Nr.20; 1936, The Museum of Modern Art, New York, Fantastic Art, Dada, Surrealism, Kat.Nr.498, Abb.; 1949, Art Institute, Chicago, 20th Century Art from the Louise & Walter Arensberg Collection, Nr.203; 1955, The Museum of Modern Art, New York, Yves Tanguy, Kat.SS. 13-14, Abb.; 1972-1973, The Museum of Modern Art, New York, Philadelphia in New York, Kat.Nr.87; 1974, Acquavella Galleries, New York, Yves Tanguy, Kat.Nr.2, Abb.; 1979, Cleveland Museum of Art, The Spirit of Surrealism, Kat.S.94, Abb.; 1980, National Gallery of Modern Art, New Delhi, Modern master pieces from the Philadelphia Museum of Art, Kat.Nr.28, Abb.; 1982, Musée national d'art moderne, Centre Georges Pompidou, Paris, Yves Tanguy, Kat.Nr.22, Abb.
Lit.: A. Breton, Le Surréalisme et la peinture, New York 1945[2] (dt. 1967), Abb.; A. Breton, Yves Tanguy, New York 1946, S.18, Abb.; J. Maritain, Creative Intuition in Art and Poetry, The A.W. Mellon Lectures in the Fine Art, Washington 1953, Taf.42; W.S. Rubin, Dada and Surrealist Art, New York 1968, S.190, Abb.; B. Alexandrian, Surrealist Art, London 1970; Pierre Matisse 1963, Nr.25; P. Waldberg 1977, S.117

14
Genèse, 1926
Genesis
Öl auf Leinwand
100x81
Signiert und datiert unten rechts:
Yves Tanguy 26
Privatbesitz, Frankreich

Prov.: Slg. Clovis Trouille; Slg. Claude Hersaint

Ausst.: 1955, The Museum of Modern Art, New York, Yves Tanguy, Kat.S.14, Abb.; 1982, Musée national d'art moderne, Centre Georges Pompidou, Paris, Yves Tanguy, Kat.Nr.23, Abb.
Lit.: R. Lebel, in: L'Arte Moderna, Nr.61, 1967, SS.241, 274, Abb.; M. Jean, Histoire de la peinture surréaliste, Paris 1959 (dt. 1961), Abb.S.166; A. Breton, Le Surréalisme et la peinture, Paris 1928 (dt. 1967), S.43, Abb.; W.S. Rubin, Dada and Surrealist Art, New York 1968, S.190; U. Schneede, Malerei des Surrealismus, Köln 1973, SS.72-73, Abb.; Pierre Matisse 1963, Nr.26; P. Waldberg 1977, SS. 12, 126

15*
Rêveuse (Dormeuse), 1927
Träumende (Schlafende)
Öl auf Leinwand
55x46
Signiert und datiert unten rechts:
Yves Tanguy 27
Privatbesitz, Frankreich

Prov.: Slg. André Breton

Ausst.: 1966, Kunsthalle Bern, Phantastische Kunst – Surrealismus, Kat.Nr. 130, Abb.; 1968, Casino, Knokke-le-Zoute, Trésors du Surréalisme; 1972, Musée des Arts Décoratifs, Paris, Le Surréalisme 1922-1942, Kat.Nr.408, S.103, Abb.; 1982, Musée national d'art moderne, Centre Georges Pompidou, Paris, Yves Tanguy, Kat.Nr.21, Abb.
Lit.: A. Breton, Le Surréalisme et la peinture, Paris 1928 (dt. 1967), Abb.S.66; R. Lebel, in: L'Arte Moderna, Bd. VII, Nr.61, 1967, Abb.S.244; D. Marchesseau, Yves Tanguy, Paris 1973 (dt. 1974), S.11, Abb.; Pierre Matisse 1963, Nr. 17; P. Waldberg 1977, SS. 119, 122

16
Il faisait ce qu'il voulait, 1927
Er tat, was er wollte
Öl auf Leinwand
81,2x64,7
Signiert und datiert unten rechts:
Yves Tanguy 27
Slg. Richard S. Zeisler, New York

Prov.: Slg. André Breton; Slg. Lawrence E. Rubin

Ausst.: 1927, Galerie Surréaliste, Paris, Yves Tanguy et objets d'Amérique, Paris, Kat.Nr. 18, Abb.; 1938, Galerie des Beaux-Arts, Paris, Exposition internationale du surréalisme, Kat.Nr.209; 1955, The Museum of Modern Art, New York, Yves Tanguy, Kat.S.23, Abb.; 1974, Acquavella Galleries, New York, Yves Tanguy, Kat.Nr.3, Abb.; 1978, Hayward Gallery, London, Dada and Surrealism Reviewed, London, Kat.Nr.9, S.65, Abb.; 1979, Palazzo Grassi, Venedig, La Pittura metafisica, Kat.Nr. 123, Abb.; 1982, Musée national d'art moderne, Centre Georges Pompidou, Paris, Yves Tanguy, Kat.Nr.26, Abb.
Lit.: A. Breton, Le Surréalisme et la peinture, Paris 1928 (dt. 1967), Tafel 68; A. Breton, P. Eluard, Dictionnaire abrégé du surréalisme, Paris 1938, S.50; W.S. Rubin, Dada and Surrealist Art, New York 1968, Abb.S.190; R. Lebel, in: L'Arte Moderna, Bd. VII, Nr.61, 1967, Abb.S.274; J. Ashbery, Yves Tanguy, Geometer of Dreams, in: Art in America, Bd.62, Nov. 1971; Pierre Matisse 1963, Nr.30; P. Waldberg 1977, SS. 126, 140

17
Finissez ce que j'ai commencé, 1927
Beenden Sie, was ich begonnen habe
Öl auf Leinwand
100x81
Signiert und datiert unten rechts:
Yves Tanguy 27

Privatbesitz, New York

Ausst.: 1927, Galerie Surréaliste, Paris, Yves Tanguy et objets d'Amérique, Kat. Nr. 16; 1982, Musée national d'art moderne, Centre Georges Pompidou, Paris, Yves Tanguy, Kat. Nr. 25, Abb.
Lit.: R. Lebel, in: L'Arte Moderna, Bd. VII, Nr. 61, 1967, S. 241; Pierre Matisse 1963, Nr. 31; P. Waldberg 1977, S. 92

18
Mort guettant sa famille, 1927
Toter, seine Familie belauernd

Öl auf Leinwand
100 x 73
Signiert und datiert unten rechts:
Yves Tanguy 27
Slg. Thyssen-Bornemisza, Lugano, Schweiz

Prov.: Nancy Cunard, Paris, Galleria Galatea, Turin, Davlyn Galleries, New York

Ausst.: 1927, Galerie Surréaliste, Paris, Yves Tanguy et objets d'Amérique; 1971, Turin, Galleria Galatea, Yves Tanguy; 1972, Palazzo Reale, Mailand, Metamorfosi dell'oggetto; 1974, Städtische Kunsthalle, Düsseldorf, Surrealität – Bildrealität 1924-1974, Nr. 332; 1978, Villa Malpensata, Lugano, Collezione Thyssen-Bornemisza. Arte Moderna; 1979/80, Art Gallery of Western Australia, Perth; Art Gallery of South Australia, Adelaide; Queensland Art Gallery, Brisbane; National Gallery of Victoria, Sydney Art Gallery of New South Wales, America & Europe, Melbourne; A Century of Modern Masters from the Thyssen-Bornemisza Collection, Kat. Nr. 53; 1980, National Gallery, Wellington, Neuseeland; Auckland City Art Gallery, Auckland; Robert McDougall Art Gallery, Christchurch
Lit.: Pierre Matisse 1963, Nr. 35; E. Crispolti, Surrealismo, Mailand 1967; René Passeron, Encyclopédie du Surréalisme, Paris 1975, S. 243; P. Waldberg 1977, S. 56

19
L'Extinction des lumières inutiles, 1927
Das Auslöschen der unnötigen Lichter

Öl auf Leinwand
92,1 x 65,4
Signiert und datiert unten rechts:
Yves Tanguy 27
The Museum of Modern Art, New York, Ankauf 1936

Prov.: Galerie Surréaliste, Slg. Paul Eluard

Ausst.: 1927, Galerie Surréaliste, Paris, Yves Tanguy et objets d'Amérique, Kat. Nr. 20, Abb.; 1937, The Museum of Modern Art, New York, Fantastic Art, Dada, Surrealism; 1939, Pierre Matisse Gallery, New York, Yves Tanguy, Nr. 11; 1940-1941, 20th Century paintings, Wanderausstellung, USA; 1944, Albany Institute of History of Art, Beauty and is it art; 1946-1947, Landscapes: Real and Imaginary, Wanderausstellung, USA; 1955, The Museum of Modern Art, New York, Yves Tanguy, Kat. S. 26, Abb.; 1961-1962, René Magritte and Yves Tanguy, Wanderausstellung, USA; 1964, Museum of Fine Arts, Boston, Surrealism; 1968, Städtische Kunsthalle, Recklinghausen, Reiche des Phantastischen; 1974, Acquavella Galleries, New York, Yves Tanguy, Kat. Nr. 4, Abb.; 1978-1979, Museum des XX. Jahrhunderts, Wien; Kunsthalle Düsseldorf; Musée des Beaux-Arts, Brüssel; Kunsthalle Zürich; Sonia Henie-Nils Onstad Fondations, Oslo; The Louisiana Museum, Kopenhagen, Surrealism from the Collection of the Museum of Modern Art, New York, Kat. Nr. 58, S. 149, Abb.; 1979-1980, The Museum of Modern Art, New York, Art of the Twenties; 1982, Musée national d'art moderne, Centre Georges Pompidou, Paris, Yves Tanguy, Kat. Nr. 27, Abb.
Lit.: A. Breton, Le Surréalisme et la peinture, Paris 1928 (dt. 1967, Taf. 70); J. Cassou, Le Dadaïsme et le Surréalisme, L'Amour de l'art, Bd. 15, Nr. 3, 1934, S. 342; R. Huyghe, G. Bazin, Histoire de l'art contemporain: la peinture, Paris 1935, S. 342, Abb.; The Museum of Modern Art, Bulletin, Bd. V, Nr. 1, Jan. 1938; G. Lemaitre, From Cubism to Surrealism in French Literature, Cambridge 1941, S. 190; View, Bd. 2, Nr. 2, 1942, S. 12, Abb.; A. Barr, Painting and Sculpture in the Museum of Modern Art, New York 1942, Kat. Nr. 594; A. Breton, Yves Tanguy, New York 1946, S. 17, Abb.; J. T. Soby, Inland in the Subconscious: Yves Tanguy, in: Magazine of Art, Bd. 42, Jan. 1949; P. Waldberg, Le Surréalisme, Genf 1962, S. 75, Abb.; Pierre Matisse 1963, Nr. 37; P. Waldberg 1977, S. 44

20
Maman, Papa est blessé! 1927
Mama, Papa ist verwundet

Öl auf Leinwand
92,1 x 73
Signiert und datiert unten rechts:
Yves Tanguy 27
The Museum of Modern Art, New York, Ankauf 1936

Prov.: Galerie Surréaliste; Slg. André Breton; Slg. Valentine Hugo

Ausst.: 1927, Galerie Surréaliste, Paris, Yves Tanguy et objets d'Amérique, Kat. Nr. 22; 1936-1937, The Museum of Modern Art, New York, Fantastic Art, Dada and Surrealism, S. 202, Abb.; 1938, The Museum of Modern Art, Boston, 20th Century Paintings; 1938, The Toledo Museum of Art, Toledo, Contemporary Movements in European Painting; 1939, The Museum of Modern Art, New York, Art in our Time, Kat. Nr. 192, Abb.; 1946, Pierre Matisse Gallery, New York, Paintings and Gouaches by Yves Tanguy; 1952, Musée d'art moderne, Paris, Chefs-d'œuvre du XXe siècle; 1954, Wadsworth Atheneum, Hartford, Yves Tanguy Kay Sage; 1955, The Museum of Modern Art, New York, Yves Tanguy, Kat. Nr. 27, Abb.; 1966, The Cleveland Museum of Art, Fifty Years of Modern Art; 1968, The Museum of Modern Art, New York, Dada, Surrealism and their Heritage; 1971-1973, The Museum of Modern Art, New York, Surrealism; 1977, Akademie der Künste, Berlin, Tendenzen der zwanziger Jahre, Kat. Nr. 183, Abb.; 1979, The Cleveland Museum of Art, The Spirit of Surrealism, Kat. Nr. 50, Abb.; 1982, Musée national d'art moderne, Centre Georges Pompidou, Paris, Yves Tanguy, Kat. Nr. 29, Abb.
Lit.: A. Breton, Le Surréalisme et la peinture, Paris 1928 (dt. 1967), Taf. 71; Art Digest, Bd. 11, 15. Dez. 1936, S. 6; The Museum of Modern Art Bulletin, Bd. V, Nr. 1, Jan. 1938; A. Breton, Yves Tanguy, New York 1946, S. 55; Art News, Bd. 48, Nr. 6, Okt. 1949, S. 19; American Artist, Bd. 16, Mai 1952, S. 27; R. Lebel, in: L'Arte Moderna, Bd. VII, Nr. 61, 1967, SS. 241, 243, Abb.; W. S. Rubin, Dada and Surrealist Art, New York 1968, S. 190, Abb.; Pierre Matisse 1963, Nr. 38; P. Waldberg 1977, S. 133

21
Un grand tableau qui représente un paysage, 1927
Ein großes Bild, das eine Landschaft darstellt

Öl auf Leinwand
116,5 x 89,5
Signiert unten rechts: Yves Tanguy 27
Privatbesitz, Tokio

Prov.: Slg. M. und Mme Henri Hoppenot; Slg. William Mazer, New York

Ausst.: 1927, Galerie Surréaliste, Paris, Yves Tanguy et objets d'Amérique, Kat. Nr. 17; 1955, The Museum of Modern Art, New York, Yves Tanguy, Kat. Nr. 31, Abb.; 1968, The Museum of Modern Art, New York, Dada, Surrealism and their Heritage, Kat. Nr. 138; 1974, Acquavella Galleries, New York, Yves Tanguy, Kat. Nr. 5, Abb.; 1982, Musée national d'art moderne, Centre Georges Pompidou, Paris, Yves Tanguy, Kat. Nr. 30, Abb.;
Lit.: Transition, Nr. 6, Sept. 1927, Abb. S. 113; A. Breton, Le Surréalisme et la peinture, Paris 1928 (dt. 1967), Taf. 69; M. Jean, Tanguy in the good old days, in: Art News, Bd. 54, Nr. 5, Sept. 1955, SS. 30-31, Abb.; W. S. Rubin, Dada and Surrealist Art, New York 1968, S. 197, Abb.; Pierre Matisse 1963, Nr. 63; P. Waldberg 1977, S. 75.

22
Terre d'ombre, 1927
Schattenland

Öl auf Leinwand
99,1 x 80,3
Signiert und datiert unten rechts:
Yves Tanguy 27
The Detroit Institute of Arts, Detroit, Schenkung Mrs. Lydia Winston Malbin, 1974

Prov.: Galerie Rive Gauche; Slg. H. L. Winston, Birmingham

Ausst.: 1930, Studio 28, Paris, Exposition de l'Age d'or, Kat. Nr. 18 (Les mottes de terre); 1951, Cranbrook Academy of Art Museum Bloomfield Hills, Winston Collection, Kat. Nr. 53; 1955, University of Michigan, Museum of Art, XXth Century Painting and Sculpture from the Collection of Mr. and Mrs. Harry Lewis Winston, Kat. Nr. 70. Abb. S. 16; 1955, The Museum of Modern Art, New York, Yves Tanguy, S. 25, Abb.; 1967, Knoedler Gallery, New York, Space and Dream, S. 77, Abb.; 1973-1974, Guggenheim Museum, New York, Futurism: A Modern Focus, the Winston Collection, Kat. Nr. 108, Abb.; 1978, Hayward Gallery, London, Dada and Surrealism Reviewed, Kat. Nr. 9, S. 66, Abb.; 1982, Musée national d'art moderne, Centre Georges Pompidou, Paris, Yves Tanguy, Kat. Nr. 31, Abb.

Lit.: La Révolution Surréaliste, Nr. 11, 15. März 1928, Abb. S. 15; H. Read, Surrealism, London 1936, Taf. 89; A. Breton, Le Surréalisme et la peinture, Paris 1928-1965 (dt. 1967), Abb. S. 43; Detroit Institute of Arts Bulletin, Bd. 54, Nr. 2, 1975, Taf. 51; Pierre Matisse 1963, Nr. 64; P. Waldberg 1977, S. 32

23
Titre inconnu, 1927
Titel unbekannt
[Surrealistische Landschaft]
Öl auf Leinwand
100 x 81
Signiert und datiert unten rechts:
Yves Tanguy 27
Staatliche Kunsthalle Karlsruhe

Prov.: Slg. Jean Paulhan, Paris, Slg. Fabbri, Mailand, deutscher Kunsthandel

Ausst.: Vielleicht unter »Quand on me fusillera« 1927 in der Galerie Surréaliste, Paris, ausgestellt
Lit.: R. Lebel, Metafisica, dada, surrealismo, in: L'Arte Moderna, Bd. 19/21, Mailand 1967, S. 246, Abb.; Jb. der Staatl. Kunstsammlungen in Baden-Württemberg, 15, 1978, S. 102

24
Demain on me fusille [Quand on me fusillera], 1928
Morgen erschießt man mich [Wenn man mich erschießen wird]
Öl auf Leinwand
61 x 50
Signiert und datiert unten rechts:
Yves Tanguy 28
Sara Hildén Foundation, Tampere, Finnland

Prov.: Slg. André Breton; Slg. Simone Collinet; Atheneum Museum, Helsinki

Ausst.: 1952, Kunsthalle Basel, Phantastische Kunst des XX. Jahrhunderts, Kat. Nr. 215; 1955, The Museum of Modern Art, New York, Yves Tanguy, S. 28, Abb.; 1962, Musée Rennes, Aspects insolites et tragiques de l'art moderne, Kat. Nr. 43, Taf. XII; 1982, Musée national d'art moderne, Centre Georges Pompidou, Paris, Yves Tanguy, Kat. Nr. 28, Abb.
Lit.: Pierre Matisse 1963, Nr. 39; P. Waldberg 1977, S. 148

25
Titre inconnu [Il vient], 1928
Titel unbekannt [Er kommt]
Öl auf Leinwand
92 x 73
Signiert und datiert unten rechts:
Yves Tanguy 28
Privatbesitz, Paris

Prov.: Slg. Simone Collinet

Ausst.: 1952, Kunsthalle Basel, Phantastische Kunst des XX. Jahrhunderts, Nr. 215; 1957, Musée des Beaux Arts, Bordeaux, Bosch, Goya et le fantastique, Kat. Nr. 357
Lit.: R. Huyghe, Dialogue avec le visible, Paris 1955, S. 416, Abb.; L'Œil, Nr. 95, Nov. 1962, Abb.; R. Lebel, in: L'Arte Moderna, Bd. VII, Nr. 61, 1967, S. 244, Abb.; J. C. Bailly, Yves Tanguy, le silence, XXe siècle, Bd. 43, 1974, Abb.; D. Marchesseau, Yves Tanguy, Paris 1973 (dt. 1974), S. 18, Abb.; Pierre Matisse 1963, Nr. 65; P. Waldberg 1977, SS. 117, 120

26
Titre inconnu [Paysage au nuage rouge], 1928
Titel unbekannt [Landschaft mit roter Wolke]
Öl auf Leinwand
91,5 x 72,5
Signiert und datiert unten rechts:
Yves Tanguy 28
Privatbesitz

Prov.: Slg. Simone Collinet; Slg. William Copley

Ausst.: 1961, Palais Grandville, Besançon, Surréalisme et précurseurs, Kat. Nr. 143; 1974, Acquavella Galleries, New York, Yves Tanguy, Kat. Nr. 6, Abb.; 1982, Musée national d'art moderne, Centre Georges Pompidou, Paris, Yves Tanguy, Kat. Nr. 39, Abb.
Lit.: J. Ashbery, Yves Tanguy, Geometer of dreams, in: Art in America, Bd. 62, Nov. 1974; A. Bonito Oliva, L'Immage stordita tra dada et surrealismo, Rom 1981 (dt. 1981); Pierre Matisse 1963, Nr. 91

27
Le Jardin sombre, 1928
Der düstere Garten
Öl auf Leinwand
91,4 x 71,1
Signiert unten rechts: Yves Tanguy 28
Kunstsammlung Nordrhein-Westfalen, Düsseldorf, Ankauf 1977

Prov.: Slg. André Breton; Galerie du Dragon, Paris; Slg. M. und Mme. D. Weissenberg, Chicago; Slg. Lotte Drew-Bear, New York

Ausst.: 1938, Guggenheim Jeune, London, Yves Tanguy, Kat. Nr. 4; 1938, Galerie des Beaux-Arts, Paris, Exposition Internationale du Surréalisme, Kat. Nr. 211; 1952, Museum Saarbrücken, Peinture Surréaliste en Europe, Kat. Nr. 79; 1982, Musée national d'art moderne, Centre Georges Pompidou, Paris, Yves Tanguy, Kat. Nr. 40, Abb.
Lit.: Minotaure, Nr. 5, Mai 1934, S. 46, Abb.; Pierre Matisse 1963, Nr. 69; P. Waldberg 1977, S. 93

28
L'Humeur des temps, 1928
Die Wetterlaune [Die augenblickliche Stimmung]
Öl auf Leinwand
100,1 x 73,3
Signiert und datiert unten rechts:
Yves Tanguy 28
The Museum of Modern Art, New York, Legs James Thrall Soby, 1979

Prov.: Slg. Simone Collinet; Slg. James Thrall Soby, New Canaan

Ausst.: 1955, The Museum of Modern Art, New York, Yves Tanguy, S. 30, Abb.; 1961, The Museum of Modern Art, New York, The James Thrall Soby Collection, S. 66, Abb.; 1972, Musée des Arts Décoratifs, Paris, Le Surréalisme 1922-1942, Kat. Nr. 409, Abb.; 1979, The Museum of Modern Art, New York, The James Thrall Soby Bequest; 1979-1980, Museum of Modern Art, New York, Art of the Twenties; 1982, Musée national d'art moderne, Centre Georges Pompidou, Paris, Yves Tanguy, Kat. Nr. 35, Abb.
Lit.: R. Lebel, in: L'Arte Moderna, Bd. VII, Nr. 61, 1967, S. 245; D. Marchesseau, Yves Tanguy, Paris 1973 (dt. 1974), S. 18, Abb.; Pierre Matisse 1963, Nr. 70; P. Waldberg 1977, SS. 53, 120

29
Vieil horizon, 1928
Alter Horizont
Öl auf Leinwand
100 x 73
Signiert und datiert unten rechts:
Yves Tanguy 28
Pierre Matisse Gallery, New York

Prov.: Slg. André Breton; Slg. Mr. and Mrs. John Abbott

Ausst.: 1934, Palais des Beaux-Arts, Brüssel, Minotaure, Nr. 109; 1946, Pierre Matisse Gallery, New York, Yves Tanguy, Kat. Nr. 2; 1955, The Museum of Modern Art, New York, Yves Tanguy, S. 32, Abb.; 1972, Musée des Arts Décoratifs, Paris, Le Surréalisme 1922-1942, Kat. Nr. 410, Abb.; 1975, National Museum of Modern Arts, Tokio, Surréalisme, Kat. Nr. 55; 1977, Akademie der Künste, Berlin, Tendenzen der zwanziger Jahre, Kat. Nr. 185, Abb.; 1978, Hayward Gallery, London, Dada and Surrealism Reviewed, Kat. Nr. 9, S. 68, Abb.; 1982, Musée national d'art moderne, Centre Georges Pompidou, Paris, Yves Tanguy, Kat. Nr. 36, Abb.
Lit.: Variétés, Nr. VI, Sonderheft, Le Surréalisme en 1929, Juni 1929, Abb.; C. Zervos, Histoire de l'Art Contemporain, Paris 1938, S. 433; G. Hugnet, Petite anthologie poétique du surréalisme, Paris 1934, S. 50, Abb.; Art Digest, Bd. 21, 15. Nov. 1946, Abb.; A. Breton, Yves Tanguy, New York 1946, S. 49; L. Georges, De Chirico and Tanguy: Two exhibitions of the Museum of Modern Art, in: Art Digest, Bd. 29, Nov. 1955; D. Marchesseau, Yves Tanguy, Paris 1973 (dt. 1974), S. 18; Pierre Matisse 1963, Nr. 71; P. Waldberg 1977, SS. 128, 141

30
Titre inconnu, 1928
Titel unbekannt
Öl auf Leinwand
92 x 65
Signiert und datiert unten rechts:
Yves Tanguy 28
Galerie Jan Krugier, Genf

Prov.: Slg. Simone Collinet; Galerie Ernst Beyeler, Basel; Pierre Matisse Gallery, New York

Ausst.: 1974, Galerie Beyeler, Basel, Surréalisme et peinture, Kat. Nr. 52; 1979, Palazzo Grassi, Venedig, La Pittura metafisica, Kat. Nr. 123 a; 1982, Musée national d'art moderne, Centre Georges Pompidou, Paris, Yves Tanguy, Kat. Nr. 37, Abb.
Lit.: D. Marchesseau, Yves Tanguy, Paris 1973 (dt. 1974), S. 18, Abb.; Pierre Matisse 1963, Nr. 49; P. Waldberg 1977, S. 94

31
Titre inconnu [Les Profondeurs tacites], 1928
Titel unbekannt [Die schweigende Tiefe]

Öl auf Leinwand
100 x 73
Signiert und datiert unten rechts:
Yves Tanguy 28
Slg. Gordon Onslow-Ford, Inverness, Kalifornien

Prov.: Slg. André Breton; Slg. Onslow-Ford

Ausst.: 1982, Musée national d'art moderne, Centre Georges Pompidou, Paris, Yves Tanguy, Kat. Nr. 38, Abb.
Lit.: G. Onslow-Ford, Creation, Basel 1978, S. 18, Abb.; Pierre Matisse 1963, Nr. 78

32
Titre inconnu, 1929
Titel unbekannt

Öl auf Leinwand
65 x 81
Signiert und datiert unten rechts:
Yves Tanguy 29
Slg. Mr. Giuseppe Nahmad, Genf

Prov.: Slg. William Copley
Lit.: Pierre Matisse 1963, Nr. 80; R. Lebel, in: L'Arte Moderna, Bd. VII, Nr. 61, Mailand 1967, S. 250

33
Le Regard d'ambre, 1929
Der Bernsteinblick

Öl auf Leinwand
100 x 81
Signiert und datiert unten rechts:
Yves Tanguy 29
Slg. Mr. und Mrs. Ephraim Ilin

Prov.: André Breton, Paris; Peter Watson, London, The London Gallery, London; Sybil Mesens, Brüssel, E. L. T. Mesens, London

Ausst.: 1932, Tokio, Exposition d'Art Français, Nr. 46; 1936, Burlington Galleries, London, International Surrealist Exhibition; 1937, Palais des Beaux-Arts, Brüssel, Trois Peintres Surrealistes; 1959, Musée national d'art moderne, Centre Georges Pompidou, Paris, L'Ecole de Paris dans les collections Belges, Nr. 146; 1971, Straßburg, L'Art en Europe autour de 1925, Nr. 208; 1982, Tel Aviv
Lit.: Marcel Jean und Arpad Mezei, Histoire de la Peinture Surréaliste, Paris 1959, S. 171; Pierre Matisse 1963, Nr. 86; P. Waldberg 1977, S. 125

34 siehe S. 64
Titre inconnu [Noyer indifférent], 1929
Titel unbekannt [Der gleichgültige Nußbaum]

Öl auf Leinwand
92 x 73
Signiert und datiert unten rechts:
Yves Tanguy 29
Privatbesitz
Lit.: Pierre Matisse 1963, Nr. 90; P. Waldberg 1977, S. 78

35
Titre inconnu [Plus nous sommes], 1929
Titel unbekannt [Je mehr wir sind]

Öl auf Leinwand
116 x 89
Signiert und datiert unten rechts:
Yves Tanguy 29
Privatbesitz, Paris

Prov.: Slg. Simone Collinet

Ausst.: 1952, Kunsthalle Basel, Phantastische Kunst des XX. Jahrhunderts, Kat. Nr. 216; 1952, Museum Saarbrücken, Peinture surréaliste en Europe, Kat. Nr. 80; 1964, Galerie Charpentier, Paris, Le Surréalisme; 1966, Kunsthalle Bern, Kat. Nr. 131; 1967, Museum Tel Aviv, Art fantastique, Kat. Nr. 97; 1968, Galleria civica d'arte moderna, Turin, Le muse inquietanti, Kat. Nr. 234; 1969, Royal Academy of Arts, London, French painting since 1900, Kat. Nr. 139; 1969, Kunstverein Hamburg, Surrealismus, Kat. Nr. 112; 1970, Museum Stockholm, Kat. Nr. 97; 1971, Musée des Beaux-Arts, Bordeaux, Le Surréalisme; 1972, Musée des Arts Décoratifs, Paris, Le Surréalisme 1922-1942, Kat. Nr. 413; 1977, Galerie A. F. Petit, Paris, Yves Tanguy; 1982, Musée national d'art moderne, Centre Georges Pompidou, Paris, Yves Tanguy, Kat. Nr. 43, Abb.
Lit.: R. Lebel, in: L'Arte Moderna, Bd. VII, Nr. 61, 1967, S. 248, Abb.; Pierre Matisse 1963, Nr. 93; P. Waldberg 1977, S. 144

36
Dehors, 1929
Draußen

Öl auf Leinwand
116 x 89
Signiert und datiert unten rechts:
Yves Tanguy 29
Privatbesitz, London

Prov.: Slg. Valentine Hugo; Slg. Paul Eluard

Ausst.: 1950, London Gallery, London, Paintings and Drawings by Yves Tanguy; 1967, Palais des Beaux-Arts, Brüssel, Six peintures surréalistes, Kat. Nr. 77; 1978, Hayward Gallery, London, Dada and Surrealism Reviewed, Kat. Nr. 9.69, S. 22; 1982, Musée national d'art moderne, Centre Georges Pompidou, Paris, Yves Tanguy, Kat. Nr. 42, Abb.
Lit.: R. Lebel, in: L'Arte Moderna, Bd. VII, Nr. 61, 1967, S. 245; R. Penrose, Scrap Book, London 1981; Pierre Matisse 1963, Nr. 95; P. Waldberg 1977, S. 420

37
Dérivé d'azur, 1929
Aus der Bläue kommend

Öl auf Leinwand
100 x 73
Signiert und datiert unten rechts:
Yves Tanguy 29
Privatbesitz

Prov.: Slg. Gordon Onslow-Ford; Galerie Zwirner, Köln

Ausst.: 1974, New York, Acquavella Galleries, Yves Tanguy, Nr. 8
Lit.: Pierre Matisse 1963, Nr. 99; P. Waldberg 1977, S. 121; A. M. Hammacher, Phantoms of Imagination, New York 1981, Nr. 285

38
Titre inconnu [L'avion], 1929
Titel unbekannt [Das Flugzeug]

Öl auf Leinwand
81 x 60
Signiert und datiert unten rechts:
Yves Tanguy 29
Musées Royaux des Beaux-Arts de Belgique, Brüssel

Prov.: Privatbesitz, Issy-les-Moulineaux, Seine
Lit.: Pierre Matisse 1963, Nr. 101; P. Waldberg 1977, S. 75

39
Titre inconnu, 1929
Titel unbekannt

Öl auf Leinwand
92 x 65
Signiert und datiert unten rechts:
Yves Tanguy 29
Slg. Mr. Giuseppe Nahmad, Genf

Prov.: Dennis E. Paddock, New York; Richard Feigen Gallery, New York, Harriet Griffin Gallery, New York
Lit.: Pierre Matisse 1963, Nr. 102; P. Waldberg 1977, S. 72

40
L'Oreiller de satin, 1929
Das Satinkopfkissen

Öl auf Leinwand
129,5 x 96,5
Signiert und datiert unten rechts:
Yves Tanguy 29
Galerie Beyeler, Basel

Prov.: Slg. Paul Eluard; Slg. Roland Penrose; Slg. William Burden, New York

Ausst.: 1934, Palais des Beaux-Arts, Brüssel, Minotaure, Kat. Nr. 111; 1950, London Gallery, London, Paintings and Drawings by Yves Tanguy; 1975, Galerie Beyeler, Basel, Paysages, Kat. Nr. 69, Abb.; 1982, Musée national d'art moderne, Centre Georges Pompidou, Paris, Yves Tanguy, Kat. Nr. 41, Abb.
Lit.: Pierre Matisse 1963, Nr. 103; P. Waldberg 1977, S. 69

41
En le temps menaçant, 1929
In der bedrohlichen Zeit

Öl auf Leinwand
100 x 81
Slg. Mr. Giuseppe Nahmad, Genf

Prov.: Galerie A. F. Petit, Paris

Ausst.: 1932, Tokio, Exposition d'Art Français; 1966, Kunsthalle, Bern, Phantastische Kunst-Surrealismus
Lit.: Pierre Matisse 1963, Nr. 106; P. Waldberg 1977, S. 22

42
La Splendeur semblable, 1930
Der ähnliche Glanz

Öl auf Leinwand
91,5 x 73
Signiert und datiert unten rechts:
Yves Tanguy 30
Kunstmuseum Basel, Schenkung Dr. Charles F. Leuthardt unter Vorbehalt des Nutzungsrechts, 1981

Prov.: Slg. Marguerite Desailly

Ausst.: 1940, Museo national de Bellas Artes, Rio de Janeiro, Exposição de pintura francesa,

Kat. Nr. 163; 1952, Kunsthalle Basel, Phantastische Kunst des XX. Jahrhunderts Kat. Nr. 218, Abb.; 1957, Kunsthalle Basel, Baseler Privatbesitz, Kat. Nr. 246; 1962, Galerie A. F. Petit, Paris, H. Bellmer, S. Dali, M. Ernst, R. Magritte, F. Picabia, Yves Tanguy; 1966, Kunsthalle Bern, Phantastische Kunst – Surrealismus, Kat. Nr. 134; 1966, Museum Tel Aviv, Le Surréalisme, Kat. Nr. 98; 1972, Musée des Arts Décoratifs, Paris, Le Surréalisme 1922-1942, Kat. Nr. 414, Abb.; 1981, Kunstmuseum Basel, Sammlung Ch. F. Leuthardt, SS. 50-51; 1982, Musée national d'art moderne, Centre Georges Pompidou, Paris, Yves Tanguy, Kat. Nr. 45, Abb.
Lit.: P. Waldberg, Yves Tanguy, in: L'Œil, Nr. 95, Nov. 1962, S. 48; Pierre Matisse 1963, Nr. 111; P. Waldberg 1977, S. 73

43
Légendes ni figures, 1930
Weder Sagen noch Gestalten
Öl auf Leinwand
81,3 x 65,1
Signiert unten rechts: Yves Tanguy
Das Bild wurde während eines Angriffs im 2. Weltkrieg von Kugeln durchlöchert.
Privatbesitz, USA

Prov.: Slg. Nancy Cunard; Slg. Charles Ratton

Ausst.: 1947, Galerie du Luxembourg, Paris, Yves Tanguy; 1982, Musée national d'art moderne, Centre Georges Pompidou, Paris, Yves Tanguy, Kat. Nr. 46, Abb.
Lit.: Surréalisme en 1947, Ed. Maeght, Paris 1947, Abb. Taf. XI; Pierre Matisse 1963, Nr. 113; P. Waldberg 1977, S. 169

44*
L'Armoire de Protée, 1931
Der Schrank des Proteus
Öl auf Leinwand
61 x 50
Signiert und datiert unten rechts:
Yves Tanguy 31
Privatbesitz, Paris

Prov.: Slg. André Breton

Ausst.: 1937, Palais des Beaux-Arts, Brüssel, E. L. T. Mesens présente trois peintres surréalistes: René Magritte, Man Ray et Yves Tanguy, Kat. Nr. 64; 1938, Galerie des Beaux-Arts, Paris, Exposition Internationale du Surréalisme, Kat. Nr. 214; 1955, The Museum of Modern Art, New York, Yves Tanguy, Abb. Taf. 35; 1982, Musée national d'art moderne, Centre Georges Pompidou, Paris, Yves Tanguy, Kat. Nr. 47, Abb.
Lit.: A. Breton, P. Eluard, Dictionnaire abrégé du Surréalisme, Paris 1938, S. 51, Abb.; R. Huyghe, La peinture française, Paris 1939, Taf. 129; A. Breton, Le Surréalisme et la peinture, New York 1945[2] (dt. 1967), S. 71, Abb.; A. Jouffroy, La Collection d'André Breton, in: L'Œil, Nr. 10, Okt. 1955, Abb.; R. Lebel, in: l'Arte Moderna, Bd. VII, Nr. 61, 1967, S. 245; W. S. Rubin, Dada and Surrealist Art, New York 1968, S. 190, Abb.; Pierre Matisse 1963, Nr. 119; P. Waldberg 1977, SS. 153, 161

45
La Tour de l'ouest, 1931
Der Turm des Westens
Öl auf Leinwand
27 x 22
Signiert und datiert unten rechts:
Yves Tanguy 31
Slg. Erna und Curt Burgauer, Küsnacht, Schweiz
Lit.: André Breton, Yves Tanguy, New York 1946, S. 42; Pierre Matisse 1963, Nr. 120, Das lebenslängliche Interview. Die Sammlung Erna und Curt Burgauer, St. Gallen 1970, Nr. 308

46
Paysage absolue, 1931
Absolute Landschaft
Gouache
12 x 33
Signiert und datiert unten rechts:
Yves Tanguy 31
Kunstmuseum Basel
Schenkung Dr. Charles F. Leuthardt

Prov.: Privatbesitz Dr. Charles F. Leuthardt

Ausst.: 1952, Kunsthalle, Basel, Phantastische Kunst des XX. Jahrhunderts; 1981, Kunstmuseum, Basel, Die Sammlung Charles F. Leuthardt
Lit.: Pierre Matisse 1963, Nr. 124; P. Waldberg 1977, S. 25

47
Titre inconnu, 1931
Titel unbekannt
116 x 89
Öl auf Leinwand
Signiert und datiert unten rechts:
Yves Tanguy 31
Privatbesitz, Schweiz

Prov.: Slg. Joe Bousquet; Galerie André François Petit; Slg. Jacques Ulmann

Ausst.: 1961, Galerie A. F. Petit, Paris, Max Ernst, Yves Tanguy, œuvres anciennes, Kat. Nr. 14, Abb.; 1977, State University, Northridge, Kalifornien, Fundamental Aspects of Modernism, Kat. Nr. 53, Abb.; 1978, Hayward Gallery, London, Dada and Surrealism Reviewed, Kat. Nr. 11, S. 3, Abb.; 1982, Musée national d'art moderne, Centre Georges Pompidou, Paris, Yves Tanguy, Kat. Nr. 49, Abb.
Lit.: Pierre Matisse 1963, Nr. 128; P. Waldberg 1977, S. 50

48
Le Ruban des excès, 1932
Das Band der Ausschweifungen
Öl auf Holz
33,5 x 44,5
Signiert und datiert unten rechts:
Yves Tanguy 32
Privatbesitz, London

Prov.: Slg. Paul Eluard; Slg. Vicomtesse de Noailles; Slg. Roland Penrose

Ausst.: 1933, Galerie Pierre Colle, Paris, Exposition Surréaliste, Kat. Nr. 65; 1938, Guggenheim Jeune, London, Yves Tanguy, Kat. Nr. 15; 1950, London Gallery, London, Drawings and paintings by Yves Tanguy; 1955, The Museum of Modern Art, New York, Yves Tanguy, S. 36, Abb.; 1972, Musée des Arts Décoratifs, Paris, Le Surréalisme 1922-1942, Kat. Nr. 416, Abb.; 1975, National Museum of Modern Art, Tokio, Surrealism, Kat. Nr. 56; 1978, Hayward Gallery, London, Dada and Surrealism Reviewed, Kat. Nr. 11, S. 3, Abb.; 1982, Musée national d'art moderne, Centre Georges Pompidou, Paris, Yves Tanguy, Kat. Nr. 50, Abb.
Lit.: Le Surréalisme au Service de la Révolution, Nr. 6, 15. Mai 1933, S. 64, Abb.; View, Bd. 2, Nr. 2, 1942, Abb.; A. Breton, Yves Tanguy, New York 1946, S. 24, Abb.; J. T. Soby, Inland in the Subconscious: Yves Tanguy, in: Magazine of Art, Bd. 42, Jan. 1949, Abb.; M. Jean, Yves Tanguy, peintre de la voie lactée, Les lettres nouvelles, Paris, März 1955, S. 377; A. Chavée, Mémoire automatique du tableau; Le Ruban des excès, L'enseignement libre, 1958, SS. 14-15; M. Jean, Histoire de la peinture surréaliste, Paris 1959 (dt. 1961), S. 169, Abb.; R. Lebel, in: L'Arte Moderna, Bd. VII, Nr. 61, 1967, S. 274, Abb.; D. Marchesseau, Yves Tanguy, Paris 1973 (dt. 1974), S. 28, Abb.; P. Waldberg, Les Demeures d'Hypnos, Paris 1976, S. 252, Abb.; U. Schneede, Malerei des Surrealismus, Köln 1973, SS. 74-75, Abb.; R. Penrose, Scrap Book, London 1981, S. 162, Abb.; Pierre Matisse 1963, Nr. 130; P. Waldberg 1977, S. 151

49
Roux en hiver, 1932
Rot im Winter
Öl auf Holz
26,5 x 35
Signiert und datiert unten rechts:
Yves Tanguy 32
Pierre Matisse Gallery, New York

Prov.: Galerie Gradiva, Paris

Ausst.: 1938, Galerie Jeanne Bucher Myrbor, Paris, Yves Tanguy, Abb.; 1938, Guggenheim Jeune, London, Yves Tanguy, Kat. Nr. 13; 1982, Musée national d'art moderne, Centre Georges Pompidou, Paris, Yves Tanguy, Kat. Nr. 51, Abb.
Lit.: P. Waldberg 1977, S. 279

50
Sans titre, 1932
Ohne Titel
Öl auf Holz
14 x 40
Signiert und datiert unten rechts:
Yves Tanguy 32
Privatbesitz, Paris

Ausst.: 1982, Musée national d'art moderne, Centre Georges Pompidou, Paris, Yves Tanguy, Kat. Nr. 52, Abb.

51
La Couche sensible, 1933
Die empfindliche Lage
Öl auf Holz
17,3 x 34,8
Signiert, datiert und gewidmet unten rechts:
A M. L. Mayoux, Yves Tanguy 33
Privatbesitz, Frankreich

Ausst.: 1935, Stanley Rose Gallery, Hollywood, Yves Tanguy, Kat. Nr. 2; 1936, Julien Levy Gallery, New York, Yves Tanguy, Kat. Nr. 2; 1982,

Musée national d'art moderne, Centre Georges Pompidou, Paris, Yves Tanguy, Kat. Nr. 53, Abb.
Lit.: Pierre Matisse 1963, Nr. 134

52* siehe S. 71
La Certitude du jamais vu, 1933
Die Gewißheit des Niegesehenen
Öl auf Holz mit geschnitztem Holzrahmen, der fünf geschnitzte Objekte trägt
19,1 x 23
Privatbesitz, USA
Prov.: Slg. Georges Hugnet; Slg. Roland Penrose; Slg. William Copley
Ausst.: 1933, Galerie Pierre Colle, Paris, Exposition Surréaliste, Kat. Nr. 69; 1962, Galerie L'Œil, Paris, Minotaure, Kat. Nr. 50; 1968, The Museum of Modern Art, New York, Dada and Surrealism and their Heritage, Kat. Nr. 139; 1982, Musée national d'art moderne, Centre Georges Pompidou, Paris, Yves Tanguy, Kat. Nr. 54, Abb.
Lit.: Minotaure, Nr. 5, Mai 1934, S. 46, Abb.; A. Breton, Yves Tanguy, New York 1945, S. 33, Abb.; Pierre Matisse, 1963, Nr. 139; P. Waldberg 1977, S. 327

53
Le Fond de la tour, 1933
Das Unterste des Turmes
Öl auf Leinwand
65 x 54
Signiert und datiert unten rechts:
Yves Tanguy 33
Holzrahmen angefertigt von Tanguy
Slg. Mme Henriette Gomès, Paris
Ausst.: 1982, Musée national d'art moderne, Centre Georges Pompidou, Paris, Yves Tanguy, Kat. Nr. 56, Abb.
Lit.: Minotaure, Nr. 5, Paris, Mai 1934, Abb. S. 46; Catalogue de l'Exposición surrealista, Tencriffa, Ateneo de Santa Cruz 1935, Abb.; A. Breton , Le Surréalisme et la peinture, Paris 1928, S. 176, Abb.; Pierre Matisse 1963, Nr. 131; P. Waldberg 1977, S. 174

54
L'Obsession de la prophétie, 1933
Die Besessenheit von der Prophezeihung
Öl auf Leinwand
46 x 37,5
Signiert und datiert unten rechts:
Yves Tanguy 33
Privatbesitz, Schweiz
Prov.: Slg. Jacques Ulmann
Ausst.: 1933, Galerie Pierre Colle, Paris, Exposition Surréaliste, Kat. Nr. 67; 1961, Galerie A. F. Petit, Paris, Max Ernst, Yves Tanguy, œuvres anciennes, Kat. Nr. 14, Abb.; 1966, Kunsthalle Bern, Phantastische Kunst–Surrealismus; 1969, Baukunst Köln, Europäischer Surrealismus, Kat. Nr. 139; 1982, Musée national d'art moderne, Centre Georges Pompidou, Paris, Yves Tanguy, Kat. Nr. 57, Abb.
Lit.: Das Kunstwerk, Bd. 23, Nr. 3-4, Dez. 1969, Abb.; Pierre Matisse 1963, Nr. 132; P. Waldberg 1977, S. 40

55
Je vous attends, 1934
Ich erwarte Sie
Öl auf Leinwand
72,5 x 114
Signiert und datiert unten rechts:
Yves Tanguy 34
Beschriftung auf dem Keilrahmen: Putzel Nr. 1, 51 bis , rue du Moulin-Vert. Paris. »Je vous attends«.
Slg. Mr. und Mrs. Jerome L. Stern, New York
Prov.: Slg. Lucien Lefebvre; Zwemmer Gallery, London; Slg. Miss Amanda Heywood-Londsale, London; Slg. Richard Feigen Gallery, Chicago
Ausst.: 1936, New Burlington Gallery, London, The International Surrealist Exhibition, London, Nr. 341; 1936, Howard Putzel Gallery, Hollywood und San Francisco, Yves Tanguy, Kat. Nr. 1; 1940, Zwemmer Gallery, London, Surrealism Today; 1974, Acquavella Galleries, New York, Yves Tanguy, Kat. Nr. 11, Abb.; 1982, Musée national d'art moderne, Centre Georges Pompidou, Paris, Yves Tanguy, Kat. Nr. 58, Abb.
Lit.: Cahiers d'Art, Bd. X, Nr. 5-6, 1935, S. 109, Abb.; C. Zervos, Histoire de l'Art Contemporain, Paris 1938, S. 434, Abb.; A. Breton, Le Surréalisme et la peinture, Paris 1928 (dt. 1967), S. 181, Abb.; John Russell, Tanguy's Surrealist Art in Rare Show, in: New York Times, Nr. 58, 7. Nov. 1974; Pierre Matisse 1963, Nr. 149

56
Les Nouveaux nomades, 1935
Die neuen Nomaden
Öl auf Leinwand
79 x 63,5
Signiert und datiert unten rechts:
Yves Tanguy 35
John and Mable Ringling Museum of Art, Sarasota, Florida, Legs Kay Sage-Tanguy, 1964
Ausst.: 1936, New Burlington Galleries, London, The International Surrealist Exhibition; 1974, Acquavella Galleries, New York, Yves Tanguy, Kat. Nr. 12, Abb.; 1982, Musée national d'art moderne, Centre Georges Pompidou, Paris, Yves Tanguy, Kat. Nr. 59, Abb.
Lit.: Minotaure, Nr. 8, Paris 1936, S. 15, Abb.; P. Mabille, La Conscience lumineuse, Paris 1938, Abb.; Pierre Matisse 1963, Nr. 142; P. Waldberg 1977, S. 164

57
Titre inconnu, 1935
Titel unbekannt (Metaphysische Landschaft)
Öl auf Leinwand
55 x 46
Signiert und datiert unten rechts:
Yves Tanguy 35
Staatsgalerie Stuttgart
Prov.: Slg. Gustav Zumsteg, Zürich; Slg. Dieter Keller, Stuttgart
Lit.: Pierre Matisse 1963, Nr. 155; Jb. der Staatl. Kunstsammlungen in Baden-Württemberg, 1970, S. 154; P. Waldberg 1977, S. 78

58
Salvador Dali
Dame au bord de la mer, um 1935
Dame am Meeresstrand
Öl auf Holz
33 x 23,7
Signiert unten rechts: Dali
Privatbesitz

59
Sans titre, 1936
Ohne Titel
Gouache auf Papier
7,9 x 23,4
Signiert, datiert und gewidmet unten rechts:
Pour Marcel Jean, Yves Tanguy 36
Slg. Marcel Jean, Paris
Ausst.: 1982, Musée national d'art moderne, Centre Georges Pompidou, Paris, Yves Tanguy, Kat. Nr. 62, Abb.
Lit.: M. Jean, Histoire de la peinture surréaliste, Paris 1953 (dt. 1961), S. 173, Abb.;
Pierre Matisse 1963, Nr. 181; P. Waldberg 1977, S. 31

60
Sans titre, 1936
Ohne Titel
Gouache auf Papier
8 x 30
Signiert und datiert unten links:
Yves Tanguy 36
Pierre Matisse Gallery, New York
Prov.: Slg. Jacques Ulmann, Paris
Ausst.: 1982, Musée national d'art moderne, Centre Georges Pompidou, Paris, Yves Tanguy, Kat. Nr. 63, Abb.
Lit.: Pierrre Matisse 1963, Nr. 183; P. Waldberg 1977, S. 171

61
Sans titre, 1936
Ohne Titel
Gouache auf Papier
23 x 16
Signiert, datiert und gewidmet unten rechts:
A ma petite Violette, son ami Yves Tanguy 36
Privatbesitz, Paris
Prov.: Slg. Violette Boglio, Paris
Ausst.: 1972, Musée des Arts Décoratifs, Paris, Le Surréalisme 1922-1942, Kat. Nr. 433; 1982, Musée national d'art moderne, Centre Georges Pompidou, Paris, Yves Tanguy, Kat. Nr. 64, Abb.
Lit.: D. Marchesseau, Yves Tanguy, Paris 1973 (dt. 1974), S. 30, Abb.; P. Waldberg 1977, S. 64

62* siehe S. 75
De l'autre côté du pont, 1936
Von der anderen Seite der Brücke
Objekt, Holz, bemalt, Stoff und Collage
48,3 x 14,7
Slg. Mr. und Mrs. Morton G. Neumann, Chicago
Prov.: Slg. André Breton; Slg. Mme Charles Ratton
Ausst.: 1933, Galerie Pierre Colle, Paris, Exposition Surréaliste; 1936, Galerie Charles Ratton, Paris, Exposition Surréaliste d'objets; 1936, The Museum of Modern Art, New York, Fantastic Art, Dada and Surrealism, S. 203, Abb.; 1938, Galerie des Beaux-Arts, Paris, Exposition

Internationale du Surréalisme, Kat. Nr. 218; 1968, The Museum of Modern Art, New York, Dada, Surrealism and their Heritage, Kat. Nr. 315, S. 147, Abb.; 1978, Hayward Gallery, London, Dada and Surrealism Reviewed, Kat. Nr. 12, S. 126, Abb.; 1982, Musée national d'art moderne, Centre Georges Pompidou, Paris, Yves Tanguy, Kat. Nr. 65, Abb.
Lit.: A. Breton, P. Eluard, Dictionnaire abrégé du Surréalisme, Paris 1938, S. 47, Abb.; A. Breton, Yves Tanguy, Paris 1946, S. 33, Abb.; Museum of Modern Art Bulletin, Bd. 17, Nr. 1, 1949, S. 36, Abb.; Art News Annual, Bd. 21, 1951, S. 152, Abb.; J. T. Soby, Yves Tanguy, New York 1955, S. 17, Abb.; Pierre Matisse 1963, Nr. 179; P. Waldberg 1977, S. 351

63
Le Nid de l'Amphioxus, 1936
Das Nest des Amphioxus

Öl auf Leinwand
65,5 x 81
Signiert und datiert unten rechts:
Yves Tanguy 36
Musée de Peinture et de Sculpture, Grenoble

Prov.: Slg. Peggy Guggenheim

Ausst.: 1936, New Burlington Galleries, London, The International Surrealist Exhibition, Kat. Nr. 347; 1961, Musée Grandville Besançon, Surréalisme et précurseurs, Kat. Nr. 145; 1966-1967, Kunsthalle Bern, Phantastische Kunst - Surrealismus; 1969, Kunstverein Hamburg, Malerei des Surrealismus; 1978, Grand Palais, Paris, L'Art moderne dans les musées de province, Abb.; 1982, Musée national d'art moderne, Centre Georges Pompidou, Paris, Yves Tanguy, Kat. Nr. 66, Abb.
Lit.: E. Tériade, La Peinture surréaliste, in: Minotaure, Nr. 8, 1936, S. 15, Abb.; A. Breton, Yves Tanguy, New York 1946, S. 57, Abb.; M. Jean, Yves Tanguy, peintre de la voie lactée, Les Lettres nouvelles, März 1955, S. 377; Pierre Matisse 1963, Nr. 173; P. Waldberg 1977, S. 67

64
Jour de lenteur, 1937
Tag der Trägheit

Öl auf Leinwand
92 x 73
Signiert und datiert unten rechts:
Yves Tanguy 37
Musée national d'art moderne, Centre Georges Pompidou, Paris, Ankauf 1978

Ausst.: 1937, Palais des Beaux-Arts, Brüssel, E. L. T. Mesens présente trois peintres surréalistes: René Magritte, Man Ray et Yves Tanguy, Kat. Nr. 69; 1945, Rio de Janeiro, La peinture française, la peinture actuelle; 1952, Kunsthalle Basel, Phantastische Kunst des XX. Jahrhunderts, Kat. Nr. 22; 1957, Akademie der Künste, Berlin, 120 Meisterwerke des Musée d'Art Moderne, Kat. Nr. 109; 1957, Museo Nacional des Artes Plasticas, Mexiko, Arte Frances Contemporaneo, Kat. Nr. 36; 1958, Marodnog Murefa, Belgrad, Savremenofrancusko Slikaetsvo, Kat. Nr. 55; 1963, Musée Municipal, Saint-Denis, Paul Eluard; 1966, Biennale de São Paulo; 1967, Palais des Beaux-Arts, Brüssel, Six peintres surréalistes, Kat. Nr. 81; 1968, National Gallery of Art, Washington, Painting in France 1900-1967, Nr. 39; 1972, Musée des Arts Décoratifs, Paris, Le Surréalisme 1922-1942, Kat. Nr. 419, Abb.; 1979, Ermitage, Leningrad/Puschkin-Museum, Moskau, Peintures françaises 1909-1979, Kat. Nr. 28; 1980, Museum für moderne Kunst, Tokio, Kunst des XX. Jahrhunderts; 1982, Musée national d'art moderne, Centre Georges Pompidou, Paris, Yves Tanguy, Kat. Nr. 67, Abb.
Lit.: B. Dorival, L'Ecole de Paris, Paris 1961, S. 296, Abb.; R. Passeron, Encyclopédie du Surréalisme, Paris 1975, Abb.; M. Haslam, The Red World of the Surrealists, London 1978, Abb.; The Sciences, Bd. 19, Nr. 5, Mai-Juni 1979, Abb.; Pierre Matisse 1963, Nr. 196; P. Waldberg 1977, S. 19

65
Les Mouvements et les actes, 1937
Die Bewegungen und die Taten

Öl auf Leinwand
64,7 x 52,7
Signiert und datiert unten rechts:
Yves Tanguy 37
Smith College Museum of Art, Northampton, Mass., Stiftung Kay Sage-Tanguy, 1964

Ausst.: 1937, Palais des Beaux-Arts, Brüssel, E. L. T. Mesens présent trois peintres surréalistes: René Magritte, Man Ray et Yves Tanguy, Kat. Nr. 70; 1938, Guggenheim Jeune, London, Yves Tanguy, Kat. Nr. 9; 1946, Pierre Matisse Gallery, New York, Yves Tanguy, Kat. Nr. 7; 1954, Wadsworth Atheneum, Hartford, Yves Tanguy–Kay Sage, Kat. Nr. 11; 1955, The Museum of Modern Art, New York, Yves Tanguy, S. 38, Abb.; 1969, Smith College Museum of Art, Northampton, 19th and 20th Century Paintings from the Collection of the Smith College Museum of Art, Wanderausstellung 1969 bis 1972, Kat. Nr. 55, Abb.; 1974, Acquavella Galleries, New York, Yves Tanguy, Kat. Nr. 17, Abb.; 1979, The Cleveland Museum of Art, The Spirit of Surrealism, Kat. Nr. 52, Abb.; 1982, Musée national d'art moderne, Centre Georges Pompidou, Paris, Yves Tanguy, Kat. Nr. 69, Abb.
Lit.: Pierre Matisse 1963, Nr. 199; P. Waldberg 1977, S. 102

66*
Le Marchand de sable, 1937
Der Sandmann

Objekt aus Gips, Karton und Borsten
30 x 21
Signiert und datiert unten rechts:
Yves Tanguy 37
Privatbesitz, Paris

Prov.: Slg. André Breton

Ausst.: 1938, Galerie des Beaux-Arts, Paris, Exposition Internationale du Surréalisme, Kat. Nr. 219; 1938, Guggenheim Jeune, London, Yves Tanguy; 1982, Musée national d'art moderne, Centre Georges Pompidou, Paris, Yves Tanguy, Kat. Nr. 68, Abb.
Lit.: View, Bd. 2, Nr. 2, 1942, Abb.; Pierre Matisse 1963, Nr. 208; P. Waldberg 1977, S. 160

67
Espace infini, 1938
Unendlicher Raum

Öl auf Leinwand
27 x 22
Signiert und datiert unten rechts:
Yves Tanguy 38
The Tel Aviv Museum, Schenkung Peggy Guggenheim, Venedig

Prov.: Lucien Lefebvre-Foinet, Paris

Ausst.: 1955 The Tel Aviv Museum, Tel Aviv, Abstract and Surrealist Paintings; 1982 The Tel Aviv Museum, Tel Aviv, Masters of Modern Art
Lit.: Pierre Matisse 1963, Nr. 212; P. Waldberg 1977, S. 104

68
Demain, 1938
Morgen

Öl auf Leinwand
53,5 x 45,5
Signiert und datiert unten rechts:
Yves Tanguy 38
Kunsthaus Zürich

Prov.: Arion Vogel, Pierre Matisse, New York
Lit.: Pierre Matisse 1963, Nr. 219; Das lebenslängliche Interview, Die Sammlung Erna und Curt Burgauer, St. Gallen 1970, Nr. 309, Abb.

69
Titre inconnu, 1938
Titel unbekannt

Öl auf Leinwand
16 x 26,8
Signiert und datiert unten rechts:
Yves Tanguy 38
Privatbesitz

Prov.: Pierre Matisse Gallery, New York, Galerie Jan Krugier, Genf
Lit.: Pierre Matisse 1963, Nr. 222; P. Waldberg 1977, S. 112

70
L'Extinction des espèces II, 1938
Das Erlöschen der Arten II

Öl auf Leinwand
92 x 73
Signiert und datiert unten rechts:
Yves Tanguy 38
Privatbesitz, New York

Prov.: Slg. Patricia K. Matisse

Ausst.: 1954, Wadsworth Atheneum, Hartford, Yves Tanguy-Kay Sage, Kat. Nr. 12; 1955, The Museum of Modern Art, New York, Yves Tanguy, S. 40, Abb.; 1972, Musée des Arts Décoratifs, Paris, Le Surréalisme 1922-1942, Kat. Nr. 420, Abb.; 1982, Musée national d'art moderne, Centre Georges Pompidou, Paris, Yves Tanguy, Kat. Nr. 71, Abb.
Lit.: D. Marchesseau, Yves Tanguy, Paris 1973 (dt. 1974), Abb.; Pierre Matisse 1963, Nr. 215; P. Waldberg 1977, S. 179

71
Si c'était, 1939
Wenn es wäre

Öl auf Leinwand
117 x 38
Signiert und datiert unten rechts:
Yves Tanguy 39
Privatbesitz, New York

Prov.: Slg. Peggy Guggenheim; Slg. Max Ernst, Paris

Lit.: Pierre Matisse 1963, Nr. 236; P. Waldberg 1977, S. 103

72*
Sans titre, 1939
Ohne Titel

Gouache auf Papier
10x22,5
Signiert, datiert und gewidmet unten rechts: Pour G. O. Ford, son ami Yves Tanguy, Chemillieu 39.
Slg. Gordon Onslow-Ford, Inverness, Kalifornien

Ausst.: 1982, Musée national d'art moderne, Centre Georges Pompidou, Paris, Yves Tanguy, Kat. Nr. 75, Abb.
Lit.: Pierre Matisse 1963, Nr. 245

73*
Sans titre, 1939
Ohne Titel

Gouache auf Papier
13x23
Signiert, datiert und gewidmet unten rechts: Pour Pajarito son ami Yves Tanguy, Chemillieu 39.
Slg. Gilbert E. Kaplan, New York

Ausst.: 1982, Musée national d'art moderne, Centre Georges Pompidou, Paris, Yves Tanguy, Kat. Nr. 76, Abb.
Lit.: D. Marchesseau, Yves Tanguy, Paris 1973 (dt. 1974), S. 31, Abb.; P. Waldberg 1977, S. 45

74
Sans titre, 1938
Ohne Titel

Gouache auf Papier
25x17
Signiert und datiert unten rechts: Yves Tanguy 38
Slg. Lefebvre-Foinet, Paris

Ausst.: 1972, Musée des Arts Décoratifs, Paris, Le Surréalisme 1922-1942, Kat. Nr. 431; 1982, Musée national d'art moderne, Centre Georges Pompidou, Paris, Yves Tanguy, Kat. Nr. 77, Abb.
Lit.: P. Waldberg 1977, S. 54

75
J'avais déjà cet âge que j'ai, 1939
Ich hatte schon dieses Alter, das ich habe

Öl auf Leinwand
43x35,5
Signiert und datiert unten rechts: Yves Tanguy 39
Privatbesitz, New York

Ausst.: 1938, Guggenheim Jeune, London, Yves Tanguy, Kat. Nr. 8; 1939, Pierre Matisse Gallery, New York, Yves Tanguy, Paintings, Gouaches, Drawings, Kat. Nr. 10; 1972, Musée des Arts Décoratifs, Paris, Le Surréalisme 1922-1942, Kat. Nr. 423, Abb; 1982, Musée national d'art moderne, Centre Georges Pompidou, Paris, Yves Tanguy, Kat. Nr. 78, Abb.
Lit.: Pierre Matisse 1963, Nr. 240; P. Waldberg 1977, S. 183

76
Arrières pensées, 1939
Hintergedanken

Öl auf Leinwand
92x73
Signiert und datiert unten rechts: Yves Tanguy, Chemillieu 39
San Francisco Museum of Modern Art, William L. Gerstle Collection, William L. Gerstle Fund Purchase

Prov.: Slg. Gordon Onslow-Ford
Ausst.: 1959, Phoenix Art Museum, Phoenix, Aspects of the Desert, Kat. Nr. 12, Abb.; 1982, Musée national d'art moderne, Centre Georges Pompidou, Paris, Yves Tanguy, Kat. Nr. 79, Abb.
Lit.: London Bulletin, Nr. 18-20, Juni 1949, Abb.; J. T. Soby, Inland in the Subconscious: Yves Tanguy, in: Magazine of Art, Bd. 42, Nr. 1, 1949, S. 27, Abb.; Quarterly Bulletin SFMA, Reihe II, Bd. 1, Nr. 3-4, 1952, S. 45, Abb.; A. Breton, Yves Tanguy, New York 1946, S. 28, Abb.; Pierre Matisse 1963, Nr. 244; P. Waldberg 1977, S. 80

77
Le Diapason de satin, 1940
Die Stimmgabel aus Satin

Öl auf Leinwand
100x81
Signiert und datiert unten rechts: Yves Tanguy 40
Slg. M. und Mme Jacques Gelman, Mexiko

Prov.: Slg. Mr. und Mrs. Lee Ault; Pierre Matisse Gallery, New York
Ausst.: 1942, Pierre Matisse Gallery, New York, Yves Tanguy, Kat. Nr. 1; 1946, Pierre Matisse Gallery, New York, Yves Tanguy, Kat. Nr. 9; 1954, Wadsworth Atheneum, Hartford, Yves Tanguy-Kay Sage, Kat. Nr. 14; 1974, Acquavella Galleries, New York, Yves Tanguy, Kat. Nr. 21, Abb.; 1982, Musée national d'art moderne, Centre Georges Pompidou, Paris, Yves Tanguy, Kat. Nr. 80, Abb.
Lit.: A. Breton, Yves Tanguy, New York 1946, S. 26, Abb.; Pierre Matisse 1963, Nr. 251

78
Sans titre, 1941
Ohne Titel

Gouache auf Papier
29x24
Signiert und datiert unten rechts: Yves Tanguy 41
Privatbesitz, New York

Ausst.: 1963, Pierre Matisse Gallery, New York, Gouaches and Drawings by Yves Tanguy, Kat. Nr. 9, Abb.; 1982, Musée national d'art moderne, Centre Georges Pompidou, Paris, Yves Tanguy, Kat. Nr. 81, Abb.
Lit.: Pierre Matisse 1963, Nr. 284; P. Waldberg 1977, S. 245

79
La Terre et l'air, 1941
Die Erde und die Luft

Öl auf Leinwand
114x92
Signiert und datiert unten rechts: Yves Tanguy 41
The Baltimore Museum of Art, Legs Mrs. Saidie A. May, 1951

Prov.: Pierre Matisse Gallery, New York; Slg. Mrs. Saidie A. May
Ausst.: 1950, Baltimore Museum of Art, Saidie A. May Collection of Modern Paintings and Sculpture, Kat. Nr. 104; 1954, Wadsworth Atheneum, Hartford, Yves Tanguy-Kay Sage, Kat. Nr. 16; 1966, Pierre Matisse Gallery, New York, Seven Decades 1885-1965, Kat. Nr. 198, S. 112, Abb.; 1971, Institute of Arts, Kalamazoo, Mich., The Surrealists: a Fifth Anniversary Fond Exhibition, Abb.; 1974, Acquavella Galleries, New York, Yves Tanguy, Kat. Nr. 25, Abb.; 1982, Musée national d'art moderne, Centre Georges Pompidou, Paris, Yves Tanguy, Kat. Nr. 83, Abb.
Lit.: Pierre Matisse 1963, Nr. 276

80
Divisibilité indéfinie, 1942
Unendliche Teilbarkeit

Öl auf Leinwand
102x89
Signiert und datiert unten rechts: Yves Tanguy 42
Albright-Knox Art Gallery, Buffalo, erworben 1945

Prov.: Pierre Matisse Gallery, New York
Ausst.: 1945, Pierre Matisse Gallery, New York, Yves Tanguy, Kat. Nr. 2; 1949, The Art Gallery, Toronto, Contemporary Paintings from Great Britain, the United States and France with Sculpture from the United States, Kat. Nr. 131; 1954, Wadsworth Atheneum, Hartford, Yves Tanguy-Kay Sage, Kat. Nr. 18; 1951, Museu de Arte Moderna, São Paulo, I bienal do Museu de Arte Moderna de São Paulo, Kat. Nr. 67; 1955, The Museum of Modern Art, New York, Yves Tanguy, S. 18, Abb.; 1968, Museum of Modern Art, New York, Dada, Surrealism and their Heritage, Kat. Nr. 316, Abb.; 1968, National Gallery of Art, Washington, Paintings from the Albright Knox Art Gallery, S. 46, Abb.; 1969, Museo Nacional de Bellas Artes, Buenos Aires, 109 obras de Albright Knox Art Gallery, Kat. Nr. 16; 1976, Hirshhorn Museum, Washington, Works by America's Immigrant Artists, S. 158, Abb.; 1982, Musée national d'art moderne, Centre Georges Pompidou, Paris, Yves Tanguy, Kat. Nr. 84, Abb.
Lit.: M. Breuning, Surrealist Desillusion of Yves Tanguy, in: Art Digest, Bd. 19, 15. Mai 1945, S. 9, Abb.; N. Calas, Magic Icons, in: Horizon, Nr. 83, Nov. 1946, SS. 304-315, Abb.; A. Breton, Yves Tanguy, New York 1946, S. 52, Abb.; Gallery Notes, The Buffalo Fine Arts Academy, Bd. 11, Nr. 1, Juli 1946, SS. 18, 23-25, Abb.; P. Borisoff, Man is the witness, The Tiger Eye, Nr. 7, März 1949, S. 78; J. T. Soby, Inland in the Subconscious: Yves Tanguy, Magazine of Art, Bd. 42, Nr. 1, Jan. 1949, S. 6, Abb.; A. C. Ritchie, Catalogue of Contemporary Paintings and Sculpture, The Buffalo Fine Arts Academy 1949, SS. 142-143, Abb.; J. Levy, Tanguy, Connecticut Sage, in: Art News, Bd. 53, Nr. 85, Sept. 1954, SS. 24-27, Abb.; M. Jean, Histoire de la peinture surréaliste, Paris 1959 (dt. 1961), S. 316, Abb.; R. Passeron, Histoire de la peinture surréaliste, Paris 1968, SS. 124, 129, Abb.; W. S. Rubin, Dada and Surrealist Art, New York 1968, SS. 285, 347, Abb.;

W. Gaunt, The Surrealists, London 1972, S. 69, Abb.; Ed. B. Feldman, Varieties of visual Experience, New York 1973, SS. 209-210; G. Smith, L. Alloway, Contemporary Art 1942-1972, 1973, SS. 210-211, Abb.; Pierre Matisse 1963, Nr. 297; P. Waldberg 1977, S. 302

81
Dame à l'absence, 1942
Dame in Abwesenheit

Öl auf Leinwand
115 x 89,5
Signiert und datiert unten rechts:
Yves Tanguy 42
Kunstsammlung Nordrhein-Westfalen, Düsseldorf, erworben 1971

Prov.: Slg. Marcel Duchamp, New York; Slg. Andrée Stassart, Lüttich

Ausst.: 1942, Coordination Council of French Relief Societies, New York, First Papers of Surrealism, Abb.; 1943, Pierre Matisse Gallery, New York, Yves Tanguy, Recent Paintings, Kat. Nr. 2; 1972, Musée des Arts Décoratifs, Paris, Le Surréalisme 1922-1942, Kat. Nr. 416, Abb.; 1982, Musée national d'art moderne, Centre Georges Pompidou, Paris, Yves Tanguy, Kat. Nr. 86, Abb.

Lit.: VVV, Nr. 2-3, Almanach 1943, Abb.; A. Breton, Yves Tanguy, New York 1946, S. 6, Abb.; E. Genauer, Best of Art, London 1948; D. Marchesseau, Yves Tanguy, Paris 1973 (dt. 1974), S. 37; Pierre Matisse 1963, Nr. 296; P. Waldberg 1977, S. 228

82
Sans titre, 1942
Ohne Titel

Gouache auf Papier
28 x 15
Signiert und datiert unten rechts:
Yves Tanguy 42
Privatbesitz, New York

Ausst.: 1963, Pierre Matisse Gallery, New York, Gouaches and Drawings by Yves Tanguy, Kat. Nr. 11, Abb.; 1982, Musée national d'art moderne, Centre Georges Pompidou, Paris, Yves Tanguy, Kat. Nr. 87, Abb.
Lit.: D. Marchesseau, Yves Tanguy, Paris 1973 (dt. 1974), S. 61, Abb.; Pierre Matisse 1963, Nr. 300

83
Le Palais aux rochers de fenêtres, 1942
Der Palast der Fensterfelsen

Öl auf Leinwand
163 x 132
Signiert und datiert unten rechts:
Yves Tanguy 42
Musée national d'art moderne, Centre Georges Pompidou, Paris, Schenkung Pierre Matisse, 1956

Prov.: Slg. Pierre Matisse, New York

Ausst.: 1942, Pierre Matisse Gallery, New York, Yves Tanguy, Kat. Nr. 11; 1955, The Museum of Modern Art, New York, Yves Tanguy, S. 45, Abb.; 1966-1967, Akademie der Künste, Berlin, Labyrinthe, Nr. 206, S. 29; 1967-1968, Galleria civica d'arte moderna, Turin, Le muse inquietanti; 1968, Palais des Beaux-Arts, Brüssel, Hommage à Robert Giron, S. 59; 1982, Musée national d'art moderne, Centre Georges Pompidou, Paris, Yves Tanguy, Kat. Nr. 89, Abb.
Lit.: VVV, Nr. 2-3: Almanach 1943, S. 39, Abb.; A. Breton, Yves Tanguy, New York 1946, S. 47, Abb.; W. S. Rubin, Dada and Surrealist Art, New York 1968, Abb.; G. Marchiori, Les muses inquiétantes, XX. Jh., Juni 1968, SS. 48 bis 52, Abb.; W. Gaunt, The Surrealists, London 1972, Nr. 70, Abb.; Pierre Matisse 1963, Nr. 294; P. Waldberg 1977, S. 251

84
Projet pour la couverture de la revue ›Minotaure‹, 1943
Entwurf für den Umschlag der Zeitschrift ›Minotaure‹
Gouache, Collage auf Papier
44,5 x 39,5
Unsigniert, undatiert
Privatbesitz, New York

Ausst.: 1963, Pierre Matisse Gallery, New York, Gouaches and Drawings by Yves Tanguy, Kat. Nr. 15, Abb.; 1982, Musée national d'art moderne, Centre Georges Pompidou, Paris, Yves Tanguy, Kat. Nr. 93, Abb.
Lit.: Pierre Matisse 1963, Nr. 318

85
Ma vie blanche et noire, 1944
Mein Leben weiß und schwarz

Öl auf Leinwand
92 x 76
Signiert und datiert unten rechts:
Yves Tanguy 44
Slg. M. und Mme Jacques Gelman, Mexiko

Ausst.: 1945, Pierre Matisse Gallery, New York, Yves Tanguy, Kat. Nr. 12; 1946, Pierre Matisse Gallery, New York, Yves Tanguy, Kat. Nr. 18; 1955, The Museum of Modern Art, New York, Yves Tanguy, S. 49, Abb.; 1968, The Museum of Modern Art, New York, Dada, Surrealism and their Heritage, Kat. Nr. 319; 1974, Acquavella Galleries, New York, Yves Tanguy, Kat. Nr. 35; 1982, Musée national d'art moderne, Centre Georges Pompidou, Paris, Yves Tanguy, Kat. Nr. 97, Abb.
Lit.: G. Bazin, Ch. Sterling, Art français en Amérique, in: L'Amour de l'art, Bd. 25, Nr. 11, Juli 1945, S. 41, Abb.; A. Breton, Yves Tanguy, New York 1946, S. 23, Abb.; Bulletin of the California Palace of the Legion of Honor, San Francisco, Bd. 5, Dez. 1947, S. 61, Abb.; J. T. Soby, Inland in the Subconscious: Yves Tanguy, Magazine of Art, Bd. 42, Jan. 1949, Abb.; P. Waldberg, Yves Tanguy, in: L'Œil, Nr. 95, Nov. 1962, SS. 48-55, 98, Abb.; W. S. Rubin, Dada and Surrealist Art, New York 1968, Abb.; J. Ashbery, Yves Tanguy, Geometers of Dreams, in: Art in America, Nov. bis Dez. 1974, S. 73; Pierre Matisse 1963, Nr. 328

86
Là ne finit pas encore le mouvement, 1945
Dort endet die Bewegung noch nicht

Öl auf Leinwand
71 x 55,5
Signiert und datiert unten rechts:
Yves Tanguy 45
Slg. Richard S. Zeisler, New York

Prov.: Slg. Mrs. Pierre Matisse, New York

Ausst.: 1946, Pierre Matisse Gallery, New York, Yves Tanguy, Kat. Nr. 20; 1954, Wadsworth Atheneum, Hartford, Yves Tanguy-Kay Sage, Kat. Nr. 23; 1974, Acquavella Galleries, New York, Yves Tanguy, Kat. Nr. 36, Abb.; 1982, Musée national d'art moderne, Centre Georges Pompidou, Paris, Yves Tanguy, Kat. Nr. 99, Abb.
Lit.: View, Reihe 7, Nr. 2, Nov. 1946, S. 38, Abb.; J. Ashbery, Yves Tanguy, Geometer of Dreams, in: Art in America, Nov.-Dez. 1974, S. 75, Abb.; Pierre Matisse 1963, Nr. 345; P. Waldberg 1977, S. 241

87
Taille de guêpe, 1945
Wespentaille

Gouache auf Papier
55 x 28,5
Signiert und datiert unten rechts:
Yves Tanguy 45
Pierre Matisse Gallery, New York

Ausst.: 1963, Pierre Matisse Gallery, New York, Gouaches and Drawings by Yves Tanguy, Kat. Nr. 17, Abb.; 1982, Musée national d'art moderne, Centre Georges Pompidou, Paris, Yves Tanguy, Kat. Nr. 100, Abb.
Lit.: D. Marchesseau, Yves Tanguy, Paris 1973 (dt. 1974), S. 48, Abb.; Pierre Matisse 1963, Nr. 356

88
Sans titre, 1946
Ohne Titel

Gouache auf Papier
36,5 x 30,5
Signiert und datiert unten rechts:
Yves Tanguy 46
Slg. Pierre Matisse, New York

Ausst.: 1963, Pierre Matisse Gallery, New York, Gouaches and Drawings by Yves Tanguy, Kat. Nr. 20, Abb.; 1982, Musée national d'art moderne, Centre Georges Pompidou, Paris, Yves Tanguy, Kat. Nr. 101, Abb.
Lit.: D. Marchesseau, Yves Tanguy, Paris 1973 (dt. 1974), S. 55, Abb.; Pierre Matisse 1963, Nr. 370; P. Waldberg 1977, S. 240

89
Mains et gants, 1946
Hände und Handschuhe

Öl auf Leinwand
92 x 71
Signiert und datiert unten rechts:
Yves Tanguy 46
Privatbesitz, New York

Ausst.: 1947, Galerie Maeght, Paris, Exposition internationale du Surréalisme, Kat. Nr. 53; 1959, Kassel, documenta II: Kunst nach 1945; 1967, Palais des Beaux-Arts, Brüssel, Six peintres surréalistes, Kat. Nr. 84; 1982, Musée national d'art moderne, Centre Georges Pompidou, Paris, Yves Tanguy, Kat. Nr. 102, Abb.
Lit.: Pierre Matisse 1963, Nr. 364; P. Waldberg 1977, S. 244

90
Sans titre, 1947
Ohne Titel

Gouache auf Papier
31 x 24
Signiert und datiert unten rechts:

Yves Tanguy 47
Privatbesitz, New York

Ausst.: 1963, Pierre Matisse Gallery, New York, Gouaches and Drawings by Yves Tanguy, Kat. Nr. 24, Abb.; 1982, Musée national d'art moderne, Centre Georges Pompidou, Paris, Yves Tanguy, Kat. Nr. 103, Abb.
Lit.: D. Marchesseau, Yves Tanguy, Paris 1973 (dt. 1974), S. 59, Abb.; P. Waldberg 1977, S. 212

91
La Tour marine, 1947
Der Meeresturm

Zeichnung und Gouache auf Papier
53 x 7,5
Signiert und datiert unten rechts:
Yves Tanguy 47
Privatbesitz, New York

Ausst.: 1963, Pierre Matisse Gallery, Paris, Gouaches and Drawings by Yves Tanguy, Kat. Nr. 19, Abb.; 1982, Musée national d'art moderne, Centre Georges Pompidou, Paris, Yves Tanguy, Kat. Nr. 104, Abb.
Lit.: D. Marchesseau, Yves Tanguy, Paris 1973 (dt. 1974), S. 58, Abb.

92
D'une nuit à l'autre, 1947
Von einer Nacht zur anderen

Öl auf Leinwand
114,3 x 91,4
Signiert und datiert unten rechts:
Yves Tanguy 47
The Fine Arts Museum of San Francisco, Mildred Anna Williams Fund, 1948

Prov.: Pierre Matisse Gallery, New York. Slg. Mildred Anna Williams

Ausst.: 1947, Whitney Museum, New York, Annual Exhibition of Contemporary American painting; 1948, California Palace of the Legion of Honor, San Francisco, Third annual exhibition of contemporary painting; 1948, Toledo Museum of Art, Summer Exhibition; 1949, California School of Fine Arts, Oakland, Modern Art Forum; 1954, The Museum of Modern Art, New York, Modern Fantastic Landscapes; 1956, California State Fair, Sacramento; 1958, Contemporary Arts Museum, Houston, The Disquieting Muse: Surrealism; 1974, Acquavella Galleries, New York, Yves Tanguy, Kat. Nr. 41; 1982, Musée national d'art moderne, Centre Georges Pompidou, Paris, Yves Tanguy, Kat. Nr. 106, Abb.
Lit.: Bulletin of the California Palace of the Legion of Honor, San Francisco, Bd. 6, Nr. 8, Dez. 1948, S. 75, Abb.; Art Digest, Bd. 23, Jan. 1949, SS. 1, 16, Abb.; F. Lanier Graham, Three Centuries of American Painting, San Francisco 1971, Nr. 156; Pierre Matisse 1963, Nr. 389; P. Waldberg 1977, S. 250

93
Le Malheur adoucit les pierres, 1948
Das Unglück besänftigt die Steine

Öl auf Leinwand
92 x 71
Signiert und datiert unten rechts:
Yves Tanguy 48
Krannert Art Museum, University of Illinois, Urbana-Champaign, erworben 1949

Prov.: Pierre Matisse Gallery, New York

Ausst.: 1949, Contemporary American Painting, Urbana, S. 50, Abb.; 1952, Texas Christian University, Forth Worth, The Versatile Medium, Wanderausstellung; 1954, Wadsworth Atheneum, Hartford, Yves Tanguy-Kay Sage, Kat. Nr. 25; 1955, The Museum of Modern Art, New York, Yves Tanguy, SS. 19, 56, Abb.; 1982, Musée national d'art moderne, Centre Georges Pompidou, Paris, Yves Tanguy, Kat. Nr. 107, Abb.
Lit.: J. T. Soby, Inland in the Subconscious: Yves Tanguy, in: Magazine of Art, Bd. 42, Jan. 1949, S. 7, Abb.; Pierre Matisse 1963, Nr. 403; P. Waldberg 1977, S. 255

94*
De Mains pâles aux cieux lassés, 1950
Von bleichen Händen zu müden Himmeln

Öl auf Leinwand
90,5 x 71,5
Unsigniert, undatiert
Yale University Art Gallery, New Haven, Legs Kay Sage-Tanguy

Ausst.: 1950, Pierre Matisse Gallery, New York, Yves Tanguy, Kat. Nr. 10, Abb.; 1950, The Virginia Museum of Fine Arts, Richmond, American Painting 1950; 1974, Acquavella Galleries, New York, Yves Tanguy, Kat. Nr. 45, Abb.; 1982, Musée national d'art moderne, Centre Georges Pompidou, Paris, Yves Tanguy, Kat. Nr. 109, Abb.
Lit.: Awards and Honors, in: Art News, Bd. 49, Nr. 4, Juni 1950, S. 9; Bulletin of the Yale University Art Gallery, Bd. 30, 1964, S. 33; A. C. Ritchie, K. B. Neilson, Painting and Sculpture from the Yale University Art Gallery, New Haven und London, Yale University Press, 1972, Nr. 13; J. Ashbery, Yves Tanguy, Geometer of Dreams, in: Art in America, Nov.-Dez. 1974, S. 74; Pierre Matisse 1963, Nr. 415; P. Waldberg 1977, S. 256

95
La Grande fenêtre, 1950
Das große Fenster

Gouache auf Papier
65 x 49,5
Signiert und datiert unten rechts:
Yves Tanguy 50
Slg. Pierre Matisse, New York

Ausst.: 1950, Pierre Matisse Gallery, New York, Yves Tanguy, Kat. Nr. 13; 1954, Wadsworth Atheneum, Hartford, Yves Tanguy-Kay Sage, Kat. Nr. 32; 1955, The Museum of Modern Art, New York, Yves Tanguy; 1963, Pierre Matisse Gallery, New York, Gouaches and Drawings by Yves Tanguy, Kat. Nr. 26, Abb.; 1982, Musée national d'art moderne, Centre Georges Pompidou, Paris, Yves Tanguy, Kat. Nr. 110, Abb.
Lit.: L. Georges, De Chirico and Tanguy: Two Exhibitions at the Museum of Modern Art, in: The New York Herald Tribune, 2. Sept. 1955, Abb.; D. Marchesseau, Yves Tanguy, Paris 1973 (dt. 1974), S. 53, Abb.; Pierre Matisse 1963, Nr. 42; P. Waldberg 1977, S. 193

96
Ce Matin, 1951
Heute morgen

Öl auf Leinwand
91 x 53
Signiert unten rechts: Yves Tanguy. Datiert auf der Rückseite
Slg. Selma und Nesuhi Ertegun, New York

Prov.: Slg. Marcel Duhamel

Ausst.: 1974, Acquavella Galleries, New York, Yves Tanguy, Kat. Nr. 50, Abb.; 1975, Knoedler Gallery, New York, Surrealism in Art, Kat. Nr. 128, Abb.; 1978, Hayward Gallery, London, Dada and Surrealism Reviewed, Nr. 17, S. 40, Abb.; 1982, Musée national d'art moderne, Centre Georges Pompidou, Paris, Yves Tanguy, Kat. Nr. 111, Abb.
Lit.: Architectural Design, Nr. 2-3, 1978; Pierre Matisse 1963, Nr. 429; P. Waldberg 1977, S. 211

97*
Le Ciel traqué, 1951
Der umzingelte Himmel

Öl auf Leinwand
98,5 x 81
Signiert und datiert unten rechts:
Yves Tanguy 51
Privatbesitz, New York

Ausst.: 1953, Galleria dell'Obelisco, Rom, Yves Tanguy, Kat. Nr. 1; 1955, The Museum of Modern Art, New York, Yves Tanguy, SS. 21, 60, Abb.; 1974, Acquavella Galleries, New York, Yves Tanguy, Kat. Nr. 51, Abb.; 1977, State University, Northridge, Fundamental Aspects of Modernism, Kat. Nr. 55, Abb.; 1982, Musée national d'art moderne, Centre Georges Pompidou, Paris, Yves Tanguy, Kat. Nr. 112, Abb.
Lit.: The Allen Town Art Museum Bulletin, Okt. 1962, Abb.; D. Marchesseau, Yves Tanguy, Paris 1973 (dt. 1974), S. 45, Abb.; J. Ashbery, Yves Tanguy, Geometer of Dreams, in: Art in America, Nov.-Dez. 1974, S. 74; Pierre Matisse 1963, Nr. 431; P. Waldberg 1977, S. 202

98
Temps égaux, 1951
Gleiche Zeiten

Öl auf Leinwand
91 x 71
Signiert und datiert unten rechts: Tanguy 51
University of Arizona Museum of Art, Tucson; Schenkung Edward J. Gallagher Jr. 1956

Prov.: Pierre Matisse Gallery, New York; Slg. Edward J. Gallagher Jr.

Ausst.: 1962-1963, Arkansas Art Center, Little Rock, Painting from the Collections of University of Arizona, Wanderausstellung; 1974, Acquavella Galleries, New York, Yves Tanguy, Kat. Nr. 46, Abb.; 1982, Musée national d'art moderne, Centre Georges Pompidou, Paris, Yves Tanguy, Kat. Nr. 113, Abb.
Lit.: Wadsworth Atheneum Bulletin, Bd. 52, Nr. 49, Mai 1954, S. 4, Abb.; Edward J. Gallagher III Memorial Collection, University of Arizona 1957, S. 32, Abb.; Pierre Matisse 1963, Nr. 422; P. Waldberg 1977, S. 253

99
Hekla, 1952

Gouache auf Papier
73 x 59
Unsigniert, undatiert

Galerie Beyeler, Basel

Ausst.: 1953, Galleria dell'Obelisco, Rom, Yves Tanguy, Kat.Nr.20; 1963, Pierre Matisse Gallery, New York, Gouaches and Drawings by Yves Tanguy, Kat.Nr.33, Abb.; 1982, Musée national d'art moderne, Centre Georges Pompidou, Paris, Yves Tanguy, Kat.Nr. 114, Abb.
Lit.: D. Marchesseau, Yves Tanguy, Paris 1973 (dt. 1974), S.42, Abb.; Pierre Matisse 1963, Nr.443; P. Waldberg 1977, S.197

100
Mirage le temps, 1954
Die Täuschung der Zeit

Öl auf Leinwand
99,1 x 81,3
Signiert und datiert unten rechts:
Yves Tanguy 54
The Metropolitan Museum of Art, New York, George A. Hearn Fund, 1955

Prov.: Pierre Matisse Gallery, New York

Ausst.: 1954, Wadsworth Atheneum, Hartford, Yves Tanguy-Kay Sage, Kat.Nr.30; 1955, The Museum of Modern Art, New York, Yves Tanguy, SS.21, 64, Abb.; 1965, Metropolitan Museum of Art, New York, Three Centuries of American Painting; 1973, Robertson Center for the Arts and Sciences, Binghamton, Time Nature and the Arts; 1974, Institute of Puerto Rican Culture, San Juan, Twentieth Century Art: U.S.A. from the Metropolitan Museum of Art, Kat.Nr.21, SS.55-56, Abb.; 1974, Acquavella Galleries, New York; Yves Tanguy, Kat.Nr.52, Abb.; 1982, Musée national d'art moderne, Centre Georges Pompidou, Paris, Yves Tanguy, Kat.Nr.116, Abb.
Lit.: J. Levy, Tanguy, Connecticut Sage, in: Art News, Bd.53, Sept. 1954, S.26, Abb.; H. Geldzahler, American Painting in the Twentieth Century, New York 1965, S.157, Abb.; Pierre Matisse 1963, Nr.457; P. Waldberg 1977, S.278

101
Du vert au blanc, 1954
Von Grün zu Weiß

Öl auf Leinwand
98,5 x 81
Signiert und datiert unten rechts:
Yves Tanguy 54
Slg. M. und Mme Jacques Gelman, Mexiko

Ausst.: 1954, Wadsworth Atheneum, Hartford, Yves Tanguy-Kay Sage, Kat.Nr.31, Abb.; 1974, Acquavella Galleries, New York, Yves Tanguy, Kat.Nr.35, Abb.; 1982, Musée national d'art moderne, Centre Georges Pompidou, Paris, Yves Tanguy, Kat.Nr.117, Abb.
Lit.: M. Jean, Yves Tanguy, peintre de la voie lactée, Les Lettres nouvelles, März 1955, S.378; Pierre Matisse 1963, Nr.461; P. Waldberg 1977, S.282

102
Multiplication des arcs, 1954
Vervielfältigung der Bögen

Öl auf Leinwand
101,6 x 152,4
Signiert und datiert unten rechts:
Yves Tanguy 54
The Museum of Modern Art, New York, Mrs. Simon Guggenheim Fund, 1954

Prov.: Pierre Matisse Gallery, New York

Ausst.: 1954, Wadsworth Atheneum, Hartford, Yves Tanguy-Kay Sage, Kat.Nr.27; 1955, The Museum of Modern Art, New York, Painting and Sculpture from the Museum collection: New Acquisitions; 1955, The Museum of Modern Art, New York, Yves Tanguy, SS.21-22, 67, Abb.; 1958, Palais International des Beaux-Arts, Brüssel, 50 ans d'art moderne; 1959, Whitney Museum, New York, The American National Exhibition in Moscow; 1963-1964, National Gallery of Art, Washington, Paintings from the Museum of Modern Art, New York; 1980, Brooklyn Museum, New York, Moma at Brooklyn: Paintings from the Twenties to the Seventies; 1982, Musée national d'art moderne, Centre Georges Pompidou, Paris, Yves Tanguy, Kat.Nr.118, Abb.
Lit.: R. M., Surrealist Share Museum Show, in: Hartford Conn. Times, 12. August 1954, Abb.; M. Jean, Yves Tanguy, peintre de la voie lactée, Les lettres nouvelles, März 1955, S.380; M. Richter, In Memory of Two Friends: Fernand Léger 1881-1955, Yves Tanguy 1900-1956, in: College Art Journal, Nr.4, Sommer 1956, S.346, Abb.; P. Waldberg, Le Surréalisme, Genf 1962, S.72; M. Jean, Histoire de la peinture surréaliste, Paris 1959 (dt. 1961); M. Duhamel, Raconte pas ta vie, Paris 1972, S.569; W. Gaunt, The Surrealists, London 1972, S.192; J. Ashbery, Yves Tanguy, Geometer of Dreams, in: Art in America, Nov.-Dez. 1974, S.74; J. C. Bailly, Yves Tanguy, le silence, XX. Jh., Bd.36, Dez. 1974, Nr.43, Abb.; A. H. Barr Jr., Painting and Sculpture in the Museum of Modern Art, New York 1977, SS.179, 640, Abb.; J. Baron, Anthologie plastique du surréalisme, Paris 1980, S.251; Pierre Matisse 1963, Nr.462; P. Waldberg 1977, S.274

103
Sans titre, 1926
Ohne Titel

Tuschfeder auf Papier
31 x 19
Signiert und datiert unten rechts:
Yves Tanguy 26
Privatbesitz, Paris

Prov.: Slg. Simone Collinet

Ausst.: 1982, Musée national d'art moderne, Centre Georges Pompidou, Paris, Yves Tanguy, Kat.Nr.12, Abb.

104
Sans titre (Dessin automatique), 1926
Ohne Titel (Automatische Zeichnung)

Tuschfeder und etwas Tempera auf Papier
37,5 x 21
Staatsgalerie Stuttgart, Graphische Sammlung

Ausst.: 1974, Städtische Kunsthalle Düsseldorf, Surrealität – Bildrealität 1924-1974, Nr.327

105
Titre inconnu, 1926
Titel unbekannt

Tuschfeder auf Papier
33 x 25,4
Signiert und datiert unten rechts:
Yves Tanguy 26
The Museum of Modern Art, New York

Ausst.: 1946, Pierre Matisse Gallery, New York, Yves Tanguy, Kat.S.10; 1963, Pierre Matisse Gallery, New York, Exhibition of Gouaches and Drawings by Yves Tanguy, Nr.65; 1955, The Museum of Modern Art, New York, Yves Tanguy, Kat.S.16, Abb.; 1982, Musée national d'art moderne, Centre Georges Pompidou, Paris, Yves Tanguy, Kat.Nr.13, Abb.
Lit.: A. Breton, Yves Tanguy, New York 1946, S.10, Abb.; J. T. Soby, Inland in the Subconscious: Yves Tanguy, in: Magazine of Art, Bd.42, Nr.1, 1949, SS.2-7

106 siehe S.10
Titre inconnu 1926
Titel unbekannt

Tuschfeder und Pinsel auf Papier
33,1 x 25,7
Signiert und datiert unten rechts:
Yves Tanguy 26
The Museum of Modern Art, New York, Legs Kay Sage-Tanguy, 1963

Prov.: Slg. Simone Collinet

Ausst.: 1982, Musée national d'art moderne, Centre Georges Pompidou, Paris, Yves Tanguy, Kat.Nr.14, Abb.
Lit.: W. S. Rubin, L'Art dada et surréaliste, Paris 1972, S.136, Abb.; M. Henry, Antologia grafica del surrealismo, Mailand 1972, S.123, Abb.; Pierre Matisse 1963, S.18

107-110
Sans titre, 1926
Ohne Titel

Tuschfeder auf Papier
107: 38 x 26; 108: 33 x 25,5
109: 32 x 25; 110: 37,5 x 26,5
Signiert und datiert unten rechts:
Yves Tanguy 26
Privatbesitz, Paris

Prov.: Slg. Simone Collinet

Ausst.: 1936, The Museum of Modern Art, New York, Fantastic Art, Dada and Surrealism; 1972, Musée des Arts Décoratifs, Paris, Le Surréalisme 1922-1942, Kat.Nr.427 bis 430, Abb.; 1982, Musée national d'art moderne, Centre Georges Pompidou, Paris, Yves Tanguy, Kat. Nr.15-18, Abb.

111
Sans titre, 1926
Ohne Titel

Tuschfeder auf Papier
33 x 22,8
Signiert und datiert unten rechts:
Yves Tanguy 26
Slg. Gordon Onslow-Ford, Inverness, Kalifornien

Ausst.: 1982, Musée national d'art moderne, Centre Georges Pompidou, Paris, Yves Tanguy, Kat.Nr.19, Abb.
Lit.: G. Onslow-Ford, Painting in the Instant, London 1964, auf dem Titelblatt Vermerk des Autors: »to the eloquent silence on painting of Yves Tanguy«

112
Sans titre, 1926-1927
Ohne Titel

Tuschfeder auf Papier
46,8 x 30

Signiert unten rechts: Yves Tanguy
Privatbesitz, Paris
Lit.: P. Waldberg 1977, Frontispiz

113
Sans titre, 1926-1927
Ohne Titel
Tuschfeder auf Papier
47x29,8
Signiert unten rechts: Yves Tanguy
Privatbesitz Paris
Lit.: P. Waldberg 1977, S. 131

114
Sans titre, 1927
Ohne Titel
Tuschfeder auf Papier
32,5x26
Unsigniert, undatiert
Galerie Rudolf Zwirner, Köln
Ausst.: 1982, Musée national d'art moderne, Centre Georges Pompidou, Paris, Yves Tanguy, Kat. Nr. 20, Abb.

115
Lettre à Paul Eluard, 1933
Brief an Paul Eluard
Tuschfeder und Bleistift auf Papier
26,4x19
Signiert unten Mitte, datiert oben Mitte: Yves et Jeannette, Paris 28 janv. 1933
The Museum of Modern Art, New York, Eluard and Dausse Collection, The Museum of Modern Art Library
Prov.: Slg. Paul Eluard
Ausst.: 1968, The Museum of Modern Art, New York, Dada, Surrealism and their Heritage, Kat. Nr. 126; 1978-1979 Wien, Düsseldorf, Brüssel, Zürich, Oslo, Humkbaek, Surrealism from the Collection of the Museum of Modern Art, New York, Kat. Nr. 59, S. 151, Abb.; 1982, Musée national d'art moderne, Centre Georges Pompidou, Paris, Yves Tanguy, Kat. Nr. 48, Abb.
Lit.: W. S. Rubin, Dada and Surrealistic Art, New York 1968, dt. Stuttgart 1972, S. 198; Pierre Matisse 1963, S. 202

116
Sans titre, 1934
Ohne Titel
Tuschfeder auf Papier
32x34
Signiert und datiert in der Mitte:
Yves Tanguy 34
Privatbesitz, Paris
Ausst.: 1972, Musée des Arts Décoratifs, Paris, Le Surréalisme 1922-1942, Kat. Nr. 432; 1982, Musée national d'art moderne, Centre Georges Pompidou, Paris, Yves Tanguy, Kat. Nr. 55, Abb.

117
Sans titre, 1936
Ohne Titel
Gouache auf Papier
31x23,5
Signiert, datiert und gewidmet unten rechts: A mon ami Hérold, Yves Tanguy 36
Privatbesitz, Paris
Ausst.: 1972, Musée des Arts Décoratifs, Paris, Le Surréalisme 1922-1942, Kat. Nr. 434, Abb.; 1982, Musée national d'art moderne, Centre Georges Pompidou, Paris, Yves Tanguy, Kat. Nr. 60, Abb.

118*
Sans titre, 1936
Ohne Titel
Bleistift auf Papier
4x18
Signiert, datiert und gewidmet unten rechts: Yves Tanguy, amicalement, 24. 11. 36.
Slg. Erica Brausen, London
Ausst.: 1982, Musée national d'art moderne, Centre Georges Pompidou, Paris, Yves Tanguy, Kat. Nr. 61, Abb.

119
Petit personnage familier, 1938
Vertrautes Persönchen
Découpage, aus Einzelteilen zusammengesetzt, Bleistift und Buntstift
23,5x14,5
Signiert, datiert und gewidmet rückseitig auf einem der Elemente, das dem Stand dient: Pour Jacqueline: petit personnage familier, forte amitié, pour mettre dans une cabine, 30 mars 1938, 4 h du matin, son ami insupportable, Yves Tanguy.
Musée national d'art moderne, Centre Georges Pompidou, Paris, Ankauf 1975
Prov.: Slg. Mme Jacqueline Lamba
Ausst.: 1977, Musée national d'art moderne, Paris, Musée national d'art moderne – Acquisitions du Cabinet d'art graphique, 1971-1976, Kat. Nr. 292; 1982, Musée national d'art moderne, Centre Georges Pompidou, Paris, Yves Tanguy, Kat. Nr. 72, Abb.
Lit.: 100 œuvres nouvelles. 1974-1976 Musée national d'art moderne, Centre Georges Pompidou, Paris 1977, S. 131, Abb.

120
Sans titre, 1938
Ohne Titel
Bleistift und Buntstift auf Papier
30,4x23,3
Signiert unten Mitte: Yves Tanguy
The Museum of Modern Art, New York, Legs Kay Sage-Tanguy, 1963
Ausst.: 1982, Musée national d'art moderne, Centre Georges Pompidou, Paris, Yves Tanguy, Kat. Nr. 73, Abb.

121
Sans titre, 1939
Ohne Titel
Bleistift auf Papier
31,4x24,1
Signiert und datiert unten rechts:
Yves Tanguy 39
The Museum of Modern Art, New York, Legs Kay Sage-Tanguy, 1963
Ausst.: 1982, Musée national d'art moderne, Centre Georges Pompidou, Paris, Yves Tanguy, Kat. Nr. 74, Abb.

122*
Sans titre, 1941
Ohne Titel
Zeichnung mit Bleistift und weißer Kreide; einem Notizheft von André Breton, illustriert von Tanguy, entnommen
28x21,3
Signiert und datiert unten rechts:
Yves Tanguy 41.
The Museum of Modern Art, New York; Schenkung Kay Sage-Tanguy
Ausst.: 1982, Musée national d'art moderne, Centre Georges Pompidou, Paris, Yves Tanguy, Kat. Nr. 85, Abb.

123*-125
Dessins pour la revue ›View‹, 1942
Zeichnungen für die Zeitschrift ›View‹, 1942
Signiert und datiert unten rechts:
Yves Tanguy 42 W
The Museum of Modern Art, New York; Legs Kay Sage-Tanguy, 1963
1. Rote Tinte auf rosa Papier
   31,2x24,3
2. Braune Tinte auf blauem Papier
   31,4x23,8
3. Blaue Tinte auf rosa Papier
   30,6x24

Ausst.: 1982, Musée national d'art moderne, Centre Georges Pompidou, Paris, Yves Tanguy, Kat. Nr. 88, Abb.

126
Sans titre [Le Grand nacré au seuil de la nuit], 1942
Ohne Titel [Der große Perlmutterne am Rande der Nacht]
Tuschfeder auf Papier
32x24,5
Signiert und datiert unten rechts:
Yves Tanguy 42
The Museum of Modern Art, New York, Legs Kay Sage-Tanguy, 1963
Ausst.: 1942, Coordinating Council of French Relief Societies, New York, First Papers of Surrealism, Abb.; 1982, Musée national d'art moderne, Centre Georges Pompidou, Paris, Yves Tanguy, Kat. Nr. 90, Abb.
Lit.: A. Breton, Yves Tanguy, New York 1946, S. 60, Abb.; Las Morades, Nr. 12, Lima, Dez. 1947, Abb.

127
Sans titre, 1942
Ohne Titel
Tuschfeder auf Papier
10,3x30,3
Unsigniert, undatiert
The Museum of Modern Art, New York, Legs Kay Sage-Tanguy, 1963
Ausst.: 1982, Musée national d'art moderne, Centre Georges Pompidou, Paris, Yves Tanguy, Kat. Nr. 91, Abb.

128
Sans titre, 1942
Ohne Titel
Tuschfeder auf Papier
25,2x21,2
Signiert und datiert unten rechts:

Yves Tanguy 42
The Museum of Modern Art, New York, Legs Kay Sage-Tanguy, 1963

Ausst.: 1982, Musée national d'art moderne, Centre Georges Pompidou, Paris, Yves Tanguy, Kat. Nr. 92, Abb.

129
Sans titre, 1942
Ohne Titel

Tuschfeder auf Papier
37 x 32,5
Signiert, datiert und gewidmet unten: Pour John Goodwin, affectueusement, Yves Tanguy 42
Pierre Matisse Gallery, New York

Ausst.: 1963, Pierre Matisse Gallery, New York, Gouaches and Drawings by Yves Tanguy, Kat. Nr. 56, Abb.; 1982, Musée national d'art moderne, Centre Georges Pompidou, Paris, Yves Tanguy, Kat. Nr. 94, Abb.

130
Sans titre, 1943
Ohne Titel

Tuschfeder auf Papier
38 x 30,5
Signiert und datiert unten rechts:
Yves Tanguy 43
Slg. Pierre Matisse, New York

Ausst.: 1982, Musée national d'art moderne, Centre Georges Pompidou, Paris, Yves Tanguy, Kat. Nr. 95, Abb.
Lit.: Pierre Matisse 1963, S. 31

131
Sans titre, 1943
Ohne Titel

Tuschfeder auf Papier
34 x 24,5
Signiert und datiert in der Mitte:
Yves Tanguy 43
Privatbesitz, New York

Ausst.: 1963, Pierre Matisse Gallery, New York, Gouaches and Drawings by Yves Tanguy, Kat. Nr. 57; 1982, Musée national d'art moderne, Centre Georges Pompidou, Paris, Yves Tanguy, Kat. Nr. 96, Abb.

132
Sans titre, 1945
Ohne Titel

Tuschfeder und Gouache auf Papier
30,4 x 22,7
Signiert und datiert unten rechts:
Yves Tanguy 45
The Museum of Modern Art, New York, Stiftung Kay Sage-Tanguy 1963

Ausst: 1982, Musée national d'art moderne, Centre Georges Pompidou, Paris, Yves Tanguy, Kat. Nr. 98, Abb.

133
Sans titre, 1947
Ohne Titel

Tuschfeder auf Papier
44,5 x 28,7
Signiert und datiert unten rechts: Yves Tanguy 47. Auf der Rückseite Inschrift: Nina Dausset 2
The Museum of Modern Art, New York, Legs Kay Sage-Tanguy 1963

Ausst.: 1982, Musée national d'art moderne, Centre Georges Pompidou, Paris, Yves Tanguy, Kat. Nr. 105, Abb.

134
Sans titre, 1949
Ohne Titel

Tuschfeder, Bleistift und Aquarell auf Papier
50,4 x 37,3
Signiert und datiert unten rechts:
Yves Tanguy 49
The Museum of Modern Art, New York, Legs Kay Sage-Tanguy, 1963

Ausst.: 1982, Musée national d'art moderne, Centre Georges Pompidou, Paris, Yves Tanguy, Kat. Nr. 108, Abb.

135
Sans titre, 1952
Ohne Titel

Tuschfeder und Bleistift auf Papier
56 x 71
Signiert und datiert unten rechts:
Yves Tanguy 52
Privatbesitz, New York

Ausst.: 1963, Pierre Matisse Gallery, New York, Gouaches and Drawings by Yves Tanguy, Kat. Nr. 72, Abb.; 1982, Musée national d'art moderne, Centre Georges Pompidou, Paris, Yves Tanguy, Kat. Nr. 115, Abb.

136
Sans titre, 1937 (ohne Abb.)
Ohne Titel

Radierung
13,5 x 23,5
Numeriert: 2/10
Signiert, datiert und gewidmet unten rechts:
A Hérold avec l'amitié d'Yves Tanguy 1937
Privatsammlung, Paris

Prov.: Slg. Jacques Hérold

Ausst.: 1982, Musée national d'art moderne, Centre Georges Pompidou, Paris, Yves Tanguy, Kat. Nr. 70, Abb.

136 a
Sans titre, 1939
Ohne Titel

Radierung, Frontispiz zu ›Ma tête à couper‹ von Jehan Mayoux, GLM, Paris 1939
14,7 x 10,2
Privatbesitz, Paris

Prov.: Stanley William Hayter

Ausst.: 1982, Musée national d'art moderne, Centre Georges Pompidou, Paris, Yves Tanguy, a. K.

137
Cadavre exquis, 7. März 1927
Jacques Prévert, André Breton, Yves Tanguy, Camille Goemans
Bleistift und Buntstift auf vierfach gefaltetem Papier, dann entfaltet
19,7 x 14,8
Auf der Rückseite oben links Vermerk: Prévert, Tanguy, Breton, Goemans 7 mars 1927; in der Mitte von der Hand André Bretons von links nach rechts: Goemans, Tanguy, Breton, Prévert
Musée national d'art moderne, Centre Georges Pompidou, Paris, Ankauf 1980

Prov.: Slg. Elisa Breton

Ausst.: 1982, Musée national d'art moderne, Centre Georges Pompidou, Paris, Yves Tanguy, Kat. Nr. 119, Abb.

138
Cadavre exquis, undatiert
Joan Miró, Max Morise, Man Ray, Yves Tanguy

Tuschfeder, Buntstift, Bleistift, Collage auf vierfach gefaltetem Papier, dann entfaltet
36 x 23
Auf der Rückseite oben links Vermerk: Miró, Morise, Man Ray, Tanguy; dann von oben nach unten von der Hand André Bretons: Miró, Morise, Man Ray, Tanguy
Musée national d'art moderne, Centre Georges Pompidou, Paris, Ankauf 1980

Prov.: Slg. Elisa Breton

Ausst.: 1982, Musée national d'art moderne, Centre Georges Pompidou, Paris, Yves Tanguy, Kat. Nr. 120, Abb.

139
Cadavre exquis, undatiert
Yves Tanguy, André Breton...

Buntstift und Bleistift auf dreifach gefaltetem Papier, dann entfaltet
33 x 25
Auf der Rückseite von oben nach unten von der Hand André Bretons: Tanguy/Breton
Musée national d'art moderne, Centre Georges Pompidou, Paris

Prov.: Slg. Elisa Breton

Ausst.: 1982, Musée national d'art moderne, Centre Georges Pompidou, Paris, Yves Tanguy, Kat. Nr. 121, Abb.

140
Cadavre exquis, 17. Mai 1927
Yves Tanguy, Man Ray, Max Morise, André Breton

Tuschfeder, Buntstift und Bleistift auf vierfach gefaltetem Papier, dann entfaltet
31 x 20
Auf der Rückseite unten rechts von der Hand André Bretons: 17 mai 1927, dann von oben nach unten: Tanguy/Man Ray/Morise/Breton. Unten links von einer anderen Hand: Tanguy/ Man Ray/2 M/AB. Musée national d'art moderne, Centre Georges Pompidou, Paris, Ankauf 1980

Prov.: Slg. Elisa Breton

Ausst.: 1982, Musée national d'art moderne, Centre Georges Pompidou, Paris, Yves Tanguy, Kat. Nr. 122, Abb.

141
Cadavre exquis, 1927-1928
Joan Miró, Yves Tanguy, Man Ray, Max Morise

Tuschfeder auf Papier
36 x 24
Signiert auf der Rückseite von André Breton
Slg. Manou Pouderoux, Paris

Ausst.: Musée des Arts Décoratifs, Paris, Le Surréalisme 1922-1942, Kat. Nr. 43, Abb.; 1978, Hayward Gallery, London, Dada and Surrealism Reviewed, Kat. Nr. 9, S. 9, Abb.; 1982, Musée national d'art moderne, Centre

Georges Pompidou, Paris, Yves Tanguy, Kat. Nr. 123, Abb.
Lit.: Le Surréalisme en 1929, Sonderausgabe, Variétés, Brüssel, Juni 1929, Abb.

142
Cadavre exquis, 1934
Jacques Hérold, André Breton, Victor Brauner, Yves Tanguy
Bleistift auf Papier
26 x 17
Privatbesitz, Paris
Prov.: Slg. Jacques Hérold
Ausst.: 1972, Musée des Arts Décoratifs, Paris, Le Surréalisme 1922-1942, Kat. Nr. 52; 1982, Musée national d'art moderne, Centre Georges Pompidou, Paris, Yves Tanguy, Kat. Nr. 124, Abb.

143
Cadavre exquis, 1934
André Breton, Victor Brauner, Yves Tanguy, Jacques Hérold
Bleistift auf Papier
26 x 17
Privatbesitz, Paris
Prov.: Slg. Jacques Hérold
Ausst.: 1972, Musée des Arts Décoratifs, Paris, Le Surréalisme 1922-1942, Kat. Nr. 51; 1982, Musée national d'art moderne, Centre Georges Pompidou, Paris, Yves Tanguy, Kat. Nr. 125, Abb.

144
Benjamin Péret
Dormir, dormir dans les pierres
Illustriert von Yves Tanguy
Edition Surréaliste, Paris 1927
P. Chardourne gewidmet
Slg. Dominique Rabourdin, Paris

145
Benjamin Péret
Dormir, dormir dans les pierres
Illustriert von Yves Tanguy
Edition Surréaliste, Paris 1927
Auf dem Umschlag handschriftliche Widmung Benjamin Pérets an Yves Tanguy
Slg. Walther König, Köln

146
Georges Platt Lynes
Porträt Yves Tanguy, nach 1941
Fotografie
Slg. Mme Suzanne Cordonnier, Hermes

Konkordanz

M = Pierre Matisse, New York 1963
P = Katalog Paris 1982
B-B = Katalog Baden-Baden 1982

M	P	B-B
–	2	2
–	3	–
3	4	3
4	1	1
5	5	4
8	8	5
9	6	6
10	7	7
11	10	8*
14	9	9
16	–	10
17	21	15*
20	11	11
22	24	12
25	22	13*
26	23	14
30	26	16
31	25	17
35	–	18
37	27	19
38	29	20
39	28*	24
41	32	–
42	33*	–
49	37	30
63	30	21
64	31	22
–	–	23
65	34	25
69	40	27

M	P	B-B
70	35	28
71	36	29
78	38	31
80	–	32
86	–	33
90	–	34
91	39	26
93	43	35
95	42	36
99	–	37
101	–	38
102	–	39
103	41	40
106	–	41
107	44	–
111	45	42
113	46	43
119	47	44*
120	–	45
124	–	46
128	49	47
130	50	48
131	56	53
132	57	54
–	51	49
–	52	50
134	53	51
139	54*	52*
142	59	56
149	58	55

M	P	B-B
155	–	57
–	64	61
173	66	63
179	65*	62
181	62	59
183	63	60
196	67	64
199	69	65
208	68	66
212	–	67
215	71	70
219	–	68
222	–	69
236	–	71
240	78	75
244	79	76
245	75*	72*
–	76	73*
–	77	74
251	80	77
276	83	79
283	82	–
284	81	78
294	89	83
296	86	81
297	84	80
300	87	82
318	93	84
328	97	85
345	99	86

M	P	B-B
356	100	87
364	102	89
370	101	88
–	103	90
–	104	91
389	106	92
403	107	93
415	109	94*
421	110	95
422	113	98
429	111	96
431	112	97*
443	114	99
457	116	100
461	117	101
462	118	102
–	12	103
–	–	104
–	13	105
–	14	106
–	15	107
–	16	108
–	17	109
–	18	110
–	19	111
–	–	112
–	–	113
–	20	114
–	48	115
–	55	116

M	P	B-B
–	60	117
–	61*	118*
–	70	–
–	72	119
–	73	120
–	74	121
–	85	122*
–	88,1	123*
–	88,2	124
–	88,3	125
–	90	126
–	91	127
–	92	128
–	94	129
–	95	130
–	96	131
–	98	132
–	105	133
–	108	134
–	115	135
–	119	137
–	120	138
–	121	139
–	122	140
–	123	141
–	124	142
–	125	143
–	–	144
–	–	145
–	–	146

Biographie

1900
Yves Tanguy wird am 5. Januar in Paris, im Marineministerium, Place de la Concorde, geboren. Sein Vater, Felix Tanguy, geboren in Brest, Sohn und Enkel von Seefahrern, ehemals Kapitän, ist dort als Aufseher der niederen Angestellten beschäftigt. Seine Mutter, Thérèse Coadou, geb. in Piogonnec bei Locronan im Finistère, stammt aus bäuerlichen Verhältnissen; sie ist sehr fromm. Drei Kinder kommen vor Yves zur Welt: Emilie, René und Henri.

1907
Nach dem Tod seines Vaters wird Yves, damals sieben Jahre alt, zu einer Kusine, Henriette Courtois, nach Pont-Rousseau bei Nantes geschickt, anschließend nach Plestin-Les-Grèves im Département Côte-du-Nord, zu einer Verwandten namens Nedelec, bei der er vier Jahre bleibt.

1912
Rückkehr nach Paris. Seine Familie verläßt die Rue du Cherche-Midi und zieht in ein neues Domizil in der Rue Coëtlogon. Studien im Lycée Montaigne, wo Pierre Matisse sein Schulkamerad ist.
Tanguys Mutter kauft die Propstei von Locronan.

1914
Tod seines Bruders Henri, der in Longwy fällt. Der geringe Schuleifer, der vorzeitige Genuß von Alkohol und gelegentlich von Äther, geben einer Jugend, die aufrührerisch und einsam zu werden droht, bald eine ›Rimbaudsche‹ Aura.
Erster Kontakt mit der Malerei: Bei einem Besuch im Atelier von Matisse macht das *Intérieur aux poissons rouges* einen bleibenden Eindruck auf ihn.

1916-1918
Seine Mutter zieht sich endgültig nach Locronan zurück und überläßt es ihrer ältesten Tochter Emilie, für die Pflege und Erziehung von Yves zu sorgen. Eine schwierige Aufgabe: Das Schuleschwänzen und die rebellischen Auftritte werden zur Gewohnheit.
In den Ferien besucht Yves seine Mutter in Locronan. Wanderungen in der bretonischen Heide, die in besonderem Maße Heimat keltischer Mythen und Legenden ist: Legenden von der Stadt Ys, der unzüchtigen und gottlosen Stadt der Prinzessin Dahut, Tochter des Königs Ronan, die plötzlich in der Bucht von Douarnenez versank, von Belen, dem Gott des Feuers und von Marc, dem Gott des Pferdes; von der Sirene Morgane, der Gebieterin über das Wasser und, gleichzeitig, Lehrmeisterin der ausgelassenen Spiele... Alles in der Umgebung von Locronan, das Heiligtum von Plomodiern, auf dem erloschenen Vulkan Menez-Hom errichtet, und die Steinhaufen von Tregarvan, wo die sterblichen Reste des Königs Marc bestattet

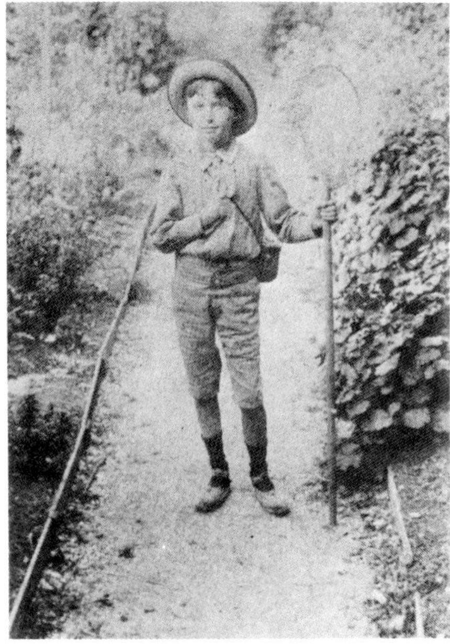
Yves Tanguy als Schmetterlingsjäger

Henri Matisse: Musikstunde, 1916, Detail mit Marguerite und Pierre Matisse
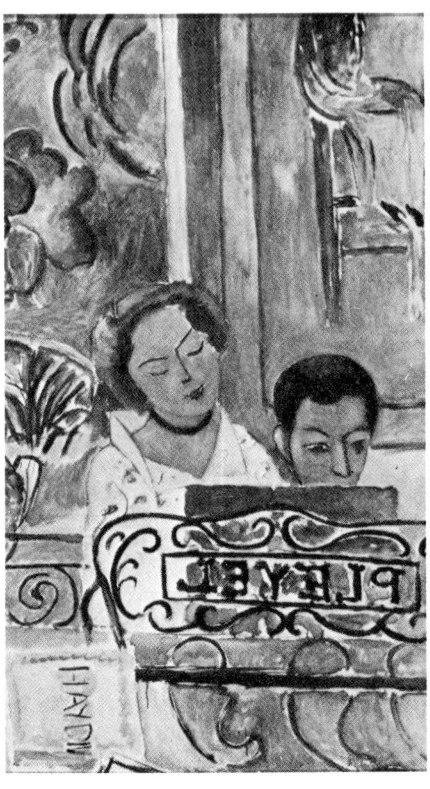

sein sollen, alles weist in die Welt des ›Wunderbaren‹ und mußte die phantasievolle Empfindsamkeit Yves Tanguys stark berühren und sich seinem Gedächtnis einprägen.
Er hilft den Bauern und Fischern bei ihrer Arbeit.

1918-1919
Zwei Jahre auf See.
Rückkehr an Bord des Dampfers ›Bougainville‹ als Offiziersanwärter.

1920
Militärdienst in der Kaserne von Lunéville, wo Tanguy durch seinen aufrührerischen Geist auffällt. Er schließt sich dort Jacques Prévert an, der mit ihm den Sinn für das Absurde und die Vorliebe für Spott und systematische Verwirrung teilt.
Tanguy tritt als Freiwilliger in das afrikanische Jäger-Corps ein und wird nach Foum-Tatahouine in Süd-Tunesien geschickt: Starke Afrika-Eindrücke.
Jacques Prévert wird nach Pont-Saint-Esprit gesandt und dann nach Istanbul, wo er Marcel Duhamel begegnet.

1922-1923
Nach seiner Entlassung kehrt Tanguy nach Paris zurück, schließt Freundschaft mit seiner zukünftigen Lebensgefährtin, Jeannette Ducrocq und trifft Jacques Prévert wieder, der ihn Marcel Duhamel vorstellt: Das Trio schließt sich zusammen. Die Freundschaftsbande haben bald Vorrang vor den familiären Bindungen. Yves, der noch immer mit seiner Schwester Emilie in der Rue Coëtlogon wohnt und keine Berufsausbildung hat, befaßt sich mit Basteleien – er erweist sich als begabter Schreiner – und findet weitere kleine Beschäftigungen: Als Zeitungsverkäufer, Straßenbahnführer, Packer in den ›Hallen‹, Angestellter des ›Argus de la Presse‹ usw.
Jacques Prévert, der ebenfalls bei seiner Familie , in der Rue du Vieux-Colombier wohnt, ist bereits ein leidenschaftlicher Kinobesucher wie sein Bruder Pierre und trifft seine zukünftige Lebensgefährtin, Simone Dienne. Marcel Duhamel strebt eine Hotelier-Karriere an. Er übernimmt zu diesem Zeitpunkt die Leitung des Hotel Grosvenor in der Rue Pierre-Charron in Paris. Die Freunde finden sich auf dem Montparnasse wieder. Für alle, außer für Duhamel, der den anglomanen Dandy spielt, wird die Not Dauerzustand. Noch keiner von ihnen denkt daran, zu schreiben oder zu malen.

Ende 1923
Entscheidende Wende für Tanguy: Von der Plattform eines Autobusses bemerkt er zwei Bilder von Giorgio de Chirico, darunter *Le Cerveau de l'enfant* (das bereits André Breton gehört) im Schaufenster des Händlers Paul Guilleaume in der Rue de la Boétie. Sie wirken auf ihn wie eine ›Offenbarung‹. Er beschließt zu malen.
Erste Zeichnungen, ausgeführt auf Café-Ter-

rassen, in expressionistischer Manier; Tanguy wird von Vlaminck entdeckt, der den Kunstkritiker Florent Fels, Leiter der Zeitschrift ›L'Art Vivant‹, auf ihn aufmerksam macht.
Marcel Duhamel mietet einen kleinen, heruntergekommenen Pavillon in der Rue du Château hinter dem Bahnhof Montparnasse, in einem immer noch sehr volkstümlichen Viertel, um seine Freunde dort unterzubringen.
Für das Trio der Rue du Château und ihre Frauen beginnt das Leben. Die Ausstattung des Pavillons, hauptsächlich von Tanguy besorgt, mußte durch ihren ungezwungenen Einfallsreichtum den Besucher in Erstaunen versetzen: Collagen-Wände aus bemaltem Papier und Tapetenstoff (Lurçat, Pierre Charreau), Kino-Anzeigen und Werbeplakate, noch belebt durch Zickzack-Spiegel, inspiriert von dem Film ›Doktor Caligari‹; dazu ein rustikales, einfaches und erfindungsreiches Mobiliar, grün angestrichen und von Tanguy eigenhändig angefertigt. Das Gedicht ›Les frères La Côte‹ von Aragon (das im darauffolgenden Jahr in der Nr. 4 der Zeitschrift ›La Révolution Surréaliste‹ erschien), von Yves auf die Wand kalligraphiert, mußte ebenfalls eine atmosphärische Wirkung erzeugen, die sich außerhalb des Gewohnten entfaltete.
Zu der obligatorischen Lektüre der jungen Intellektuellen jener Epoche kommen für sie noch die Abenteuerromane und andere populäre Fortsetzungsromane hinzu: Eugène Sue, Gaston Leroux und Pierre Souvestre, dessen Fantômas-Serie, die damals verfilmt wird, begeistern sie. Außerdem Nick Carter, Sâr Dubnotal, Buffalo-Bill, Texas Jack u. a., denen Robert Desnos einen Artikel in der Zeitschrift ›Transition‹ widmen wird.
Gleichzeitig erregt das Erscheinen des ›Manifeste du Surréalisme‹ von André Breton und der Zeitschrift ›La Révolution Surréaliste‹, deren erste Nummer im Oktober herauskommt, das Interesse Tanguys und seiner Freunde.
Zeichnungen, einige Gouachen und Aquarelle, oft sehr humorvoll, direkt vom Film und von der Music Hall inspiriert: Ihre naive und ungestüme Ausführung bringt sie in die Nähe des deutschen Expressionismus und, mehr noch, der Werke von Max Ernst aus den Jahren 1919-1920.
Der Film füllt den größten Teil ihrer Zeit aus: Filme von W. Wellmann, von F. Borrage, T. Browning und G. O. Brien; zwei Filme von Louis Dellac, von Marcel L'Herbier, von Jean Epstein. Ihre Vorliebe gehört den Fortsetzungsfilmen, wie ›Les Vampires‹ und ›Les Mystères de New York‹, sowie den deutschen expressionistischen Filmen, z. B. ›Nosferatu‹ von Murnau und ›Die freudlose Gasse‹ von Pabst.
Ebenso das Theater und die Music Hall: Die russischen Ballette von Nikita Balief, die Tanguy zu einer Gouachezeichnung anregen, ›L'Enfant Truqué‹ von Georges Natanson usw.; im darauffolgenden Jahr die erste ›Neger-Revue‹ im Théâtre des Champs-Elysées mit Josephine Baker und Sidney Bechet.
Von 1923 an entführt Tanguy Jacques und Pierre Prévert, Marcel Duhamel und ihre jeweiligen Begleiterinnen jeden Sommer zu Ferien in die Bretagne.

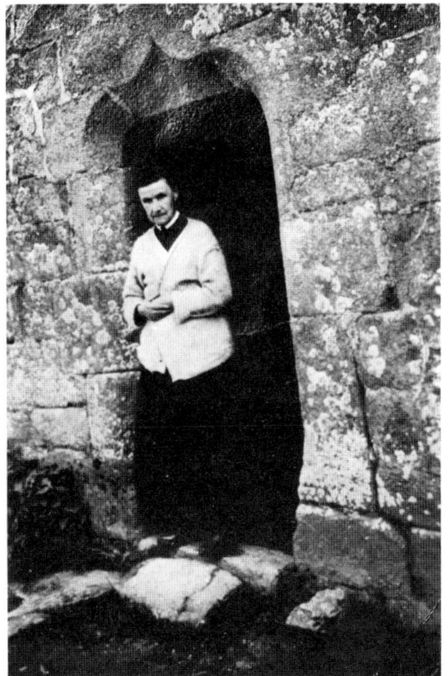

Yves Tanguys Mutter in Locronan

Yves Tanguy in Foum Tatahouine, 1921

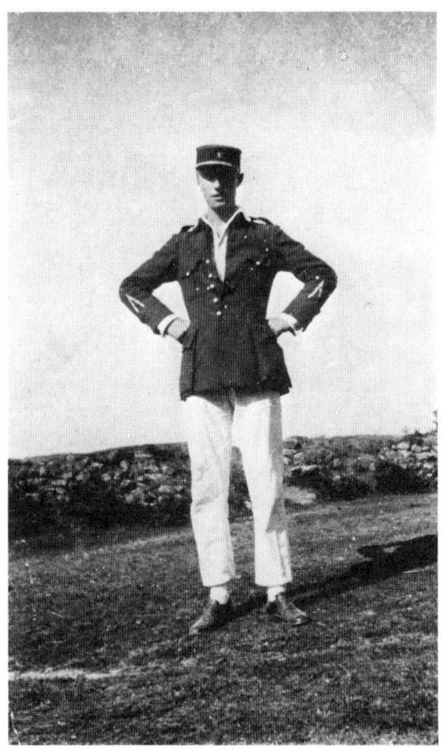

1925

Florent Fels lädt Tanguy ein, mit drei Zeichnungen am ›Salon de l'Araignée‹ teilzunehmen.
Marcel Duhamel schenkt ihm Malutensilien.
Erste Begegnungen mit den Surrealisten durch Vermittlung von Florent Fels: Robert Desnos, Malkine und André Masson, ihre Nachbarn im Café Cosmos, werden bald in der Rue du Château eingeführt und sofort aufgenommen. Es folgen Benjamin Péret und Louis Aragon.
Im November besucht Tanguy die von der Galerie Pierre organisierte Ausstellung ›La Peinture surréaliste‹, wo er Werke von de Chirico, Arp, Ernst, Klee, Masson, Miró, Picasso und Pierre Roy sieht, die im Katalog von Robert Desnos und André Breton vorgestellt werden. Vermutlich hatte Tanguy auch die Miró-Ausstellung, die im Juni in der Galerie Pierre stattfand (mit einer Einführung von Benjamin Péret), und die Ausstellung der Aquarelle Paul Klees in der Galerie Vavin-Raspail gesehen, die ihrerseits von Aragon und Eluard präsentiert wurde. Wahrscheinlich hat Tanguy zu diesem Zeitpunkt eine ganze Reihe seiner älteren Gouachen und Ölbilder zerstört.

Dezember

In der Begleitung von Marcel Duhamel lernt er André Breton kennen, der ihn in die Rue Fontaine einlädt. Der Einfluß Bretons auf Tanguy und die Entwicklung seines Werkes wird entscheidend. Bis zu seiner Abreise in die Vereinigten Staaten bewahrt Tanguy ihm seine unverbrüchliche Treue und Freundschaft.
Als auch noch Joan Miró, Max Morise, Man Ray, Raymond Queneau, Roland Tual, Michel Leiris und, später, Georges Sadoul und André Thirion ständige Gäste in der Rue du Château 54 werden, wird dies eine der lebhaftesten und turbulentesten Stätten des Surrealismus.
Experimente mit Kollektivspielen, besonders dem *Cadavre exquis*.
Serie *dessins automatique* mit Bleistift oder Feder, bei gleichzeitiger Einführung der Frottage- und Grattage-Technik.
Serie von dadaistisch inspirierten Collagen.
Erste Reproduktion eines Werkes von Tanguy *(L'Anneau d'indivisibilité)* in Nr. 7 der Zeitschrift ›La Révolution Surréaliste‹ Juni, sodann in Nr. 8 (Dezember, *Les Animaux perdus)*.
Abkommen mit André Lefebvre-Foinet, der ihn mit Material versorgt, für das Tanguy zum Teil mit Bildern bezahlt. Die ›Galerie Surréaliste‹ öffnet ihm von diesem Zeitpunkt an ihre Tore.
Sommer mit Prévert, Duhamel, Benjamin Péret, Roland Tual u.a. in der Bretagne, dann in Sanary, bei André Masson.

1927

Zeit intensiven Malens.

Mai-Juni

Auf Anregung von Desnos und Masson, der Tanguy zunächst einmal Kahnweiler vorstellt (begeistert von dem Werk, war dieser bereit, ihn für seine Galerie unter Vertrag zu nehmen), organisiert Roland Tual seine erste eigene Ausstellung in der ›Galerie Surréaliste‹, Rue Jacques Callot: ›Yves Tanguy et objets d'Amérique‹, die 23 neuere Werke umfaßt.

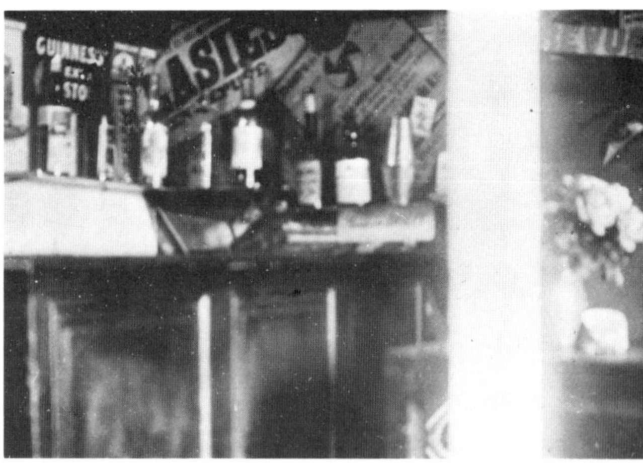

Die Rue du Château 54

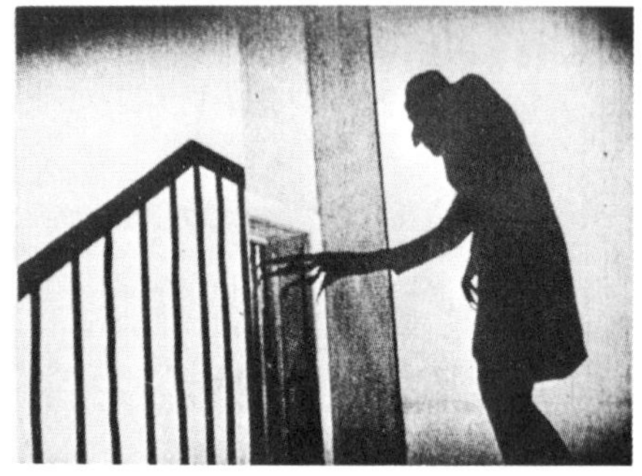

›Nosferatu‹, Szenenfoto aus dem gleichnamigen Film von F. W. Murnau, 1922

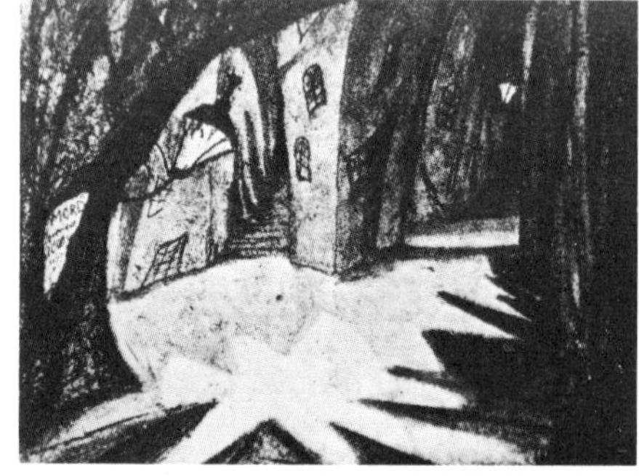

Hermann Warm: Dekorationsentwurf für den Film ›Das Kabinett des Dr. Caligari‹ von Robert Wiene, 1919

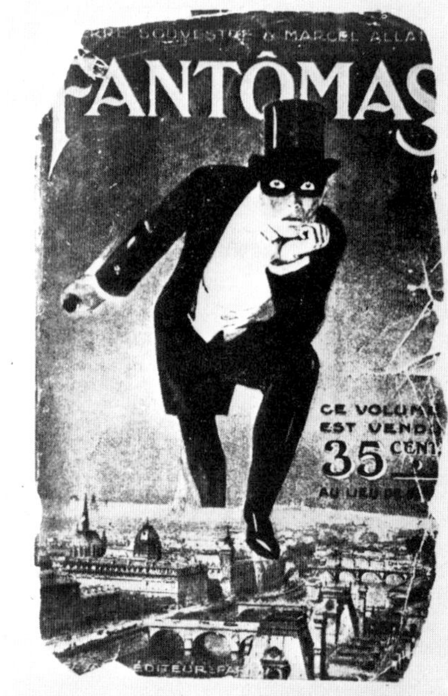

Pierre Souvestre – Marcel Allain, Fantômas, Bd. I, 1911-1912, A. Fayard (Slg. Robert Desnos)

Jacques Prévert und Marcel Duhamel

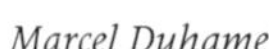

Marcel Duhamel

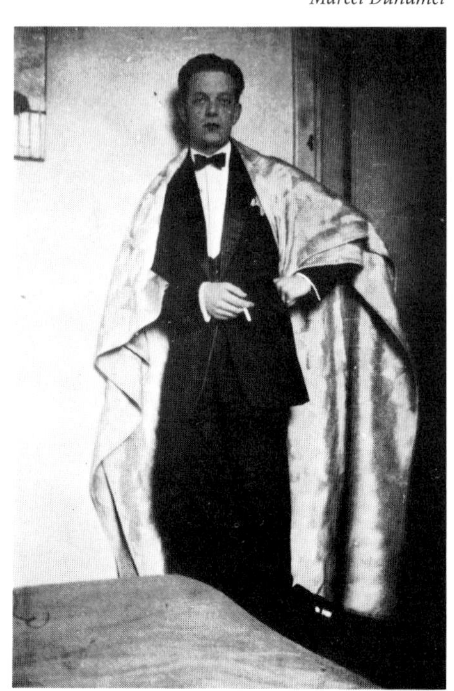

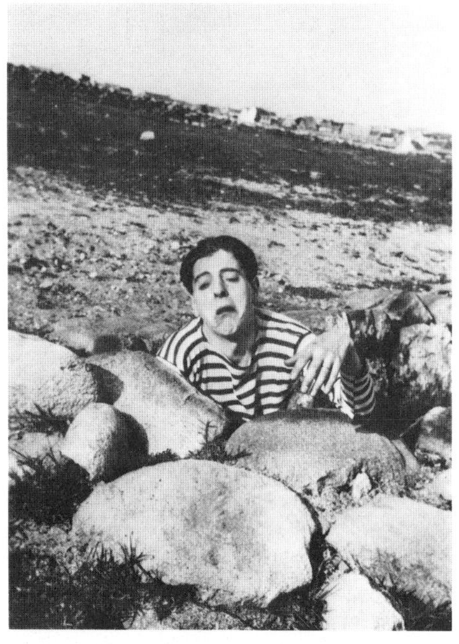

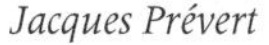

Jacques Prévert

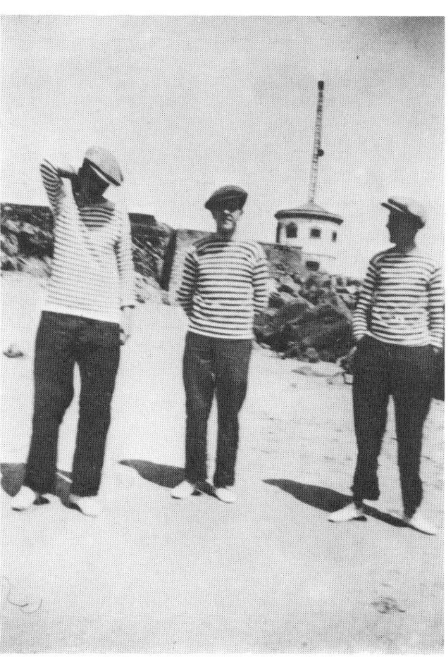

Yves Tanguy, Jacques und Pierre Prévert, Locronan

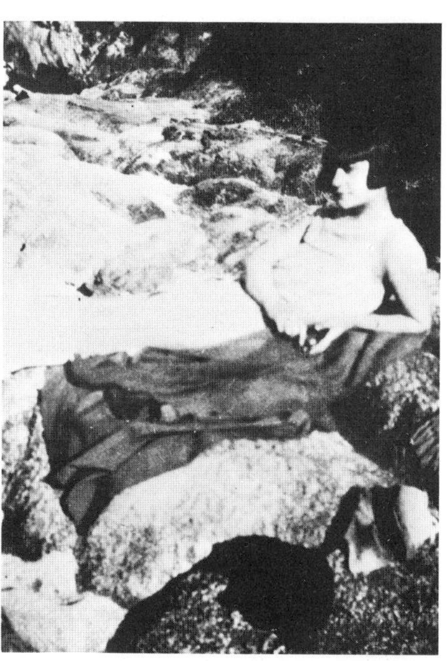

Jeannette Ducrocq, Locronan, 1925

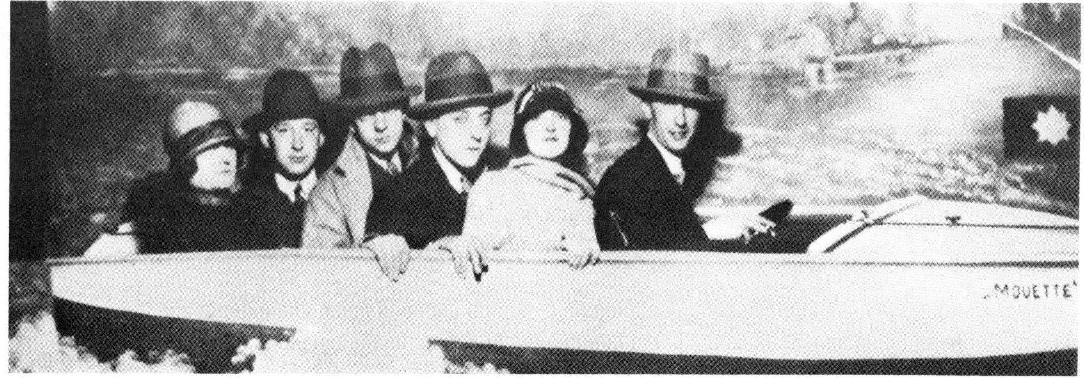

Jeannette Ducrocq, Bazar, Marcel Duhamel, Jacques Prévert und eine Freundin auf dem Jahrmarkt in Neu-Neu, 1924

Die Rue de la Santé, Szenenfoto aus dem Film ›Paris la Belle‹ von Jacques Prévert, 1929

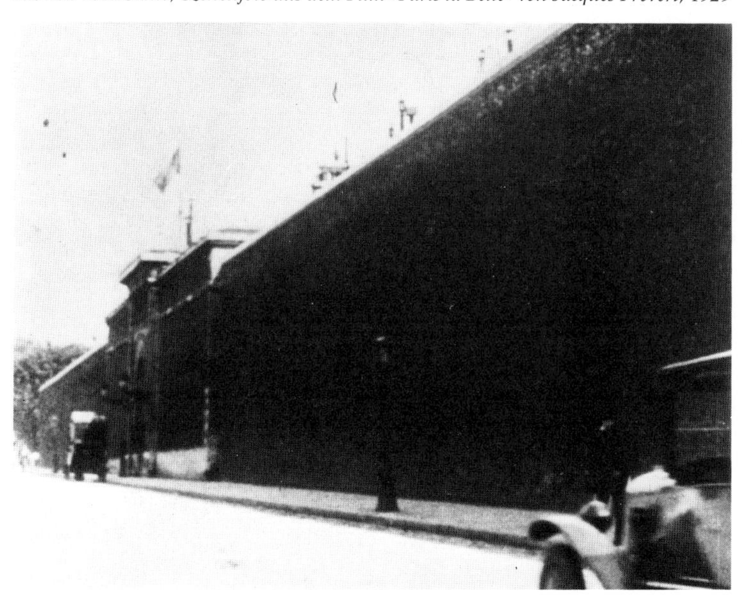

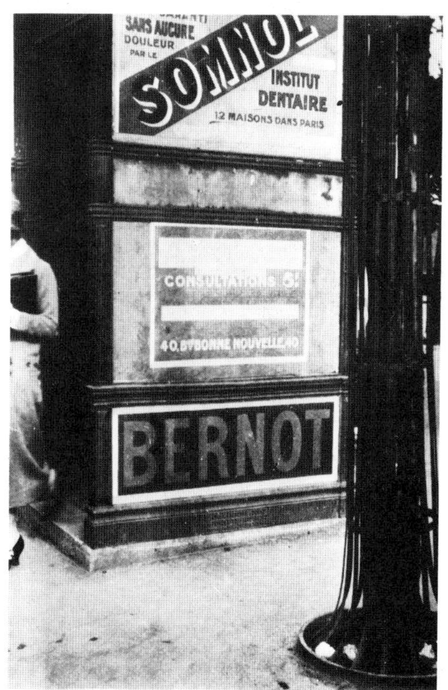

Jacques Prévert: Straßenfoto, Paris

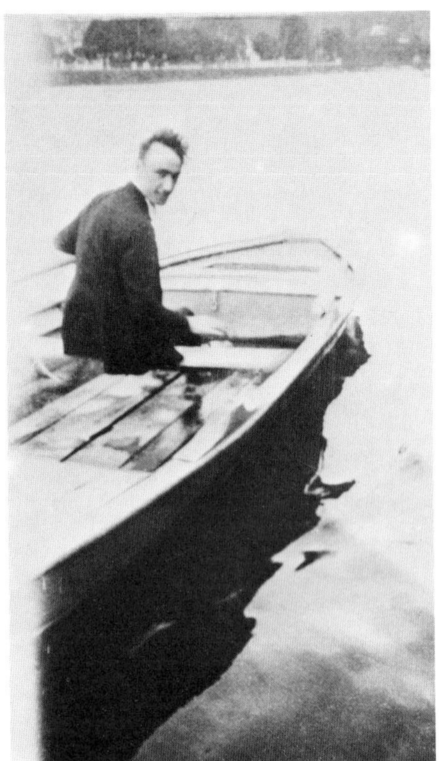

Yves Tanguy

Die Aufnahme durch die Surrealisten (mehrere Bilder waren schon in ihrem Besitz) ist einstimmig wohlwollend und bringt Tanguy den Beifall und die Ermutigung, die er braucht. André Breton schreibt ein Vorwort für den Katalog, das im darauffolgenden Jahr in ›Le Surréalisme et la peinture‹ erneut publiziert wird. Im selben Jahr erste Ausstellung von Hans Arp in der ›Galerie Surréaliste‹ sowie von Styrsky und Toyen in der Galerie Vavin. Auf sie wird Tanguy einen beachtlichen Einfluß ausüben.

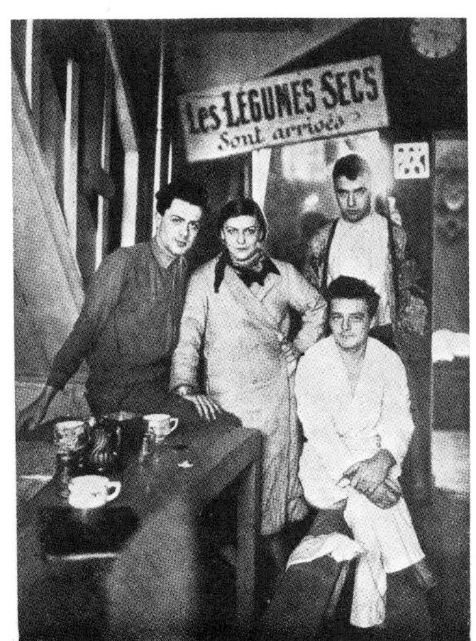

Man Ray: Rue du Château 1928, André Thirion, Cora A…, Frédéric Mégret, Georges Sadoul

Tanguy illustriert mit 10 Zeichnungen und drei aquarellierten Drucken als Bildbeigabe das Werk Benjamin Pérets, ›Dormir, Dormir dans les pierres‹, das in der Zeitschrift ›Editions Surréalistes‹ erschienen ist. Von nun an illustriert er zahlreiche Publikationen seiner Literaten-Freunde.
Yves Tanguy und Jeannette heiraten. Zu diesem Zeitpunkt lernt Tanguy Max Ernst kennen, mit dessen Werk er schon vertraut ist.

1928
Tanguy, Prévert und Duhamel verlassen die Rue du Château, in die nun Georges Sadoul, André Thirion und Louis Aragon einziehen. Tanguy richtet sich mit Jeannette im Medical Hôtel, Boulevard Arago, ein, dann im Terrass' Hôtel, in dem er ein Studio bewohnt. Die materielle Situation ist schwierig. Simone Kahn kauft ihm einige Bilder ab, ebenso ihre Schwester, Jeannine Queneau.

April
Tanguy beteiligt sich an der ›Exposition Surréaliste‹ in der Galerie ›Le Sacre du Printemps‹, zusammen mit Arp, de Chirico, Max Ernst, Malkine, Masson, Miró, Picabia und Pierre Roy, sowie an den ›Recherches sur la sexualité‹, die von Aragon, Breton, Duhamel, Naville, Prévert u. a. durchgeführt und in der Zeitschrift ›La Révolution Surréaliste‹, Nr. 11 (15. März) veröffentlicht werden. In ›Surréalisme et la peinture‹ von André Breton werden sechs Bilder aus dem Jahre 1927 reproduziert: *Rêveuse, On sonne, Il faisait ce qu'il voulait, Un Grand tableau qui représente un paysage, Extinction des lumières inutiles* und *Maman, Papa est blessé!*
Marcel Duhamel und Pierre Prévert drehen ihren ersten Film: ›Paris la Belle‹. Bestimmte Sequenzen daraus spiegeln die Vorlieben der Rue du Château (›Fantômas‹) und die von Tanguy bevorzugten Orte (Rue de la Santé) wider.

1929 Juni
Die Sondernummer der Zeitschrift ›Variétés‹, die auf Veranlassung von E. L. T. Mesens in Brüssel herauskommt und die den Titel ›Le Surréalisme en 1929‹ trägt, räumt ihm einen beachtlichen Platz ein: Zwei Illustrationen (*Proésépé*, 1929 und *Vieil horizon*, 1928), sein Porträt, ausgeführt von Man Ray, und die Reproduktion von vier ›Cadavres exquis‹, die unter Mitwirkung von Joan Miró, Max Morise und Man Ray entstanden sind, werden ebenso veröffentlicht wie ›Jeux surréalistes‹, an denen André Breton, Pierre Unik, Benjamin Péret, Louis Aragon u. a. beteiligt waren.
Parallel dazu werden in der Zeitschrift ›La Révolution Surréaliste‹, Nr. 12 (15. Dez.) zwei Werke aus dem Jahre 1929 veröffentlicht, *Tes bougies bougent* und *L'Inspiration*.

Oktober
Tanguy stellt in der Galerie Goemans, Rue de Seine, zusammen mit Hans Arp, René Magritte und Salvador Dali aus. Letzterer hat im selben Jahr und in derselben Galerie seine erste eigene Ausstellung, die seinen offiziellen Eintritt in die Gruppe der Surrealisten bedeutet. Eluard und Breton bereiten ihm eine enthusiastische Aufnahme.

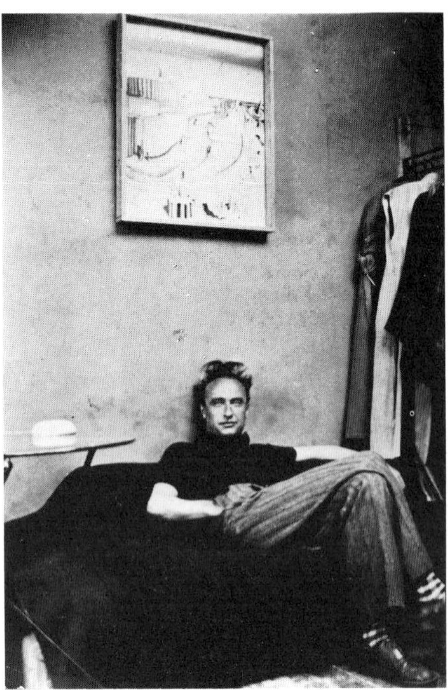

Yves Tanguy in der Rue du Moulin-Vert. An der Wand sein Gemälde: Der Palast auf einem Vorgebirge, 1930

1930
Reise nach Nordafrika, in Begleitung von Jeannette. Nach Paris zurückgekehrt, zieht Tanguy in die Rue du Moulin Vert, wo Victor Brauner und Alberto Giacometti seine Nachbarn sind. Es entsteht eine kleine Gruppe von Bildern, deren Entwurf er auf die Leinwand zeichnet (u. a. *Légendes ni figures, L'Armoire de Protée, La Tour de l'ouest*).

März
Tanguy nimmt teil an der Collagen-Ausstellung in der Galerie Goemans: Arp, Braque, Dali, Duchamp, Ernst, Gris, Miró, Magritte, Man Ray, Picabia, Picasso.
Seine Bindung an den orthodoxen Surrealismus bestätigt sich. Als Antwort auf das Erscheinen des Pamphlets gegen Breton, ›Un Cadavre‹, verfaßt von Desnos, Bataille, Leiris, Baron, Morise, Prévert, bricht er, nicht ohne Bedenken, mit seinen alten Freunden und folgt der von Breton vorgezeichneten politischen Linie. Er nimmt treu und beharrlich an den Zusam-

Jeannette Tanguy

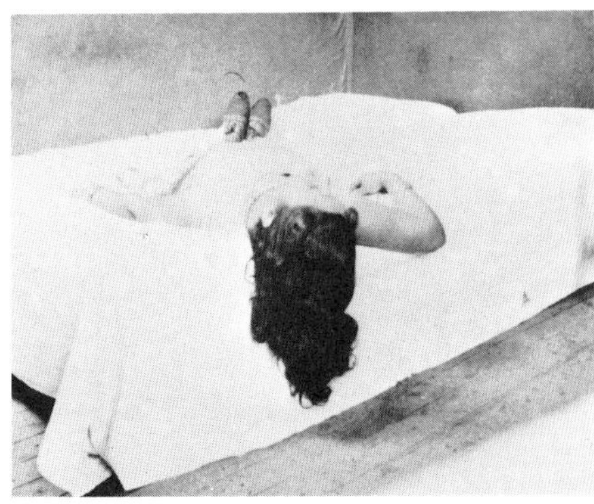

menkünften der Place Blanche teil und unterzeichnet bis zu seiner Abreise in die Vereinigten Staaten die gemeinsamen Deklarationen. Im Oktober-November beteiligt er sich mit drei Werken (*Mottes de Terre, Fraude dans un jardin* und *L'Orage* an der Ausstellung anläßlich der Uraufführung des Films ›L'Age d'or‹. Das Programmheft für diesen Film illustriert er mit zwei Zeichnungen.

1931
Er unterzeichnet die von den Surrealisten im Zusammenhang mit der ›L'Age d'or‹-Affäre verfaßte Flugschrift sowie zwei weitere Schriften, ›Ne visitez pas l'exposition colonial‹ (Mai) und ›Premier bilan de l'exposition coloniale‹ (Juli). Auf Bitten von André Thirion gestaltet er mit Aragon und Eluard einen Saal in der Ausstellung ›La Vérité sur les colonies‹ in der Rue Mathurin-Moreau 8.
Er schließt zu diesem Zeitpunkt enge Freundschaft mit Jacques Hérold, einem jungen rumänischen Künstler, der bis 1934 als Ateliergehilfe bei Brancusi arbeitet.

1932
Marcel Jean macht Tanguys Bekanntschaft. Es entwickelt sich eine starke freundschaftliche Beziehung, die nach der Abreise Tanguys in die Vereinigten Staaten in einer regen Korrespondenz ihren Ausdruck findet.
Paul Eluard widmet Tanguy in ›La Vie immédiate‹ das Gedicht, ›Un soir, tous les soirs et ce soir comme les autres...‹ (Mit einer Radierung von Tanguy erschienen im Verlag ›Editions des Cahiers Libres‹).
Tanguy nimmt in der Affäre Aragon die Haltung Bretons ein und unterzeichnet zwei Manifeste ›L'Affaire Aragon‹ und ›Paillasse!‹ (März).

1933 Februar
Tanguy nimmt zusammen mit A. Breton, M. Bellon, R. Caillois, Crevel, Dali, Eluard, Giacometti, Monnerot, C. Moro, B. Péret u.a. an den ›Recherches expérimentales sur la connaissance irrationelle de l'objets‹ teil, die in der Zeitschrift ›Le Surréalisme au Service de la Révolution‹, Nr. 6 (15. Mai) mit Tanguys Zeichnung *Vie de l'objet* veröffentlicht werden.

Juni
In der Surrealisten-Ausstellung der Galerie Pierre Colle zeigt Tanguy Objekte und vier Gemälde: *Le Ruban des excès, Un Risque dans chaque main, L'Obsession de la prophétie, L'Opinion des oiseaux.*

1934
Tanguy nimmt an den Zusammenkünften der ›Contre-attaque‹ teil, die die Versöhnung von Bataille und Breton bedeuten. Er schließt sich in dieser Zeit enger an Marcel Duchamp und Max Ernst an, seinen Nachbarn in der Rue des Plantes.

Mai-Juni
Tanguy nimmt an der ›Exposition Minotaure‹ im Palais des Beaux-Arts in Brüssel teil; diese Zeitschrift veröffentlicht in der Nr. 5 mehrere Reproduktionen seiner neueren Bilder: *La Balance parfaite, Le Jardin sombre, Le Fond de la tour, La Certitude du jamais vu* und *Le Balcon.*
Zum ersten Mal widmen ihm anerkannte Kunsthistoriker einen Artikel. (Germain Bazin und Jean Cassou in ›L'Amour de l'Art‹, Bd. 15, Nr. 3.)

1935 Mai
In der ›Exposition Internationale du Surréalisme de l'Ateneo de Santa Cruz‹ auf Teneriffa zeigt Tanguy vier Gemälde: *Les Otages, Novembre, Les Survivants, Fraude dans un jardin,* sieben Zeichnungen und Gouachen.

Juni
Zweite eigene Ausstellung auf Initiative von Yvonne Zervos in der Galerie ›Les Cahiers d'Art‹ in Paris, die kein Presseecho zeigt.
Benjamin Péret widmet ihm ein Gedicht:
›Yves Tanguy ou L'Anatife torpille les Jivaros‹, veröffentlicht in der Zeitschrift ›Cahiers d'Art‹, Bd. 10, Nr. 5-6.
Tanguy nimmt weiterhin an den Aktivitäten der Surrealisten teil. Er unterschreibt die beiden Manifeste ›Contre-attaque‹ (Gegenangriff) und ›Du temps que les surréalistes avaient raison‹ (Als die Surrealisten noch recht hatten) und beteiligt sich an dem Plan für den ›Cycle systématique de conférences sur les plus récentes positions du surréalisme‹ (Im festgelegten Turnus stattfindende Konferenzen, die sich mit den neuesten Positionen des Surrealismus befassen.)

September
Er ist mit vier Werken in der ›Exposition Surréaliste‹ vertreten, die im Ausstellungsgebäude der Gemeinde La Louvière in Belgien veranstaltet wird.

November-Dezember
Erste eigene Ausstellung in den Vereinigten Staaten, in der Stanley Rose Gallery, Hollywood, wo zweiunddreißig Werke, die nach 1931 entstanden sind, gezeigt werden. James T. Soby bemerkt in dem Aufsatz ›After Picasso‹, daß »Dali ihm viel zu verdanken hat«.

Dezember
Tanguy nimmt an der Ausstellung ›Dessins Surréalistes‹ in der Galérie des Quatre Chemins in Paris teil. Im Einladungsheft erklärt er: »Ich erwarte nichts von meiner Reflexion, aber ich bin meiner Reflexe sicher.«

1936
Das Interesse amerikanischer Kunstkreise an seinem Werk bestätigt sich: Zwei eigene Ausstellungen werden ihm gewidmet; die erste im März in der Julien Levy Gallery, New York, mit zehn Gemälden, Zeichnungen und Gouachen; die zweite in den Howard Putzel Galleries, Hollywood und San Francisco.
Alfred Barr nimmt ihn in die Sammlung des Museum of Modern Art auf, indem er durch Vermittlung von Paul Eluard zwei der wichtigsten Gemälde der Anfangszeit kauft: *Maman, Papa est blessé!* und *Extinction des lumières inutiles.*
Er fordert ihn außerdem zur Teilnahme an den beiden thematischen Ausstellungen des Jahres, ›Cubism and Abstract Art‹ im März/April und ›Fantastic Art, Dada and Surrealism‹ im Dezember, auf. Dort werden von seinen Werken gezeigt: *L'Orage* (bereits in der Sammlung Arensberg, Hollywood), *Maman, Papa est blessé!, Hérédité des caractères acquis* und *De l'autre côté du pont.*

PALAIS DES BEAUX-ARTS
BRUXELLES

DU 12 MAI AU 3 JUIN 1934

EXPOSITION MINOTAURE

ŒUVRES DE
ARP — BALTHUS — BEAUDIN — BORES — BRANCUSI — BRAQUE
BRAUNER — CHIRICO — DALI — DERAIN — DESPIAU — DUCHAMP
ERNST — GARGALLO — GIACOMETTI — VALENTINE HUGO
KANDINSKY — KLEE — LAURENS — LIPCHITZ — MAGRITTE
MAILLOL — MATISSE — MIRO — PICASSO — RATTNER — MAN RAY
SUZANNE ROGER — ROUX — TANGUY.

Livres illustrés d'eaux-fortes
par
PABLO PICASSO — HENRI-MATISSE — SALVADOR DALI.

Estampes
par
BEAUDIN — BORES — DALI — DESPIAU — GIACOMETTI — MIRO — PICASSO

Photographies
de
BRASSAÏ — MAN RAY.

In Paris nimmt Tanguy im Mai mit zwei Objekten, *L'Industrie du pays* und *De l'autre côté du pont,* an der ›Exposition surréaliste d'objets‹ in der Galérie Charles Ratton teil.

11. Juni
Eröffnung der ›International Surrealist Exhibition‹ in den New Burlington Galleries, London, die von André Breton, Herbert Read, Roland Penrose und E. L. T. Mesens veranstaltet wird. Tanguy zeigt elf Gemälde aus der Zeit von 1929 bis 1936, darunter *Je vous attends, L'Inspiration, Le Regard d'ambre, L'Envol des ducs, Le Nid de l'Amphioxus, L'Extinction des espèces, Hérédité des caractères acquis.*
Tanguy versucht die Decalcomanie-Technik.
In der Zeitschrift ›Minotaure‹, Nr. 8 (15. März, S. 8-44) illustrieren drei Werke, *Les Nouveaux*

Yves und Jeannette Tanguy um 1935

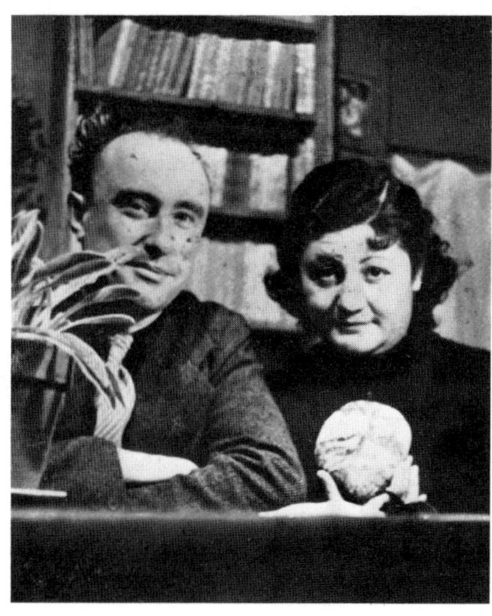

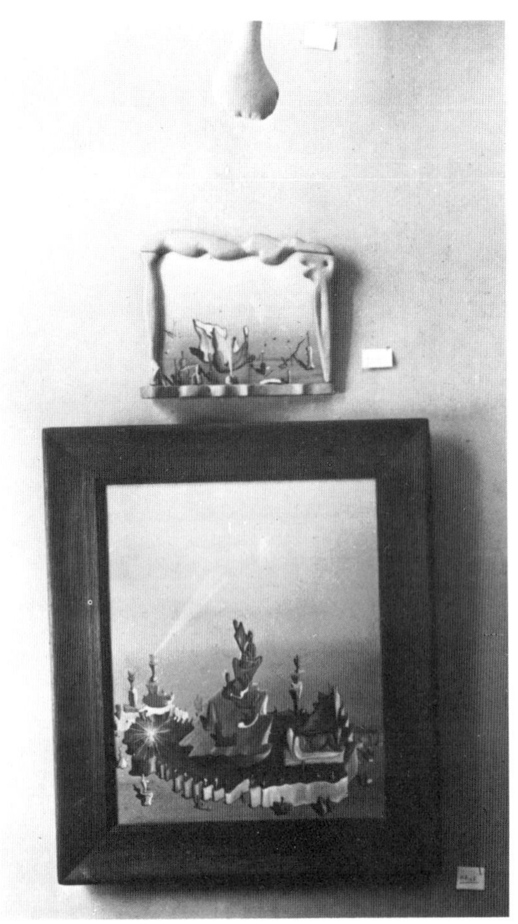

Man Ray: Installationsfoto der Ausstellung in der Galerie Pierre Colle, 1933. An der Wand: Die Gewißheit des Niegesehenen, 1933 und: Die Besessenheit von der Prophezeihung, 1933

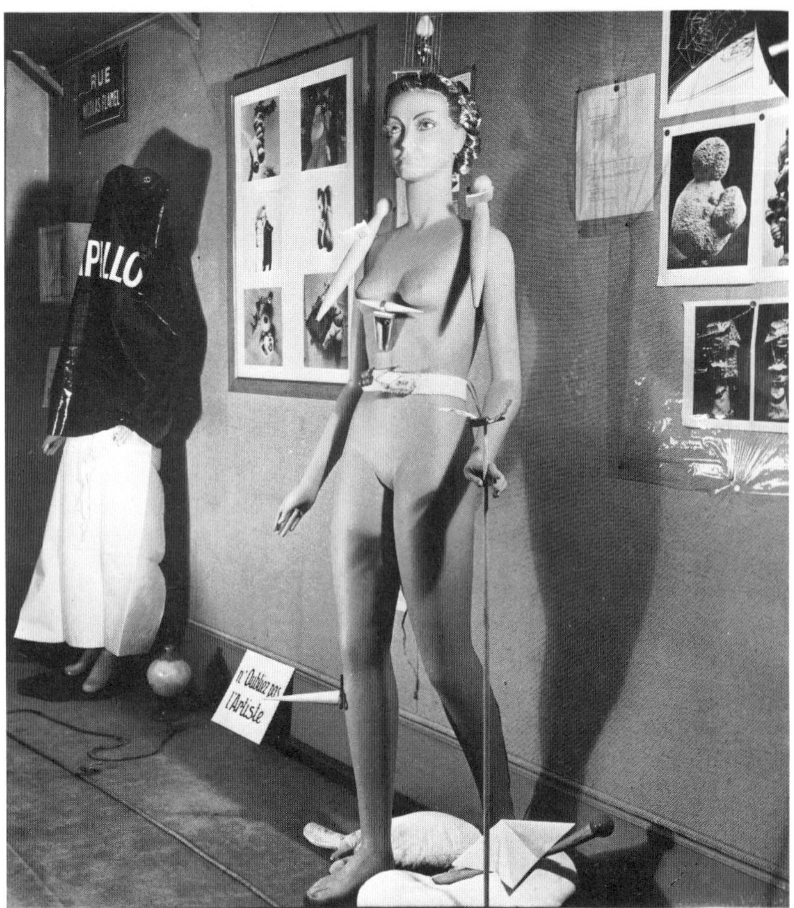

Internationale Surrealisten-Ausstellung in der Galerie des Beaux-Arts, Paris, 1938. Mannequin von Yves Tanguy; im Hintergrund das von Hans Arp

Internationale Surrealisten-Ausstellung, London, 1936. In der oberen Reihe links Yves Tanguy: Der Bernsteinblick, 1928; in der Mitte: Die neuen Nomaden, 1935

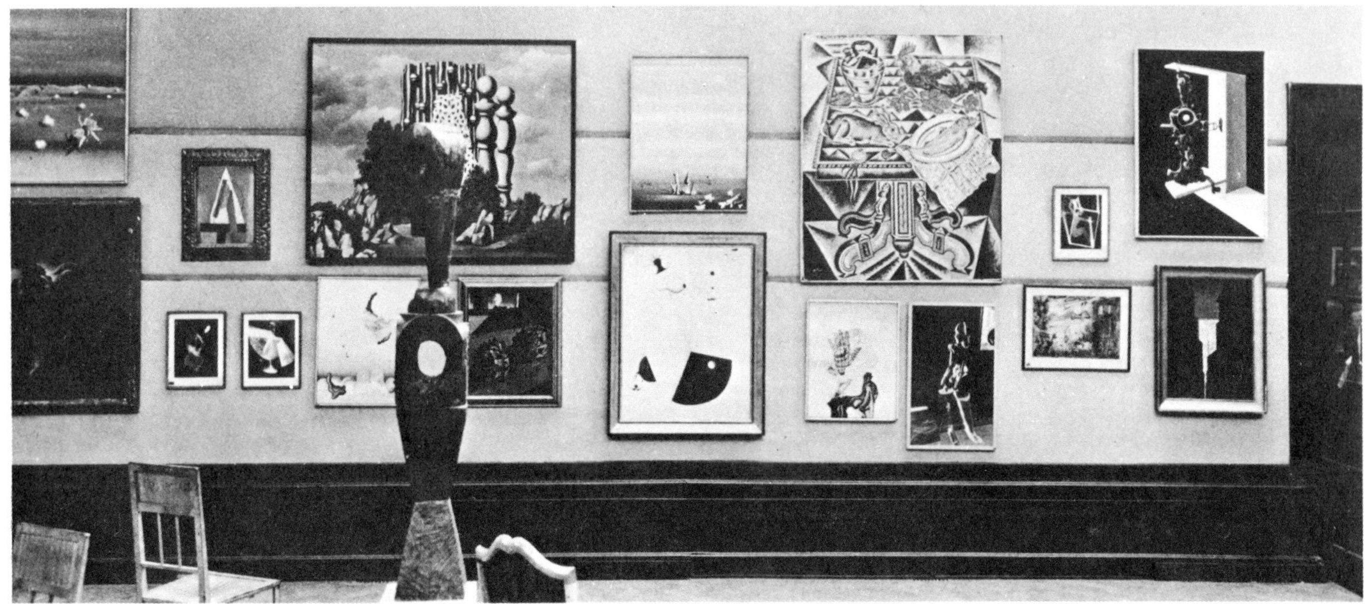

nomades, Le Nid de l'amphioxus und *L'Hérédité des caractères acquis,* einen Artikel von Tériade über die surrealistische Malerei.

1937

In der Rue du Moulin-Vert Nr. 23, wo er seit dem Vorjahr wohnt, empfängt Tanguy regelmäßig den Besuch von Patrick Waldberg, den er André Breton vorstellt.

Der Artikel von Pierre Mabille, ›La conscience lumineuse‹ (Das leuchtende Bewußtsein), erscheint im ›Minotaure‹, Nr. 10. Er vergleicht das traumartige Licht in Tanguys Malerei mit dem nächtlichen Raum Paolo Uccellos. Drei Abbildungen von Werken aus dem Jahr 1937 begleiten seinen Text, *La Côte du vin, Le Questionnant* und *Le Soleil dans son écrin.*

Paris; die Ausstellung wird veranstaltet von André Breton, Paul Eluard und Marcel Duchamp, die Max Ernst und Salvador Dali als ›sachverständige Berater‹ hinzuzuziehen. Das Werk Tanguys ist dort in verhältnismäßig großem Umfang mit elf Nummern (209 bis 219) vertreten: *Il faisait ce qu'il voulait, Proésépé, Le Jardin sombre, L'Inspiration, Palais promontoire, L'Armoire de Protée, La Toilette de l'air, Le Soleil dans son écrin, L'Ennui et la tranquillité, und mit* zwei Objekten: *De l'autre côté du pont* und *Le Marchand de sable.* Dazu muß auch das Mannequin gerechnet werden, das ebenso wie die Mannequins von Arp, Dali, Dominguez, Duchamp, Ernst, Espinoza, Henry, M. Jean, Malet, Masson, Miró, Massé, Paalen, Man Ray und Seligmann einen Endpunkt in der Reihe der

actes, Le Ruban des excès, Le Regard d'ambre und *A L'Oreille des voyantes.* Sie kauft *Le Palais promontoire* und zwei Gouachen, die sich zusammen mit dem später erworbenen Gemälde *Le Soleil dans son écrin,* in ihrer Sammlung in Venedig befinden. Tanguy begibt sich anläßlich der Vernissage der Ausstellung nach London und wohnt bei Roland Penrose. Zur gleichen Zeit kommt in London die Nummer 4-5 der Zeitschrift ›London Bulletin‹ (unter der Federführung von E. L. T. Mesens) heraus, die Tanguy gewidmet ist und in der drei Abbildungen erscheinen: *A L'Oreille des voyantes, Le Géomètre, Je tourne la tête vers moi.*

Roberto Matta beruft sich offen auf Tanguy und veröffentlicht den Aufsatz ›Mathématique sensible, architecture du temps‹ in der Nummer 11 der Zeitschrift ›Minotaure‹.

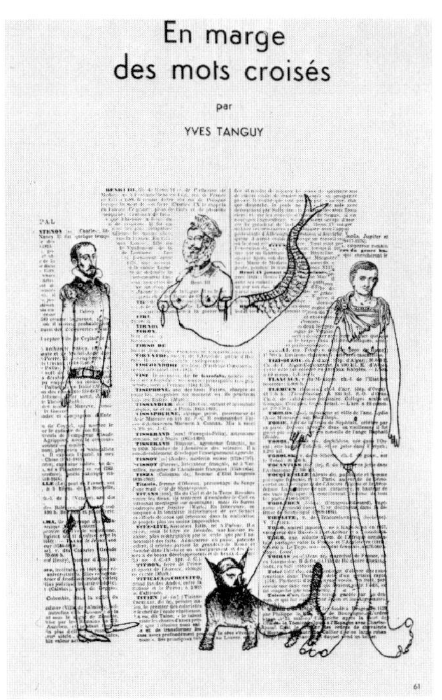

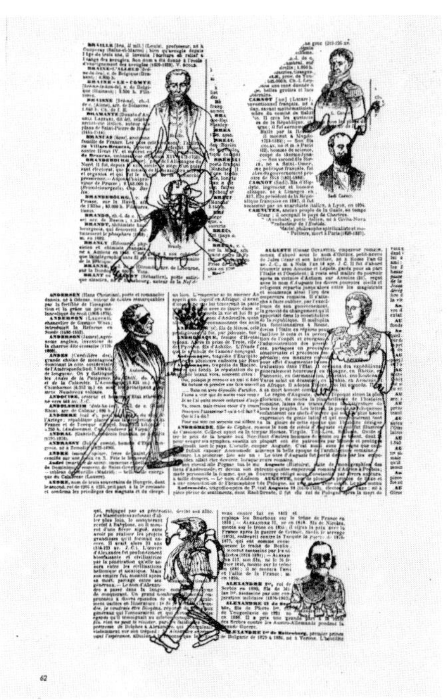

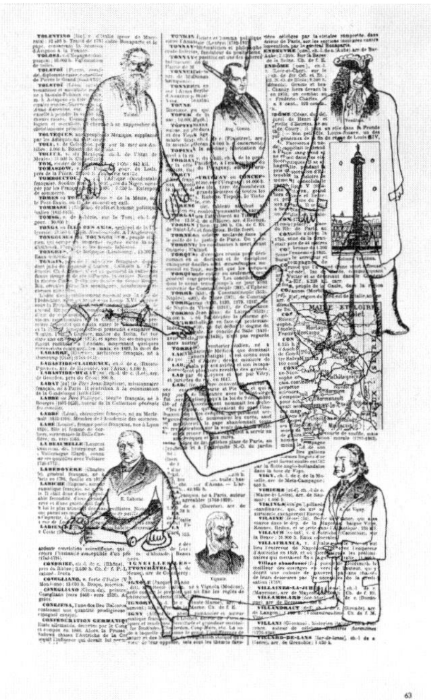

Mai

Tanguy nimmt an der Ausstellung ›Internationale du Surréalisme‹, Tokio, die von der japanischen Zeitschrift ›Mizue‹ organisiert wird, teil. Er illustriert das Deckblatt der Sondernummer ›Album surréaliste‹, die aus diesem Anlaß von Shuzo Takiguchi und Tiroux Yamanaka herausgegeben wird.

Dezember

In der Ausstellung ›E. L. T. Mesens présente trois peintres surréalistes: René Magritte, Man Ray, Yves Tanguy‹, im Palais des Beaux Arts, Brüssel, ist Tanguy mit siebzehn Werken aus der Zeit zwischen 1927 und 1937 vertreten, darunter *Palais promontoire, Mille fois, La Toilette de l'air, Jour de lenteur, Les Mouvements et les actes, Pour rompre l'équilibre, A l'Oreille des voyantes.*

1938 Januar

Eröffnung des ›Exposition Internationale du Surréalisme‹ in der Galerie des Beaux-Arts in

surrealistischen Versuche zum Thema ›Objekt‹ markiert.

Außerdem entwirft Tanguy die Umschlagzeichnung des ›Dictionnaire abrégé du Surréalisme‹, das anläßlich der Ausstellung bei José Corti erscheint, in dem er selbst als »Guide du temps des druides du qui« (Führer aus der Zeit der Mistel-Druiden; Phonetisches Wortspiel) erwähnt ist.

Mai

Dritte eigene Ausstellung in Paris, in der Galerie Jeanne Bucher-Myrbor. Im Katalog ein ›Prologue‹ von André Breton (s. S. 150).

Juli

In London widmet Peggy Guggenheim, die soeben ihre ›Galerie Guggenheim Jeune‹ in der Cork Street eröffnet hat, Tanguy eine umfangreiche Ausstellung mit fünfundzwanzig Werken: Ölbilder, Objekte, Gouachen, Zeichnungen, Radierungen, darunter *Le Soleil dans son écrin, Palais promontoire, Les Mouvements et les*

1939

In dem Aufsatz ›Les Tendances les plus récentes du surréalisme‹, erschienen in den Nummern 12-13 der Zeitschrift ›Minotaure‹, unterstreicht Breton den Begriff des ›automatisme absolu‹ und die Bedeutung Tanguys für diejenigen, die neu zum Surrealismus gestoßen sind: Oscar Dominguez, Esteban Francès, Gordon Onslow-Ford und Roberto Matta.

Sommer

Tanguy verbringt mit Breton, Matta, Esteban Francès und Gordon Onslow-Ford den Sommer auf einem von diesem gemieteten Landsitz in Chemillieu (Ain). Dort trifft er erneut mit Kay Sage zusammen, zu diesem Zeitpunkt noch mit dem Marquis Di Faustino verheiratet, die er vor einigen Monaten in Paris kennengelernt hatte. Man betreibt die üblichen kollektiven Spiele. André Breton schreibt sein Gedicht ›La Maison d'Yves Tanguy‹ (Das Haus von Yves Tanguy).

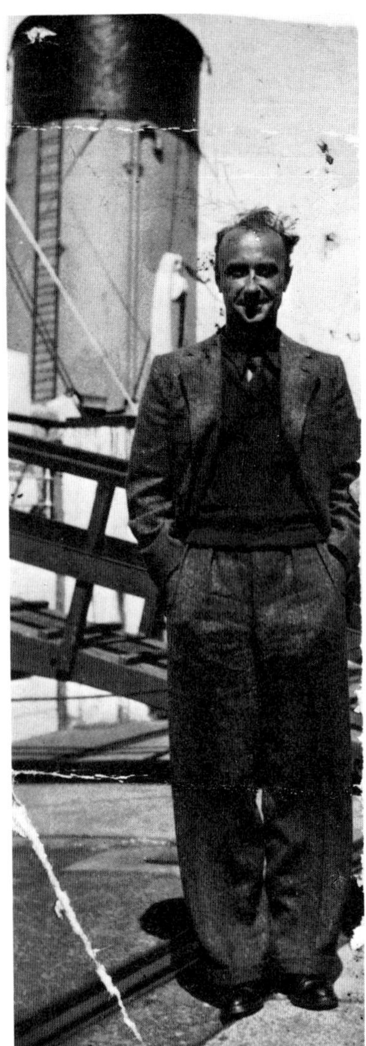

Yves Tanguy vor seiner Abreise in die Vereinigten Staaten, 1939

Tanguy unterhält eine enge Freundschaft mit Jehan Mayoux.

1. November
Als erster Surrealist, der sofort nach der Kriegserklärung abreist, schifft sich Tanguy, als kriegsuntauglich eingestuft, nach New York ein, wo er sich mit Kay Sage trifft. Beginn einer anhaltenden Korrespondenz mit Marcel Jean und Marcel Duhamel.

Dezember
Pierre Matisse, sein früherer Mitschüler im Lycée Montaigne, den er 1935 anläßlich der Ausstellung surrealistischer Objekte bei Charles Ratton wiedergesehen hatte, widmet ihm in New York eine Ausstellung in seiner Galerie: ›Yves Tanguy, Paintings, Gouaches, Drawings‹ mit zehn Gemälden aus dem Jahre 1939, zu denen mehrere Gemälde von 1929 hinzukommen, die bereits in amerikanischen Sammlungen sind, im Museum of Modern Art *(Extinction des lumières inutiles)* und in den Sammlungen von J. T. Soby *(Le Ciel macabre);* Alfred Barr *(Les Amoureux)* und R. Sturgiss Ingelsoll *(Hérédité des caractères acquis).* Der Erlös dieser Ausstellung war auf Grund von Vereinbarungen durch Kay Sage für die Künstlerhilfe bestimmt.
James Johnson Sweeney und James W. Lane setzen sich mit dem Werk Tanguys kritisch auseinander.

1940
In New York richten sich Tanguy und Kay Sage zuerst in einem sehr bescheidenen Zimmer in Greenwich Village ein, wo sie Nachbarn von Matta und seiner Frau Pajarito sind.
Reise an die Westküste der Vereinigten Staaten nach Reno (wo Tanguy sich von Jeannette scheiden läßt), San Francisco und Los Angeles, wahrscheinlich anläßlich einer Einzelausstellung im Museum of Modern Art in San Francisco (die vom Wadsworth Atheneum of Hartford im Januar veranstaltet und anschließend im ›Arts Club‹, Chicago, gezeigt wird).

17. August
Tanguy und Kay Sage heiraten.
In der ›Exposiçao international des surrealismo de Mexico‹, ›Galeria de arte mexicano‹, die von André Breton veranstaltet wird, ist Tanguy mit drei Werken vertreten: *Un Risque dans chaque main, Les Autres chemins, Le Géomètre.*

1941
Reise nach Kanada und in den Staat Washington. Tanguy und Kay Sage lassen sich in Woodbury, Connecticut, nieder, in einem im Kolonialstil erbauten Haus, das von Kay gemietet wurde. Materielle Sicherheit und ein gewisser Komfort lösen Elend und Unordnung der Pariser Jahre ab. Tanguys Arbeit wird intensiver und geregelter.
Befreundete Nachbarn sind Calder, André Masson, Julien Levy und Arshile Gorky.
Gordon Onslow-Ford hält in der New School for Social Research, New York, einen enthusiastischen Vortrag über Yves Tanguy.

1942
Vernissage der zweiten Einzelausstellung Tanguys in der Pierre Matisse Gallery, New York, ›Recent Paintings by Yves Tanguy‹, in der vierzehn Werke, die er seit seiner Ankunft in den Vereinigten Staaten gemalt hat, gezeigt werden: *Le Diapason de satin, Construire – détruire, Jamais plus, En Lieu oblique, Un Peu après, Lorsqu'on verra, Deux fois du noir, Les Cinq étrangers, En Lieu de peur, Encore et toujours, Le Palais aux rochers de fenêtres, La Pierre dans l'arbre, Vin, miel et huile, La Longue pluie.*
Die amerikanische Presse reagiert sofort mit zwei Artikeln in ›Art Digest‹ (Bd. 16) und ›Art News‹ (Nr. 41), wo zwei Bilder am häufigsten herausgestellt werden: *Vin, miel et huile* und *En Lieu de peur.*
Veröffentlichungen der Surrealisten räumen Tanguy ebenfalls einen bevorzugten Platz ein. Die im Mai erschienene Nummer der Zeitschrift ›View‹ ist ausschließlich Tanguy und Tchelitchew gewidmet. Sie enthält Originaltexte von André Breton (der in diesem Jahr in New York eintrifft), ›Ce que Tanguy voile et révèle‹ (Was Tanguy verhüllt und enthüllt), von Nicolas Calas ›Seul‹ und von J. J. Sweeney ›Iconographer of Melancholy‹ (Ikonograph der Melancholie).

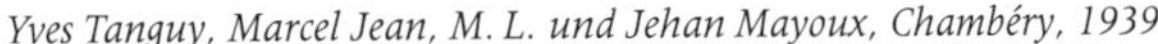

Yves Tanguy, Marcel Jean, M. L. und Jehan Mayoux, Chambéry, 1939

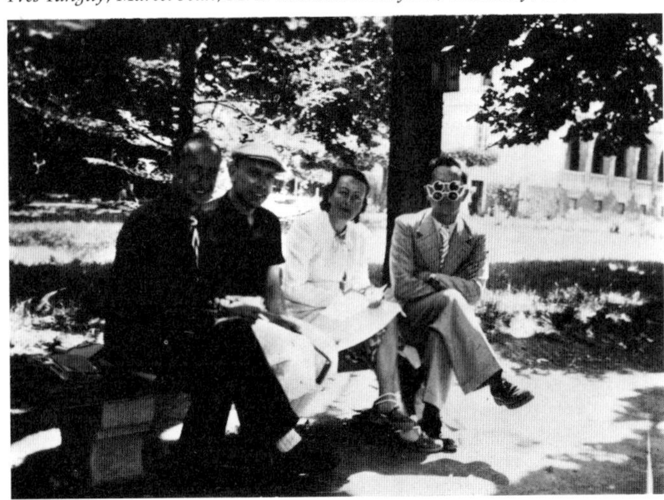

Yves Tanguy und die um André Breton und Marcel Duchamp wiedervereinte Surrealistengruppe, New York, 1942

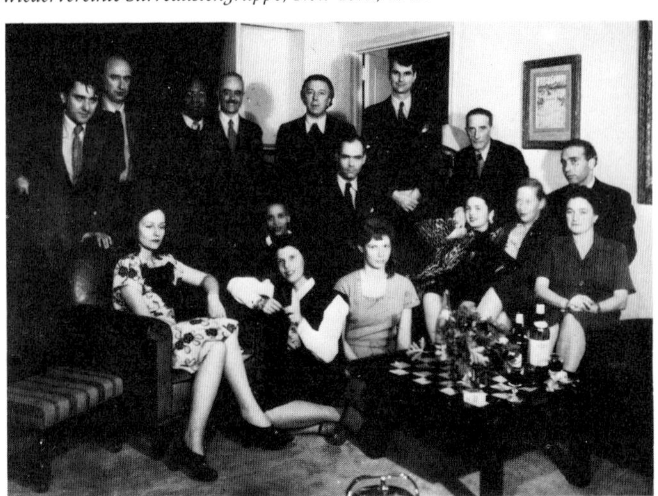

24. Oktober
Bei der Eröffnung der New Yorker Galerie ›Art of this Century‹ von Peggy Guggenheim, in der sämtliche Stücke ihrer Sammlung aus den Jahren 1920 bis 1942 vereinigt sind, werden auch fünf Werke von Tanguy gezeigt: *Sans titre* (1929), *Palais promontoire* (1930), *Le Soleil dans son écrin* (1939), *Si c'était* (1939) (ein Bild, das später Max Ernst gehören wird) und *En Lieu oblique* (1941).
Tanguy nimmt auch an der Ausstellung teil, die von André Breton und Marcel Duchamp im ›Reid Mansion‹ in New York veranstaltet wird: ›First Papers of Surrealism‹ zugunsten des ›Coordinating Council of French Relief Societies‹. *La Dame à l'absence,* das im selben Jahr entsteht, gelangt später in Marcel Duchamps Besitz.
In der März-Ausstellung ›Artists in Exile‹ der Pierre Matisse Gallery ist Tanguy neben Matta, Zadkine, Ernst, Chagall, Léger, Breton, Mondrian, Masson, Ozenfant, Lipchitz, Tchelitchew, Seligmann und Berman vertreten.

1943 Mai
Dritte Einzelausstellung ›Yves Tanguy, Recent Paintings‹ in der Pierre Matisse Gallery, mit sieben Werken, darunter *Vers le nord lentement, L'Eau nue* und *Les Survivants* (unveröffentlichter Einführungstext von André Breton).

1944
In der Zeitschrift ›View‹, Reihe 4, Nr. 1, erscheint eine Zeichnung von Tanguy *Avoir voulu,* die mit einer Skulptur von Noguchi verglichen wird.

1945
Wiederaufnahme seines Briefwechsels mit Marcel Jean, der Tanguy bis zu seinem Tod im Jahre 1955 regelmäßig über Vorgänge und Veröffentlichungen der Pariser Kunstszene auf dem laufenden halten wird.

Mai
Ausstellung in der Pierre Matisse Gallery ›Yves Tanguy, Paintings‹ mit sechzehn Werken aus den Jahren 1943-1945. Bei dieser Gelegenheit soll André Breton in Gegenwart von Max Ernst, Tanguy heftig angegriffen haben, wobei er ihm seine ›Verbürgerlichung‹ und seine materielle Sicherheit vorgeworfen und Pierre Matisse aufgefordert haben soll, seinen Vertrag mit Tanguy zu lösen. Max Ernst soll mit leidenschaftlicher Entschiedenheit eingegriffen haben, um Tanguy zu verteidigen.
Die Franzosen René Renne und Claude Serbanne publizieren in der Zeitschrift ›View‹ (Dezember) einen Aufsatz mit dem Titel ›Yves Tanguy ou le miroir aux merveilles‹.
Charles-Henri Ford widmet Duchamp, Léonor Fini, Francès, Tanguy und Tchelitchew Gedichte, die von ›View Editions‹ veröffentlicht werden.

1946
Zusammen mit Kay Sage kauft Tanguy in Woodbury die ›Town Farm‹, ein altes Farmhaus aus dem 19. Jahrhundert mit zwei Dependancen, die ihnen jeweils als Atelier dienen. Dort empfängt Tanguy den Besuch seines alten Freundes aus der Rue du Château, Marcel Duhamel, und unterhält enge Beziehung zu Hans Richter, Calder, Marcel Duchamp, Julien Levy, J. T. Soby u. a.
Briefwechsel mit Victor Brauner, Jean Hélion, Tristan Tzara und Jacques Hérold, in dem er sich nach französischen Neuigkeiten erkundigt. Nach der Abreise der letzten ›Exil‹-Surrealisten scheint er tatsächlich unter der Isolierung zu leiden.
Tanguy kauft *La Surprise* (1913) von de Chirico.

Mai
In seinem Aufsatz über Hieronymos Bosch ›The Snake on the Dining Room table‹, der in der Zeitschrift ›View‹, Reihe 6, veröffentlicht wird, zieht Robert Melville einen Vergleich zur Kunst Tanguys.

Juli
Das Museum von Buffalo erwirbt *Divisibilité indéfinie,* ein allgemein von der Kritik beachtetes Bild, das von Nicolas Calas in den Mittelpunkt seines Artikels ›Magic Icons‹, erschienen in der Zeitschrift ›Horizon‹ (Nr. 38), gestellt wird.
Mit Hilfe von Marcel Duchamp, der den Umbruch besorgt, publiziert André Breton im Verlag Pierre Matisse sein Buch ›Yves Tanguy‹, das eine Sammlung aller Schriften über den Maler seit ihrer Begegnung im Jahre 1925, in französischer und englischer Fassung enthält. Im gleichen Jahr noch kehrt er nach Europa zurück.

November
Pierre Matisse widmet Tanguy eine erste Retrospektive: ›Yves Tanguy‹, mit vierundzwanzig Werken aus den Jahren 1927 bis 1946. Anlaß der Ausstellung ist das Erscheinen der Monographie von André Breton.
Zur gleichen Zeit veröffentlicht James Johnson Sweeney in ›The Museum of Modern Art Bulletin‹ (Bd. 13, Nr. 45, ›Eleven Europeans in America‹) sein Interview mit Tanguy.

1947 Februar
Ausstellung ›Œuvres anciennes et récentes de Tanguy‹ in der Galerie du Luxembourg, die von Pierre Descargues in der Zeitschrift ›Arts‹ (14. Februar) besprochen wird.

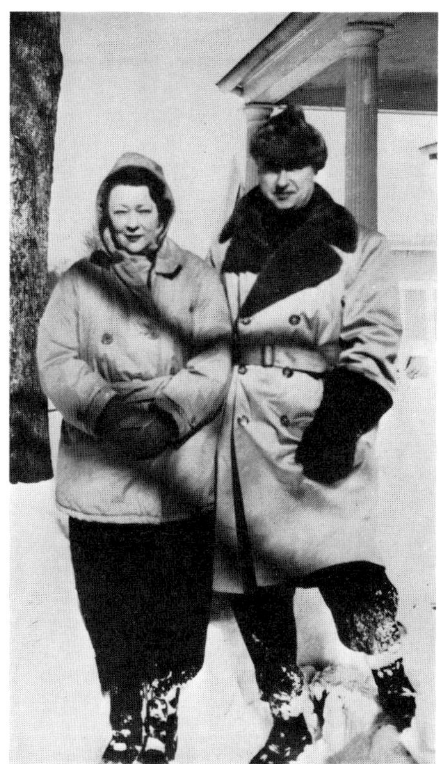
Yves Tanguy und Kay Sage in Woodbury, 1947

7. Juli
Eröffnung der ›Exposition Internationale du Surréalisme‹ in der Galerie Maeght, die von André Breton unter Mitwirkung von Marcel Duchamp, Frederick Kiesler und David Hare veranstaltet wird. Tanguy schickt den Plan einer in drei Bestandteile zerlegten Konstruktion, *L'Echelle qui annonce la mort,* die zusammengebaut und in dem ›Salle des Superstitions‹ neben dem Werk von Joan Miró aufgehängt wird.

Ausstellung Yves Tanguy in der Pierre Matisse Gallery, New York, 8. Mai-2. Juni 1946
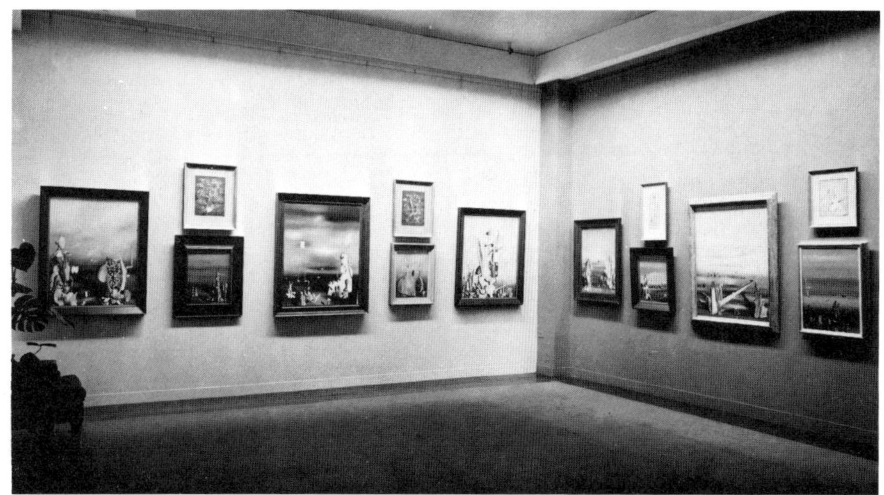

Tanguy zeigt hier ebenfalls drei Gemälde: *Au cœur de la paresse, Mains et gants* und *Foyers premiers.*
Der Katalog, von André Maeght mit dem Umschlag-Titel ›Le Surréalisme en 1947‹ herausgegeben, enthält die Reproduktion zweier Original-Radierungen von Tanguy.
Pierre Matisse veranstaltet in Paris eine kleine Ausstellung ›Gouaches de Tanguy et Sculptures de Brauner‹, die bei Dina Vierny stattfinden sollte und die schließlich in der ›Galerie des Cahiers d'Art‹ (15. Juli) gezeigt wird. Rezension von Pierre Descargues in der Zeitschrift ›Arts‹.
In Woodbury empfängt Tanguy regelmäßig Besuche von Frederick Kiesler, David Hare, Maria Martins und Joan Miró.
Er widmet sich wieder verstärkt Illustrationsarbeiten.

1948
Tanguy erhält die amerikanische Staatsbürgerschaft. Er plant einen Aufenthalt in Frankreich. Nina Dausset besucht ihn, um eine Ausstellung seiner Werke in ihrer Pariser Galerie ›La Dragonne‹ zu organisieren. Im Oktober zeigt sie eine Ausstellung der ›Cadavres exquis‹, Kollektiv-Schöpfungen von Tanguy, Miró, Man Ray, Marcel Duhamel, Max Morise, Tristan Tzara u. a.
In New York nimmt Tanguy wieder Verbindung mit George Malkine auf, der sich in Brooklyn niedergelassen hat.

Winter
Ausstellung ›Yves Tanguy, Paintings and Gouaches‹ in der Galerie von William Copley in Beverly Hills, Kalifornien. Die Ausstellung bleibt ohne Echo.

1949
Im ›Magazine of Art‹ (Januar) publiziert James Thrall Soby einen ausführlichen kritischen Beitrag zu Tanguy, ›Inland in Subconscious‹.
In Paris erscheint der zweite Band von Tristan Tzaras ›Antitéte‹, ›Minuits pour géants‹ mit sieben Radierungen von Tanguy (die Bände I und III sind von Max Ernst bzw. Miró illustriert). Tanguy schickt auch drei Radierungen, die bei Hayter hergestellt worden sind, für ›Le Mythe de la roche percée‹ von Yvan Goll.

15. Oktober
Nina Dausset veranstaltet in ihrer Galerie ›La Dragonne‹, Rue du Dragon in Paris, eine Ausstellung, ›Yves Tanguy, Dessins et Gouaches‹, in der fünf Gouachen und sieben Zeichnungen weit unter Preis verkauft werden.

1950 3. April
Vernissage der letzten Ausstellung, die zu Tanguys Lebzeiten in der Pierre Matisse Gallery, New York, stattfindet. Zwölf Gemälde, sechs Gouachen und einige Zeichnungen, im Katalog von Nicolas Calas vorgestellt, werden gezeigt. Tanguy verkauft dort nur zwei Gouachen und einige Zeichnungen.
In seiner Rezension der Ausstellung (›Art News‹, Band 49, Nr. 2) analysiert T. B. Hess die in den letzten Bildern sichtbar werdenden Vorgänge.
Das Whitney Museum, New York, kauft von Tanguy ein großes Gemälde: *The Wish,* das zu-

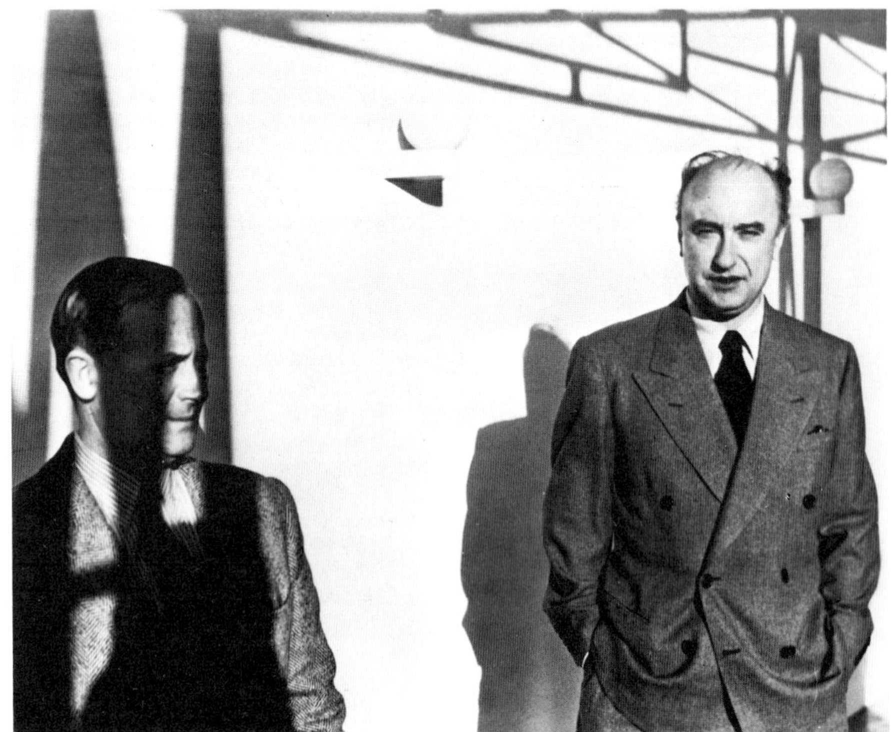

Joan Miró und Yves Tanguy, um 1947

Internationale Surrealisten-Ausstellung, Galerie Maeght, Paris, Juli 1947. Links von Miró: Der Wasserfall, rechts von Tanguy: Die Leiter, die den Tod ankündigt.

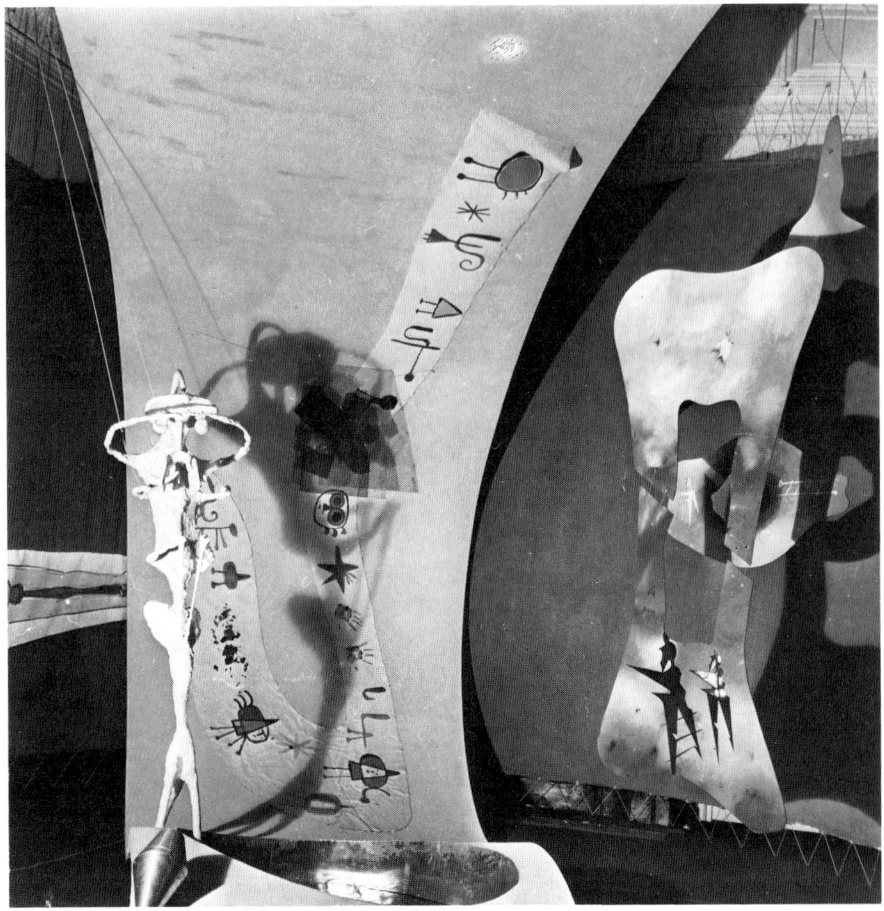

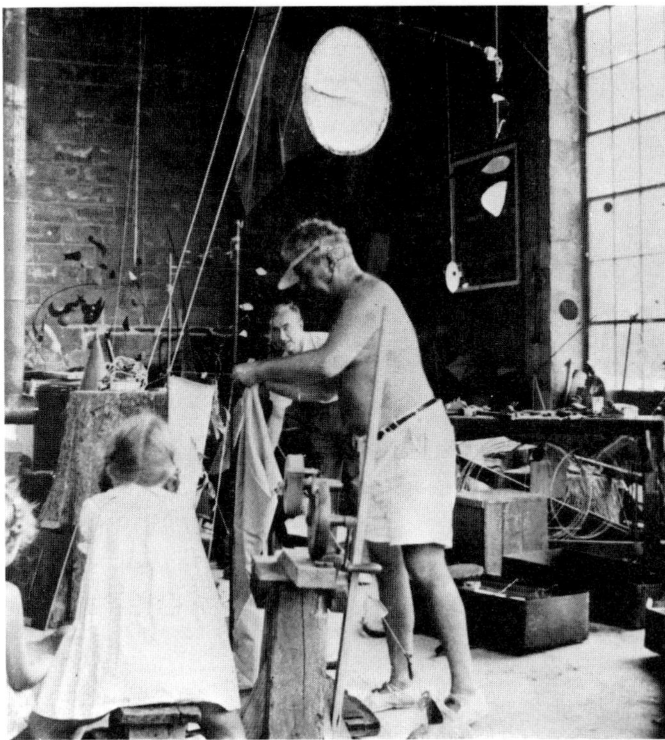

Yves Tanguy und Alexander Calder in dessen Atelier, Roxbury, 1947

Max Ernst und Yves Tanguy in Sedona, 1951

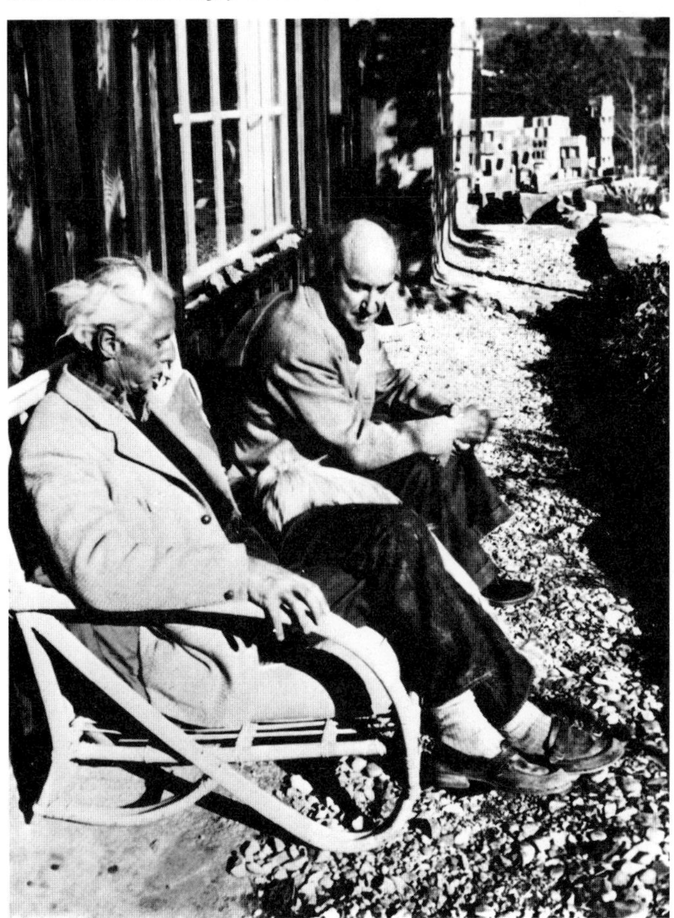

sammen mit *Fear* in seine Sammlung aufgenommen wird. Das Virginia Museum of Fine Arts, Richmond, verleiht Tanguy eine Medaille aus Anlaß seiner Teilnahme an der Ausstellung ›American Painting 1950‹ (Katalogeinführung James J. Sweeney).

25. Mai
Eröffnung der Ausstellung ›E. L. T. Mesens presents Paintings and Drawings by Yves Tanguy‹ in der Tate Gallery, London, mit fünfzehn Gemälden aus der Zeit vor Tanguys Emigration. Die Bilder stammen sämtlich aus englischen Sammlungen (Roland Penrose, Mesens, Arion Vogel, A. J. Hubbard). Anläßlich dieser Ausstellung nimmt David Sylvester eine kunsthistorische Einordnung von Tanguys Werk vor.
Erste deutsche Publikation über Tanguy: D. Wyss, ›Der Surrealismus‹.

1951 Februar
Auf Einladung von Max Ernst und Dorothea Tanning begibt sich Tanguy mit Kay nach Arizona zu einem kurzen Aufenthalt in Sedona. Im Gegensatz zu Max Ernst bleibt ihm die Landschaft gleichgültig.
Tanguy verfolgt sehr genau die Affäre Pastoureau-Carrouges, die die Gruppe der Surrealisten in Paris in zwei Lager spaltet.

1952
Tanguy ist auf zwei Gruppenausstellungen in Europa vertreten. In Saarbrücken wird die Ausstellung ›Peinture surréaliste en Europe‹ von Edgar Jené veranstaltet und im Katalog von André Breton kommentiert; sie zeigt lediglich die Frühwerke (Nrn. 77-83). Die Ausstellung ›Phantastische Kunst des XX. Jahrhunderts‹ in der Kunsthalle Basel zeigt ebenfalls hauptsächlich Werke aus der Pariser Periode, aus schweizerischen und französischen Sammlungen.
Tanguy empfängt den Besuch von Dubuffet in Woodbury. Während eines Aufenthalts in Washington lernt er den französischen Botschafter in den USA, Henri Hoppenot, kennen, der seit langem zu seinen Bewunderern gehört (er besaß sein Bild *Un Grand tableau qui représente un paysage* [1927]). Außerdem begegnet er Saint-John Perse.

1953 Januar
Tanguy schifft sich nach Europa ein:
Erste Station ist Neapel, wo durch die Vermittlung von Pierre Matisse in der ›Galeria dell' Obelisco‹ eine Ausstellung mit fünfundzwanzig seiner Werke stattfindet. Ab dem 16. Februar werden dort Gemälde wie *Le Ciel traqué, Pierre première, Construire – détruire, Le Pourvoyeur,* gezeigt. Eine weitere, etwas kleinere Ausstellung folgt im März in der Galleria del Naviglio in Mailand.
Tanguy kommt am 23. Januar in Paris an und sieht seine alten Freunde wieder, allerdings nicht Breton.

März
Vor seiner Rückkehr nach Woodbury versäumt er nicht, Locronan aufzusuchen.
Wenig erfolgreiche Ausstellung, ›Œuvres récentes‹ in der Galerie Renou et Poyet, Rue du Faubourg Saint-Honoré.

1954
Tanguy gewährt der Zeitschrift ›Art Digest‹ ein kurzes, wichtiges Interview (›The Creative Process‹, Bd. 28, Nr. 8).
Seine Gesundheit verschlechtert sich; mehrere Krankenhaus-Aufenthalte werden notwendig; er erhält regelmäßig Besuche von Duchamp und Donati.
Plan einer zweiten Reise nach Frankreich.
Enttäuscht muß er feststellen, daß er bei der Auswahl für die Biennale von Venedig ›L'Art Fantastique‹ nicht berücksichtigt wurde. Max Ernst erhält den großen Preis für Malerei.

10. August
Vernissage der letzten großen Ausstellung zu seinen Lebzeiten, ›Yves Tanguy – Kay Sage‹ im Wadsworth Atheneum, Hartford. Achtunddreißig alte und neuere Gemälde, die wichtigsten aus öffentlichen und privaten amerikanischen Sammlungen, werden gezeigt. Unter den letzteren (aus jüngster Zeit) sind *Les Saltimbanques, Mirage le temps, Du Vert au blanc* und das Gemälde *Multiplications des arcs,* das sofort vom Museum of Modern Art, New York, gekauft wird.

1955 15. Januar
Tanguy stirbt in ›Town Farm‹. Seine Asche wird seinem Wunsch gemäß von Pierre Matisse in der Bucht von Douarnenez verstreut.

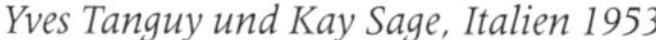
Yves Tanguy und Kay Sage, Italien 1953

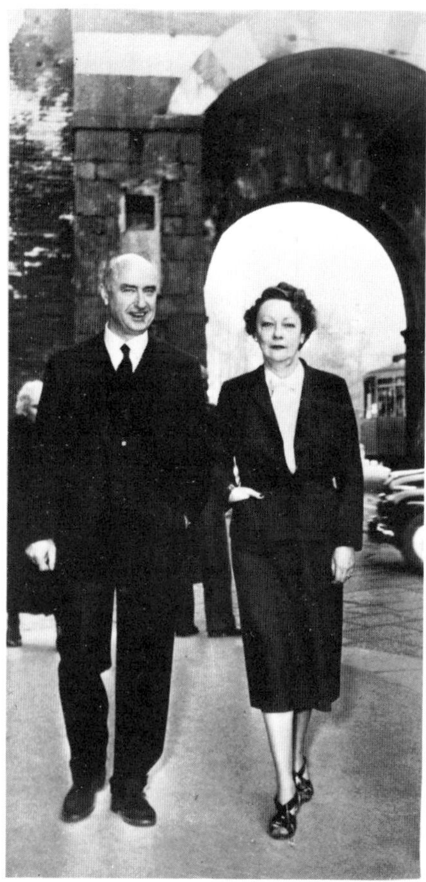

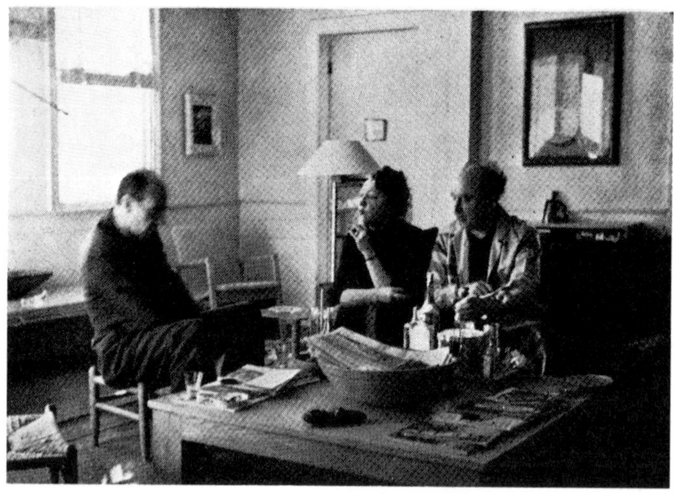

Pierre Matisse bei Yves Tanguy und Kay Sage in Woodbury

Yves Tanguy und Kay Sage in Woodbury

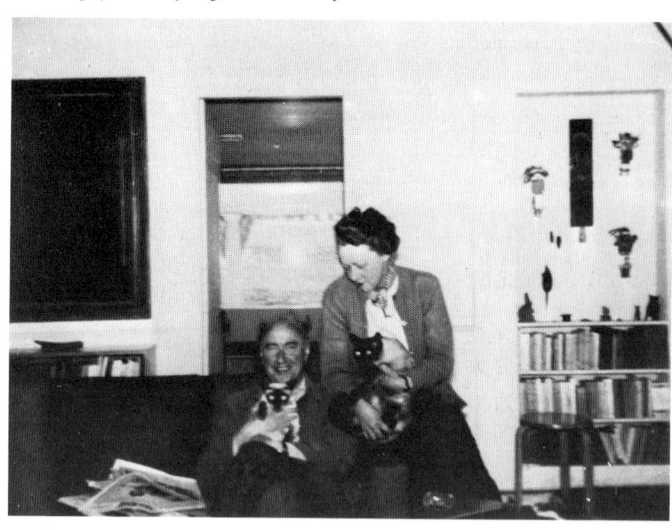

Yves Tanguys Atelier in Woodbury

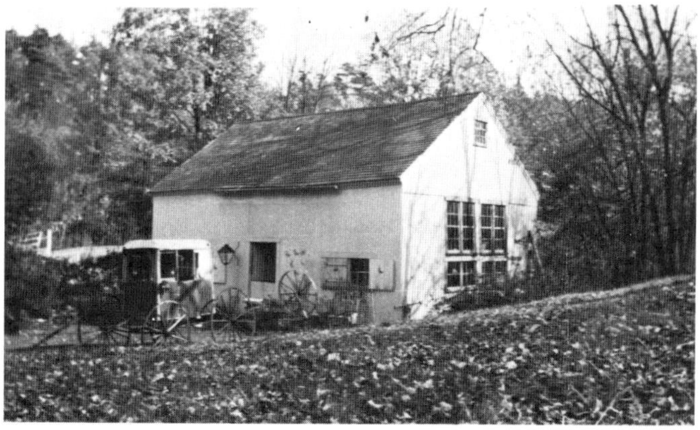

Ausstellungen

Einzelausstellungen

1927
Paris, Galerie Surréaliste, Yves Tanguy et Objets d'Amérique, 26. Mai-15. Juni; Vorwort von André Breton.

1935
Paris, Galerie Cahiers d'Art, Exposition Yves Tanguy, 5.-18. Juni. Hollywood, Stanley Rose Gallery, Yves Tanguy, 25. November-7. Dezember; Vorwort von Howard Putzel.

1936
New York, Julien Levy Gallery, Yves Tanguy, 10.-30. März.
Hollywood und San Francisco, Howard Putzel Galleries, Yves Tanguy.

1938
Paris, Galerie Bucher-Myrbor, Exposition Yves Tanguy, 17.-30. Mai; Vorwort von André Breton.
London, Guggenheim Jeune, Yves Tanguy, Juli.

1939
New York, Pierre Matisse Gallery, Yves Tanguy, paintings, gouaches, drawings, 12.-30. Dezember; Vorwort von J. J. Sweeney.

1940
Hartford, Wadsworth Atheneum, Yves Tanguy, Januar.
Chicago, Arts Club of Chicago, Yves Tanguy, Februar.
San Francisco, San Francisco Museum of Art, Yves Tanguy, April-Juni.

1942
New York, Pierre Matisse Gallery, Recent Paintings by Tanguy, 21. April-9. Mai.

1943
New York, Pierre Matisse Gallery, Yves Tanguy: Recent Paintings, 18. Mai-15. Juni.

1945
New York, Pierre Matisse Gallery, Yves Tanguy: Paintings, 8. Mai-2. Juni.

1946
New York, Pierre Matisse Gallery, Yves Tanguy, 5.-30. November.

1947
Paris, Galerie du Luxembourg, Yves Tanguy, Februar.

1948
Beverly Hills, Calif., Copley Galleries, Yves Tanguy, Paintings and Gouaches, Winter.

1949
Paris, Galerie Nina Dausset, Exposition Yves Tanguy, 15. Oktober-15. November.

1950
New York, Pierre Matisse Gallery, Yves Tanguy, Exhibition of Paintings, Gouaches and Drawings, 4.-22. April, Vorwort von Nicolas Calas. London, London Gallery, Paintings and Drawings by Yves Tanguy, 15. Mai.

1953
Rom, Galleria dell'Obelisco, Yves Tanguy, Februar; Text von André Breton.
Mailand, Galleria del Naviglio, Yves Tanguy, 28. März; Text von Nicolas Calas.
Paris, Galerie Renou et Poyet, Exposition Yves Tanguy, œuvres récentes.

1954
Hartford, Wadsworth Atheneum, Yves Tanguy – Kay Sage, 10. August-28. September; Vorwort von C. E. Buckley.

1955
New York, The Museum of Modern Art, Yves Tanguy: A Retrospective Exhibition, 7. September-30. Oktober; Vorwort von James Thrall Soby.
Paris, Galerie Rive Gauche, Hommage à Yves Tanguy, 5. Mai-15. August.

1963
New York, Pierre Matisse Gallery, Exhibition of Gouaches and Drawings by Yves Tanguy, 26. März bis 13. April.

1971
Turin, Galleria Galatea, Yves Tanguy, 5. April-7. Juni.

1974
New York, Acquavella Galleries, Yves Tanguy, 7. November-7. Dezember; Vorwort von John Ashbery.

1976
Düsseldorf, Wolfgang Wittrock Kunsthandel, Yves Tanguy. Das Druckgraphische Werk, April-Mai; Vorwort von W. Wittrock, Text von Stanley William Hayter.

1977
Paris, Galerie André-François Petit, Yves Tanguy, Mai-Juni.

1982
Paris, Musée national d'art moderne, Centre Georges Pompidou, Yves Tanguy, Rétrospective 1925-1955, 17. Juni-27. September.
Baden-Baden, Yves Tanguy-Retrospektive 1925-1955, 17. Oktober 1982 – 2. Januar 1983.

Gruppenausstellungen

1925
Paris, Salon de l'Araignée.

1929
Paris, Galerie Goemans, Hans Arp, René Magritte, Salvador Dali, Yves Tanguy, Oktober.

1930
Paris, Galerie Goemans, Exposition de Collages: Arp, Braque, Dali, Duchamp, Ernst, Gris, Miró, Magritte, Man Ray, Picabia, Picasso, Tanguy, März.
Paris, Studio 28, Œuvres exposées pour la première représentation de ›L'Age d'or‹, 28. November-3. Dezember.

1932
New York, Julien Levy Gallery, Man Ray, Dali, Ernst, Tanguy.

1933
Paris, Galerie Pierre Colle, Exposition Surréaliste, 7.-18. Juni.

1934
Brüssel, Palais des Beaux-Arts, Exposition Minotaure, 12. Mai bis 3. Juni.

1935
Teneriffa, Atheneo de Santa Cruz, Exposición Surrealista por Gazeta de Arte, 21. Mai.
La Louvière, Salle d'exposition de la Commune, Exposition Surréaliste, 13.-27. Oktober.
Paris, Galerie Quatre-Chemins, Dessins surréalistes, 13.-31. Dezember.

1936
New York, The Museum of Modern Art, Cubism and Abstract Art, 2. März-19. April.
Paris, Galerie Charles Ratton, Exposition surréaliste d'objets, 22.-29. Mai; Vorwort von André Breton.
London, New Burlington Galleries, International Surrealist Exhibition, 11. Juni bis 4. Juli; Vorwort von André Breton.
New York, The Museum of Modern Art, Fantastic Art, Dada, Surrealism, 7. Dezember 1936 bis 7. Januar 1937; Vorwort von Alfred Barr.

1937
Tokio, Nippon Salon, Exposition International du Surréalisme, Juni.
London, London Gallery, Surrealist objects and poems.
Brüssel, Palais des Beaux-Arts, E. L. T. Mesens présente trois peintres surréalistes: René Magritte, Man Ray et Yves Tanguy, Vorwort von E. L. T. Mesens.

1938
Paris, Au Sacre du Printemps, Exposition surréaliste, 2.-15. April.
Paris, Galerie Beaux-Arts, Exposition International du Surréalisme, Januar-Februar.
Amsterdam, Galerie Robert, Exposition Internationale du Surréalisme, April.

1939
New York, The Museum of Modern Art, Art in our Time, 10. Mai-30. September.

1940
Mexiko, Galeria de Arte Mexicano, Exposición Internacional del Surrealismo, Januar-Februar.
London, Zwemmer Gallery, Surrealism Today, Brauner, Delvaux, Francés, Matta, Tanguy, 13. Juni-3. Juli.

1942
New York, Coordinating Council of French Relief Societies, First Papers of Surrealism, 14. Oktober-7. November; Text von Sidney Janis.

1943
Cincinnati, Modern Art Society, 12 Surrealists, 20. April-23. Mai.

1944
New York, The Museum of Modern Art, Art in Progress, 24. Mai-15. Oktober.

1945
New York, Hugo Gallery, The Fantastic in Modern Art presented by ›View‹, 15. November.
New York, The Museum of Modern Art, European Artists in the U.S.: Wanderausstellung 1945-1946.

1946
New York, The Museum of Modern Art, Paintings from New York Private Collections, 2. Juli-22. September.

1947
Andover, Mass., Addison Gallery of American Art, Seeing The Unseeable, 3. Januar-10. März.
Paris, Galerie Maeght, Exposition International du Surréalisme: Le Surréalisme en 1947.
Paris, Galerie des Cahiers d'Art, Tanguy et Brauner, Juli.

1949
Chicago, Art Institute of Chicago, 20th Century Art from the Louise and Walter Arensberg Collection, 20. Oktober-18. Dezember.
New York, The Museum of Modern Art, Modern Art in Your Life, 5. Oktober-4. Dezember.

1950
Richmond, Virginia Museum of Fine Arts, American Paintings 1950, 22. April-4. Juni.

1951
Brüssel, Palais des Beaux-Arts; Amsterdam, Stedelijk Museum, Surréalisme et abstraction: choix de la collection Peggy Guggenheim.
Minneapolis, University of Minnesota Art Department, 40 American Painters, 1940-1950, 4. Juni-30. August.

1952

Saarbrücken, Mission diplomatique en Sarre, Peinture surréaliste en Europe; Vorwort von André Breton.

Basel, Kunsthalle, Phantastische Kunst des XX. Jahrhunderts, 30. August-12. Oktober.

1953

Ostende, Kursaal, Art Fantastique, 5. Juli-31. August.

1955

Urbana, University of Illinois, Contemporary American Painting and Sculpture, 27. Februar-3. April.

1956

Antwerpen, Zall. C.A.W., De Vier Hoofdpunten van het Surrealisme, 15.-26. April; mit einem Text von E.L.T. Mesens.

1957

Düsseldorf, Kunstmuseum Düsseldorf, Ausstellung der Surrealisten, 30. Juni-8. August.

Otterlo, Museum Kröller-Müller, Liège, Musée des Beaux-Arts, Collection Urvater, 29. Juni-2. September.

Detroit, Detroit Institute of Art, Collecting Modern Art: The Collection of Mr. and Mrs. Harry Lewis Winston, 27. Oktober-3. November.

1958

Houston, Contemporary Arts Museum, The Disquieting Muse: Surrealism, 9. Januar bis 16. Februar.

Brüssel, Palais International des Beaux-Arts, 50 Ans d'Art Moderne, 17. April-17. Juli.

Rom, Galleria Nazionale d'Arte Moderna, Hans Richter, Dezember 1958-Januar 1959.

1959

Kassel, Museum Fridericianum, documenta II, Kunst nach 45: Internationale Ausstellung, 11. Juli-11. Oktober.

Paris, Galerie Daniel Cordier, Exposition International du Surréalisme, 15. Dezember.

1960

Chicago, Richard Feigen Gallery, Important Recent Acquisitions, 1. April-15. Mai.

New York, Bodley Gallery, Yves Tanguy – Max Ernst, 18. Januar-13. Februar.

Chicago, University of Chicago, Renaissance Society. But – Is it Art? 17. Oktober-19. November.

1961

New York, D'Arcy Galleries, Surrealist Intrusion in the Enchanters' Domain, 14. Januar.

London, Obelisk Gallery, Surrealist Exhibition, März.

Besançon, Palais Granvella, Festival Artistique: Surréalisme et Précurseurs.

New York, Knoedler & Company, The James Thrall Soby Collection, Februar.

New York, Amel Gallery, The Poetic Image, 23. September-21. Oktober.

Paris, Galerie A.F. Petit, Max Ernst-Yves Tanguy: Œuvres Anciennes, Dezember.

1962

Montreal, Musée des Beaux-Arts, René Magritte et Yves Tanguy, 14. Februar-14. März. Wanderausstellung, organisiert vom Museum of Modern Art, New York.

New York, Bianchini Gallery, Nine Surrealists, 20. Februar-10. März.

Williamstown, Mass., Williams College, Exhibition of Works of Arts Lent by the Alumni, 5. Mai-16. Juni.

Paris, Galerie A.F. Petit, Bellmer, Brauner, Dali, Delvaux, Ernst, Magritte, Tanguy, Juni.

Paris, L'Œil, Galerie d'Art, Minotaure, Mai bis Juni.

Paris, Galerie Furstenberg, Le Surréalisme, 7. bis 30. Juni.

Rennes, Musée de Rennes, Aspects insolits et tragiques de l'art moderne, 11. März-30. April.

1967

Humblebaek, Louisiana, Seks surrealistiske malerne: Dali, Delvaux, Ernst, Magritte, Miró, Tanguy, März bis April.

Brüssel, Palais des Beaux-Arts, Six peintres surréalistes: Dali, Delvaux, Ernst, Magritte, Miró, Tanguy, 9. Mai-18. Juni.

1968

New York, The Museum of Modern Art, Dada, Surrealism and their Heritage, 27. März-9. Juni.

Turin, Galleria civica d'arte moderna, Le muse inquietanti, April.

Knokke-le-Zoute, Gemeentelijk casino, Trésor du surréalisme, Juni-September.

Los Angeles, Los Angeles County Museum of Art, Dada, Surrealism and their Heritage, 16. Juni - 8. September.

Chicago, The Art Institute of Chicago, Dada, Surrealism and their Heritage, 19. Oktober-8. Dezember.

1969

Hamburg, Kunstverein, Malerei des Surrealismus von den Anfängen bis heute, 12. April-26. Mai.

Köln, Baukunst, Surrealismus in Europa, 11. Oktober-29. November.

1972

München, Haus der Kunst, Der Surrealismus, 1922-1942, 11. März-7. Mai.

Paris, Musée des Arts Décoratifs, Le Surréalisme 1922-1942, 9. Juni-24. September.

Basel, Salon international d'art moderne, 22.-26. Juni.

Bordeaux, Musée des Beaux-Arts, Le Surréalisme.

Auckland, City Art Gallery, Surrealism, 18. Juli-20. August, Wanderausstellung nach Sydney, Melbourne und Adelaide.

1974

Düsseldorf, Städtische Kunsthalle, Surrealität – Bildrealität 1924-1974, 8. Dezember 1974-2. Februar 1975.

1975

Baden-Baden, Staatliche Kunsthalle Baden-Baden, Surrealität – Bildrealität 1924-1974, 14. Februar-13. April.

Tokio, National Museum of Modern Art, Surrealism.

New York, Knoedler & Company, Surrealism in Art, 5. Februar-6. März.

1976

Brüssel, Galerie Govaerts, Les demeures d'Hypnos, März.

Rom, Agenzia d'arte moderna et Toninelli d'arte moderna, Il surrealismo, Dezember.

1977

Paris, Musée national d'art moderne, Paris – New York, 1. Juni-19. September.

1978

London, Hayward Gallery, Dada and Surrealism Reviewed, 11. Juni - 27. März.

Paris, Musée d'art moderne de la Ville de Paris, La Collection Thyssen-Bornemisza, 21. Februar-20. Mai.

Paris, Grand Palais, L'Art Moderne dans les Musées de Province, 3. Februar-24. April.

1979

Cleveland, Cleveland Museum of Art, The Spirit of Surrealism, 3. Oktober-25. November.

Genf, Marie-Louise Jeanneret, Art Moderne, Hommage à James Thrall Soby, 20. Dezember-1. März 1980.

New York, The Museum of Modern Art, Art of the Twenties.

1980

Paris, Galerie national du Grand Palais, Cinq années d'enrichissement du Patrimoine National, 15. November 1980-2. März 1981.

1981

Paris Musée national d'art moderne, Paris-Paris, 28. Mai-24. November.

Moskau, Puschkin-Museum für Bildende Künste, Paris-Moskau, Sommer.

Köln, Westkunst.

Yves Tanguy – Schriften

›Recherche sur la sexualité‹, La Révolution Surréaliste, Nr. 11, Paris, 15. März 1928, SS. 32-40 (Teilnehmer unter anderen Aragon, Breton, Duhamel, Naville, Péret, Prévert).

›Poids et couleurs‹, Le Surréalisme au Service de la Révolution, Nr. 3, Paris, Dezember 1931, S. 27 (Zeichnungen von Yves Tanguy).

›Vaeght og farver‹, Konkretion, Nrn. 5-6, Kopenhagen 1936.

›Vie de l'objet‹, Le Surréalisme au Service de la Révolution, Nr. 6, Paris, 15. Mai 1933, S. 42 (Zeichnungen von Yves Tanguy).

›Recherches expérimentales (réponse)‹: ›Sur la connaissance irrationelle de l'objet: Boule de cristal des voyantes‹, 5. Februar 1933, Le Surréalisme au Service de la Révolution, Nr. 6, Paris, 15. Mai 1933, S. 11.

›Le Dialogue en 1934‹, Documents 34, Nr. 1, Sondernummer, Brüssel, Juni 1934, S. 25 (Teilnehmer Breton, Eluard, Péret, Giacometti).

Interview mit James Johnson Sweeney, The Museum of Modern Art Bulletin, Bd. 13, Nrn. 4-5, New York 1946, S. 22f.

›The creative process‹, Art Digest, Bd. 28, Nr. 8, New York, 15. Januar 1954, S. 14.

Traktate und Manifeste

die Yves Tanguy mit unterzeichnete.
Paris, 1927-1947

›Hands off love‹, Transition, September 1927.

Permettez!, 23. Oktober 1927.

Bulletin – Manifest, das das Erscheinen der Zeitschrift ›Le Surréalisme au Service de la Révolution‹ ankündigt, 1930.

Au feu!, 1931.

L'affaire de l'Age d'or, 1931.

Ne visitez pas l'Exposition Coloniale, 1931.

Premier Bilan de l'Exposition Coloniale, Juli 1931.

L'affaire Aragon, 1932.

Paillasse (Ende der Affaire Aragon), März 1932.

La Mobilisation contre la Guerre n'est pas la Paix, 1933.

Appelle à la Lutte, 10. Februar 1934.

La Planète sans Visa, 1934.

Cycle systématique de conférences sur les plus récentes positions du surréalisme, Juni 1935.

Contre-attaque, 1935.

Du Temps que les Surréalistes avaient raison, 1935.

La Vérité sur le Procès de Moscou, 1936.

Arrêtez Gil Robles, 20. Juli 1936.

Neutralité? Non-Sense, Crime et Trahison!, 20. August 1936.

Lettre ouverte à M. Camille Chautemps, 7. August 1937.

La Parole est à Péret, (Mitunterzeichner des Vorwortes, das von André Breton verfaßt wurde), New York, Ed. Surréalistes, 28. Mai 1943.

Liberté est un Mot Vietnamien, April 1947.

Von Yves Tanguy illustrierte Bücher

Aragon, Louis, La Grande Gaîté, Paris 1929 (zwei Zeichnungen).

Blanchard, Maurice, Les Pélouses pendues d'Aphrodite, Paris, Les Pages libres de la main à plume, Nr. 2, 1942.

Breton, André, De l'humour noir, Paris 1937 (illustrierter Umschlag).
Breton, André, Trajectoire du rêve, Paris 1938 (eine Zeichnung).
Brunidor, portfolio, Nr. i, New York 1947, Einleitung von Nicholas Calas (Stich).
Comburgh, Maria, Journal intime d'une provinciale, London, Paris 1956 (elf Zeichnungen).
Eluard, Paul, La Vie immédiate, Paris 1932 (eine Radierung).
Eluard, Paul, Solidarité, Paris 1938 (ein Stich).
Eluard, Paul, Un poème dans chaque livre, Sammlung »Ecrits et gravures«, Nr. 4, Paris 1956 (ein Stich).
Ernst, Max, Sept microbes vus à travers un tempérament, Paris 1953 (ein Stich).
Ferry, Marcel, L'Ile d'un jour, Paris 1938 (eine Radierung).
Goll, Iwan, Les Mythes de la roche percée: poème, Paris 1947 (drei Stiche).
Hugnet, Georges, ›Le Poile de la bête‹, Documents 34, Nr. 1, Brüssel, Juni 1934, SS. 36 bis 38 (vier Zeichnungen).
Hugnet, Georges, La Chevelure, Paris 1937 (Frontispiz).
Laude, Jean, Le Grand passage, Paris 1954 (drei Stiche).
Lautréament, Comte de, Œuvres complètes, Paris 1938 (eine Zeichnung).
Löwenfels, Walter, Apollinaire: an Elegy, Paris 1930 (illustrierter Umschlag).
Mabille, Pierre, Le miroir du merveilleux, Paris 1940 (Zeichnung auf dem Umschlag).
Mayoux, Jehan, Ma tête à couper, Paris 1939 (ein Stich als Frontispiz).
Paalen, Alice, A même la terre, Paris 1936 (eine Radierung).
Pastoureau, Henri, Cri de la Meduse, Paris 1937 (drei Stiche).
Péret, Benjamin, Dormir, Dormir dans les pierres, Paris 1927 (zehn Zeichnungen und drei aquarellierte Beilageblätter, deren Titelblatt mit dem Umschlag identisch ist).
Péret, Benjamin, Trois cerises et une sardine, Paris 1936 (eine Zeichnung).
Péret, Benjamin, Feu central, Sammlung ›Le Quadrangle‹, Paris 1947 (vier Gouachen in Phototypie und ein Originalstich).
Péret, Benjamin, Les Couilles enragées, unter dem Pseudonym Satyrement, Paris 1954 (sieben Illustrationen).
Rosey, Gui, Drapeau nègre, Paris 1933 (eine Zeichnung).
Le Surréalisme en 1947, Paris 1947 (zwei Stiche).
Tanguy, Yves, ›En marge des mots croisés‹, Documents 34, Nr. 1, Sondernummer, Brüssel, Juni 1934, SS. 61-63 (Zeichnungen von Yves Tanguy auf den Seiten des ›Larousse illustré‹).
Todd, Ruthven, ›Yves Tanguy 1947‹, Poetry, Nr. 13, London, 6. August 1948 (eine Zeichnung).
Tzara, Tristan, Primele poeme ale Lui Tristan urmata de insurectia de la Zürich, Bukarest 1934 (eine Radierung auf dem Frontispiz).
Tzara, Tristan, L'Antitête, Bd. II: Minuits pour Géants, Paris 1949 (sieben Radierungen).
›Ubu enchaîné‹ von Alfred Jarry, von der Compagnie d'un Diable écarlate, in der Comédie des Champs Elysées, Paris, 22.-26. September 1937: Programmheft (eine Zeichnung).
Violette Nozières, von André Breton, René Char, Paul Eluard, Maurice Henry, E.L.T. Mesens, César Moro, Benjamin Péret, Gui Rosey, Salvador Dali, Yves Tanguy, Max Ernst, Victor Brauner, René Magritte, Marcel Jean, Hans Arp, Alberto Giacometti, Brüssel-Paris 1933 (eine das Gedicht von René Char, La mère du vinaigre..., illustrierende Zeichnung).
V. V. V. Magazine, New York 1942, Mappe mit 11 Originalwerken (Stich).

Allgemeine Bibliographie

*Die monographischen Bücher, Zeitschriften und Presseartikel sind durch einen * gekennzeichnet.*

Alexandrian, Sarane, L'Art Surréaliste, Paris 1969, SS. 77-83, 242.
Alloway, Lawrence ›De Chirico, Tanguy and Freud‹, Art News and Review, Bd. 8, Nr. 7, London, 28. April 1956, SS. 1 und 9.
Aragon, Louis, La Peinture au défi, Paris 1930, SS. 25 und 28.
(Anonym), In Art Digest, Bd. 11, New York, 15. Dezember 1936, S. 6.
(Anonym), Tate Gallery, Recent Acquisitions: Yves Tanguy, ›Les Transparents‹, 1951, The Burlington Magazine, Bd. 106, London, November 1964, SS. 540-543.
*Ahsbery, John, ›Yves Tanguy, Geometer of Dreams‹, Katalog der Ausstellung Yves Tanguy, New York, Acquavella Galleries, 1974.

Balakian, Anna, Literary Origins of Surrealism, New York 1947, S. 2.
Balakian, Anna, Surrealism: The road to absolute, London 1970, SS. 205-208.
Baron, Jacques, Anthologie plastique du surréalisme, Paris 1980.
Barr, Alfred H., Jr., Cubism and Abstract Art, New York, The Museum of Modern Art, 1936, SS. 179 bis 180 und 224.
Barr, Alfred, H., Jr., Fantastic Art, Dada, Surrealism, New York, The Museum of Modern Art, 1936, SS. 230-231, 3. Ausgabe 1947.
Barr, Alfred H., Jr., Painting and Sculpture in the Museum of Modern Art, New York, The Museum of Modern Art, 1942, SS. 12, 18 und 78.
Barr, Alfred H., Jr., Masters of Modern Art, New York, The Museum of Modern Art, 1954, SS. 144-145.
*Bazin, Germain, ›Tanguy‹, L'Amour de l'Art, Bd. 15, Nr. 3, Paris, März 1934, S. 344.
Bédouin, Jean-Louis, Vingt ans de Surréalisme, 1939-1959, Paris 1961, S. 120.
Bénézit, E., Dictionnaire des peintres, sculpteurs, dessinateurs et graveurs, Bd. 8., Paris 1955, S. 220.
Bjerke-Petersen, Vilh., Surrealismens billedverden, Kopenhagen 1937, SS. 3, 54 und 64.
Bjerke Petersen, Vilh., Surrealismens, Kopenhagen, SS. 72 und 89.
*Borisoff, Paul, ›Man is the witness‹, Tiger's Eye, Bd. 1, Nr. 7, New York 1949, SS. 77-79.
Bosquet, Alain, ›Réflections sur la peinture surréaliste‹, La Côté des peintres, Bd. 11, Nr. 15, Paris, April 1964, S. 4.
*Breton, André, ›Yves Tanguy‹, Vorwort des Ausstellungskataloges ›Yves Tanguy et Objets d'Amérique‹, Paris 1927.
Breton, André, Le Surréalisme et la peinture, Paris 1928, SS. 65-69; 2. revidierte und korrigierte Auflage, New York 1945, SS. 173-177; 3. Auflage, 1928-1965, Paris, 1965, SS. 178-181; dt. Berlin 1967.
Breton, André, ›D'une décalcomanie sans objets préconçu (décalcomanie du désir)‹, Minotaure, Nr. 8, Paris, 15. Juni 1936, SS. 18-24.
Breton, André, Cahier consacré au rêve, Cahiers G.L.M., Nr. 7, Paris 1938, S. 60.
Breton, André, ›Prologue‹, Vorwort des Ausstellungskataloges Yves Tanguy, Paris, Galerie Bucher-Myrbor, 1938.
Breton, André, ›Des tendences les plus récentes de la peinture surréaliste‹, Minotaure, Nrn. 12-13, Paris, Mai 1939, SS. 16-17.
*Breton, André, ›La maison d'Yves Tanguy‹, London Bulletin, Nrn. 18-20, London, Juni 1940, SS. 16 und 18.
*Breton, André, Vorwort für die Ausstellung Yves Tanguy, New York, Dezember 1943. (Manuskript aufbewahrt in der Bibliothek des Museum of Modern Art, New York).
*Breton, André, ›What Tanguy Veils and Reveals‹, View, Bd. 2, Nr. 2, New York, Mai 1942, SS. 4-7.
*Breton, André, Yves Tanguy, hrsg. von Pierre Matisse, New York 1946.
*Breton, André, Vorwort des Ausstellungskataloges, Peinture Surréaliste en Europe, Saarbrücken, Mission diplomatique en Saar, 1952.
Breton, André, Entretiens 1913-1952, Paris 1952, SS. 94, 135, 142, 143, 152, 242, 243 und 287.
*Breuning, Margaret, ›Surrealist disillusion of Yves Tanguy‹, Art Digest, Bd. 19, New York, 15. Mai 1945, S. 9.
Brion, Marcel, ›Problèmes et formes de la peinture abstraite‹, Age Nouveau, Nr. 91, Paris 1935, SS. 70-83.
Buckley, C.E., Vorwort des Ausstellungskataloges Yves Tanguy – Kay Sage, Hartford, Wadsworth Atheneum, 1954.

Caillois, Roger, ›L'Univers des Signes‹, XXe siècle, Bd. 36, Nr. 42: Panorama: Le Surréalisme, Paris, Juni 1974, SS. 157-158.
*Calas, Nicolas, ›Alone‹, View, Bd. 2, Nr. 2, New York 1942.
Calas, Nicolas, ›Magic Icons‹, Horizon, Nr. 83, London, November 1946, SS. 304-315.
*Calas, Nicolas, Vorwort des Ausstellungskataloges Yves Tanguy, Paintings, Gouaches and Drawings, New York, Pierre Matisse Gallery, April 1950.
Cassou, Jean, ›Le Dadaïsme et le Surréalisme‹, L'Amour de l'Art, Nr. 3, Paris, März 1934, SS. 337-340.
Cassou, Jean, Panorama des arts plastiques contemporains, Paris 1960, SS. 528, 570, 582 und 600.
Chavée, Achille, ›Mémoire automatique du tableau, Le Ruban des Excès, (Gedicht, 1935)‹, L'Enseignement libre, Mons 1958, SS. 14-15.
Cirlot, Juan-Eduardo, La pintura surrealista, Barcelona 1955, SS. 50-51.
*Coates, R. M., ›Tanguy and Chirico at the Museum of Modern Art‹, New Yorker, Bd. 31, New York, 24. September 1955, SS. 156ff.
Cogniat, Raymond, Histoire de la peinture, Bd. 2, Paris 1955, SS. 175, 290 und 291.
*Courthion, Pierre, ›Yves Tanguy‹, XXe siècle, Nr. 3, Paris 1938, S. 55.

Daval, Jean-Luc, Journal des avant-gardes, Genf 1980.
Dictionnaire abrégé du Surréalisme, Paris 1938, SS. 50, 51 und 74 (Umschlag von Yves Tanguy illustriert).
Dieterlin, Jean-Pierre, ›Musique pour illustrer des dessins de Yves Tanguy‹, Vrille, Nr. 1, Mantes 1945, SS. 78-80 (fünf Zeichnungen).
Documents 34, Nr. 1, Sondernummer: ›Intervention Surréaliste‹, Brüssel, Juni 1934, SS. 9-10: Le 24 avril: La planète sans visa (Manifest signiert von Tanguy); S. 25: Le dialogue en 34: André Breton et Yves Tanguy; SS. 36-38: Georges Hugnet: Le poil de la bête, (vier Zeichnungen von Tanguy); SS. 61-63: ›En marge des mots croisés‹, Zeichnungen von Yves Tanguy auf den Seiten des Larousse illustré.
Dorival, Bernard, Les Etapes de la peinture française contemporaine, Bd. 3, Paris 1946, SS. 222, 225, 228, 234, 235 und 290.
Duhamel, Marcel, Raconte pas ta vie, Paris 1972.

Edwards, Hugh, Surrealism and its Affinities: The Mary Raynolds Collection, Chicago, Art Institute, 1956.
Eluard, Paul, ›Yves Tanguy‹ (Gedichte), La Vie immédiate, Paris 1932, SS. 63-64.

Eluard, Paul, siehe: Poèmes, Peintures, Dessins. Genf, Paris 1948, SS. 60-61.

Engert, Gail, ›Acquisitions of Modern Art by Museums: (Von der Heydt-Museum, Wuppertal: Ohne Titel, 1952 von Yves Tanguy)‹, The Burlington Magazine, Bd. 113, London, Februar 1971, S. 117.

Estienne, Charles, Le Surréalisme, Paris 1956, SS. 42-45.

Ford, Charles H., Poems for Painters, New York 1945, SS. 10-11 (Zeichnung auf dem Umschlag von Yves Tanguy).

Fowlie, Wallace, Age of Surrealism, New York 1950, SS. 115 und 142.

Frost, Rosamund, Contemporary Art, New York 1942, SS. 26 und 232.

Gaffé, René, Peinture à travers Dada et le Surréalisme, Brüssel 1952, SS. 60-62.

Gascogne, David, A Short Survey of Surrealism, London 1935-1936, SS. 73, 75, 94, 104-105 und 107.

Gaunt, William, The Surrealists, London 1972, SS. 13, 27-37, 41-45, 70, 200 und 244.

George, L., in: Art Digest, Bd. 29, New York, September 1955, SS. 12-17.

*Genauer, Emily, ›Tanguy and Chirico at the Museum of Modern Art‹, New York, 11. September 1955.

Grohmann, Will, Bildende Kunst und Architektur, Berlin 1953, SS. 177, 179.

Goldwater, Robert, Space and Dream, New York 1967.

(Guggenheim, Peggy), Art of this Century, New York 1942, SS. 22, 27, 115-117;

André Breton: ›Genesis and perspective of surrealism 1941‹, SS. 13-27.

Gute Kunst und Klipstein, Dokumentations-Bibliothek zur Kunst und Literatur des 20. Jahrhunderts, Bern 1958.

Haftmann, Werner, Malerei im 20. Jahrhundert, München 1954-55.

Haslam, Malcom, The Real World of the Surrealists, London 1978.

*Henault, G., ›Magritte and Tanguy (at the Montreal Museum of Fine Arts)‹, Canadian Art, Bd. 19, Montreal, Juli 1962, SS. 254-255.

Henry, Maurice, Antologia grafica del surrealismo, Mailand 1972.

Hugnet, Georges, Petit anthologie poétique du Surréalisme, Paris 1934, SS. 32, 49, 155 und 159.

Hugnet, Georges, ›Dada and Surrealism‹, The Museum of Modern Art Bulletin, Bd. 4, Nrn. 2/3, New York 1936, SS. 22-23.

Hugnet, Georges, ›Trois expositions de peintures surréalistes au Palais des Beaux-Arts‹, Les Beaux-Arts, Nr. 260, Brüssel, Dezember 1937, SS. 18-20.

Huyghe, René, Histoire de l'art contemporain: La Peinture, Paris 1935, SS. 320 und 340-342.

Huyghe, René, La Peinture française: les contemporains, biographische Anmerkungen von Germain Bazin, Paris 1939, SS. 55 und 57; 2. Auflage 1949.

Huyghe, René, Dialogue avec le visible, Paris 1955, SS. 372 und 416.

Huyghe, René, L'Art et l'homme, Bd. 3, Paris 1961, SS. 391, 435, 453 und 475.

Janis, Sidney, Vorwort des Katalogs der Ausstellung ›First Papers of Surrealism‹, Coordinating Council of French Relief Societies, New York 1942.

Janis, Sidney, Abstract and Surrealist Art in America, New York 1944, SS. 7, 86 und 125.

*Jean, Marcel, ›Yves Tanguy, peintre de la voie lactée‹, Les Lettres Nouvelles, No. 25, Paris, März 1955, SS. 367-379; übersetzt ins Englische, Art News, Bd. 54, New York, September 1955, SS. 30-31, 51-56.

Jean, Marcel, Histoire de la peinture surréaliste, in Zusammenarbeit mit Arpad, Mezei, Paris 1959, SS. 159-173, 310-312, 350-355; 2. Auflage 1967.

Jean, Marcel, Autobiographie du surréalisme, Paris 1978.

Josephson, Matthew, Life among the Surrealists, New York 1962, SS. 225-226, 342.

*Jouffroy, Alain, ›Le Voyage imaginaire d'Yves Tanguy‹, Arts, Nr. 500, Paris, 26. Januar 1955, S. 12.

*Jouffroy, Alain, ›Hommage à Yves Tanguy‹, Arts, Nr. 521, Paris, 22. Juni 1955, S. 11.

Jouffroy, Alain, ›La Collection André Breton‹, L'Œil, Nr. 10, Paris, Oktober 1955, SS. 32-39.

*Jouffroy, Alain, ›Yves Tanguy‹, Le Jardin des Arts, Nr. 66, Paris, April 1960, S. 66.

Jung, Carl Gustav, The Collected Works, New York 1953, SS. 394-400.

Jung, Carl Gustav, Un Mythe moderne, Paris 1961, SS. 209-222.

Lane, James W., ›Plastics sans symbols: Yves Tanguy‹, Art News, Bd. 38, Nr. 11, New York, 16. Dezember 1939, S. 12.

*Lassaigne Jacques, ›Yves Tanguy‹, Dictionnaire de la peinture moderne, Paris 1954, SS. 290-291.

Lebel, Robert, ›Il surrealismo: Tanguy, Dali, Brauner, Dominguez e altri‹, L'Arte Moderna, Bd. 7, Nr. 61, Mailand 1967, SS. 241-280.

Lemaitre Georges; From Cubism to Surrealism in French Literature, London 1947, S. 216.

*Levi, Lisette, ›Yves Tanguy‹, Habitat, Nr. 20, São Paulo 1955, S. 39.

Levy, Julien, Surrealism, New York 1936, SS. 19, 22-23, 31, 150-151.

*Levy, Julien, ›Tanguy, Connecticut, Sage‹, Art News, Bd. 53, Nr. 5, New York, September 1954, SS. 24-27.

*Levy, Julien, Note dans la catalogue de l'exposition Yves Tanguy, Max Ernst, New York, Bodley Gallery, 18. Januar-13. Februar 1960.

Levy, Julien, Memoir of an Art Gallery, New York 1977.

Lucie-Smith, Edward, Movements in Art since 1945, London 1969, SS. 30-35.

*London Bulletin, Nr. 4-5, London, Juli 1938, S. 32: André Breton, ›Prologue‹; S. 33: Yves Tanguy, ›In the Margin of Cross-Words‹; Paul Eluard, ›Yves Tanguy‹; S. 36: Katalog der Tanguy-Ausstellung (Peggy Guggenheim Jeune).

*London Bulletin, Nr. 18-20, London, Juni 1940, S. 18: André Breton, ›La Maison d'Yves Tanguy‹.

Mabille, Pierre, La Conscience lumineuse, Paris 1938.

McCausland, E., in Parnassus, Bd. 11, New York, Dezember 1939, S. 25.

McGreevy, T., in The Studio, London, Oktober 1938, S. 91.

*Marchesseau, Daniel, Yves Tanguy, Paris 1973.

Maritain, Jacques, Creative Intuition in Art and Poetry, New York 1953, S. 184.

Matarasso, Henri, Librairie, Surréalisme; Poésie et art contemporains: Katalog, Paris 1949, S. 108.

Melville, Robert, ›The Snake on the Dining Room Table‹, View, Bd. 6, Nr. 3, New York Mai 1946, SS. 9-10.

Mesens, E. L. T., Vorwort zum Ausstellungskatalog E. L. T. Mesens présente trois peintres surréalistes, Brüssel, Palais des Beaux-Arts, 1937.

*Mezel, Arpad, ›Yves Tanguy‹, Les Deux sœurs, Nr. 3, Brüssel, Mai 1947, SS. 102-107.

*Millier, Arthur, ›Bones Livers‹, Art Digest, Bd. 10, New York, 15. Dezember 1935, S. 14.

Minotaure, Bd. 1, Nr. 5, Paris, 12. Mai 1934, S. 46; Nr. 6, Winter 1935, S. 11; Nr. 8, 15. Juni 1936, S. 13; Nr. 10, Winter 1937; Nr. 11, Frühling 1938, S. 60.

Nadeau, Maurice, Histoire du Surréalisme – Documents surréalistes, Paris 1958, SS. 139-151.

Nadrealizam danas i ovde, Nr. 2, Belgrad, Januar 1932; Nr. 3, Juni 1932.

Nicaise, Librairie, Cubisme, Futurisme, Dada, Surréalisme: Katalog Nr. 10, Paris 1960, S. 272.

Oesterreicher-Mollwo, Surrealism and Dadaism, Oxford 1979.

Onslow-Ford, Gordon, Painting in the Instant, London 1964.

Onslow-Ford, Gordon, Creation, Basel, Galerie Schreiner 1978. SS. 18-19, 48-49.

Passeron, René, Encyclopédie du Surréalisme, Paris 1975.

Picon, Gaëtan, Journal du Surréalisme, Genf 1976.

Pierre, José, Le Surréalisme, Lausanne 1966, SS. 55-56, 197-198.

Pierre, José, Le Surréalisme, Paris 1973, SS. 153-156.

*Péret, Benjamin, ›Yves Tanguy ou l'anatife torpille les Jivaros‹, Cahiers d'Art, Bd. 10, Nr. 5-6, Paris 1935, SS. 108-110.

Raynal, Maurice, Peinture moderne, Genf 1953, SS. 12, 244, 248, 251, 252, 255.

Read, Herbert, A Concise History of Modern Painting, New York 1959, SS. 136, 140, 149, 157, 258.

Read, Herbert, Surrealism, London 1936.

*Renne, René und Serbanne, Claude, ›Yves Tanguy, or the Mirror of Wonders‹, View, Nr. 5, New York, Dezember 1945, SS. 13-14.

Revel, Jean-François, Einführung des Kataloges der Ausstellung Minotaure, Paris, Galerie L'Œil, 1962.

La Révolution Surréaliste, Nr. 7, Paris, 15. Juni 1926, S. 11; Nr. 8, 1. Dezember 1926, S. 12; Nrn. 9-10, 1. Oktober 1927, SS. 22, 31; Nr. 11, 15. März 1928, SS. 15, 32, 40; Nr. 12, 15. Dezember 1929, SS. 37, 63.

Richter, Hans, ›In memory of Two Friends (Léger-Tanguy)‹, College Art Journal, Bd. 15, Nr. 4, 1956, SS. 343-346.

*Richter Hans, ›Yves Tanguy‹, La Biennale di Venezia, Bd. 7, Nr. 27, Venedig, März 1956, SS. 27-28.

Rubin, William S., Dada and Surrealist Art, New York 1968, dt. Stuttgart 1972.

*Sage, Kay, Yves Tanguy, Un Recueil de ses œuvres/A Summary of his Works, New York, Pierre Matisse 1963, Chronologie von Lucy R. Lippard, illustrierte Bibliografie von Bernard Karpel und Poupard-Lieussou.

Schneede, Uwe, Les Peintres surréalistes, Paris o. J.

Schneede, Uwe, Malerei des Surrealismus, Köln 1973, SS. 72-77.

Soby, James Thrall, After Picasso, Hartford, Mitchell; New York 1935, SS. 96, 103-104, 106.

Soby, James Thrall, The Early Chirico, New York 1941, SS. 95-97.

*Soby, James Thrall, ›Inland in the Subconscious: Yves Tanguy‹, Magazine of Art, Bd. 42, New York, Januar 1949, SS. 2-7.

*Soby, James Thrall, ›Double solitaire‹, Saturday Review, Bd. 37, 4. September 1954, SS. 29-30.

*Soby, James Thrall, ›Yves Tanguy‹, Vorwort zum Katalog der Ausstellung Yves Tanguy, New York, The Museum of Modern Art, 1955.

Soby, James Thrall, Giorgio de Chirico, New York 1955, The Museum of Modern Art, SS. 12, 70, 106, 151.

*Soby, James Thrall, ›Yves Tanguy‹, (Interview für die Voice of America), 1955.

The James Thrall Soby Collection of Works of Art, Pledged or Given to the Museum of Modern Art, New York 1961, SS. 19, 66.

*Soby, James Thrall, ›Il paradiso di Yves Tanguy‹, Quintaparete, Nr. 5, Turin 1973, SS. 28-32.

Le Surréalisme au Service de la Révolution, Nr. 2, Paris, Oktober 1930; Nr. 4, Dezember 1931; Nr. 6, 15. Mai 1933.

Surrealismus, Prag 1936.
*Sweeney, James J., Vorwort zum Katalog der Ausstellung Yves Tanguy, New York, Pierre Matisse Gallery, 1939.
*Sweeney, James J., (Interview mit Yves Tanguy), The Museum of Modern Art Bulletin, Bd. 13, Nrn. 4-5, New York, September 1946, SS. 22-23.
*Sylvester, David, ›Yves Tanguy‹, Art News and Review, Bd. 2, Nr. 9, London, 3. Juni 1950, SS. 5-6.

Tériade, E., ›Aspects actuels de l'expression plastique‹, Minotaure, Nr. 5, Paris, 12. Mai 1934, S. 46.
Tériade, E., La Peinture surréaliste, Minotaure Nr. 8, Paris, 15. Juni 1936, S. 5.
Thirion, André, Révolutionnaires sans Révolution, Paris 1972.
Tyler, Parker, ›The Amorphous and Fragmentary in Modern Art‹, Art News, Bd. 44, Nr. 10, New York, August 1945, SS. 19-20.
Tyler, Parker, ›Stettheimer, Francés, Léonid, Tanguy‹, View, Bd. 7, Nr. 2, New York, Dezember 1946, SS. 36-39.

Variétés, Nr. außerhalb der Serie, Brüssel, Juni 1929; ›Le Surréalisme en 1929‹, von André Breton und Louis Aragon.
View, Bd. 1, Nr. 6, New York, Juni 1941.
*View, Bd. 2, Nr. 2, New York, Mai 1942; Sondernummer ›Tanguy-Tchelitchew‹; A. Breton, ›What Tanguy Veils and Reveals‹; N. Calas, ›Alone‹; J. J. Sweeney ›Iconographer of Melancholy‹; B. Péret, ›Tanguy or the goos-barnacle torpedoes the Jivaros‹; C. H. Ford, ›There's no Place to Sleep in this Bed, Tanguy‹.
View, Bd. 5, Nr. 1, März 1945; Bd. 7, Nr. 2, Dezember 1946; Bd. 6, Nr. 3, Mai 1946.
Vovelle, José, Le Surréalisme en Belgique, Brüssel, A. de Rache, 1972, SS. 9, 42, 90, 100, 108, 159, 210, 223, 258, 266.
VVV, Nr. 1, New York 1942; Nr. 3, 1943; Portfolio of 11 Original Works; Nr. 4, 1944.

Waldberg, Patrick, Max Ernst, Paris 1958, SS. 195, 278-281, 316, 348, 376, 420.
Waldberg, Patrick, Le Surréalisme, Genf 1962.
Waldberg, Patrick, Les Demeures d'Hypnos, Paris 1976, SS. 244-255: ›Yves Tanguy: Les Péninsules démarrées‹.
*Waldberg, Patrick, Yves Tanguy, Brüssel 1977; Bibliografie von Bernard Karpel, Yves Poupard-Lieussou und Michel Giroud.
Wescher, Herta, Die Geschichte der Collage vom Kubismus bis zur Gegenwart, Köln 1974, SS. 233-450.
Wittrock, Wolfgang, Yves Tanguy. Das Druckgraphische Werk. Ausstellungskatalog, Düsseldorf 1976, mit einem Text von Stanley William Hayter.
Wyss, Dieter, Der Surrealismus, Heidelberg 1950, S. 83, ›Yves Tanguy und Wolfgang Paalen‹.

Zervos, Christian, Histoire de l'art contemporain, Paris, Cahiers d'Art, 1938, SS. 415, 432-435.

Nachschlagewerke

Ashberry, John, ›Tanguy, Geometer of Dreams‹ Vorwort zum Katalog der Ausstellung Yves Tanguy, New York, Acquavella Galleries, 1974.
Breton, André, Yves Tanguy, New York, Pierre Matisse 1946.
Duhamel, Marcel, Raconte pas ta vie, Paris 1972.
Jean, Marcel, Histoire de la peinture surréaliste, Paris 1967.
Sage, Kay, Yves Tanguy, un Recueil de ses œuvres/A Summary of his Works, New York, Pierre Matisse 1963, Chronologie aufgestellt von Lucy R. Lippard; illustrierte Bibliografie von Bernard Karpel und Yves Poupard-Lieussou.
Soby, James Thrall, ›Yves Tanguy‹, Vorwort zum Katalog der Ausstellung Yves Tanguy, New York 1955, The Museum of Modern Art.
Thirion, André, Revolutionnaires sans Révolution, Paris 1972.
Waldberg, Patrick, Yves Tanguy, Brüssel 1977.

Filmographie

Violon d'ingres, 1939, 30 Min.
Drehbuch, Regie, Montage: Jacques B. Brunius (unter Mitarbeit von Georges Labrousse). Produktion: Coopérative des Artisans d'Art du Cinéma. Schauspieler: Yves Tanguy.
›8 x 8‹, 1955-1956, 88 Min.
Regie von Hans Richter
Schauspieler: Jean Arp, Marcel Duchamp, Yves Tanguy, Richard Hülsenbeck, Alexander Calder, Max Ernst, Dorothea Tanning, Jacqueline Matisse, Julien Levy, W. Sandberg, Jean Cocteau, Achmed Ben Driss, José Sert, Frederick Kiesler, Paul Wiener. Produktion: Hans Richter
Esquisse Tanguy, 1981, 1h 30 Min.
Realisiert von José Pierre und Fabrice Maze. Produktion Serddav.

Fotonachweis

Art News, New York S. 273 o. r.; The Baltimore Museum of Art, Baltimore Nr. 79; Denise Bellon, Paris S. 268; Galerie Beyeler, Basel Nr. 40; Universitätsbibliothek Basel, Reprophotogr., S. 68; Bibliothèque Littéraire Jacques Doucet, Paris SS. 94, 26 o. l., 267 u. l.; Cinémathèque Française, Paris 265 u. r.; Geoffrey Clements, New York Nr. 55; Mme G. Duhamel, Mouans Sartoux SS. 92, 94, 96, 97, 98, 99, 100, 103, 263 o. und m., 265 o., 265 u. l., 266, 270 u. r., 272; E.T. Archive Ltd., London Nr. 48; Jacques Faujour, Musée national d'art moderne, Centre Georges Pompidou, Paris Nrn. 5, 14, 16, 25, 35, 44, 51, 54 und SS. 37, 273; M. B. Gheerbrandt, Paris S. 273; Foto Studio Grüncke, Hamburg Nr. 12; Béatrice Hatala, Musée national d'art moderne, Centre Georges Pompidou, Paris SS. 22, 35, 38, 272 u.; Mr. Ephraim Ilin, Brüssel Nr. 33; Marcel Jean, Paris SS. 115, 264, 270 u. l., 271 o., 274 u. r.; Walter Klein, Düsseldorf Nr. 27; Kunsthaus Zürich Nr. 68, Kunstmuseum Basel Nr. 46; Kunstsammlung Nordrhein-Westfalen, Düsseldorf Nr. 81; Man Ray SS. 7, 104, 268; N. Mandel Nr. 35; Pierre Matisse Gallery, New York Nrn. 29, 49, 70, 75, 78, 88, 89, 90, 130 und S. 271 u.; Menil Foundation, Houston Nr. 43; Musée national d'art moderne, Centre Georges Pompidou, Paris Nrn. 42, 54, 116; Musées Royaux des Beaux-Arts de Belgique, Brüssel Nr. 38; The Museum of Modern Art, New York Nrn. 19, 20, 21 o., 28, 102; Alain Perruchoud, Genf Nr. 30; Photographic Record Ltd. Nr. 26; Eric Pollitzer, New York Nr. 49; Maurice Poplin, Villemonble SS. 116, 273; Rheinisches Bildarchiv, Köln Nrn. 10, 32, 39, 41; Juhani Riekkola, Finnland Nr. 24; Routhier, Paris Nr. 25; Adam Rzepka, Centre G. Pompidou, Paris, Nr. 51; Schopplein Studio, San Francisco Nr. 92; Sosenh Szassai, New York Nr. 94; Staatl. Kunsthalle Karlsruhe Nr. 23; Staatsgalerie Stuttgart Nrn. 57, S. 80, 104; Tel Aviv Museum, Tel Aviv Nr. 67; Sammlung Thyssen-Bornemisza, Lugano, Schweiz Nr. 18; Michael Tropea, Chicago Nr. 62; University of Arizona Museum of Art, Tucson Nr. 98; Marc Vaux, Paris Nrn. 27, 66; Patrick Waldberg SS. 96, 102, 107, 108, 267 u., 267 o., 270 o.; Quellen einzelner Dokumente konnten nicht ermittelt werden. Wir bitten die betreffenden Autoren, uns dies nachzusehen.

Bildquellen

Abbildungen aus folgenden Publikationen: S. 12 In: Paul Klee, Das bildnerische Denken, Basel 1956, S. 240; S. 13 In: Hans Prinzhorn, Bildnerei der Geisteskranken, Berlin, Heidelberg, New York 1968, S. 81; S. 14 In: Werner Spies, Max Ernst, Collagen, Inventar und Widerspruch, Köln 1974, Abb. 163; S. 15 In: William S. Rubin, Dada und Surrealismus, Stuttgart 1972, S. 157; S. 16 l. In: De Chirico, Ausstellungskatalog, The Museum of Modern Art, New York 1982, S. 154, Abb. 31; S. 16 r. In: John Russel, Max Ernst, Leben und Werk, Köln 1966, S. 63; S. 17 r. In: A. M. Hammacher, Phantoms of Imagination, New York 1981, Abb. 279, S. 303; S. 18 In: Jacques Duchemin, Les Pardons bretons du temps passé, Abb. 44; S. 20 In: Le Surréalisme au Service de la Révolution, Nr. 6, 15. Mai 1933, S. 42, Neudruck Paris 1976; S. 21 unten In: William S. Rubin, Dada and Surrealistic Art, a.a.O. S. 308; S. 22 In: Surrealität–Bildrealität, Ausstellungskatalog, Städt. Kunsthalle Düsseldorf 1974, S. 15; S. 23 In: Werner Spies, Max Ernst, Collagen, Köln 1974, Dokumentationsabbildung 643; S. 24 Überlassen von: NASA Aeronautic and Space Administration Headquarters, Washington D. C. Penrose; S. 28 In: Junggesellenmaschinen/Les machines célibataires, Ausstellungskatalog hrsg. v. Harald Szeemann. Städt. Kunsthalle Düsseldorf 1975, S. 151, dort entnommen aus Michel Carrouges, Les Machines célebataires, Paris, Arcanes 1954; S. 29 r. In: Wilhelm Fraenger, Hieronymus Bosch, Dresden 1975, Farbabb. 29; S. 44 Postkartendruck: Musée du Louvre, Paris; S. 44 r. In: John Russel, Max Ernst, Leben und Werk, Köln 1966, S. 56; S. 45 r. In: La Revolution Surréaliste, Nr. 12, Dezember 1929, S. 73, Neudruck Paris 1975; S. 78 In: Man Ray, Photographe, Paris 1981, Abb. 177; S. 82 In: Yves Tanguy, Ausstellungskatalog, Acquavella Galleries Inc., New York 1974, Abb. 48; S. 84 In: Yves Tanguy, Ausstellungskatalog, Acquavella Galleries Inc., New York 1974, Abb. 22; S. 87 In: Pierre Matisse, Yves Tanguy, New York 1963, S. 184, Nr. 430; S. 89 In: Pierre Matisse, Yves Tanguy, New York 1963, S. 150, Nr. 327; S. 66 In: William S. Rubin, Dada und Surrealismus, Stuttgart 1972, Abb. 84; S. 70 In: Surrealismus, Ausstellungkatalog, Haus der Kunst, München 1972 Kat. Nr. 6; S. 73 In: Eduardo Paolozzi, Ausstellungskatalog, Städt. Kunsthalle, Düsseldorf, 1968, S. 57; S. 170 In: Pierre Matisse, New York 1963, S. 78; S. 262 o. In: Patrick Waldberg, Yves Tanguy, Brüssel 1977, S. 23; S. 262 u. In: Albert C. Barnes u. Violette de Mazia, The Art of Henri Matisse, 3. Auflage Merion, Pennas. 1963, S. 271; S. 264 u. In: Lotte H. Eisner, L'Ecran démoniaque, Paris 1981, S. 22, S. 114; S. 268 u. In: Pierre Matisse, New York 1963, S. 208.